Beck-Rechtsberater

So finanziere ich Haus und Wohnung

Finanzierungsplan · Kreditaufnahme
Steuerliche Gestaltung

dtv

Beck-Rechtsberater

So finanziere ich Haus und Wohnung

Finanzierungsplan · Kreditaufnahme Steuerliche Gestaltung

Von Dr. Heinrich Schiebel

9., neubearbeitete und erweiterte Auflage
Stand: September 1999

Deutscher Taschenbuch Verlag

Originalausgabe
Deutscher Taschenbuch Verlag GmbH & Co. KG
Friedrichstraße 1a, 80801 München

Gesamtherstellung: C. H. Beck'sche Buchdruckerei, Nördlingen
(Adresse der Druckerei: Wilhelmstraße 9, 80801 München)
Umschlaggestaltung: Agentur 42 (Fuhr & Partner), Mainz,
unter Verwendung eines Fotos von Birgit Koch, München
ISBN 3 423 05222 8 (dtv)
ISBN 3 406 45586 7 (C. H. Beck)

Inhaltsübersicht

2. Abschnitt. Zahlungsmechanik

3. Abschnitt. Merkmale der Finanzierungsmittel

Inhaltsverzeichnis

3. Abschnitt. Merkmale der Finanzierungsmittel

Abkürzungsverzeichnis

a. a. O.	am angegebenen Ort
AblVO	Ablösungsverordnung
AfA	Absetzung für Abnutzung
AFWoG	Gesetz zum Abbau der Fehlsubventionierung und der Mietverzerrung im Wohnungswesen
AG	Aktiengesellschaft
AGBG	Gesetz zur Regelung des Rechts der Allgemeinen Geschäftsbedingungen
AN	Arbeitnehmer
AO	Abgabenordnung
BAnz.	Bundesanzeiger
BauGB	Baugesetzbuch
BausparVO	Bausparkassen-Verordnung
BauspG	Gesetz über Bausparkassen
B.-B.	Betriebs-Berater
BdF	Bundesminister der Finanzen
BewG	Bewertungsgesetz
BFH	Bundesfinanzhof
BFHE	Sammlung der Entscheidungen des Bundesfinanzhofes
BGB	Bürgerliches Gesetzbuch
BGBl.	Bundesgesetzblatt
BStBl.	Bundessteuerblatt
BV	Berechnungsverordnung
BVerwG	Bundesverwaltungsgericht
DIN	Deutsche Industrie-Norm
DStR	Deutsches Steuerrecht (Zeitschrift)
DtZ	Deutsch-Deutsche-Rechts-Zeitschrift
dtv	Deutscher Taschenbuch Verlag
EigZulG	Eigenheimzulagegesetz
ErbbRVO	Erbbaurechtsverordnung
EStDV	Einkommensteuer-Durchführungsverordnung
EStG	Einkommensteuergesetz
EStR	Einkommensteuer-Richtlinien
EuroEG	Europa Einführungsgesetz
FA	Finanzamt
FördG	Fördergebietsgesetz
GBO	Grundbuchordnung
GmbH	Gesellschaft mit beschränkter Haftung
GrEStG	Grunderwerbsteuergesetz
GrStG	Grundsteuergesetz
HBG	Hypothekenbankgesetz
HGB	Handelsgesetzbuch

InvZulg	Investitionszulagengesetz
KGaA	Kommanditgesellschaft auf Aktien
Kj.	Kalenderjahr
KO	Konkursordnung
KostO	Kostenordnung
KStG	Körperschaftsteuergesetz
KWG	Kreditwesengesetz
LAG	Lastenausgleichsgesetz
MaBV	Makler- und Bauträger-Verordnung
MHG	Miethöhegesetz
ModEnG	Modernisierungs- und Energieeinsparungsgesetz
NJW	Neue Juristische Wochenschrift
NJW-RR	NJW-Rechtsprechungs-Report
NMV	Neubaumietenverordnung
NWB	Neue Wirtschaftsbriefe
OFD	Oberfinanzdirektion
OHG	offene Handelsgesellschaft
p.a.	pro anno, jährlich
PAngV	Verordnung über Preisangaben
PAPKG	Preisangaben- und Preisklauselgesetz
PrKV	Preisklauselverordnung
StÄndG	Steueränderungsgesetz
StEntlG	Steuerentlastungsgesetz
Stpfl.	Steuerpflichtiger
UStG	Umsatzsteuergesetz
VA	Verwaltungsanordnung
VAG	Versicherungsaufsichtsgesetz
VerbrKrG	Verbraucherkreditgesetz
VerglO	Vergleichsordnung
VermBG	Vermögensbildungsgesetz
VZ	Veranlagungszeitraum
WEG	Wohnungseigentumsgesetz
Wert-R	Wertermittlungsrichtlinien
Wert-V	Wertermittlungs-Verordnung
Wj.	Wirtschaftsjahr
WoBauG	Wohnungsbaugesetz
WoBindG	Wohnungsbindungsgesetz
WoGG	Wohngeldgesetz
WoGV	Wohngeldverordnung
WoGVwV	Allgemeine Verwaltungsvorschrift zum Wohngeldgesetz
WoPDV	Wohnungsbauprämien-Durchführungs-Verordnung
WoPG	Wohnungsbau-Prämiengesetz
ZIP	Zeitschrift für die gesamte Insolvenzpraxis
ZVG	Gesetz über die Zwangsversteigerung und Zwangsverwaltung

1. Abschnitt. Zusammenhänge

Kapitel I. Finanzieren: Aufgabe und Lösungsansätze

A. Um was handelt es sich?

Wer baut oder kauft, finanziert. Und wer finanziert, wählt aus. Er unterscheidet, was er auswählen möchte und was er auswählen kann.

Offenbar steckt in jeder Finanzierung nicht nur eine wirtschaftliche Entscheidung, sondern auch ein Element der Zuversicht. Sie liegen im Wettstreit miteinander:
- das Haus,
- der Eigentümer,
- die Finanzierung und
- die Zeit.

Wer danach trachtet, mit einer Finanzierung die Zeit zu überbrücken, in der ein Haus oder eine Wohnung bezahlt wird, der muß nicht nur die Vergänglichkeit aller Bauten bedenken, sondern auch die Kürze seiner Lebenszeit. Diese Zuversicht, in der Gegenwart für die Zukunft zu entscheiden, richtet sich auf einen wesentlichen Abschnitt seines Lebens. Er greift ihm vor. Er gestaltet ihn. In der Gegenwart stellt er die Finanzierung zusammen und verteilt die Belastung auf die zukünftige Zeit.

Zuversicht wird in Realität umgesetzt: ihr wird zur Wirksamkeit verholfen.

B. Der Fachausdruck: Finanzierung

Eine Übereinstimmung über den Inhalt des Begriffs „Finanzierung" im betriebswirtschaftlichen Sinn gibt es nicht. Aber gemeint ist immer eine Kapitalbeschaffung. Kapital bedeutet dabei Geld als Zahlungsmittel. Die Finanzierung ist stets durch **Zahlungsströme** gekennzeichnet. Sie bestehen aus
- allen geleisteten Auszahlungen – den Ausgaben und
- allen empfangenen Zahlungen – den Einnahmen.

Geordnet werden sie nach der zeitlichen Reihenfolge, in denen sie auftreten. Unter diesem Gesichtspunkt betrachtet, richtet sich die Finanzierung darauf, Zahlungsströme zu gestalten und zu steuern. Erwirbt man Eigentum an Haus oder Wohnung oder baut man, so müssen der Kaufpreis oder die Gesamtherstellungskosten bezahlt werden. In aller Regel benötigt man dazu fremdes Geld.

C. Der Kreislauf des Geldes

Was passiert eigentlich: Geldvermögen verwandelt sich beim Kauf oder bei der Herstellung von Wohnhäusern in Sachvermögen. Vorhandenes und beschafftes Kapital wird langfristig investiert (gebunden). Damit beginnt ein Kreislauf. In dem Zeitraum, in dem das Gebäude entsteht oder in dem Zeitpunkt, in dem Haus oder Wohnung angeschafft werden, treten folgende **Zahlungsströme** auf:

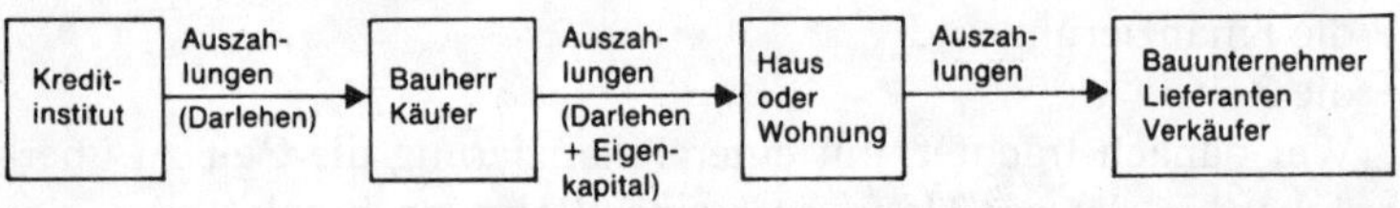

Gedanklich wird dem Objekt „Haus oder Wohnung“ eine Mittelstellung zwischen Investor und Umwelt zugeordnet. Haus oder Wohnung bilden die Mittelstation für die Zahlungsströme. Im Verlauf der Zeit löst sich diese Bindung des Geldvermögens an das Sachvermögen. Aus dem benutzten Gebäude fließt Geld aus erhaltenen Mietzahlungen zeitlich verteilt zurück. Das investierte Kapital kann auch aus den Erlösen für den Verkauf des Objekts zurückfließen. Sachvermögen wird zurückverwandelt in Geldkapital.

Diese **gegenläufigen Zahlungsströme** treten während der Lebensdauer des Gebäudes und während der Laufzeit von Darlehen auf:

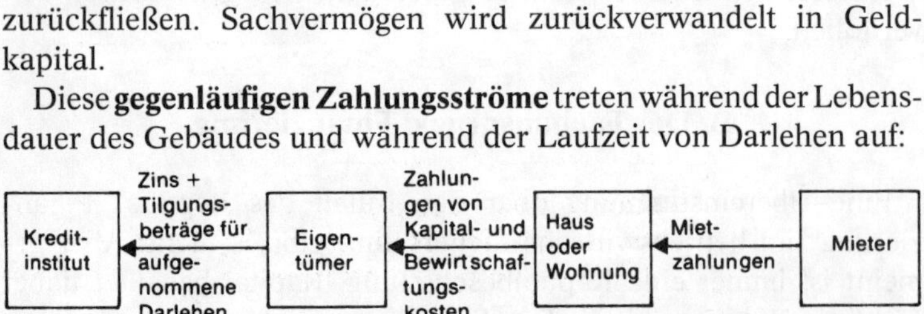

Die 2. Phase der Umwandlung (Transformation) findet immer dann statt, wenn die Nutzungsmöglichkeiten des Gebäudes verkauft (vermietet) sind und dafür Geld eingenommen wird. Bei

eigengenutzten Räumen tritt an die Stelle der Mieteinnahmen der Nutzungswert und die dafür zu leistenden Ausgaben. Für das Verständnis dieser grundlegenden Folgebeziehung ist es zunächst von untergeordneter Bedeutung, ob Haus oder Wohnung mit eigenem oder fremdem Geld finanziert werden. Bei einer Finanzierung mit eigenen Mitteln kommt der Zahlungsstrom zwischen Eigentümer und Kreditinstitut nicht vor.

Die Planung der Finanzierung geht diesen beiden Phasen der Kapitalbindung und der Kapitalfreisetzung voraus, also der Investition und dem anschließenden Geldrückfluß. Streng genommen wird sie nur deshalb notwendig, weil die zeitliche Spanne, die zwischen dem Zeitpunkt, in dem Kapital in das Objekt investiert wird und dem Zeitraum, in dem das Kapital wieder zurückfließt, überbrückt werden muß. Man muß den Faktor „Zeit"[1] beachten, weil die Einnahmen und die Ausgaben zeitlich unterschiedlich anfallen.

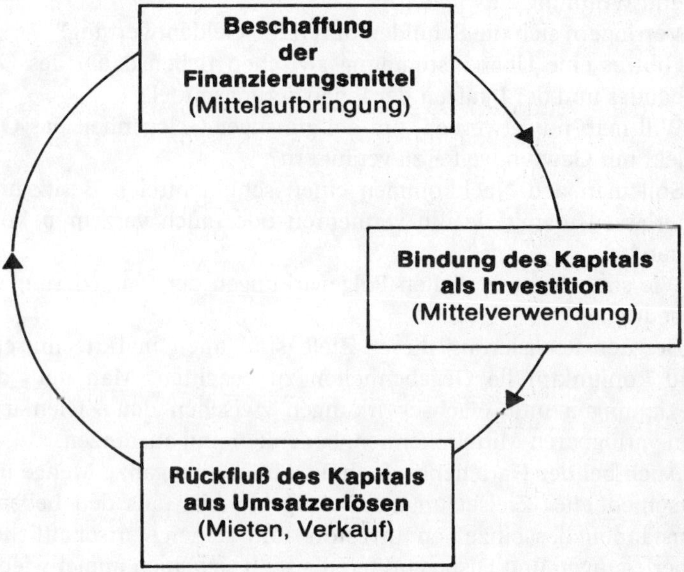

[1] Siehe hierzu auch: Schiebel, Heinrich: Realkredit und Wohnungsbauinvestition als Funktionen des Zinses und der Zeit. Der Langfristige Kredit 1967, S. 222f.

Hat man mit fremden Mitteln die Investition finanziert, so gibt man von den empfangenen Mietzahlungen an die Gläubiger der Darlehen die Ausgaben für den Kapitaldienst (Zins und Tilgung) ab.

Was will man erreichen?

Das Ziel ist klar: Man möchte über ein Haus oder eine Wohnung als dauerhaften Vermögensgegenstand verfügen können. Es gibt aber, nicht nur in den letzten 100 Jahren, die Erscheinung der Geldentwertung. Außerdem verlangt der Staat Steuern. Diese Tatbestände drücken sich im „Realzins" aus. Er ist der Ausdruck der Beziehung „Effektivzins ./. Inflationsrate". Und darüber hinaus haben Haus und Wohnung eine längere Lebensdauer als dem Eigentümer durchschnittlich an Lebenszeit nach der Vornahme der Investition verbleibt. Man muß überlegen:

- Wie könnte sich der Wert des Vermögensgegenstandes Haus und Wohnung entwickeln?
- Verringern sich die Schulden durch die Geldentwertung?
- Gibt es eine Übereinstimmung zwischen Lebensdauer des Gebäudes und der Laufzeit der Finanzierungsmittel?
- Will man nur erwerben, um bei günstiger Gelegenheit das Objekt mit Gewinn weiter zu veräußern?
- Soll man den Nachkommen einen schuldenfreien Besitz hinterlassen, damit sie ihn vermehren oder auch verzehren können?
- Wie sind die steuerlichen Folgewirkungen der Finanzierung zu beurteilen?

Bei der Realisierung dieser Ziele sind auch markttechnische und konjunkturelle Gegebenheiten zu beachten. Man muß die Beziehungen und Wechselwirkungen zwischen den Zielen und den verfügbaren Mitteln kennen, bedenken und ausnützen.

Auch bei der Darlehensaufnahme gibt es eine ganze Menge unterschiedlicher Zielsetzungen. Sie ergeben sich aus den Lebensumständen des einzelnen Investors und seinen wirtschaftlichen Überlegungen und Dispositionen. Es stellt sich auch immer wieder die Frage:

- soll man alle notwendigen Zahlungen auf die restliche erwartete Lebenszeit verteilen oder

- soll man auch die nächste Generation an der Schuldentilgung und Zinsenzahlung mitbeteiligen.

Das Lebensalter und der Familienstand beeinflussen die Vorstellungen des Einzelnen und den einzuschlagenden Weg. Vermögen an Haus oder Wohnung wird aller Erfahrung nach stufenweise gebildet:

1. Stufe: Grundbesitz zur Eigennutzung
2. Stufe: Häuser und Wohnungen zum Vermieten
3. Stufe: Kauf und Verkauf von bebauten und unbebauten Grundstücken und Immobilienfondsanteilen.

D. Risiken beim Wohneigentum

Risiko kommt aus dem Italienischen und heißt Wagnis oder Gefahr. Risiko ist zunächst die Verlustgefahr, die mit jeder wirtschaftlichen Betätigung verbunden ist. Das Risiko setzt sich zusammen aus einer Anzahl wägbarer und unwägbarer Faktoren, die nicht vollständig darstellbar sind. Befürchtet werden muß: der Verlust des eingesetzten Kapitals.

Zu den Risikofeldern gehören bei Häusern und Wohnungen die natürlichen Ursachen: Feuer, Wasser, Blitzschlag, Schnee. Sie können Wohngebäude zerstören. Diese Risiken kann man in gewissem Umfang mit Versicherungen abdecken.

Ein zweites Risiko besteht in der Veränderung der Rechtsgrundlagen. Diese Verlustgefahr sollte man bei Häusern und Wohnungen nicht unterschätzen. Die letzten vierzig Jahre zeigen eine Kette häufiger Veränderungen der Wohnungsgesetzgebung. Diese staatlichen Eingriffe zogen erhebliche wirtschaftliche Risiken nach sich. Besonders einschneidend war die einem Preisstopp gleichkommende Intervention, den Mietanstieg durch ortsübliche Vergleichsmieten zu begrenzen. Das Vierte Mietrechtsänderungsgesetz brachte mit § 570b BGB ein erweitertes Vorkaufsrecht des Mieters. Hinzu kommt die neu eingefügte Sperrfrist mit Sozialklausel bei der Umwandlung von Mietwohnungen in Wohnungseigentum durch das Wohnbaulandgesetz vom 22. 4. 1993. Außerdem gelten die Sperrfristen des § 564 BGB. Gleichzeitig wurden und werden erhebliche staatliche Hilfen für die Verbesserung der Wohnungsversorgung gewährt (siehe dazu S. 461).

Ein weiteres Risikofeld bildet die konjunkturbedingte, sich fortlaufend ändernde Verkäuflichkeit von Haus und Wohnung. In Zeiten hohen Zinses, verringerter Einkommenserwartung oder sinkender Realeinkommen vermindert sich die Nachfrage nach Häusern und Wohnungen. In diesen Zeitabschnitten kann es zu einer Sachwertkompression kommen. Sie zeigt sich in einer vorübergehenden Reduzierung erzielbarer Preise.

Die räumliche Gebundenheit der Wohnungsteilmärkte und die durch Wohnungsgröße und Wohnungsqualität bestimmten sachlichen Teilmärkte bringen ein normales wirtschaftliches Risiko bei der Vermietung mit sich. Kostendeckende Neubaumieten lassen sich in aller Regel zur Zeit nicht erzielen. Nur bedingt ist es gesetzlich zulässig (§ 5 Wirtschaftsstrafgesetz [WiStG]), diese Kostenmieten (siehe dazu S. 160) zu verlangen. Die Marktsättigung bei einzelnen sachlichen und räumlichen Wohnungsteilmärkten macht es notwendig, bei der Auswahl des Objektes stark zu differenzieren. Eine Verteilung des Investitionsrisikos kann auch dadurch erreicht werden, daß man sich einen sorgfältig ausgesuchten, gestreuten Besitz an Häusern und Wohnungen zusammenträgt.

Hinzu kommt das Kapitalstrukturrisiko (siehe dazu S. 50). Ist die Beleihung des Objekts hoch, so kann wegen der Verminderung der Einnahmen oder der erschwerten Verkäuflichkeit die Absicherung der Finanzierungsmittel gefährdet sein. Sowohl Darlehensgeber als auch der Eigentümer tragen dann erhebliche Risiken, das investierte Kapital ganz oder teilweise zu verlieren.

Aber auch beim Abschluß von Verträgen zum Erwerb oder zur Herstellung von Wohneigentum gibt es zusätzliche Risiken. Nicht alle Berater sind seriös. Einige Verhaltensregeln helfen diese Fallen zu umgehen:

- Werden rasche, leichte und überdurchschnittliche Gewinne versprochen, so ist Vorsicht geboten. Höhere Gewinne bedeuten in aller Regel höhere Risiken.
- Eine Bedenkzeit sollte immer vereinbart werden. Wenn gedrängt wird, ist häufig etwas faul.
- Wenn Vorschläge besonders schmeichelhaft tönen, sollte man Skepsis walten lassen. Man sollte versuchen, sachliche Gründe dafür zu finden, weshalb ausgerechnet einem selbst dieses Geschäft angeboten wird.

- Ohne schriftliche Unterlagen, die man auch mit einem fachmännischen Berater besprechen kann, sollte niemals eine Anlage-Entscheidung fallen.
- Referenzen sind unerläßlich. Die Kreditwürdigkeit des Anbieters sollte man eingehend prüfen. Auch angebliche Finanzierungsgenies kochen nur mit Wasser. Sie nutzen oft die Leichtgläubigkeit unerfahrener und unvorsichtiger Anleger aus.

Zahlungsschwierigkeiten bei Wohneigentümern rühren hauptsächlich aus einer unzureichenden Vorbereitung von Kauf, Neubau oder Modernisierung her. Drei Ursachenkomplexe sind erkennbar, die den Kapitaldienst untragbar werden lassen:

- Fehlplanung der kalkulierten Anfangsbelastung (siehe dazu S. 159).
- Belastungssteigerung im Laufe der Zeit (siehe dazu S. 446).
- Änderungen der Familienstruktur, arbeitsmarktbedingte Entwicklungen und unvorhersehbare Ereignisse.

An Einzelrisiken für die Vermögensbildung treten auf:

- unkontrollierte und unbedachte **Mehrkosten** (Preisentwicklung und höhere Ausbauansprüche)
- **Anstieg der monatlichen Belastungen** durch
  - variable Zinssätze
  - Nachfinanzierungsbedarf
  - Anschlußfinanzierung
  - Wegfall öffentlicher Aufwendungssubventionen
  - nachteilige Umfinanzierung
  - vernachlässigte längerfristige Betrachtung der Belastungsentwicklung
- **Risiken aus Einkommensentwicklungen** durch
  - krankheitsbedingten und konjunkturbedingten Verdienstausfall
  - Ausscheiden aus dem Berufsleben
  - Stellenwechsel
  - Ehescheidungen
- **Risiken aus unzureichender und falscher Beratung**

Die tatsächlichen Gesamtkosten und damit der Gesamtkapitalbedarf sowie die daraus resultierenden Belastungen aus dem Kapitaldienst gehen über die Grenze der ökonomisch vertretbaren

Belastungen des Einkommens hinaus. Die Schwerpunkte der Fehlkalkulationen sind:

- zu hoch eingeschätzte Eigenkapitalanteile und Selbsthilfeleistungen
- Vernachlässigung von Objektfolge- und Nebenkosten: z.B. Erschließungskosten, Notargebühren usw.
- Ausklammerung der Zwischenfinanzierungskosten, Bereitstellungszinsen und Disagien
- Einrechnung nicht bewilligter öffentlicher Baudarlehen und Belastungserleichterungen
- rechnerisch fehlerhafte Finanzierungspläne – insbesondere wenn Immobilien- und Finanzierungsgeschäfte personell in einer Hand liegen.

E. Die Aufnahme fremder Mittel als Aufgabe mit Wiederholung

Zunächst kommt es darauf an, dafür zu sorgen, daß Haus oder Wohnung einschließlich aller Erwerbs- oder Herstellungsnebenkosten in vollem Umfang und rechtzeitig bezahlt werden können. In aller Regel verfügt man nicht über ausreichende Mengen nichtgebundenen eigenen Geldvermögens. Man muß bei anderen Personen Mittel aufnehmen. Nun gibt es in der Wirtschaft Firmen, die davon leben, daß sie anderen Leuten Geld zur Verfügung stellen: die Kreditinstitute. Neben dem Zins, als dem Entgelt für die Überlassung von Kaufkraft, wollen sie auch ihr ausgeliehenes Geld in bestimmten Zeiträumen zurück haben. Für den Darlehensnehmer kommt es entscheidend darauf an, ob Haus oder Wohnung soviel an Einnahmen bringen, daß Zins und Tilgung bezahlt werden können. Bei eigengenutzten Objekten muß zusätzlich bedacht werden, ob für die (mit einer Eigenmiete vergleichbare) Belastung mit Zinsen, Tilgung und den Kosten der Bewirtschaftung, ausreichend Beträge an laufendem Einkommen oder aus vorhandenem anderen Vermögen zur Verfügung stehen. In der Fachsprache spricht man von Sicherung der Liquidität. Man ermittelt diese Ausgaben mit Hilfe einer Lasten-Berechnung (Einzelheiten sind auf S. 60 behandelt). Daneben entstehen Finanzierungsnotwendigkeiten in den Fällen, in denen die aus dem Objekt fließenden Zahlungsströme nicht vollständig ausreichen, um die Geldausgaben für den Kapitaldienst und die Bewirtschaftung des Objekts zu decken.

In diesem Zusammenhang ist der Zeitraum, für den Darlehensgeber Finanzierungsmittel zur Verfügung stellen, für das Entstehen von Finanzierungsproblemen von herausragender Bedeutung. Die Laufzeit der Darlehen wirkt sich nicht nur auf die Höhe der Belastung aus, sondern sie führt auch immer wieder zu neuen Nachfinanzierungsaufgaben. Kreditinstitute sind, bedingt durch veränderte Spargewohnheiten und nicht gleichbleibende Kreditschöpfungsmöglichkeiten, nicht immer in der Lage, Mittel für einen langen Zeitraum zu gleichbleibenden Konditionen auszuleihen. In kürzer werdenden Zeiträumen stehen Anpassungen an. Zu diesen Zeitpunkten muß dann immer wieder neu überlegt werden, wielange und wo man die noch verbliebene Restschuld neu finanziert. Und es geschieht in diesem Zusammenhang recht häufig, daß die noch geschuldete Summe zurückgezahlt wird mit Mitteln, die bei einem anderen Darlehensgeber aufgenommen werden. Vor allem dann, wenn Konditionen günstiger auf die eigenen Absichten und Möglichkeiten abgestimmt erscheinen als bei dem früheren Darlehensgeber.

Hinzu kommt noch, daß Haus und Wohnung altern und sich abnutzen. Für Modernisierungen und größere Instandsetzungen entsteht dann nicht selten ein neuer Kreditbedarf. Die Finanzierungsmöglichkeiten in diesen Fällen werden aber auch durch die Rückzahlungsmöglichkeiten der noch vorhandenen Darlehensreste mitbestimmt.

Bei Erbauseinandersetzungen und Ehescheidungen, bei Verpflichtungen für Aussteuer und Ausbildung treten Finanzierungsbedürfnisse neu auf, die der Eigentümer mit der Verpfändung dinglicher Sicherheiten leicht lösen kann.

Die Finanzierung bleibt eine Aufgabe, die mit Grundvermögen untrennbar und dauernd verbunden ist. Immer wieder bietet sich die Möglichkeit, das Eigentum an Haus und Wohnung als Finanzierungsinstrument einzusetzen. Diese verschiedenen Aspekte verlangen die Kenntnis, wie man bei einer Finanzierung von Haus und Wohnung vorgeht und welche Ergebnisse man für sich als vorteilhaft bewerten kann. Aber wie hält man die einzelnen Begriffe auseinander – wie baut man eine Finanzierung auf? Als Ausgangspunkt dient der Finanzierungsplan.

Kapitel II. Die Finanzplanung: Das Hilfsmittel

Übersicht muß man sich verschaffen und dann die einzelnen Teile rechnerisch zusammenfügen. Dazu macht man Pläne, die alle notwendigen Merkmale der Mittel enthalten und die veränderten Daten angepaßt werden können. Die Finanzplanung muß folgende grundlegende Bedingungen erfüllen:

1. Die Gesamtfinanzierung muß gesichert sein.
2. Die Finanzierung muß für den Eigentümer tragbar sein.
3. Die Finanzierungsmittel müssen rechtzeitig zur Verfügung stehen.

Alle benötigten Daten ordnet man und stellt sie in Einzelplänen dar:

- Kapitalbedarfsrechnung
- Finanzierungsplan
- Lastenberechnung
- Steuerrechnung: Einkünfte aus Vermietung und Verpachtung
- Zahlungsplan

Bei den einzelnen Planungsrechnungen muß man streng unterscheiden zwischen den Geldgrößen „Ausgaben“ und „Einnahmen“, wie sie bei der Berechnung der Lasten und dem Zahlungsplan vorkommen und den betriebswirtschaftlichen Begriffen „Aufwand“ und „Erträge“ bei Rentabilitäts-(Wirtschaftlichkeits-)berechnungen. Es gibt zwar keine Aufwendungen und Erträge, die nicht mit Ausgaben und Einnahmen zusammenhängen. Aber es ist durchaus möglich, daß Ausgaben und Einnahmen nicht zu Erträgen und Aufwendungen führen. Im Kapitaldienstbereich wird dies bei der Aufnahme und Rückzahlung der Finanzierungsmittel deutlich. Die Aufnahme eines Darlehens führt zwar zu einer Einnahme, aber nicht zu einem Ertrag. Bei der Rückzahlung (Tilgung) des geschuldeten Fremdkapitals findet eine Ausgabe statt, aber es entsteht kein Aufwand. Diese finanzwirtschaftliche Betrachtungsweise fällt nicht immer mit den Rechengrößen bei der Ermittlung der Rentabilität (des Gewinns) zusammen. Eine fehlerhafte Zuordnung und Beurteilung dieser Kriterien kann zu einer verfälschten Ausgangsbasis für eine Finanzierungsentscheidung führen.

A. Kapitalbedarfsrechnung

Zunächst muß man sich eine Vorstellung verschaffen, wieviel Kapital benötigt wird. Dazu muß man wissen, wieviel Geld man ausgeben muß, um die Gesamtkosten von Haus und Wohnung zu begleichen. Diese Vorausschätzung ist nicht einfach. Häufig erlebt man, daß die veranschlagten Kosten überschritten werden. Diese unangenehme Erscheinung erklärt sich aus der Vielzahl der beim Neu- oder Umbau vorkommenden Kostenarten. (Dieses Risiko vermindert sich, wenn man ein fertiges Objekt kauft.)

1. Aufstellung der Gesamtkosten

Einen ersten Überblick gewinnt man aus der anschließend abgedruckten „Aufstellung der Gesamtkosten" Anlage 1 zu § 5 Abs. 5 Zweite Berechnungsverordnung (II. BV) in der Neufassung vom 12. 10. 1990 (BGBl. I S. 2178), geändert durch die Fünfte Verordnung zur Änderung wohnungsrechtlicher Vorschriften v. 23. 7. 1996, Art. 1 (BGBl. I S. 1167).

Die Gesamtkosten bestehen aus:

Anlage 1 (zu § 5 Abs. 5)

I. Kosten des Baugrundstücks

Zu den Kosten des Baugrundstücks gehören:

1. Der Wert des Baugrundstücks

2. Die Erwerbskosten

Hierzu gehören alle durch den Erwerb des Baugrundstücks verursachten Nebenkosten, z. B. Gerichts- und Notarkosten, Maklerprovisionen, Grunderwerbsteuern, Vermessungskosten, Gebühren für Wertberechnungen und amtliche Genehmigungen, Kosten der Bodenuntersuchung zur Beurteilung des Grundstückswertes.

Zu den Erwerbskosten gehören auch Kosten, die im Zusammenhang mit einer das Baugrundstück betreffenden freiwilligen oder gesetzlich geregelten Umlegung, Zusammenlegung oder Grenzregelung (Bodenordnung) entstehen, außer den Kosten der dem Bauherrn dabei obliegenden Verwaltungsleistungen.

Kapitalbedarfsrechnung – Gesamtkostenermittlung

Wohnflächen				Gesamt
Wohnfläche je Wochnung				
Anzahl der Wohnungen				
Verhältnis qm/cbm 1:		cbm		qm Wfl.
1 Grundstückskosten	je qm	DM je qm Wohnfläche	DM je Wohnung	DM insgesamt
1.0 Bodenwert (qm) 1.1 Erschließung 1.2				
Zusammen:				
2 Baukosten	je cbm	je qm Wohnfläche	je Wohnung	DM insgesamt
2.0 Reine Baukosten 2.1 Besonders zu berechnende Bauteile 2.2 Außenanlagen 2.3 Baunebenkosten 2.4 Kosten besonderer Betriebs-Einrichtungen 2.5 2.6				
Zusammen:				
3 Gesamtkosten (1 + 2)				

3. Die Erschließungskosten

Hierzu gehören:

a) Abfindungen und Entschädigungen an Mieter, Pächter und sonstige Dritte zur Erlangung der freien Verfügung über das Baugrundstück,

b) Kosten für das Herrichten des Baugrundstücks, z. B. Abräumen, Abholzen, Roden, Bodenbewegung, Enttrümmern, Gesamtabbruch,

c) Kosten der öffentlichen Entwässerungs- und Versorgungsanlagen, die nicht Kosten der Gebäude oder der Außenanlagen sind, und Kosten öffentlicher Flächen für Straßen, Freiflächen und dgl., soweit diese Kosten vom Grundstückseigentümer auf Grund gesetzlicher Bestimmungen (z. B. Anliegerleistungen) oder vertraglicher Vereinbarungen (z. B. Unternehmerstraßen) zu tragen und vom Bauherrn zu übernehmen sind,

d) Kosten der nichtöffentlichen Entwässerungs- und Versorgungsanlagen, die nicht Kosten der Gebäude oder der Außenanlagen sind, und Kosten nichtöffentlicher Flächen für Straßen, Freiflächen und dgl., wie Privatstraßen, Abstellflächen für Kraftfahrzeuge, wenn es sich um Daueranlagen handelt, d. h. um Anlagen, die auch nach etwaigem Abgang der Bauten im Rahmen der allgemeinen Ortsplanung bestehen bleiben müssen,
e) andere einmalige Abgaben, die vom Bauherrn nach gesetzlichen Bestimmungen verlangt werden (z. B. Bauabgaben, Ansiedlungsleistungen, Ausgleichsbeträge).

II. Baukosten

Zu den Baukosten gehören:

1. Die Kosten der Gebäude

Das sind die Kosten (getrennt nach der Art der Gebäude oder Gebäudeteile) sämtlicher Bauleistungen, die für die Errichtung der Gebäude erforderlich sind.

Zu den Kosten der Gebäude gehören auch

die Kosten aller eingebauten oder mit den Gebäuden fest verbundenen Sachen, z. B. Anlagen zur Beleuchtung, Erwärmung, Kühlung und Lüftung von Räumen und zur Versorgung mit Elektrizität, Gas, Kalt- und Warmwasser (bauliche Betriebseinrichtungen), bis zum Hausanschluß an die Außenanlagen, Öfen, Koch- und Waschherde, Bade- und Wascheinrichtungen, eingebaute Rundfunkanlagen, Gemeinschaftsantennen, Blitzschutzanlagen, Luftschutzanlagen, Luftschutzvorsorgeanlagen, bildnerischer und malerischer Schmuck an und in Gebäuden, eingebaute Möbel,

die Kosten aller vom Bauherrn erstmalig zu beschaffenden, nicht eingebauten oder nicht fest verbundenen Sachen an und in den Gebäuden, die zur Benutzung und zum Betrieb der baulichen Anlagen erforderlich sind oder zum Schutz der Gebäude dienen, z. B. Öfen, Koch- und Waschherde, Bade- und Wascheinrichtungen, soweit sie nicht unter den vorstehenden Absatz fallen, Aufsteckschlüssel für innere Leitungshähne und -ventile, Bedienungseinrichtungen für Sammelheizkessel (Schaufeln, Schürstangen usw.), Dachaussteige- und Schornsteinleitern, Feuerlöschanlagen (Schläuche, Stand- und Strahlrohre für eingebaute Feuerlöschanlagen), Schlüssel für Fenster- und Türverschlüsse usw.

Zu den Kosten der Gebäude gehören auch die Kosten von Teilabbrüchen innerhalb der Gebäude sowie der etwa angesetzte Wert verwendeter Gebäudeteile.

2. Die Kosten der Außenanlagen

Das sind die Kosten sämtlicher Bauleistungen, die für die Herstellung der Außenanlagen erforderlich sind.

Hierzu gehören

a) die Kosten der Entwässerungs- und Versorgungsanlagen vom Hausanschluß ab bis an das öffentliche Netz oder an nichtöffentliche Anlagen, die Daueranlagen sind (I 3 d), außerdem alle anderen Entwässerungs- und Versorgungsanlagen außerhalb der Gebäude, Kleinkläranlagen, Sammelgruben, Brunnen, Zapfstellen usw.,

b) die Kosten für das Anlegen von Höfen, Wegen und Einfriedungen, nichtöffentlichen Spielplätzen usw.,

c) die Kosten der Gartenanlagen und Pflanzungen, die nicht zu den besonderen Betriebseinrichtungen gehören, der nicht mit einem Gebäude verbundenen Freitreppen, Stützmauern, fest eingebauten Flaggenmaste, Teppichklopfstangen, Wäschepfähle usw.,

d) die Kosten sonstiger Außenanlagen, z. B. Luftschutzaußenanlagen, Kosten für Teilabbrüche außerhalb der Gebäude, soweit sie nicht zu den Kosten für das Herrichten des Baugrundstücks gehören.

Zu den Kosten der Außenanlagen gehören auch die Kosten aller eingebauten oder mit den Außenanlagen fest verbundenen Sachen,

die Kosten aller vom Hausherrn erstmalig zu beschaffenden, nicht eingebauten oder nicht fest verbundenen Sachen an und in den Außenanlagen, z. B. Aufsteckschlüssel für äußere Leitungshähne und -ventile, Feuerlöschanlagen (Schläuche, Stand- und Strahlrohre für äußere Feuerlöschanlagen).

3. Die Baunebenkosten

Das sind

a) Kosten der Architekten- und Ingenieurleistungen[1]; diese Leistungen umfassen namentlich Planungen, Ausschreibungen, Bauleitung, Bauführung und Bauabrechnung,

b) Kosten der dem Bauherrn obliegenden Verwaltungsleistungen bei Vorbereitung und Durchführung des Bauvorhabens,

c) Kosten der Behördenleistungen; hierzu gehören die Kosten der Prüfungen und Genehmigungen der Behörden oder Beauftragten der Behörden,

d) folgende Kosten:

aa) Kosten der Beschaffung der Finanzierungsmittel, z. B. Maklerprovisionen, Gerichts- und Notarkosten, einmalige Geldbeschaffungskosten (Hypothekendisagio, Kreditprovisionen und Spesen, Wertberechnungs- und Bearbeitungsgebühren, Bereitstellungskosten usw.),

bb) Kapitalkosten und Erbbauzinsen, die auf die Bauzeit entfallen,

cc) Kosten der Beschaffung und Verzinsung der Zwischenfinanzierungsmittel einschließlich der gestundeten Geldbeschaffungskosten (Disagiodarlehen),

dd) Steuerbelastungen des Baugrundstücks, die auf die Bauzeit entfallen,

ee) Kosten der Beschaffung von Darlehen und Zuschüssen zur Deckung von laufenden Aufwendungen, Fremdkapitalkosten, Annuitäten und Bewirtschaftungskosten,

---

[1] Siehe dazu: Hesse, Korbion, Mantscheff/Vygen, HOAI, Honorarordnung für Architekten und Ingenieure 5. Auflage, München 1996.

e) sonstige Nebenkosten, z. B. die Kosten der Bauversicherungen während der Bauzeit, der Bauwache, der Baustoffprüfungen des Bauherrn, der Grundsteinlegungs- und Richtfeier.

4. Die Kosten der besonderen Betriebseinrichtungen

Das sind z. B. die Kosten für Personen- und Lastenaufzüge, Müllbeseitigungsanlagen, Hausfernsprecher, Uhrenanlagen, gemeinschaftliche Wasch- und Badeeinrichtungen usw.

5. Die Kosten des Gerätes und sonstiger Wirtschaftsausstattungen

Das sind

die Kosten für alle vom Bauherrn erstmalig zu beschaffenden beweglichen Sachen, die nicht unter die Kosten der Gebäude oder der Außenanlagen fallen, z. B. Asche- und Müllkästen, abnehmbare Fahnen, Fenster- und Türbehänge, Feuerlösch- und Luftschutzgerät, Haus- und Stallgerät usw.,

die Kosten für Wirtschaftsausstattungen bei Kleinsiedlungen usw., z. B. Ackergerät, Dünger, Kleinvieh, Obstbäume, Saatgut.

Aber mit dieser Kenntnis kann man sich nicht begnügen. Man muß sich mit den Einzelheiten befassen. Der Teufel steckt bekanntlich im Detail. Zunächst verwendet man ein Kalkulationsschema (siehe S. 13).

Woher aber bekommt man alle die Zahlen, um dieses Schema ausfüllen zu können?

2. Wohnflächenberechnung

Vom Verkäufer oder vom Architekten beschafft man sich eine Wohnflächenberechnung.

In der Bundesrepublik gibt es dafür zwei teilweise voneinander abweichende Vorschriften:

- DIN 283 Blatt 2 für nicht mietpreisgebundene Wohnungen (s. S. 16). Diese DIN-Norm wurde im Jahre 1983 vom Deutschen Institut für Normen e. V. (DIN) ersatzlos zurückgezogen; sie kann aber weiterhin verwendet werden. Es scheint, daß sich an deren Stelle die Berechnung der Grundflächen nach DIN 277 (Ausgabe 1973/1987) durchsetzt. Bei Bauvorlagen (Antrag zur Baugenehmigung) kann man davon ausgehen, daß ab Baujahr 1974 die neue DIN-Norm verwendet wird.
- II. Berechnungsverordnung (II. BV) (§§ 42 bis 44) für preisgebundene Wohnungen des sozialen Wohnungsbaus (s. S. 20).

Für das gleiche Objekt können sich unterschiedliche Wohnungsgrößen ergeben, weil die Grundflächen bestimmter Räume unterschiedlich auf die Wohnfläche angerechnet werden können. Bei der Berechnung der Grundflächen für Balkone, Loggien und gedeckte Freisitze bestehen Wahlmöglichkeiten. Sie konnten bei der Grundsteuerermäßigung von erheblicher Bedeutung sein (§ 44 Abs. 2 II. BV). Eine Wohnflächenberechnung sieht so aus:

Wohnflächenberechnung nach II. Berechnungsverordnung (Rohbaumaße)

1. Obergeschoß – Wohnung C –

Wohnzimmer:	$5{,}51 \times 3{,}385$	= 18,65 qm
Kinderzimmer:	$5{,}51 \times 3{,}31$	= 18,24 qm
Schlafzimmer:	$\frac{2{,}35 + 6{,}17}{2} \times 5{,}51$	23,47 qm
Diele:	$\frac{3{,}35 + 4{,}10}{2} - 1{,}26 \times 0{,}88 \times \frac{1}{2}$	= 8,41 qm
Vorplatz:	$2{,}81 \times 1{,}26$	= 3,54 qm
Küche:	$4{,}135 \times 2{,}35 + \frac{4{,}13 + 3{,}30}{2} \times \frac{0{,}50 + 1{,}80}{2}$	
	$- 0{,}32 \times 0{,}94$	= 13,70 qm
Bad:	$\frac{1{,}25 + 3{,}30}{2} \times \frac{2{,}45 + 3{,}90}{2}$	
	$- (0{,}74 \times 0{,}74 + 0{,}42 \times 1{,}12)$	= 6,20 qm
WC:	$\frac{2{,}50 + 2{,}14}{2} \times 0{,}885$	= 2,05 qm
Besenkammer:	$\frac{0{,}70 + 0{,}42}{2} \times 0{,}885$	= 0,50 qm
Loggia:	$\frac{3{,}75 + 3{,}50}{2} \times 1{,}20 \times \frac{1}{2}$	= 2,18 qm
		96,94 qm
	abzüglich 3% für Putz	./. 2,91 qm
		94,03 qm
Balkon:	$2{,}21 \times 1{,}00 \times \frac{1}{2}$	= 1,11 qm
		95,14 qm

Einzelne noch nicht fertiggestellte Räume einer Wohnung sind zu berücksichtigen, wenn im Zeitpunkt der Bezugsfertigkeit die

Absicht bestand und ins Werk gesetzt worden war, den Raum zu einem Wohnraum auszubauen (vgl. OVG Münster, Urt. v. 8. 10. 1996, ZMR 1997 S. 386). Nicht auf die Wohnfläche anzurechnen sind Zubehör- und Wirtschaftsräume (§ 42 Abs. 4 Nr. 1 und 2 II. BV). Ferner sind beispielsweise nicht anzurechnen Sport- und Spielräume, Bastel- und Werkräume und ähnliche Räume namentlich in Keller- und Dachgeschossen. Räume, die als Aufenthaltsräume genehmigt worden sind, oder bei denen die Bauordnung einen Rechtsanspruch auf entsprechende Genehmigung einräumt, fallen nicht unter § 42 Abs. 4 Nr. 3 II. BV.

3. Kosten des Baugrundstücks

Die Grundstückskosten weiß man aus dem Angebot oder dem Kaufvertrag. Die Erschließungskosten kann man, wenn sie nicht bereits im Grundstückskaufpreis enthalten sind, bei der zuständigen Baubehörde erfahren.

4. Baukosten – Berechnung des umbauten Raumes

Mit den Baukosten hat man etwas mehr Mühe. Zunächst muß man die Menge des „umbauten Raumes" kennen. Die DIN 277 Blatt 1 „Grundflächen und Rauminhalte von Hochbauten, Ausgabe 1973/1987" enthält die Begriffe und die Berechnungsgrundlagen. Sie gilt wegen ihrer sehr in die Tiefe gehenden Aufschlüsselungen im Wohnungsbau als arbeitsaufwendig. Für Finanzierungszwecke begnügt man sich meist mit der älteren Fassung dieser DIN-Vorschrift vom November 1950. Der nach DIN 277 (1973/87) berechnete umbaute Raum kann um bis zu 30% höher liegen, als wenn er nach DIN 277 (1950) ermittelt worden ist. Siehe Erläuterungen S. 24.

A. Wohnungen – DIN 283 Blatt 2 (Febr. 1962)
Berechnung der Wohnflächen und Nutzflächen

1 Begriffsbestimmungen

1.1 Wohnfläche ist die anrechenbare Grundfläche der Räume von Wohnungen.

1.2 Nutzfläche ist die mit einer Wohnung im Zusammenhang stehende nutzbare Grundfläche von Wirtschaftsräumen und gewerblichen Räumen

2 Wohnfläche

Zunächst sind die Grundflächen nach Abschnitt 2.1 und daraus die Wohnflächen nach Abschnitt 2.2 zu ermitteln.

2.1 Ermittlung der Grundflächen:

2.11 Die Grundflächen von Wohnräumen sind aus den Fertigmaßen (lichte Maße zwischen den Wänden) zu ermitteln, und zwar in der Regel für jeden Raum einzeln, jedoch getrennt für (vgl. Abschnitt 4.1):

Wohn- und Schlafräume	(DIN 283, Bl. 1 – Abschnitt 2.1)
Küchen	(DIN 283, Bl. 1 – Abschnitt 2.2)
Nebenräume	(DIN 283, Bl. 1 – Abschnitt 2.3)

Werden die Maße aus einer Bauzeichnung entnommen, so sind bei verputzten Wänden die aus den Rohbaumaßen errechneten Grundflächen um 3% zu verkleinern.

2.12 In die Ermittlung der Grundflächen sind einzubeziehen die Grundflächen von:

Fenster- und Wandnischen, die bis zum Fußboden herunterreichen und mehr als 13 cm tief sind,

Erkern, Wandschränken und Einbaumöbeln, Raumteilen unter Treppen, soweit die lichte Höhe mindestens 2 m ist, nicht einzubeziehen die Grundflächen der Türnischen.

2.13 Bei der Ermittlung der Grundflächen nach Abschnitt 2.11 sind abzurechnen die Grundflächen von:

Schornstein- und sonstigen Mauervorlagen, frei stehende Pfeiler, Säulen usw. mit mehr als 0,1 m^2 Grundfläche, die in ganzer Raumhöhe durchgehen, Treppen (Ausgleichsstufen bis zu 3 Steigungen zählen nicht als Treppen).

nicht abzurechnen die Grundflächen von:

Wandgliederungen in Stuck, Gips, Mörtel und dgl., Scheuerleisten, Tür und Fensterbekleidungen und -umrahmungen, Wandbekleidungen, Öfen, Kaminen, Heizkörpern und Kochherden.

Stützen und Streben, die frei stehen oder von der Wand vortreten, wenn ihr Querschnitt (einschl. einer Umkleidung) höchstens 0,1 m^2 beträgt.

2.2 Ermittlung der Wohnflächen:

Von den nach Abschnitt 2.1 berechneten Grundflächen der einzelnen Räume oder Raumteile sind bei Ermittlung der Wohnfläche anzurechnen:

2.21 voll:

die Grundflächen von Räumen oder Raumteilen mit einer lichten Höhe von mindestens 2 m,

2.22 zur Hälfte:

die Grundflächen von Raumteilen mit einer lichten Höhe von mehr als 1 m und weniger als 2 m und von nicht ausreichend beheizbaren Wintergärten,

2.23 zu einem Viertel:

die Grundflächen von Hauslauben (Loggien), Balkonen, gedeckten Freisitzen,

2.24 nicht:
die Grundflächen von Raumteilen mit einer lichten Höhe von weniger als 1 m und von nichtgedeckten Terrassen und Freisitzen.

3 Nutzfläche
Die Nutzfläche von Wirtschaftsräumen und von gewerblichen Räumen sind ebenfalls nach Abschnitt 2.1 und 2.2 zu berechnen.[1]

4 Angabe der Wohnflächen und Nutzflächen

4.1 Die Wohnflächen sind wie folgt anzugeben:

Wohn- und Schlafräume	(DIN 283, Bl. 1, Abschnitt 2.1) m^2
Küchen	(DIN 283, Bl. 1, Abschnitt 2.2) m^2
Nebenräume	(DIN 283, Bl. 1, Abschnitt 2.3) m^2
	Gesamte Wohnfläche m^2

4.2 Die Nutzflächen von Wirtschaftsräumen und von gewerblichen Räumen, die mit einer Wohnung in Zusammenhang stehen, sind wie folgt anzugeben:

Wirtschaftsräume	(DIN 283, Bl. 1, Abschnitt 4.1) m^2
Gewerbliche Räume	(DIN 283, Bl. 1, Abschnitt 4.2) m^2

Wohnflächen und Nutzflächen sind nicht zusammenzuzählen.[2]

B. II. Berechnungsverordnung (II. BV)

§ 42 Wohnfläche

(1) Die Wohnfläche einer Wohnung ist die Summe der anrechenbaren Grundflächen der Räume, die ausschließlich zu der Wohnung gehören.

(2) Die Wohnfläche eines einzelnen Wohnraumes besteht aus dessen anrechenbarer Grundfläche; hinzuzurechnen ist die anrechenbare Grundfläche der Räume, die ausschließlich zu diesem einzelnen Wohnraum gehören. Die Wohnfläche eines untervermieteten Teils einer Wohnung ist entsprechend zu berechnen.

(3) Die Wohnfläche eines Wohnheimes ist die Summe der anrechenbaren Grundflächen der Räume, die zur alleinigen und gemeinschaftlichen Benutzung durch die Bewohner bestimmt sind.

(4) Zur Wohnfläche gehört nicht die Grundfläche von

1. Zubehörräumen; als solche kommen in Betracht: Keller, Waschküche, Abstellräume außerhalb der Wohnung, Dachböden, Trockenräume, Schuppen (Holzlegen), Garagen und ähnliche Räume;
2. Wirtschaftsräumen; als solche kommen in Betracht: Futterküchen, Vorratsräume, Backstuben, Räucherkammern, Ställe, Scheunen, Abstellräume und ähnliche Räume;

---

[1] Für selbständige gewerbliche Räume sind die Nutzflächen gleichfalls nach Abschnitt 2.1 und 2.2 zu berechnen.

[2] Für selbständige gewerbliche Räume ist stets nur die gesamte Nutzfläche anzugeben.

3. Räumen, die den nach ihrer Nutzung zu stellenden Anforderungen des Bauordnungsrechtes nicht genügen;
4. Geschäftsräumen.

§ 43 Berechnung der Grundfläche

(1) Die Grundfläche eines Raumes ist nach Wahl des Bauherrn aus den Fertigmaßen oder den Rohbaumaßen zu ermitteln. Die Wahl bleibt für alle späteren Berechnungen maßgebend.

(2) Fertigmaße sind die lichten Maße zwischen den Wänden ohne Berücksichtigung von Wandgliederungen, Wandbekleidungen, Scheuerleisten, Öfen, Heizkörpern, Herden und dergleichen.

(3) Werden die Rohbaumaße zugrunde gelegt, so sind die errechneten Grundflächen um 3 vom Hundert zu kürzen.

(4) Von den errechneten Grundflächen sind abzuziehen die Grundflächen von

1. Schornsteinen und anderen Mauervorlagen, freistehenden Pfeilern und Säulen, wenn sie in der ganzen Raumhöhe durchgehen und ihre Grundfläche mehr als 0,1 Quadratmeter beträgt,
2. Treppen mit über drei Steigungen und deren Treppenabsätze.

(5) Zu den errechneten Grundflächen sind hinzuzurechnen die Grundflächen von

1. Fenster- und offenen Wandnischen, die bis zum Fußboden herunterreichen und mehr als 0,13 Meter tief sind,
2. Erkern und Wandschränken, die eine Grundfläche von mindestens 0,5 Quadratmeter haben,
3. Raumteilen unter Treppen, soweit die lichte Höhe mindestens 2 Meter ist.

Nicht hinzuzurechnen sind die Grundflächen der Türnischen.

(6) Wird die Grundfläche auf Grund der Bauzeichnung nach den Rohbaumaßen ermittelt, so bleibt die hiernach berechnete Wohnfläche maßgebend, außer wenn von der Bauzeichnung abweichend gebaut ist. Ist von der Bauzeichnung abweichend gebaut worden, so ist die Grundfläche auf Grund der berichtigten Bauzeichnung zu ermitteln.

§ 44 Anrechenbare Grundfläche

(1) Zur Ermittlung der Wohnfläche sind anzurechnen

1. voll
   die Grundflächen von Räumen und Raumteilen mit einer lichten Höhe von mindestens 2 Metern;
2. zur Hälfte
   die Grundflächen von Räumen und Raumteilen mit einer lichten Höhe von mindestens 1 Meter und weniger als 2 Metern und von Wintergärten, Schwimmbädern und ähnlichen, nach allen Seiten geschlossenen Räumen;

3. nicht
die Grundflächen von Räumen oder Raumteilen mit einer lichten Höhe von weniger als 1 Meter.

(2) Gehören ausschließlich zu dem Wohnraum Balkone, Loggien, Dachgärten oder gedeckte Freisitze, so können deren Grundflächen zur Ermittlung der Wohnfläche bis zur Hälfte angerechnet werden.

(3) Zur Ermittlung der Wohnfläche können abgezogen werden
1. bei einem Wohngebäude mit einer Wohnung bis zu 10 vom Hundert der ermittelten Grundfläche der Wohnung,
2. bei einem Wohngebäude mit zwei nicht abgeschlossenen Wohnungen bis zu 10 vom Hundert der ermittelten Grundfläche beider Wohnungen,
3. bei einem Wohngebäude mit einer abgeschlossenen und einer nicht abgeschlossenen Wohnung bis zu 10 vom Hundert der ermittelten Grundfläche der nicht abgeschlossenen Wohnung.

(4) Die Bestimmung über die Anrechnung oder den Abzug nach Absatz 2 oder 3 kann nur für das Gebäude oder die Wirtschaftseinheit einheitlich getroffen werden. Die Bestimmung bleibt für alle späteren Berechnungen maßgebend.

Anlage 2 (zu den §§ 11a und § 34 Abs. 1)

Berechnung des umbauten Raumes

Der umbaute Raum ist in m³ anzugeben.

1.1 Voll anzurechnen ist der umbaute Raum eines Gebäudes, der umschlossen wird:
1.11 seitlich von den Außenflächen der Umfassungen,
1.12 unten,
1.121 bei unterkellerten Gebäuden von den Oberflächen der untersten Geschoßfußböden,
1.122 bei nichtunterkellerten Gebäuden von der Oberfläche des Geländes. Liegt der Fußboden des untersten Geschosses tiefer als das Gelände, gilt Abschnitt 1.121,
1.13 oben,
1.131 bei nichtausgebautem Dachgeschoß von den Oberflächen der Fußböden über den obersten Vollgeschossen,
1.132 bei ausgebautem Dachgeschoß, bei Treppenhausköpfen und Fahrstuhlschächten von den Außenflächen der umschließenden Wände und Decken. (Bei Ausbau mit Leichtbauplatten sind die begrenzenden Außenflächen durch die Außen- oder Oberkante der Teile zu legen, welche diese Platten unmittelbar tragen),
1.133 bei Dachdecken, die gleichzeitig die Decke des obersten Vollgeschosses bilden, von den Oberflächen der Tragdecke oder Balkenlage,
1.134 bei Gebäuden oder Bauteilen ohne Geschoßdecken von den Außenflächen des Daches, vgl. Abschnitt 1.35.

1.2 Mit einem Drittel anzurechnen ist der umbaute Raum des nichtausgebauten Dachraumes, der umschlossen wird von den Flächen nach Abschnitt 1.131 oder 1.132 und den Außenflächen des Daches.
1.3 Bei den Berechnungen nach Abschnitt 1.1 und 1.2 ist:
1.31 die Gebäudegrundfläche nach den Rohbaumaßen des Erdgeschosses zu berechnen,
1.32 bei wesentlich verschiedenen Geschoßgrundflächen der umbaute Raum geschoßweise zu berechnen,
1.33 nicht abzuziehen der umbaute Raum, der gebildet wird von:
1.331 äußeren Leibungen von Fenstern und Türen und äußeren Nischen in den Umfassungen,
1.332 Hauslauben (Loggien), d. h. an höchstens zwei Seitenflächen offenen, im übrigen umbauten Räumen,
1.34 nicht hinzuzurechnen der umbaute Raum, den folgende Bauteile bilden:
1.341 stehende Dachfenster und Dachaufbauten mit einer vorderen Ansichtsfläche bis zu je 2 m^2 (Dachaufbauten mit größerer Ansichtsfläche siehe Abschnitt 1.42),
1.342 Balkonplatten und Vordächer bis zu 0,5 m Ausladung (weiter ausladende Balkonplatten und Vordächer siehe Abschnitt 1.44),
1.343 Dachüberstände, Gesimse, ein bis drei nichtunterkellert, vorgelagerte Stufen, Wandpfeiler, Halbsäulen und Pilaster,
1.344 Gründungen gewöhnlicher Art, deren Unterfläche bei unterkellerten Bauten nicht tiefer als 0,5 m unter der Oberfläche des Kellergeschoßfußbodens, bei nichtunterkellerten Bauten nicht tiefer als 1 m unter der Oberfläche des umgebenden Geländes liegt (Gründungen außergewöhnlicher Art und Tiefe siehe Abschnitt 1.48),
1.345 Kellerlichtschächte und Lichtgräben,
1.35 für Teile eines Baues, deren Innenraum ohne Zwischendecken bis zur Dachfläche durchgeht, der umbaute Raum getrennt zu berechnen, vgl. Abschnitt 1.134,
1.36 für zusammenhängende Teile eines Baues, die sich nach dem Zweck und deshalb in der Art des Ausbaues wesentlich von den übrigen Teilen unterscheiden, der umbaute Raum getrennt zu berechnen.
1.4 Von der Berechnung des umbauten Raumes nicht erfaßt werden folgende (besonders zu veranschlagende) Bauausführungen und Bauteile:
1.41 geschlossene Anbauten in leichter Bauart und mit geringwertigem Ausbau und offene Anbauten, wie Hallen, Überdachungen (mit oder ohne Stützen) von Lichthöfen, Unterfahrten auf Stützen, Veranden,
1.42 Dachaufbauten mit vorderen Ansichtsflächen von mehr als 2 m^2 und Dachreiter,
1.43 Brüstungen von Balkonen und begehbaren Dachflächen,
1.44 Balkonplatten und Vordächer mit mehr als 0,5 m Ausladung,
1.45 Freitreppen mit mehr als 3 Stufen und Terrassen (und ihre Brüstungen),

1.46 Füchse, Gründungen für Kessel und Maschinen,
1.47 freistehende Schornsteine und der Teil von Hausschornsteinen, der mehr als 1 m über den Dachfirst hinausragt,
1.48 Gründungen außergewöhnlicher Art, wie Pfahlgründungen und Gründungen außergewöhnlicher Tiefe, deren Unterfläche tiefer liegt als im Abschnitt 1.344 angegeben,
1.49 wasserdruckhaltende Dichtungen.

Erläuterungen zu den Unterschieden DIN 277/1950 und DIN 277/1973[1]

Dachgeschoß
nicht ausgebaut

Länge des Hauses
12,50 m

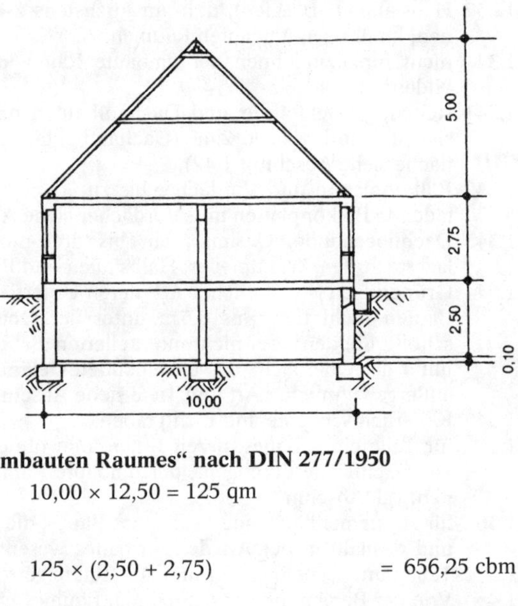

1. Berechnung des „umbauten Raumes" nach DIN 277/1950

bebaute Fläche: 10,00 × 12,50 = 125 qm

umbauter Raum:

Kellergeschoß und Wohngeschoß:	125 × (2,50 + 2,75)	= 656,25 cbm
nichtausgebautes Dachgeschoß:	125 × 5,00 × $^1/_2$ × $^1/_3$	= 104,17 cbm
		760,42 cbm
		rd. 760,00 cbm

Anmerkung:
Das nichtausgebaute Dachgeschoß wird hier nur zu einem Drittel berücksichtigt.
Der Kellerboden bleibt unberücksichtigt.

[1] Quelle: Stannigel/Kremer/Weyers, Beleihungsgrundsätze, Stuttgart 1984 S. 664.

2. Berechnung des „Rauminhaltes" nach DIN 277/1973/1987

bebaute Fläche:	10,00 × 12,50 = 125 qm	
Rauminhalt:		
Kellergeschoß	125 × (2,50 + 0,10)	= 325,00 cbm
Wohngeschoß	125 × 2,75	= 343,75 cbm
Dachgeschoß	125 × 5,00 × 1/2	= 312,50 cbm
		981,25 cbm
		rd. 981,00 cbm

Anmerkung:
Das nichtausgebaute Dachgeschoß wird hier voll durchgerechnet, die Kellerhöhe wird von Unterkante Kellerfußboden aus gemessen.

3. Ergebnis und Konsequenz

Der Rauminhalt ist im vorstehenden Beispiel um rd. 30% größer als der umbaute Raum.

Würde nun der Rauminhalt mit Wertansätzen multipliziert, die auf den umbauten Raum zutreffen, so wären die Ergebnisse um rd. 30% zu hoch.

Leider gibt es kein bestimmtes Verhältnis zwischen Rauminhalt und umbautem Raum. Je nach Anzahl der Geschosse, Dachneigung, ausgebautem oder nichtausgebautem Dachgeschoß wird man andere Verhältniszahlen erhalten. Es können deshalb auch keine Faktoren angegeben werden, nach denen Wertansätze auf der Basis des umbauten Raumes in Rauminhalt-Wertansätze umgewandelt werden können.

Wertansätze auf der Basis des umbauten Raumes dürfen daher nur in Verbindung mit „Umbauter-Raum-Berechnungen" verwandt werden. Liegen Massenberechnungen auf Rauminhalt-Basis vor, kann in zweifacher Weise vorgegangen werden:

1. Die Rauminhalt-Berechnung wird in eine „Umbauter-Raum-Berechnung" umgewandelt; d. h., nicht ausgebaute Dachgeschosse werden nur zu einem Drittel berücksichtigt und Kellerfußböden nicht mitgerechnet.
2. Zur Wertermittlung werden direkt Wertansätze auf Rauminhalt-Basis benutzt. Hierbei ist zu beachten, daß nur qualitativ gleichartige Gebäudeteile (Geschosse) zusammengefaßt bewertet werden; z. B. dürfen die Kellergeschosse nicht mit den Wohngeschossen oder den nicht ausgebauten Dachgeschossen zusammengefaßt werden. Wertansätze zum Rauminhalt sind in der Literatur z. B. bei Vogels (abgedruckt auf S. 29) anzutreffen.

Eine solche Berechnung sieht dann so aus:

Berechnung des umbauten Raumes nach DIN 277/1950

I. Grundflächen

Kopfbau

1.1	Kellergeschoß				
	$\frac{16{,}10 \times 22{,}20}{2} \times 9{,}55$	=	182,88 qm		
	$6{,}20 \times 1{,}87 \times 1/2 \times 2$	=	11,59 qm		
	$1{,}87 \times 3{,}00 \times 2$	=	11,22 qm		
	$3{,}99 \times 4{,}54$	=	18,11 qm	=	223,80 qm
2.1	Erdgeschoß = wie Kellergeschoß			=	223,80 qm
3.1	1. + 2. + 3. + 4. + 5. + 6. + 7. + 8. Obergeschoß				
	aus 2.1 Erdgeschoß	=	223,80 qm		
	$9{,}50 \times 1{,}50 \times 2$	=	28,50 qm	=	252,30 qm
4.1	Maschinen- u. Trockenraum über dem 8. Obergeschoß				
	$\frac{9{,}00 + 9{,}53}{2} \times 5{,}90$	=	54,66 qm		
	$3{,}99 \times 2{,}645$	=	10,55 qm	=	65,21 qm

Seitenbau

1.1	Kellergeschoß				
	$\frac{13{,}65 + 9{,}30}{2} \times 6{,}00$	=	68,85 qm		
	$2{,}35 \times 2{,}645$	=	6,22 qm		
	$\frac{2{,}645 + 2{,}255}{2} \times 0{,}95 + 1{,}75 \times 1/2$	=	3,31 qm	=	78,38 qm
1.2	$\frac{3{,}45 + 6{,}45}{2} \times \frac{6{,}00 + 9{,}50}{2}$	=	38,36 qm		
	$2{,}85 \times 1{,}75 \times ½$	=	2,49 qm	=	40,85 qm
1.3	$\frac{3{,}50 + 2{,}50}{2} \times \frac{4{,}80 + 5{,}10}{2}$	=	14,85 qm		
	$\frac{2{,}05 + 2{,}85}{2} \times \frac{2{,}75 + 2{,}65}{2}$	=	6,62 qm	=	21,47 qm
					140,70 qm

2.1	Erdgeschoß				
	aus 1.1 Kellergeschoß	=	78,38 qm		
	aus 1.2 Kellergeschoß	=	40,85 qm	=	119,23 qm
3.1	1. + 2. + 3. + 4. + 5. Obergeschoß				
	aus 2.1 Erdgeschoß			=	119,23 qm

II. Höhen:

Kopfbau

Kellergeschoß	=	2,75 m
Erdgeschoß	=	4,00 m
mit 8. Obergeschoß	=	3,00 m × 8 = 24,00 m
Maschinen- u. Trockenraum	=	2,75 m

Seitenbau

Kellergeschoß	=	2,75 m bzw. 4,25 m u. 2,40 m
Erdgeschoß	=	4,00 m
1. mit 4. Obergeschoß	=	3,00 m × 4 = 12,00 m
5. Obergeschoß	=	2,75 m

III. Umbauter Raum:

Kopfbau

Kellergeschoß		
aus 1.1 = 223,80 × 2,75	=	615,450 cbm
Erdgeschoß		
aus 2.1 = 223,80 × 4,00	=	895,200 cbm
1. mit 8. Obergeschoß		
aus 3.1 = 252,30 × 24,00	=	6 055,200 cbm
Maschinen- u. Trockenraum über dem 8. Obergeschoß		
aus 4.1 = 65,21 × 2,75	=	179,328 cbm
		7 745,178 cbm

Seitenbau

Kellergeschoß		
aus 1.1 = 78,38 × 2,75	=	215,545 cbm
aus 1.2 = 40,85 × 4,25	=	173,613 cbm
aus 1.3 = 21,47 × 2,40	=	51,528 cbm
Erdgeschoß		
aus 2.1 = 119,23 × 4,00	=	476,920 cbm
1. mit 4. Obergeschoß		
aus 3.1 = 119,23 × 12,00	=	1 430,760 cbm
5. Obergeschoß		
aus 3.1 = 119,23 × 2,75	=	327,883 cbm
		2 676,249 cbm

IV. Zusammenstellung:

Kopfbau	=	7745,178 cbm
Seitenbau	=	2676,249 cbm
Umbauter Raum insgesamt:		10421,427 cbm

5. Preisindices für den Neubau von Wohngebäuden

Damit hat man aber erst die Menge des umbauten Raumes. Um mit Hilfe dieses Mengengerüsts auf die Kosten schließen zu können, muß man sich erinnern, daß folgende Beziehung besteht: Kosten = Menge × Preis.

Die Preise pro Kubikmeter umbauten Raumes (Raummeterpreise) sind wegen der Teuerung fortlaufend Änderungen unterworfen. Es hat sich in vielen Fällen als zweckmäßig erwiesen, von den durchschnittlichen Raummeterpreisen des Jahres 1913 auszugehen. Man multipliziert dann diesen Preis mit der Preisindexziffer. Da das Statistische Bundesamt Wiesbaden für 4 Termine im Jahr (Februar, Mai, August, November) Indexziffern bekanntgibt, kann man zeitnah die Kosten ermitteln (s. S. 32).

Beispiel:

Nimmt man für ein Einfamilienhaus als Menge des umbauten Raumes 1100 Kubikmeter an, so lassen sich die durchschnittlichen Kosten ermitteln, wenn man aus der anschließend abgedruckten Tabelle einen Preis von 22 Mark (1913) entnimmt:

1100 m^3 × 22 Mark = 24200 Mark (1913)

Diese Summen multipliziert man mit der jeweils aktuellsten Indexziffer 1913 = 100 (siehe Seite 35). Nimmt man die Indexziffer Februar 1999 = 2190,2 ergibt sich dann folgende Rechnung:

$$\frac{\text{M } 24\,200 \times 2146{,}3}{100} = \underline{\underline{519\,404{,}60 \text{ DM.}}}$$

Oft findet auch eine Umbasierung des Jahresindexes 1913 = 100 auf 1995 = 100 statt. (Siehe Übersicht auf S. 32).

Man rechnet:

$$\frac{\text{Neuer Index}}{\text{Alter Index}} = \frac{100}{4{,}5} = 22{,}222 \text{ (Quotient).}$$

Weitere Rechnung:

M 24,200 × 22,222 = DM 537 772,40
Indexzahl 1995 = 100 für Februar 1999 = 98,3

$$\frac{\text{DM } 537\,772{,}40 \times 98{,}3}{100} = \text{DM } 528\,630{,}269.$$

(Abweichung durch veränderte Wägungsschemata und Rundungen.)

Baukosten für Einfamilienhäuser[1]

(A) M/cbm umbauter Raum nach DIN 277 vom November 1950*

Art	Anzahl der Gesch.	Ausstattung der Gebäude einfach	durchschnittlich	überdurchschn.	aufwendig
Fachwerkh.	1	12 - 14	14 - 16	16 - 20	-
	2	14 - 16	16 - 18	18 - 22	-
Siedl.-häuser	1	15 - 17	17 - 20	20 - 23	-
	2	17 - 20	20 - 22	22 - 25	-
Einfam.-häuser	1	17 - 20	20 - 23	24 - 27	28 - 32
	2	20 - 22	22 - 25	27 - 30	31 - 35
Garagen	1	8 - 10	10 - 12	12 - 14	-

* unterkellerte Gebäude

(B) M/cbm Rauminhalt nach DIN 277 vom Mai 1973

Art	Anzahl der Gesch.	M/cbm Wohngeschoß bei folgender Ausstattung: einfach	durchschnittlich	überdurchschn.	aufwendig
Fachwh.	1 - 2	16 - 18	18 21	21 - 25	-
Siedlh.	1 - 2	19 - 22	22 - 26	26 - 30	-
Einf.H.	1 - 2	22 - 26	26 - 30	32 - 36	38 - 42
Keller	1	10 - 12	12 - 14	14 - 16	16 - 20
nicht ausgebaute Dachgeschosse: 7 - 10 M/cbm					

[1] Quelle: Vogels, Grundstücks- und Gebäudebewertung – marktgerecht, 4. Auflage, Wiesbaden 1992. Vgl. auch Zimmermann/Heller, Der Verkehrswert von Grundstücken, 2. Auflage, München 1999.

(C) M/qm Wohnfläche (unterkellerte Gebäude)

Art	Anzahl der Gesch.	Ausstattung der Gebäude einfach	durchschnittlich	überdurchschn.	aufwendig
Fachwerkh.	1	95-100	100-110	115-130	-
	2	75- 80	80- 90	95-110	-
Siedl.-häuser	1	105-115	120-135	135-150	-
	2	85- 95	100-115	115-130	-
Einfam.-häuser	1	115-135	135-160	165-185	195-220
	2	95-115	115-130	140-155	165-185

Geschoßhöhen i. M.: Keller 2,50 m; Wohngeschosse 2,75 m

Baukosten für Einfamilienhäuser (1913 = 100)

Baukosten für Mehrfamilienhäuser

(A) M/cbm umbauter Raum nach DIN 277 vom November 1950*

Anzahl der Geschosse	Ausstattung der Gebäude einfach	durchschnittlich	überdurchschn.	aufwendig
2	18 - 20	20 - 23	24 - 26	26 - 29
3	19 - 20	21 - 24	26 - 27	28 - 31
4	19 - 21	22 - 25	27 - 29	29 - 32
5 - 8	-	24 - 28	29 - 32	33 - 36
9 - 16	-	29 - 33	34 - 38	-

* unterkellerte Gebäude

(B) M/cbm Rauminhalt nach Din 277 vom Mai 1973

Anzahl der Geschosse	M/cbm Wohngeschoß bei folgender Ausstattung einfach	durchschnittlich	überdurchschn.	aufwendig	M/cbm Keller
2 - 4	21 - 23	24 - 28	30 - 32	33 - 37	10 - 14
5 - 8	-	26 - 30	31 - 34	35 - 38	12 - 18
9 - 16	-	30 - 34	35 - 40	-	16 - 26
nicht ausgebaute Dachgeschosse: 7 - 10 M/cbm					

(C) M/qm Wohnfläche (unterkellerte Gebäude)

Anzahl der Geschosse	Ausstattung der Gebäude einfach	durch-schnittlich	über-durchschn.	aufwendig
2	95-100	105-120	125-130	135-150
3	90- 95	100-115	120-125	130-145
4	85- 90	95-110	115-125	125-140
5 - 8	-	100-110	115-125	130-140
9 - 16	-	115-125	130-145	-

Geschoßhöhen i. M.: Keller 2,50 m; Wohngeschosse 2,75 m

Baukosten für Mehrfamilienhäuser (1913 = 100)

Man kann auch in anderer Reihenfolge rechnen:

Durchschnittlicher Raummeterpreis 1913 = 22 M multipliziert mit der Indexziffer 1913 = 100 Februar 1999 = 2146,3 = Preis für den Kubikmeter umbauten Raumes

$$\frac{\text{M } 22 \times 2146{,}3}{100} = 472{,}186 \text{ DM (Februar 1999).}$$

Setzt man diesen Preis in das Mengengerüst = 1100 Kubikmeter ein, so erhält man ebenfalls

DM 472,186 × 1100 m^3 = 519404,60 DM.

Man kalkuliert auf diese Weise nur „durchschnittliche" Kosten. Jedes Haus unterscheidet sich von jedem anderen durch eine unterschiedliche Ausstattung.

PREISINDIZES FUER DEN NEUBAU VON WOHNGEBAEUDEN INSGESAMT (VERSCHIEDENE BASISJAHRE) EINSCHL. UMSATZSTEUER *)
(LANGFRISTIGE UEBERSICHT)

JAHR	1913	1914	1938	1958	1962	1970	1976	1980	1985	1991	1995
	= 100										
1913 D	100.0	93.6	73.9	28.8	21.9	14.7	10.2	7.6	6.6	5.3	4.5
1914 D	106.8	100.0	78.9	30.8	23.4	15.7	10.9	8.1	7.1	5.7	4.9
1915 D	119.7	112.1	88.4	34.5	26.2	17.6	12.3	9.2	8.0	6.4	5.5
1916 D	132.0	123.6	97.5	38.0	28.9	19.4	13.5	10.1	8.8	7.1	6.0
1917 D	163.9	153.5	121.1	47.3	35.9	24.1	16.8	12.5	10.9	8.8	7.5
1918 D	227.2	212.7	167.8	65.5	49.7	33.4	23.3	17.4	15.2	12.2	10.4
1919 D	373.5	349.7	275.9	107.6	81.7	54.9	38.2	28.5	24.9	20.0	17.1
1920 D	1068.0	1000.0	789.0	308.0	234.0	157.0	109.0	81.3	71.0	57.1	48.8
1921 D	1803.0	1688.0	1332.0	520.0	394.0	265.0	185.0	138.0	120.6	97.0	82.9
1924 D	138.1	129.3	102.0	39.8	30.2	20.3	14.1	10.5	9.2	7.4	6.3
1925 D	170.1	159.2	125.6	49.0	37.2	25.0	17.4	13.0	11.4	9.2	7.8
1926 D	165.3	154.8	122.1	47.6	36.2	24.3	16.9	12.6	11.0	8.8	7.6
1927 D	167.3	156.7	123.6	48.2	36.6	24.6	17.1	12.8	11.2	9.0	7.7
1928 D	174.8	163.7	129.1	50.4	38.2	25.7	17.9	13.4	11.7	9.4	8.0
1929 D	177.6	166.2	131.2	51.2	38.8	26.1	18.2	13.6	11.9	9.6	8.2
1930 D	170.1	159.2	125.6	49.0	37.2	25.0	17.4	13.0	11.4	9.2	7.8
1931 D	155.8	145.9	115.1	44.9	34.1	22.9	15.9	11.9	10.4	8.4	7.1
1932 D	132.0	123.6	97.5	38.0	28.9	19.4	13.5	10.1	8.8	7.1	6.0
1933 D	125.2	117.2	92.5	36.1	27.4	18.4	12.8	9.6	8.4	6.8	5.8
1934 D	131.3	122.9	97.0	37.8	28.7	19.3	13.4	10.0	8.7	7.0	6.0
1935 D	131.3	122.9	97.0	37.8	28.7	19.3	13.4	10.0	8.7	7.0	6.0
1936 D	131.3	122.9	97.0	37.8	28.7	19.3	13.4	10.0	8.7	7.0	6.0
1937 D	134.0	125.5	99.0	38.6	29.3	19.7	13.7	10.2	8.9	7.2	6.1
1938 D	135.4	126.8	100.0	39.0	29.6	19.9	13.9	10.4	9.1	7.3	6.3
1939 D	137.4	128.7	101.5	39.6	30.1	20.2	14.1	10.5	9.2	7.4	6.3
1940 D	139.5	130.6	103.0	40.2	30.5	20.5	14.3	10.7	9.4	7.6	6.5
1941 D	146.3	136.9	108.0	42.2	32.0	21.5	15.0	11.2	9.8	7.9	6.7
1942 D	158.5	148.4	117.1	45.7	34.7	23.3	16.2	12.1	10.6	8.5	7.3
1943 D	161.9	151.6	119.6	46.7	35.4	23.8	16.6	12.4	10.8	8.7	7.4
1944 D	165.3	154.8	122.1	47.6	36.2	24.3	16.9	12.6	11.0	8.8	7.6
1945 D	170.7	159.9	126.1	49.2	37.4	25.1	17.5	13.1	11.4	9.2	7.8
1946 D	182.3	170.7	134.7	52.5	39.9	26.8	18.7	14.0	12.2	9.8	8.4
1947 D	212.9	199.4	157.3	61.4	46.6	31.3	21.8	16.3	14.2	11.4	9.8
1948 D	281.0	263.1	207.5	81.0	61.5	41.3	28.8	21.5	18.8	15.1	12.9
1949 D	262.6	245.9	194.0	75.7	57.4	38.6	26.9	20.1	17.6	14.2	12.1
1950 D	250.3	234.4	184.9	72.2	54.8	36.8	25.6	19.1	16.7	13.4	11.5
1951 D	289.8	271.3	214.1	83.5	63.4	42.6	29.7	22.2	19.4	15.6	13.3
1952 D	308.8	289.2	228.1	89.0	67.6	45.4	31.6	23.6	20.6	16.6	14.2
1953 D	298.6	279.6	220.6	86.1	65.3	43.9	30.6	22.8	19.9	16.0	13.7

1954 D	300.0	280.9	221.6	86.5	65.6	44.1	30.7	22.9	20.0	16.1	13.7
1955 D	316.3	296.2	233.7	91.2	69.2	46.5	32.4	24.2	21.1	17.0	14.5
1956 D	324.5	303.8	239.7	93.5	71.0	47.7	33.2	24.8	21.7	17.5	14.9
1957 D	336.1	314.6	248.2	96.9	73.5	49.4	34.4	25.7	22.5	18.1	15.5
1958 D	346.9	324.8	256.3	100.0	75.9	51.0	35.5	26.5	23.2	18.6	15.9
1959 D	365.3	342.0	269.8	105.3	79.9	53.7	37.4	27.9	24.4	19.6	16.8
1960 D	392.5	367.5	239.9	113.1	85.9	57.7	40.2	30.0	26.2	21.0	18.0
1961 D	422.4	395.5	312.1	121.8	92.4	62.1	43.2	32.2	28.1	22.6	19.3
1962 D	457.1	428.0	337.7	131.8	100.0	67.2	46.8	34.9	30.5	24.5	20.9
1963 D	481.0	450.3	355.3	138.6	105.2	70.7	49.2	36.7	32.1	25.7	22.0
1964 D	503.4	471.3	371.9	145.1	110.1	74.0	51.5	38.4	33.6	26.9	23.0
1965 D	524.5	491.1	387.4	151.2	114.7	77.1	53.7	40.1	35.0	28.1	24.1
1966 D	541.5	507.0	400.0	156.1	118.5	79.6	55.4	41.3	36.1	29.0	24.8
1967 D	529.9	496.2	391.5	152.7	115.9	77.9	54.2	40.4	35.3	28.4	24.3
1968 D	552.4	517.2	408.1	159.2	120.8	81.2	56.5	42.2	36.9	29.6	25.3
1969 D	584.0	546.8	431.4	168.4	127.8	85.9	59.8	44.6	39.0	31.3	26.8
1970 D	680.3	636.9	502.5	196.1	148.8	100.0	69.6	52.0	45.4	36.5	31.2
1971 D	750.5	702.7	554.4	216.4	164.2	110.3	76.8	57.3	50.1	40.2	34.4
1972 D	801.2	750.2	591.9	230.9	175.3	117.8	82.0	61.2	53.5	43.0	36.7
1973 D	860.0	805.3	635.3	247.9	188.1	126.4	88.0	65.7	57.4	46.1	39.4
1974 D	922.6	863.9	681.5	265.9	201.8	135.6	94.4	70.5	61.6	49.4	42.3
1975 D	944.6	884.4	697.7	272.2	206.6	138.9	96.7	72.1	63.1	50.6	43.3
1976 D	977.1	915.0	721.8	281.7	213.7	143.7	100.0	74.6	65.2	52.4	44.8
1977 D	1024.5	959.3	756.8	295.3	224.1	150.6	104.9	78.2	68.4	54.9	46.9
1978 D	1087.8	1018.6	803.6	313.6	238.0	159.9	111.3	83.1	72.6	58.3	49.8
1979 D	1183.3	1108.0	874.1	341.1	258.8	174.0	121.1	90.4	79.0	63.4	54.2
1980 D	1309.7	1226.3	967.4	377.6	286.5	192.5	134.0	100.0	87.4	70.2	60.0
1981 D	1386.3	1298.1	1024.0	399.6	303.2	203.8	141.9	105.9	92.5	74.3	63.5
1982 D	1426.3	1335.5	1053.6	411.1	312.0	209.6	146.0	108.9	95.2	76.4	65.3
1983 D	1456.4	1363.7	1075.8	419.8	318.6	214.1	149.1	111.2	97.2	78.0	66.7
1984 D	1492.4	1397.4	1102.4	430.2	326.5	219.3	152.8	114.0	99.6	80.0	68.4

---

*) 1913 BIS 1944 REICHSGEBIET (JEWEILIGER GEBIETSSTAND), 1945 BIS 1959 FRUEHERES BUNDESGEBIET OHNE BERLIN (WEST) UND SAARLAND, 1960 BIS 1965 FRUEHERES BUNDESGEBIET OHNE BERLIN (WEST), 1966 BIS 1990 FRUEHERES BUNDESGEBIET.
FUER 1922 UND 1923 WURDEN WEGEN DER SPRUNGHAFTEN ENTWERTUNG DER MARK KEINE DURCHSCHNITTSINDIZES VEROEFFENTLICHT.

PREISINDIZES FUER DEN NEUBAU VON WOHNGEBAEUDEN INSGESAMT (VERSCHIEDENE BASISJAHRE) EINSCHL. UMSATZSTEUER *)
(LANGFRISTIGE UEBERSICHT)

JAHR MONAT	1913	1914	1938	1958	1962	1970	1976	1980	1985	1991	1995
	= 100										
1985 D	1498.7	1403.3	1107.0	432.0	327.9	220.3	153.4	114.5	100.0	80.3	68.7
1986 D	1519.3	1422.6	1122.2	437.9	332.4	223.3	155.5	116.0	101.4	81.4	69.6
1987 D	1548.2	1449.6	1143.6	446.2	338.7	227.5	158.5	118.2	103.3	83.0	70.9
1988 D	1581.1	1480.5	1167.9	455.7	345.9	232.4	161.8	120.7	105.5	84.8	72.4
1989 D	1638.9	1534.5	1210.5	472.4	358.5	240.9	167.8	125.1	109.4	87.8	75.0
1990 D	1744.5	1633.4	1288.6	502.8	381.6	256.4	178.6	133.2	113.4	93.5	79.9
1991 D	1865.6	1746.9	1378.1	537.7	408.2	274.2	191.0	142.5	121.5	100.0	85.5
1992 D	1985.0	1858.7	1466.3	572.1	434.3	291.7	203.3	151.6	132.5	106.4	91.0
1993 D	2083.0	1950.4	1538.7	600.4	455.7	306.1	213.3	159.1	139.0	111.7	95.4
1994 D	2132.9	1997.1	1575.5	614.7	466.6	313.5	218.4	162.9	142.3	114.3	97.7
1995 D	2182.9	2044.0	1612.5	629.2	477.6	320.8	223.5	166.7	145.7	117.0	100.0
1996 D	2179.1	2040.5	1609.7	628.1	476.8	320.2	223.2	166.4	145.4	116.8	99.8
1997 D	2162.7	2025.2	1597.6	623.4	473.2	317.8	221.5	165.2	144.3	115.9	99.1
1998 D	2155.1	2018.0	1592.0	621.1	471.5	316.7	220.7	164.6	143.8	115.5	98.7
1987 FEBRUAR	1533.2	1435.6	1132.5	441.9	335.4	225.3	156.9	117.1	102.3	82.2	70.2
MAI	1548.2	1449.6	1143.5	446.2	338.7	227.5	158.5	118.2	103.3	83.0	70.9
AUGUST	1554.1	1455.2	1148.0	447.9	340.0	228.4	159.1	118.7	103.7	83.3	71.2
NOVEMBER	1557.1	1458.0	1150.2	448.8	340.6	228.8	159.4	118.9	103.9	83.5	71.3
1988 FEBRUAR	1561.6	1462.2	1153.5	450.1	341.6	229.5	159.8	119.2	104.2	83.7	71.5
MAI	1578.1	1477.7	1165.7	454.9	345.2	231.9	161.5	120.5	105.3	84.6	72.3
AUGUST	1588.6	1487.5	1173.4	457.9	347.5	233.5	162.6	121.3	106.0	85.2	72.8
NOVEMBER	1596.1	1494.5	1179.0	460.0	349.2	234.6	163.4	121.9	106.5	85.6	73.1
1989 FEBRUAR	1611.1	1508.6	1190.0	464.4	352.4	236.8	164.9	123.0	107.5	86.4	73.8
MAI	1635.1	1531.0	1207.8	471.3	357.7	240.3	167.4	124.8	109.1	87.6	74.8
AUGUST	1648.6	1543.6	1217.7	475.2	360.6	242.3	168.7	125.9	110.0	88.4	75.5
NOVEMBER	1660.6	1554.9	1226.6	478.6	363.3	244.0	170.0	126.8	110.8	89.0	76.0
1990 FEBRUAR	1696.5	1588.5	1253.1	489.0	371.1	249.3	173.7	129.5	113.2	90.9	77.7
MAI	1741.5	1630.6	1286.4	501.9	381.0	255.9	178.3	133.0	116.2	93.3	79.7
AUGUST	1762.5	1650.3	1301.8	508.0	385.6	259.0	180.4	134.6	117.5	94.5	80.7
NOVEMBER	1777.5	1664.3	1312.9	512.3	388.8	261.2	181.9	135.7	118.3	95.3	81.4

1991 FEBRUAR	1805.9	1691.0	1334.0	520.5	395.1	265.4	134.9	137.9	120.5	96.8	82.7
MAI	1863.7	1745.2	1376.7	537.2	407.8	273.9	130.8	142.3	124.4	99.9	85.4
AUGUST	1888.0	1767.9	1394.6	544.2	413.1	277.5	133.3	144.2	126.0	101.2	86.5
NOVEMBER	1904.8	1783.6	1407.0	549.0	416.7	279.9	135.0	145.5	127.1	102.1	87.2
1992 FEBRUAR	1940.2	1816.8	1433.2	559.2	424.5	285.1	198.7	148.2	129.5	104.0	88.9
MAI	1979.1	1853.5	1462.2	570.5	433.1	290.9	202.7	151.1	132.1	106.1	90.7
AUGUST	2005.5	1877.9	1481.5	578.0	438.8	294.7	205.3	153.1	133.8	107.5	91.9
NOVEMBER	2014.3	1886.7	1488.3	580.7	440.8	296.1	206.3	153.9	134.4	108.0	92.3
1993 FEBRUAR	2052.2	1921.6	1515.9	591.5	449.0	301.6	210.1	156.7	136.9	110.0	94.0
MAI	2085.7	1953.0	1540.7	601.2	456.3	306.5	213.6	159.3	139.2	111.8	95.5
AUGUST	2095.1	1961.8	1547.6	603.8	458.4	307.9	214.5	160.0	139.8	112.3	96.0
NOVEMBER	2098.8	1965.3	1550.4	604.9	459.2	308.4	214.9	160.3	140.0	112.5	96.1
1994 FEBRUAR	2110.0	1975.7	1558.6	608.1	461.6	310.1	216.0	161.1	140.8	113.1	96.6
MAI	2130.5	1995.0	1573.8	614.1	466.1	313.1	218.1	162.7	142.2	114.2	97.6
AUGUST	2141.7	2005.4	1582.1	617.3	468.6	314.8	219.3	163.5	142.9	114.8	98.1
NOVEMBER	2149.2	2012.4	1587.6	619.4	470.2	315.8	220.0	164.1	143.4	115.2	98.4
1995 FEBRUAR	2166.0	2028.2	1600.0	624.3	473.9	318.3	221.8	165.4	144.5	116.1	99.2
MAI	2187.8	2048.6	1616.1	630.6	478.7	321.5	224.0	167.1	146.0	117.3	100.2
AUGUST	2190.0	2050.7	1617.7	631.2	479.2	321.8	224.3	167.2	146.1	117.4	100.3
NOVEMBER	2187.8	2048.6	1616.1	630.6	478.7	321.5	224.0	167.1	146.0	117.3	100.2
1996 FEBRUAR	2183.5	2044.6	1612.9	629.3	477.7	320.9	223.6	166.7	145.7	117.0	100.0
MAI	2181.3	2042.5	1611.3	628.7	477.2	320.5	223.4	166.6	145.5	116.9	99.9
AUGUST	2179.1	2040.5	1609.7	628.1	476.8	320.2	223.1	166.4	145.4	116.8	99.8
NOVEMBER	2172.6	2034.3	1604.8	626.2	475.3	319.3	222.5	165.9	144.9	116.5	99.5
1997 FEBRUAR	2168.2	2030.2	1601.6	624.9	474.4	318.6	222.0	165.6	144.6	116.2	99.3
MAI	2163.8	2026.2	1598.4	623.7	473.4	318.0	221.6	165.2	144.4	116.0	99.1
AUGUST	2163.8	2026.2	1598.4	623.7	473.4	318.0	221.6	165.2	144.4	116.0	99.1
NOVEMBER	2155.1	2018.0	1591.9	621.2	471.5	316.7	220.7	164.6	143.8	115.5	98.7
1998 FEBRUAR	2146.3	2009.8	1585.5	618.6	469.6	315.4	219.8	163.9	143.2	115.0	98.3
MAI	2161.6	2024.1	1596.8	623.0	472.9	317.7	221.4	165.1	144.2	115.9	99.0
AUGUST	2159.4	2022.1	1595.2	622.4	472.5	317.3	221.1	164.9	144.1	115.7	98.9
NOVEMBER	2152.9	2015.9	1590.3	620.5	471.0	316.4	220.5	164.4	143.6	115.4	98.6
1999 FEBRUAR	2146.3	2009.8	1585.5	618.6	469.6	315.4	219.8	163.9	143.2	115.0	98.3

PREISINDIZES FUER NEUBAU IN KONVENTIONELLER BAUART EINSCHL. UMSATZSTEUER
(AKTUELLE UND MITTELFRISTIGE ERGEBNISSE)
1.1 WOHNGEBAEUDE - BAULEISTUNGEN AM BAUWERK -
1995 = 100

ART	WAEGUNGS-ANTEIL AM GESAMT-INDEX IN PROMILLE	1995	1996	1997	1998	1998				1999	VERAENDERUNG FEBR. 1999 GEGENUEBER	
		DURCHSCHNITT				FEBR.	MAI	AUG.	NOV.	FEBR.	FEBR. 1998 IN PROZENT	NOV. 1998 IN PROZENT
INSGESAMT												
BAULEISTUNGEN AM BAUWERK	1 000	100,0	99,8	99,1	98,7	98,3	99,0	98,9	98,6	98,3	-	- 0,3
ROHBAUARBEITEN	496,73	100,0	99,0	97,4	96,2	96,0	96,5	96,4	95,9	95,5	- 0,5	- 0,4
ERDARBEITEN	36,16	100,0	97,7	95,1	93,2	93,0	93,5	93,4	93,0	92,1	- 1,0	- 1,0
VERBAUARBEITEN	1,05	100,0	96,7	94,1	92,0	92,9	92,4	91,7	91,0	90,6	- 2,5	- 0,4
RAMMARBEITEN	1,15	100,0	99,9	99,4	99,6	99,1	99,5	99,8	99,9	99,2	+ 0,1	- 0,7
ENTWAESSERUNGSKANALARBEITEN	10,33	100,0	99,0	97,6	96,4	96,2	96,6	96,6	96,3	96,3	+ 0,1	-
MAUERARBEITEN	151,67	100,0	99,3	97,8	96,2	96,1	96,5	96,3	95,7	95,6	- 0,5	- 0,1
BETON- UND STAHLBETONARBEITEN	180,48	100,0	98,2	96,4	95,3	95,1	95,6	95,5	95,0	94,5	- 0,6	- 0,5
ZIMMER- UND HOLZBAUARBEITEN	40,41	100,0	98,7	97,4	96,3	96,0	96,6	96,4	96,1	95,7	- 0,3	- 0,4
STAHLBAUARBEITEN	3,63	100,0	101,3	100,3	101,2	100,6	101,2	101,5	101,6	99,0	- 1,6	- 2,6
ABDICHTUNGSARBEITEN	10,20	100,0	100,4	99,7	99,5	98,9	99,7	99,7	99,5	99,6	+ 0,7	+ 0,1
DACHDECKUNGS- UND DACHABDICHTUNGSARBEITEN	36,95	100,0	101,0	100,6	100,2	99,9	100,6	100,3	99,9	99,5	- 0,4	- 0,4
KLEMPNERARBEITEN	17,00	100,0	101,2	101,1	101,2	100,8	101,6	101,3	101,1	101,0	+ 0,2	- 0,1
GERUESTARBEITEN	7,70	100,0	100,0	97,1	95,3	95,2	95,6	95,5	94,8	93,7	- 1,6	- 1,2
AUSBAUARBEITEN	503,27	100,0	100,7	100,7	101,1	100,5	101,4	101,3	101,2	101,1	+ 0,6	- 0,1
NATURWERKSTEINARBEITEN	10,23	100,0	100,7	100,4	101,4	100,6	101,7	101,6	101,6	101,2	+ 0,6	- 0,4
BETONWERKSTEINARBEITEN	7,23	100,0	100,7	100,9	102,1	101,5	102,4	102,2	102,1	101,9	+ 0,4	- 0,2
PUTZ- UND STUCKARBEITEN	73,63	100,0	99,2	97,7	96,5	96,5	97,0	96,6	96,0	95,7	- 0,8	- 0,3
TROCKENBAUARBEITEN	37,17	100,0	99,8	98,9	98,4	97,9	98,8	98,6	98,4	98,1	+ 0,2	- 0,3
FLIESEN- UND PLATTENARBEITEN	31,67	100,0	100,1	98,7	97,2	97,0	97,6	97,3	96,8	96,0	- 1,0	- 0,8
ESTRICHARBEITEN	22,76	100,0	100,0	99,0	98,1	97,6	98,4	98,3	98,2	97,6	-	- 0,6
GUSSASPHALTARBEITEN	0,29	100,0	100,5	101,5	102,0	101,2	102,1	102,3	102,4	102,0	+ 0,8	- 0,4
TISCHLERARBEITEN	73,66	100,0	101,5	101,9	102,7	102,0	102,9	103,0	103,0	103,0	+ 1,0	-
PARKETTARBEITEN	8,27	100,0	101,4	102,1	102,6	101,8	102,9	102,8	102,7	102,8	+ 1,0	+ 0,1
ROLLADENARBEITEN	7,65	100,0	100,9	101,4	103,0	102,2	103,2	103,3	103,3	103,3	+ 1,1	-
METALLBAUARBEITEN	38,01	100,0	101,7	102,3	103,5	102,7	103,6	103,8	103,9	103,8	+ 1,1	- 0,1
VERGLASUNGSARBEITEN	2,30	100,0	102,0	102,7	104,3	103,3	104,5	104,5	104,8	104,9	+ 1,5	+ 0,1
MALER- UND LACKIERARBEITEN	21,92	100,0	100,8	101,0	101,4	101,0	101,7	101,7	101,0	100,4	- 0,6	- 0,6
BODENBELAGARBEITEN	14,65	100,0	101,5	102,4	103,3	102,6	103,5	103,5	103,5	103,7	+ 1,1	+ 0,2
TAPEZIERARBEITEN	4,47	100,0	102,2	102,8	103,8	103,2	104,0	104,0	104,0	103,5	+ 0,3	- 0,5
RAUMLUFTTECHNISCHE ANLAGEN	4,33	100,0	101,8	103,6	105,8	104,7	106,0	106,3	106,3	106,2	+ 1,4	- 0,1
HEIZANLAGEN UND ZENTRALE WASSERERWAERMUNGSANLAGEN	53,56	100,0	100,9	101,8	103,3	102,4	103,6	103,5	103,7	103,9	+ 1,5	+ 0,2
GAS-,WASSER- UND ABWASSER-INSTALL.ANL. IN GEBAEUDEN	44,19	100,0	100,4	101,4	102,5	101,6	102,7	102,8	102,8	103,1	+ 1,5	+ 0,3
ELEKTRISCHE KABEL- UND LEITUNGSANLAGEN IN GEBAEUDEN	35,42	100,0	101,3	102,2	103,9	103,0	104,1	104,2	104,3	104,7	+ 1,7	+ 0,4
GEBAEUDEAUTOMATION	1,77	100,0	101,5	102,5	103,9	103,0	104,1	104,2	104,3	104,7	+ 1,7	+ 0,4
BLITZSCHUTZANLAGEN	1,41	100,0	101,0	101,2	102,4	101,3	102,5	102,8	102,8	102,8	+ 1,5	-
DAEMMARBEITEN AN TECHNISCHEN ANLAGEN	6,70	100,0	102,3	103,8	105,6	104,7	106,0	106,1	105,7	105,9	+ 1,1	+ 0,2
FOERDER-, AUFZUGSANL., FAHRTREP., -STEIGE	1,98	100,0	103,9	104,8	103,3	105,3	102,6	102,7	102,7	104,1	- 1,1	+ 1,4

ART	WAEGUNGS-ANTEIL AM GESAMT-INDEX IN PROMILLE	1995	1996	1997	1998	1998				1999	VERAENDERUNG FEBR. 1999 GEGENUEBER	
		DURCHSCHNITT				FEBR.	MAI	AUG.	NOV.	FEBR.	FEBR. 1998 IN PROZENT	NOV. 1998 IN PROZENT
EINFAMILIENGEBAEUDE												
INSGESAMT	1 000	100,0	99,9	99,1	98,8	98,4	99,1	98,9	98,7	98,4	–	– 0,3
ROHBAUARBEITEN	499,89	100,0	99,0	97,5	96,3	96,1	96,6	96,5	96,0	95,6	– 0,5	– 0,4
ERDARBEITEN	38,53	100,0	97,7	95,1	93,2	93,0	93,5	93,3	93,0	92,0	– 1,1	– 1,1
ENTWAESSERUNGSKANALARBEITEN	14,19	100,0	99,0	97,6	96,4	96,2	96,5	96,6	96,3	96,2	–	– 0,1
MAUERARBEITEN	159,49	100,0	99,3	97,8	96,2	96,1	96,5	96,3	95,8	95,7	– 0,4	– 0,1
BETON- UND STAHLBETONARBEITEN	150,27	100,0	98,1	96,3	95,2	95,0	95,5	95,4	94,9	94,4	– 0,6	– 0,5
ZIMMER- UND HOLZBAUARBEITEN	50,67	100,0	98,7	97,4	96,4	96,1	96,7	96,5	96,2	95,8	– 0,3	– 0,4
STAHLBAUARBEITEN	3,71	100,0	101,2	100,2	101,1	100,5	101,0	101,4	101,5	98,8	– 1,7	– 2,7
ABDICHTUNGSARBEITEN	12,88	100,0	100,4	99,6	99,4	98,8	99,7	99,7	99,4	99,5	+ 0,7	+ 0,1
DACHDECKUNGS- UND DACHABDICHTUNGSARBEITEN	44,34	100,0	100,9	100,5	99,9	99,6	100,3	100,0	99,6	99,2	– 0,4	– 0,4
KLEMPNERARBEITEN	17,70	100,0	101,2	101,1	101,2	100,8	101,6	101,3	101,1	101,0	+ 0,2	– 0,1
GERUESTARBEITEN	8,11	100,0	100,0	97,1	95,3	95,2	95,6	95,5	94,8	93,7	– 1,6	– 1,2
AUSBAUARBEITEN	500,11	100,0	100,7	100,8	101,2	100,6	101,5	101,4	101,3	101,2	+ 0,6	– 0,1
NATURWERKSTEINARBEITEN	11,82	100,0	100,7	100,4	101,4	100,6	101,7	101,6	101,5	101,2	+ 0,6	– 0,3
BETONWERKSTEINARBEITEN	3,93	100,0	100,7	100,9	102,0	101,4	102,3	102,2	102,1	101,8	+ 0,4	– 0,3
PUTZ- UND STUCKARBEITEN	69,41	100,0	99,2	97,8	96,7	96,7	97,2	96,8	96,2	95,9	– 0,8	– 0,3
TROCKENBAUARBEITEN	38,26	100,0	100,2	99,6	99,2	98,6	99,6	99,4	99,3	98,9	+ 0,3	– 0,4
FLIESEN- UND PLATTENARBEITEN	35,46	100,0	100,1	98,6	97,1	97,0	97,5	97,2	96,8	95,9	– 1,1	– 0,9
ESTRICHARBEITEN	21,83	100,0	99,9	98,9	98,1	97,5	98,4	98,3	98,1	97,6	+ 0,1	– 0,5
TISCHLERARBEITEN	76,20	100,0	101,5	101,9	102,8	102,0	103,0	103,0	103,0	103,0	+ 1,0	–
PARKETTARBEITEN	13,25	100,0	101,4	102,1	102,6	101,8	102,9	102,8	102,7	102,8	+ 1,0	+ 0,1
ROLLADENARBEITEN	10,10	100,0	100,8	101,4	103,0	102,2	103,1	103,2	103,3	103,3	+ 1,1	–
METALLBAUARBEITEN	33,23	100,0	101,7	102,5	103,6	102,8	103,7	103,9	104,1	103,9	+ 1,1	– 0,2
VERGLASUNGSARBEITEN	2,28	100,0	102,0	102,7	104,3	103,3	104,5	104,5	104,8	104,9	+ 1,5	+ 0,1
MALER- UND LACKIERARBEITEN	20,57	100,0	100,8	101,1	101,4	101,0	101,8	101,8	101,1	100,6	– 0,4	– 0,5
BODENBELAGARBEITEN	10,47	100,0	101,6	102,5	103,4	102,7	103,6	103,6	103,6	103,8	+ 1,1	+ 0,2
TAPEZIERARBEITEN	7,81	100,0	102,2	102,8	103,8	103,2	104,0	104,0	104,0	103,5	+ 0,3	– 0,5
RAUMLUFTTECHNISCHE ANLAGEN	2,11	100,0	101,6	103,1	105,2	104,1	105,4	105,7	105,6	105,3	+ 1,2	– 0,3
HEIZANLAGEN UND ZENTRALE WASSERERWAERMUNGSANLAGEN	60,29	100,0	100,9	101,8	103,3	102,3	103,6	103,5	103,7	103,9	+ 1,6	+ 0,2
GAS-,WASSER- UND ABWASSER-INSTALL.ANL. IN GEBAEUDEN	42,99	100,0	100,4	101,4	102,5	101,6	102,7	102,8	102,9	103,1	+ 1,5	+ 0,2
ELEKTRISCHE KABEL- UND LEITUNGSANLAGEN IN GEBAEUDEN	30,92	100,0	101,4	102,2	104,0	103,1	104,2	104,3	104,4	104,8	+ 1,6	+ 0,4
GEBAEUDEAUTOMATION	1,38	100,0	101,5	102,4	103,7	102,8	103,8	104,0	104,1	104,5	+ 1,7	+ 0,4
BLITZSCHUTZANLAGEN	2,19	100,0	101,0	101,2	102,4	101,3	102,5	102,8	102,8	102,8	+ 1,5	–
DAEMMARBEITEN AN TECHNISCHEN ANLAGEN	5,61	100,0	102,3	103,8	105,6	104,7	106,0	106,1	105,7	105,9	+ 1,1	+ 0,2

PREISINDIZES FUER NEUBAU IN KONVENTIONELLER BAUART EINSCHL. UMSATZSTEUER
(AKTUELLE UND MITTELFRISTIGE ERGEBNISSE)
1.1 WOHNGEBAEUDE - BAULEISTUNGEN AM BAUWERK -
1995 = 100

ART	WAEGUNGS-ANTEIL AM GESAMT-INDEX IN PROMILLE	1995	1996	1997	1998	1998				1999	VERAENDERUNG FEBR. 1999 GEGENUEBER 1998 IN PROZENT	
		DURCHSCHNITT				FEBR.	MAI	AUG.	NOV.	FEBR.	FEBR.	NOV.
MEHRFAMILIENGEBAEUDE												
INSGESAMT	1 000	100,0	99,7	99,0	98,6	98,2	98,9	98,8	98,5	98,2	-	- 0,3
ROHBAUARBEITEN	497,38	100,0	98,9	97,3	96,1	96,0	96,4	96,3	95,8	95,4	- 0,6	- 0,4
ERDARBEITEN	33,33	100,0	97,7	95,1	93,3	93,1	93,6	93,4	93,1	92,2	- 1,0	- 1,0
VERBAUARBEITEN	1,25	100,0	96,7	94,1	92,0	92,9	92,4	91,7	91,0	90,6	- 2,5	- 0,4
RAMMARBEITEN	1,64	100,0	100,0	99,3	99,1	98,8	99,2	99,2	99,2	98,6	- 0,2	- 0,6
ENTWAESSERUNGSKANALARBEITEN	6,03	100,0	99,0	97,6	96,2	96,0	96,3	96,4	96,1	96,0	-	- 0,1
MAUERARBEITEN	153,70	100,0	99,3	97,8	96,2	96,2	96,5	96,3	95,7	95,6	- 0,6	- 0,1
BETON- UND STAHLBETONARBEITEN	211,37	100,0	98,2	96,5	95,4	95,2	95,7	95,6	95,1	94,6	- 0,6	- 0,5
ZIMMER- UND HOLZBAUARBEITEN	27,98	100,0	98,6	97,2	96,1	95,8	96,4	96,2	95,9	95,5	- 0,3	- 0,4
STAHLBAUARBEITEN	3,03	100,0	101,4	100,6	101,5	100,9	101,5	101,8	101,8	99,3	- 1,6	- 2,5
ABDICHTUNGSARBEITEN	7,42	100,0	100,4	99,7	99,5	99,0	99,8	99,8	99,5	99,6	+ 0,6	+ 0,1
DACHDECKUNGS- UND DACHABDICHTUNGSARBEITEN	29,52	100,0	101,1	100,9	100,6	100,2	101,0	100,7	100,4	100,0	- 0,2	- 0,4
KLEMPNERARBEITEN	15,10	100,0	101,2	101,1	101,2	100,8	101,6	101,3	101,1	101,0	+ 0,2	- 0,1
GERUESTARBEITEN	7,01	100,0	100,0	97,1	95,3	95,2	95,6	95,5	94,8	93,7	- 1,6	- 1,2
AUSBAUARBEITEN	502,62	100,0	100,6	100,6	101,0	100,4	101,3	101,2	101,1	101,0	+ 0,6	- 0,1
NATURWERKSTEINARBEITEN	7,19	100,0	100,6	100,4	101,4	100,5	101,7	101,6	101,6	101,3	+ 0,8	- 0,3
BETONWERKSTEINARBEITEN	12,35	100,0	100,7	100,9	102,1	101,5	102,4	102,2	102,1	101,9	+ 0,4	- 0,2
PUTZ- UND STUCKARBEITEN	79,87	100,0	99,2	97,6	96,4	96,4	96,9	96,4	95,9	95,5	- 0,9	- 0,4
TROCKENBAUARBEITEN	34,42	100,0	99,4	98,1	97,3	97,0	97,7	97,4	97,2	97,0	-	- 0,2
FLIESEN- UND PLATTENARBEITEN	26,81	100,0	100,1	98,7	97,2	97,0	97,6	97,3	96,8	96,0	- 1,0	- 0,8
ESTRICHARBEITEN	24,13	100,0	100,0	99,0	98,2	97,6	98,5	98,4	98,2	97,7	+ 0,1	- 0,5
GUSSASPHALTARBEITEN	0,48	100,0	100,5	101,5	102,0	101,2	102,1	102,3	102,4	102,0	+ 0,8	- 0,4
TISCHLERARBEITEN	69,90	100,0	101,4	101,8	102,6	101,9	102,8	102,9	102,9	102,8	+ 0,9	- 0,1
PARKETTARBEITEN	1,59	100,0	101,4	102,1	102,4	101,8	102,8	102,6	102,5	102,7	+ 0,9	+ 0,2
ROLLADENARBEITEN	5,03	100,0	100,9	101,4	102,9	102,2	103,1	103,2	103,2	103,3	+ 1,1	+ 0,1
METALLBAUARBEITEN	40,91	100,0	101,6	102,2	103,4	102,7	103,5	103,7	103,8	103,8	+ 1,1	-
VERGLASUNGSARBEITEN	2,10	100,0	102,0	102,7	104,3	103,3	104,5	104,5	104,8	104,9	+ 1,5	+ 0,1
MALER- UND LACKIERARBEITEN	24,74	100,0	100,8	100,9	101,3	100,9	101,6	101,6	100,9	100,3	- 0,6	- 0,6
BODENBELAGARBEITEN	20,15	100,0	101,4	102,3	103,2	102,5	103,4	103,4	103,4	103,6	+ 1,1	+ 0,2
RAUMLUFTTECHNISCHE ANLAGEN	6,68	100,0	101,9	103,8	106,1	104,9	106,2	106,5	106,6	106,6	+ 1,6	-
HEIZANLAGEN UND ZENTRALE WASSERERWAERMUNGSANLAGEN	46,96	100,0	101,0	101,8	103,3	102,4	103,6	103,6	103,7	103,9	+ 1,5	+ 0,2
GAS-,WASSER- UND ABWASSER-INSTALL.ANL. IN GEBAEUDEN	46,49	100,0	100,4	101,3	102,5	101,6	102,7	102,7	102,8	103,0	+ 1,4	+ 0,2
ELEKTRISCHE KABEL- UND LEITUNGSANLAGEN IN GEBAEUDEN	40,84	100,0	101,3	102,1	103,9	103,0	104,0	104,2	104,2	104,7	+ 1,7	+ 0,5
GEBAEUDEAUTOMATION	1,67	100,0	101,6	102,6	104,0	103,1	104,2	104,4	104,4	104,8	+ 1,6	+ 0,4
BLITZSCHUTZANLAGEN	0,53	100,0	101,0	101,2	102,4	101,3	102,5	102,8	102,8	102,8	+ 1,5	-
DAEMMARBEITEN AN TECHNISCHEN ANLAGEN	7,91	100,0	102,3	103,8	105,6	104,7	106,0	106,1	105,7	105,9	+ 1,1	+ 0,2
FOERDER-, AUFZUGSANL., FAHRTREP., -STEIGE	1,87	100,0	103,7	104,5	102,9	105,0	102,2	102,2	102,2	104,1	- 0,9	+ 1,9

PREISINDIZES FUER INSTANDHALTUNG - WOHNGEBAEUDE - EINSCHL. UMSATZSTEUER
(AKTUELLE UND MITTELFRISTIGE ERGEBNISSE)
1995 = 100

ART	WAEGUNGSANTEIL AM GESAMTINDEX IN PROMILLE	1995	1996	1997	1998	1998				1999	VERAENDERUNG FEBR. 1999 GEGENUEBER	
		DURCHSCHNITT				FEBR.	MAI	AUG.	NOV.	FEBR.	FEBR. 1998 IN PROZENT	NOV. 1998 IN PROZENT
MEHRFAMILIENGEBAEUDE MIT SCHOENHEITSREPARATUREN												
INSGESAMT	1 000	100,0	101,2	101,7	102,6	101,9	102,8	102,8	102,7	102,5	+ 0,6	- 0,2
MAUERARBEITEN	11,78	100,0	99,6	97,7	95,8	96,0	96,2	95,9	95,2	95,2	- 0,8	-
ZIMMER- UND HOLZBAUARBEITEN	11,39	100,0	99,3	98,0	96,9	96,5	97,2	97,0	96,8	96,5	-	- 0,3
DACHDECKUNGS- UND DACHABDICHTUNGSARBEITEN	94,65	100,0	101,6	101,7	101,7	101,3	102,0	101,8	101,8	101,4	+ 0,1	- 0,4
KLEMPNERARBEITEN	41,14	100,0	101,3	101,3	101,6	101,1	102,0	101,7	101,6	101,4	+ 0,3	- 0,2
PUTZ- UND STUCKARBEITEN	36,41	100,0	99,6	98,9	98,3	97,8	99,0	98,7	97,7	97,5	- 0,3	- 0,2
TISCHLERARBEITEN	62,45	100,0	101,4	102,3	103,9	103,0	104,0	104,2	104,5	104,5	+ 1,5	-
ROLLADENARBEITEN	17,59	100,0	101,3	101,9	103,1	102,6	103,5	103,5	102,9	103,0	+ 0,4	+ 0,1
METALLBAUARBEITEN	21,62	100,0	102,1	103,3	104,7	104,0	104,8	105,0	105,1	105,6	+ 1,5	+ 0,5
MALER- UND LACKIERARBEITEN	397,54	100,0	101,2	101,6	102,1	101,7	102,3	102,4	102,1	101,6	- 0,1	- 0,5
BODENBELAGARBEITEN	7,65	100,0	101,4	102,0	103,1	102,3	103,3	103,4	103,4	103,6	+ 1,3	+ 0,2
TAPEZIERARBEITEN	31,53	100,0	101,7	102,3	103,3	102,6	103,5	103,5	103,6	103,3	+ 0,7	- 0,3
HEIZANLAGEN UND ZENTRALE WASSERERWAERMUNGSANLAGEN	158,63	100,0	101,3	102,6	104,5	103,5	104,7	104,7	105,0	105,3	+ 1,7	+ 0,3
GAS-,WASSER- UND ABWASSER-INSTALL.ANL. IN GEBAEUDEN	47,47	100,0	100,4	101,4	102,7	101,8	102,9	103,0	103,2	103,4	+ 1,6	+ 0,2
ELEKTRISCHE KABEL- UND LEITUNGSANLAGEN IN GEBAEUDEN	60,15	100,0	101,4	102,2	104,0	103,1	104,2	104,3	104,4	104,8	+ 1,6	+ 0,4
MEHRFAMILIENGEBAEUDE OHNE SCHOENHEITSREPARATUREN												
INSGESAMT	1 000	100,0	101,2	101,7	102,6	101,9	102,8	102,8	102,7	102,6	+ 0,7	- 0,1
MAUERARBEITEN	13,28	100,0	99,6	97,7	95,8	96,0	96,2	95,9	95,2	95,2	- 0,8	-
ZIMMER- UND HOLZBAUARBEITEN	12,60	100,0	99,2	97,9	96,8	96,4	97,1	97,0	96,8	96,4	-	- 0,4
DACHDECKUNGS- UND DACHABDICHTUNGSARBEITEN	105,35	100,0	101,6	101,7	101,8	101,4	102,0	101,8	101,8	101,4	-	- 0,4
KLEMPNERARBEITEN	47,94	100,0	101,3	101,3	101,6	101,1	102,0	101,7	101,6	101,4	+ 0,3	- 0,2
PUTZ- UND STUCKARBEITEN	40,46	100,0	99,6	98,9	98,3	97,8	99,0	98,7	97,7	97,5	- 0,3	- 0,2
TISCHLERARBEITEN	69,09	100,0	101,4	102,3	103,9	103,0	104,0	104,2	104,5	104,5	+ 1,5	-
ROLLADENARBEITEN	19,63	100,0	101,3	101,9	103,1	102,6	103,5	103,5	102,9	103,0	+ 0,4	+ 0,1
METALLBAUARBEITEN	25,59	100,0	102,1	103,3	104,7	104,0	104,8	105,0	105,1	105,6	+ 1,5	+ 0,5
MALER- UND LACKIERARBEITEN	353,65	100,0	101,2	101,6	102,1	101,7	102,3	102,4	102,0	101,5	- 0,2	- 0,5
BODENBELAGARBEITEN	9,32	100,0	101,4	102,0	103,1	102,3	103,3	103,4	103,4	103,6	+ 1,3	+ 0,2
HEIZANLAGEN UND ZENTRALE WASSERERWAERMUNGSANLAGEN	178,62	100,0	101,3	102,6	104,5	103,5	104,7	104,7	105,0	105,3	+ 1,7	+ 0,3
GAS-,WASSER- UND ABWASSER-INSTALL.ANL. IN GEBAEUDEN	54,60	100,0	100,4	101,4	102,7	101,8	102,9	103,0	103,2	103,4	+ 1,6	+ 0,2
ELEKTRISCHE KABEL- UND LEITUNGSANLAGEN IN GEBAEUDEN	69,87	100,0	101,4	102,2	104,0	103,0	104,2	104,2	104,4	104,8	+ 1,7	+ 0,4
SCHOENHEITSREPARATUREN IN EINER WOHNUNG												
INSGESAMT	1 000	100,0	101,3	101,8	102,5	102,0	102,7	102,8	102,5	102,2	+ 0,2	- 0,3
MALER- UND LACKIERARBEITEN	783,89	100,0	101,1	101,6	102,3	101,9	102,5	102,5	102,2	101,9	-	- 0,3
TAPEZIERARBEITEN	216,11	100,0	101,7	102,3	103,3	102,6	103,4	103,5	103,6	103,3	+ 0,7	- 0,3

Beispiele für die unterschiedlichen Ausstattungsstufen bei Wohngebäuden

einfach: Putzfassade, Steinputz- oder Klinkersockel, einfach verglaste Holzanstrichfenster, Holzanstrich- oder einfache Limbatüren, entweder Heizung oder Bad, Bad – sofern vorhanden – einfach gefliest, Fliesenspiegel in der Küche, Linoleum- oder PVC-Flex-Boden,

durchschnittlich: Gegliederte Edelputzfassade oder einfache Verblendung, Holzanstrich- oder Kunststoffenster mit Dämmverglasung, Naturholztüren (Limba oder Macoré), Zentralheizung, Warmwasserversorgung über 18 KW – Geräte, Majolika-Fliesen in den Bädern, weiße oder einfache farbige Einrichtungsgegenstände, Fliesenspiegel in der Küche, PVC-, Kleinparkett-, Nadelfilz- oder einfache Teppichböden, Treppenhaus Terrazzo-Belag,

überdurchschnittlich: Fassaden verblendet oder einfache Werkstein-Verkleidung, Kunststoff-, Naturholz- oder Leichtmetallfenster mit Dämmverglasung, Naturholz-Innentüren (Rüster etc.), Zentralheizung und zentrale Warmwasserversorgung, Bäder mit Dekorfliesen und farbigen Einrichtungsgegenständen, Fußböden hochwertiger PVC, Textilbelag oder Parkett, Treppenhaus hochwertiger Terrazzo oder Naturstein,

aufwendig: Fassaden mit aufwendiger Verblendung, Naturstein oder Leichtmetall verkleidet, farbig eloxierte Leichtmetallfenster mit 3fach Dämmverglasung oder Sonnenschutzglas, Innentüren und Einbauschränke aus Edelholz, Zentralheizung, zentrale Warmwasserversorgung mit verschiedenen Regelkreisen, reichhaltige und aufwendige Ausstattung der Sanitär-Räume, hochwertige Fußbodenbeläge etc.
Bei Einfachst-Ausführungen oder sehr aufwendigen Ausführungen können die Tabellen nach unten oder oben erweitert werden.

Außerdem schwankt die Verhältnisziffer, die sich ergibt, wenn man die Wohnfläche in Beziehung zum umbauten Raum setzt:

Umbauter Raum	:	Wohnfläche =	
418,50 m³		90 m²	= 4,65

Man kann diese Ziffer auch so interpretieren, daß für 1 Quadratmeter Wohnfläche 4,65 Kubikmeter umbauten Raumes hergestellt werden müssen.

(A) Vollunterkellerte Gebäude

Anzahl der Vollgeschosse	Flachdach	30° Satteldach ohne Drempel, nicht ausgebaut, Haustiefe: 8,00	10,00	12,00	45° Dach, 0,50m Drempel Dachgeschoß ausgebaut, Haustiefe: 8,oo	10,00	12,00
1	6,99	7,22	7,35	7,47	5,44	5,47	5,54
2	5,26	5,37	5,44	5,50	4,74	4,78	4,83
3	4,68	4,76	4,80	4,84	4,42	4,45	4,49
4	4,39	4,45	4,48	4,51	4,23	4,25	4,29
5	4,22	4,27	4,29	4,31	4,11	4,13	4,16
6	4,10	4,14	4,16	4,18	4,02	4,04	4,07
7	4,02	4,05	4,07	4,09	3,96	3,97	4,00
8	3,96	3,99	4,00	4,02	3,91	3,92	3,94
9	3,91	3,94	3,95	3,96	3,87	3,88	3,90
10	3,87	3,90	3,91	3,92	3,84	3,85	3,87

(B) Nichtunterkellerte Gebäude

Anzahl der Vollgeschosse	Flachdach	30° Satteldach ohne Drempel, nicht ausgebaut, Haustiefe: 8,00	10,00	12,00	45° Dach, 0,50m Drempel Dachgeschoß ausgebaut, Haustiefe: 8,00	10,00	12,00
1	3,78	4,02	4,14	4,27	3,60	3,69	3,79
2	3,65	3,77	3,83	3,90	3,58	3,63	3,70
3	3,61	3,69	3,73	3,77	3,56	3,60	3,65
4	3,59	3,65	3,68	3,71	3,55	3,59	3,63
5	3,58	3,62	3,65	3,67	3,55	3,58	3,61
6	3,57	3,61	3,63	3,65	3,55	3,57	3,60
7	3,56	3,60	3,61	3,63	3,54	3,56	3,59
8	3,56	3,59	3,60	3,62	3,54	3,56	3,58
9	3,55	3,58	3,59	3,61	3,54	3,56	3,57
10	3,55	3,57	3,59	3,60	3,54	3,55	3,57

Grundlagen: Kellerhöhe 2,50 m
Vollgeschoßhöhe 2,75 m
Verhältnis Nutzfläche: Geschoßfläche = 0,78

Verhältnis Umbauter Raum/Nutzfläche (Ausbauverhältnis) – theoretisch ermittelte Normalwerte –

Bei Neubauten ändern sich außerdem in der Planungs- und auch noch während der Bauzeit Größe und Ausstattung von Haus und Wohnung. Man muß daher die Kapitalbedarfsermittlung laufend anpassen. Einzelheiten über das Vorgehen bei Kostenermittlungen (Kostenschätzung, Kostenberechnung, Kostenanschlag, Kostenfeststellung) kann man aus der DIN-Vorschrift 276 „Kosten von Hochbauten“ (Sept. 1971) entnehmen. Sie enthält auch eine

Gliederung der Gesamtkosten in Kostengruppen. Anhaltspunkte für die prozentualen Anteile von einzelnen Bauleistungen (Gewerke) geben die anschließend abgedruckten Wägungsschemata 1985 des Statistischen Bundesamtes (siehe Seiten 43 f.). Jeder Architekt und jeder Bauträger entwickelt aus seiner Praxis fortlaufend seine eigene Kalkulationsbasis. Beim Einsatz von CAD-Systemen (Computer-Aided-Design = Rechner-gestütztes Planen, Entwerfen und Konstruieren) können solche Informationen gespeichert, immer wieder weiterverarbeitet, modifiziert und abgerufen werden. Frühzeitig läßt sich eine Abweichung von der Kostenplanung sichtbar machen. Vor Überraschungen ist der Bauherr nicht geschützt. Rechtliche Fragen der Vertragsgestaltung für die Bauausführung und die Gewährleistung behandelt: Werner/Pastor, Rechtsfragen beim Bauen, Beck-Rechtsberater im dtv Nr. 5095 (mit Angaben über weiterführende Literatur).

Wägungsschemata für ausgewählte Baupreisindizes – Neubau in konventioneller Bauart – Bauleistungen am Bauwerk gem. DIN 276 – 1985 = 100

Leistungsgruppe	Wohngebäude insgesamt	Einfamilien-Gebäude	Mehrfamilien-Gebäude	Gemischtgenutzte Gebäude
	Wägungsanteile in ‰			
Bauleistungen am Bauwerk	**1 000**	**1 000**	**1 000**	**1 000**
Rohbauarbeiten	602,73	598,44	609,10	598,85
Erdarbeiten	28,27	30,50	24,30	32,97
Baugrube ausheben	12,96	14,76	9,84	16,42
Leitungsgraben ausheben	6,04	4,96	7,15	6,98
Boden abfahren	1,28	2,43	0,17	–
Untergrundverbesserung	4,03	4,47	3,49	3,95
Arbeitsräume verfüllen	3,96	3,88	3,65	5,62
Verbauarbeiten	1,68	–	–	16,85
Baugrubenverbau	1,68	–	–	16,85
Rammarbeiten	0,32	–	0,65	0,60
Stahl-Spundwand rammen und ziehen	0,22	–	0,40	0,60
verlorene Spundwand	0,10	–	0,25	–
Entwässerungskanalarbeiten	10,70	12,81	8,44	9,16
Beton- oder Stahlbetonrohr	1,61	1,65	1,62	1,38
Steinzeugrohr	2,70	2,51	3,60	0,04
Kunststoff- oder Faserzementrohr	4,98	7,06	2,11	6,02
Zubehör für Rohrleitungen	1,41	1,59	1,11	1,72
Mauerarbeiten	150,00	154,90	161,25	80,58
Entlüftungsschächte	0,12	–	0,29	–
Mauerwerk aus großform. Steinen	55,64	62,78	53,12	30,07
Mauerwerk aus kleinform. Steinen	34,04	20,62	50,47	35,43
Gasbetonmauerwerk	6,29	12,33	0,31	0,01
zweischaliges Mauerwerk	29,43	33,14	32,14	–
nichttragende Trennwand	12,78	13,08	14,10	5,95
Schornstein aus Formstücken	6,25	6,87	5,89	4,62
Fertigteilsturz	0,72	0,68	0,85	0,44
Rolladenkasten	2,29	2,55	2,21	1,35
Dämmschicht	1,50	1,52	1,03	2,13
PVC-Lichtschächte	0,94	1,33	0,54	0,58
Beton- und Stahlbetonarbeiten	205,37	170,01	227,81	258,35
Beton der Fundamente	25,14	25,02	24,16	29,70
Beton der Wände mit Schalung	32,97	25,82	33,92	64,97
Stahlbetondecke	70,24	65,83	74,01	77,24
Beton der Skelettbauten mit Schalung	2,40	1,53	3,25	3,35
Schalung der Fundamente	1,80	1,37	2,58	0,81
Betonstahlmatten	23,57	20,88	26,75	24,32
kubische Bewehrung	22,79	19,20	20,79	48,74
Betonfertigteile	3,53	2,22	5,84	0,83
vorgefert. Außenwandplatte	4,84	–	11,79	1,23
Systemdecke	9,32	4,41	17,80	–
Systemtreppe	3,42	4,74	1,54	4,31
Fertiggarage	2,35	1,92	3,47	–

Leistungsgruppe	Wohngebäude insgesamt	Einfamilien-	Mehrfamilien-	Gemischtgenutzte
		Gebäude		
	Wägungsanteile in ‰			
Dämmschicht	2,96	3,87	1,85	2,85
Fugenbänder	0,04	–	0,09	–
Naturwerksteinarbeiten	9,37	11,22	6,48	11,65
Bodenbelag	3,19	4,39	1,65	3,38
Stufe	2,69	3,33	1,89	2,65
Wandbekleidung	0,40	0,12	0,16	2,78
Fensterbank	3,06	3,34	2,77	2,81
Dämmschicht	0,03	0,04	0,01	0,03
Betonwerksteinarbeiten	7,73	3,23	13,82	5,93
Systemtreppe	0,03	–	–	0,31
Bodenbelag	2,81	1,52	4,78	1,37
Betonwerkstein-Außenbekleidung	0,13	–	0,29	0,11
Stufe	2,72	0,27	5,80	2,69
Fensterbank	1,57	1,44	1,79	1,39
Außenbekleidung aus Zementplatten	0,21	–	0,52	–
Dämmschicht	0,26	–	0,64	0,06
Zimmer- und Holzbauarbeiten	52,13	67,16	33,01	53,50
Kleineisenteile	1,25	1,01	1,41	1,77
Dachverbandholz liefern	12,54	15,50	9,43	10,16
Dachverbandholz abbinden	12,41	15,19	9,04	11,99
einläufige Wangentreppe	6,06	10,21	0,65	6,96
Wand- oder Deckenschalung	15,29	19,11	10,02	17,31
Dachbinder	1,98	2,84	0,90	2,01
Dämmschicht	2,60	3,30	1,56	3,30
Stahlbauarbeiten	0,21	0,41	–	–
Stahlfachwerk	0,21	0,41	–	–
Abdichtungsarbeiten	8,28	11,16	4,86	7,55
Drainagesteine und -platten	0,57	0,86	0,36	–
waagerechte Abdichtung	2,23	2,69	1,40	3,22
senkrechte Abdichtung	3,39	4,41	1,89	4,33
kunststoffvergütete Abdichtung	1,32	1,82	1,02	–
Vormauerschutzplatten	0,77	1,38	0,19	–
Dachdeckungs- und Dachabdichtungsarbeiten	40,25	45,10	35,99	33,22
Dachlatten liefern	0,50	0,41	0,63	0,46
Dachlatten aufbringen	0,54	0,46	0,67	0,45
Unterspannbahn	1,79	2,10	1,65	0,80
Dachdeckung auf Lattung	14,53	19,59	8,88	11,83
Dachabdichtung mit Bitumendachbahnen	3,50	3,89	2,81	4,32
Deckung mit Zementplatten	6,65	9,85	3,51	3,24
Dachabdichtung auf Massivdecke	5,50	4,14	6,72	7,43
Deckung mit Stahlblechen	0,05	–	0,13	–
Dachflächenfenster	1,89	1,75	2,00	2,19
Lichtkuppeln aus Kunststoff	0,24	0,22	0,26	0,24
Außenbekleidung aus Zementplatten	3,61	–	8,50	2,10
Dämmschicht	1,45	2,69	0,23	0,16

Leistungsgruppe	Wohngebäude insgesamt	Einfamilien-	Mehrfamilien- Gebäude	Gemischtgenutzte
	Wägungsanteile in ‰			
Putz- und Stuckarbeiten	83,24	81,63	85,37	82,65
Streckmetall/ Eckschutzleisten	3,37	3,81	2,80	3,46
Innenwandputz	33,80	31,75	39,04	23,14
Innendeckenputz	7,09	6,08	8,37	6,98
Wärmedämmfassade	6,42	3,26	9,24	10,93
Außenwandputz	17,29	18,21	16,29	16,71
Wandtrockenputz	1,06	1,19	0,57	2,35
Deckenbekleidung	5,98	8,15	2,01	10,99
Drahtputzdecke	0,59	0,67	0,46	0,68
feuerhemmende Bekleidung	0,04	–	0,10	–
nichttragende Montagewand	4,18	4,80	2,99	5,84
Dämmschicht	2,64	2,95	2,58	1,30
Vorhang-Einputzschienen	0,14	0,25	0,03	–
PVC-Dehnungsfugenprofil	0,64	0,51	0,89	0,27
Gerüstarbeiten	5,18	3,51	7,09	5,84
Leitergerüst	1,42	0,64	1,99	3,00
Stahlrohrgerüst	3,76	2,87	5,10	2,84
Ausbauarbeiten	397,27	401,56	390,90	401,15
Klempnerarbeiten	16,00	16,39	13,88	22,58
Metalldachdeckung	1,39	0,14	2,11	4,72
Dachrinne	4,76	5,81	3,56	4,34
Regenfallrohr	2,50	2,62	2,25	2,91
Gesimsabdeckung	3,75	3,93	2,78	6,74
Einfassung auf Dächern	3,59	3,89	3,18	3,76
Dämmschicht	0,01	–	–	0,11
Fliesen- und Plattenarbeiten	32,70	37,15	28,43	27,56
Streckmetall	0,27	0,18	0,34	0,44
Wandbelag aus keramischen Fliesen	18,45	17,78	20,48	13,77
Bodenbelag aus keramischen Fliesen	12,27	17,76	5,60	11,46
Bodenbelag aus Mosaik	1,61	1,32	1,94	1,78
Dämmschicht	0,10	0,13	0,07	0,11
Estricharbeiten	18,97	16,61	22,34	17,29
Betonstahlmatten	0,27	0,40	0,08	0,40
Dämmschicht	5,29	5,04	5,96	3,82
schwimmender Zementestrich	13,41	11,17	16,30	13,07
Asphaltbelagarbeiten	0,28	–	0,34	1,47
Gußasphaltestrich	0,28	–	0,34	1,47
Tischlerarbeiten	80,36	89,43	73,99	60,46
Dämmschicht	0,21	0,11	–	1,56
Fenster – einteilig mit Isolierverglasung	16,75	20,45	13,10	12,90
Fenster – mehrteilig mit Isolierverglasung	23,00	23,13	25,06	14,12
Zimmertür	16,22	20,18	12,11	12,91
Holztürblatt	4,74	3,16	7,18	2,83
Hauseingangstür aus Holz	5,38	9,64	0,90	2,00
Decken- oder Wandbekleidung	3,33	3,54	2,08	7,24

Leistungsgruppe	Wohngebäude insgesamt	Einfamilien-	Mehrfamilien-	Gemischtgenutzte
			Gebäude	
	Wägungsanteile in ‰			
Einbauschrank	4,42	1,74	8,05	3,25
umsetzbare Innenwände	0,71	0,43	0,94	1,23
geschoßhohe Fensterwand	5,60	7,05	4,57	2,42
Parkettarbeiten	3,57	5,42	1,08	4,22
Stabparkett	2,69	4,70	–	3,36
Mosaik- oder Fertigparkett	0,88	0,72	1,08	0,86
Rolladenarbeiten	8,47	10,15	6,21	9,17
Rolladen	7,53	9,36	5,97	4,61
Raffjalousie	0,26	–	–	2,63
Rolltor oder -gitter	0,68	0,79	0,24	1,93
Metallbauarbeiten, Schlosserarbeiten	37,65	32,76	36,68	66,07
Fassadenbekleidung	0,32	–	0,18	2,51
Aluminiumfenster mit Isolierverglasung	2,87	3,66	0,49	8,41
geschoßhohe Fensterwand	4,11	3,49	2,09	15,26
Schaufenster-Umrahmung	1,76	1,89	0,38	6,66
Stahl- Feuerschutztür	4,74	3,79	5,68	5,69
Hauseingangstür aus Metall	4,94	4,37	5,00	7,59
Stahl-Garagentor	0,91	1,06	0,56	1,60
Treppengeländer	12,63	10,16	14,75	16,53
Stahl-Umfassungszarge	4,83	3,79	7,00	1,39
Tor	0,03	–	–	0,31
Glasdach	0,51	0,55	0,55	0,12
Verglasungsarbeiten	2,87	3,24	2,45	2,67
Spiegel- oder Sicherheitsglas	1,17	1,55	0,92	0,29
Ganzglaskonstruktion	0,40	0,30	0,12	1,98
Mehrscheibenisolierglas	0,44	0,77	0,04	0,40
Gußglas	0,86	0,62	1,37	–
Maler- und Lackiererarbeiten	21,67	22,03	21,59	20,08
Dispersionsfarbe auf Innenputz	9,59	9,74	9,76	8,14
Dispersionsfarbe auf Außenwand	2,83	2,94	2,78	2,45
Lackfarbe auf Putz	1,14	0,38	2,16	0,85
Lackfarbe auf Holz	4,05	5,52	2,26	3,82
Lackfarbe auf Heizkörper	0,57	0,45	0,70	0,66
Lackfarbe auf Stahlflächen	3,49	3,00	3,93	4,16
Bodenbelagarbeiten	13,99	10,85	17,53	15,52
PVC-Belag	8,92	3,44	16,31	6,74
Textiler Belag	5,07	7,41	1,22	8,78
Tapezierarbeiten	7,93	10,82	5,06	4,99
Tapete liefern	2,99	4,41	1,59	1,48
Wandfläche tapezieren	4,94	6,41	3,47	3,51
Raumlufttechnische Anlagen	3,95	1,74	4,81	11,58
Absperrjalousien	0,04	–	0,06	0,21
Abluftgerät	2,17	0,60	3,15	6,06
Kanal	1,74	1,14	1,60	5,31

Leistungsgruppe	Wohngebäude insgesamt	Einfamilien-	Mehrfamilien- Gebäude	Gemischtgenutzte
	Wägungsanteile in ‰			
Heizanlagen und zentrale Wassererwärmungsanlagen	47,00	52,81	40,31	44,37
Heizkessel f. Gebläsebrenner	1,10	0,95	1,33	0,88
Heizkessel mit atmosphärischem Brenner	7,70	9,30	6,13	5,99
Gas-Durchlaufwasserheizer	1,19	2,27	–	0,60
vollautomatischer Brenner	0,22	0,17	0,28	0,19
Wärmepumpe	0,25	0,49	–	–
Warmwasserspeicher	2,29	2,72	1,84	1,92
Stahl-Plattenheizkörper	11,92	11,47	12,38	12,28
Gußradiator	0,20	0,07	0,40	–
Warmwasser-Fußbodenflächenheizung	6,88	11,79	1,45	4,07
Gewinderohr	5,13	4,45	5,90	5,41
Ventile installieren	4,80	4,43	5,52	3,77
Wärmemengenzähler	1,37	0,87	1,78	2,20
Heizöllagerbehälter aus Stahl	0,52	1,04	–	–
Heizöllagerbehälter aus Kunststoff	0,03	–	–	0,29
Kupferrohr	2,29	1,69	2,41	4,77
Kupferrohr mit Wärmedämmung	1,03	1,10	0,79	1,61
Wasseraufbereitungsanlagen	0,08	–	0,10	0,39
Gas-, Wasser-, Abwasser-Installationsarbeiten	48,32	49,59	48,85	40,01
Ventile installieren	3,68	4,21	3,14	3,24
Kunststoffwasserleitungen	0,21	–	0,53	–
mittelschweres Gewinderohr	5,23	3,73	7,69	2,93
Kupferrohr	5,52	6,25	4,60	5,54
Kupferrohr mit Wärmedämmung	0,78	0,93	0,23	2,21
Abflußrohr	6,62	7,59	6,18	3,52
Gußeisernes Abflußrohr	6,29	4,31	8,49	7,41
Installations-Block	1,51	0,86	2,39	1,21
Waschtisch	2,97	3,97	1,98	1,96
Spültisch	0,77	0,30	1,45	0,40
Brausewanne	1,72	2,82	0,54	0,99
Einbau-Badewanne	3,01	2,64	3,82	1,64
Spülklosettanlage	3,82	4,44	3,29	2,86
Wannen- und Brausearmatur	2,19	2,73	1,83	0,91
Waschtischarmatur	2,21	2,69	1,78	1,50
Druckerhöhungsanlage	1,71	2,12	0,72	3,66
Feuerlösch-Schlauchanschlußeinrichtung	0,08	–	0,19	
Elektrische Kabel- und Leitungsanlagen	40,60	36,19	46,99	37,06
Stahlblech-Kabelkanal	0,18	–	0,39	0,27
PVC-Kabelkanal	2,29	1,82	3,00	1,81
Erdkabel	0,14	0,19	0,08	0,11
Hauptleitung	4,52	2,29	6,49	7,82
Installations-Kleinverteiler	7,58	6,33	9,19	7,39
Beleuchtungsstromkreis	6,07	6,87	5,64	3,83
Schutzkontakt-Steckdose	5,00	4,35	6,05	4,02
Beleuchtungsstromkreis in feuchten Räumen	1,52	1,79	1,41	0,65
Elektroherd	0,46	–	1,14	–
Elektro-Warmwasserspeicher	2,60	0,93	4,74	2,37

Leistungsgruppe	Wohngebäude insgesamt	Einfamilien-	Mehrfamilien-	Gemischtgenutzte
		Gebäude		
	Wägungsanteile in ‰			
Elektro-Speicherheizgerät	4,23	4,51	3,87	4,22
Klingel- und Türöffneranlage	1,73	2,55	0,72	1,71
Türsprechanlage	2,06	1,90	2,42	1,39
Empfangsantennenanlage	2,22	2,66	1,85	1,47
Blitzschutzanlagen	0,48	0,72	0,13	0,63
Blitzschutzanlage	0,48	0,72	0,13	0,63
Dämmarbeiten an technischen Anlagen	6,19	5,66	6,94	5,82
Rohrdämmung	6,19	5,66	6,94	5,82
Förderanlagen	6,27	–	13,29	9,60
Personenaufzug	5,69	–	12,13	8,42
Lastenaufzug	0,58	–	1,16	1,18

B. Finanzierungsplan

Die Gesamtkosten müssen finanziert werden. Alle einzelnen Bausteine der Finanzierung, die eigenen und die fremden Mittel werden mit ihren wesentlichen Merkmalen im Finanzierungsplan zusammengestellt:

Finanzierungsplan

I. Fremdmittel	Nennbetrag	Zinsen		Tilgung	
		%	DM	%	DM
Zwischensummen					
II. Eigenleistungen					
Summe der Finanzierungsmittel					
	Summe der Zinsen				
	Summe der Tilgung				

Gesamtkosten (siehe S. 12) und die Summe der Finanzierungsmittel müssen übereinstimmen.

Bindungs- und Kapitalstrukturregeln

Der Finanzierungsbedarf soll für jeden einzelnen Vermögensgegenstand getrennt ermittelt und möglichst so gedeckt werden, daß das Kapital mindestens so lange überlassen bleibt, wie es in der Investition gebunden ist (Bindungsregel).

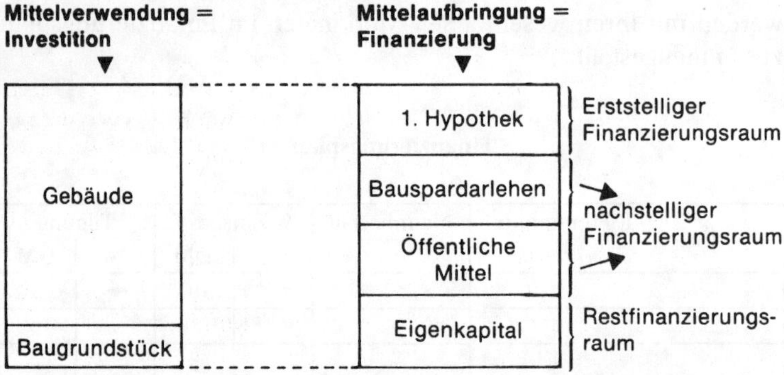

Die Kapitalstrukturregeln beziehen sich auf das Verhältnis der Arten der einzelnen Finanzierungsmittel zueinander, wie sie z.B. durch unterschiedliche Beleihungshöhen entstehen, und auf das Verhältnis von Fremdkapital zu Eigenkapital. Finanzierungsregeln, die die Dauer der Bindung des Kapitals an die Investition bestimmen, werden erst in der Lastenberechnung (siehe S. 159) behandelt. Will man den Finanzierungsplan aufstellen, so werden die Kapitalstrukturregeln des Realkredits wirksam. (Vertikale Finanzierungsregeln.) (Siehe Beispiel eines Finanzierungsplanes auf S. 159) Sie bestimmen die Finanzierungsräume. Von Goethe soll der Rat stammen, daß man das erste Knopfloch einer Weste mit dem richtigen Knopf schließen soll. Sonst kommt man mit den Knopflöchern nicht aus. Ähnliche Erscheinungen gibt es bei Finanzierungsplänen, falsche Anfänge liefern falsche Schlüsse.

1. Finanzierungsräume

Erklären lassen sich unterschiedlich bewertete Finanzierungsräume innerhalb der Gesamtfinanzierung nur aus der Geschichte und der Tradition der Sicherheitsvorstellungen des Realkredits in Deutschland. Unterschiedliche Beleihungsgrenzen bestimmen im wesentlichen die einzelnen Finanzierungsräume. In den drei Finanzierungsräumen

- erststelliger Finanzierungsraum
- nachstelliger Finanzierungsraum
- Restfinanzierungsraum

werden Finanzierungsmittel unterschiedlicher Art angeboten.

Erststelliger Finanzierungsraum

Kreditinstitute, bei denen die Ausleihungen grundsätzlich an erster Rangstelle (siehe dazu S. 367) im Grundbuch gesichert sein sollen, werden in diesem Bereich tätig. Insbesondere den Realkreditinstituten und den Sparkassen sind satzungsmäßige oder gesetzliche Verpflichtungen auferlegt, Darlehen nur dann als ausreichend gesichert anzusehen, wenn sie sich im Rahmen von 60% des Beleihungswertes halten. Diese Regel erklärt sich aus den Sicherheitsvorschriften, die für die aufgenommenen Gelder bestehen. Der Rechtscharakter der Normen des organisierten Realkredits zwingt sie zu einem solchen Verhalten. Einzelheiten sind zu finden in: Beck-Texte im dtv Nr. 5021 Bankrecht. Die obere Grenze des erststelligen Finanzierungsraumes wird durch den Wert des Beleihungsgegenstandes bestimmt. Von dem Erfordernis der Erstrangigkeit kann ausnahmsweise abgesehen werden, wenn das Darlehen im Rang nicht über 60% des Beleihungswertes hinausgeht. Einzelheiten der Ermittlung des „Beleihungswerts" sind auf S. 223 dargestellt. Der Einsatz des Grundbuchs als Grundpfeiler der Baufinanzierung und die dabei zu beachtenden Rangvorschriften werden auf den S. 184 eingehend behandelt.

Dem Interessenten, der Finanzierungsmittel für Haus und Wohnung aufnehmen will, ist es eigentlich gleichgültig, wie die Kreditinstitute die ihnen auferlegten Verpflichtungen erfüllen. Da aber die Begrenzung der Beleihung die Struktur des Finanzierungsplanes mitbestimmt, ist eine Kenntnis dieser Grundlagen hilfreich.

Nachstelliger Finanzierungsraum

Will man die Gesamtfinanzierung sichern, so sind Finanzierungsmittel einzuplanen, für die ein Grundpfandrecht (siehe S. 175) im nachstelligen Finanzierungsraum im Grundbuch eingetragen werden kann. Sie schließen die Finanzierungslücke zwischen erststelliger Finanzierung und dem Restfinanzierungsraum. Bausparkassen übernehmen hauptsächlich diese Funktion. Sie bieten vornehmlich nachstellige Mittel an. Der Beleihungsraum reicht dann bis zu 80% des Beleihungswertes.

Auch die Ausgeber von I. Hypotheken werden in diesem Finanzierungsraum tätig. Grundsätzlich benötigen sie zusätzliche Sicherheiten. Die öffentliche Hand und auch dritte Kreditinstitute übernehmen für Hypotheken, die über den erststelligen Finanzierungsraum hinausgehen, Bürgschaften. Der „reine" Realkredit wird durch Elemente des Personalkredits ergänzt. Bei Zusatz- und Ersatzsicherheiten durch Bürgschaftsübernahme der öffentlichen Hand und durch andere geeignete Kreditinstitute erweitert sich dieser Finanzierungsraum auf bis zu 90% des Beleihungswertes.

Bei Sozialwohnungen decken öffentliche Baudarlehen den nachstelligen Finanzierungsraum. Ihr Einsatz in diesem Bereich wird als Normalfall angesehen. Sie sollen nicht nur eine Finanzierungslücke schließen. Sie helfen darüber hinaus mit niedrigen oder gar keinen Zinsen, die Belastung herabzusetzen. Es soll ein für die breiten Schichten des Volkes tragbares Maß der Belastung erreicht werden. Die Einzelheiten sind im Zweiten Wohnungsbaugesetz (Wohnungsbau- und Familienheimgesetz – II. WoBauG) Neufassung vom 19. 8. 1994 zuletzt geändert am 22. 12. 1997 (BGBl. I 3256), sowie in den dazu ergangenen Ausführungsvorschriften geregelt. (Siehe Beck-Texte im dtv Nr. 5013, MietG.)
In § 116a II. WoBauG sind die Überleitungsregelungen aus Anlaß der Herstellung der Einheit Deutschlands zu finden:

1. Hiernach sind in den neuen Ländern die Vorschriften des II. WoBauG auf neugeschaffene Wohnungen anzuwenden, für die die Mittel aus öffentlichen Haushalten nach diesem Gesetz erstmalig seit dem 4. Oktober 1990 bewilligt werden.
   Die für den verbleibenden Jahreszeitraum 1990 zur Verfügung stehenden staatlichen Mittel werden nicht nach dem II. WoBauG vergeben. Demzufolge wird die Einführung des deutschen Wohnungsbaurechts erst vom Programmjahr 1991 an Bedeutung gewinnen können.
2. Die auf der Zweistufigkeit der bundesdeutschen Wohnungsbauförderung – der Staat bedient sich hierbei sowohl des öffentlichen als auch des privaten Rechts – beruhende Zuordnung von Rechtsstreitigkeiten zum Verwaltungs- und zum ordentlichen Rechtsweg kann in den neuen

Ländern bis zur Einrichtung von Verwaltungsgerichten noch nicht vollzogen werden. Solange Verwaltungsgerichte ihre Tätigkeit noch nicht aufgenommen haben, wird auch für die öffentlich-rechtlichen Streitigkeiten der ordentliche Rechtsweg eröffnet. Wegen der in den nächsten Jahren einsetzenden Förderung nach dem II. WoBauG dürfte sich die Bedeutung dieser Regelung erheblich relativieren.

3. Angesichts der derzeitigen Einkommens- und Preissituation wird die unveränderte Übernahme der Einkommensgrenzen des § 25 II. WoBauG nicht für geboten erachtet. Daher ist die Bundesregierung ermächtigt worden, im Verordnungswege eine Anpassung dieser Grenzen unter Berücksichtigung der Einkommensverhältnisse und -entwicklungen vornehmen zu können.
4. Die aus § 116 II. WoBauG folgenden höheren Einkommensgrenzen für das Land Berlin gelten für den neu hinzugekommenen Teil der Stadt nicht. Offenbar soll damit verhindert werden, daß Wohnungssuchende mit höherem Einkommen in West-Berlin ihre Wohnbedürfnisse im anderen Teil der Stadt befriedigen können.

Die **Übernahme von Bürgschaften** ist für die neuen Länder in Anlehnung an die Bürgschaftsrichtlinien der übrigen Bundesländer geregelt worden. Da das Grundbuchwesen in diesen Ländern noch nicht vollständig wiederhergestellt ist und daher noch für einen Teil der Grundstücke keine dingliche Sicherung ermöglicht, ist in den vorgenannten Richtlinien vorgesehen, daß Bürgschaften auch für Darlehen übernommen werden können, für die ein Grundpfandrecht an erster Rangstelle eingetragen werden könnte. Die Bürgschaft besteht in diesen Fällen nur solange, bis die dingliche Sicherung nachgeholt werden kann.

Ferner ist vorgesehen, daß Bürgschaften von den Kapitalsammelstellen in Listen dem Bürgen gegenüber angemeldet und mit der Meldung übernommen werden können. Vorläufig ist die Wohnungsbaukreditanstalt Berlin mit der Abwicklung der Bürgschaftsübernahme für diese Länder beauftragt.

Für die nach dem 31. Dezember 1980 und vor dem 1. Januar 1992 bezugsfertig gewordenen neugeschaffenen Wohnungen in den neuen Ländern gilt eine zehnjährige Grundsteuerbefreiung.

Der Restfinanzierungsraum

In diesem Finanzierungsbereich ist üblicherweise Eigenkapital eingesetzt, das dem Eigentümer zur Verfügung steht. Häufig ist es nicht in ausreichender Menge vorhanden. Bei der Finanzplanung muß man dann versuchen, Finanzierungsmittel zu beschaffen, für die entweder keine Sicherung im Grundbuch verlangt wird oder bei denen sich die Gläubiger mit einem Grundbuchrang nach der erststelligen und noch nach der nachrangigen Finanzierung begnügen. Verwandtendarlehen, Arbeitgeberdarlehen und auch Mieterdarlehen werden hier eingesetzt. Berücksichtigt wird auch der Wert der eigenen Sach- und Arbeitsleistung, der eingebrachten bezahlten Baustoffe und der Selbsthilfe. Bringt der Eigentümer ein eigenes bezahltes Grundstück ein, so ist dessen Wert in diesem Teil des Finanzierungsplanes anzusetzen; ebenso der Wert der vorhandenen verwertbaren Bauteile.

Im sozialen Wohnungsbau kommen in diesem Finanzierungsraum vor:

- Familienzusatzdarlehen und Aufbaudarlehen,
- Darlehen zur Beseitigung von Wohnungsnotständen und zur Förderung von Eigentumsmaßnahmen für kinderreiche Familien und Schwerbeschädigte,
- Zuschüsse zur Wohnraumbeschaffung für kinderreiche Familien,
- Kapitalabfindungen nach dem Bundesversorgungsgesetz oder dem Unfallrentenneuregelungsgesetz für Soldaten, Beamte, Contergangeschädigte und Opfer von Gewaltverbrechen,
- Investitionszulagen.

Rechnerisch lassen sich auch die ersparten Einkommensteuern hier einordnen (siehe dazu S. 161).

In diesen Bereich ragen auch die in den letzten Jahren von der Kreditwirtschaft entwickelten personenbezogenen Baufinanzierungsmodelle hinein. Anders als beim Realkredit steht im Vordergrund die Absicherung des Kapitaldienstes für Zins und Tilgung durch den frei verfügbaren Teil des Familieneinkommens. Zwar wird das Darlehen in aller Regel auch im Grundbuch gesichert; Teile davon auch im Restfinanzierungsraum. Man spricht von einem gedeckten Personalkredit. Bei dieser bis zu 100% (und manchmal auch noch darüber hinaus) gehenden Finanzierung prüft der Darlehensgeber die Bonität des Schuldners besonders intensiv. Dem verfügbaren Teil des Einkommens rechnet man die zahlenmäßigen Ergebnisse auf folgende Fragen hinzu:

- Welche monatlichen Barleistungen können erbracht werden?
- Wie hoch fällt die Ausgabenminderung für die bisherige Wohnung ins Gewicht?

- Wie wirkt sich eine aus dem Erwerb oder dem Bau von Haus und Wohnung resultierende Steuerersparnis aus?
- Läßt sich das Einkommen durch Vermietung von Teilen des Hauses oder der Wohnung erhöhen?

Nicht selten setzen sich solche Finanzierungen aus Bausteinen des „klassischen" Realkredits zusammen. Deren manchmal starr gehandhabte Kapitalstrukturregeln mildert man durch einfallsreiche Zwischenschaltung von Bankkrediten der verschiedensten Art in Beleihungshöhe, Laufzeit und Kapitaldienst (s. S. 446).

2. Finanzierungsmittel

Über die Klassifizierung nach Finanzierungsräumen hinaus bestehen weitere charakteristische formale Unterscheidungsmerkmale nach Finanzierungsform und -arten. Drei Kriterien verwendet man zur Einteilung der vorkommenden Formen:

1. die rechtliche Bindung
2. die zeitliche Bindung und
3. die Herkunft der Finanzierungsmittel

Differenziert man nach der rechtlichen Bindung, so unterscheidet man die Eigenkapitalfinanzierung und die Fremdfinanzierung. Betrachtet man die vorkommenden Finanzierungsformen nach ihrer zeitlichen Bindung, d.h. der Dauer, für die Darlehen ausgeliehen werden, so findet man Dauer(langfristige)finanzierungsmittel, mittelfristige und kurzfristige Finanzierungsmittel. Von der Herkunft der Mittel aus verschiedenen Zahlungsströmen lassen sich die beiden Hauptgruppen „Außenfinanzierung" und „Innenfinanzierung" unterscheiden. Die Außenfinanzierung umfaßt hauptsächlich die Fremdfinanzierung und das eingesetzte Eigenkapital des Eigentümers. Die Innenfinanzierung besteht in diesem Zusammenhang im wesentlichen darin, daß über die vermieteten Teile von Haus und Wohnung innerhalb der Erlöse Abschreibungsbeträge dem Eigentümer zufließen. Für den Umfang der Innenfinanzierung kommt es auf die Wirkung der Besteuerung an. Es gibt Finanzierungseffekte der Besteuerung, die eine besondere Beachtung verdienen (siehe Seite 161).

ZAHLUNGS-STRÖME

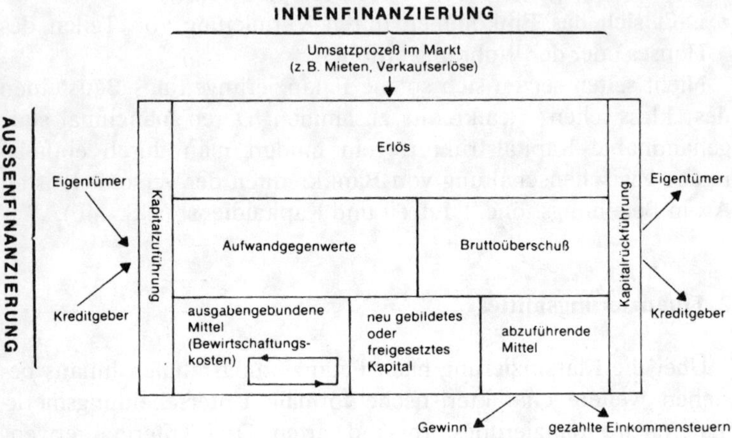

Die Wirkungen steuerlicher Sonderabschreibungen oder Zusatzabschreibungen gehören hierher. Die Einzelheiten der Wirkungszusammenhänge sind auf S. 129 behandelt. Die Formen der einzelnen Finanzierungsmittel, die allerdings nicht alle bei der Finanzierung von Haus und Wohnung vorkommen, gliedern sich in:

INNENFINANZIERUNG

Finanzierung aus freigesetztem Kapital

I. Finanzierung durch Abschreibungsgegenwerte

II. Finanzierung durch Rückstellungen

III. Finanzierung durch Liquidation von Vermögensteilen

Selbstfinanzierung

I. Offene Selbstfinanzierung

II. Stille Selbstfinanzierung

Beteiligungsfinanzierung

I. Einzelunternehmung

II. Unternehmergesellschaften
   1. Gesellschaft des bürgerlichen Rechts
   2. OHG

III. Einlagengesellschaften
   1. Stille Gesellschaft
   2. Kommanditgesellschaft

IV. Kapitalgesellschaften
   1. AG
   2. KGaA
   3. GmbH

AUSSENFINANZIERUNG

Subventionsfinanzierung

I. Subventionen der öffentlichen Hand

II. Subventionen privater Stellen

Fremdfinanzierung

Kommerzieller Kredit

I. Lieferantenkredit (einschließlich einbehaltener Sicherheitsbeträge)

II. Anzahlungen von Kunden

Finanzschulden

I. Kurz- und mittelfristige Kredite
   1. Kontokorrentkredit
   2. Diskontkredit
   3. Akzeptkredit
   4. Lombardkredit
   5. Avalkredit

II. Langfristige Darlehen
   1. Darlehen von privater Seite
   2. Sogenannte Schuldscheindarlehen
   3. Obligationen
   4. Langfristige Bankkredite von Realkreditinstituten
   5. Langfristige Bankkredite von Spezialkreditinstituten
   6. Bauspardarlehen

III. Substituenten der langfristigen Darlehen
   1. Kurz- und mittelfristige Kredite mit langfristigem Charakter
   2. Langfristig verfügbare Gelder aus revolvierenden kurz- oder mittelfristigen Krediten
   3. Das als Leasing-Finanzierung bezeichnete Anlagen-Mietgeschäft

Gegenstand der Finanzierung sind Haus und Wohnung. Die eigentliche Mittelverwendung, die Investition, also Bau oder der Kauf einer Wohnung oder eines Hauses zählt nicht unmittelbar zu dem Fachausdruck „Finanzierung". Aber die wechselseitigen Beziehungen, die zwischen dem Begriffspaar Investition und Finanzierung bestehen, lassen sich nicht übersehen. Die Tatsache, daß jede Investition in Haus und Wohnung eine Finanzierung voraussetzt, und daß außerdem die Finanzierung Einfluß auf die Rentabilität von Haus und Wohnung hat, deuten allein schon darauf hin. Hauptanliegen der Finanzierungsplanung ist die zeitliche und mengenmäßige Abstimmung zwischen Mittelaufbringung und Mittelverwendung. Es handelt sich um zwei Seiten der gleichen Medaille.

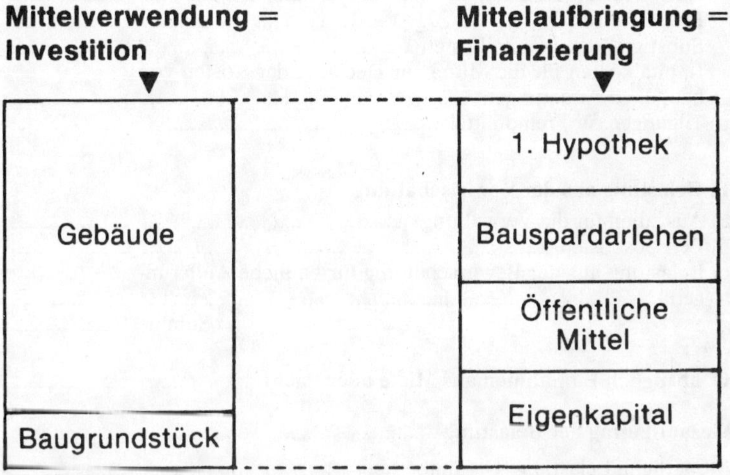

C. Lastenberechnung

Es geht um eine Liquiditätsrechnung, bei der die laufenden geldmäßigen Ausgaben zusammengefaßt der Höhe nach ermittelt werden. Rechnungsperiode ist zunächst das 1. Jahr nach Bezug des Objekts oder nach Übergang des wirtschaftlichen Eigentums.

Berechnung der Belastung
(Lastenberechnung)

	DM
A. Belastung aus dem Kapitaldienst	
a) Fremdkapitalkosten	
Zinsen für Fremdmittel	________
Erbbauzinsen	________
Sonstige Fremdkapitalkosten	________
Kapitalkosten für die Mittel zur Deckung der Kosten von baulichen Änderungen	________
b) Tilgungen für Fremdmittel	________
B. Belastung aus der Bewirtschaftung	
a) Ausgaben für die Verwaltung	________
b) Betriebskosten	________
c) Belastung aus der Bewirtschaftung für bauliche Änderungen	________
Summe	________
C. abzüglich Einnahmen aus Miete oder Pacht	________
Gesamtbetrag der Belastung	________
Monatliche Belastung (Gesamtbetrag : 12 =)	________
Belastung je m² im Monat (monatliche Belastung: Wohnfläche =)	________

Mit diesem Hilfsmittel können sowohl der Eigentümer als auch ein Darlehensgeber:

- prüfen, welche Lasten entstehen,
- überlegen, wie sie vermindert werden können und
- entscheiden, ob sie tragbar sind.

Berücksichtigt werden folgende Zahlungsströme:

Belastung aus dem Kapitaldienst:

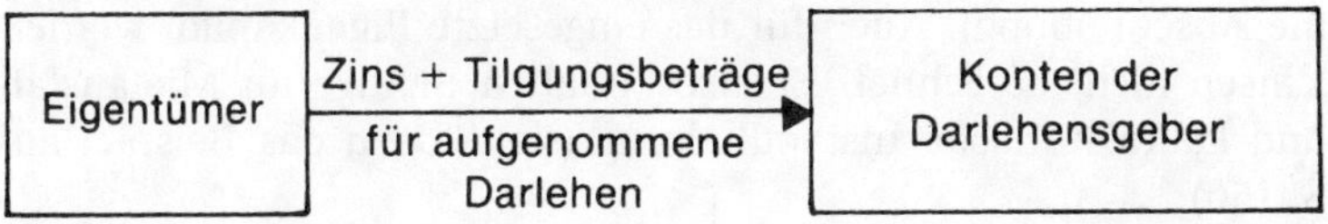

Belastung aus der Bewirtschaftung:

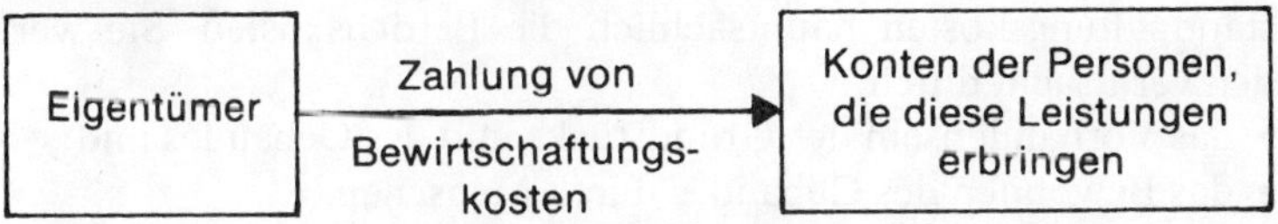

Belastung aus dem Kapitaldienst

Aus dem Finanzierungsplan ergeben sich die Summen der laufenden Ausgaben für Zins und Tilgung (siehe S. 49). Beide zusammen bezeichnet man als Belastung aus dem Kapitaldienst. Unverändert werden sie in die Berechnung der Belastung übernommen. Das Ziel ist eine bewußte Steuerung der Zahlungsströme. Durch Vergleich der liquiditätswirksamen Bedingungen der einzelnen auf dem Markt angebotenen Finanzierungsmittel kann die Lastenberechnung so verändert werden, daß die Belastung an die eigene finanzielle Situation möglichst nah angepaßt wird.

Die Lasten aus dem Kapitaldienst müssen zu verschiedenen Zeitpunkten immer wieder neu berechnet werden. Zuerst bei der Finanzierungsplanung vor dem Entschluß zu bauen oder zu kaufen. Im Zeitablauf ändern sich insbesondere wegen der Tilgung der Fremdmittel die Zinsen für die Restschulden fortlaufend. Lastenberechnungen sind neu aufzustellen vornehmlich bei Änderung der Konditionen der Finanzierungsmittel, bei Umfinanzierungen, bei Ablauf von Zwischen- und Vorfinanzierungen. Entstehen neue Baukosten wegen baulicher Veränderungen (Umbauten, Anbauten und Modernisierungen), so ergänzt man die Lastenberechnung.

Änderungen der Finanzierungswirkungen steuerlicher Bestimmungen (siehe S. 82) können zu einer veränderten Beurteilung der Lastenberechnung führen. Da bei der Lastenberechnung nur die geldmäßigen Ausgaben berücksichtigt werden, verzichtet man auf den Ansatz von Beträgen für die Abnutzung des Gebäudes (= die Abschreibung). Auch für das eingesetzte Eigenkapital werden Zinsen nicht berechnet. Ebenso entfallen Beträge für Mietausfall und kalkulatorische Instandhaltung (siehe dazu das Beispiel auf S. 156).

Belastung aus der Bewirtschaftung

Dazu zählen neben den Ausgaben für Verwaltungs- und Instandhaltungskosten hauptsächlich die Betriebskosten. Sie werden verursacht durch:

- das Vorhandensein des Grundstücks und des Gebäudes und
- das Bewohnen des Gebäudes durch Menschen.

Die Anlage 3 zu § 27 Abs. 1 II. Berechnungsverordnung (II. BV)[1] umfaßt die vorkommenden Kostenarten:

Aufstellung der Betriebskosten

Betriebskosten sind nachstehende Kosten, die dem Eigentümer (Erbbauberechtigten) durch das Eigentum (Erbbaurecht) am Grundstück oder durch den bestimmungsmäßigen Gebrauch des Gebäudes oder der Wirtschaftseinheit, der Nebengebäude, Anlagen, Einrichtungen und des Grundstücks laufend entstehen, es sei denn, daß sie üblicherweise vom Mieter außerhalb der Miete unmittelbar getragen werden:

1. Die laufenden öffentlichen Lasten des Grundstücks

Hierzu gehört namentlich die Grundsteuer, jedoch nicht die Hypothekengewinnabgabe.

2. Die Kosten der Wasserversorgung

Hierzu gehören die Kosten des Wasserverbrauchs, die Grundgebühren und die Zählermiete, die Kosten der Verwendung von Zwischenzählern, die Kosten des Betriebs einer hauseigenen Wasserversorgungsanlage und einer Wasseraufbereitungsanlage einschließlich der Aufbereitungsstoffe.

3. Die Kosten der Entwässerung

Hierzu gehören die Gebühren für die Benutzung einer öffentlichen Entwässerungsanlage, die Kosten des Betriebs einer entsprechenden nicht öffentlichen Anlage und die Kosten des Betriebs einer Entwässerungspumpe.

---

[1] Nach der Fünften Verordnung zur Änderung wohnungsrechtlicher Vorschriften v. 23. 7. 1996 (BGBl. I 1167).

4. Die Kosten

a) des Betriebs der zentralen Heizungsanlage einschließlich der Abgasanlage;
hierzu gehören die Kosten der verbrauchten Brennstoffe und ihrer Lieferung, die Kosten des Betriebsstroms, die Kosten der Bedienung, Überwachung und Pflege der Anlage, der regelmäßigen Prüfung ihrer Betriebsbereitschaft und Betriebssicherheit einschließlich der Einstellung durch einen Fachmann, der Reinigung der Anlage und des Betriebsraums, die Kosten der Messungen nach dem Bundes-Immissionsschutzgesetz, die Kosten der Anmietung oder anderer Arten der Gebrauchsüberlassung einer Ausstattung zur Verbrauchserfassung sowie die Kosten der Verwendung einer Ausstattung zur Verbrauchserfassung einschließlich der Kosten der Berechnung und Aufteilung;
oder

b) des Betriebs der zentralen Brennstoffversorgungsanlage;
hierzu gehören die Kosten der verbrauchten Brennstoffe und ihrer Lieferung, die Kosten des Betriebsstroms und die Kosten der Überwachung sowie die Kosten der Reinigung der Anlage und des Betriebsraums;
oder

c) der eigenständig gewerblichen Lieferung von Wärme,
auch aus Anlagen im Sinne des Buchstabens a;
hierzu gehören das Entgelt für die Wärmelieferung und die Kosten des Betriebs der zugehörigen Hausanlagen entsprechend Buchstabe a;
oder

d) der Reinigung und Wartung von Etagenheizungen;
hierzu gehören die Kosten der Beseitigung von Wasserablagerungen und Verbrennungsrückständen in der Anlage, die Kosten der regelmäßigen Prüfung der Betriebsbereitschaft und Betriebssicherheit und der damit zusammenhängenden Einstellung durch einen Fachmann sowie die Kosten der Messungen nach dem Bundes-Immissionsschutzgesetz.

5. Die Kosten

a) des Betriebs der zentralen Warmwasserversorgungsanlage;
hierzu gehören die Kosten der Wasserversorgung entsprechend Nummer 2, soweit sie nicht dort bereits berücksichtigt sind, und die Kosten der Wassererwärmung entsprechend Nummer 4 Buchstabe a;
oder

b) der eigenständig gewerblichen Lieferung von Warmwasser,
auch aus Anlagen im Sinne des Buchstabens a;
hierzu gehören das Entgelt für die Lieferung des Warmwassers und die Kosten des Betriebs der zugehörigen Hausanlagen entsprechend Nummer 4 Buchstabe a;
oder

c) der Reinigung und Wartung von Warmwassergeräten;
hierzu gehören die Kosten der Beseitigung von Wasserablagerungen und Verbrennungsrückständen im Innern der Geräte sowie die Kosten

der regelmäßigen Prüfung der Betriebsbereitschaft und Betriebssicherheit und der damit zusammenhängenden Einstellung durch einen Fachmann.

6. Die Kosten verbundener Heizungs- und Warmwasserversorgungsanlagen

a) bei zentralen Heizungsanlagen entsprechend Nummer 4 Buchstabe a und entsprechend Nummer 2, soweit sie nicht dort bereits berücksichtigt sind;
oder

b) bei der eigenständig gewerblichen Lieferung von Wärme entsprechend Nummer 4 Buchstabe c und entsprechend Nummer 2, soweit sie nicht dort bereits berücksichtigt sind;
oder

c) bei verbundenen Etagenheizungen und Warmwasserversorgungsanlagen entsprechend Nummer 4 Buchstabe d und entsprechend Nummer 2, soweit sie nicht dort bereits berücksichtigt sind.

7. Die Kosten des Betriebs des maschinellen Personen- oder Lastenaufzuges

Hierzu gehören die Kosten des Betriebsstroms, die Kosten der Beaufsichtigung, der Bedienung, Überwachung und Pflege der Anlage, der regelmäßigen Prüfung ihrer Betriebsbereitschaft und Betriebssicherheit einschließlich der Einstellung durch einen Fachmann sowie die Kosten der Reinigung der Anlage.

8. Die Kosten der Straßenreinigung und Müllabfuhr

Hierzu gehören die für die öffentliche Straßenreinigung und Müllabfuhr zu entrichtenden Gebühren oder die Kosten entsprechender nicht öffentlicher Maßnahmen.

9. Die Kosten der Hausreinigung und Ungezieferbekämpfung

Zu den Kosten der Hausreinigung gehören die Kosten für die Säuberung der von den Bewohnern gemeinsam benutzten Gebäudeteile, wie Zugänge, Flure, Treppen, Keller, Bodenräume, Waschküchen, Fahrkorb des Aufzuges.

10. Die Kosten der Gartenpflege

Hierzu gehören die Kosten der Pflege gärtnerisch angelegter Flächen einschließlich der Erneuerung von Pflanzen und Gehölzen, der Pflege von Spielplätzen einschließlich der Erneuerung von Sand und der Pflege von Plätzen, Zugängen und Zufahrten, die dem nicht öffentlichen Verkehr dienen.

11. Die Kosten der Beleuchtung

Hierzu gehören die Kosten des Stroms für die Außenbeleuchtung und die Beleuchtung der von den Bewohnern gemeinsam benutzten Gebäudeteile, wie Zugänge, Flure, Treppen, Keller, Bodenräume, Waschküchen.

12. Die Kosten der Schornsteinreinigung

Hierzu gehören die Kehrgebühren nach der maßgebenden Gebührenordnung, soweit sie nicht bereits als Kosten nach Nummer 4 Buchstabe a berücksichtigt sind.

13. Die Kosten der Sach- und Haftpflichtversicherung

Hierzu gehören namentlich die Kosten der Versicherung des Gebäudes gegen Feuer-, Sturm- und Wasserschäden, der Glasversicherung, der Haftpflichtversicherung für das Gebäude, den Öltank und den Aufzug.

14. Die Kosten für den Hauswart

Hierzu gehören die Vergütung, die Sozialbeiträge und alle geldwerten Leistungen, die der Eigentümer (Erbbauberechtigte) dem Hauswart für seine Arbeit gewährt, soweit diese nicht die Instandhaltung, Instandsetzung, Erneuerung, Schönheitsreparaturen oder die Hausverwaltung betrifft.

Soweit Arbeiten vom Hauswart ausgeführt werden, dürfen Kosten für Arbeitsleistungen nach den Nummern 2 bis 10 nicht angesetzt werden.

15. Die Kosten

a) des Betriebs der Gemeinschafts-Antennenanlage;
hierzu gehören die Kosten des Betriebsstroms und die Kosten der regelmäßigen Prüfung ihrer Betriebsbereitschaft einschließlich der Einstellung durch einen Fachmann oder das Nutzungsentgelt für eine nicht zur Wirtschaftseinheit gehörende Antennenanlage;
oder

b) des Betriebs der mit einem Breitbandkabelnetz verbundenen privaten Verteilanlage;
hierzu gehören die Kosten entsprechend Buchstabe a, ferner die laufenden monatlichen Grundgebühren für Breitbandanschlüsse.

16. Die Kosten des Betriebs der maschinellen Wascheinrichtung

Hierzu gehören die Kosten des Betriebsstroms, die Kosten der Überwachung, Pflege und Reinigung der maschinellen Einrichtung, der regelmäßigen Prüfung ihrer Betriebsbereitschaft und Betriebssicherheit sowie die Kosten der Wasserversorgung entsprechend Nummer 2, soweit sie nicht dort bereits berücksichtigt sind.

17. Sonstige Betriebskosten

Das sind die in den Nummern 1 bis 16 nicht genannten Betriebskosten, namentlich die Betriebskosten von Nebengebäuden, Anlagen und Einrichtungen.

Der Eigentümer hat nur beschränkte Einwirkungsmöglichkeiten auf die Höhe und die Veränderung solcher Ausgaben. Bei Gebühren und Kosten, die von Gemeinden und Städten erhoben werden, ist damit zu rechnen, daß sie, wie im vergangenen Jahrzehnt, weiter stark ansteigen werden.

Bei neuen Häusern und Wohnungen läßt sich der Umfang der Belastung aus der Bewirtschaftung meist noch nicht voll übersehen. Absolut gesehen hat sie eine Höhe erreicht, die der einzuplanenden Belastung aus dem Kapitaldienst deutlich Grenzen setzt.

Die Kosten für Gas und Strom zum Kochen, Waschen und zur Beleuchtung innerhalb der Wohnung werden nicht berücksichtigt.

Unter bestimmten Voraussetzungen hilft der Staat mit Lastenzuschüssen nach dem Wohngeldgesetz. Einzelheiten sind auf Seite 502 dargestellt.

D. Wirtschaftlichkeits-(Rentabilitäts-)Berechnung

Finanziert man ein Haus oder eine Wohnung, so möchte man auch wissen, ob und wie sich das wirtschaftlich lohnt. Man will wissen:

- wie verzinst sich das eingesetzte Kapital?
- welche Kostenmiete ergibt sich?
- wieviel Geld verwohnt man monatlich bei einem selbstgenutzten Objekt?

Stellt man die tatsächlich am Markt erzielte Miete der Kostenmiete gegenüber, so bestimmt die Differenz den Verlust oder den Gewinn.

Alle zahlenmäßig erfaßbaren Faktoren muß man bei Aufwendungen und Erträgen gegenüberstellen. In Praxis bedient man sich dazu des oben abgedruckten Kalkulations-Schemas.

Benutzt man dieses Hilfsmittel, so muß man anders als bei der Lastenberechnung, den Inhalt der betriebswirtschaftlichen Begriffe „Aufwendungen und Erträge“ berücksichtigen (siehe dazu auch S. 160).

Man muß unterscheiden:

Wirtschaftlichkeitsberechnung	**Lastenberechnung**
Kein Ansatz der Tilgungen	Ansatz der Tilgungen
Ansatz der Abschreibungen	Kein Ansatz der Abschreibungen
Ansatz der Eigenkapitalverzinsung	Kein Ansatz der Eigenkapitalverzinsung
Ansatz für Mietausfallwagnis	Kein Ansatz für Mietausfallwagnis
Ansatz kalkulatorischer Posten für Instandhaltung	Kein Ansatz kalkulatorischer Posten für Instandhaltung

Wirtschaftlichkeits-(Rentabilitäts-)Rechnung

Laufende Aufwendungen und Erträge

			DM
A. Kapitalkosten			
a) Zinsen			
b) Erbbauzinsen			
c) Sonstige Fremdkapitalkosten			
d) Eigenkapitalzinsen			
B. Bewirtschaftungskosten			
a) Abschreibung			
b) Verwaltungskosten			
c) Betriebskosten			
d) Instandhaltungskosten			
e) Mietausfallwagnis			
Gesamtbetrag der laufenden Aufwendungen			
C. Erträge			
Mieten	qm Wfl. à DM	× 12 =	
....		× 12 =	
....		× 12 =	
....		× 12 =	
....		× 12 =	
Aufwendungssubventionen			
Summe der Erträge:			
D. Gewinn/Verlust (Aufwendungen ./. Erträge)			

Nur mit erheblichem Aufwand wäre es möglich, die Rentabilität unter Berücksichtigung des Zeitablaufes zu ermitteln.[1] Man behilft sich mit einer auf einen einzigen Zeitpunkt bezogenen Rechnung, z. B. auf den Termin der Fertigstellung oder des Bezugs des Objektes. Der Zeitraum, für den gerechnet wird, ist das Jahr (Rech-

[1] Die Rentabilität ändert sich wegen der Wirkungen der Zahlungsströme fortlaufend. Zu den Wirkungszusammenhängen einer langfristigen Analyse siehe: Schiebel, Heinrich: Die Wirtschaftlichkeit im staatlich subventionierten Wohnungsbau, Der Langfristige Kredit, Mai 1960, 2. Ausgabe, S. 184–189.

nungsperiode). Entweder benutzt man die Ergebnisse als Grundlage für eine zukunftsbezogene Entscheidung oder man kontrolliert für einen zurückliegenden Zeitpunkt die Wirtschaftlichkeit. Werden für das gleiche Objekt solche Berechnungen zu verschiedenen Zeitpunkten aufgestellt, so lassen sich die Ergebnisse bei veränderten Faktoren vergleichen und analysieren. Zur Kalkulation verwendet man die im sozialen Wohnungsbau üblichen Ansätze (siehe dazu das Beispiel auf S. 156). Jeder Investor kann jedoch, im nicht preisgebundenen Wohnungsbau, von diesen Ansätzen abweichen.

Die **Kapitalkosten** rechnet man sowohl beim Eigenkapital als auch bei den Fremdfinanzierungsmitteln, indem man den Ursprungsbetrag mit dem Nominalzinsfuß multipliziert. Die Zahlen entnimmt man dem Finanzierungsplan. Für die Eigenkapitalverzinsung setzt man den im Zeitpunkt der Kalkulation marktüblichen Zinssatz für I. Hypotheken an. Es dürfen zur Zeit beim öffentlich geförderten Wohnungsbau für den Teil der Eigenleistung, der 15% der Gesamtkosten nicht überschreitet, lediglich 4% p.a. an Zinsen eingesetzt werden; für die übrigen Eigenmittel in der Regel der Zinssatz der I. Hypothek. Bei Wohnungen, für die öffentliche Mittel nach dem 1. 1. 1974 bewilligt sind, wurde die Verzinsung dieses Teiles der Eigenmittel auf 6,5% p.a. beschränkt.

Abschreibungen werden als „der auf jedes Jahr der Nutzung fallende Anteil der verbrauchsbedingten Wertminderung der Gebäude, Anlagen und Einrichtungen" in § 25 II. BV definiert. Angesetzt werden 1% p.a. aus der Summe der Baukosten. Darüber hinaus ist eine besondere Abschreibung von Anlagen und Einrichtungen (Zentralheizung, Gemeinschaftsantenne usw.) zulässig. Sie richtet sich nach der mutmaßlichen Dauer der wirtschaftlichen Verwendbarkeit der Anlagen und Einrichtungen. Als besondere Abschreibung für Anlagen und Einrichtungen kann man zusätzlich ansetzen:

Von den Kosten

1. der Öfen und Herde	3 vom Hundert,
2. der Einbaumöbel	3 vom Hundert,
3. der Anlagen und der Geräte zur Versorgung mit Warmwasser, so-	

fern sie nicht mit einer Sammelheizung verbunden sind	4 vom Hundert,
4. der Sammelheizung einschließlich einer damit verbundenen Anlage zur Versorgung mit Warmwasser	3 vom Hundert,
5. der Hausanlage bei eigenständig gewerblicher Lieferung von Wärme	0,5 vom Hundert,
und einer damit verbundenen Anlage zur Versorgung mit Warmwasser	4 vom Hundert,
6. des Aufzugs	2 vom Hundert,
7. der Gemeinschaftsantenne	9 vom Hundert,
8. der maschinellen Wascheinrichtung	9 vom Hundert.

Kalkulieren kann man auch mit den steuerlich üblichen linearen Satz von 2% jährlich (§ 7 Abs. 4 EStG).

Verwaltungskosten dürfen ab 1. 8. 1992[1] höchstens mit 420 DM jährlich pro Wohnung angesetzt werden. Für Garagen oder ähnliche Einstellplätze sind Verwaltungskosten mit höchstens 55 DM jährlich zugelassen. Für die Berechnung der Kostenmiete bei vermieteten Eigentumswohnungen sind 500.– DM p.a. ansetzbar (§ 41 Abs. 2 II. BV).[2]

Eine Aufzählung der einzelnen Arten der **Betriebskosten** ist auf S. 62 abgedruckt. Im Mietrecht legt man diese Kosten grundsätzlich neben der Miete um. Beim nicht preisgebundenen Wohnraum trifft § 4 MHG eine Regelung, die in der Praxis dazu führte, daß bei neu abgeschlossenen und abzuschließenden Mietverträgen die Umlage der Betriebskosten im Sinne von § 27 II. BV vereinbart wird. Im sozialen Wohnungsbau trat mit der Änderung der II. Berechnungsverordnung vom 5. 4. 1984 ein grundlegender Wandel ein: Betriebskosten dürfen im öffentlich geförderten sozialen Wohnungsbau und im steuerbegünstigten oder freifinanzierten Wohnungsbau, der mit Wohnungsfürsorgemitteln gefördert worden ist, nicht mehr in der Wirtschaftlichkeitsrechnung angesetzt

---

[1] Fünfte Verordnung zur Änderung wohnungsrechtlicher Vorschriften v. 23. 7. 1996 (BGBl. I S. 1167).

[2] Diese Ansätze enthalten keine Festlegungen für den Abschluß von Verwalterverträgen bei Wohnungseigentümergemeinschaften: Größe der Wohnanlage, übertragene Pflichten des Verwalters und die Konkurrenzsituation bei den Verwalterangeboten bestimmen den Preis.

werden. Soweit Betriebskosten in der Wirtschaftlichkeitsberechnung am 30. 4. 1984 angesetzt sind, kann die Einbeziehung in die Miete längstens für Abrechnungszeiträume beibehalten werden, die im Jahre 1986 enden. Danach muß eine Umstellung auf Umlage vorgenommen werden (§ 46 Abs. 2 II. BV, §§ 20 und 25 b NMV 1970).

Die **Instandhaltungskosten** werden als Pauschbetrag berücksichtigt, wobei ein auf die mutmaßliche Nutzungsdauer bezogener Durchschnittssatz angewendet wird. Es gilt folgende Regelung:
Je m² Wohnfläche und Jahr dürfen angesetzt werden:

1. für Wohnungen, die bis zum 31. Dezember 1969 bezugsfertig geworden sind, höchstens 21,00 DM,
2. für Wohnungen, die in der Zeit vom 1. Januar 1970 bis zum 31. Dezember 1979 bezugsfertig geworden sind, höchstens 16,50 DM,
3. für Wohnungen, die ab dem 1. Januar 1980 bezugsfertig geworden sind oder bezugsfertig werden, höchstens 13 DM.

Diese Sätze erhöhen sich für Wohnungen mit Fahrstühlen um 1,85 DM. Eine Verringerung um 1,30 DM tritt ein, wenn in der Wohnung ein eingerichtetes Bad oder eine eingerichtete Dusche fehlt. Trägt der Mieter die Kosten für kleinere Instandhaltungen in der Wohnung, so verringern sich die Sätze um 1,90 DM.

Für Kosten der **Schönheitsreparaturen** (die aber meist in den Mietverträgen auf die Mieter abgewälzt werden) dürfen höchstens 15,50 DM je m² Wohnfläche und Jahr angesetzt werden. Dieser Satz verringert sich bei Wohnungen ohne Heizkörper um 1,05 DM und für Wohnungen, die überwiegend nicht mit Doppelfenstern oder Verbundfenstern ausgestattet sind, um 1,10 DM. Er verringert sich für Wohnungen, die überwiegend nicht tapeziert sind, um 1,35 DM. Für Garagen sind diese Pauschsätze einschließlich der Ausgaben für die Schönheitsreparaturen auf höchstens 125 DM jährlich je Garagen- oder Einstellplatz beschränkt.

Außerdem wird der Ansatz von 2% der Jahresmiete als Mietausfallwagnis[1] zugelassen. Dieser Satz soll eine (unter Umständen) eintretende Ertragsminderung decken, die durch uneinbring-

---

[1] Bei preisgebundenem Wohnraum dürfen 2% der Betriebskosten als *Umlageausfallwagnis* zugeschlagen werden (§§ 20 u. 25 a NMV).

liche Mietrückstände und das Leerstehen von Räumen entsteht, und außerdem die Kosten auffangen, die bei der zwangsweisen Beitreibung von Zahlungen, der Aufhebung von Mietverhältnissen und Räumungen anfallen.

Zum Ausgleich von Fehlbeträgen bei der Mietenkalkulation werden auf der Ertragsseite häufig Zinszuschüsse, Aufwandsdarlehen und Aufwendungsbeihilfen der öffentlichen Hand ausgewiesen, die auch zeitlich befristet sein können. Sie dienen dem gleichen Zweck, wie die Hergabe von zinslosen oder gering verzinslichen öffentlichen Darlehen, nämlich einer Mietpreissenkung.

Die errechneten Erträge (siehe Beispiel auf S. 157) werden mit den Gesamtkosten aus der Kapitalbedarfsrechnung (S. 12) in Beziehung gesetzt. Es gilt die Formel:

$$\text{Rentabilität} = \frac{\text{Erträge ./. Aufwendungen}}{\text{Gesamtkosten}}$$

Beispiel:
Mieterträge DM 50.000,– (nach Abzug der Bewirtschaftungskosten)
Gesamtkosten DM 1.000.000,–.

$$\text{Rentabilität} = \frac{\text{DM } 50\,000,–}{\text{DM } 1\,000\,000,–} = 0{,}05 = \frac{5}{100} = 5\%$$

Um die Kostenmiete festzustellen, rechnet man wie folgt:

$$\frac{\text{Gesamtbetrag der laufenden Aufwendungen}}{\text{Wohnfläche}} = \ldots\ldots : 12 =$$

= Kostenmiete pro m^2 Wohnfläche und Monat.

Beispiel bei einem Zweifamilienhaus (siehe Seite 157): Gesamtbetrag der laufenden Aufwendungen = DM 52.085,24; Wohnfläche = 180 m^2.

$$\text{Kostenmiete} = \frac{\text{DM } 52.085{,}24}{180\ m^2} = \text{DM } 289{,}36 : 12 = \text{DM } 24{,}11.$$

Zur Zeit werden solche Kostenmieten bei Neubauten, außer bei mancher gewerblicher Nutzung, am Markt nicht erzielt. Die Rentabilitätsrechnung weist einen Verlust aus. Dieser Verlust läßt sich bei der Einkommensteuer unter bestimmten Voraussetzungen abziehen. Über ersparte Steuern wird versucht, zeitweise eine „Umwegs-Rentabilität“ zu erreichen (siehe dazu S. 161f).

E. Der Einfluß der Steuern und der Zulagen

1. Einkünfte aus Vermietung und Verpachtung

Vermietet man das Wirtschaftsgut „Wohnungsnutzung“, so können Überschüsse dann entstehen, wenn die Einnahmen (§ 8 EStG) größer sind als die Werbungskosten (§ 9 EStG). Diese Überschüsse sind Einkünfte, die der Einkommensteuer unterliegen (§ 21 EStG). Übersteigen dagegen die Werbungskosten – das sind die Aufwendungen zur Erwerbung, Sicherung und Erhaltung der Einnahmen – diese Bruttobezüge (Einnahmen), so entsteht ein Verlust. Die Summe der Einkünfte aus allen 7 Einkunftsarten, die das Einkommensteuerrecht kennt, führt zu dem Gesamtbetrag der Einkünfte, der die Grundlage für Feststellung des zu versteuernden Einkommens bildet.

Für die Finanzierung von Haus und Wohnung ist von Vorteil, daß negative Einkünfte aus Vermietung und Verpachtung (Verluste) mit anderen positiven Einkünften (zum Beispiel aus selbständiger und aus unselbständiger Arbeit sowie aus Gewerbebetrieb und aus Land- und Forstwirtschaft) aufgerechnet werden können. Nur der Saldo – die verminderte Summe der Einkünfte – unterliegt der Besteuerung.

Ab dem 1. 1. 1999 gilt eine Begrenzung des Verlustausgleichs.

Der neu gefaßte Paragraph 2 Abs. 3 EStG sieht vor, daß grundsätzlich der horizontale Verlustausgleich erhalten bleibt. Verluste und Gewinne aus einzelnen Immobilienobjekten der gleichen Einkunftsart können weiterhin voll miteinander verrechnet werden.

Im einzelnen bedeutet die Neuregelung, daß in einem ersten Schritt bei der Ermittlung der Summe der Einkünfte zunächst jeweils die Summen der Einkünfte aus jeder Einkunftsart zu ermitteln sind, um dann die Summe der positiven Einkünfte festzustellen.

Diese Summe der positiven Einkünfte ist um 100 000 DM negative Einkünfte (allgemein und nicht nur aus Vermietung und Verpachtung, sondern auch aus einer anderen Einkunftsart wie Gewerbebetrieb) auf der Basis DM für DM zu vermindern. Übersteigt die Summe der positiven Einkünfte den Betrag von 100 000 DM, kann der Ausgleich bzw. die Minderung nur noch auf der Basis von 1 DM Verlust für 2 DM positive Einkünfte erfolgen (Doppelungsregel). Solange die Summe der positiven Einkünfte die Summe der negativen Einkünfte um das Doppelte übersteigt, können

Name und Vorname/Gemeinschaft/Körperschaft	
Steuernummer	

Anlage V

☐ zur Einkommensteuererklärung

☐ zur Körperschaftsteuererklärung

☐ zur Feststellungserklärung

1998

Einkünfte aus Vermietung und Verpachtung

(Bei ausländischen Einkünften: Anlage AUS beachten.)

Zeile	**Einkünfte aus dem bebauten Grundstück**					Angeschafft am	Fertiggestellt am	Bitte nur volle DM-Beträge eintragen. DM
1	Lage des Grundstücks / der Eigentumswohnung (Ort, Straße, Hausnummer)							
2	**Mieteinnahmen für Wohnungen** (ohne Umlagen)	Erdgeschoß DM	1. Obergeschoß DM	2. Obergeschoß DM	3. Obergeschoß DM	weitere Geschosse DM		
3		Anzahl / Wohnfläche m²	Anzahl / Wohnfläche m²	Anzahl / Wohnfläche m²	Anzahl / Wohnfläche m²	Anzahl / Wohnfläche m²		—
4	**für andere Räume** (ohne Umlagen)	DM	DM	DM	DM	DM		
5	**Umlagen, verrechnet mit Erstattungen** (z. B. Wassergeld, Flur- und Kellerbeleuchtung, Müllabfuhr, Zentralheizung usw.)							
6	Vereinnahmte Mieten für frühere Jahre/auf das Kalenderjahr entfallende Mietvorauszahlungen aus Baukostenzuschüssen							
7	Einnahmen aus Vermietung von Garagen, Werbeflächen, Grund und Boden für Kioske usw. sowie erstattete Umsatzsteuer							
8	Eigengenutzte Wohnung	-geschoß	Größe m²	☐ Wegfall der Nutzungswertbesteuerung ab 1. 1. 1998 wird unwiderruflich beantragt.			Mietwert bei Nutzungswertbesteuerung ▶	
9	Unentgeltlich ohne gesicherte Rechtsposition an Dritte überlassene Wohnung	-geschoß	m²	☐ Wegfall der Nutzungswertbesteuerung ab 1. 1. 1998 wird unwiderruflich beantragt.			▶	
10	Unentgeltlich mit gesicherter Rechtsposition an Dritte überlassene Wohnung	-geschoß	m²					—
11	Eigengenutzte und unentgeltlich an Dritte überlassene Garagen	zu Zeile 8 Anzahl	zu Zeile 9 Anzahl	zu Zeile 10 Anzahl			Mietwert bei Nutzungswertbesteuerung ▶	
12	Bei Nutzungswertbesteuerung: Umlagen, soweit sie auf die Wohnungen lt. Zeilen 8 und 9 entfallen							
13	Öffentliche Zuschüsse nach § 88 d II. WobauG oder zu Erhaltungsaufwendungen, Aufwendungszuschüsse, Guthabenzinsen aus Bausparverträgen und sonstige Einnahmen	Gesamtbetrag DM	davon entfallen auf Wohnungen, für die in den Zeilen 8 bis 10 kein Nutzungswert angesetzt ist	– DM =				
14	**Summe der Einnahmen**							
15	**Summe der Werbungskosten** (Übertrag aus Zeile 57)							–
16	**Überschuß** (zu übertragen nach Zeile 18 oder nach Zeile 19 der zusammenfassenden Anlage V)							=

Zeile		Stpfl./Ehemann Gesellschaft DM	Ehefrau DM		
17	In diese Spalten bitte nur volle DM-Beträge eintragen.			99	25
18	**Zurechnung des Betrags aus Zeile 16**	20	21	09	
19	Summe der Beträge aus Zeile 16 aller weiteren Anlagen V	50	51	20	
	Anteile an Einkünften aus			21	
20	(Gemeinschaft, Finanzamt, Steuer-Nr.)			50	
21	Bauherrengemeinschaften / Erwerbergemeinschaften	76	77	51	
				76	
22	geschlossenen Immobilienfonds	74	75	77	
				74	
23	Grundstücksgemeinschaften	56	57	75	
24		58	59	56	
25		24	25	57	
	Andere Einkünfte			58	
26	**Einkünfte aus Untervermietung von gemieteten Räumen** (Berechnung auf bes. Blatt)	66	67	59	
27	**Einkünfte aus Vermietung und Verpachtung unbebauter Grundstücke**, von anderem **unbeweglichem Vermögen**, von **Sachinbegriffen** sowie aus **Überlassung von Rechten** (Erläuterung auf besonderem Blatt)	52	53		
28					

Anlage V für Einkünfte aus Vermietung und Verpachtung – Aug. 98

Bitte die Anleitung zur Anlage V beachten.

–2–

Zeile	**Werbungskosten** aus dem bebauten Grundstück in Zeile 1	Nur ausfüllen, wenn die Aufwendungen für das Gebäude nur teilweise Werbungskosten sind oder nur teilweise als Pauschbetrag abgezogen werden (siehe Anleitung zu Zeilen 30 bis 56).				Werbungskosten DM (ggf. Spalte 1 abzüglich Spalte 4)
30–33		Gesamtbetrag DM	Ausgaben, die nicht mit Vermietungseinkünften zusammenhängen oder die lt. Zeilen 42 und 43 pauschaliert werden: ermittelt durch direkte Zuordnung	ermittelt verhältnismäßig	nicht abziehbarer Betrag DM	
		1	2	3	4	5
34	Schuldzinsen (ohne Tilgungsbeträge)		☐	%		
35	Absetzung für Abnutzung nach §§ 7, 7 b Abs. 1 S. 2 EStG ☐ linear ☐ degressiv % ☐ wie 1997 ☐ lt. bes. Blatt		☐			
36	Erhöhte Absetzungen nach §§ 7 c, 7 k EStG (Zeilen 61 und 62 beachten) ☐ wie 1997		☐			
37	nach § 14 a BerlinFG ☐ wie 1997		☐			
38	nach § 14 d BerlinFG (Zeile 62 beachten) ☐ wie 1997		☐			
39	nach § 82 a EStDV ☐ wie 1997		☐			
40	nach §§ 7 h, 7 i EStG, §§ 82 g, 82 i EStDV, Schutzbaugesetz ☐ wie 1997 ☐ lt. bes. Blatt		☐			
41	Sonderabschreibungen nach § 4 Fördergebietsgesetz ☐ wie 1997 ☐ lt. bes. Blatt		☐			
42	☐ Pauschbetrag für die Werbungskosten lt. Zeilen 44 bis 56, die auf die Wohnungen lt. Zeilen 2 und 3, ggf. 8 und 9 entfallen					
43	Wohnfläche (Summe lt. Zeilen 3, ggf. 8 und 9) m² × 42 DM (ggf. Zwölftelung) =					
44	Geldbeschaffungskosten (z. B. Schätz-, Notar-, Grundbuchgebühren)		☐			
45	Renten, dauernde Lasten (Einzelangaben auf besonderem Blatt)		☐			
46	Erhaltungsaufwendungen 1998 voll abzuziehen		☐			
47	auf bis zu 5 Jahre zu verteilen: Gesamtaufwand DM; davon 1998 abzuziehen DM		☐			
48	aus früheren Jahren: aus 1994 DM + aus 1995 DM ▶		☐			
49	aus 1996 DM + aus 1997 DM ▶		☐			
50	Wegfall der Nutzungswertbesteuerung ab 1999: Vollabzug der aus 1995 bis 1998 verbliebenen Beträge					
51	Grundsteuer, Straßenreinigung, Müllabfuhr		☐			
52	Wasserversorgung, Entwässerung, Hausbeleuchtung		☐			
53	Heizung, Warmwasser		☐			
54	Schornsteinreinigung, Hausversicherungen		☐			
55	Hauswart, Treppenreinigung, Fahrstuhl		☐			
56	Sonstiges		☐			
57	**Summe der Werbungskosten** (zu übertragen nach Zeile 15)					
58						
59						

Zeile	**Zusätzliche Angaben**	Stpfl./Ehemann	Ehefrau
60	1998 vereinnahmte oder bewilligte Zuschüsse aus öffentlichen Mitteln zu den Anschaffungs-/Herstellungskosten (Erläuterungen auf besonderem Blatt)	DM	DM
61	In Fällen der §§ 7 c, 7 k EStG (Zeile 36) Mittel aus öffentlichen Haushalten wurden unmittelbar oder mittelbar	☐ gewährt.	☐ nicht gewährt.
62	In Fällen des § 7 k EStG/§ 14 d BerlinFG und bei Buchwertentnahme nach § 6 Abs. 1 Nr. 4 Satz 4 EStG vor dem 1. 1. 1998:	☐ Bescheinigung nach § 7 k Abs. 3 EStG ist beigefügt.	

die negativen Einkünfte weiterhin voll in einem Steuerjahr ausgeglichen werden.

Dabei ist die Minderung der positiven Einkünfte in dem Verhältnis vorzunehmen, in dem die positiven Summen der einzelnen Einkünfte aus den verschiedenen Einkunftsarten zu der Summe der positiven Einkünfte stehen. Diese Regelung ist im Zusammenspiel mit der Neufassung der Verlustabzugsvorschrift des Paragraph 10 d EStG zu sehen, wonach bei einem Verlustrücktrag die negativen Einkünfte zunächst jeweils von den positiven Einkünften derselben Einkunftsart abzuziehen sind, die nach der vorbeschriebenen Anwendung des Paragraph 2 Abs. 3 EStG verbleiben. Entsprechendes gilt im Rahmen eines Verlustvortrages. Sowohl bei dem Verlustrücktrag als auch bei dem Verlustvortrag sind die 100 000-DM-Regel und die erwähnte Doppelungsregel zu beachten.

Sofern die Summe der negativen Einkünfte den nach Satz 3 ausgleichsfähigen Betrag übersteigt, das heißt, es sind noch Verluste übrig, die wegen der Doppelungsregel nicht in dem laufenden Steuerjahr ausgeglichen werden können, sind die negativen Summen der Einkünfte aus verschiedenen Einkunftsarten in dem Verhältnis zu berücksichtigen, in dem sie zu der Summe der negativen Einkünfte stehen.

Für zusammenveranlagte Ehegatten gilt, daß jeder Ehegatte ein unbegrenzt ausgleichsfähiges Verlustvolumen von 100 000 DM im Jahr hat, das auf die für ihn getrennt ermittelten Einkünfte anzuwenden ist. Der Verlustausgleich ist grundsätzlich für jeden Ehegatten getrennt vorzunehmen. Kann ein Ehegatte seinen 100 000 DM-Betrag nicht ausnutzen, kann ein Übertrag auf den anderen Ehegatten erfolgen. Im Grundsatz steht ein gemeinsamer voller Verlustausgleichsbetrag in Höhe von 200 000 DM für zusammenveranlagte Ehegatten zur Verfügung. Aufgrund der Gesetzesformulierung sollte es möglich sein, den 200 000 DM-Betrag auch dann voll zu erhalten, wenn ein Ehegatte keine eigenen positiven Einkünfte erzielt hat.

Die abgedruckte Anlage V für die Einkommensteuererklärung bildet den Rahmen und den festliegenden Ausgangspunkt für die steuerliche Berechnung der Wirkungen der Finanzierung von Haus und Wohnung auf die Höhe der Einkommensteuer.

Einzelheiten des materiellen Inhalts einzelner Positionen dieser Überschußrechnung finden sich in den vielfältig angebotenen Ratgebern für die Einkommensteuer.[1]

Wegen der Eintragung eines Freibetrages auf der Lohnsteuerkarte siehe S. 127.

---

[1] Siehe dazu: Dornbusch, Steuervorteile durch Haus- und Wohnbesitz, Beck-Rechtsberater im dtv, Nr. 5240 und Schreyer/Cämmerer Einkommen-Steuer-Sparer, Beck-Rechtsberater im dtv, Nr. 5263.

Verlangt die Finanzplanung bei der Kapitalbedarfsrechnung und bei der Lastenberechnung eine finanzwirtschaftliche Betrachtungsweise, so erfordert die Wirtschaftlichkeits-(Rentabilitäts)-Rechnung eine betriebswirtschaftlich-kostenorientierte Handhabung. Ein drittes Hilfsmittel, die steuerliche Rechnung, eignet sich dazu, neben dem Zweck der Einkunftsermittlung, die engen Wechselbeziehungen von Finanzierung und Besteuerung, die sich gegenseitig beeinflussen, deutlich zu machen. Eine kombinierende Betrachtung kann Zusammenhänge beschreiben, deren Beachtung geeignet ist, Ansprüche des Staates auf Teile des erarbeiteten oder erwirtschafteten Einkommens legal herabzusetzen.

Die Posten des Formulars

- Schuldzinsen und
- Geldbeschaffungskosten (Zeilen 34 und 44)

rühren aus der Finanzierung her. Für das Jahr, in dem sie geltend gemacht werden, müssen in der Regel dafür Zahlungen geleistet worden sein. Bei den Schuldzinsen setzt man die tatsächlich bezahlten Beträge ein. Ihre Höhe leitet sich aus dem Finanzierungsplan ab. Die Kontoauszüge der Darlehensgeber und/oder Tilgungspläne belegen die Kapitalkosten. Häufig errichten Bauherren Häuser in denen sie nur eine der Wohnungen selbst beziehen. Die anderen Wohnungen sollen vermietet werden. Das Urteil des BFH v. 27. 10. 1998, IX R 44/95 erweitert die Möglichkeit Schuldzinsen abzuziehen:

Wer ein Gebäude errichtet, in dem auch eine selbstgenutzte Wohnung liegt, sollte die Kosten von Anfang an genau aufspalten. Dazu gehört nicht nur, daß die Aufträge getrennt vergeben oder aber zumindest getrennt abgerechnet werden, sondern auch, daß tatsächlich die Aufwendungen getrennt bezahlt worden sind. So sollten sinnvollerweise alle Kosten im Zusammenhang mit der eigenen Wohnung aus dem Eigenkapital beglichen werden, alle Kosten, die für die vermieteten Wohnungen notwendig sind, von dem Darlehenskonto. Zudem empfiehlt es sich, daß im Darlehensvertrag als Verwendungszweck die vermietete Wohnung angegeben wird. Als unschädlich sieht der BFH es an, wenn die Absicherung des Darlehens auf das Gesamtgrundstück erfolgt.

Das Zusammenspiel von bezahlten Geldbeschaffungskosten und Schuldzinsen ist auf S. 158 und bei den Tilgungsstreckungsdarlehen auf S. 162 beschrieben.

Völlig andere Vorgänge lösen die Absetzungen für Abnutzung (AfA) (Zeilen 35–41) aus. Ansatzpunkt sind die vorausgehenden Ausgaben für die Anschaffung oder Herstellung des Objekts, wie sie bei den Zahlungsströmen auf S. 2 dargestellt sind. Diese vollzogenen Investitionsausgaben verrechnet man nachträglich mit Hilfe der AfA auf die späteren laufenden Einnahmen. Eigentlich geht es darum, die Abnutzung des Gebäudes auch steuerlich zu berücksichtigen (Einkommensrelevante Vermögensänderungen).

2. Abschreibungsursache: Der Wertverzehr des Sachvermögens

Gebäude nutzen sich ab. Die Qualität der Bauausführung bildet die Basis für die Lebensdauer des Hauses. Nicht nur durch Gebrauch entsteht ein Verschleiß. Auch am Standort des Wohnhauses vorhandene Umweltbedingungen beeinflussen die technische Lebensdauer deutlich. Die Witterungseinflüsse und die Verunreinigung der Luft mit wechselnden Anteilen von Staub, Abgasen und Luftfeuchtigkeit sorgen für einen „ruhenden" Wertverzehr. Außerdem haben die Art der Nutzung, eine Überbelegung, die Häufigkeit des Wohnungswechsels und nicht zuletzt die unterschiedliche Sorgfalt der Benutzer für den Grad der Abnutzung erhebliches Gewicht. Unterlassene, aufgeschobene und schlecht ausgeführte Reparaturen können zu einer außergewöhnlichen Verminderung der Lebensdauer fuhren. Andererseits hilft eine sorgsame Pflege die mögliche Nutzungszeit verlängern.

Wohnhäuser sind aber aus einzelnen Bestandteilen mit unterschiedlicher Lebensdauer zusammengesetzt. Ein Auswechseln verbrauchter Teile, mit dem in der Praxis die Lebensdauer erheblich verlängert wird, ist in gewissen Grenzen möglich. Man sieht das deutlich an der Vielzahl der vorhandenen älteren Häuser.

Doch auch wirtschaftliche Faktoren sind zu beachten. Änderungen der Wohngewohnheiten, Einkommensveränderungen, Bevölkerungswachstum und -wanderung können die wirtschaftliche Nutzungsdauer eines Hauses beeinträchtigen. Je länger der Zeitraum ist, über den sich die Abschätzung der Lebensdauer erstreckt, um so größer ist die Unsicherheit, daß die tatsächliche Nutzungsdauer und der Wertverzehr voll zutreffend im voraus ermittelt werden. Die praktischen Notwendigkeiten zwingen jedoch, genormte Annahmen über die Verteilung der Abnutzung und die Lebensdauer zu machen.

Das Einkommensteuergesetz (§ 7) verwendet den Begriff der betriebsgewöhnlichen oder voraussichtlichen Nutzungsdauer. Der Gesetzgeber läßt zu, daß bei Wirtschaftsgütern, deren Verwendung und Nutzung durch den Steuerpflichtigen zur Erzielung von Einkünften sich erfahrungsgemäß auf einen Zeitraum von mehr als einem Jahr erstreckt, jeweils für ein Jahr der Teil der Anschaffungs- oder Herstellungskosten abgesetzt werden kann, der bei gleichmäßiger Verteilung dieser Kosten auf die Gesamtdauer der Verwendung oder Nutzung auf ein Jahr entfällt. (Der Inhalt des betriebswirtschaftlichen Begriffes der „Abschreibung" stimmt nicht in vollem Umfang mit dem Inhalt des steuerlichen Begriffes „Absetzung für Abnutzung" überein. Im gewöhnlichen Sprachgebrauch verwendet man jedoch beide Begriffe synonym.) Mit der steuerrechtlichen Bestimmung sind festgelegt: Die Abschreibungssumme – die Abschreibungsdauer – die Abschreibungsmethode.

a) Die Abschreibungssumme

Der Absetzung für Abnutzung (AfA) liegen grundsätzlich die Herstellungs- oder die Anschaffungskosten des einzelnen Hauses oder der Wohnung zugrunde. Dieser Betrag bildet regelmäßig die Obergrenze der Abschreibungssumme.

Anschaffungskosten sind die Aufwendungen, die geleistet werden, um ein Haus oder eine Wohnung zu erwerben und in einen betriebsbereiten Zustand zu versetzen. Dabei ist der Kaufpreis aufzuteilen in den Teil, der auf den Grund und Boden entfällt und in den Teil, der das Gebäude betrifft. Von den Grundstückskosten, die als Preis für ein nicht abnutzbares Wirtschaftsgut gelten, sind Abschreibungen im allgemeinen nicht möglich.

Bei Erbbaurechten gibt es folgende Regelung:

BdF, Schreiben vom 16. 12. 1991 – IV B 3 – S 2253 – 67/91
Unter Bezugnahme auf das Ergebnis der Erörterung mit den obersten Finanzbehörden der Länder wird zur Frage der Behandlung der vom Erbbauberechtigten gezahlten Erschließungskosten im Privatvermögen in Abweichung von der bisherigen Verwaltungsauffassung wie folgt Stellung genommen:

1. Behandlung beim Erbbauverpflichteten

1.1 Zufluß und Ermittlung der Einnahmen

Durch Erschließungskosten, die der Erbbauberechtigte übernimmt, tritt beim Grundstückseigentümer (Erbbauverpflichteter) ein Wertzuwachs ein. Der Wertzuwachs fließt dem Erbbauverpflichteten erst im Zeitpunkt des Heimfalls oder der Beendigung des Erbbaurechts zu (BFH-Urteil vom 21. 11. 1989, a. a. O.*). Die Höhe der Einnahmen bestimmt sich nach § 8 Abs. 2 EStG.

1.2 Bestandskräftige Steuerbescheide

Eine Änderung bestandskräftiger Steuerbescheide, in denen entsprechend der bisherigen Verwaltungsauffassung der Gesamtbetrag der Erschließungskosten bereits im Jahr der Zahlung beim Erbbauverpflichteten versteuert worden ist, kommt, sofern nicht eine Änderung aus anderen Gründen möglich ist, nicht in Betracht. Gleiches gilt auch für die Fälle, in denen ein Teilbetrag der aus Billigkeitsgründen auf zehn Jahre verteilten Erschließungskosten bestandskräftig zur Einkommensteuer herangezogen worden ist.

1.3 Anrechnung bereits versteuerter Einnahmen

Soweit der Erbbauverpflichtete die vom Erbbaubrechtigten gezahlten Erschließungskosten bereits ganz oder teilweise versteuert hat, unterliegt im Zeitpunkt des Zuflusses (vgl. Nr. 1.1) lediglich der nach Abzug des bereits versteuerten Betrages noch verbleibende Wertzuwachs der Besteuerung.

2. Behandlung beim Erbbauberechtigten

2.1 Rechtliche Einordnung

2.1.1 An die Gemeinde gezahlte Erschließungskosten

Erschließungskosten, die der Erbbauberechtigte an die Gemeinde zahlt, gehören zu den Anschaffungskosten des Erbbaurechts und nicht zu den sofort in voller Höhe abziehbaren Aufwendungen.

2.1.2 An einen vorherigen Erbbauberechtigten
(z. B. Bauunternehmer) erstattete Erschließungskosten

Die vom Erwerber des Erbbaurechts dem Vorerbbauberechtigten erstatteten Erschließungskosten stellen ebenfalls Anschaffungskosten des Erbbaurechts dar.

Diese Zuordnung gilt unabhängig davon, ob die Übertragung des Erbbaurechts gegen Zahlung eines einheitlichen Gesamtpreises ohne gesonderten Ausweis der Erschließungskosten erfolgt oder aber die Erschließungskosten dem Erwerber des Erbbaurechts gesondert in Rechnung gestellt werden. Ein Gesamtpreis ist nach dem Verhältnis der Verkehrswerte auf das Gebäude und das Erbbaurecht (einschließlich Erschließungskosten) aufzuteilen.

2.2 Steuerliche Berücksichtigung

Der Erbbauberechtigte kann die von ihm getragenen Erschließungskosten im Rahmen der Einkünfte aus Vermietung und Verpachtung verteilt auf die Laufzeit des Erbbaurechts nach § 9 Abs. 1 Satz 3 Nr. 7 EStG abziehen.

---

* IX R 170/85, BB 1990 S. 976.

Soweit sich in Anwendung der bisherigen Verwaltungspraxis die Erschließungskosten bereits steuermindernd beim Erbbauberechtigten ausgewirkt haben, scheidet eine nochmalige Berücksichtigung im Wege der Absetzung für Abnutzung aus. Der Steuerpflichtige ist nach den Grundsätzen von Treu und Glauben an die bisherige Behandlung auch in den folgenden Veranlagungszeiträumen gebunden.

Hinsichtlich der bei einer zu eigenen Wohnzwecken genutzten Wohnung vor Bezug entstandenen Aufwendungen im Sinne von § 10e Abs. 6 EStG vergleiche Tz. 52 des BMF-Schreibens vom 25. 10. 1990, BStBl. I 1990 S. 626, 633.[1]

3. Erstmalige Anwendung

Die vorstehenden Regelungen sind in allen Fällen anzuwenden, in denen ein bestandskräftiger Steuerbescheid noch nicht vorliegt. Soweit die Anwendung dieser Regelungen zu einer Verschärfung der Besteuerung führt, sind sie nicht anzuwenden, soweit der rechtswirksame Abschluß des Erbbaurechtsvertrags oder des auf Übertragung eines Erbbaurechts gerichteten Vertrags vor dem 1. Januar 1992 liegt.

Das vorstehende BMF-Schreiben ist in BStBl. I 1991 S. 1011 veröffentlicht.

Zu den Anschaffungskosten rechnen alle Aufwendungen, die in einem unmittelbaren Zusammenhang mit dem Erwerb des Hauses stehen. Am häufigsten kommen vor: Beurkundungsgebühren für den Kaufvertrag, Grundbuchgebühren, Gebühren der Gemeinden für die Erklärung, daß sie auf die Ausübung von Vorkaufsrechten verzichten und Maklerprovisionen. Aufwendungen, die im Anschluß an den Erwerb eines Wohnhauses gemacht werden, unterliegen als sogenannter „Anschaffungsnaher Aufwand" einer besonderen Regelung (EStR, R 157, Abs. 4).

„Ob anschaffungsnaher Herstellungsaufwand vorliegt, ist für die ersten drei Jahre nach der Anschaffung des Gebäudes nur zu prüfen, wenn die Aufwendungen für Instandsetzung in diesem Zeitraum insgesamt 20 v.H. der Anschaffungskosten des Gebäudes übersteigen." Die Grenze ist auf 15 v.H. abgesenkt worden für Fälle eines nach dem 31. 12. 1993 abgeschlossenen Vertrags.

Die Rückübertragung von Grundbesitz in den neuen Bundesländern ist steuerrechtlich keine Anschaffung (Paragraph 52 Absatz 2 D-Mark-Bilanzgesetz). Davon ausgehend, hat die Oberfinanzdirektion Frankfurt in einer Verfügung (2211A-8-St II 20

---

[1] Siehe auch BMF-Schreiben zu § 10e EStG v. 31. 12. 1994 (BStBl. I S. 887).

vom 30. Dezember 1991) geklärt, daß Aufwendungen im Zusammenhang mit der Rückübertragung von Grundbesitz als vorweggenommene Werbungskosten anerkannt werden, wenn Einkünfte aus Vermietung und Verpachtung erzielt werden. Ist das Grundstück unbenutzt oder unbebaut oder wird es für eigene Wohnzwecke genutzt, liegen Werbungskosten nicht vor. Ist die Erzielung von Vermietungseinkünften geplant, sind die Pläne dem Finanzamt gegenüber mit den entsprechenden Unterlagen – einschließlich Antrag auf Rückübertragung – glaubhaft zu machen. Wird das Grundstück im Privatvermögen innerhalb von zwei Jahren verkauft, bleibt ein eventueller Gewinn steuerfrei.

Herstellungskosten sind die Aufwendungen, die bei der Vorbereitung und Durchführung eines Bauvorhabens entstehen. Zu den Herstellungskosten eines Gebäudes rechnen neben den Baukosten die Kosten für den Anschluß an das Stromversorgungsnetz und die Kosten für die Anlagen zur Ableitung von Abwässern, soweit sie auf die Hausanschlußkosten entfallen. Ebenso zählen dazu die Kosten der Herde und Öfen, wenn sie nach der Verkehrsanschauung der jeweiligen Region zum Gebäude gehören. Auch die Kosten „lebender“ Umzäunungen, wenn sie in einem einheitlichen Nutzungs- und Funktionszusammenhang mit dem Wohngebäude stehen, sind ansatzfähig. Einbaumöbel müssen entweder wesentliche Bestandteile des Gebäudes sein oder wie z. B. bei Schränken unter Küchenspülen und Besenschränken üblicherweise vom Vermieter gestellt werden.

Nicht zu den Herstellungskosten des Hauses, sondern zu den Anschaffungskosten des Grund und Bodens gehören die Straßenanlieger- und Erschließungsbeiträge im Sinne des Baugesetzesbuches und Kanalanschlußgebühren, die für gemeindliche Abwasserbeseitigungsanlagen geleistet werden müssen. Ebenso zu behandeln sind die Beiträge für sonstige Anlagen außerhalb des Baugrundstücks, die nicht Erschließungsanlagen im Sinne des Baugesetzbuches sind, insbesondere für Anlagen zur Versorgung mit Elektrizität, Gas und Wärme.

Einrichtungen an Grundstücken können gesondert abgeschrieben werden. Es handelt sich dabei um sogenannte „unbewegliche abnutzbare Wirtschaftsgüter“, z. B. Grünanlagen, Umzäunungen, Fahrbahnen, Gehsteige, Hofbefestigungen und Parkplätze.

Größere Aufwendungen für die Erhaltung von Gebäuden, die im Zeitpunkt der Leistung des Erhaltungsaufwands nicht zu einem Betriebsvermögen gehören und überwiegend Wohnzwecken dienen, konnten auf 2 bis 5 Jahre gleichmäßig verteilt werden (§ 82b EStDV). Die Regelung wurde mit Wirkung vom 1. 1. 1999 an aufgehoben. Weitgehend ähnlich kann beim Erhaltungsaufwand für Gebäude in einem förmlich festgelegten Sanierungsgebiet oder städtebaulichen Entwicklungsbereich (§ 11a EStG) und bei Baudenkmälern (§ 11b EStG) verfahren werden.

In der Aufstellung der Gesamtkosten bei der Kapitalbedarfsrechnung (S. 12ff.) sind unter den Baunebenkosten (Ziffer 3d) Kostenarten einbezogen, die mit der Finanzierung in Zusammenhang stehen. Diese und ähnliche Ausgaben zählen steuerlich nicht zur Abschreibungssumme. Sie rechnen einkommensteuerlich zu den Werbungskosten und können grundsätzlich im Zeitpunkt der Entstehung geltend gemacht werden.

Wegen der Behandlung von Zuschüssen s. R 163 (EStR 1998).

b) Die Abschreibungsdauer

Im ersten Schritt geht es darum, den Zeitraum festzulegen, in dem das Haus oder die Wohnung abgeschrieben werden. Er richtet sich nach der durchschnittlichen mutmaßlichen Nutzungsdauer des Gebäudes. Der jährliche Abschreibungsbetrag ergibt sich dann aus der Verteilung der Anschaffungs- und Herstellungskosten auf die angenommene Zeit der Nutzung. Als Nutzungsdauer gilt der Zeitraum, in dem ein Gebäude voraussichtlich seiner Zweckbestimmung entsprechend genutzt werden kann. In § 7 Abs. 4 EStG wird sie bei Gebäuden, die vor dem 1. 1. 1925 fertiggestellt worden sind, mit 40 Jahren und bei allen anderen, später fertiggestellten Gebäuden, mit 50 Jahren festgesetzt.

c) Welche Abschreibungsmethoden können ausgewählt werden?

Abschreibungen können an sich in regelmäßigen oder unregelmäßigen Quoten vorgenommen werden. Denn niemand weiß genau, ob sich Häuser gleichmäßig abnutzen oder ob sie mit zunehmendem Lebensalter schneller oder langsamer verschleißen. Der zweite Schritt liegt in der Beschränkung auf regelmäßige Abschreibungssätze. Es kommen sowohl **konstante Quoten bei**

linearer Abschreibung als auch **fallende Quoten bei degressiver Absetzung** vor.

Die Höhe der zulässigen AfA im Jahr der Anschaffung bzw. Veräußerung ist bei den einzelnen AfA-Methoden unterschiedlich geregelt; teils können die Abschreibungen nur zeitanteilig, teils mit dem vollen Jahresbetrag vorgenommen werden.

	Jahr der Anschaffung	Jahr der Veräußerung
lineare AfA	zeitanteilig	zeitanteilig
degressive AfA	voller Jahresbetrag	zeitanteilig
erhöhte AfA	voller Jahresbetrag	voller Jahresbetrag

d) Lineare Abschreibung

Bei Gebäuden kann die lineare Abschreibung nach § 7 Abs. 4 EStG mit jährlich gleichen Beträgen von 2,5 Prozent bei den Gebäuden, die vor dem 1. Januar 1925 fertiggestellt worden sind, in Anspruch genommen werden. Ist das Gebäude nach dem 31. Dezember 1924 fertiggestellt worden, so vermindert sich wegen der angenommenen längeren Nutzungsdauer von 50 Jahren der AfA-Satz auf jährlich 2 Prozent der Anschaffungs- oder Herstellungskosten. Nur wenn eine tatsächliche kürzere Nutzungsdauer vom Steuerpflichtigen dem Finanzamt nachgewiesen wird, können höhere Abschreibungssätze zugelassen werden. Bei Gebäuden, die vor der Währungsreform angeschafft oder hergestellt worden sind, beginnt die Nutzungsdauer grundsätzlich mit dem 20. 6. 1948. Mit dem „Gesetz zur Verbesserung der Abschreibungsbedingungen für Wirtschaftsgebäude“ vom 19. 12. 1985 (BGBl. I S. 2434) wurde deren Abschreibungszeitraum von 50 auf 25 Jahre verkürzt. Das hat zur Folge, daß die linearen Absetzungen für Abnutzung (AfA) grundsätzlich 4% der Herstellungs- oder Anschaffungskosten betragen, wenn der Antrag auf Baugenehmigung nach dem 31. 3. 1985 gestellt worden ist (§ 7 Abs. 4 Nr. 1 EStG).

e) Degressive Abschreibung

Anstelle der linearen Abschreibung kann bei Gebäuden die degressive Abschreibung mit ihren fallenden Jahresbeiträgen gewählt werden.

§ 7 Abs. 5 EStG bestimmt:

„(5) Bei im Inland belegenen Gebäuden, die vom Steuerpflichtigen hergestellt oder bis zum Ende des Jahres der Fertigstellung angeschafft worden sind, können abweichend von Absatz 4 als Absetzung für Abnutzung die folgenden Beträge abgezogen werden:
1. bei Gebäuden im Sinne des Absatzes 4 Satz 1 Nr. 1, die vom Steuerpflichtigen auf Grund eines vor dem 1. Januar 1994 gestellten Bauantrags hergestellt oder auf Grund eines vor diesem Zeitpunkt rechtswirksam abgeschlossenen obligatorischen Vertrags angeschafft worden sind,
   - im Jahr der Fertigstellung und in den folgenden drei Jahren jeweils 10 vom Hundert,
   - in den darauffolgenden drei Jahren jeweils 5 vom Hundert,
   - in den darauffolgenden 18 Jahren jeweils 2,5 vom Hundert,
2. bei Gebäuden im Sinne des Absatzes 4 Satz 1 Nr. 2
   - im Jahr der Fertigstellung und in den folgenden sieben Jahren jeweils 5 vom Hundert,
   - in den darauffolgenden sechs Jahren jeweils 2,5 vom Hundert,
   - in den darauffolgenden 36 Jahren jeweils 1,25 vom Hundert,

3a. bei Gebäuden im Sinne des Absatzes 4 Satz 1 Nr. 2, soweit sie Wohnzwecken dienen, die vom Steuerpflichtigen auf Grund eines nach dem 28. Februar 1989 gestellten Bauantrags hergestellt oder nach dem 28. Februar 1989 und vor dem 1. Januar 1996 rechtswirksam abgeschlossenen obligatorischen Vertrags angeschafft worden sind
   - im Jahr der Fertigstellung und in den folgenden drei Jahren jeweils 7 vom Hundert,
   - in den darauffolgenden sechs Jahren jeweils 5 vom Hundert,
   - in den darauffolgenden sechs Jahren jeweils 2 vom Hundert,
   - in den darauffolgenden 24 Jahren jeweils 1,25 vom Hundert

der Anschaffungs- oder Herstellungskosten. Im Fall der Anschaffung kann Satz 1 nur angewendet werden, wenn der Hersteller für das veräußerte Gebäude weder Absetzungen für Abnutzung nach Satz 1 vorgenommen noch erhöhte Absetzungen oder Sonderabschreibungen in Anspruch genommen hat.

3b. auf Grund eines nach dem 31. Dezember 1995 gestellten Bauantrags hergestellt oder auf Grund eines nach diesem Zeitpunkt rechtswirksam abgeschlossenen obligatorischen Vertrags angeschafft worden sind,
   - im Jahr der Fertigstellung und in den folgenden sieben Jahren jeweils 5 vom Hundert,
   - in den darauffolgenden sechs Jahren jeweils 2,5 vom Hundert,
   - in den darauffolgenden 36 Jahren jeweils 1,25 vom Hundert."

Übersicht über die degressiven Absetzungen für Gebäude nach § 7 Abs. 5 EStG

<table>
<tr><th></th><th>Zeitlicher Geltungsbereich</th><th>Begünstigte Objekte</th><th>Begünstige Maßnahmen</th><th>AfA-Sätze</th><th>Gesetzliche Vorschriften</th></tr>
<tr><th></th><th>1</th><th>2</th><th>3</th><th>4</th><th>5</th></tr>
<tr><td>1.</td><td>Fertigstellung nach dem 9. 10. 1962 und vor dem 1. 1. 1965 und Bauantrag nach dem 9. 10. 1962</td><td>Gebäude und Eigentumswohnungen, die zu mehr als 66⅔% Wohnzwecken dienen und nicht nach § 7 b oder § 54 EStG begünstigt sind</td><td rowspan="5">Herstellung</td><td rowspan="5">12 × 3,5%
20 × 2 %
18 × 1 %</td><td>§ 7 Abs. 5 Satz 2 EStG 1965</td></tr>
<tr><td>2.</td><td>Fertigstellung nach dem 31. 12. 1964 und vor dem 1. 9. 1977 und Bauantrag vor dem 9. 5. 1973</td><td>Gebäude und Eigentumswohnungen jeder Art, soweit nicht infolge der Beschränkungen unter Nr. 3 ausgeschlossen</td><td>§ 7 Abs. 5 Satz 1 EStG 1965,
§ 7 Abs. 5 Satz 1 EStG 1974/75,
§ 52 Abs. 8 Satz 2 EStG 1977</td></tr>
<tr><td>3.</td><td>Fertigstellung nach dem 1. 2. 1972 und Bauantrag nach dem 5. 7. 1970 und vor dem 1. 2. 1971</td><td>wie Nr. 2, soweit die Gebäude und Eigentumswohnungen nicht zum Anlagevermögen gehören oder soweit sie zu mehr als 66⅔% Wohnzwecken dienen</td><td>§ 1 Abs. 3 der 2. KonjVO</td></tr>
<tr><td>4.</td><td>Fertigstellung vor dem 1. 9. 1977 und Bauantrag nach dem 8. 5. 1973</td><td>Gebäude und Eigentumswohnungen, deren Nutzfläche zu mehr als 66⅔% mit Mitteln des sozialen Wohnungsbaus gefördert worden sind</td><td>§ 7 Abs. 5 Satz 1 EStG 1974/75,
§ 52 Abs. 8 Satz 2 EStG 1977</td></tr>
<tr><td>5.</td><td>Fertigstellung nach dem 31. 8. 1978 und vor dem 1. 1. 1979</td><td>Gebäude und Eigentumswohnungen, deren Nutzfläche zu mehr als 66⅔% mit Mitteln des sozialen Wohnungsbaus gefördert worden sind</td><td>§ 7 Abs. 5 EStG 1977,
§ 52 Abs. 8 Satz 1 EStG 1977,
§ 52 Abs. 8 Satz 2 EStG 1979</td></tr>
<tr><td>6.</td><td>Fertigstellung nach dem 31. 12. 1978 und vor dem 1. 1. 1983</td><td>wie Nr. 5, soweit im Ausland</td><td>Herstellung sowie Anschaffung, wenn Erwerb</td><td>12 × 3,5%
20 × 2 %
18 × 1 %</td><td>§ 7 Abs. 3 EStG 1979/81,
§ 52 Abs. 8 Satz 3 EStG 1981, 85</td></tr>
</table>

	Zeitlicher Geltungsbereich	Begünstigte Objekte	Begünstige Maßnahmen	AfA-Sätze	Gesetzliche Vorschriften
	1	2	3	4	5
7.	Fertigstellung nach dem 31. 12. 1978 und a) Bauantrag und Herstellungsbeginn bzw. Abschluß des obligatorischen Vertrags vor dem 30. 7. 1981	Gebäude, Eigentumswohnungen und im Teileigentum stehende Räume, soweit im Inland	spätestens im Jahr der Fertigstellung		§ 7 Abs. 5 EStG 1979/81, § 52 Abs. 8 Satz 3 EStG 1981, 83, § 7 Abs. 5 EStG 1981, 83, § 52 Abs. 8 Sätze 1 und 2 EStG 1981/85,
	b) Bauantrag oder Herstellungsbeginn bzw. Abschluß des obligatorischen Vertrags nach dem 29. 7. 1981 (soweit nicht Nummer 8) und Bauantrag bzw. Abschluß des obligatorischen Vertrags vor dem 1. 1. 1995	Gebäude, Eigentumswohnungen und im Teileigentum stehende Räume, soweit im Inland	Herstellung sowie Anschaffung, wenn Erwerb spätestens im Jahr der Fertigstellung	8 × 5 % 6 × 2,5 % 36 × 1,25%	§ 7 Abs. 5 Nr. 2 EStG 1987, § 52 Abs. 8 Satz 2 EStG 1987, § 7 Abs. 5 Satz 1 Nr. 2 EStG 1990, § 52 Abs. 11 Satz 3 EStG 1990, § 7 Abs. 5 Satz 1 Nr. 2 EStG 1993
8.	Bauantrag nach dem 31. 3. 1985 und Bauantrag bzw. Abschluß des obligatorischen Vertrags vor dem 1. 1. 1994	Gebäude, Eigentumswohnungen und im Teileigentum stehende Räume, soweit sie zu einem Betriebsvermögen gehören und nicht Wohnzwecken dienen		4 × 10 % 3 × 5 % 18 × 2,5%	§ 7 Abs. 5 Nr. 1 EStG 1987, § 52 Abs. 8 Satz 1 EStG 1987, § 7 Abs. 5 Satz 1 Nr. 1 EStG 1990, § 52 Abs. 11 Satz 2 EStG 1990, § 7 Abs. 5 Satz 1 Nr. 1 EStG 1993
9.	Bauantrag oder Anschaffung und Abschluß des obligatorischen Vertrags nach dem 28. 2. 1989 und Bauantrag bzw. Abschluß des obligatorischen Vertrags vor dem 1. 1. 1996	Gebäude, Eigentumswohnungen und im Teileigentum stehende Räume, soweit sie Wohnzwekken dienen		4 × 7 % 6 × 5 % 6 × 2 % 24 × 1,25%	§ 7 Abs. 5 Satz 2 EStG 1990, § 52 Abs. 11 Satz 1 EStG 1990, § 7 Abs. 5 Satz 1 Nr. 3 Buchst. a EStG 1993
10.	Bauantrag oder Abschluß des obligatorischen Vertrags nach dem 31. 12. 1995	wie zu 9.		8 × 5 % 6 × 2 % 36 × 1,25%	§ 7 Abs. 5 Satz 1 Nr. 3 Buchst. b EStG 1996

3. Erhöhte Absetzungen und Sonderabschreibungen

Das Einkommensteuergesetz und einkommensteuerrechtliche Sondergesetze kennen eine Reihe von speziellen Regelungen, die neben der normalen (linearen oder degressiven) AfA zusätzliche Abschreibungen erlauben.

Der Gesetzgeber unterscheidet „erhöhte" Absetzungen und „Sonderabschreibungen". Nur anstelle der normalen AfA können erhöhte Absetzungen vorgenommen werden. Dagegen sind Sonderabschreibungen neben der linearen Abschreibung, aber nicht neben der degressiven AfA zulässig.[1]

a) Übersicht über die steuerrechtlichen Vorschriften zur Förderung des Wohneigentums

Diese, eigentlich nur in einem zeitlichen Vorziehen der Abschreibungen, bestehende Grundregel unterliegt wohnungspolitisch motivierten Einschränkungen und Ergänzungen. Für die einzelnen Jahre gelten unterschiedliche Regelungen (S. 89; Details s. S. 102f.).

b) Andere erhöhte Abschreibungen

100 Prozent der Herstellungskosten ließen sich innerhalb von 10 Jahren bei einem gleichbleibenden (linearen) Satz von 10 Prozent jährlich bei bestimmten Modernisierungs- und Energiesparmaßnahmen als erhöhte Absetzungen für Abnutzung (AfA) geltend machen.

Ähnlich gestaltete, vornehmlich auf die Erhaltung und Pflege des vorhandenen Wohnungsbestandes gerichtete Sonderregelungen bestehend für:

- Erhöhte Absetzungen bei Gebäuden in Sanierungsgebieten und städtebaulichen Entwicklungsbereichen (§ 7h EStG).
- Erhöhte Absetzungen bei Baudenkmalen (§ 7i EStG).
- Sonderabschreibungen und Abzugsbetrage nach dem Fördergebietsgesetz.

Gemeinsam ist diesen speziellen Abschreibungsbestimmungen, daß für ihre Inanspruchnahme eine staatliche Stelle mit einer Bescheinigung bestätigen muß, daß die begünstigten Maßnahmen ausgeführt worden sind. Im Gegensatz zur Abschreibung nach

---

[1] Zur Gebäude-AfA nach Ablauf eines Begünstigungszeitraums s. BFM-Schreiben v. 20. 7. 1992 – IV B 3 – 2181–3/92; B.-B. S. 1464/1992.

§ 10e EStG beschränken sich die Absetzungen nach den §§ 7h und 7i EStG nicht auf Höchstbeträge. Auch für die Anzahl der Gebäude, bei denen diese Abschreibungen geltend gemacht werden können, gibt es keine Grenzen.

c) Erhöhte Absetzungen bei Gebäuden in Sanierungsgebieten und städtebaulichen Entwicklungsbereichen (§ 7h EStG)

Die bisherige Steuervergünstigung durch erhöhte Absetzungen nach § 82g EStDV für die durch Zuschüsse nicht gedeckten Herstellungskosten für Modernisierungs- und Instandsetzungsmaßnahmen i. S. des § 177 Baugesetzbuch sowie für Maßnahmen, die der Erhaltung, Erneuerung und funktionsgerechten Verwendung eines Gebäudes dienen, das wegen seiner geschichtlichen künstlerischen oder städtebaulichen Bedeutung erhalten bleiben soll, zu deren Durchführung sich der Eigentümer gegenüber der Gemeinde verpflichtet hat, ist durch § 7h als Dauerregelung in das EStG übernommen worden.

Neu ist dabei die steuerliche Förderung auch von Anschaffungskosten. Hierdurch soll sichergestellt werden, daß bei entsprechenden Baumaßnahmen im Bauherrenmodell die steuerliche Förderung im bisherigen Umfang erhalten bleibt.

Durch Urteil v. 14. 11. 1989 IX R 197/84 hat nämlich der IX. Senat des BFH entschieden, daß die Rechtsprechung des BFH zur Grunderwerbsteuer, nach der der Immobilien-Anleger bei einheitlichem Vertragswerk kein Bauherr ist, für die Ertragsteuern zu übernehmen ist mit der Folge, daß bei ihm keine Herstellungs-, sondern lediglich noch Anschaffungskosten anfallen. Im Ergebnis kann ein Erwerber Werbungskosten nur in geringerem Umfang geltend machen als ein Bauherr. Auch die Kosten für die Geldbeschaffung können nach dieser Entscheidung gekauft sein und zu den Anschaffungskosten gehören (vgl. BB 1990 S. 186).

Die erhöhten Absetzungen können im Jahr der Fertigstellung der Maßnahme und in den folgenden 9 Jahren bis zu jeweils 10 v. H. der o. a. Anschaffungs- oder Herstellungskosten in Anspruch genommen werden. Entsprechendes gilt auch für Gebäudeteile, die selbständige unbewegliche Wirtschaftsgüter (R 13 Abs. 3 EStR) sind, sowie für Eigentumswohnungen und in Teileigentum stehende Räume.

Übersicht über die steuerrechtlichen Vorschriften der §§ 7b, 10e, 10f, 10g, 10h und § 52 Abs. 14a, 14b, 14c und 21 EStG

	Geltungsbereich	Begünstigte Objekte	Zulässige erhöhte Absetzungen und Absetzungen vom Restwert bzw. Abzugsbetrag	Höchstgrenze der begünstigten Herstellungskosten/Anschaffungskosten	Herstellung, Zubauten, Ausbauten, Umbauten, Erweiterungen	Begünstigung der Anschaffung	Gesetzliche Vorschriften
	1	2	3	4	5	6	7
1.	Nach dem 31. 12. 1948 und vor dem 1. 1. 1953 errichtete Gebäude	Gebäude, die zu mehr als 80% Wohnzwecken dienen	je 10%: Jahr der Herstellung und folgendes Jahr, je 3%: die darauffolgenden 10 Jahre; anschließend AfA vom Restwert und nach der Restnutzungsdauer, ab 1. 1. 1965 (bzw. bei nach dem 31. 12. 1964 endenden Wj.) 2,5% vom Restwert	keine Grenze	begünstigt, wenn die neu hergestellten Gebäudeteile zu mehr als 80 % Wohnzwecken dienen	nicht begünstigt	§ 7b EStG 1951, § 7b Abs. 8 EStG 1975
2.	Nach dem 31. 12. 1952 errichtete Gebäude mit Antrag auf Baugenehmigung vor dem 9. 3. 1960	Gebäude, die zu mehr als 66 2/3% Wohnzwecken dienen	wie zu 1.	120 000 DM bei Ein- und Zweifamilienhäusern, die nach dem 31. 12. 1958 errichtet worden sind, im übrigen unbeschränkt	wie zu 1.	Ersterwerb von Kleinsiedlungen, Kaufeigenheimen, Eigentumswohnungen und eigentumsähnlichen Dauerwohnrechten, soweit Bauherr § 7b EStG nicht in Anspruch genommen hat	§ 7b EStG 1958, § 7b Abs. 8 EStG 1975

	Geltungsbereich	Begünstigte Objekte	Zulässige erhöhte Absetzungen und Absetzungen vom Restwert bzw. Abzugsbetrag	Höchstgrenze der begünstigten Herstellungskosten/Anschaffungskosten	Herstellung, Zubauten, Ausbauten, Umbauten, Erweiterungen	Begünstigung der Anschaffung	Gesetzliche Vorschriften
	1	2	3	4	5	6	7
3.	Antrag auf Baugenehmigung nach dem 8. 3. 1960 und vor dem 10. 10. 1962	wie zu 2.	je 7,5%: Jahr der Fertigstellung und folgendes Jahr, je 4%: die darauffolgenden 8 Jahre; anschließend 2,5% vom Restwert	120 000 DM bei Ein- und Zweifamilienhäusern, im übrigen unbeschränkt	wie zu 1.	wie zu 2., jedoch muß es sich bei Eigentumswohnungen um Kaufeigentumswohnungen i.S.d. II. WoBauG handeln	§ 7 b EStG 1961, § 7 b Abs. 8 EStG 1975
4.	Antrag auf Baugenehmigung nach dem 9. 10. 1962 und vor dem 1. 1. 1965	Eigenheime, Eigensiedlungen, eigengenutzte Eigentumswohnungen, Kaufeigenheime, Trägerkleinsiedlungen und Kaufeigentumswohnungen, die zu mehr als 66²/₃% Wohnzwecken dienen	wie zu 3., beim Bauherrn von Kaufeigenheimen, Trägerkleinsiedlungen und Kaufeigentumswohnungen jedoch höchstens einmal 7,5%	allgemein 120 000 DM	nicht begünstigt	Ersterwerb von Kaufeigenheimen, Trägerkleinsiedlungen und Kaufeigentumswohnungen, soweit Bauherr § 54 EStG nicht in Anspruch genommen hat	§ 54 EStG, § 7 b Abs. 8 EStG 1975
5.	Antrag auf Baugenehmigung nach dem 31. 12. 1964 und vor dem 9. 5. 1973 bzw. nach dem 31. 12. 1973	Einfamilienhäuser, Zweifamilienhäuser und Eigentumswohnungen, die zu mehr als 66²/₃% Wohnzwecken dienen	je 5%: Jahr der Fertigstellung und die folgenden 7 Jahre; anschließend 2,5% vom Restwert. Beim Bauherrn von Kaufeigenheimen, Trägerkleinsiedlungen und Kaufeigentumswohnungen je 5% im Jahr der Fertigstellung und im folgenden Jahr	150 000 DM bei Einfamilienhäusern und Eigentumswohnungen; 200 000 DM bei Zweifamilienhäusern	begünstigt, wenn es Ausbauten oder Erweiterungen an vor dem 1. 1. 1964 fertiggestellten Ein- oder Zweifamilienhäusern oder Eigentumswohnungen sind und die neu hergestellten Gebäudeteile zu mehr als 80% Wohnzwecken dienen	**Ersterwerb:** bei Eigentumsübergang innerhalb von 8 Jahren nach Fertigstellung. Hat der Bauherr § 7 b EStG nicht in Anspruch genommen, 8 Jahre je 5% der Anschaffungskosten, sonst 5% der Anschaffungskosten bis zum 7. Jahr nach dem Jahr	§ 7 b EStG 1975

						der Fertigstellung, anschließend 2% der Anschaffungskosten bis zum 7. Jahr nach dem Jahr des Ersterwerbs. Danach 2,5% vom Restwert. **Zweiterwerb:** bei Eigentumsübergang innerhalb von 8 Jahren nach Fertigstellung, wenn das Gebäude nach dem 30. 11. 1974 angeschafft worden ist und weder der Bauherr noch der Ersterwerber erhöhte Absetzungen in Anspruch genommen hat, 8 Jahre je 5% der Anschaffungskosten	
6.	Antrag auf Baugenehmigung nach dem 8. 5. 1973 und vor dem 1. 1. 1974	keine Begünstigung des Bauherrn	nur für Ausbauten und Erweiterungen wie zu 5.	wie zu 5.	wie zu 5.	nicht begünstigt, ausgenommen bei Anschaffung auf Grund eines nach dem 31. 12. 1976 rechtswirksam abgeschlossenen obligatorischen Vertrags oder gleichstehenden Rechtsakts, vgl. 7.	§ 1 Abs. 4 der 3. KonjVO
7.	Herstellung nach dem 31. 12. 1976	wie zu 5.	je 5%: Jahr der Herstellung oder	wie zu 5.	wie zu 5., jedoch nicht begünstigt,	begünstigt ist jeder entgeltliche	§ 7b EStG 1977

	Geltungsbereich	Begünstigte Objekte	Zulässige erhöhte Absetzungen und Absetzungen vom Restwert bzw. Abzugsbetrag	Höchstgrenze der begünstigten Herstellungskosten/Anschaffungskosten	Herstellung, Zubauten, Ausbauten, Umbauten, Erweiterungen	Begünstigung der Anschaffung	Gesetzliche Vorschriften
	1	2	3	4	5	6	7
	oder Anschaffung, wenn diese auf einem nach dem 31. 12. 1976 rechtswirksam abgeschlossenen obligatorischen Vertrag oder gleichstehenden Rechtsakt beruht		Anschaffung und die folgenden 7 Jahre; anschließend 2,5% vom Restwert. Beim Bauherrn von Kaufeigenheimen, Trägerkleinsiedlungen und Kaufeigentumswohnungen je 5% im Jahr der Fertigstellung und im folgenden Jahr		wenn das Objekt nach dem 31. 12. 1976 angeschafft worden ist	Erwerb, ausgenommen Anschaffungen zwischen zusammenzuveranlagenden Ehegatten, wechselseitige Anschaffungen, die nicht auf wirtschaftlich sinnvollen Erwägungen beruhen und Rückkäufe	
8.	Antrag auf Baugenehmigung oder Baubeginn nach dem 29. 7. 1981 oder Anschaffung auf Grund eines nach dem 29. 7. 1981 rechtswirksam abgeschlossenen obligatorischen Vertrags oder gleichstehenden Rechtsakts und Herstellung oder Anschaffung vor dem 1. 1. 1987	Einfamilienhäuser, Zweifamilienhäuser und Eigentumswohnungen, die zu mehr als 66⅔% Wohnzwecken dienen	wie zu 7.: ggf. zusätzlich Steuerermäßigung nach § 34 f EStG (vgl. Anlage 9 Nr. 1)	200 000 DM bei Einfamilienhäusern und Eigentumswohnungen; 250 000 DM bei Zweifamilienhäusern	wie zu 7.	wie zu 7.	§ 7 b EStG 1983, § 7 b EStG 1987 (ggf. § 52 Abs. 21 Satz 4 EStG 1987)
9.	Herstellung oder Anschaffung nach dem 31. 12. 1986	Wohnung in einem eigenen Haus oder eigene Eigentumswohnung bei Nut-	je 5%: Jahr der Herstellung oder Anschaffung und die folgenden 7 Jahre; ggf. zu-	300 000 DM einschließlich der Hälfte der Anschaffungskosten für den dazuge-	begünstigt sind Herstellungskosten zu eigenen Wohnzwecken genutzter Aus-	begünstigt ist jeder entgeltliche Erwerb, ausgenommen Anschaffungen	§ 10 e EStG 1987

		zung zu eigenen Wohnzwecken	sätzliche Steuerermäßigung nach § 34 f Abs. 2 EStG in der jeweiligen Fassung ab 1987 (vgl. Anlage 9 Nr. 2 und 3)	hörenden Grund und Boden	bauten und Erweiterungen an einer zu eigenen Wohnzwecken genutzten eigenen Wohnung	zwischen zusammenzuveranlagenden Ehegatten	
10.	Abschluß von bestimmten Herstellungsmaßnahmen vor dem 1. 1. 1992	zu eigenen Wohnzwecken genutzte Wohnungen im eigenen Haus, Baudenkmal oder Gebäude in einem Sanierungsgebiet oder städtebaulichen Entwicklungsbereich	je 10%: Jahr, in dem die Maßnahme abgeschlossen worden ist und die folgenden 9 Jahre				§ 52 Abs. 21 Sätze 2, 4 und 6 EStG i. V. m. § 82 a Abs. 1, 2 und 4, §§ 82 g, 82 i EStDV
11.	Entstehen von bestimmtem Erhaltungsaufwand vor dem 1. 1. 1992	zu eigenen Wohnzwecken genutzte Wohnung im eigenen Haus	wie zu 10.				§ 52 Abs. 21 Sätze 5 und 6 EStG i. V. m. § 82 a Abs. 3 und 4 EStDV
12.	Abschluß von bestimmten Herstellungsmaßnahmen nach dem 31. 12. 1991 oder Anschaffung[1)]	zu eigenen Wohnzwecken genutztes eigenes Gebäude in einem Sanierungsgebiet oder städte-baulicher Entwicklungsbereich bzw. Baudenkmal	wie zu 10.			begünstigt sind Anschaffungskosten, die auf bestimmte Baumaßnahmen entfallen	§ 10 f Abs. 1 EStG i. d. F. des WoBauFG vom 22. 12. 1989 (BStBl. I S. 505)
13.	Entstehen von bestimmtem Erhaltungsaufwand nach dem 31. 12. 1989[1)]	wie zu 12.	wie zu 10.				§ 10 f Abs. 2 EStG i. d. F. des WoBauFG vom 22. 12. 1989 (BStBl. I S. 505)

Zu Nummer 12 und 13: Begünstigung insgesamt nur für ein Objekt, das die Voraussetzungen einer der Nummern 10 und 13 erfüllt, bei Ehegatten für zwei Objekte.

[1)] **Amtl. Anm.:** Gilt auch für das Beitrittsgebiet

	Geltungsbereich	Begünstigte Objekte	Zulässige erhöhte Absetzungen und Absetzungen vom Restwert bzw. Abzugsbetrag	Höchstgrenze der begünstigten Herstellungskosten/Anschaffungskosten	Herstellung, Zubauten, Ausbauten, Umbauten, Erweiterungen	Begünstigung der Anschaffung	Gesetzliche Vorschriften
	1	2	3	4	5	6	7
14.	Herstellung oder Anschaffung nach dem 31. 12. 1990[1]	Wohnung in einem eigenen Haus oder eigene Eigentumswohnung bei Nutzung zu eigenen Wohnzwecken	je 5%: Jahr der Herstellung oder Anschaffung und die folgenden 7 Jahre; ggf. zusätzliche Steuerermäßigung nach § 34 f Abs. 2 EStG in der jeweiligen Fassung ab 1987 (vgl. Anlage 9 Nr. 2 und 3)	330 000 DM einschließlich der Hälfte der Anschaffungskosten des dazugehörigen Grund und Bodens	begünstigt sind Herstellungskosten zu eigenen Wohnzwecken genutzter Ausbauten und Erweiterungen an einer zu eigenen Wohnzwecken genutzten eigenen Wohnung	begünstigt ist jeder entgeltliche Erwerb, ausgenommen Anschaffungen zwischen zusammenzuveranlagenden Ehegatten	§§ 10 e, 52 Abs. 14 EStG 1990 i. d. F. des StÄndG 1991 vom 24. 6. 1991, BGBl. I S. 1331 (BStBl. 1991 I S. 665)
15.	Bauantrag oder Herstellungsbeginn nach dem 30. 9. 1991. Abschluß des Kaufvertrags oder Herstellungsbeginn durch Veräußerer nach dem 30. 9. 1991 und Herstellungsbeginn (= bei Objekten, für die – eine Baugenehmigung erforderlich ist, Bauantrag vor dem 1. 1. 1996 – Bauunterlagen einzureichen sind, Einreichen der Bau-	wie zu 14.	je 6% im Jahr der Fertigstellung und den 3 Folgejahren, je 5% in den 4 darauffolgenden Jahren, Nachholungsmöglichkeit nicht ausgeschöpfter Beträge während des gesamten Abzugszeitraums	wie zu 14.	bei Herstellung vor dem 1. 1. 1995 bzw. Anschaffung vor diesem Zeitpunkt bis zum Ende des Jahres der Fertigstellung: Möglichkeit des begrenzten Schuldzinsenabzugs während der ersten 3 Jahre von jährlich höchstens 12 000 DM. Nachholungsmöglichkeit von im Erstjahr nicht ausgeschöpften Beträgen im vierten Jahr	in Fällen der Anschaffung vor dem 1. 1. 1995 bis zum Ende des Jahrs der Fertigstellung: begrenzter Schuldzinsenabzug wie in Herstellungsfällen. in Fällen der Anschaffung nach Ablauf des zweiten auf die Fertigstellung folgenden Jahres und Kaufvertrag nach dem 31. 12. 1993 siehe Nr. 19	§§ 10 e, 52 Abs. 14 EStG 1990 i. d. F. des StÄndG 1992 vom 25. 2. 1992, BGBl. I S. 297 (BStBl. 1992 I S. 146) § 52 Abs. 14 EStG i. d. F. des JStErgG 1996 vom 18. 12. 1996, BGBl. I S. 1959 (BStBl. 1996 I S. 786)

[1] **Amtl. Anm.:** Gilt auch für das Beitrittsgebiet.

	unterlagen vor dem 1. 1. 1996 und Abschluß des Kaufvertrags vor dem 1. 1. 1996)						
16.	Bauantrag oder Herstellungsbeginn nach dem 31. 12. 1991, Abschluß des Kaufvertrags nach dem 31. 12. 1991	wie zu 14.	keine Abzugsbeträge nach § 10 e Abs. 1 und Abs. 2 EStG für Veranlagungszeiträume, in denen die Einkunftsgrenzen (120 000/240 000) überschritten sind				§ 10 e Abs. 5 a, § 52 Abs. 14 EStG i. d. F. des StÄndG 1992 vom 25. 2. 1992, BGBl. I S. 297 (BStBl. 1992 I S. 146)
17.	Bauantrag oder Herstellungsbeginn nach dem 30. 9. 1991 und Herstellungsbeginn vor dem 1. 1. 1996 (= bei Objekten, für die – eine Baugenehmigung erforderlich ist, Bauantrag vor dem 1. 1. 1996 – Bauunterlagen einzureichen sind, Einreichen der Bauunterlagen vor dem 1. 1. 1996)	an Angehörige voll unentgeltlich zu Wohnzwecken überlassene Wohnung im eigenen Haus	je 6% im Jahr der Fertigstellung und den 3 Folgejahren, je 5% in den 4 darauffolgenden Jahren, Nachholungsmöglichkeit nicht ausgeschöpfter Beträge während des gesamten Abzugszeitraums	330 000 DM	begünstigt sind die Herstellungskosten einer an Angehörige voll unentgeltlich zu Wohnzwecken überlassenen Wohnung im eigenen Haus	nicht begünstigt	§§ 10 h, 52 Abs. 14 c EStG 1990 i. d. F. des StÄndG 1992 vom 25. 2. 1992, BGBl. I S. 297 (BStBl. 1992 I S. 146), § 52 Abs. 14 b EStG 1990 i. d. F. des Gesetzes zur Neuregelung der steuerrechtlichen Wohneigentumsförderung vom 15. 12. 1996, BGBl. I S. 1783 (BStBl. 1996 I S. 775)
18.	Abschluß bestimmter Herstellungs- und Erhaltungsmaßnahmen nach dem 31. 12. 1991	schutzwürdige Kulturgüter, die weder zur Einkunftserzielung noch zu eigenen Wohnzwecken genutzt werden	je 10%: Jahr, in dem die Maßnahme abgeschlossen worden ist und die folgenden 9 Jahre				§§ 10 g, 52 Abs. 14 b EStG 1990 i. d. F. des StÄndG 1992 vom 25. 2. 1992, BGBl. I S. 297 (BStBl. 1992 I S. 146)

	Geltungsbereich	Begünstigte Objekte	Zulässige erhöhte Absetzungen und Absetzungen vom Restwert bzw. Abzugsbetrag	Höchstgrenze der begünstigten Herstellungskosten/Anschaffungskosten	Herstellung, Zubauten, Ausbauten, Umbauten, Erweiterungen	Begünstigung der Anschaffung	Gesetzliche Vorschriften
	1	2	3	4	5	6	7
19.	Abschluß des Kaufvertrages nach dem 31. 12. 1993 und vor dem 1. 1. 1996	nicht bis zum Ende des zweiten auf das Jahr der Fertigstellung folgenden Jahres angeschaffte Wohnung im eigenen Haus oder Eigentumswohnung, die zu eigenen Wohnzwecken genutzt wird	je 6% im Jahr der Anschaffung und den 3 Folgejahren, je 5% in den 4 darauffolgenden Jahren, Nachholungsmöglichkeit nicht ausgeschöpfter Beträge während des gesamten Abzugszeitraums	150 000 DM		gilt nur für Anschaffungsfälle	§ 10 e Abs. 1, § 52 Abs. 14 EStG 1991/92 i. d. F. des FKPG v. 23. 6. 1993, BGBl. I S. 944 (BStBl. I S. 510), § 52 Abs. 14 EStG 1990 i. d. F. des JStErgG 1996 v. 18. 12. 1995, BGBl. I S. 1959 (BStBl. 1996 I S. 786)
20.	Abschluß des Kaufvertrags nach dem 31. 12. 1993 und vor dem 1. 1. 1996	wie zu 14.	Erhaltungsaufwand in Zusammenhang mit der Anschaffung eines Objekts insgesamt nur bis zu 15 v. H. der Anschaffungskosten des Objekts, höchstens bis zu 15 v. H. von 150 000 DM abziehbar			gilt nur für Anschaffungsfälle	§§ 10 e Abs. 6 Satz 3, 52 Abs. 14 Satz 5 EStG i. d. F. des StMBG vom 21. 12. 1993, BGBl. I S. 2310 (BStBl. 1994 I S. 50), § 52 Abs. 14 EStG 1990 i. d. F. des JStErgG 1996 v. 18. 12. 1995, BGBl. I S. 1959 (BStBl. 1996 I S. 786)

d) Erhöhte Absetzungen bei Baudenkmalen (§ 7i EStG)

Auch die Absetzungsregelung des § 82i EStDV ist als Dauerregelung in das EStG übernommen worden (§ 7i). Dabei werden aus den gleichen Gründen wie in den Fällen des § 7h auch entsprechende Anschaffungskosten in die Begünstigung miteinbezogen, soweit diese Aufwendungen nicht durch Zuschüsse aus öffentlichen Kassen gedeckt sind. Begünstigt werden – wie bisher – Gebäude und Gebäudeteile, die den öffentlich-rechtlichen Bindungen des Denkmalschutzrechts der Länder unterliegen oder Teil eines sog. städtebaulichen Ensembles sind, das als Einheit unter Denkmalschutz steht. Entsprechendes gilt für selbständige Gebäudeteile, Eigentumswohnungen und in Teileigentum stehende Räume.

Voraussetzung ist nicht mehr, daß die Aufwendungen für die durchgeführten Baumaßnahmen nach Art und Umfang zur Erhaltung des Gebäudes als Baudenkmal und zu seiner sinnvollen Nutzung erforderlich sind.

Vielmehr brauchen diese Voraussetzungen nur noch alternativ erfüllt zu werden. Die AfA kann im Jahr der Fertigstellung der Baumaßnahme und den 9 folgenden Jahren jeweils bis zu 10 v. H. der maßgeblichen Herstellungs- und Anschaffungskosten in Anspruch genommen werden.

e) Verteilung von Erhaltungsaufwand (§§ 11 a und b EStG)

Entsprechend den bisherigen Regelungen in den §§ 82h und 82k EStDV wird für nach dem 31. 12. 1989 entstandenen Aufwand durch die §§ 11 a und b für Gebäude in Sanierungsgebieten und städtebaulichen Entwicklungsbereichen sowie für Baudenkmale die Verteilung von durch Zuschüsse nicht gedeckten Erhaltungsaufwendungen als Betriebsausgaben und Werbungskosten auf 2 bis 5 Jahre geregelt.

f) Sonderabschreibungen und Abzugsbeträge nach dem Fördergebietsgesetz nach der Neufassung durch das Jahressteuergesetz (JStG) 1996 v. 11. 10. 1995 (BGBl. I S. 1250).

Das Fördergebiet umfaßt außer den neuen Bundesländern und Ostberlin auch das bisherige Westberlin. Es gibt kein Kumulationsverbot – die Steuervergünstigungen können neben den staatlichen Förderprogrammen in Anspruch genommen werden.

Für begünstigte Investitionen im Sinne der §§ 2 und 3, die im Fördergebiet durchgeführt werden, können Steuerpflichtige Sonderabschreibungen nach § 4 oder Gewinnabzüge nach § 5 vornehmen oder Rücklagen nach § 6 bilden. Bei Personengesellschaften oder Gemeinschaften tritt an die Stelle des Steuerpflichtigen die Gesellschaft oder Gemeinschaft.

Die Sonderabschreibungen betragen bis zu 50 vom Hundert der Anschaffungs- oder Herstellungskosten der nach dem 31. 12. 1990 und vor dem 1. 1. 1997 angeschafften oder hergestellten Wirtschaftsgüter oder der Herstellungskosten, die für die nachträglichen Herstellungsarbeiten aufgewendet worden sind oder der Anschaffungskosten, die auf Modernisierungsmaßnahmen und andere nachträgliche Herstellungsarbeiten entfallen. Sie können im Jahr der Anschaffung oder Herstellung oder Beendigung der nachträglichen Herstellungsarbeiten und in den folgenden vier Jahren in Anspruch genommen werden.

Für nach dem 31. 12. 1996 und vor dem 1. 1. 1999 abgeschlossene Investitionen sind niedrigere Abschreibungssätze anzuwenden:

- Sonderabschreibungen von 25 v.H. sind möglich auf Herstellungs- und Anschaffungskosten von Wohngebäuden, soweit diese mindestens fünf Jahre nach der Herstellung oder Anschaffung Wohnzwecken dienen. Zusammen mit der daneben vorzunehmenden linearen AfA des § 7 Abs. 4 EStG sind diese Sonderabschreibungen in den ersten fünf Jahren günstiger als die degressive AfA nach § 7 Abs. 5 EStG (Bauantrag oder Anschaffung nach dem 31. 12. 1995).
- Sonderabschreibungen von 40 v.H. sind zulässig bei Modernisierungsarbeiten und andere nachträgliche Herstellungsarbeiten, die der Gebäudeeigentümer vornimmt. Bei Anschaffungskosten von sanierten Altbauten sind nach Abschluß des Kaufvertrages durchgeführte Modernisierungen und andere Herstellungskosten begünstigt.
- Der Investitionsabschluß ist der Zeitpunkt, in dem das Objekt hergestellt, angeschafft oder die nachträglichen Herstellungsar-

beiten beendet sind. Der fünfjährige Begünstigungszeitraum beginnt jeweils mit dem Jahr des Investitionsabschhlusses. Damit können diese Sonderabschreibungen auch noch nach dem 31. 12. 1998 (letztmals im Jahre 2002) in Anspruch genommen werden.

Die Sonderabschreibungen können bereits für Anzahlungen auf Anschaffungskosten und für Teilherstellungskosten in Anspruch genommen werden.

Nach § 7 FördergebietsG können Aufwendungen für Herstellungs- und Erhaltungsarbeiten an zu eigenen Wohnzwecken genutzten Gebäuden im Fördergebiet wie Sonderausgaben gleichmäßig über einen Zeitraum von zehn Jahren abgezogen werden, begrenzt auf einen Betrag von insgesamt 40 000 DM für dic eigengenutzte Wohnung. Nach § 8 III FördergebietsG können auch die nach dem 31. 12. 1994 entstehenden Aufwendungen abgezogen werden, wenn sie auf vor dem 1. 1. 1999 abgeschlossene Arbeiten entfallen.[1]

g) Investitionszulagen in den neuen Ländern ab 1999[2]

Investitionen in den neuen Ländern sind bisher durch InvZ nach dem InvZulG 1996 und durch Sonderabschreibungen nach dem FördG stl. gefördert worden. Diese stl. Förderinstrumente werden ab 1999 durch ein neues InvZulG abgelöst. Für Fördertatbestände, die vor dem 1. 1. 1999 verwirklicht worden sind, gelten das InvZulG 1996 und das FördG weiter. Das durch Art. 1 des Gesetzes zur Fortsetzung der wirtschaftlichen Förderung in den neuen Ländern v. 18. 8. 1997 eingeführte InvZulG 1999 konzentriert die künftige Förderung auf die InvZ. Dadurch soll das Fördersystem vereinheitlicht und transparenter gestaltet werden (BT-Drucks. 13/7792 und 13/8059).

---

[1] Zur Auslegung des Fördergebietsgesetzes, BMF-Schreiben v. 17. 9. 98 – IV B 3 – S 1988–61/98 (BStBl. I 1998, 1128).

[2] Rechtsgrundlage: InvZulG 1996 i. d. F. v. 22. 1. 1996 (BGBl. 1996 I S. 60; BStBl. 1996 I S. 107), zuletzt geändert durch Art. 4 des Steuerentlastungsgesetzes 1999 v. 19. 12. 1998 (BGBl. 1998 I S. 3779); FördG i. d. F. v. 23. 9. 1993 (BGBl. 1993 I S. 1654; BStBl. 1993 I S. 853), zuletzt geändert durch Art. 5 des Steuerentlastungsgesetzes 1999 v. 19. 12. 1998 (BGBl. 1998 I S. 3779); InvZulG 1999 v. 18. 8. 1997 (BGBl. 1997 I S. 2070; BStBl. 1997 I S. 790); BMF-Schr. v. 24. 8. 1998 (BStBl. 1998 I S. 1114).

Beabsichtigt ist, alle Unternehmen und Privatinvestoren unabhängig von ihrer persönlichen Einkommenslage und der Höhe ihrer persönlichen Einkommensteuerbelastung in gleicher Höhe zu begünstigen.

Im Immobilienbereich sind begünstigt:

- **Modernisierungsmaßnahmen an älteren Mietwohngebäuden:** von 1999 bis 2004 in Höhe von **15 v.H.,** soweit die nachträglichen Herstellungskosten oder Erhaltungsaufwendungen 1200 DM je qm Wohnfläche nicht übersteigen,
- **Mietwohnungsneubauten im innerörtlichen Bereich:** von 1999 bis 2001 in Höhe von **10 v.H.,** soweit die Anschaffungs- oder Herstellungskosten 4000 DM je qm Wohnfläche nicht übersteigen,
- **Modernisierungsmaßnahmen an selbstgenutztem Wohneigentum:** von 1999 bis 2004 in Höhe von **15 v.H.,** soweit die Aufwendungen für Herstellungs- und Erhaltungsarbeiten insgesamt 40 000 DM nicht übersteigen.

Bei Modernisierungsmaßnahmen (§§ 3 und 4 InvZulG 1999) und beim Mietwohnungsneubau (§ 4 InvZulG) ist die Bemessungsgrundlage jährlich um einen sog. Selbstbehalt von 5000 DM zu kürzen.

In Berlin (West) beschränkt sich die Förderung auf betriebliche Investitionen.

aa) Modernisierungsmaßnahmen. Wegen des unverändert hohen Sanierungsbedarf im Bereich des Wohnungswesens kommt der Förderung von Sanierungsmaßnahmen und anderen nachträglichen Herstellungsarbeiten an Wohngebäuden besondere Bedeutung zu. § 3 I 1 Nr. 1 InvZulG 1999 knüpft deshalb an den umfassenden Fördertatbestand des § 3 S. 1 Halbs. 2 FördG an. Vorausgesetzt wird, daß die sanierten Gebäude fünf Jahre zu Wohnzwecken entgeltlich überlassen werden und vor dem 1. 1. 1991 fertiggestellt worden sind.

Die Abgrenzung nachträglicher Herstellungskosten von Erhaltungsaufwand, der ertragsteuerlich sofort als Werbungskosten oder Betriebsausgaben abgezogen werden kann, erweist sich oftmals als schwierig. Um die Zulagenförderung nicht mit der Abgrenzungsproblematik zu belasten, erweitert § 3 I 1 Nr. 3 InvZulG 1999 den Fördertatbestand auf Erhaltungsaufwand an – ebenfalls vor dem 1. 1. 1991 fertiggestellten – Gebäuden. Übernommen ist ebenfalls der Tatbestand des § 3 S. 2 Nr. 3 FördG, der Sonderabschreibungen bei der Anschaffung eines vom Veräußerer noch zu sanierenden Gebäudes zuläßt. Nach § 3 I 1 Nr. 2 InvZulG 1999 kann eine Investitionszulage für den Teil der Anschaffungskosten in Anspruch genommen werden, der auf die nachträglichen Herstellungsarbeiten entfällt, die nach rechtswirksamem Abschluß eines auf die Übertragung des Grundstückeigentums gerichteten Vertrags oder gleichstehenden Rechtsakts (z.B. notariell beurkundete Ankaufsverpflichtung) durchgeführt werden.

Bei den letztgenannten Tatbeständen sollen keine „Luxussanierungen" gefördert werden. Deshalb kann die Investitionszulage nur beansprucht werden, soweit die Aufwendungen 1200 DM je qm Wohnfläche nicht übersteigen. Für die Berechnung der Wohnfläche kann auf §§ 42ff. II. BerechnungsVO zurückgegriffen werden. Der Betrag von 1200 DM je qm bezieht sich auf die gesamte vorhandene Wohnfläche des Gebäudes unabhängig davon, wieviel qm der Wohnfläche tatsächlich saniert worden sind.

bb) Mietwohnungsneubauten. Der Mietwohnungsneubau soll nur noch sehr begrenzt gefördert werden.

Die Herstellung und Anschaffung neuer Wohngebäude ist begünstigt, wenn die Gebäude in ausgewiesenen Sanierungsgebieten, einem förmlich festgelegten Erhaltungssatzungsgebiet oder in einem Kerngebiet nach § 7 BauNVO liegen; diese Voraussetzung ist durch eine gemeindliche Bescheinigung nachzuweisen. Des weiteren müssen die Gebäude mindestens fünf Jahre entgeltlich zu Wohnzwecken überlassen werden. Schließlich ist die Bemessungsgrundlage für die Zulage auf höchstens 4000 DM je qm Wohnfläche begrenzt. Von der Bemessungsgrundlage der im Kalenderjahr abgeschlossenen Investitionen ist ein Betrag von 5000 DM abzuziehen (§ 3 I 1 Nr. 3 InvZulG 1999).

Ohne Bedeutung ist, ob ein im Fördergebiet belegenes Gebäude zum Privatvermögen, zum Anlagevermögen einer Betriebsstätte im Fördergebiet oder zum Anlagevermögen einer Betriebsstätte außerhalb des Fördergebiets gehört. Nicht begünstigt sind aber sonstige unbewegliche WG und Gebäude, die bautechnisch nicht neu sind.

cc) Modernisierungsmaßnahmen an selbstgenutztem Wohneigentum. Auch die selbstgenutzte Wohnung soll weiterhin staatliche Unterstützung erfahren. In Anlehnung an § 7 FördG kann für die Herstellungs- und Erhaltungsarbeiten an einer Wohnung im eigenen Haus oder an einer selbstgenutzten Eigentumswohnung bis zu einer jeweiligen Obergrenze der Aufwendungen von 40000 DM unter Abzug von 5000 DM von dem im Kalenderjahr geleisteten Zahlungen auf begünstigte Arbeiten eine Zulage von 15% in Anspruch genommen werden.

Aufgrund des § 4 InvZulG 1999 wird auch die Förderung nach § 7 FördG durch eine InvZ abgelöst. Die neue Regelung unterscheidet sich von der bisherigen Förderung insbes. dadurch, daß das Haus oder die Eigentumswohnung vor dem 1. 1. 1991 fertiggestellt worden sein muß (§ 4 Abs. 1 Nr. 1 InvZulG 1999). Zu den weiteren unterschiedlichen Voraussetzungen gehört insbes., daß die Wohnung im Zeitpunkt der Beendigung der Arbeiten eigenen Wohnzwecken „dient", worunter – in Anlehnung an § 4 EigZulG – auch die unentgeltliche Wohnungsüberlassung an einen Angehörigen i.S. des § 15 AO zu verstehen ist (§ 4 Abs. 1 Nr. 3 InvZulG 1999). Durch das gegenüber einer tatsächlichen Nutzung geringere Erfordernis des „Dienens" soll sichergestellt werden, daß der Anspruchsberechtigte die InvZ auch erhält, wenn er die Wohnung bei Abschluß der Arbeiten noch nicht bezogen hat (BT-Drucks. 13/7792 S. 14). Aufgrund des geänderten Gesetzeswortlauts ist eine zehnjährige Nutzung zu eigenen Wohnzwecken nicht mehr erforderlich.

4. Steuerbegünstigung der zu eigenen Wohnzwecken genutzten Wohnung im eigenen Haus nach § 10e EStG

Nachdem der Nutzungswert der eigenen Wohnung vom 1. 1. 1987 an bei der Ermittlung der Einkünfte grundsätzlich nicht mehr anzusetzen ist, können auch die mit der Nutzung der Wohnung verbundenen Aufwendungen, einschließlich der AfA und erhöhten Absetzungen, nicht mehr als Werbungskosten berücksichtigt werden. § 10e EStG sieht deshalb vor, daß bestimmte

Aufwendungen wie Sonderausgaben abgezogen werden können, § 10e Abs. 1 bis 5 EStG läßt – in Anlehnung an den bis 31. 12. 86 befristeten § 7b EStG – bestimmte Abzüge von den Anschaffungs- oder Herstellungskosten einer zu eigenen Wohnzwecken genutzten Wohnung zu. § 10e Abs. 6 EStG ermöglicht den Abzug von Aufwendungen, die vor der erstmaligen Nutzung einer solchen Wohnung entstanden sind. Das Steueränderungsgesetz 1992 v. 25. 2. 1992 (BGBl. I S. 297) brachte grundlegende Änderungen dieser Förderungsmaßnahme, insbesondere durch Einkunftsgrenzen und einem erweiterten Schuldzinsenabzug.

Mit dem Eigenheimzulagengesetz (EigZulG) v. 15. 12. 1995 (BGBl. I S. 1783) entstand an Stelle des § 10e EStG ab dem 1. 1. 1996 eine progressionsunabhängige wesentliche Änderung der Rechtslage (s. S. 110).

a) Abschreibungssumme, Abschreibungsmethode

Der Steuerpflichtige kann von den Herstellungskosten einer Wohnung in einem im Inland belegenen eigenen Haus oder einer im Inland belegenen eigenen Eigentumswohnung zuzüglich der Hälfte der Anschaffungskosten für den dazugehörenden Grund und Boden (Bemessungsgrundlage) (höchstens DM 330000,–) im Jahr der Fertigstellung und in den drei folgenden Jahren jeweils 6%, höchstens jeweils 19800,– DM, und in den vier darauffolgenden Jahren jeweils bis zu 5%, höchstens jeweils 16500,– DM, wie Sonderausgaben abziehen.

Beschränkung des Abzugsbetrages: Der Höchstbetrag der Steuervergünstigung des § 10e EStG bei Anschaffung einer zu eigenen Wohnzwecken genutzten Wohnung ist auf 150000 DM (Anschaffungskosten der Wohnung einschließlich der Hälfte des dazu gehörenden Grund und Bodens) herabgesetzt worden. Im Jahr der Anschaffung und in den folgenden drei Jahren können danach bis zu 9000 DM (6% von 150000 DM) und in den folgenden vier Jahren bis zu 7500 DM (5% von 150000 DM) jährlich wie Sonderausgaben abgezogen werden. Die Steuervergünstigung bis zu 330000 DM kann in Anschaffungsfällen in Anspruch genommen werden, wenn die eigengenutzte Wohnung bis zum Ende des zweiten auf das Jahr der Fertigstellung folgenden Jahres angeschafft (Übergang von Besitz, Nutzen, Lasten und Gefahr) wird.

Die Regelung ist erstmals anzuwenden, wenn das Objekt aufgrund eines nach dem 31. 12. 1993 rechtswirksam abgeschlossenen obligatorischen Vertrags (§ 313 BGB) oder gleichstehenden Rechtsakts angeschafft worden ist. Zu Fragen der Anwendung ist die Auffassung der Finanzverwaltung verbindlich. Zu finden in dem Erlaß des Bundesministeriums der Finanzen v. 25. 10. 1990 (BStBl. I S. 626ff.), in dem Schreiben des Bundesministers der Finanzen v. 22. 10. 1993 (BStBl. I S. 827f.) und v. 31. 12. 1994 (BStBl. I S. 887). Die dort vertretene Meinung wird in wesentlichen Punkten auch für die ab 1. 1. 1996 geltende Neuregelung der steuerrechtlichen Wohnungseigentumsförderung anzuwenden sein. Verwiesen wird auch auf die Übersicht über die BFH Rechtsprechung zur Besteuerung des selbtgenutzten Wohnraums (Stand September 95); OFD Münster, Vfg. v. 6. 10. 95 – S 2225a – 165 – St 12 – 31.

§ 10e ist für Veranlagungsszeiträume nach 1995 anzuwenden, wenn der Steuerpflichtige im Fall der Herstellung vor dem 1. Januar 1996 mit der Herstellung des Objekts begonnen hat oder im Fall der Anschaffung das Objekt auf Grund eines vor dem 1. Januar 1996 rechtswirksam abgesachlossenen obligatorischen Vertrags oder gleichstehenden Rechtsakts angeschafft hat. Als Beginn der Herstellung gilt bei Objekten, für die eine Baugenehmigung erforderlich ist, der Zeitpunkt, in dem der Bauantrag gestellt wird; bei baugenehmigungsfreien Objekten, für die Bauunterlagen einzureichen sind, der Zeitpunkt, in dem die Bauunterlagen eingereicht werden.

b) Erweiterter Schuldzinsenabzug (§ 10e Abs. 6a EStG) nach dem StÄndG 92

Schuldzinsen im Zusammenhang mit der Finanzierung der eigengenutzten Wohnung konnten bisher nur im Rahmen des § 10e Abs. 6 EStG als Kosten vor Bezug abgezogen werden. Dagegen war ein Abzug der auf die Zeit nach Bezug entfallenden Schuldzinsen nicht möglich.

Diese Rechtslage wurde durch Einfügung von § 10e Abs. 6a EStG geändert. Danach können Zinsen nach Bezug im Jahr der Anschaffung oder Fertigstellung und in den beiden folgenden Jahren bis zu einem Höchstbetrag von jährlich 12000 DM wie Sonderausgaben abgezogen werden. Soweit im Erstjahr der Höchstbetrag von 12000 DM nicht ausgeschöpft werden kann, können die Zinsen des vierten Jahres des Abzugszeitraums bis zum verbleibenden Höchstbetrag des ersten Jahres wie Sonderausgaben abgezogen werden.

Der erweiterte Schuldzinsenabzug setzt voraus, daß der Wohnungseigentümer die Förderung nach § 10e Abs. 1 oder 2 EStG in Anspruch nimmt oder wegen Überschreitens der Einkunftsgrenzen[1] des § 10e Abs. 5a EStG nicht in Anspruch nehmen kann. Ist eine Förderung nach § 10e Abs. 1 oder 2 EStG nicht wegen Überschreitens der Einkunftsgrenzen, sondern bereits aus anderen Gründen – etwa wegen eingetretenen Objektverbrauchs – ausgeschlossen, so ist der erweiterte Schuldzinsenabzug auch dann nicht möglich, wenn zugleich die Einkunftsgrenzen überschritten werden.

Ist die Förderung nach § 10e EStG dem Grunde nach möglich, so muß diese in Anspruch genommen werden, wenn der erweiterte Schuldzinsenabzug geltend gemacht werden soll. Hat daher ein noch nicht mit dem Objektverbrauch belasteter Wohnungseigentümer zunächst wegen Überschreitens der Einkunftsgrenzen den erweiterten Schuldzinsenabzug erhalten und werden in einem späteren Jahr die Einkunftsgrenzen nicht überschritten, so erhält er für dieses Jahr den erweiterten Schuldzinsenabzug nur, wenn er auch die Grundförderung nach § 10e Abs. 1 oder 2 EStG in Anspruch nimmt.

Ähnlich wie bei der degressiven Gebäudeabsetzung nach § 7 Abs. 5 EStG ist in Erwerbsfällen weitere Voraussetzung für den erweiterten Schuldzinsenabzug, daß der Steuerpflichtige das Objekt spätestens bis zum Ablauf des Jahres der Fertigstellung erwirbt. Dadurch beschränkt sich die Möglichkeit des erweiterten Schuldzinsenabzugs auf Neubauten.

Die Verbesserungen bei der Förderung nach § 10e EStG gelten bei Objekten, die der Steuerpflichtige aufgrund eines nach dem 30. 9. 1991 gestellten Bauantrags hergestellt oder mit deren Herstellung tatsächlich nach dem 30. 9. 1991 begonnen wurde. Der

---

[1] Siehe dazu S. 108.

tatsächliche Beginn der Herstellung nach dem 30. 9. 1991 ist also auch dann ausschlaggebend, wenn bereits vorher der Bauantrag eingereicht worden war. Unter Baubeginn ist dabei in Anlehnung an die Regelungen zu § 7b EStG der Beginn der Ausschachtungsarbeiten, die Erteilung eines spezifizierten Bauauftrags an den Bauunternehmer oder die Anfuhr nicht unbedeutender Mengen von Baumaterial auf dem Bauplatz zu verstehen.

In Erwerbsfällen ist Voraussetzung, daß der Kaufvertrag nach dem 30. 9. 1991 abgeschlossen oder nach diesem Stichtag mit der Herstellung begonnen wurde.

Für den erweiterten Schuldzinsenabzug ist zusätzlich Voraussetzung, daß das Objekt vor dem 1. 1. 1995 fertiggestellt wird.

c) Steuerbegünstigungen für zu eigenen Wohnzwecken genutzte Baudenkmale und Gebäude in Sanierungsgebieten und städtebaulichen Entwicklungsbereichen (§ 10f EStG)

Der Sonderausgabenabzug für Herstellungskosten betreffend Maßnahmen nach den §§ 82a, g und i EStDV war hinsichtlich selbstbewohnten Wohneigentums nach § 52 Abs. 21 Satz 6 EStG (sog. kleine Übergangsregelung) bislang auf vor dem 1. 1. 1992 fertiggestellte Baumaßnahmen beschränkt. Durch § 10f wird für Aufwendungen i.S. der §§ 7h und i eine Dauerregelung geschaffen. Der Sonderausgabenabzug ist dabei nach § 10f Abs. 1 Satz 3 nicht zu kürzen, wenn Teile der zu eigenen Wohnzwecken genutzten Wohnung Dritten unentgeltlich zu Wohnzwecken überlassen werden (vgl. auch § 10e Abs. 1 Satz 3 EStG).

Neu ist, daß der Stpfl. durch Zuschüsse nicht gedeckten Erhaltungsaufwand für Gebäude in Sanierungsgebieten und städtebaulichen Entwicklungsbereichen und für Baudenkmale, die selbst bewohnt werden und der Privatgutlösung unterliegen, im Kalenderjahr der Fertigstellung der Maßnahme und in den folgenden 9 Jahren zu jeweils bis zu 10 v.H wie Sonderausgaben abziehen kann (§ 10f Abs. 2). Bislang kam insofern allenfalls eine Berücksichtigung als außergewöhnliche Belastung in Betracht.

Für den Sonderausgabenabzug nach § 10f Abs. 1 und 2 wurde jedoch eine Objektverbrauchregelung vergleichbar der des § 10e Abs. 4 EStG eingeführt, wobei auch die Inanspruchnahme des bisherigen Sonderausgabenabzugs nach § 52 Abs. 21 Satz 6 EStG zum entsprechenden Objektverbrauch führen soll (§ 10f Abs. 3). Sind mehrere Stpfl. Eigentümer eines begünstigten Objekts, so soll ggf. bei allen Objektverbrauch eintreten (vgl. auch: § 10e Abs. 5 Satz 1 EStG).

Bei Hinzuerwerb eines Anteils an demselben Gebäude kann der Miteigentümer darüber hinaus für danach von ihm durchgeführte Maßnahmen i.S. des § 10f Abs. 1 und 2 die entsprechenden Abzugsbeträge in Anspruch nehmen, die auf den hinzuerworbenen Anteil entfallen.

§ 10f Abs. 1 ist erstmals anzuwenden, wenn die Baumaßnahmen nach dem 31. 12. 1991 fertiggestellt werden. Sind Anschaffungskosten begünstigt, gilt die Vorschrift auch für vor dem 1. 1. 1992 fertiggestellte Maßnahmen. § 10f Abs. 2 (Erhaltungsaufwand) ist bereits für nach dem 31. 12. 1989 fertiggestellte Maßnahmen anzuwenden.

d) Kinderkomponente

• **Baukindergeld nach § 34f EStG**

Auf Antrag ermäßigt sich für jedes im Haushalt lebende Kind die Einkommensteuer um jährlich DM 1000,–, wenn die Grundförderung nach § 10e EStG oder des diesem entsprechenden § 15b BerlinFG in Anspruch genommen wird.

Rück- und Vortrag von nicht ausgeschöpftem Baukindergeld durch das StÄndG 92. Bisher ging Baukindergeld insoweit verloren, als die tarifliche Einkommensteuer niedriger war als das Baukindergeld. Um dies zu vermeiden, wurde in § 34f Abs. 3 Satz 3 EStG bestimmt, daß der sich nicht auswirkende Teil des Baukindergeldes von der tariflichen Einkommensteuer der beiden vorangegangenen Veranlagungszeiträume abzuziehen und damit im Rahmen einer Berichtigungsveranlagung dieser Jahre zu erstatten ist.

Hat sich nach dem Rückgang das Baukindergeld immer noch nicht voll ausgewirkt, so kann der verbliebene Betrag nach § 34f Abs. 3 Satz 4 EStG bis zum Ende des achtjährigen Abzugszeitraums der Grundförderung und in den beiden folgenden Veranlagungszeiträumen abgezogen werden.

Die Möglichkeit des Rück- und Vortrags des nicht ausgeschöpften Baukindergeldes erfolgt nach § 52 Abs. 24 Satz 4 EStG unter den für die Verbesserungen bei § 10e EStG gültigen zeitlichen Voraussetzungen, also bei Bauantrag, Baubeginn oder Kaufvertrag nach dem 30. 9. 1991. Sie besteht erstmals für Baukindergeld, das im Jahr 1991 die tarifliche Einkommensteuer überstiegen hat. In diesem Fall wäre ein Rücktrag auf die Jahre 1990 und 1989 möglich. Bei Wohnungen im Beitrittsgebiet kann ein rücktragsfähiges Baukindergeld allerdings nach § 57 Abs. 6 EStG frühestens für die zweite Jahreshälfte 1990 berücksichtigt werden.

Beschränkung des Baukindergeldes auf die Bemessungsgrundlage. Darüber hinaus wurde in § 34f Abs. 4 Satz 1 EStG das sog. „Garagenprivileg" beseitigt. Bisher konnte es Fälle geben, in denen das Baukindergeld bei niedrigen Anschaffungs- oder Herstellungskosten insgesamt die § 10e-Bemessungsgrundlage überstieg, etwa bei Anbau einer Garage an ein eigengenutztes Haus. Dieser unter dem Gesichtspunkt einer aufwandsabhängigen Subventionierung nicht ganz verständliche Ergebnis wurde nunmehr dadurch beseitigt, daß das Baukindergeld insgesamt die Bemessungsgrundlage nach § 10e Abs. 1 oder 2 EStG nicht übersteigen darf.

Beispiel:

Die Herstellungskosten einer in Eigenleistung an das eigengenutzte Haus angebauten Garage betragen 15 000 DM. Der Eigentümer macht hiefür die Förderung nach § 10e Abs. 2 EStG und das Baukindergeld für vier Kinder geltend.

Das Baukindergeld von jährlich 4000 DM kann drei Jahre lang gewährt werden. Im vierten Jahr beträgt es nur noch 3000 DM, danach 0 DM.

Die Beschränkung des Baukindergeldes auf die Höhe der Bemessungsgrundlage gilt nach § 52 Abs. 24 Satz 2 EStG bei Objekten, die nach dem 31. 12. 1991 fertiggestellt oder erworben werden.

e) Einkunftsgrenze von 120 000 DM/240 000 DM (§ 10e Abs. 5a EStG)

Die Förderung nach § 10e EStG – mit Ausnahme des neuen erweiterten Schuldzinsenabzugs – und damit die Gewährung des Baukindergeldes nach § 34f EStG setzen nach § 10e Abs. 5a EStG künftig voraus, daß der Gesamtbetrag der Einkünfte im einzelnen Jahr des Abzugszeitraums den Betrag von 120 000 DM bzw. 240 000 DM bei Zusammenveranlagung nicht übersteigt. Dagegen bleibt die Möglichkeit des Vorkostenabzugs nach § 10e Abs. 6 EStG durch die Einkunftsbegrenzung unberührt.

Verhältnisse des einzelnen Jahres ausschlaggebend. Für die Einkunftsgrenze kommt es nicht auf die Verhältnisse zu Beginn der Förderung, sondern auf das einzelne Jahr des Abzugszeitraums an. Die Förderung kann daher in einzelnen Jahren möglich sein und für andere Jahre wegen Überschreitens der Einkunftsgrenze entfallen. Werden die Einkunftsgrenzen in einem Jahr überschritten, so scheidet auch eine spätere Nachholung aus, da diese die grundsätzliche Möglichkeit der Inanspruchnahme der Förderung im Entstehungsjahr voraussetzt.

Spätere Änderung des Gesamtbetrags der Einkünfte. Ändert sich der Gesamtbetrag der Einkünfte im nachhinein, beispielsweise durch Feststellung eines geänderten Gewinnanteils oder infolge einer Betriebsprüfung, so zwingt dies zu einer Neubeurteilung der Förderung nach § 10e EStG, wenn dadurch die Einkunftsgrenze erstmals über- oder unterschritten wird. Der Berichtigungsrahmen dürfte in diesen Fällen grundsätzlich auch die Möglichkeit der Förderung nach § 10e EStG und des damit zusammenhängenden Baukindergelds oder deren Versagung umfassen.

Änderung zuungunsten des Steuerpflichtigen. Erhöht sich der Gesamtbetrag der Einkünfte nachträglich – etwa infolge einer Betriebsprüfung oder wegen Ergehens eines (geänderten) Grundlagenbescheids – auf einen Betrag von mehr als 120 000 DM/ 240 000 DM, so zwingt dies nachträglich zur Versagung der Förderung nach § 10c EStG und eines etwaigen Baukindergeldes, nicht jedoch des erweiterten Schuldzinsenabzugs

Änderung zugunsten des Steuerpflichtigen. Verringert sich der Gesamtbetrag der Einkünfte nachträglich auf einen Betrag von nicht mehr als 120 000 DM/240 000 DM, so können die Förderung nach § 10e EStG und ein damit zusammenhängendes Baukindergeld jedenfalls dann nachträglich gewährt werden, wenn bereits bei der ursprünglichen Veranlagung deren Berücksichtigung beantragt, aber vom Finanzamt abgelehnt wurde.

Die Einkunftsgrenzen sind nach § 52 Abs. 1 und 14 Sätze 4 und 5 EStG erstmals bei solchen Objekten zu beachten, bei denen der Antrag auf Baugenehmigung nach dem 31. 12. 1991 gestellt oder, falls ein solcher nicht erforderlich ist, nach dem 31. 12. 1991 mit dem Bau begonnen wurde. In Erwerbsfällten gelten die Einkunftsgrenzen, wenn der Kaufvertrag nach dem 31. 12. 1991 geschlossen wurde.

5. Begünstigung des eigengenutzten Wohnraums durch das Eigenheimzulagengesetz (EigZulG) ab 1. 1. 1996[1]

Grundsätzlich unterscheidet sich die Neuregelung von der Förderung nach § 10e EStG dadurch, daß an die Stelle einer Einkommensteuer-Ermäßigung eine einkommensteuerfreie Zulage tritt.

a) Bemessungsgrundlage, Höhe der Eigenheimzulage

Der Anspruchsberechtigte kann bei Herstellung oder Anschaffung einer Wohnung in einen im Inland belegenen eigenen Haus oder einer im Inland belegenen Eigentumswohnung eine Eigenheimzulage erhalten.

Die wesentlichen gesetzlichen Bestimmungen sind anschließend zusammengefaßt dargestellt:

Begünstigt ist die Herstellung oder Anschaffung einer Wohnung in einem im Inland belegenen eigenen Haus oder einer im Inland belegenen eigenen Eigentumswohnung. Nicht begünstigt ist eine Ferien- oder Wochenendwohnung oder eine Wohnung, für die Absetzung für Abnutzung als Betriebsausgaben oder Werbungskosten im Rahmen der doppelten Haushaltsführung abgezogen werden. Nicht begünstigt sind auch eine Wohnung oder ein Anteil daran, die der Anspruchsberechtigte von seinem Ehegatten anschafft, wenn bei den Ehegatten im Zeitpunkt der Anschaffung die Voraussetzungen des § 26 Abs. 1 des Einkommensteuergesetzes vorliegen.

---

[1] Eigenheimzulagengesetz (EigZulG) in der Fassung der Bekanntmachung v. 26. 3. 1997 (BGBl. I, 734), geändert durch Artikel 2 des Gesetzes zur Änderung des Wohngeldgesetzes und § 9 Abs. 3 und 4 des Eigenheimzulagengesetzes v. 16. 7. 1998 (BGBl. I, 1860).

Ausbauten und Erweiterungen an einer Wohnung in einem im Inland belegenen eigenen Haus oder einer im Inland belegenen eigenen Eigentumswohnung stehen der Herstellung einer Wohnung gleich. Im Gegensatz zu § 10e EStG können Garagen nicht mehr als begünstigt angesehen werden.

Der Anspruch besteht nur für Kalenderjahre, in denen der Anspruchsberechtigte die Wohnung zu eigenen Wohnzwecken nutzt. Eine Nutzung zu eigenen Wohnzwecken liegt auch vor, soweit eine Wohnung unentgeltlich an einen Angehörigen im Sinne des § 15 der Abgabenordnung zu Wohnzwecken überlassen wird.

Der Anspruchsberechtigte kann die Eigenheimzulage im Jahr der Fertigstellung oder Anschaffung und in den sieben folgenden Jahren (Förderzeitraum) in Anspruch nehmen.

Der Anspruchsberechtigte kann die Eigenheimzulage ab dem Jahr in Anspruch nehmen (Erstjahr), in dem der Gesamtbetrag der Einkünfte[1] nach § 2 Abs. 3 des Einkommensteuergesetzes des Erstjahrs zuzüglich des Gesamtbetrags der Einkünfte des vorangegangenen Jahrs (Vorjahr) 240000 Deutsche Mark nicht übersteigt. Bei Ehegatten, die im Erstjahr nach § 26b des Einkommmensteuergesetzes zusammenveranlagt werden oder die nicht zur Einkommensteuer veranlagt werden und die Voraussetzungen des § 26 Abs. 1 des Einkommensteuergesetzes erfüllen, tritt an die Stelle des Betrags von 240000 Deutsche Mark der Betrag von 480000 Deutsche Mark. Ist in diesen Fällen im Vorjahr fur den Anspruchsberechtigten eine Zusammenveranlagung nach § 26b des Einkommensteuergesetzes durchgeführt worden oder ist er nicht zur Einkommensteuer veranlagt worden und waren die Voraussetzungen des § 26 Abs. 1 des Einkommensteuergesetzes erfüllt, ist der auf den Anspruchsberechtigten entfallende Anteil am Gesamtbetrag der Einkünfte des Vorjahrs zu berücksichtigen. Liegen im Vorjahr die dort genannten Voraussetzungen nicht vor, ist der Gesamtbetrag der Einkünfte des Vorjahrs beider Ehegatten zu berücksichtigen. Die Einkommensgrenzen sollen ab 1. 1. 2000 bei Ledigen auf DM 80000,– und bei Ehepaaren auf DM 160000,– gesenkt werden. Bei Alleinerziehenden und

[1] Zum Begriff „Einkünfte“ s. S. 161.

Eltern erhöht sich die Einkommensgrenze um DM 10000,– je Kind.

Der Anspruchsberechtigte kann die Eigenheimzulage nur für eine Wohnung oder einen Ausbau oder eine Erweiterung (Objekt) in Anspruch nehmen. Ehegatten, bei denen die Voraussetzungen des § 26 Abs. 1 des Einkommensteuergesetzes vorliegen, können die Eigenheimzulage für insgesamt zwei Objekte beanspruchen, jedoch nicht gleichzeitig für zwei in räumlichem Zusammenhang belegene Objekte, wenn bei den Ehegatten im Zeitpunkt der Fertigstellung oder Anschaffung der Objekte die Voraussetzungen des § 26 Abs. 1 des Einkommensteuergesetzes vorliegen.

Sind mehrere Anspruchsberechtigte Eigentümer einer Wohnung, steht jeder Anteil an dieser Wohnung einer Wohnung gleich; Entsprechendes gilt bei dem Ausbau oder der Erweiterung der Wohnung. Dieser Satz ist nicht anzuwenden, wenn Ehegatten Eigentümer der Wohnung sind und bei den Ehegatten die Voraussetzungen des § 26 Abs. 1 des Einkommensteuergesetzes vorliegen. Erwirbt ein Ehegatte infolge Erbfalls einen Miteigentumsanteil an der Wohnung hinzu, so kann er den auf diesen Anteil entfallenden Förderungsgrundbetrag nach § 9 Abs. 2 weiter in der bisherigen Höhe in Anspruch nehmen; Entsprechendes gilt, wenn während des Förderungszeitraums die Voraussetzungen des § 26 Abs. 1 des Einkommensteuergesetzes wegfallen und ein Ehegatte den Anteil des anderen Ehegatten an der Wohnung erwirbt.

Der Eigenheimzulage stehen die erhöhten Absetzungen nach § 7b des Einkommensteuergesetzes in der jeweiligen Fassung ab Inkrafttreten des Gesetzes vom 16. Juni 1964 (BGBl. I S. 353) und nach § 15 Abs. 1 bis 4 des Berlinförderungsgesetzes in der jeweiligen Fassung ab Inkrafttreten des Gesetzes vom 11. Juli 1977 (BGBl. I S. 123) sowie die Abzugsbeträge nach § 10e des Einkommensteuergesetzes und nach § 15b des Berlinförderungsgesetzes in der jeweiligen Fassung ab Inkrafttreten des Gesetzes vom 15. Mai 1986 (BGBl. I S. 730) gleich.

Name und Vorname/Gemeinschaft	
Steuernummer	

Anlage FW

☐ **zur Einkommensteuererklärung**

☐ **zur Feststellungserklärung**

1998

Förderung des Wohneigentums

Zeile								
1	Lage der Wohnung (Ort, Straße, Hausnummer)						☐ Im Ferien- oder Wochenend-gebiet belegen	☐ Zum Dauerwohnen baurechtlich zugelassen
2	Eigentümer (Namen, ggf. Miteigentumsanteile)							
3	☐ Einfamilienhaus Eigentumswohng.	☐ Anderes Haus mit	Woh-nungen	davon eigen-genutzt: Anzahl	☐ Ausbau/Erweiterung einer eigengenutzten Wohnung	☐ Bau einer unentgeltlich überlassenen Wohnung im eigenen Haus		
4	Kaufvertrag vom	Bauantrag gestellt am	Baubeginn am	Angeschafft am	Fertiggestellt am	Eigengenutzt/unentgeltlich überlassen ab	Nutzfläche des Hauses m²	
5	☐ Der Abzugsbetrag wird für ein Folgeobjekt beansprucht.		☐ Anschaffung/Herstellung erfolgte anläßlich der Verlegung des Wohnsitzes in das Beitrittsgebiet.		Fläche der Wohnung/Erweiterung/des Anbaus m²	davon eigenbetrieblich/beruflich genutzt oder vermietet m²		
6	Für folgende Objekte wurden bereits Abzugsbeträge/erhöhte Absetzungen beansprucht:							
7	☐ Für das Objekt lt. Zeile 1 wurde ein Antrag auf Eigenheimzulage gestellt.							
8								

Zeile						DM	
9	**Eigengenutzte Wohnung im Beitrittsgebiet bei Anschaffung oder Herstellung vor dem 1. 1. 1991**						
10						DM	99 46
11	Aufwendungen nach § 7 Fördergebietsgesetz	gezahlt 1991 – 1997 ☐ wie Vorjahr	gezahlt 1998 DM	Abzugsbetrag 10 % (höchstens 4000 DM) =		60	89
12	Erhaltungsmaßnahmen nach § 10 f Abs. 2 EStG	fertiggestellt 1991 – 1997 ☐ wie Vorjahr	fertiggestellt 1998 DM	Abzugsbetrag 10 % =		62	
13	Herstellungskosten nach § 10 f Abs. 1 EStG	fertiggestellt 1991 – 1997 ☐ wie Vorjahr	fertiggestellt 1998 DM	Abzugsbetrag 10 % =		63	
14	Abzugsbetrag nach § 82 a EStDV für 1991 fertiggestellte Baumaßnahmen wie im Vorjahr					61	
15							
16	**Steuerbegünstigungen für Gebäude bei Anschaffung oder Herstellung vor dem 1. 1. 1987**						
17	Die Zeilen 18 – 21 gelten nicht für Objekte im Beitrittsgebiet					DM	
18	Gesamtbetrag der erhöhten Absetzungen nach § 14 a BerlinFG			☐ wie Vorjahr		82	82
19	§§ 82 a, 82 g, 82 i EStDV, Schutzbaugesetz			☐ wie Vorjahr		83	83
20	Erhaltungsmaßnahmen nach § 10 f Abs. 2 EStG (z. B. aus Zeile 46 Spalte 4 der Anlage V)	☐ wie Vorjahr	fertiggestellt 1998 DM	Abzugsbetrag 10 % =		71	71
21	Herstellungs-/Anschaffungskosten nach § 10 f Abs. 1 EStG (z. B. für 1998 Zeile 40 Spalte 4 Anlage V)	☐ wie Vorjahr	fertiggestellt 1998 DM	Abzugsbetrag 10 % =		73	73
22							
23	**Anteile an den Steuerbegünstigungen** Gemeinschaft, Finanzamt, Steuernummer						
24							
25	Gesondert und einheitlich festgestellter Betrag					85	85

Anlage FW zur Förderung des Wohneigentums – Aug. 98

Bitte die Anleitung zur Anlage FW beachten.

-2-

Zeile					
	Steuerbegünstigungen für die Anschaffung/Herstellung von Wohneigentum ab 1.1.1987, im Beitrittsgebiet ab 1.1.1991				
30	**Abzugsbetrag nach § 10 e EStG / § 15 b BerlinFG** bei Kaufvertrag/Bauantrag/Herstellungsbeginn vor dem 1.1.1996:		☐ Abzugsbetrag wie 1997	20 DM	20
31	☐ Nach besonderer Berechnung	Grund und Boden insgesamt DM 1 / davon 50 % DM 2	Gebäude DM 3	Eine Zusammenstellung der erstmals geltend gemachten Aufwendungen	Zweitobjekt/ Feststellungen: Abzugsbetrag ohne GdE-Prüfung
32	Anschaffungs-/Herstellungskosten			☐ hat vorgelegen.	17
33	Nachträgliche Anschaffungs-/ Herstellungskosten 1998	+	+	☐ ist beigefügt.	Abzugsbetrag mit GdE-Prüfung
34	Summe		+	▶	31
35	Auf die eigengenutzte Wohnung entfallen		% =		Schuldzinsen 32
36	Von Zeile 35 entfallen auf eigenbetrieblich/ beruflich genutzte oder vermietete Räume	Art der Nutzung	% =	–	
37	Bemessungsgrundlage (höchstens 330 000 DM, bei Kaufvertrag nach dem 31. 12. 1993 einer mehr als 2 Kj. vor der Anschaffung fertiggestellten Wohnung: 150 000 DM; bei § 15 b BerlinFG 300 000 DM)				
38	Abzugsbetrag nach § 10 e EStG Kaufvertrag/Bauantrag /Herstellungsbeginn ☐ nach dem 30. 9. 91 6 % (1. bis 4. Jahr) ☐ 5 %	nach § 15 b BerlinFG	% =		26
39	Nachholung von Abzugsbeträgen Beträge lt. Zeile 33 Spalten 2 und 3, ggf. gekürzt entsprechend den Zeilen 35 bis 37	DM	davon % = +		Kaufvertrag/Bauantrag/Herstellung 1 = 1.10. bis 31.12.91 2 = ab 1.1.92
40	die vor 1998 nicht in Anspruch genommen wurden (nur bei Kaufvertrag/Bauantrag/Herstellungsbeginn nach dem 30. 9. 1991)		+ ▶	Summe Zeilen 38 bis 40	22
41	1998 werden in Anspruch genommen			10	10
42	**Steuerbegünstigungen für bestimmte Baumaßnahmen**				
43	i. S. d. §§ 82 a, 82 g, 82 i EStDV, § 10 f EStG, des Schutzbaugesetzes und § 7 Fördergebietsgesetz an der eigengenutzten Wohnung	☐ Abzugsbetrag wie Vorjahr			Nachholungsbetrag 29
44	Bei Fertigstellung/Zahlung 1998: Aufwendungen nach § 10 f EStG / § 7 Fördergebietsgesetz	DM	davon 10 % = + ▶	11	11
45	Herstellungskosten für eine unentgeltlich überlassene Wohnung im eigenen Haus (§ 10 h EStG)	DM	davon % =	24	24
46	**Aufwendungen für die Wohnung** bei Kaufvertrag/Bauantrag/Herstellungsbeginn vor dem 1.1.1996, wenn kein Antrag auf Eigenheimzulage gestellt wird:				25 § 10 h EStG ohne GdE-Prüfung = 1
47	**Vor Bezug** der eigengenutzten Wohnung (Zeilen 30 bis 41) oder der überlassenen Wohnung (Zeile 45) entstandene Aufwendungen (§ 10 e Abs. 6, § 10 h Satz 3 EStG)				
48	Schuldzinsen	Damnum +	Geldbeschaffungskosten + =	DM	
49	Erhaltungsaufwendungen	andere Aufwendungen +	= + ▶	12	12
50					
51	**Vorkostenabzug bei einer nach dem Eigenheimzulagengesetz begünstigten Wohnung**				
52	Das Objekt steht im ☐ Alleineigentum.	☐ Miteigentum zu	%.		40 Pauschale ja = 1
53	☐ Bei Anschaffung/Fertigstellung 1998: Vorkostenpauschale (§ 10 i EStG), wenn die Eigenheimzulage für 1998, 1999 oder 2000 in Anspruch genommen wird.				Anteil in DM 42
54	1998 geleistete Erhaltungsaufwendungen (§ 10 i EStG) bei Alleineigentum			41	41
55	Anteil an den 1998 geleisteten Erhaltungsaufwendungen (§ 10 i EStG) bei Miteigentum			43	43
56	**Steuerermäßigung für Kinder** bei Inanspruchnahme eines Abzugsbetrags nach § 10 e Abs. 1 bis 5 EStG / § 15 b BerlinFG. Antrag auf Steuerermäßigung nach § 34 f Abs. 2 und 3 EStG:				Kinder i. S. d. § 34 f EStG Ansch./Herst. nach 1990 16
57	Im Begünstigungszeitraum gehörten Kinder auf Dauer zum Haushalt (vgl. „Anlage[n] Kinder")			Zahl der Kinder	
58	**Anteile an den Steuerbegünstigungen** Gemeinschaft, Finanzamt, Steuernummer		Gesondert und einheitlich festgestellter Betrag	1998 werden in Anspruch genommen	
59					

Bemessungsgrundlage für den Fördergrundbetrag sind die Herstellungskosten oder Anschaffungskosten der Wohnung zuzüglich der Anschaffungskosten für den dazugehörenden Grund und Boden. Bei Ausbauten oder Erweiterungen sind Bemessungsgrundlage die Herstellungskosten. Werden Teile der Wohnung nicht zu eigenen Wohnzwecken genutzt, ist die Bemessungsgrundlage um den hierauf entfallenden Teil zu kürzen.

Die Eigenheimzulage umfaßt den Fördergrundbetrag und die Kinderzulage.

Der **Fördergrundbetrag** beträgt jährlich 5 vom Hundert der Bemessungsgrundlage, höchstens 5000 Deutsche Mark. Hat der Anspruchsberechtigte die Wohnung nicht bis zum Ende des zweiten auf das Jahr der Fertigstellung folgenden Jahres angeschafft, beträgt der Fördergrundbetrag jährlich 2,5 vom Hundert der Bemessungsgrundlage, höchstens 2500 Deutsche Mark. Sind mehrere Anspruchsberechtigte Eigentümer einer Wohnung, kann der Anspruchsberechtigte den Fördergrundbetrag entsprechend seinem Miteigentumsanteilen in Anspruch nehmen. Der jährliche Fördergrundbetrag für die Anschaffung oder Herstellung einer Wohnung mindert sich um den Betrag, den der Anspruchsberechtigte jährlich für die Anschaffung des Genossenschaftsanteils in Anspruch genommen hat.

Der Fördergrundbetrag erhöht sich jährlich um 2 vom Hundert der Bemessungsgrundlage, höchstens um 500 Deutsche Mark. Dies gilt nicht bei Ausbauten und Erweiterungen. Bemessungsgrundlagen sind dafür:

1. die Aufwendungen für den Einbau einer verbrennungsmotorisch oder thermisch angetriebene Wärmepumpenanlage mit einer Leistungszahl von mindestens 1,3, einer Elektro-Wärmepumpenanlage mit einer Leistungszahl von mindestens 3,5, einer Solaranlage oder einer Anlage zur Wärmerückgewinnung einschließlich der Anbindung an das Heizsystem, wenn der Anspruchsberechtigte die Maßnahme vor Beginn der Nutzung der Wohnung zu eigenen Wohnzwecken und vor dem 1. Januar 1999 (verlängert: vor dem 1. 1. 2001) abgeschlossen hat, oder
2. die Anschaffungskosten einer Wohnung, die der Anspruchsberechtigte bis zum Ende des zweiten auf das Jahr der Fertigstellung folgenden Jahres und vor dem 1. Januar 1999 angeschafft

hat, soweit sie auf die in Nummer 1 genannten Maßnahmen entfallen.

Der Fördergrundbetrag erhöht sich um jährlich 400 Deutsche Mark, wenn

1. die Wohnung in einem Gebäude belegen ist, dessen Jahres-Heizwärmebedarf den für dieses Gebäude geforderten Wert nach der Wärmeschutzverordnung vom 16. August 1994 (BGBl. I S. 2121) um mindestens 25 vom Hundert unterschreitet, und
2. der Anspruchsberechtigte die Wohnung vor dem 1. Januar 1999 fertiggestellt oder vor diesem Zeitpunkt bis zum Ende des Jahres der Fertigstellung angeschafft hat.

Dies gilt nicht bei Ausbauten und Erweiterungen. Der Anspruchsberechtigte kann den Betrag nach Satz 1 nur in Anspruch nehmen, wenn er durch einen Wärmebedarfsausweis im Sinne des § 12 der Wärmeschutzverordnung nachweist, daß die Voraussetzungen des Satzes 1 Nr. 1 vorliegen.

Die **Kinderzulage** beträgt jährlich für jedes Kind, für das der Anspruchsberechtigte oder sein Ehegatte im jeweiligen Kalenderjahr des Förderzeitraums einen Kinderfreibetrag oder Kindergeld enthält, 1500 Deutsche Mark. Voraussetzung ist, daß das Kind im Förderzeitraum zum inländischen Haushalt des Anspruchsberechtigten gehört oder gehört hat. Sind mehrere Anspruchsberechtigte Eigentümer einer Wohnung, und haben sie zugleich für ein Kind Anspruch auf die Kinderzulage, ist bei jedem die Kinderzulage zur Hälfte anzusetzen. Der Anspruchsberechtigte kann die Kinderzulage im Kalenderjahr nur für eine Wohnung in Anspruch nehmen. Der Kinderzulage steht die Steuerermäßigung nach § 34f des Einkommensteuergesetzes gleich.

Die Summe der Förderungsgrundbeträge und der Kinderzulagen darf die Bemessungsgrundlage nicht überschreiten. Sind mehrere Anspruchsberechtigte Eigentümer der Wohnung, darf die Summe der Beträge die auf den Anspruchsberechtigten entfallende Bemessungsgrundlage nicht überschreiten.

Nutzt der Anspruchsberechtigte die Wohnung (**Erstobjekt**) nicht bis zum Ablauf des Förderzeitraums zu eigenen Wohnzweken und kann er deshalb die Eigenheimzulage nicht mehr in Anspruch nehmen, kann er die Eigenheimzulage für ein weiteres Objekt (**Folgeobjekt**) beanspruchen. Das Folgeobjekt ist ein eingenständiges Objekt. Der Förderzeitraum für das Folgeobjekt ist um die Kalenderjahre zu kürzen, in denen der Anspruchsberechtigte die Eigenheimzulage für das Erstobjekt in Anspruch hätte nehmen können; hat der Anspruchsberechtigte das Folgeobjekt in einem Jahr, in dem er das Erstobjekt noch zu eigenen Wohnzwecken genutzt hat, hergestellt, angeschafft, ausgebaut oder erweitert, so beginnt der Förderzeitraum für das Folgeobjekt mit Ablauf des Jahres, in dem der Anspruchsberechtigte das Erstobjekt letztmals zu eigenen Wohnzwecken genutzt hat. Dem Erstobjekt steht ein Erstobjekt im Sinne des § 7b Abs. 5 Satz 4 und § 10e Abs. 4 Satz 4 des Einkommensteuergesetzes sowie § 15 Abs. 1 und § 15b Abs. 1 des Berlinförderungsgesetzes gleich. Da eine Eigenheimzulage auch bei unentgeltlicher Überlassung einer Wohnung an Angehörige im Sinne von § 15 der Abgabenordnung zu Wohnzwecken gewährt wird, tritt im Gegensatz zu § 10h EStG Objektverbrauch ein.

Der Anspruch auf Eigenheimzulage entsteht mit Beginn der Nutzung der hergestellten oder angeschafften Wohnung zu eigenen Wohnzwecken, für jedes weitere Jahr des Förderzeitraums mit Beginn des Kalenderjahres, für das eine Eigenheimzulage festzusetzen ist.

Die Eigenheimzulage wird für das Jahr, in dem erstmals die Voraussetzungen für die Inanspruchnahme der Eigenheimzulage vorliegen, und die folgenden Jahre des Förderzeitraums von dem für die Besteuerung des Anspruchsberechtigten nach dem Einkommen zuständigen Finanzamt festgesetzt. Für die Höhe des Fördergrundbetrags nach § 9 Abs. 2 und die Zahl der Kinder nach § 9 Abs. 3 Satz 1 und 2 sind die Verhältnisse bei Beginn der Nutzung der hergestellten oder angeschafften Wohnung zu eigenen Wohnzwecken maßgeblich. Liegen die Voraussetzungen für die Inanspruchnahme der Eigenheimzulage erst zu einem späteren Zeitpunkt vor, sind die Verhältnisse zu diesem Zeitpunkt maßgeblich. Die Festsetzungsfrist für die Eigenheimzulage endet nicht vor Ablauf der Festsetzungsfrist für die Einkommensteuer der maßgebenden Jahre. Ist der Ablauf der Festsetzungsfrist hinausgeschoben, verlängert sich die Festsetzungsfrist für die folgenden Jahre des Förderzeitraums um die gleiche Zeit.

Haben sich die Verhältnisse für die Höhe des Fördergrundbetrags oder die Zahl der Kinder, die bei der zuletzt festgesetzten

Eigenheimzulage zugrunde gelegt worden sind, geändert, ist die Eigenheimzulage nach Ablauf des Kalenderjahres neu festzusetzen (Neufestsetzung). Neu festgesetzt wird mit Wirkung ab dem Kalenderjahr, für das sich die Abweichung bei der Eigenheimzulage ergibt.

Entfallen die Voraussetzungen während eines Jahres des Förderzeitraums und kann der Anspruchsberechtigte die Eigenheimzulage nicht mehr in Anspruch nehmen, ist die Festsetzung mit Wirkung ab dem folgenden Kalenderjahr aufzuheben. Liegen die Voraussetzungen für die Inanspruchnahme erneut vor, ist entsprechend zu verfahren.

Der Bescheid über die Festsetzung der Eigenheimzulage ist aufzuheben oder zu ändern, wenn nachträglich bekannt wird, daß der Gesamtbetrag der Einkünfte in den maßgebenden Jahren insgesamt die Einkunftsgrenze über- oder unterschreitet.

Materielle Fehler der letzten Festsetzung können durch Neufestsetzung oder durch Aufhebung der Festsetzung beseitigt werden. Neu festgesetzt wird mit Wirkung ab dem Kalenderjahr, in dem der Fehler dem Finanzamt bekannt wird, bei einer Aufhebung oder einer Neufestsetzung zuungunsten des Anspruchsberechtigten jedoch frühestens mit Wirkung ab dem Kalenderjahr, in dem das Finanzamt aufhebt oder neu festsetzt. Bei der Neufestsetzung oder Aufhebung der Festsetzung nach Satz 1 ist § 176 der Abgabenordnung entsprechend anzuwenden; dies gilt nicht für ein Kalenderjahr, das nach der Verkündung der maßgeblichen Entscheidung eines obersten Gerichts des Bundes beginnt.

Sind mehrere Anspruchsberechtigte Eigentümer einer Wohnung, kann die Bemessungsgrundlage gesondert und einheitlich festgestellt werden. Die für die gesonderte Feststellung von Einkünften nach § 180 Abs. 1 Nr. 2 Buchstabe a der Abgabenordnung geltenden Vorschriften sind entsprechend anzuwenden. Bei Ehegatten, die gemeinsam Eigentümer einer Wohnung sind, ist die Festsetzung der Zulage für Jahre des Förderzeitraums, in denen die Voraussetzungen des § 26 Abs. 1 des Einkommensteuergesetzes vorliegen, zusammen durchzuführen. Die Eigenheimzulage ist neu festzusetzen, wenn die Voraussetzungen des § 26 Abs. 1 des Einkommensteuergesetzes während des Förderzeitraums entfallen oder eintreten.

Graue Felder nur vom Finanzamt auszufüllen

Steuernummer		Zeitr.	Vorg.		Eingangsstempel
11	73			1 = 1. Objekt, 2 = Folgeobjekt zu 1, 3 = 2. Objekt, 4 = Folgeobjekt zu 3, 5–8 = Genossenschaftsanteile	

Antrag auf Eigenheimzulage **ab dem Jahr**

An das Finanzamt

Steuernummer

99 10 **Anspruchsberechtigte**
bei gemeinschaftlichem Eigentum von Ehegatten: Ehemann

Telefonische Rückfragen tagsüber unter Nr.

Zeile			
1	11	Name	Anschrift 69
2	13	Vorname	Titel d. Anspr.-/Ehemanns 14 / Titel d. Ehefrau 18
3	72	Geburtsdatum (Tag Monat Jahr) — Zur Einkommensteuer veranlagt? Ja Nein	Anrede 10 Anspr. Person / 40 Postempfänger
4		Bei Wohnsitzwechsel: bisheriges Finanzamt/Steuernummer	
5	22	Straße und Hausnummer	
6	20	Postleitzahl, derzeitiger Wohnort	
7			
8	15	Vorname des **Ehegatten**	
9	16	ggf. von Zeile 2 abweichender Name	
10	73	Geburtsdatum (Tag Monat Jahr) — Zur Einkommensteuer veranlagt? Ja Nein	99 11
11		Bei Wohnsitzwechsel: bisheriges Finanzamt/Steuernummer	Art der Bescheid-Kennzeichnung 10
12		Straße und Hausnummer, Postleitzahl, derzeitiger Wohnort (falls von Zeilen 5 und 6 abweichend)	Art der Zulagenfestsetzung 11
13		Verheiratet seit dem / Verwitwet seit dem / Geschieden seit dem / Dauernd getrennt lebend seit dem	15 Ablehnungsbescheid
14			73 Angaben zur Erstattung
15			83 Bescheid ohne Anschrift Ja = 1
16		**Bankverbindung** **Bitte stets angeben!** **Die angegebene Bankverbindung gilt auch für andere Auszahlungen des Finanzamts, z.B. für Einkommensteuererstattungen**	75 Zahl d. zusätzlichen Bescheide
17	31	Nummer des Bankkontos, Postgirokontos, Sparbuchs, Postsparbuchs — 30 Bankleitzahl	
18	34	Geldinstitut (Zweigstelle) und Ort	
19		Kontoinhaber lt. Zeilen 1 u. 2 oder: 32 Name (im Fall der Abtretung bitte amtlichen Abtretungsvordruck beifügen)	
20			
21		**Empfangsvollmacht** **Der Bescheid soll nicht mir/uns zugesandt werden, sondern:**	
22	41	Name	
23	42	Vorname	
24	43	Straße und Hausnummer oder Postfach	
25	45	Postleitzahl, Wohnort	

EZ 1 A – Antrag auf Eigenheimzulage – Nov. 95
(OFD Hbg/Mehr – 01. 96 – 200 000/420 000 – 321)

- 2 -

99 15 **Begünstigte Wohnung**

Lage der Wohnung (falls vom derzeitigen Wohnsitz lt. Zeile 5 und 6 abweichend) | Im Ferien- oder Wochenend-gebiet belegen | Zum Dauerwohnen baurechtlich zugelassen

Zeile				
27	22	Straße und Hausnummer		
28	20	Postleitzahl, Ort		
29		Eigentümer	Name	Miteigentumsanteil %
30			Name	Miteigentumsanteil %

99 20 Die Eigenheimzulage wird beantragt als

Erwerber	20 Kaufvertrag vom	21 Übergang von Besitz, Nutzen und Lasten am	22 Baujahr
32	Bauherr (auch bei Ausbau/Erweiterung)	25 Bauantrag gestellt am	26 Baubeginn am	27 Jahr d. Fertigstellung

33 Eigengenutzt / unentgeltlich an Angehörige zu Wohnzwecken überlassen seit 30

34 Bei unentgeltlicher Nutzungsüberlassung — Name des Nutzenden, Verwandtschaftsverhältnis

Für folgende Objekte wurden bereits erhöhte Absetzungen (z.B. n. § 7 b EStG) / Abzugsbeträge (z.B. n. § 10 e EStG) / Eigenheimzulage beansprucht (bei Ehegatten: auch Name d. Eigentümers):

35

36

37 Die Eigenheimzulage wird für ein Folgeobjekt beantragt — Lage des Erstobjekts, Begünstigungszeitraum

38

Anschaffungskosten / Herstellungskosten

Zeile				
39	Angeschafft / hergestellt wurde			10 Anspruchsberechtigter 1 = männlich, 2 = weiblich, 3 = Ehegatten
40	Einfamilienhaus Eigentumswohnung — einschließlich Anschaffungskosten des Grund und Bodens		DM	11 Miteigentum %
41	Ausbau / Erweiterung einer eigengenutzten Wohnung — ohne Anschaffungskosten des Grund und Bodens		DM	32 Ausbau / Erweiterung Ja = 1
42	Anderes Haus (einschl. Anschaffungskosten Grund u. Boden) — Anzahl der Wohnungen — Nutzfläche m²	= 100 % =	DM	31 Letztes Begünstigungsjahr
43	Auf die Nutzfläche der eigengenutzten / unentgeltlich an Angehörige zu Wohnzwecken überlassenen Wohnung entfallen m²	= % =	DM ▸	DM
44	Werden Teile der Wohnung nicht zu eigenen Wohnzwecken genutzt:			
45	Wohnfläche der Wohnung m²	= 100 %		
46	davon entfallen auf eigenbetrieblich / beruflich genutzte, vermietete oder an Nicht-Angehörige überlassene Räume m²	= % =	− DM	
47	Bemessungsgrundlage		40	40
48	Bei Miteigentum: Anteil an der Bemessungsgrundlage		46	46
49	Nur bei gesonderter und einheitlicher Feststellung: Festgestellter Anteil an der Bemessungsgrundlage	Finanzamt, Steuernummer	41	41
50				

Ökologische Zusatzförderung

Zeile				
51				
52	Für Wärmepumpenanlagen, Solaranlagen, Anlagen zur Wärmerückgewinnung			
53	Bei Selbsteinbau: Aufwendungen für vor Bezug – und vor dem 1.1.1999 – eingebaute Anlagen (auch wenn in Zeile 47 enthalten)		42	42
54	Bei Anschaffung einer Neubauwohnung vor dem 1.1.1999: Von den Anschaffungskosten entfallen auf diese Anlage (in Zeile 47 enthalten)		43	43
55	Bei Miteigentum: Anteil an den Beträgen in Zeile 53 oder 54		47	47
56	Nur bei gesonderter und einheitlicher Feststellung: Festgestellter Anteil an den Aufwendungen	Finanzamt, Steuernummer	44	44
57	Für vor dem 1.1.1999 fertiggestellte oder im Jahr der Fertigstellung angeschaffte Niedrigenergiehäuser: Der Jahres-Heizwärmebedarf unterschreitet um mindestens 25% den nach der Wärmeschutzverordnung geforderten Wert (Wärmebedarfsausweis ist beigefügt)			45 Ja = 1

– 3 –

99 15 **Begünstigte Genossenschaftsanteile** (Satzung der Genossenschaft und Registerauszug bitte beifügen)

Zeile

50 Name der nach dem 1.1.1995 in das Genossenschaftsregister eingetragenen Genossenschaft

99 20 Höhe der Geschäftsanteile — 51 DM

Einzahlung auf die Geschäftsanteile — 53 Datum — 52 DM

Beitrittszulassung vom — 50

99 16 **Angaben für die Kinderzulage**

	Vorname des haushaltszugehörigen Kindes (ggf. auch abweichender Familienname)		Geboren am	Für das Kind erhält der Anspruchsberechtigte oder sein Ehegatte Kindergeld/einen Kinderfreibetrag	Der andere Elternteil ist Miteigentümer der Wohnung (ausgenommen Ehegatten)		Kinderzulage 1 = 1, 2 = ½ 3 = 0
11	1	31				51	
12	2	32				52	
13	3	33				53	
14	4	34				54	

Einkunftsgrenze

☐ Der Gesamtbetrag der Einkünfte des Jahres, für das erstmals dieser Antrag gestellt wird, wird zusammen mit dem Gesamtbetrag der Einkünfte des vorangegangenen Jahres 240 000 DM, bei Ehegatten 480 000 DM voraussichtlich nicht übersteigen.

Zusätzliche Angaben

Bewilligte Zuschüsse aus öffentlichen Mitteln (Bitte Bewilligungsbescheid beifügen) — DM

☐ Die Eigenheimzulage wurde bereits für den Erwerb von Genossenschaftsanteilen in Anspruch genommen

in den Jahren — Finanzamt / Steuernummer

☐ Für das begünstigte Objekt wurde für ein Kalenderjahr nach 1994 keine Steuerbegünstigung nach §§ 10 e, 10 h EStG (insbesondere für Aufwendungen vor Bezug der Wohnung) in Anspruch genommen.

Unterschrift

Ich versichere, daß ich die Angaben wahrheitsgemäß nach bestem Wissen und Gewissen gemacht habe.

Ich werde dem Finanzamt unverzüglich Änderungen der Verhältnisse mitteilen, die zu einer Minderung oder dem Wegfall der Eigenheimzulage führen, insbesondere wenn in einem Jahr des Förderzeitraums

- die Eigennutzung oder die unentgeltliche Nutzungsüberlassung endet, weil die Wohnung z.B. vermietet, veräußert oder verschenkt wird;
- für ein Kind, für das die Kinderzulage gewährt wird, das Kindergeld / der Kinderfreibetrag wegfällt.

Bei der Anfertigung dieses Antrags hat mitgewirkt:

Mir ist **bekannt,** daß die von mir in diesem Antrag angegebenen Tatsachen sowie die Tatsachen, die ich unverzüglich anzuzeigen habe, **subventionserhebliche Tatsachen** im Sinne des § 264 des Strafgesetzbuches sind.

Datum, Unterschrift(en), der Antrag ist eigenhändig, bei gemeinschaftlichem Eigentum von Ehegatten von beiden zu unterschreiben

– 4 –

– Nur vom Finanzamt auszufüllen –

99	12						
99	30						
99	31						

Verfügung

1. Die aufgeführten Daten sind mit Hilfe des geprüften und genehmigten Programms sowie unter Berücksichtigung der ggf. gespeicherten Daten maschinell zu verarbeiten. In Höhe des maschinell ermittelten Ergebnisses wird die Eigenheimzulage festgesetzt. Das Ergebnis ist bekanntzugeben.

Erledigt (Namenszeichen, Datum)

2. ☐ Grunddaten prüfen
3. ☐ Belege zurückgeben
4. ☐ Neufestsetzung/Änderung/Berichtigung vermerken
5. Von der Erklärung wurde abgewichen
   ☐ nein ☐ ja

   Anspruchsberechtigte(r) wurde(n) vorher gehört
   ☐ ja ☐ nein

   Die Abweichung wurde im Bescheid erläutert
   ☐ ja ☐ nein
6. Zur Datenerfassung/Bearbeitereingabe
7. ☐ KM fertigen
8. ☐ Bescheid ergänzen (Anlage beifügen)
9.
10. Z. d. A.

Erfaßt

Kontrollzahl

Sachgebietsleiter/in Datum Bearbeiter/in

Der Antrag auf Eigenheimzulage ist nach amtlichem Vordruck zu stellen und eigenhändig zu unterschreiben.

Der Anspruchsberechtigte ist verpflichtet, dem zuständigen Finanzamt unverzüglich eine Änderung der Verhältnisse mitzuteilen, die zu einer Minderung oder dem Wegfall der Eigenheimzulage führen.

Für das Jahr der Bekanntgabe des Bescheids und die vorangegangenen Jahre ist die Eigenheimzulage innerhalb eines Monats nach Bekanntgabe des Bescheids, für jedes weitere Jahr des Förderzeitraums am 15. März auszuzahlen. Ergibt sich auf Grund der Neufestsetzung eine Erhöhung der Eigenheimzulage, ist der Unterschiedsbetrag innerhalb eines Monats nach Bekanntgabe des Bescheids auszuzahlen. Ist die Eigenheimzulage für beide Ehegatten zusammen festgesetzt worden, wirkt die Auszahlung der Eigenheimzulage an einen Ehegatten auch für und gegen den anderen Ehegatten; dies gilt auch, wenn die Eigenheimzulage nach der Auszahlung neu festgesetzt wird.

Ergibt sich auf Grund der Neufestsetzung eine Minderung der Eigenheimzulage oder wird die Festsetzung aufgehoben, sind überzahlte Beträge innerhalb eines Monats nach Bekanntgabe des Bescheids zurückzuzahlen.

Der Anspruchsberechtigte kann die Eigenheimzulage einmal für die Anschaffung von Geschäftsanteilen in Höhe von mindestens 10000 Deutsche Mark an einer nach dem 1. Januar 1995 in das Genossenschaftsregister eingetragenen Genossenschaft (Genossenschaftsanteile) in Anspruch nehmen. Voraussetzung ist, daß die Satzung der Genossenschaft unwiderruflich den Genossenschaftsmitgliedern, die Förderung erhalten, das vererbliche Recht auf Erwerb des Eigentums an der von ihnen zu Wohnzwecken genutzten Wohnung für den Fall einräumt, daß die Mehrheit der in einem Objekt wohnenden Genossenschaftsmitglieder der Begründung von Wohnungseigentum und Veräußerung der Wohnungen schriftlich zugestimmt hat. Bemessungsgrundlage ist die geleistete Einlage. Der Fördergrundbetrag beträgt jährlich 3 vom Hundert der Bemessungsgrundlage, höchstens 2400 Deutsche Mark für jedes Jahr, in dem der Anspruchsberechtigte die Genossenschaftsanteile inne hat. Die Kinderzulage beträgt jährlich 500 Deutsche Mark. Die Summe der Fördergrundbeträge und der Kinderzulagen

	Neubau	Altbauerwerb	Ausbau/ Erweiterung	Mitgliedschaft an Genossenschaften
I. Fördergrundbetrag				
a) Bemessungsgrundlage	HK* und AK* der Wohnung einschl. dazugehörenden Grund und Bodens	HK* und AK* der Wohnung einschl. dazugehörenden Grund und Bodens	HK* des Ausbaus/der Erweiterung ohne Altbausubstanz und AK* des Grund und Bodens	Auf Geschäftsanteil geleistete Einlage
b) jährlicher Fördersatz	5 v. H.	2,5 v. H.	– Herstellungsbeginn bis 31. 12. 1996: 5 v. H. – danach: 2,5 v. H.	3 v. H.
c) jährlicher Höchstbetrag	5000 DM	2500 DM	– Herstellungsbeginn bis 31. 12. 1996: 5000 DM – danach: 2500 DM	2400 DM
II. Kinderzulage je Jahr und Kind	1500 DM	1500 DM	1500 DM	500 DM
III. Gesamtkappung von Fördergrundbetrag (I) und Kinderzulage (II)	100 v. H. der Bemessungsgrundlage für den Fördergrundbetrag (s. o. I, a)	100 v. H. der Bemessungsgrundlage für den Fördergrundbetrag (s. o. I, a)	– Herstellungsbeginn bis 31. 12. 1996: 100 v. H. der Bemessungsgrundlage für den Fördergrundbetrag (s. o. I, a) – danach: 50 v. H. der Bemessungsgrundlage für den Fördergrundbetrag (s. o. I, a)	100 v. H. der Bemessungsgrundlage für den Fördergrundbetrag (s. o. I, a)
IV. Ökokomponenten				
a) energiesparende Anlagen	möglich bis 2 v. H. der Aufwendungen, höchstens jedoch 500 DM je Jahr	möglich bis 2 v. H. der Aufwendungen, höchstens jedoch 500 DM je Jahr, nicht jedoch, wenn Aufwendungen Teil der Anschaffungskosten	ausgeschlossen	ausgeschlossen
c) Niedrigenergiehaus	400 DM je Jahr, aufwandsunabhängig; nicht jedoch bei Anschaffung nach Ablauf des Jahrs der Fertigstellung (strenger Neubaubegriff)	ausgeschlossen	ausgeschlossen	ausgeschlossen

* HK = Herstellungskosten, AK = Anschaffungskosten

[1] Der Genosse muß nicht im Jahr der Förderung, aber spätestens im letzten Jahr des Förderzeitraums eine Genossenschaftswohnung selbst nutzen. Wer vor dem 15. 2. 1998 einer bis dahin gegründeten Genossenschaft beigetreten ist, bekommt die Zulage auch dann, wenn keine Selbstnutzung vorliegt.

darf die Bemessungsgrundlage nicht überschreiten. Der Anspruch auf Eigenheimzulage entsteht mit dem Jahr der Anschaffung der Genossenschaftsanteile. Der Genosse muß nicht im Jahr der

Förderung, aber spätestens im letzten Jahr des Förderzeitraums eine Genossenschaftswohnung selbst nutzen. Wer vor dem 15. 2. 1998 einer bis dahin gegründeten Genossenschaft beigetreten ist, bekommt die Zulage auch dann, wenn keine Selbstnutzung vorliegt.

Das Gesetz kann auf Antrag des Anspruchsberechtigten auch angewandt werden, wenn der Anspruchsberechtigte

1. die Wohnung als Mieter auf Grund einer Veräußerungspflicht des Wohnungsunternehmens nach § 5 des Altschuldenhilfe-Gesetzes anschafft und der Zeitpunkt des zugrundeliegenden rechtswirksam abgeschlossenen obligatorischen Vertrags oder gleichstehenden Rechtsakts nach dem 28. Juni 1995 liegt oder
2. im Fall der Herstellung nach dem 26. Oktober 1995 mit der Herstellung des Objekts begonnen oder im Fall der Anschaffung die Wohnung nach dem 26. Oktober 1995 auf Grund eines nach diesem Zeitpunkt rechtswirksam abgeschlossenen obligatorischen Vertrags oder gleichstehenden Rechtsakts angeschafft hat.

Als Beginn der Herstellung gilt bei Objekten, für die eine Baugenehmigung erforderlich ist, der Zeitpunkt, in dem der Bauantrag gestellt wird; bei baugenehmigungsfreien Objekten, für die Bauunterlagen einzureichen sind, der Zeitpunkt, in dem die Bauunterlagen eingereicht werden.

Die Eigenheimzulage gehört nicht zu den Einkünften im Sinne des Einkommensteuergesetzes. Sie mindert nicht die steuerlichen Herstellungs- und Anschaffungskosten.

Für den Anspruchsberechtigten ergibt sich der Vorteil einer frühzeitigen Zahlung der Zulage. Die Zeitpunkte der Abgabe der Einkommensteuererklärung und des -bescheids sind ohne Einfluß.

b) Vorkostenabzug bei einer nach dem Eigenheimzulagengesetz begünstigten Wohnung

Die Fassung des § 10i EStG sieht vor:

Der Steuerpflichtige kann nachstehende Vorkosten wie Sonderausgaben abziehen:

1. eine Pauschale von 3500 Deutsche Mark im Jahr der Fertigstellung oder Anschaffung, wenn er für die Wohnung im Jahr

der Herstellung oder Anschaffung oder in einem der zwei folgenden Jahre eine Eigenheimzulage nach dem Eigenheimzulagengesetz in Anspruch nimmt, und

2. Erhaltungsaufwendungen bis zu 22500 Deutsche Mark, die
   a) bis zum Beginn der erstmaligen Nutzung einer Wohnung zu eigenen Wohnzwecken entstanden sind oder
   b) bis zum Ablauf des auf das Jahr der Anschaffung folgenden Kalenderjahres entstanden sind, wenn der Steuerpflichtige eine von ihm bisher als Mieter genutzte Wohnung anschafft.

Die Erhaltungsaufwendungen nach Nummer 2 müssen unmittelbar mit der Herstellung oder Anschaffung des Gebäudes oder der Eigentumswohnung zusammenhängen, dürfen nicht zu den Herstellungskosten oder Anschaffungskosten der Wohnung oder zu den Anschaffungskosten des Grund und Bodens gehören und müßten im Fall der Vermietung und Verpachtung der Wohnung als Werbungskosten abgezogen werden können. Wird eine Wohnung bis zum Beginn der erstmaligen Selbstnutzung zu eigenen Wohnzwecken vermietet oder zu eigenen beruflichen oder eigenen betrieblichen Zwecken genutzt und sind die Erhaltungsaufwendungen Werbungskosten oder Betriebsausgaben, können sie nicht wie Sonderausgaben abgezogen werden. Bei einem Anteil an der zu eigenen Wohnzwecken genutzten Wohnung kann der Steuerpflichtige den entsprechenden Teil der Abzugsbeträge nach Satz 1 wie Sonderausgaben abziehen. Die vorstehenden Sätze gelten entsprechend bei Ausbauten und Erweiterungen an einer zu eigenen Wohnzwecken genutzten Wohnung.

Sind mehrere Steuerpflichtige Eigentümer einer zu eigenen Wohnzwecken genutzten Wohnung, können die Aufwendungen nach Absatz 1 gesondert und einheitlich festgestellt werden. Die für die gesonderte Feststellung von Einkünften nach § 180 Abs. 1 Nr. 2 Buchstabe a der Abgabenordnung geltenden Vorschriften sind entsprechend anzuwenden.

§ 10i ist erstmals anzuwenden, wenn der Steuerpflichtige im Fall der Herstellung nach dem 31. Dezember 1995 mit der Herstellung des Objekts begonnen hat oder im Fall der Anschaffung das Objekt nach dem 31. Dezember 1995 auf Grund eines nach diesem Zeitpunkt rechtswirksam abgeschlossenen obligatorischen Vertrags oder gleichstehenden Rechtsakts angeschafft hat. Als Beginn der Herstellung gilt bei Objekten, für die eine Baugenehmigung erforderlich ist, der Zeitpunkt, in dem der Bauantrag gestellt wird; bei baugenehmigungsfreien Objekten, für die Bauunterlagen einzureichen sind, der Zeitpunkt, in dem die Bauunterlagen eingereicht werden.

Mit dieser Regelung wird der Anreiz Darlehen mit Disagioabzug aufzunehmen erheblich eingeschränkt.

Mit dem Steuerentlastungsgesetz 1999/2000/2002 ist § 10i EStG letztmals anzuwenden, wenn der Steuerpflichtige vor dem 1. 1. 1999 mit der Herstellung des Objekts begonnen hat. Für den Fall der Anschaffung ist entscheidend, daß der obligatorische Vertrag oder ein gleichstehender Rechtsakt vor dem 1. 1. 1999 rechtswirksam abgeschlossen wurde.

6. Eintragung eines Freibetrages auf der Lohnsteuerkarte

Die bereits für das Jahr 1993 bestehende Verwaltungsregelung wurde mit Wirkung ab 1994 gesetzlich durch das StMBG verankert: Die negative Summe der Einkünfte kann als Freibetrag auf der Lohnsteuerkarte eingetragen werden. Eine Besonderheit gilt dabei jedoch für Kapitaleinkünfte:

Da Einnahmen aus Kapitalvermögen grundsätzlich dem Zinsabschlag unterliegen, sollen positive Kapitalerträge die Eintragung einer negativen Summe der übrigen Einkünfte nicht beeinträchtigen. Negative Einkünfte aus Kapitalvermögen können dagegen in die Freibetragseintragung einbezogen werden (§ 39a Abs. 1 Nr. 5 EStG).

In § 39a Abs. 1 Nr. 5 EStG wird bestimmt, daß ein Freibetrag in Höhe der Beträge, wie sie nach § 37 Abs. 3 EStG bei der Festsetzung von Einkommensteuer-Vorauszahlungen zu berücksichtigen sind, eingetragen werden kann (§ 10 Abs. 2, §§ 10e, 10f, 10g, 10h, 10i, 52 Abs. 21 Satz 4–7 EStG, nach § 15b des Berlinförderungsgesetzes oder § 7 des Fördergebietsgesetzes).

Bei Anwendung der §§ 14a, Abs. 6 und 14d, Abs. 3 BerlinFG sind hingegen bereits erhöhte Absetzungen auf Teilherstellungskosten oder Anzahlungen auf Anschaffungskosten zulässig. Dies gilt auch für Fälle des § 4 Abs. 2 des Fördergebietsgesetzes (Muster S. 130).

7. Nach dem Ende der Selbstnutzung: Welche Absetzungen für Abnutzungen können geltend gemacht werden?

Selbstgenutzte oder unentgeltlich überlassene Wohnungen werden relativ häufig während ihrer Nutzungsdauer anders als bisher genutzt. Mit einer anschließenden Vermietung oder beruflichen bzw. betrieblichen Nutzung werden Einkünfte aus Vermietung (§ 21 EStG) erzielt. Welcher Ansatz von (AfA) ist in solchen Fällen möglich?

a) Abschreibungssumme

Die ursprünglichen Herstellungs- bzw. Anschaffungskosten bleiben für die weiteren AfA als Bemessungsgrundlage maßgebend (R 45 Abs. 9 EStR 1998). In diesen Fällen des Übergangs zur Einkunftserzielung sind die Beträge von der Bemessungsgrundlage abzuziehen, die bei entsprechender Anwendung des § 7 Abs. 4 oder 5 EStG (lineare Absetzung) auf den Zeitraum vor dem Übergang entfallen.

b) Abschreibungsdauer, Abschreibungsmethode

Die ursprünglich angewandte Abschreibungsmethode ist ab dem Zeitpunkt der Nutzungsänderung wieder anzuwenden, und die Afa grundsätzlich danach zu bemessen. War das Objekt bisher selbstgenutzt und sind vom Steuerpflichtigen bisher keine AfA geltend gemacht worden, so sind die Abschreibungen für Abnutzungen ab dem Zeitpunkt der Nutzungsänderung nach § 7 Abs. 4 oder Abs. 5 EStG und der tatsächlichen gesamten Nutzungsdauer des Gebäudes zu bemessen.

Diese Regelung der Finanzverwaltung führt dazu, daß Abzugsbeträge nach § 10e EStG und nach § 52 Abs. 21 Satz 4 oder 6 wie Sonderausgaben abgezogene erhöhte Abschreibungen nicht anzurechnen sind. Im Ergebnis können die darauf entfallenden Teile der Herstellungs- oder Anschaffungskosten steuerlich doppelt wirksam werden. Wegen der vielfältigen in der Praxis vorkommenden Gestaltungsmöglichkeiten, empfiehlt es sich, die Abschnitte R 42 bis R 45 EStR zu studieren und ggfs. einen Steuerberater hinzuzuziehen.

8. Der Grundzusammenhang zwischen Fremdfinanzierung und Abschreibung

Nimmt man fremde Mittel auf, so erhöht sich die Summe der Mittel, die man investieren kann. Dieser ausgeweitete Rahmen dehnt auch den Werteverzehr aus. Gleichzeitig vervielfältigen sich die Abschreibungssumme und der jährliche Abschreibungsbetrag. Das Steuerrecht bezieht die Abschreibungssätze gewöhnlich auf die maßgeblichen Herstellungs- oder Anschaffungskosten.

Beispiel:

Abschreibungsfähige Kosten: 400 000,– DM

	%	10	20	30
Eigenkapital	DM	40 000,–	80 000,–	120 000,–
Jährliche Abschrei-	5,0%	20 000,–	20 000,–	20 000,–
bungsbeträge in DM	3,5%	14 000,–	14 000,–	14 000,–
bei Sätzen von	2,5%	10 000,–	10 000,–	10 000,–

Ablesen läßt sich an diesem Beispiel, daß bei Herstellungs- oder Anschaffungskosten von 400 000,– DM, wenn man einen Abschreibungssatz von 5% anwendet, jeweils 20 000,– DM jährliche AfA entstehen. Multipliziert man diesen Betrag nun mit den 8 Jahren, in denen er angesetzt werden kann, so ergeben sich 8 × 20 000,– DM = 160 000,– DM.

Die Fremdfinanzierung wirkt über das vergrößerte Investitionsvolumen auf diese Summe ein.

Setzt man die Abschreibungssumme von 400.000,– DM zum Eigenkapital ins Verhältnis, so zeigt sich die Verknüpfung:

DM 400 000,– sind das 10fache	von	DM 40 000,–
DM 400 000,– sind das 5fache	von	DM 80 000,–
DM 400 000,– sind das 3,33fache	von	DM 120 000,–.

Name und Vorname

Anschrift

Steuernummer

Anlage LSt 3 D **1999**

zum Antrag auf Lohnsteuer-Ermäßigung

Förderung des Wohneigentums / Eintragung von Verlusten

Zeile

Angaben zum Gebäude / zur Eigentumswohnung

1 Lage der Wohnung (Ort, Straße, Hausnummer)

2 Eigentumsanteil des Antragstellers und/oder des Ehegatten: %

3 Einfamilienhaus Eigentumswohng. | Anderes Haus mit | Wohnungen | davon eigengenutzt: Anzahl | Ausbau/Erweiterung einer eigengenutzten Wohnung | Bau einer unentgeltl. überl. Wohnung im eigenen Haus | Ferien- oder Wochenendhaus

4 Kaufvertrag vom | Bauantrag gestellt am | Baubeginn am | Angeschafft am | Fertiggestellt am | Eigengenutzt / unentgeltlich überlassen ab | Für das Objekt wurde ein Antrag auf Eigenheimzulage gestellt.

5 Nutzfläche des Hauses m² | Fläche der Wohnung / Erweiterung / des Anbaus m² | davon eigenbetrieblich/beruflich genutzt oder vermietet m² | Der Abzugsbetrag wird für ein Folgeobjekt beansprucht.*) | Anschaffung/Herstellung erfolgte anläßlich Verlegung des Wohnsitzes in das Beitrittsgebiet.

Steuerbegünstigung nach § 10 e EStG / § 15 b BerlinFG bei Kaufvertrag/Bauantrag/Herstellungsbeginn vor dem 1. 1. 1996

Zeile		Grund und Boden insgesamt DM	Grund und Boden davon 50% DM	Gebäude DM		Nur vom Finanzamt auszufüllen
6–7		1	2	3		
8	Anschaffungs-/Herstellungskosten (einschl. nachträglicher Aufwendungen der Vorjahre)				Eine Zusammenstellung der Aufwendungen ist beigefügt. / hat vorgelegen.	
9	Nachträgliche Anschaffungs-/Herstellungskosten im Antragsjahr *)		+	+	DM	
10	Summe			+	▸	
11	Auf die eigengenutzte Wohnung entfallen				% =	
12	Von Zeile 11 entfallen auf eigenbetrieblich/beruflich genutzte oder vermietete Räume	Art der Nutzung			% = –	
13	Bemessungsgrundlage (höchstens 330 000 DM, bei Kaufvertrag nach dem 31. 12. 1993 einer mehr als 2 Kj. vor der Anschaffung fertiggestellten Wohnung: 150 000 DM; bei § 15 b BerlinFG 300 000 DM)					
14	Abzugsbetrag nach § 10 e EStG Kaufvertrag/Bauantrag/Herstellungsbeginn nach dem 30. 9. 91 6 % (1. bis 4. Jahr) 5 %		nach § 15 b BerlinFG		% =	
15	Nachholung von Abzugsbeträgen Beträge lt. Zeile 9 Spalten 2 und 3 ggf. gekürzt entsprechend den Zeilen 11 bis 13		DM	davon	% = +	
16	die bis zum Vorjahr nicht in Anspruch genommen wurden (nur bei Kaufvertrag / Bauantrag / Herstellungsbeginn nach dem 30. 9. 1991)				+	
17	abzuziehen (Summe der Zeilen 14 bis 16, nach Zeile 40 übertragen)					
18						

Vorkostenabzug bei einer nach dem Eigenheimzulagengesetz begünstigten Wohnung

Zeile				
19	Nur im Jahr der Anschaffung/Fertigstellung:			
20	Vorkostenpauschale – bei Alleineigentum 3 500 DM – (§ 10 i EStG)			
21	Geleistete Erhaltungsaufwendungen im Kalenderjahr *) – bei Alleineigentum höchstens 22 500 DM – (§ 10 i EStG)	+	▸	
22				

Abzug wie Sonderausgaben in anderen Fällen

Zeile				
23				
24	Erhöhte Absetzungen nach § 14 a BerlinFG für selbstgenutzte Wohnungen	DM		
25	§ 7 Fördergebietsgesetz *)	+		
26	§ 10 f EStG *), §§ 82 g, 82 i EStDV / § 82 a EStDV	+		
27	**Herstellungskosten** für unentgeltlich überlassene Wohnung im eigenen Haus (§ 10 h EStG) *) DM davon % =	+	▸	

*) Bitte Aufstellung/Erläuterung auf besonderem Blatt beifügen.

Bitte reichen Sie dem Finanzamt die ersten zwei Ausfertigungen dieser Anlage ein.

– Ausfertigung für den Antragsteller –

Anlage LSt 3 D (99) Förderung des Wohneigentums/Verlusteintrag – Aug. 98 (185000-9.98 - 15/2735/99)

Zeile	**Einkünfte aus Vermietung und Verpachtung**	DM	
	(Verluste nur abziehbar, wenn das einzelne Objekt spätestens im Kalenderjahr 1998 angeschafft/fertiggestellt/genutzt wurde oder wenn erhöhte Absetzungen nach **§§ 14 a, 14 d BerlinFG** oder Sonderabschreibungen nach **§ 4 Fördergebietsgesetz** geltend gemacht werden)		
30			
31	Mieteinnahmen		
32	Erhöhte Absetzungen nach § 14 a BerlinFG, soweit nicht in Zeile 24 berücksichtigt	–	
33	Baumaßnahmen nach ☐ § 7 c EStG ☐ § 7 h EStG ☐ § 7 i EStG ☐ § 7 k EStG/ § 14 d BerlinFG	–	
34	☐ Sonderabschreibungen nach § 4 Fördergebietsgesetz *) ☐ Degressive Absetzung für Abnutzung nach § 7 Abs. 5 EStG *)	–	
35	Absetzungen nach § 7 Abs. 4 EStG ... DM + Schuldzinsen ... DM + weitere Werbungskosten; ggf. Pauschbetrag ... DM ▶	–	
36	Überschuß – der Einnahmen – der Werbungskosten – (Zeile 31 abzüglich Zeilen 32 bis 35)		
37	Einkünfte aus Vermietung und Verpachtung weiterer Objekte *)		
	Einkünfte aus anderen Einkunftsarten		
38	Summe dieser Einkünfte (Einkünfte aus Kapitalvermögen nur wenn negativ) *)		
39	Zwischensumme (Zeilen 36 bis 38, bei positiver Summe „0" eintragen)	–	
	Wohneigentumsförderung		
40	Abzugsbeträge — aus Zeile 17 ... DM + aus Zeile 21 ... DM + aus Zeile 27 ... DM ▶	–	
	Verlustabzug		
41	nach § 10 d Abs. 2 EStG *)	–	
	Antrag auf Steuerermäßigung für Kinder nach § 34 f EStG		
42	bei Inanspruchnahme des Abzugsbetrags nach § 10 e EStG oder § 15 b BerlinFG		
43	Bei Anschaffung/Fertigstellung der Wohnung nach dem 31. 12. 1990: — Im Abzugszeitraum gehörten auf Dauer zum Haushalt die Kinder lt. Antragsvordruck Abschn. B Nr. — Für jedes Kind 4000 DM ▶	–	
44	**Nur in Berlin (West):** Bei Anschaffung/Fertigstellung der Wohnung 1990: — Im Abzugszeitraum gehörten auf Dauer zum Haushalt die Kinder lt. Antragsvordruck Abschn. B Nr. — Für jedes Kind 3000 DM ▶	–	
45	Bei Anschaffung/Fertigstellung der Wohnung nach dem 31. 12. 1986 und vor dem 1.1.1990: — Im Abzugszeitraum gehörten auf Dauer zum Haushalt die Kinder lt. Antragsvordruck Abschn. B Nr. — Für jedes Kind 2400 DM ▶	–	
46	**Freibetrag wegen Förderung des Wohneigentums / Verlusten aus anderen Einkunftsarten**		

Bezieht man aber die Abschreibungsbeträge auf das eingesetzte Eigenkapital, so ergibt sich für 8 Jahre:

Abschreibungs-summe	= 400 000,– DM	Abschreibungs-betrag	in Prozenten des Eigenkapitals
10% Eigenkapital	= 40 000,– DM	160 000,– DM	= 400%
20% Eigenkapital	= 80 000,– DM	160 000,– DM	= 200%
30% Eigenkapital	= 120 000,– DM	160 000,– DM	= 133,3%

Diese mechanische Wirkung stellt sich allein durch die Aufnahme von Fremdmitteln ein. Es bedarf dazu keiner speziellen steuerlichen und vertraglichen Konstruktionen. Sichtbar wird auch, daß Finanzierungsentscheidungen von größerem Gewicht sein können, als die Wahl der Abschreibungsmethode. Man sieht deutlich, daß für Bauherren oder Käufer, die ein geringes Eigenkapital einsetzen, sich der Einfluß der Abschreibung wegen der hohen Fremdkapitalfinanzierung verstärkt. Der Vorteil der Steuerentlastung hängt in seinem Ausmaß von der Höhe des steuerpflichtigen Einkommens ab.

a) Was ist bei der Auswahl der Abschreibungsmethode zu beachten?

Wirksam werden Abschreibungen in steuerlicher Hinsicht nur, wenn ein steuerpflichtiges Einkommen vorhanden ist. Diese Grundvoraussetzung wird manchmal vergessen, wenn Eltern ihren Kindern beim Erwerb von Wohneigentum helfen. Darüber hinaus darf nicht übersehen werden, daß Abschreibungen nur bis zur vollen Absetzung der jeweiligen Anschaffungs- oder Herstellungskosten vorgenommen werden können. Sobald die Summe der insgesamt geltend gemachten Abschreibungen die Anschaffungs- oder Herstellungskosten erreicht, enden die Abschreibungsmöglichkeiten. Wichtig ist es daher, zu versuchen, die Abschreibungsbeträge zeitlich passend zur Einkommensentwicklung in Anspruch zu nehmen. Durch vorweggenommene höhere Abschreibungssätze wie z.B. bei der degressiven Abschreibung und der Sonderabschreibung nach Fördergebietsgesetz entsteht für den Steuerzahler ein Zinsgewinn.

Diese Erscheinung erklärt sich daraus, daß sich die Einkünfte um den Unterschiedsbetrag zwischen dem Normalabschreibungsbetrag und dem Betrag der erhöhten Absetzung vermindern. Die auf diesen Differenzbetrag entfallende Einkommensteuer wird zunächst erspart.[1] Der Steuerpflichtige muß sie nicht bezahlen und kann den Betrag zinsbringend anlegen.

In den späteren Jahren, wenn die vorweggenommenen Abschreibungen fehlen, entstehen dann entsprechend Mehrsteuern.

Man muß daher bei der Wahl der Abschreibungsmethode die persönlichen Einkommenserwartungen abschätzen. Nimmt man an, daß die Einkommen während der Lebensdauer des Objektes in der Proportionalzone des Einkommensteuertarifs liegen (von der indirekten Progression wegen der eingearbeiteten Freibeträge einmal abgesehen), so ist dieser Zinsgewinn dauerhaft. Bei Einkommensempfängern, deren Einkommen nach dem progressiven Teil des Tarifs besteuert werden, kann der Fall eintreten, daß die später zu entrichtende Mehrsteuer größer ist als der Zinsgewinn. Schwankende Einkommen und sich im Verlauf der Zeit ändernde Steuersätze machen eine Vorausschätzung besonders schwer.

Im allgemeinen verhält sich der Steuerzahler so, daß er nur die zeitnahen Steuerersparnisse berücksichtigt. In diesem Verhalten spiegelt sich auch die Möglichkeit des Verkaufs des Objektes nach Ablauf der günstigen (Abschreibungs-)Jahre und der mit einem teureren Neuerwerb verbundene Einkauf weiterer, höherer Abschreibungsbeträge.

Die starke nominelle Einkommenserhöhung der letzten Jahrzehnte läßt den Schluß zu, daß dem Staat über die ursprünglich beabsichtigten und hingenommenen Einkommensteuerausfälle hinaus, durch die Progressionswirkung nach verbrauchten Sonderabschreibungsbeträgen, erhebliche Mehrsteuern zugeflossen sein müssen und auch jetzt noch zufließen. Die fiskalische Bedeutung der Steuerverlagerung auf spätere Zeiträume wird häufig überschätzt. Auch für den Steuerpflichtigen selbst tritt mit Sonderabschreibungen nicht immer tatsächlich ein Steuervorteil ein. Für die Finanzierung von Haus und Wohnung auf diesem Sektor wirkt sich vornehmlich der Liquiditätszuwachs in den ersten Jahren nach Anschaffung oder Herstellung des Gebäudes aus.

---

[1] Vgl. dazu die auf S. 134 ff. abgedruckten Tabellen.

Gültig ab 1. 1. 2000 Einkommensteuer-Splitting-Tabelle

laufende Nummer	zu versteuerndes Einkommen in DM von	bis	tarifliche Einkommen-steuer in DM	laufende Nummer	zu versteuerndes Einkommen in DM von	bis	tarifliche Einkommen-steuer in DM
1	0	26 999		61	33 372	33 479	1 538
2	27 000	27 107	24	62	33 480	33 587	1 564
3	27 108	27 215	48	63	33 588	33 695	1 592
4	27 216	27 323	74	64	33 696	33 803	1 618
5	27 324	27 431	98	65	33 804	33 911	1 644
6	27 432	27 539	124	66	33 912	34 019	1 672
7	27 540	27 647	148	67	34 020	34 127	1 698
8	27 648	27 755	172	68	34 128	34 235	1 724
9	27 756	27 863	198	69	34 236	34 343	1 752
10	27 864	27 971	222	70	34 344	34 451	1 778
11	27 972	28 079	248	71	34 452	34 559	1 806
12	28 080	28 187	272	72	34 560	34 667	1 832
13	28 188	28 295	298	73	34 668	34 775	1 860
14	28 296	28 403	324	74	34 776	34 883	1 886
15	28 404	28 511	348	75	34 884	34 991	1 914
16	28 512	28 619	374	76	34 992	35 099	1 940
17	28 620	28 727	398	77	35 100	35 207	1 968
18	28 728	28 835	424	78	35 208	35 315	1 994
19	28 836	28 943	450	79	35 316	35 423	2 022
20	28 944	29 051	474	80	35 424	35 531	2 048
21	29 052	29 159	500	81	35 532	35 639	2 076
22	29 160	29 267	526	82	35 640	35 747	2 102
23	29 268	29 375	550	83	35 748	35 855	2 130
24	29 376	29 483	576	84	35 856	35 963	2 156
25	29 484	29 591	602	85	35 964	36 071	2 184
26	29 592	29 699	626	86	36 072	36 179	2 210
27	29 700	29 807	652	87	36 180	36 287	2 238
28	29 808	29 915	678	88	36 288	36 395	2 266
29	29 916	30 023	704	89	36 396	36 503	2 292
30	30 024	30 131	730	90	36 504	36 611	2 320
31	30 132	30 239	754	91	36 612	36 719	2 346
32	30 240	30 347	780	92	36 720	36 827	2 374
33	30 348	30 455	806	93	36 828	36 935	2 402
34	30 456	30 563	832	94	36 936	37 043	2 428
35	30 564	30 671	858	95	37 044	37 151	2 456
36	30 672	30 779	884	96	37 152	37 259	2 484
37	30 780	30 887	910	97	37 260	37 367	2 510
38	30 888	30 995	936	98	37 368	37 475	2 538
39	30 996	31 103	960	99	37 476	37 583	2 566
40	31 104	31 211	986	100	37 584	37 691	2 592
41	31 212	31 319	1 012	101	37 692	37 799	2 620
42	31 320	31 427	1 038	102	37 800	37 907	2 648
43	31 428	31 535	1 064	103	37 908	38 015	2 676
44	31 536	31 643	1 090	104	38 016	38 123	2 702
45	31 644	31 751	1 116	105	38 124	38 231	2 730
46	31 752	31 859	1 142	106	38 232	38 339	2 758
47	31 860	31 967	1 170	107	38 340	38 447	2 784
48	31 968	32 075	1 196	108	38 448	38 555	2 812
49	32 076	32 183	1 222	109	38 556	38 663	2 840
50	32 184	32 291	1 248	110	38 664	38 771	2 868
51	32 292	32 399	1 274	111	38 772	38 879	2 896
52	32 400	32 507	1 300	112	38 880	38 987	2 922
53	32 508	32 615	1 326	113	38 988	39 095	2 950
54	32 616	32 723	1 352	114	39 096	39 203	2 978
55	32 724	32 831	1 380	115	39 204	39 311	3 006
56	32 832	32 939	1 406	116	39 312	39 419	3 034
57	32 940	33 047	1 432	117	39 420	39 527	3 060
58	33 048	33 155	1 458	118	39 528	39 635	3 088
59	33 156	33 263	1 486	119	39 636	39 743	3 116
60	33 264	33 371	1 512	120	39 744	39 851	3 144

Gültig ab 1. 1. 2000 Einkommensteuer-Splitting-Tabelle

laufende Nummer	zu versteuerndes Einkommen in DM von	bis	tarifliche Einkommensteuer in DM	laufende Nummer	zu versteuerndes Einkommen in DM von	bis	tarifliche Einkommensteuer in DM
121	39852	39959	3172	181	46332	46439	4862
122	39960	40067	3200	182	46440	46547	4892
123	40068	40175	3226	183	46548	46655	4920
124	40176	40283	3254	184	46656	46763	4948
125	40284	40391	3282	185	46764	46871	4978
126	40392	40499	3310	186	46872	46979	5006
127	40500	40607	3338	187	46980	47087	5034
128	40608	40715	3366	188	47088	47195	5064
129	40716	40823	3394	189	47196	47303	5092
130	40824	40931	3422	190	47304	47411	5122
131	40932	41039	3450	191	47412	47519	5150
132	41040	41147	3478	192	47520	47627	5178
133	41148	41255	3506	193	47628	47735	5208
134	41256	41363	3534	194	47736	47843	5236
135	41364	41471	3562	195	47844	47951	5266
136	41472	41579	3590	196	47952	48059	5294
137	41580	41687	3616	197	48060	48167	5324
138	41688	41795	3644	198	48168	48275	5352
139	41796	41903	3672	199	48276	48383	5380
140	41904	42011	3700	200	48384	48491	5410
141	42012	42119	3728	201	48492	48599	5438
142	42120	42227	3758	202	48600	48707	5468
143	42228	42335	3786	203	48708	48815	5496
144	42336	42443	3814	204	48816	48923	5526
145	42444	42551	3842	205	48924	49031	5554
146	42552	42659	3870	206	49032	49139	5584
147	42660	42767	3898	207	49140	49247	5612
148	42768	42875	3926	208	49248	49355	5642
149	42876	42983	3954	209	49356	49463	5672
150	42984	43091	3982	210	49464	49571	5700
151	43092	43199	4010	211	49572	49679	5730
152	43200	43307	4038	212	49680	49787	5758
153	43308	43415	4066	213	49788	49895	5788
154	43416	43523	4094	214	49896	50003	5816
155	43524	43631	4122	215	50004	50111	5846
156	43632	43739	4152	216	50112	50219	5876
157	43740	43847	4180	217	50220	50327	5904
158	43848	43955	4208	218	50328	50435	5934
159	43956	44063	4236	219	50436	50543	5962
160	44064	44171	4264	220	50544	50651	5992
161	44172	44279	4292	221	50652	50759	6022
162	44280	44387	4322	222	50760	50867	6050
163	44388	44495	4350	223	50868	50975	6080
164	44496	44603	4378	224	50976	51083	6110
165	44604	44711	4406	225	51084	51191	6138
166	44712	44819	4434	226	51192	51299	6168
167	44820	44927	4464	227	51300	51407	6198
168	44928	45035	4492	228	51408	51515	6226
169	45036	45143	4520	229	51516	51623	6256
170	45144	45251	4548	230	51624	51731	6286
171	45252	45359	4576	231	51732	51839	6314
172	45360	45467	4606	232	51840	51947	6344
173	45468	45575	4634	233	51948	52055	6374
174	45576	45683	4662	234	52056	52163	6404
175	45684	45791	4690	235	52164	52271	6432
176	45792	45899	4720	236	52272	52379	6462
177	45900	46007	4748	237	52380	52487	6492
178	46008	46115	4776	238	52488	52595	6522
179	46116	46223	4806	239	52596	52703	6550
180	46224	46331	4834	240	52704	52811	6580

Gültig ab 1. 1. 2000 Einkommensteuer-Splitting-Tabelle

laufende Nummer	zu versteuerndes Einkommen in DM von	bis	tarifliche Einkommensteuer in DM
241	52812	52919	6610
242	52920	53027	6640
243	53028	53135	6670
244	53136	53243	6698
245	53244	53351	6728
246	53352	53459	6758
247	53460	53567	6788
248	53568	53675	6818
249	53676	53783	6848
250	53784	53891	6876
251	53892	53999	6906
252	54000	54107	6936
253	54108	54215	6966
254	54216	54323	6996
255	54324	54431	7026
256	54432	54539	7056
257	54540	54647	7086
258	54648	54755	7116
259	54756	54863	7146
260	54864	54971	7174
261	54972	55079	7204
262	55080	55187	7234
263	55188	55295	7264
264	55296	55403	7294
265	55404	55511	7324
266	55512	55619	7354
267	55620	55727	7384
268	55728	55835	7414
269	55836	55943	7444
270	55944	56051	7474
271	56052	56159	7504
272	56160	56267	7534
273	56268	56375	7564
274	56376	56483	7594
275	56484	56591	7624
276	56592	56699	7656
277	56700	56807	7686
278	56808	56915	7716
279	56916	57023	7746
280	57024	57131	7776
281	57132	57239	7806
282	57240	57347	7836
283	57348	57455	7866
284	57456	57563	7896
285	57564	57671	7926
286	57672	57779	7958
287	57780	57887	7988
288	57888	57995	8018
289	57996	58103	8048
290	58104	58211	8078
291	58212	58319	8108
292	58320	58427	8140
293	58428	58535	8170
294	58536	58643	8200
295	58644	58751	8230
296	58752	58859	8260
297	58860	58967	8292
298	58968	59075	8322
299	59076	59183	8352
300	59184	59291	8382

laufende Nummer	zu versteuerndes Einkommen in DM von	bis	tarifliche Einkommensteuer in DM
301	59292	59399	8414
302	59400	59507	8444
303	59508	59615	8474
304	59616	59723	8506
305	59724	59831	8536
306	59832	59939	8566
307	59940	60047	8596
308	60048	60155	8628
309	60156	60263	8658
310	60264	60371	8688
311	60372	60479	8720
312	60480	60587	8750
313	60588	60695	8780
314	60696	60803	8812
315	60804	60911	8842
316	60912	61019	8874
317	61020	61127	8904
318	61128	61235	8934
319	61236	61343	8966
320	61344	61451	8996
321	61452	61559	9028
322	61560	61667	9058
323	61668	61775	9088
324	61776	61883	9120
325	61884	61991	9150
326	61992	62099	9182
327	62100	62207	9212
328	62208	62315	9244
329	62316	62423	9274
330	62424	62531	9306
331	62532	62639	9336
332	62640	62747	9368
333	62748	62855	9398
334	62856	62963	9430
335	62964	63071	9460
336	63072	63179	9492
337	63180	63287	9522
338	63288	63395	9554
339	63396	63503	9584
340	63504	63611	9616
341	63612	63719	9646
342	63720	63827	9678
343	63828	63935	9710
344	63936	64043	9740
345	64044	64151	9772
346	64152	64259	9802
347	64260	64367	9834
348	64368	64475	9866
349	64476	64583	9896
350	64584	64691	9928
351	64692	64799	9960
352	64800	64907	9990
353	64908	65015	10022
354	65016	65123	10054
355	65124	65231	10084
356	65232	65339	10116
357	65340	65447	10148
358	65448	65555	10178
359	65556	65663	10210
360	65664	65771	10242

Gültig ab 1. 1. 2000 Einkommensteuer-Splitting-Tabelle

laufende Nummer	zu versteuerndes Einkommen in DM von	bis	tarifliche Einkommensteuer in DM	laufende Nummer	zu versteuerndes Einkommen in DM von	bis	tarifliche Einkommensteuer in DM
361	65772	65879	10272	421	72252	72359	12188
362	65880	65987	10304	422	72360	72467	12222
363	65988	66095	10336	423	72468	72575	12254
364	66096	66203	10368	424	72576	72683	12286
365	66204	66311	10398	425	72684	72791	12318
366	66312	66419	10430	426	72792	72899	12350
367	66420	66527	10462	427	72900	73007	12384
368	66528	66635	10494	428	73008	73115	12416
369	66636	66743	10526	429	73116	73223	12448
370	66744	66851	10556	430	73224	73331	12480
371	66852	66959	10588	431	73332	73439	12514
372	66960	67067	10620	432	73440	73547	12546
373	67068	67175	10652	433	73548	73655	12578
374	67176	67283	10684	434	73656	73763	12612
375	67284	67391	10714	435	73764	73871	12644
376	67392	67499	10746	436	73872	73979	12676
377	67500	67607	10778	437	73980	74087	12710
378	67608	67715	10810	438	74088	74195	12742
379	67716	67823	10842	439	74196	74303	12774
380	67824	67931	10874	440	74304	74411	12808
381	67932	68039	10906	441	74412	74519	12840
382	68040	68147	10938	442	74520	74627	12872
383	68148	68255	10968	443	74628	74735	12906
384	68256	68363	11000	444	74736	74843	12938
385	68364	68471	11032	445	74844	74951	12970
386	68472	68579	11064	446	74952	75059	13004
387	68580	68687	11096	447	75060	75167	13036
388	68688	68795	11128	448	75168	75275	13070
389	68796	68903	11160	449	75276	75383	13102
390	68904	69011	11192	450	75384	75491	13134
391	69012	69119	11224	451	75492	75599	13168
392	69120	69227	11256	452	75600	75707	13200
393	69228	69335	11288	453	75708	75815	13234
394	69336	69443	11320	454	75816	75923	13266
395	69444	69551	11352	455	75924	76031	13300
396	69552	69659	11384	456	76032	76139	13332
397	69660	69767	11416	457	76140	76247	13366
398	69768	69875	11448	458	76248	76355	13398
399	69876	69983	11480	459	76356	76463	13432
400	69984	70091	11512	460	76464	76571	13464
401	70092	70199	11544	461	76572	76679	13498
402	70200	70307	11576	462	76680	76787	13530
403	70308	70415	11608	463	76788	76895	13564
404	70416	70523	11640	464	76896	77003	13596
405	70524	70631	11672	465	77004	77111	13630
406	70632	70739	11704	466	77112	77219	13662
407	70740	70847	11736	467	77220	77327	13696
408	70848	70955	11700	468	77328	77435	13728
409	70956	71063	11802	469	77436	77543	13762
410	71064	71171	11834	470	77544	77651	13794
411	71172	71279	11866	471	77652	77759	13828
412	71280	71387	11898	472	77760	77867	13862
413	71388	71495	11930	473	77868	77975	13894
414	71496	71603	11962	474	77976	78083	13928
415	71604	71711	11994	475	78084	78191	13960
416	71712	71819	12026	476	78192	78299	13994
417	71820	71927	12060	477	78300	78407	14028
418	71928	72035	12092	478	78408	78515	14060
419	72036	72143	12124	479	78516	78623	14094
420	72144	72251	12156	480	78624	78731	14128

Gültig ab 1. 1. 2000 Einkommensteuer-Splitting-Tabelle

laufende Nummer	zu versteuerndes Einkommen in DM von	bis	tarifliche Einkommensteuer in DM	laufende Nummer	zu versteuerndes Einkommen in DM von	bis	tarifliche Einkommensteuer in DM
481	78 732	78 839	14 160	541	85 212	85 319	16 188
482	78 840	78 947	14 194	542	85 320	85 427	16 224
483	78 948	79 055	14 228	543	85 428	85 535	16 258
484	79 056	79 163	14 260	544	85 536	85 643	16 292
485	79 164	79 271	14 294	545	85 644	85 751	16 326
486	79 272	79 379	14 328	546	85 752	85 859	16 360
487	79 380	79 487	14 360	547	85 860	85 967	16 394
488	79 488	79 595	14 394	548	85 968	86 075	16 430
489	79 596	79 703	14 428	549	86 076	86 183	16 464
490	79 704	79 811	14 462	550	86 184	86 291	16 498
491	79 812	79 919	14 494	551	86 292	86 399	16 532
492	79 920	80 027	14 528	552	86 400	86 507	16 566
493	80 028	80 135	14 562	553	86 508	86 615	16 602
494	80 136	80 243	14 596	554	86 616	86 723	16 636
495	80 244	80 351	14 628	555	86 724	86 831	16 670
496	80 352	80 459	14 662	556	86 832	86 939	16 704
497	80 460	80 567	14 696	557	86 940	87 047	16 740
498	80 568	80 675	14 730	558	87 048	87 155	16 774
499	80 676	80 783	14 764	559	87 156	87 263	16 808
500	80 784	80 891	14 796	560	87 264	87 371	16 842
501	80 892	80 999	14 830	561	87 372	87 479	16 878
502	81 000	81 107	14 864	562	87 480	87 587	16 912
503	81 108	81 215	14 898	563	87 588	87 695	16 946
504	81 216	81 323	14 932	564	87 696	87 803	16 982
505	81 324	81 431	14 966	565	87 804	87 911	17 016
506	81 432	81 539	14 998	566	87 912	88 019	17 050
507	81 540	81 647	15 032	567	88 020	88 127	17 086
508	81 648	81 755	15 066	568	88 128	88 235	17 120
509	81 756	81 863	15 100	569	88 236	88 343	17 154
510	81 864	81 971	15 134	570	88 344	88 451	17 190
511	81 972	82 079	15 168	571	88 452	88 559	17 224
512	82 080	82 187	15 202	572	88 560	88 667	17 258
513	82 188	82 295	15 236	573	88 668	88 775	17 294
514	82 296	82 403	15 270	574	88 776	88 883	17 328
515	82 404	82 511	15 304	575	88 884	88 991	17 362
516	82 512	82 619	15 336	576	88 992	89 099	17 398
517	82 620	82 727	15 370	577	89 100	89 207	17 432
518	82 728	82 835	15 404	578	89 208	89 315	17 468
519	82 836	82 943	15 438	579	89 316	89 423	17 502
520	82 944	83 051	15 472	580	89 424	89 531	17 538
521	83 052	83 159	15 506	581	89 532	89 639	17 572
522	83 160	83 267	15 540	582	89 640	89 747	17 606
523	83 268	83 375	15 574	583	89 748	89 855	17 642
524	83 376	83 483	15 608	584	89 856	89 963	17 676
525	83 484	83 591	15 642	585	89 964	90 071	17 712
526	83 592	83 699	15 676	586	90 072	90 179	17 746
527	83 700	83 807	15 710	587	90 180	90 287	17 782
528	83 808	83 915	15 744	588	90 288	90 395	17 816
529	83 916	84 023	15 778	589	90 396	90 503	17 852
530	84 024	84 131	15 812	590	90 504	90 611	17 886
531	84 132	84 239	15 846	591	90 612	90 719	17 922
532	84 240	84 347	15 880	592	90 720	90 827	17 956
533	84 348	84 455	15 916	593	90 828	90 935	17 992
534	84 456	84 563	15 950	594	90 936	91 043	18 026
535	84 564	84 671	15 984	595	91 044	91 151	18 062
536	84 672	84 779	16 018	596	91 152	91 259	18 098
537	84 780	84 887	16 052	597	91 260	91 367	18 132
538	84 888	84 995	16 086	598	91 368	91 475	18 168
539	84 996	85 103	16 120	599	91 476	91 583	18 202
540	85 104	85 211	16 154	600	91 584	91 691	18 238

Gültig ab 1. 1. 2000 Einkommensteuer-Splitting-Tabelle

laufende Nummer	zu versteuerndes Einkommen in DM von	zu versteuerndes Einkommen in DM bis	tarifliche Einkommensteuer in DM	laufende Nummer	zu versteuerndes Einkommen in DM von	zu versteuerndes Einkommen in DM bis	tarifliche Einkommensteuer in DM
601	91692	91799	18272	661	98172	98279	20414
602	91800	91907	18308	662	98280	98387	20450
603	91908	92015	18344	663	98388	98495	20486
604	92016	92123	18378	664	98496	98603	20522
605	92124	92231	18414	665	98604	98711	20558
606	92232	92339	18450	666	98712	98819	20594
607	92340	92447	18484	667	98820	98927	20630
608	92448	92555	18520	668	98928	99035	20666
609	92556	92663	18556	669	99036	99143	20704
610	92664	92771	18590	670	99144	99251	20740
611	92772	92879	18626	671	99252	99359	20776
612	92880	92987	18662	672	99360	99467	20812
613	92988	93095	18696	673	99468	99575	20848
614	93096	93203	18732	674	99576	99683	20884
615	93204	93311	18768	675	99684	99791	20920
616	93312	93419	18802	676	99792	99899	20958
617	93420	93527	18838	677	99900	100007	20994
618	93528	93635	18874	678	100008	100115	21030
619	93636	93743	18910	679	100116	100223	21066
620	93744	93851	18944	680	100224	100331	21102
621	93852	93959	18980	681	100332	100439	21140
622	93960	94067	19016	682	100440	100547	21176
623	94068	94175	19052	683	100548	100655	21212
624	94176	94283	19086	684	100656	100763	21248
625	94284	94391	19122	685	100764	100871	21286
626	94392	94499	19158	686	100872	100979	21322
627	94500	94607	19194	687	100980	101087	21358
628	94608	94715	19230	688	101088	101195	21394
629	94716	94823	19264	689	101196	101303	21432
630	94824	94931	19300	690	101304	101411	21468
631	94932	95039	19336	691	101412	101519	21504
632	95040	95147	19372	692	101520	101627	21542
633	95148	95255	19408	693	101628	101735	21578
634	95256	95363	19444	694	101736	101843	21614
635	95364	95471	19478	695	101844	101951	21652
636	95472	95579	19514	696	101952	102059	21688
637	95580	95687	19550	697	102060	102167	21724
638	95688	95795	19586	698	102168	102275	21762
639	95796	95903	19622	699	102270	102383	21798
640	95904	96011	19658	700	102384	102491	21834
641	96012	96119	19694	701	102492	102599	21872
642	96120	96227	19730	702	102600	102707	21908
643	96228	96335	19766	703	102708	102815	21946
644	96336	96443	19802	704	102816	102923	21982
645	96444	96551	19838	705	102924	103031	22018
646	96552	96659	19874	706	103032	103139	22056
647	96660	96767	19908	707	103140	103247	22092
648	96768	96875	19944	708	103248	103355	22130
649	96876	96983	19980	709	103356	103463	22166
650	96984	97091	20016	710	103464	103571	22204
651	97092	97199	20052	711	103572	103679	22240
652	97200	97307	20088	712	103680	103787	22276
653	97308	97415	20124	713	103788	103895	22314
654	97416	97523	20160	714	103896	104003	22350
655	97524	97631	20196	715	104004	104111	22388
656	97632	97739	20232	716	104112	104219	22424
657	97740	97847	20268	717	104220	104327	22462
658	97848	97955	20306	718	104328	104435	22498
659	97956	98063	20342	719	104436	104543	22536
660	98064	98171	20378	720	104544	104651	22572

Gültig ab 1. 1. 2000 Einkommensteuer-Splitting-Tabelle

laufende Nummer	zu versteuerndes Einkommen in DM von	bis	tarifliche Einkommensteuer in DM
721	104 652	104 759	22 610
722	104 760	104 867	22 648
723	104 868	104 975	22 684
724	104 976	105 083	22 722
725	105 084	105 191	22 758
726	105 192	105 299	22 796
727	105 300	105 407	22 832
728	105 408	105 515	22 870
729	105 516	105 623	22 908
730	105 624	105 731	22 944
731	105 732	105 839	22 982
732	105 840	105 947	23 018
733	105 948	106 055	23 056
734	106 056	106 163	23 094
735	106 164	106 271	23 130
736	106 272	106 379	23 168
737	106 380	106 487	23 206
738	106 488	106 595	23 242
739	106 596	106 703	23 280
740	106 704	106 811	23 318
741	106 812	106 919	23 354
742	106 920	107 027	23 392
743	107 028	107 135	23 430
744	107 136	107 243	23 466
745	107 244	107 351	23 504
746	107 352	107 459	23 542
747	107 460	107 567	23 580
748	107 568	107 675	23 616
749	107 676	107 783	23 654
750	107 784	107 891	23 692
751	107 892	107 999	23 730
752	108 000	108 107	23 766
753	108 108	108 215	23 804
754	108 216	108 323	23 842
755	108 324	108 431	23 880
756	108 432	108 539	23 918
757	108 540	108 647	23 954
758	108 648	108 755	23 992
759	108 756	108 863	24 030
760	108 864	108 971	24 068
761	108 972	109 079	24 106
762	109 080	109 187	24 144
763	109 188	109 295	24 180
764	109 296	109 403	24 218
765	109 404	109 511	24 256
766	109 512	109 619	24 294
767	109 620	109 727	24 332
768	109 728	109 835	24 370
769	109 836	109 943	24 408
770	109 944	110 051	24 446
771	110 052	110 159	24 484
772	110 160	110 267	24 522
773	110 268	110 375	24 560
774	110 376	110 483	24 596
775	110 484	110 591	24 634
776	110 592	110 699	24 672
777	110 700	110 807	24 710
778	110 808	110 915	24 748
779	110 916	111 023	24 786
780	111 024	111 131	24 824
781	111 132	111 239	24 862
782	111 240	111 347	24 900
783	111 348	111 455	24 938
784	111 456	111 563	24 976
785	111 564	111 671	25 014
786	111 672	111 779	25 052
787	111 780	111 887	25 092
788	111 888	111 995	25 130
789	111 996	112 103	25 168
790	112 104	112 211	25 206
791	112 212	112 319	25 244
792	112 320	112 427	25 282
793	112 428	112 535	25 320
794	112 536	112 643	25 358
795	112 644	112 751	25 396
796	112 752	112 859	25 434
797	112 860	112 967	25 472
798	112 968	113 075	25 512
799	113 076	113 183	25 550
800	113 184	113 291	25 588
801	113 292	113 399	25 626
802	113 400	113 507	25 664
803	113 508	113 615	25 702
804	113 616	113 723	25 742
805	113 724	113 831	25 780
806	113 832	113 939	25 818
807	113 940	114 047	25 856
808	114 048	114 155	25 894
809	114 156	114 263	25 934
810	114 264	114 371	25 972
811	114 372	114 479	26 010
812	114 480	114 587	26 048
813	114 588	114 695	26 088
814	114 696	114 803	26 126
815	114 804	114 911	26 164
816	114 912	115 019	26 202
817	115 020	115 127	26 242
818	115 128	115 235	26 280
819	115 236	115 343	26 318
820	115 344	115 451	26 358
821	115 452	115 559	26 396
822	115 560	115 667	26 434
823	115 668	115 775	26 472
824	115 776	115 883	26 512
825	115 884	115 991	26 550
826	115 992	116 099	26 590
827	116 100	116 207	26 628
828	116 208	116 315	26 666
829	116 316	116 423	26 706
830	116 424	116 531	26 744
831	116 532	116 639	26 782
832	116 640	116 747	26 822
833	116 748	116 855	26 860
834	116 856	116 963	26 900
835	116 964	117 071	26 938
836	117 072	117 179	26 976
837	117 180	117 287	27 016
838	117 288	117 395	27 054
839	117 396	117 503	27 094
840	117 504	117 611	27 132

Gültig ab 1. 1. 2000 Einkommensteuer-Splitting-Tabelle

laufende Nummer	zu versteuerndes Einkommen in DM von	bis	tarifliche Einkommensteuer in DM
841	117 612	117 719	27 172
842	117 720	117 827	27 210
843	117 828	117 935	27 250
844	117 936	118 043	27 288
845	118 044	118 151	27 328
846	118 152	118 259	27 366
847	118 260	118 367	27 406
848	118 368	118 475	27 444
849	118 476	118 583	27 484
850	118 584	118 691	27 522
851	118 692	118 799	27 562
852	118 800	118 907	27 600
853	118 908	119 015	27 640
854	119 016	119 123	27 680
855	119 124	119 231	27 718
856	119 232	119 339	27 758
857	119 340	119 447	27 796
858	119 448	119 555	27 836
859	119 556	119 663	27 876
860	119 664	119 771	27 914
861	119 772	119 879	27 954
862	119 880	119 987	27 992
863	119 988	120 095	28 032
864	120 096	120 203	28 072
865	120 204	120 311	28 110
866	120 312	120 419	28 150
867	120 420	120 527	28 190
868	120 528	120 635	28 228
869	120 636	120 743	28 268
870	120 744	120 851	28 308
871	120 852	120 959	28 348
872	120 960	121 067	28 386
873	121 068	121 175	28 426
874	121 176	121 283	28 466
875	121 284	121 391	28 504
876	121 392	121 499	28 544
877	121 500	121 607	28 584
878	121 000	121 715	28 624
879	121 716	121 823	28 662
880	121 824	121 931	20 702
881	121 932	122 039	28 742
882	122 040	122 147	28 782
883	122 148	122 255	28 822
884	122 256	122 363	28 860
885	122 364	122 471	28 900
886	122 472	122 579	28 940
887	122 580	122 687	20 900
888	122 688	122 795	29 020
889	122 796	122 903	29 060
890	122 904	123 011	29 098
891	123 012	123 119	29 138
892	123 120	123 227	29 178
893	123 228	123 335	29 218
894	123 336	123 443	29 258
895	123 444	123 551	29 298
896	123 552	123 659	29 338
897	123 660	123 767	29 378
898	123 768	123 875	29 416
899	123 876	123 983	29 456
900	123 984	124 091	29 496

laufende Nummer	zu versteuerndes Einkommen in DM von	bis	tarifliche Einkommensteuer in DM
901	124 092	124 199	29 536
902	124 200	124 307	29 576
903	124 308	124 415	29 616
904	124 416	124 523	29 656
905	124 524	124 631	29 696
906	124 632	124 739	29 736
907	124 740	124 847	29 776
908	124 848	124 955	29 816
909	124 956	125 063	29 856
910	125 064	125 171	29 896
911	125 172	125 279	29 936
912	125 280	125 387	29 976
913	125 388	125 495	30 016
914	125 496	125 603	30 056
915	125 604	125 711	30 096
916	125 712	125 819	30 136
917	125 820	125 927	30 176
918	125 928	126 035	30 216
919	126 036	126 143	30 258
920	126 144	126 251	30 298
921	126 252	126 359	30 338
922	126 360	126 467	30 378
923	126 468	126 575	30 418
924	126 576	126 683	30 458
925	126 684	126 791	30 498
926	126 792	126 899	30 538
927	126 900	127 007	30 578
928	127 008	127 115	30 620
929	127 116	127 223	30 660
930	127 224	127 331	30 700
931	127 332	127 439	30 740
932	127 440	127 547	30 780
933	127 548	127 655	30 820
934	127 656	127 763	30 862
935	127 764	127 871	30 902
936	127 872	127 979	30 942
937	127 980	128 087	30 982
938	128 088	128 195	31 022
939	120 196	128 303	31 064
940	128 304	128 411	31 104
941	128 412	128 519	31 144
942	128 520	128 627	31 184
943	128 628	128 735	31 226
944	128 736	128 843	31 266
945	128 844	128 951	31 306
946	128 952	129 059	31 348
947	129 060	129 167	31 388
948	129 168	129 275	31 428
949	129 276	129 383	31 470
950	129 384	129 491	31 510
951	129 492	129 599	31 550
952	129 600	129 707	31 590
953	129 708	129 815	31 632
954	129 816	129 923	31 672
955	129 924	130 031	31 714
956	130 032	130 139	31 754
957	130 140	130 247	31 794
958	130 248	130 355	31 836
959	130 356	130 463	31 876
960	130 464	130 571	31 916

Gültig ab 1. 1. 2000 Einkommensteuer-Splitting-Tabelle

laufende Nummer	zu versteuerndes Einkommen in DM von	bis	tarifliche Einkommensteuer in DM
961	130 572	130 679	31 958
962	130 680	130 787	31 998
963	130 788	130 895	32 040
964	130 896	131 003	32 080
965	131 004	131 111	32 122
966	131 112	131 219	32 162
967	131 220	131 327	32 202
968	131 328	131 435	32 244
969	131 436	131 543	32 284
970	131 544	131 651	32 326
971	131 652	131 759	32 366
972	131 760	131 867	32 408
973	131 868	131 975	32 448
974	131 976	132 083	32 490
975	132 084	132 191	32 530
976	132 192	132 299	32 572
977	132 300	132 407	32 612
978	132 408	132 515	32 654
979	132 516	132 623	32 696
980	132 624	132 731	32 736
981	132 732	132 839	32 778
982	132 840	132 947	32 818
983	132 948	133 055	32 860
984	133 056	133 163	32 900
985	133 164	133 271	32 942
986	133 272	133 379	32 984
987	133 380	133 487	33 024
988	133 488	133 595	33 066
989	133 596	133 703	33 106
990	133 704	133 811	33 148
991	133 812	133 919	33 190
992	133 920	134 027	33 230
993	134 028	134 135	33 272
994	134 136	134 243	33 314
995	134 244	134 351	33 354
996	134 352	134 459	33 396
997	134 460	134 567	33 438
998	134 568	134 675	33 478
999	134 676	134 783	33 520
1 000	134 784	134 891	33 562
1 001	134 892	134 999	33 604
1 002	135 000	135 107	33 644
1 003	135 108	135 215	33 686
1 004	135 216	135 323	33 728
1 005	135 324	135 431	33 768
1 006	135 432	135 539	33 810
1 007	135 540	135 647	33 852
1 008	135 648	135 755	33 894
1 009	135 756	135 863	33 936
1 010	135 864	135 971	33 976
1 011	135 972	136 079	34 018
1 012	136 080	136 187	34 060
1 013	136 188	136 295	34 102
1 014	136 296	136 403	34 144
1 015	136 404	136 511	34 184
1 016	136 512	136 619	34 226
1 017	136 620	136 727	34 268
1 018	136 728	136 835	34 310
1 019	136 836	136 943	34 352
1 020	136 944	137 051	34 394
1 021	137 052	137 159	34 436
1 022	137 160	137 267	34 476
1 023	137 268	137 375	34 518
1 024	137 376	137 483	34 560
1 025	137 484	137 591	34 602
1 026	137 592	137 699	34 644
1 027	137 700	137 807	34 686
1 028	137 808	137 915	34 728
1 029	137 916	138 023	34 770
1 030	138 024	138 131	34 812
1 031	138 132	138 239	34 854
1 032	138 240	138 347	34 896
1 033	138 348	138 455	34 938
1 034	138 456	138 563	34 980
1 035	138 564	138 671	35 022
1 036	138 672	138 779	35 064
1 037	138 780	138 887	35 106
1 038	138 888	138 995	35 148
1 039	138 996	139 103	35 190
1 040	139 104	139 211	35 232
1 041	139 212	139 319	35 274
1 042	139 320	139 427	35 316
1 043	139 428	139 535	35 358
1 044	139 536	139 643	35 400
1 045	139 644	139 751	35 442
1 046	139 752	139 859	35 484
1 047	139 860	139 967	35 526
1 048	139 968	140 075	35 568
1 049	140 076	140 183	35 610
1 050	140 184	140 291	35 652
1 051	140 292	140 399	35 694
1 052	140 400	140 507	35 738
1 053	140 508	140 615	35 780
1 054	140 616	140 723	35 822
1 055	140 724	140 831	35 864
1 056	140 832	140 939	35 906
1 057	140 940	141 047	35 948
1 058	141 048	141 155	35 990
1 059	141 156	141 263	36 034
1 060	141 264	141 371	36 076
1 061	141 372	141 479	36 118
1 062	141 480	141 587	36 160
1 063	141 588	141 695	36 202
1 064	141 696	141 803	36 246
1 065	141 804	141 911	36 288
1 066	141 912	142 019	36 330
1 067	142 020	142 127	36 372
1 068	142 128	142 235	36 414
1 069	142 236	142 343	36 458
1 070	142 344	142 451	36 500
1 071	142 452	142 559	36 542
1 072	142 560	142 667	36 584
1 073	142 668	142 775	36 628
1 074	142 776	142 883	36 670
1 075	142 884	142 991	36 712
1 076	142 992	143 099	36 756
1 077	143 100	143 207	36 798
1 078	143 208	143 315	36 840
1 079	143 316	143 423	36 884
1 080	143 424	143 531	36 926

Gültig ab 1. 1. 2000 Einkommensteuer-Splitting-Tabelle

laufende Nummer	zu versteuerndes Einkommen in DM von	bis	tarifliche Einkommensteuer in DM	laufende Nummer	zu versteuerndes Einkommen in DM von	bis	tarifliche Einkommensteuer in DM
1 081	143 532	143 639	36 968	1 141	150 012	150 119	39 558
1 082	143 640	143 747	37 012	1 142	150 120	150 227	39 602
1 083	143 748	143 855	37 054	1 143	150 228	150 335	39 646
1 084	143 856	143 963	37 096	1 144	150 336	150 443	39 690
1 085	143 964	144 071	37 140	1 145	150 444	150 551	39 732
1 086	144 072	144 179	37 182	1 146	150 552	150 659	39 776
1 087	144 180	144 287	37 226	1 147	150 660	150 767	39 820
1 088	144 288	144 395	37 268	1 148	150 768	150 875	39 864
1 089	144 396	144 503	37 310	1 149	150 876	150 983	39 908
1 090	144 504	144 611	37 354	1 150	150 984	151 091	39 952
1 091	144 612	144 719	37 396	1 151	151 092	151 199	39 996
1 092	144 720	144 827	37 440	1 152	151 200	151 307	40 040
1 093	144 828	144 935	37 482	1 153	151 308	151 415	40 082
1 094	144 936	145 043	37 524	1 154	151 416	151 523	40 126
1 095	145 044	145 151	37 568	1 155	151 524	151 631	40 170
1 096	145 152	145 259	37 610	1 156	151 632	151 739	40 214
1 097	145 260	145 367	37 654	1 157	151 740	151 847	40 258
1 098	145 368	145 475	37 696	1 158	151 848	151 955	40 302
1 099	145 476	145 583	37 740	1 159	151 956	152 063	40 346
1 100	145 584	145 691	37 782	1 160	152 064	152 171	40 390
1 101	145 692	145 799	37 826	1 161	152 172	152 279	40 434
1 102	145 800	145 907	37 868	1 162	152 280	152 387	40 478
1 103	145 908	146 015	37 912	1 163	152 388	152 495	40 522
1 104	146 016	146 123	37 954	1 164	152 496	152 603	40 566
1 105	146 124	146 231	37 998	1 165	152 604	152 711	40 610
1 106	146 232	146 339	38 040	1 166	152 712	152 819	40 654
1 107	146 340	146 447	38 084	1 167	152 820	152 927	40 698
1 108	146 448	146 555	38 126	1 168	152 928	153 035	40 742
1 109	146 556	146 663	38 170	1 169	153 036	153 143	40 786
1 110	146 664	146 771	38 214	1 170	153 144	153 251	40 830
1 111	146 772	146 879	38 256	1 171	153 252	153 359	40 874
1 112	146 880	146 987	38 300	1 172	153 360	153 467	40 918
1 113	146 988	147 095	38 342	1 173	153 468	153 575	40 962
1 114	147 096	147 203	38 386	1 174	153 576	153 683	41 006
1 115	147 204	147 311	38 430	1 175	153 684	153 791	41 050
1 116	147 312	147 419	38 472	1 176	153 792	153 899	41 094
1 117	147 420	147 527	38 516	1 177	153 900	154 007	41 138
1 118	147 528	147 635	38 558	1 178	154 008	154 115	41 184
1 119	147 636	147 743	38 602	1 179	154 116	154 223	41 228
1 120	147 744	147 851	38 040	1 180	154 224	154 331	41 272
1 121	147 852	147 959	38 688	1 181	154 332	154 439	41 316
1 122	147 960	148 067	38 732	1 182	154 440	154 547	41 360
1 123	148 068	148 175	38 776	1 183	154 548	154 655	41 404
1 124	148 176	148 283	38 818	1 184	154 656	154 763	41 448
1 125	148 284	148 391	38 862	1 185	154 764	154 871	41 494
1 126	148 392	148 499	38 906	1 186	154 872	154 979	41 538
1 127	148 500	148 607	38 948	1 187	154 980	155 087	41 582
1 128	148 608	148 715	38 992	1 188	155 088	155 195	41 626
1 129	148 716	148 823	39 036	1 189	155 196	155 303	41 670
1 130	148 824	148 931	39 080	1 190	155 304	155 411	41 714
1 131	148 932	149 039	39 122	1 191	155 412	155 519	41 760
1 132	149 040	149 147	39 166	1 192	155 520	155 627	41 804
1 133	149 148	149 255	39 210	1 193	155 628	155 735	41 848
1 134	149 256	149 363	39 254	1 194	155 736	155 843	41 892
1 135	149 364	149 471	39 296	1 195	155 844	155 951	41 936
1 136	149 472	149 579	39 340	1 196	155 952	156 059	41 982
1 137	149 580	149 687	39 384	1 197	156 060	156 167	42 026
1 138	149 688	149 795	39 428	1 198	156 168	156 275	42 070
1 139	149 796	149 903	39 472	1 199	156 276	156 383	42 114
1 140	149 904	150 011	39 514	1 200	156 384	156 491	42 160

Gültig ab 1. 1. 2000 Einkommensteuer-Splitting-Tabelle

laufende Nummer	zu versteuerndes Einkommen in DM von	bis	tarifliche Einkommensteuer in DM
1 201	156 492	156 599	42 204
1 202	156 600	156 707	42 248
1 203	156 708	156 815	42 294
1 204	156 816	156 923	42 338
1 205	156 924	157 031	42 382
1 206	157 032	157 139	42 428
1 207	157 140	157 247	42 472
1 208	157 248	157 355	42 516
1 209	157 356	157 463	42 562
1 210	157 464	157 571	42 606
1 211	157 572	157 679	42 650
1 212	157 680	157 787	42 696
1 213	157 788	157 895	42 740
1 214	157 896	158 003	42 784
1 215	158 004	158 111	42 830
1 216	158 112	158 219	42 874
1 217	158 220	158 327	42 920
1 218	158 328	158 435	42 964
1 219	158 436	158 543	43 008
1 220	158 544	158 651	43 054
1 221	158 652	158 759	43 098
1 222	158 760	158 867	43 144
1 223	158 868	158 975	43 188
1 224	158 976	159 083	43 234
1 225	159 084	159 191	43 278
1 226	159 192	159 299	43 324
1 227	159 300	159 407	43 368
1 228	159 408	159 515	43 414
1 229	159 516	159 623	43 458
1 230	159 624	159 731	43 504
1 231	159 732	159 839	43 548
1 232	159 840	159 947	43 594
1 233	159 948	160 055	43 638
1 234	160 056	160 163	43 684
1 235	160 164	160 271	43 728
1 236	160 272	160 379	43 774
1 237	160 380	160 487	43 818
1 238	160 488	160 595	43 864
1 239	160 596	160 703	43 908
1 240	160 704	160 811	43 954
1 241	160 812	160 919	44 000
1 242	160 920	161 027	44 044
1 243	161 028	161 135	44 090
1 244	161 136	161 243	44 134
1 245	161 244	161 351	44 180
1 246	161 352	161 459	44 226
1 247	161 460	161 567	44 270
1 248	161 568	161 675	44 316
1 249	161 676	161 783	44 362
1 250	161 784	161 891	44 406
1 251	161 892	161 999	44 452
1 252	162 000	162 107	44 498
1 253	162 108	162 215	44 542
1 254	162 216	162 323	44 588
1 255	162 324	162 431	44 634
1 256	162 432	162 539	44 678
1 257	162 540	162 647	44 724
1 258	162 648	162 755	44 770
1 259	162 756	162 863	44 816
1 260	162 864	162 971	44 860
1 261	162 972	163 079	44 906
1 262	163 080	163 187	44 952
1 263	163 188	163 295	44 998
1 264	163 296	163 403	45 042
1 265	163 404	163 511	45 088
1 266	163 512	163 619	45 134
1 267	163 620	163 727	45 180
1 268	163 728	163 835	45 224
1 269	163 836	163 943	45 270
1 270	163 944	164 051	45 316
1 271	164 052	164 159	45 362
1 272	164 160	164 267	45 408
1 273	164 268	164 375	45 454
1 274	164 376	164 483	45 498
1 275	164 484	164 591	45 544
1 276	164 592	164 699	45 590
1 277	164 700	164 807	45 636
1 278	164 808	164 915	45 682
1 279	164 916	165 023	45 728
1 280	165 024	165 131	45 774
1 281	165 132	165 239	45 820
1 282	165 240	165 347	45 866
1 283	165 348	165 455	45 910
1 284	165 456	165 563	45 956
1 285	165 564	165 671	46 002
1 286	165 672	165 779	46 048
1 287	165 780	165 887	46 094
1 288	165 888	165 995	46 140
1 289	165 996	166 103	46 186
1 290	166 104	166 211	46 232
1 291	166 212	166 319	46 278
1 292	166 320	166 427	46 324
1 293	166 428	166 535	46 370
1 294	166 536	166 643	46 416
1 295	166 644	166 751	46 462
1 296	166 752	166 859	46 508
1 297	166 860	166 967	46 554
1 298	166 968	167 075	46 600
1 299	167 076	167 183	46 646
1 300	167 184	167 291	46 692
1 301	167 292	167 399	46 738
1 302	167 400	167 507	46 784
1 303	167 508	167 615	46 830
1 304	167 616	167 723	46 878
1 305	167 724	167 831	46 924
1 306	167 832	167 939	46 970
1 307	167 940	168 047	47 016
1 308	168 048	168 155	47 062
1 309	168 156	168 263	47 108
1 310	168 264	168 371	47 154
1 311	168 372	168 479	47 200
1 312	168 480	168 587	47 246
1 313	168 588	168 695	47 294
1 314	168 696	168 803	47 340
1 315	168 804	168 911	47 386
1 316	168 912	169 019	47 432
1 317	169 020	169 127	47 478
1 318	169 128	169 235	47 524
1 319	169 236	169 343	47 572
1 320	169 344	169 451	47 618

Gültig ab 1. 1. 2000 Einkommensteuer-Splitting-Tabelle

laufende Nummer	zu versteuerndes Einkommen in DM von	bis	tarifliche Einkommensteuer in DM
1321	169452	169559	47664
1322	169560	169667	47710
1323	169668	169775	47758
1324	169776	169883	47804
1325	169884	169991	47850
1326	169992	170099	47896
1327	170100	170207	47944
1328	170208	170315	47990
1329	170316	170423	48036
1330	170424	170531	48082
1331	170532	170639	48130
1332	170640	170747	48176
1333	170748	170855	48222
1334	170856	170963	48270
1335	170964	171071	48316
1336	171072	171179	48362
1337	171180	171287	48410
1338	171288	171395	48456
1339	171396	171503	48502
1340	171504	171611	48550
1341	171612	171719	48596
1342	171720	171827	48642
1343	171828	171935	48690
1344	171936	172043	48736
1345	172044	172151	48784
1346	172152	172259	48830
1347	172260	172367	48876
1348	172368	172475	48924
1349	172476	172583	48970
1350	172584	172691	49018
1351	172692	172799	49064
1352	172800	172907	49112
1353	172908	173015	49158
1354	173016	173123	49206
1355	173124	173231	49252
1356	173232	173339	49300
1357	173340	173447	49346
1358	173448	173555	49394
1359	173556	173663	49440
1360	173664	173771	49488
1361	173772	173879	49534
1362	173880	173987	49582
1363	173988	174095	49628
1364	174096	174203	49676
1365	174204	174311	49722
1366	174312	174419	49770
1367	174420	174527	49816
1368	174528	174635	49864
1369	174636	174743	49912
1370	174744	174851	49958
1371	174852	174959	50006
1372	174960	175067	50052
1373	175068	175175	50100
1374	175176	175283	50148
1375	175284	175391	50194
1376	175392	175499	50242
1377	175500	175607	50290
1378	175608	175715	50336
1379	175716	175823	50384
1380	175824	175931	50432
1381	175932	176039	50478
1382	176040	176147	50526
1383	176148	176255	50574
1384	176256	176363	50620
1385	176364	176471	50668
1386	176472	176579	50716
1387	176580	176687	50762
1388	176688	176795	50810
1389	176796	176903	50858
1390	176904	177011	50906
1391	177012	177119	50952
1392	177120	177227	51000
1393	177228	177335	51048
1394	177336	177443	51096
1395	177444	177551	51144
1396	177552	177659	51190
1397	177660	177767	51238
1398	177768	177875	51286
1399	177876	177983	51334
1400	177984	178091	51382
1401	178092	178199	51430
1402	178200	178307	51476
1403	178308	178415	51524
1404	178416	178523	51572
1405	178524	178631	51620
1406	178632	178739	51668
1407	178740	178847	51716
1408	178848	178955	51764
1409	178956	179063	51812
1410	179064	179171	51858
1411	179172	179279	51906
1412	179280	179387	51954
1413	179388	179495	52002
1414	179496	179603	52050
1415	179604	179711	52098
1416	179712	179819	52146
1417	179820	179927	52194
1418	179928	180035	52242
1419	180036	180143	52290
1420	180144	180251	52338
1421	180252	180359	52386
1422	180360	180467	52434
1423	180468	180575	52482
1424	180576	180683	52530
1425	180684	180791	52578
1426	180792	180899	52626
1427	180900	181007	52674
1428	181008	181115	52722
1429	181116	181223	52770
1430	181224	181331	52818
1431	181332	181439	52866
1432	181440	181547	52914
1433	181548	181655	52962
1434	181656	181763	53012
1435	181764	181871	53060
1436	181872	181979	53108
1437	181980	182087	53156
1438	182088	182195	53204
1439	182196	182303	53252
1440	182304	182411	53300

Gültig ab 1. 1. 2000 Einkommensteuer-Splitting-Tabelle

laufende Nummer	zu versteuerndes Einkommen in DM von	bis	tarifliche Einkommensteuer in DM
1441	182412	182519	53348
1442	182520	182627	53398
1443	182628	182735	53446
1444	182736	182843	53494
1445	182844	182951	53542
1446	182952	183059	53590
1447	183060	183167	53640
1448	183168	183275	53688
1449	183276	183383	53736
1450	183384	183491	53784
1451	183492	183599	53832
1452	183600	183707	53882
1453	183708	183815	53930
1454	183816	183923	53978
1455	183924	184031	54026
1456	184032	184139	54076
1457	184140	184247	54124
1458	184248	184355	54172
1459	184356	184463	54222
1460	184464	184571	54270
1461	184572	184679	54318
1462	184680	184787	54366
1463	184788	184895	54416
1464	184896	185003	54464
1465	185004	185111	54512
1466	185112	185219	54562
1467	185220	185327	54610
1468	185328	185435	54658
1469	185436	185543	54708
1470	185544	185651	54756
1471	185652	185759	54806
1472	185760	185867	54854
1473	185868	185975	54902
1474	185976	186083	54952
1475	186084	186191	55000
1476	186192	186299	55050
1477	186300	186407	55098
1478	186408	186515	55148
1479	186516	186623	55196
1480	186624	186731	55244
1481	186732	186839	55294
1482	186840	186947	55342
1483	186948	187055	55392
1484	187056	187163	55440
1485	187164	187271	55490
1486	187272	187379	55538
1487	187380	187487	55588
1488	187488	187595	55636
1489	187596	187703	55686
1490	187704	187811	55734
1491	187812	187919	55784
1492	187920	188027	55832
1493	188028	188135	55882
1494	188136	188243	55932
1495	188244	188351	55980
1496	188352	188459	56030
1497	188460	188567	56078
1498	188568	188675	56128
1499	188676	188783	56178
1500	188784	188891	56226

laufende Nummer	zu versteuerndes Einkommen in DM von	bis	tarifliche Einkommensteuer in DM
1501	188892	188999	56276
1502	189000	189107	56324
1503	189108	189215	56374
1504	189216	189323	56424
1505	189324	189431	56472
1506	189432	189539	56522
1507	189540	189647	56572
1508	189648	189755	56620
1509	189756	189863	56670
1510	189864	189971	56720
1511	189972	190079	56768
1512	190080	190187	56818
1513	190188	190295	56868
1514	190296	190403	56918
1515	190404	190511	56966
1516	190512	190619	57016
1517	190620	190727	57066
1518	190728	190835	57114
1519	190836	190943	57164
1520	190944	191051	57214
1521	191052	191159	57264
1522	191160	191267	57314
1523	191268	191375	57362
1524	191376	191483	57412
1525	191484	191591	57462
1526	191592	191699	57512
1527	191700	191807	57562
1528	191808	191915	57610
1529	191916	192023	57660
1530	192024	192131	57710
1531	192132	192239	57760
1532	192240	192347	57810
1533	192348	192455	57860
1534	192456	192563	57910
1535	192564	192671	57958
1536	192672	192779	58008
1537	192780	192887	58058
1538	192888	192995	58108
1539	192996	193103	58158
1540	193104	193211	58208
1541	193212	193319	58258
1542	193320	193427	58308
1543	193428	193535	58358
1544	193536	193643	58408
1545	193644	193751	58458
1546	193752	193859	58508
1547	193860	193967	58558
1548	193968	194075	58608
1549	194076	194183	58658
1550	194184	194291	58708
1551	194292	194399	58758
1552	194400	194507	58808
1553	194508	194615	58858
1554	194616	194723	58908
1555	194724	194831	58958
1556	194832	194939	59008
1557	194940	195047	59058
1558	195048	195155	59108
1559	195156	195263	59158
1560	195264	195371	59208

Gültig ab 1. 1. 2000 Einkommensteuer-Splitting-Tabelle

laufende Nummer	zu versteuerndes Einkommen in DM von	bis	tarifliche Einkommensteuer in DM
1561	195 372	195 479	59 258
1562	195 480	195 587	59 308
1563	195 588	195 695	59 358
1564	195 696	195 803	59 408
1565	195 804	195 911	59 460
1566	195 912	196 019	59 510
1567	196 020	196 127	59 560
1568	196 128	196 235	59 610
1569	196 236	196 343	59 660
1570	196 344	196 451	59 710
1571	196 452	196 559	59 760
1572	196 560	196 667	59 812
1573	196 668	196 775	59 862
1574	196 776	196 883	59 912
1575	196 884	196 991	59 962
1576	196 992	197 099	60 012
1577	197 100	197 207	60 064
1578	197 208	197 315	60 114
1579	197 316	197 423	60 164
1580	197 424	197 531	60 214
1581	197 532	197 639	60 266
1582	197 640	197 747	60 316
1583	197 748	197 855	60 366
1584	197 856	197 963	60 416
1585	197 964	198 071	60 468
1586	198 072	198 179	60 518
1587	198 180	198 287	60 568
1588	198 288	198 395	60 618
1589	198 396	198 503	60 670
1590	198 504	198 611	60 720
1591	198 612	198 719	60 770
1592	198 720	198 827	60 822
1593	198 828	198 935	60 872
1594	198 936	199 043	60 922
1595	199 044	199 151	60 974
1596	199 152	199 259	61 024
1597	199 260	199 367	61 074
1598	199 368	199 475	61 126
1599	199 476	199 583	61 176
1600	199 584	199 691	61 228
1601	199 692	199 799	61 278
1602	199 800	199 907	61 328
1603	199 908	200 015	61 380
1604	200 016	200 123	61 430
1605	200 124	200 231	61 482
1606	200 232	200 339	61 532
1607	200 340	200 447	61 584
1608	200 448	200 555	61 634
1609	200 556	200 663	61 684
1610	200 664	200 771	61 736
1611	200 772	200 879	61 786
1612	200 880	200 987	61 838
1613	200 988	201 095	61 888
1614	201 096	201 203	61 940
1615	201 204	201 311	61 990
1616	201 312	201 419	62 042
1617	201 420	201 527	62 092
1618	201 528	201 635	62 144
1619	201 636	201 743	62 196
1620	201 744	201 851	62 246
1621	201 852	201 959	62 298
1622	201 960	202 067	62 348
1623	202 068	202 175	62 400
1624	202 176	202 283	62 450
1625	202 284	202 391	62 502
1626	202 392	202 499	62 552
1627	202 500	202 607	62 604
1628	202 608	202 715	62 656
1629	202 716	202 823	62 706
1630	202 824	202 931	62 758
1631	202 932	203 039	62 810
1632	203 040	203 147	62 860
1633	203 148	203 255	62 912
1634	203 256	203 363	62 964
1635	203 364	203 471	63 014
1636	203 472	203 579	63 066
1637	203 580	203 687	63 118
1638	203 688	203 795	63 168
1639	203 796	203 903	63 220
1640	203 904	204 011	63 272
1641	204 012	204 119	63 322
1642	204 120	204 227	63 374
1643	204 228	204 335	63 426
1644	204 336	204 443	63 478
1645	204 444	204 551	63 528
1646	204 552	204 659	63 580
1647	204 660	204 767	63 632
1648	204 768	204 875	63 684
1649	204 876	204 983	63 734
1650	204 984	205 091	63 786
1651	205 092	205 199	63 838
1652	205 200	205 307	63 890
1653	205 308	205 415	63 940
1654	205 416	205 523	63 992
1655	205 524	205 631	64 044
1656	205 632	205 739	64 096
1657	205 740	205 847	64 148
1658	205 848	205 955	64 200
1659	205 956	206 063	64 250
1660	206 064	206 171	64 302
1661	206 172	206 279	64 354
1662	206 280	206 387	64 406
1663	206 388	206 495	64 458
1664	206 496	206 603	64 510
1665	206 604	206 711	64 562
1666	206 712	206 819	64 614
1667	206 820	206 927	64 666
1668	206 928	207 035	64 716
1669	207 036	207 143	64 768
1670	207 144	207 251	64 820
1671	207 252	207 359	64 872
1672	207 360	207 467	64 924
1673	207 468	207 575	64 976
1674	207 576	207 683	65 028
1675	207 684	207 791	65 080
1676	207 792	207 899	65 132
1677	207 900	208 007	65 184
1678	208 008	208 115	65 236
1679	208 116	208 223	65 288
1680	208 224	208 331	65 340

Gültig ab 1. 1. 2000 Einkommensteuer-Splitting-Tabelle

laufende Nummer	zu versteuerndes Einkommen in DM von	bis	tarifliche Einkommensteuer in DM
1681	208 332	208 439	65 392
1682	208 440	208 547	65 444
1683	208 548	208 655	65 496
1684	208 656	208 763	65 548
1685	208 764	208 871	65 600
1686	208 872	208 979	65 652
1687	208 980	209 087	65 704
1688	209 088	209 195	65 758
1689	209 196	209 303	65 810
1690	209 304	209 411	65 862
1691	209 412	209 519	65 914
1692	209 520	209 627	65 966
1693	209 628	209 735	66 018
1694	209 736	209 843	66 070
1695	209 844	209 951	66 122
1696	209 952	210 059	66 174
1697	210 060	210 167	66 228
1698	210 168	210 275	66 280
1699	210 276	210 383	66 332
1700	210 384	210 491	66 384
1701	210 492	210 599	66 436
1702	210 600	210 707	66 488
1703	210 708	210 815	66 542
1704	210 816	210 923	66 594
1705	210 924	211 031	66 646
1706	211 032	211 139	66 698
1707	211 140	211 247	66 750
1708	211 248	211 355	66 804
1709	211 356	211 463	66 856
1710	211 464	211 571	66 908
1711	211 572	211 679	66 960
1712	211 680	211 787	67 014
1713	211 788	211 895	67 066
1714	211 896	212 003	67 118
1715	212 004	212 111	67 172
1716	212 112	212 219	67 224
1717	212 220	212 327	67 276
1718	212 328	212 435	67 328
1719	212 436	212 543	67 382
1720	212 544	212 651	67 434
1721	212 652	212 759	67 486
1722	212 760	212 867	67 540
1723	212 868	212 975	67 592
1724	212 976	213 083	67 644
1725	213 084	213 191	67 698
1726	213 192	213 299	67 750
1727	213 300	213 407	67 804
1728	213 408	213 515	67 856
1729	213 516	213 623	67 908
1730	213 624	213 731	67 962
1731	213 732	213 839	68 014
1732	213 840	213 947	68 068
1733	213 948	214 055	68 120
1734	214 056	214 163	68 174
1735	214 164	214 271	68 226
1736	214 272	214 379	68 278
1737	214 380	214 487	68 332
1738	214 488	214 595	68 384
1739	214 596	214 703	68 438
1740	214 704	214 811	68 490
1741	214 812	214 919	68 544
1742	214 920	215 027	68 596
1743	215 028	215 135	68 650
1744	215 136	215 243	68 702
1745	215 244	215 351	68 756
1746	215 352	215 459	68 808
1747	215 460	215 567	68 862
1748	215 568	215 675	68 914
1749	215 676	215 783	68 968
1750	215 784	215 891	69 022
1751	215 892	215 999	69 074
1752	216 000	216 107	69 128
1753	216 108	216 215	69 180
1754	216 216	216 323	69 234
1755	216 324	216 431	69 286
1756	216 432	216 539	69 340
1757	216 540	216 647	69 394
1758	216 648	216 755	69 446
1759	216 756	216 863	69 500
1760	216 864	216 971	69 554
1761	216 972	217 079	69 606
1762	217 080	217 187	69 660
1763	217 188	217 295	69 714
1764	217 296	217 403	69 766
1765	217 404	217 511	69 820
1766	217 512	217 619	69 874
1767	217 620	217 727	69 926
1768	217 728	217 835	69 980
1769	217 836	217 943	70 034
1770	217 944	218 051	70 086
1771	218 052	218 159	70 140
1772	218 160	218 267	70 194
1773	218 268	218 375	70 248
1774	218 376	218 483	70 300
1775	218 484	218 591	70 354
1776	218 592	218 699	70 408
1777	218 700	218 807	70 462
1778	218 808	218 915	70 514
1779	218 916	219 023	70 568
1780	219 024	219 131	70 622
1781	219 132	219 239	70 676
1782	219 240	219 347	70 730
1783	219 348	219 455	70 782
1784	219 456	219 563	70 836
1785	219 564	219 671	70 890
1786	219 672	219 779	70 944
1787	219 780	219 887	70 998
1788	219 888	219 995	71 052
1789	219 996	220 103	71 104
1790	220 104	220 211	71 158
1791	220 212	220 319	71 212
1792	220 320	220 427	71 266
1793	220 428	220 535	71 320
1794	220 536	220 643	71 374
1795	220 644	220 751	71 428
1796	220 752	220 859	71 482
1797	220 860	220 967	71 536
1798	220 968	221 075	71 590
1799	221 076	221 183	71 644
1800	221 184	221 291	71 698

Gültig ab 1. 1. 2000 Einkommensteuer-Splitting-Tabelle

laufende Nummer	zu versteuerndes Einkommen in DM von	bis	tarifliche Einkommensteuer in DM
1801	221292	221399	71750
1802	221400	221507	71804
1803	221508	221615	71858
1804	221616	221723	71912
1805	221724	221831	71966
1806	221832	221939	72020
1807	221940	222047	72074
1808	222048	222155	72128
1809	222156	222263	72182
1810	222264	222371	72236
1811	222372	222479	72290
1812	222480	222587	72346
1813	222588	222695	72400
1814	222696	222803	72454
1815	222804	222911	72508
1816	222912	223019	72562
1817	223020	223127	72616
1818	223128	223235	72670
1819	223236	223343	72724
1820	223344	223451	72778
1821	223452	223559	72832
1822	223560	223667	72886
1823	223668	223775	72942
1824	223776	223883	72996
1825	223884	223991	73050
1826	223992	224099	73104
1827	224100	224207	73158
1828	224208	224315	73212
1829	224316	224423	73266
1830	224424	224531	73322
1831	224532	224639	73376
1832	224640	224747	73430
1833	224748	224855	73484
1834	224856	224963	73538
1835	224964	225071	73594
1836	225072	225179	73648
1837	225180	225287	73702
1838	225288	225395	73756
1839	225396	225503	73812
1840	225504	225611	73866
1841	225612	225719	73920
1842	225720	225827	73974
1843	225828	225935	74030
1844	225936	226043	74084
1845	226044	226151	74138
1846	226152	226259	74194
1847	226260	226367	74248
1848	226368	226475	74302
1849	226476	226583	74358
1850	226584	226691	74412
1851	226692	226799	74466
1852	226800	226907	74522
1853	226908	227015	74576
1854	227016	227123	74630
1855	227124	227231	74686
1856	227232	227339	74740
1857	227340	227447	74796
1858	227448	227555	74850
1859	227556	227663	74904
1860	227664	227771	74960
1861	227772	227879	75014
1862	227880	227987	75070
1863	227988	228095	75124
1864	228096	228203	75180
1865	228204	228311	75234
1866	228312	228419	75290
1867	228420	228527	75344
1868	228528	228635	75398
1869	228636	228743	75454
1870	228744	228851	75508
1871	228852	228959	75564
1872	228960	229067	75618
1873	229068	229175	75674
1874	229176	229283	75728
1875	229284	229391	75784
1876	229392	229499	75838
1877	229500	229607	75894
1878	229608	229715	75950
1879	229716	229823	76004
1880	229824	229931	76060
1881	229932	230039	76114
1882	230040	230147	76170
1883	230148	230255	76224
1884	230256	230363	76280
1885	230364	230471	76334
1886	230472	230579	76390
1887	230580	230687	76444
1888	230688	230795	76500
1889	230796	230903	76554
1890	230904	231011	76610
1891	231012	231119	76666
1892	231120	231227	76720
1893	231228	231335	76776
1894	231336	231443	76830
1895	231444	231551	76886
1896	231552	231659	76940
1897	231660	231767	76996
1898	231768	231875	77050
1899	231876	231983	77106
1900	231984	232091	77160
1901	232092	232199	77216
1902	232200	232307	77272
1903	232308	232415	77326
1904	232416	232523	77382
1905	232524	232631	77436
1906	232632	232739	77492
1907	232740	232847	77546
1908	232848	232955	77602
1909	232956	233063	77656
1910	233064	233171	77712
1911	233172	233279	77766
1912	233280	233387	77822
1913	233388	233495	77876
1914	233496	233603	77932
1915	233604	233711	77988
1916	233712	233819	78042
1917	233820	233927	78098
1918	233928	234035	78152
1919	234036	234143	78208
1920	234144	234251	78262

Gültig ab 1. 1. 2000 Einkommensteuer-Splitting-Tabelle

laufende Nummer	zu versteuerndes Einkommen in DM von	bis	tarifliche Einkommensteuer in DM	laufende Nummer	zu versteuerndes Einkommen in DM von	bis	tarifliche Einkommensteuer in DM
1921	234252	234359	78318	1981	240732	240839	81622
1922	234360	234467	78372	1982	240840	240947	81678
1923	234468	234575	78428	1983	240948	241055	81732
1924	234576	234683	78482	1984	241056	241163	81788
1925	234684	234791	78538	1985	241164	241271	81842
1926	234792	234899	78592	1986	241272	241379	81898
1927	234900	235007	78648	1987	241380	241487	81952
1928	235008	235115	78704	1988	241488	241595	82008
1929	235116	235223	78758	1989	241596	241703	82062
1930	235224	235331	78814	1990	241704	241811	82118
1931	235332	235439	78868	1991	241812	241919	82174
1932	235440	235547	78924	1992	241920	242027	82228
1933	235548	235655	78978	1993	242028	242135	82284
1934	235656	235763	79034	1994	242136	242243	82338
1935	235764	235871	79088	1995	242244	242351	82394
1936	235872	235979	79144	1996	242352	242459	82448
1937	235980	236087	79198	1997	242460	242567	82504
1938	236088	236195	79254	1998	242568	242675	82558
1939	236196	236303	79308	1999	242676	242783	82614
1940	236304	236411	79364	2000	242784	242891	82668
1941	236412	236519	79420	2001	242892	242999	82724
1942	236520	236627	79474	2002	243000	243107	82780
1943	236628	236735	79530	2003	243108	243215	82834
1944	236736	236843	79584	2004	243216	243323	82890
1945	236844	236951	79640	2005	243324	243431	82944
1946	236952	237059	79694	2006	243432	243539	83000
1947	237060	237167	79750	2007	243540	243647	83054
1948	237168	237275	79804	2008	243648	243755	83110
1949	237276	237383	79860	2009	243756	243863	83164
1950	237384	237491	79914	2010	243864	243971	83220
1951	237492	237599	79970	2011	243972	244079	83274
1952	237600	237707	80026	2012	244080	244187	83330
1953	237708	237815	80080	2013	244188	244295	83384
1954	237816	237923	80136	2014	244296	244403	83440
1955	237924	238031	80190	2015	244404	244511	83496
1956	238032	238139	80246	2016	244512	244619	83550
1957	238140	238247	80300	2017	244620	244727	83606
1958	238248	238355	80356	2018	244728	244835	83660
1959	238356	238463	80410	2019	244836	244943	83716
1960	238464	238571	80466	2020	244944	245051	83770
1961	238572	238679	80520	2021	245052	245159	83826
1962	238680	238787	80576	2022	245160	245267	83880
1963	238788	238895	80630	2023	245268	245375	83936
1964	238896	239003	80686	2024	245376	245483	83990
1965	239004	239111	80742	2025	245484	245591	84046
1966	239112	239219	80796	2026	245592	245699	84100
1967	239220	239327	80852	2027	245700	245807	84156
1968	239328	239435	80906	2028	245808	245915	84212
1969	239436	239543	80962	2029	245916	246023	84266
1970	239544	239651	81016	2030	246024	246131	84322
1971	239652	239759	81072	2031	246132	246239	84376
1972	239760	239867	81126	2032	246240	246347	84432
1973	239868	239975	81182	2033	246348	246455	84486
1974	239976	240083	81236	2034	246456	246563	84542
1975	240084	240191	81292	2035	246564	246671	84596
1976	240192	240299	81346	2036	246672	246779	84652
1977	240300	240407	81402	2037	246780	246887	84706
1978	240408	240515	81458	2038	246888	246995	84762
1979	240516	240623	81512	2039	246996	247103	84816
1980	240624	240731	81568	2040	247104	247211	84872

Gültig ab 1. 1. 2000 Einkommensteuer-Splitting-Tabelle

laufende Nummer	zu versteuerndes Einkommen in DM von	bis	tarifliche Einkommensteuer in DM	laufende Nummer	zu versteuerndes Einkommen in DM von	bis	tarifliche Einkommensteuer in DM
2 041	247 212	247 319	84 928	2 101	253 692	253 799	88 232
2 042	247 320	247 427	84 982	2 102	253 800	253 907	88 288
2 043	247 428	247 535	85 038	2 103	253 908	254 015	88 342
2 044	247 536	247 643	85 092	2 104	254 016	254 123	88 398
2 045	247 644	247 751	85 148	2 105	254 124	254 231	88 452
2 046	247 752	247 859	85 202	2 106	254 232	254 339	88 508
2 047	247 860	247 967	85 258	2 107	254 340	254 447	88 562
2 048	247 968	248 075	85 312	2 108	254 448	254 555	88 618
2 049	248 076	248 183	85 368	2 109	254 556	254 663	88 672
2 050	248 184	248 291	85 422	2 110	254 664	254 771	88 728
2 051	248 292	248 399	85 478	2 111	254 772	254 879	88 782
2 052	248 400	248 507	85 534	2 112	254 880	254 987	88 838
2 053	248 508	248 615	85 588	2 113	254 988	255 095	88 892
2 054	248 616	248 723	85 644	2 114	255 096	255 203	88 948
2 055	248 724	248 831	85 698	2 115	255 204	255 311	89 004
2 056	248 832	248 939	85 754	2 116	255 312	255 419	89 058
2 057	248 940	249 047	85 808	2 117	255 420	255 527	89 114
2 058	249 048	249 155	85 864	2 118	255 528	255 635	89 100
2 059	249 156	249 263	85 918	2 119	255 636	255 743	89 224
2 060	249 264	249 371	85 974	2 120	255 744	255 851	89 278
2 061	249 372	249 479	86 028	2 121	255 852	255 959	89 334
2 062	249 480	249 587	86 084	2 122	255 960	256 067	89 388
2 063	249 588	249 695	86 138	2 123	256 068	256 175	89 444
2 064	249 696	249 803	86 194	2 124	256 176	256 283	89 498
2 065	249 804	249 911	86 250	2 125	256 284	256 391	89 554
2 066	249 912	250 019	86 304	2 126	256 392	256 499	89 608
2 067	250 020	250 127	86 360	2 127	256 500	256 607	89 664
2 068	250 128	250 235	86 414	2 128	256 608	256 715	89 720
2 069	250 236	250 343	86 470	2 129	256 716	256 823	89 774
2 070	250 344	250 451	86 524	2 130	256 824	256 931	89 830
2 071	250 452	250 559	86 580	2 131	256 932	257 039	89 884
2 072	250 560	250 667	86 634	2 132	257 040	257 147	89 940
2 073	250 668	250 775	86 690	2 133	257 148	257 255	89 994
2 074	250 776	250 883	86 744	2 134	257 256	257 363	90 050
2 075	250 884	250 991	86 800	2 135	257 364	257 471	90 104
2 076	250 992	251 099	86 854	2 136	257 472	257 579	90 160
2 077	251 100	251 207	86 910	2 137	257 580	257 687	90 214
2 078	251 208	251 315	86 966	2 138	257 688	257 795	90 270
2 079	251 316	251 423	87 020	2 139	257 796	257 903	90 324
2 080	251 424	251 531	87 076	2 140	257 904	258 011	90 380
2 081	251 532	251 639	87 130	2 141	258 012	258 119	90 436
2 082	251 640	251 747	87 186	2 142	258 120	258 227	90 490
2 083	251 748	251 855	87 240	2 143	258 228	258 335	90 546
2 084	251 856	251 963	87 296	2 144	258 336	258 443	90 600
2 085	251 964	252 071	87 350	2 145	258 444	258 551	90 656
2 086	252 072	252 179	87 406	2 146	258 552	258 659	90 710
2 087	252 180	252 287	87 460	2 147	258 660	258 767	90 766
2 088	252 288	252 395	87 516	2 148	258 768	258 875	90 820
2 089	252 396	252 503	87 570	2 149	258 876	258 983	90 876
2 090	252 504	252 611	87 626	2 150	258 984	259 091	90 930
2 091	252 612	252 719	87 682	2 151	259 092	259 199	90 986
2 092	252 720	252 827	87 736	2 152	259 200	259 307	91 042
2 093	252 828	252 935	87 792	2 153	259 308	259 415	91 096
2 094	252 936	253 043	87 846	2 154	259 416	259 523	91 152
2 095	253 044	253 151	87 902	2 155	259 524	259 631	91 206
2 096	253 152	253 259	87 956	2 156	259 632	259 739	91 262
2 097	253 260	253 367	88 012	2 157	259 740	259 847	91 316
2 098	253 368	253 475	88 066	2 158	259 848	259 955	91 372
2 099	253 476	253 583	88 122	2 159	259 956	260 063	91 426
2 100	253 584	253 691	88 176	2 160	260 064	260 171	91 482

Gültig ab 1. 1. 2000 Einkommensteuer-Splitting-Tabelle

laufende Nummer	zu versteuerndes Einkommen in DM von	bis	tarifliche Einkommensteuer in DM
2 161	260 172	260 279	91 536
2 162	260 280	260 387	91 592
2 163	260 388	260 495	91 646
2 164	260 496	260 603	91 702
2 165	260 604	260 711	91 758
2 166	260 712	260 819	91 812
2 167	260 820	260 927	91 868
2 168	260 928	261 035	91 922
2 169	261 036	261 143	91 978
2 170	261 144	261 251	92 032
2 171	261 252	261 359	92 088
2 172	261 360	261 467	92 142
2 173	261 468	261 575	92 198
2 174	261 576	261 683	92 252
2 175	261 684	261 791	92 308
2 176	261 792	261 899	92 362
2 177	261 900	262 007	92 418
2 178	262 008	262 115	92 474
2 179	262 116	262 223	92 528
2 180	262 224	262 331	92 584
2 181	262 332	262 439	92 638
2 182	262 440	262 547	92 694
2 183	262 548	262 655	92 748
2 184	262 656	262 763	92 804
2 185	262 764	262 871	92 858
2 186	262 872	262 979	92 914
2 187	262 980	263 087	92 968
2 188	263 088	263 195	93 024
2 189	263 196	263 303	93 078
2 190	263 304	263 411	93 134
2 191	263 412	263 519	93 190
2 192	263 520	263 627	93 244
2 193	263 628	263 735	93 300
2 194	263 736	263 843	93 354
2 195	263 844	263 951	93 410
2 196	263 952	264 059	93 464
2 197	264 060	264 167	93 520
2 198	264 168	264 275	93 574
2 199	264 276	264 383	93 630
2 200	264 384	264 491	93 684
2 201	264 492	264 599	93 740
2 202	264 600	264 707	93 796
2 203	264 708	264 815	93 850
2 204	264 816	264 923	93 906
2 205	264 924	265 031	93 960
2 206	265 032	265 139	94 016
2 207	265 140	265 247	94 070
2 208	265 248	265 355	94 126
2 209	265 356	265 463	94 180
2 210	265 464	265 571	94 236
2 211	265 572	265 679	94 290
2 212	265 680	265 787	94 346
2 213	265 788	265 895	94 400
2 214	265 896	266 003	94 456
2 215	266 004	266 111	94 512
2 216	266 112	266 219	94 566
2 217	266 220	266 327	94 622
2 218	266 328	266 435	94 676
2 219	266 436	266 543	94 732
2 220	266 544	266 651	94 786
2 221	266 652	266 759	94 842
2 222	266 760	266 867	94 896
2 223	266 868	266 975	94 952
2 224	266 976	267 083	95 006
2 225	267 084	267 191	95 062
2 226	267 192	267 299	95 116
2 227	267 300	267 407	95 172
2 228	267 408	267 515	95 228
2 229	267 516	267 623	95 282
2 230	267 624	267 731	95 338
2 231	267 732	267 839	95 392
2 232	267 840	267 947	95 448
2 233	267 948	268 055	95 502
2 234	268 056	268 163	95 558
2 235	268 164	268 271	95 612
2 236	268 272	268 379	95 668
2 237	268 380	268 487	95 722
2 238	268 488	268 595	95 778
2 239	268 596	268 703	95 832
2 240	268 704	268 811	95 888
2 241	268 812	268 919	95 944
2 242	268 920	269 027	95 998
2 243	269 028	269 135	96 054
2 244	269 136	269 243	96 108
2 245	269 244	269 351	96 164
2 246	269 352	269 459	96 218
2 247	269 460	269 567	96 274
2 248	269 568	269 675	96 328
2 249	269 676	269 783	96 384
2 250	269 784	269 891	96 438
2 251	269 892	269 999	96 494
2 252	270 000	270 107	96 550
2 253	270 108	270 215	96 604
2 254	270 216	270 323	96 660
2 255	270 324	270 431	96 714
2 256	270 432	270 539	96 770
2 257	270 540	270 647	96 824
2 258	270 648	270 755	96 880
2 259	270 756	270 863	96 934
2 260	270 864	270 971	96 990
2 261	270 972	271 079	97 044
2 262	271 080	271 187	97 100
2 263	271 188	271 295	97 154
2 264	271 296	271 403	97 210
2 265	271 404	271 511	97 266
2 266	271 512	271 619	97 320
2 267	271 620	271 727	97 376
2 268	271 728	271 835	97 430
2 269	271 836	271 943	97 486
2 270	271 944	272 051	97 540
2 271	272 052	272 159	97 596
2 272	272 160	272 267	97 650
2 273	272 268	272 375	97 706
2 274	272 376	272 483	97 760
2 275	272 484	272 591	97 816
2 276	272 592	272 699	97 870
2 277	272 700	272 807	97 926
2 278	272 808	272 915	97 982
2 279	272 916	273 023	98 036
2 280	273 024	273 131	98 092

Gültig ab 1. 1. 2000 Einkommensteuer-Splitting-Tabelle

laufende Nummer	zu versteuerndes Einkommen in DM von	bis	tarifliche Einkommensteuer in DM	laufende Nummer	zu versteuerndes Einkommen in DM von	bis	tarifliche Einkommensteuer in DM
2 281	273 132	273 239	98 146	2 341	279 612	279 719	101 452
2 282	273 240	273 347	98 202	2 342	279 720	279 827	101 506
2 283	273 348	273 455	98 256	2 343	279 828	279 935	101 562
2 284	273 456	273 563	98 312	2 344	279 936	280 043	101 616
2 285	273 564	273 671	98 366	2 345	280 044	280 151	101 672
2 286	273 672	273 779	98 422	2 346	280 152	280 259	101 726
2 287	273 780	273 887	98 476	2 347	280 260	280 367	101 782
2 288	273 888	273 995	98 532	2 348	280 368	280 475	101 836
2 289	273 996	274 103	98 586	2 349	280 476	280 583	101 892
2 290	274 104	274 211	98 642	2 350	280 584	280 691	101 946
2 291	274 212	274 319	98 698	2 351	280 692	280 799	102 002
2 292	274 320	274 427	98 752	2 352	280 800	280 907	102 058
2 293	274 428	274 535	98 808	2 353	280 908	281 015	102 112
2 294	274 536	274 643	98 862	2 354	281 016	281 123	102 168
2 295	274 644	274 751	98 918	2 355	281 124	281 231	102 222
2 296	274 752	274 859	98 972	2 356	281 232	281 339	102 278
2 297	274 860	274 967	99 028	2 357	281 340	281 447	102 332
2 298	274 968	275 075	99 082	2 358	281 448	281 555	102 388
2 299	275 076	275 183	99 138	2 359	281 556	281 663	102 442
2 300	275 184	275 291	99 192	2 360	281 664	281 771	102 498
2 301	275 292	275 399	99 248	2 361	281 772	281 879	102 552
2 302	275 400	275 507	99 304	2 362	281 880	281 987	102 608
2 303	275 508	275 615	99 358	2 363	281 988	282 095	102 662
2 304	275 616	275 723	99 414	2 364	282 096	282 203	102 718
2 305	275 724	275 831	99 468	2 365	282 204	282 311	102 774
2 306	275 832	275 939	99 524	2 366	282 312	282 419	102 828
2 307	275 940	276 047	99 578	2 367	282 420	282 527	102 884
2 308	276 048	276 155	99 634	2 368	282 528	282 635	102 938
2 309	276 156	276 263	99 688	2 369	282 636	282 743	102 994
2 310	276 264	276 371	99 744	2 370	282 744	282 851	103 048
2 311	276 372	276 479	99 798	2 371	282 852	282 959	103 104
2 312	276 480	276 587	99 854	2 372	282 960	283 067	103 158
2 313	276 588	276 695	99 908	2 373	283 068	283 175	103 214
2 314	276 696	276 803	99 964	2 374	283 176	283 283	103 268
2 315	276 804	276 911	100 020	2 375	283 284	283 391	103 324
2 316	276 912	277 019	100 074	2 376	283 392	283 499	103 378
2 317	277 020	277 127	100 130	2 377	283 500	283 607	103 434
2 318	277 128	277 235	100 184	2 378	283 608	283 715	103 490
2 319	277 236	277 343	100 240	2 379	283 716	283 823	103 544
2 320	277 344	277 451	100 294	2 380	283 824	283 931	103 600
2 321	277 452	277 559	100 350	2 381	283 932	284 039	103 654
2 322	277 560	277 667	100 404	2 382	284 040	284 147	103 710
2 323	277 668	277 775	100 460	2 383	284 148	284 255	103 764
2 324	277 776	277 883	100 514	2 384	284 256	284 363	103 820
2 325	277 884	277 991	100 570	2 385	284 364	284 471	103 874
2 326	277 992	278 099	100 624	2 386	284 472	284 579	103 930
2 327	278 100	278 207	100 680	2 387	284 580	284 687	103 984
2 328	278 208	278 315	100 736	2 388	284 688	284 795	104 040
2 329	278 316	278 423	100 790	2 389	284 796	284 903	104 094
2 330	278 424	278 531	100 846	2 390	284 904	285 011	104 150
2 331	278 532	278 639	100 900	2 391	285 012	285 119	104 206
2 332	278 640	278 747	100 956	2 392	285 120	285 227	104 260
2 333	278 748	278 855	101 010	2 393	285 228	285 335	104 316
2 334	278 856	278 963	101 066	2 394	285 336	285 443	104 370
2 335	278 964	279 071	101 120	2 395	285 444	285 551	104 426
2 336	279 072	279 179	101 176	2 396	285 552	285 659	104 480
2 337	279 180	279 287	101 230	2 397	285 660	285 767	104 536
2 338	279 288	279 395	101 286	2 398	285 768	285 875	104 590
2 339	279 396	279 503	101 340	2 399	285 876	285 983	104 646
2 340	279 504	279 611	101 396	2 400	285 984	286 091	104 700

b) Können mehrere Abschreibungsvergünstigungen nebeneinander in Anspruch genommen werden?

Die Modernisierung von älteren Wohnhäusern wird immer dann steuerlich besonders interessant, wenn es gelingt, mehrere Abschreibungsvergünstigungen miteinander zu koppeln. Zwar ist nach § 7a Abs. 5 EStG die Inanspruchnahme von erhöhten Absetzungen oder Sonderabschreibungen aufgrund mehrerer Vorschriften bei einem Wirtschaftsgut grundsätzlich ausgeschlossen; entstehen aber nachträglich innerhalb eines Begünstigungszeitraumes Anschaffungs- oder Herstellungskosten, die aufgrund einer Sonderregelung Gegenstand einer eigenen Abschreibungsvergünstigung sind, so tritt dieses Kumulationsverbot nicht ein. Dies ist der Fall, wenn zum Beispiel für ein Einfamilienhaus mit Einliegerwohnung im ursprünglichen Bauzustand die Abschreibung nach § 7 EStG möglich ist und für die nachträglichen Herstellungs- oder Anschaffungskosten z. B. die Bedingungen der §§ 7h und 7i EStG und §§ 2 bis 4 FördG, erfüllt sind.

F. Zahlungsplan

Rechtzeitig müssen die Finanzierungsmittel zur Verfügung stehen. Man muß die für das Objekt notwendig werdenden Auszahlungen nach den Zeitpunkten ordnen, an denen sie fällig werden. Dazu bedarf man keines besonderen Formulars. Beim Neu- und Umbau schätzt man, wann die einzelnen Arbeiten fertiggestellt sein werden. Zahlungstermine werden beim Kauf fertiger Objekte im Kaufvertrag vereinbart. Anhaltspunkte, welche Zahlungszeiträume vorkommen, bieten die Bestimmungen der Makler- und Bauträger-Verordnung – MaBV – (BGBl. 1975 I 1352) geändert durch die Zweite Verordnung zur Änderung der Makler- und Bauträgerverordnung (BGBl. I 95, S. 1134) und durch die Dritte Verordnung zur Änderung der Makler- und Bauträgerverordnung v. 14. 2. 1997 (BGBl. I 272). Sind die besonderen Sicherungspflichten* des § 3 Abs. 1 MaBV erfüllt, so darf der Gewerbe-

* Zu Fragen der Sicherung der Anzahlungen von Käufern siehe: Marcks, Makler- und Bauträgerverordnung 6. Auflage, München 1998; Brych/Pause,

treibende die Kaufpreisraten höchstens in folgenden Teilbeträgen zu den jeweils angegebenen Fälligkeitsterminen entgegennehmen:

1. 30 vom Hundert der Vertragssumme in den Fällen, in denen Eigentum an einem Grundstück übertragen werden soll, oder 20 vom Hundert der Vertragssumme in den Fällen, in denen ein Erbbaurecht bestellt oder übertragen werden soll, nach Beginn der Erdarbeiten,
2. von der restlichen Vertragssumme
   - 40 vom Hundert nach Rohbaufertigstellung, einschließlich Zimmerarbeiten,
   - 8 vom Hundert für die Herstellung der Dachflächen und Dachrinnen,
   - 3 vom Hundert für die Rohinstallation der Heizungsanlagen,
   - 3 vom Hundert für die Rohinstallation der Sanitäranlagen,
   - 3 vom Hundert für die Rohinstallation der Elektroanlagen,
   - 10 vom Hundert für den Fenstereinbau, einschließlich der Verglasung,
   - 6 vom Hundert für den Innenputz, ausgenommen Beiputzarbeiten,
   - 3 vom Hundert für den Estrich,
   - 4 vom Hundert für die Fliesenarbeiten im Sanitärbereich,
   - 12 vom Hundert nach Bezugsfertigkeit und Zug um Zug gegen Besitzübergabe,
   - 3 vom Hundert für die Fassadenarbeiten,
   - 5 vom Hundert nach vollständiger Fertigstellung.

Sofern einzelne der in Satz 2 Nr. 2 genannten Leistungen nicht anfallen, wird der jeweilige Vomhundertsatz anteilig auf die übrigen Raten verteilt. Betrifft das Bauvorhaben einen Altbau, so gelten die Sätze 1 und 2 mit der Maßgabe entsprechend, daß der hiernach zu errechnende Teilbetrag für schon erbrachte Leistungen mit Vorliegen der Voraussetzungen des Absatzes 1 entgegengenommen werden kann.

§ 2 des Gesetzes über die Sicherung von Bauforderungen vom 1. 6. 1909 (RGBl. III, 213.2) – geändert durch Art. 33 des Ges. vom 25. 6. 1969 (BGBl. I 645) und durch Art. 74 des Ges. vom 1. 1. 1975, BGBl. I 469 – verpflichtet denjenigen, der die Herstellung eines Bauwerks unternimmt und entweder Baugewerbetreibender ist oder sich Baugelder gewähren läßt, zur Führung eines Baubuchs. Das Baubuch ist eine Urkunde, aus der sich Herkunft und Verwendung der für den Bau gewährten Baugelder ergeben müssen. Schadenersatz bei zweckwidriger Verwendung von Bau-

---

Bauträgerkauf und Baumodelle, München 3. Auflage München 1999; Blomeyer, Augen auf beim Wohnungskauf – Die Risiken des Käufers nach der Makler- und Bauträgerverordnung, NJW 1999, S. 472.

geld läßt sich bei Vorliegen bestimmter Voraussetzungen realisieren. Neu ist die Bauhandwerkersicherung nach § 648a BGB.

Sehr aufmerksam muß man die Auszahlungsbestimmungen in den Darlehenszusagen für die Fremdmittel durchsehen. Wichtig ist, daß die Auszahlungsvoraussetzungen so zeitig wie möglich geschaffen werden (Grenzattest; Rohbauabnahme- und Gebrauchsabnahmeschein; der Nachweis der Nichtausübung oder des Nichtbestehens eines gesetzlichen Vorkaufsrechtes; eine Bestätigung, daß die Erschließungskosten bezahlt sind; Realrechtsbestätigung nach § 107 VVG bei privaten Versicherungsunternehmen über den Eintritt des Feuerversicherungsschutzes). Eintragungen in das Grundbuch erfordern manchmal Geduld. Bausparverträge stehen häufig nicht zu den gewünschten Zeitpunkten zugeteilt zur Verfügung. Vor- oder Zwischenfinanzierungsmittel sind zu beschaffen (siehe dazu S. 451). Dingliche Sicherheiten müssen abgetreten werden.

Der Verkäufer muß mitwirken, damit die erforderlichen Grundpfandrechte mit richtigem Rang in das Grundbuch eingetragen werden können. Zur Sicherheit werden Auszahlungsansprüche gegen Darlehensgeber des Käufers abgetreten. Um die Vorleistung eines der beiden Vertragspartner zu vermeiden, empfiehlt es sich, einen Notar mit der Abwicklung des Vertrages zu beauftragen.

G. So wendet man die Finanzplanung an: Beispiel mit Erläuterungen

Die Rechenvorgänge bei der Finanzierungsplanung sind einfach,* aber wirkungsvoll. Will man die wesentlichen wirtschaftlichen Eigenschaften eines Objekts herausfinden, so müssen alle Teile der Finanzplanung in der hier empfohlenen Reihenfolge gerechnet werden. Erst dann zeigt sich auch der steuerliche Effekt mit

* Vgl. zu endzielorientierten (dynamischen) Investitionsrechenverfahren: Schneider, E., Wirtschaftlichkeitsrechnung – Theorie der Investition, 8. Auflage Tübingen/Zürich 1973. Zu systemorientierten Wirtschaftlichkeitsberechnungen s. Zietemann, U., Die Finanzierung von selbstgenutzten Wohneigentum – Eine computergestützte Systemanalyse, Karlsruhe 1987.

seiner Finanzierungswirkung. Das folgende Beispiel soll zeigen, wie man vorgehen sollte. Eine andere Handhabung kann zu Ergebnissen ohne tatsächliche Aussagekraft führen. Eine Vermischung und Verkürzung der einzelnen unterschiedlich anzuwendenden Schlüsselbegriffe und Posten findet man nicht eben selten in Angeboten für den Erwerb oder den Bau von Haus und Wohnung.

I. Ausgangsdaten

Zweifamilienhaus, Wohnflächen: Hauptwohnung 120 Quadratmeter, Einliegerwohnung 60 Quadratmeter (II. BV).

Erwerbsangebot: DM 615 000,– (Anschaffungskosten)
davon

– Kosten des Baugrundstücks	DM 120 000,–
– Kosten des Bauwerks	DM 450 000,–
– Aufzuteilende Anschaffungsnebenkosten einschließlich Grunderwerbsteuer, ohne Disagios	DM 30 000,–
– Bauzeitzinsen und Erhaltungsaufwand vor Nutzungsbeginn	DM 15 000,–

Fremdfinanzierungsmittel (Stand bei Nutzungsbeginn)

a) *I. Hypothek DM 285 000,–* mit 6,75% Zinsen + 1% Tilgung p. a. (Annuitätsdarlehen), Auszahlungskurs 94%.
Der Auszahlungsverlust (Disagio) wird durch ein Disagio-(Tilgungsstreckungs-)darlehen finanziert. Es ist mit dem Zinssatz des Hauptdarlehens zu verzinsen. Die Tilgung des Disagiodarlehens erfolgt in der Weise, daß die vereinbarten Tilgungszahlungen der I. Hypothek zunächst zur Rückzahlung des Disagiodarlehens dienen. Die Tilgung des Hauptdarlehens bleibt solange ausgesetzt.

b) *Darlehen im voraus auf einen Bausparvertrag (Bausparsumme) DM 80 000,–* mit 6,5% Zinsen, 0% Tilgung p. a., Auszahlungskurs 96%. Kein Tilgungsstreckungsdarlehen (Ansparrate DM 4,– mtl. je Tausend DM Bausparsumme).

c) *Darlehen aus einem zugeteilten Bausparvertrag DM 70 000,–* mit 4,5% Zinsen + 7,5% Tilgung p. a., 2% Verwaltungskosten (Disagio) werden dem Darlehen zugeschlagen. Die Disagios sind vor Beginn der Nutzungszeit geleistet.

II. Kapitalbedarfsrechnung – Gesamtkostenermittlung

Wohnfläche 180 Quadratmeter

	DM		
Kosten des Baugrundstücks	120 000,–	21,05%	100%
Kosten des Bauwerks	450 000,–	78,95%	
Bauzeitzinsen und Erhaltungsaufwand vor Nutzungsbeginn	15 000,–		

Anschaffungsnebenkosten	30 000,–*
Disagio I. Hypothek	
6% aus DM 285 000,–	17 100,–
Disagio Vorausdarlehen	
4% aus DM 80 000,–	3 200,–
Verw. Kosten Bauspardarlehen	
2% aus DM 70 000,–	1 400,–
= Kapitalbedarf	636 700,–
= je qm Wohnfläche	3 537,–

Aufteilung der Disagios:

Grundstück (21,05%)	= DM 4 567,85
Bauwerk (78,95%)	= DM 17 132,15
	DM 21 700,00

Die Auszahlungsverluste (Disagios, Verwaltungskosten) erhöhen den Kapitalbedarf.

III. Ermittlung der geschuldeten Fremdmittel

	ausgezahlt DM	Fremdmittel	geschuldet DM
	285 000,–	I. Hypothek	285 000,–
./.	17 100,–	Disagio	
	267 500,–		
+	17 100,–	Tilgungsstreckungsdarlehen	17 100,–
	285 000,–		302 100,–
	80 000,–	Vorausdarlehen auf BSV	80 000,–
./.	3 200,–	Disagio	
	76 800,–		
	70 000,–	Bauspardarlehen	70 000,–
./.	1 400,–	Verwaltungskosten	
	68 600,–		
+	1 400,–	Zuschlag zum Darlehen (Tilgungsstreckungsdarlehen)	1 400,–
	70 000,–		71 400,–
	431 800,–	Differenz DM 21 700,–	453 500,–

* davon auf Grundstück und Bauwerk

DM 6 315,–	(21.05%)
DM 23 685,–	(78.95%)
DM 30 000,–	

IV. Finanzierungsplan

		Zinsen		Tilgung	
	DM	%	DM	%	DM
I. Hypothek	285 000,–	6,75[1]	19 213,50	1	1695,75[2]
Tilgungsstreckungsdarlehen	17 100,–	6,75[3]	1 154,25[2]		0
Vorausdarlehen	80 000,–	6,5	5 200,–		0*
Bauspardarlehen	70 000,–	4,5	3 150,–	7,5	3787,–
	1 400,–	4,5	63,–		1400,–
Eigenkapital	183 200,–				0
Gesamtkapitalbedarf	636 700,–		28 804,75		6882,75

(Gesamtkosten) = Summe der Finanzierungsmittel

*+ Ansparung Bausparvertrag	3840,–
	10 722,75

V. Lastenberechnung

Dabei sind folgende Daten ergänzend zu berücksichtigen:

Belastungen aus der Bewirtschaftung:

- Betriebskosten: pauschal 2,– DM pro Quadratmeter Wohnfläche und Jahr. Es wird unterstellt, daß ein Teil der Betriebskosten nicht voll auf einen Mieter abgewälzt werden kann.
- Bei der Vermietung werden 11,– DM pro Quadratmeter Wohnfläche und Monat zuzüglich umlegbarer Betriebskosten (§ 27 II. BV) in Höhe von DM 1.80 pro m² Wohnfläche und Monat eingenommen.

			DM/p.a.
1. Belastung aus dem Kapitaldienst			
a) Fremdkapitalkosten (Zinsen)			28 804,75
b) Tilgungen für Fremdmittel			6 882,75
c) Ansparung auf Bausparvertrag			3 840,–
			39 527,50
2. Belastung aus der Bewirtschaftung			
a) Betriebskosten	DM	360,–	
b) Umlegbare Betriebskosten	DM	3 888,–	4 248,–
Summe der Brutto-Belastung			43 775,50
Monatliche Belastung (Summe : 12) =	DM	3647,95	

---

[1] Verändert sich der Zinssatz um 0,25% so macht dies jährlich jeweils DM 712,50 aus.

[2] Bis zur Tilgung des Tilgungsstreckungsdarlehens vermindert sich die Tilgungsrate jeweils um die Zinsen für das Tilgungsstreckungsdarlehen.

[3] Bei einer Änderung des Zinssatzes um 0,25% ergibt sich eine Änderung (Verminderung oder Erhöhung) jährlich von DM 42,75.

Belastung pro qm im Monat (monatliche Belastung: Wohnfläche)	=	DM 20,266	
abzüglich Einnahmen DM 11,– pro Quadratmeter Wohnfläche und Monat = DM 1980,– × 12	=	DM 23 760,–	
+ Vorauszahlungen für umlegbare Betriebskosten	=	DM 3 888,–	27 648,–
Gesamtbetrag der Belastung			16 127,50
Monatliche Belastung (Gesamtbetrag : 12)	=	DM 1 343,95	
Belastung pro Quadratmeter im Monat (monatliche Belastung: Wohnfläche)	=		DM 7,466

VI. Wirtschaftlichkeits-(Rentabilitäts-)Rechnung

Folgende Daten werden zusätzlich angegeben:
- Eigenkapitalverzinsung 6% p. a.

Bewirtschaftungskosten:
- Kalkulatorische Abschreibung:
  1% p. a. aus Anschaffungskosten, Anschaffungsnebenkosten einschließlich anteiliger Grunderwerbsteuer und Geldbeschaffungskosten,
- Verwaltungskosten 240,– DM p. a.
- Kalkulatorische Instandhaltungskosten:
  DM 8,95 pro Quadratmeter p. a., die Schönheitsreparaturen übernehmen die Mieter.
- Mietausfallwagnis 2% der laufenden Aufwendungen = 2,04% aus der Zwischensumme (98%).

Laufende Aufwendungen und Erträge

	DM/p. a.
1. Kapitalkosten	
a) Zinsen	28 804,75
b) Eigenkapitalzinsen 6% aus DM 183 000,–*	10 992,–
	39 796,75

	DM/p.a.
2. Bewirtschaftungskosten	
a) Kalkulatorische Abschreibung	
1% aus DM 450 000,— Anschaffungskosten	
DM 23 685,— Anschaffungsnebenkosten (anteilig)	
DM 17 132,15 Geldbeschaffungskosten (anteilig)	
DM 490 817,15	4 908,–

* Auf den möglichen Ansatz in Höhe des Zinssatzes für marktübliche Hypotheken wurde verzichtet, da die Kostenmiete ohnehin über der zur Zeit am Markt realisierbaren Miete liegt.

b) Verwaltungskosten		480,–
c) Betriebskosten (wie bei Lastenberechnung)		4 248,–
d) Instandhaltungskosten (kalkulatorisch)		1 611,–
Zwischensumme		51 043,95
Mietausfallwagnis = 2,04% aus DM 51.043,95		1 041,29
Gesamtbetrag der laufenden Aufwendungen		52 085,24
Monatliche Aufwendungen (Gesamtbetrag : 12)	= DM 4 340,44	
Kostenmiete pro Quadratmeter Wohnfläche im Monat (Monatliche Aufwendungen : Wohnfläche)	= DM 24,11.	
3. Erträge (Mieten) Siehe Lastenberechnung	DM 27 648,–	
4. Aufwendungssubventionen		–
Summe der Erträge		27 648,–
Verlust		24 437,24
Monatlicher Verlust (Verlust : 12)	= DM 2 036,44.	
Verlust pro Quadratmeter Wohnfläche im Monat (monatlicher Verlust : Wohnfläche)	= DM 11,313.	

VII. Steuerrechnung

a) Einkünfte aus Vermietung und Verpachtung

1. Vermietungszeit (Vordruck s. S. 73).
   Einkünfte aus dem bebauten Grundstück

Zeile		DM
2	Vereinnahmte Mieten + Betriebskostenvorauszahlungen	27 648,–
14	Summe der Einnahmen	27 648,
34	Schuldzinsen	28 804,75
44	Geldbeschaffungskosten	3 095,75
51–55	Betriebskosten	4 248,–
56	Sonstige Ausgaben, z. B. für Hausverwaltung	0,–
35	Absetzung für Abnutzung nach § 7 Abs. 4 EStG in Höhe von 2 v. H. aus DM 473 684,–	9 473,68
57/15	Summe der Werbungskosten	45 622,18
16	Verlust (Zeile 14 abzüglich Zeile 15)	17 974,18

Aus den abgedruckten Steuertabellen (s. S. 134) läßt sich die jeweilige Steuerbelastung für verschiedene Einkommensklassen entnehmen.

Beispiel: Nach der Einkommensteuer-Splittingtabelle 1999 beträgt bei einem zu versteuernden Einkommen von:

DM 120 000,–	die tarifliche Einkommensteuer:	DM 28 718,–
	Nach dem Beispiel vermindert sich das zu versteuernde Einkommen um:	
DM 17 974,18	Die Bemessungsgrundlage (zu versteuerndes Einkommen) ermäßigt sich auf	
DM 102 025,82	Die tarifliche Einkommensteuer darauf beträgt:	DM 22 498,–
	Daraus ergibt sich eine Steuerersparnis von	DM 6 220,–

Das sind rd. 34,6% aus DM 17 974,18. (Hinzu kommt noch die Ersparnis an Kirchensteuer und an Solidaritätszuschlag ab 1995).

Bezieht man den Verlust nur auf den Abschreibungsbetrag von 9473,68 DM, so resultiert daraus, bei dem in diesem Beispiel angenommenen Steuersatz, ein nicht an den Staat abzulieferndes Einkommen mit rd. 3254,– DM.

Der vom Finanzamt zurückfließende Betrag steht zur Finanzierung der Liquiditätslücke aus der nicht durch Mieteinnahmen gedeckten Belastung von 16 127,50 DM zur Verfügung (siehe S. 160). Er hilft außerdem, den aus der Wirtschaftlichkeit-(Rentabilitäts-)Rechnung resultierenden kalkulatorischen Verlust von DM 24 437,24 (siehe S. 161) zu verringern. Eine solche Verwendung der ersparten Steuern macht die „Finanzierungswirkung der Abschreibung" deutlich. Sie bedingen sich gegenseitig, die:
- Abschreibungswirkung der Finanzierung und die
- Finanzierungswirkung der Abschreibung.

2. Bauzeit

Schon während der Bauzeit, in der das Objekt noch nicht fertiggestellt ist und auch keine Mieteinnahmen zufließen, kann man die Steuerrechnung nach der Anlage V für Einkünfte aus Vermietung und Verpachtung anfertigen und Werbungskosten geltend machen. Es kommen vor:

Zeile
34 Schuldzinsen während der Bauzeit
44 Geldbeschaffungskosten
56 Sonstige Ausgaben

Die Einzelheiten der derzeit herrschenden Auffassung der Finanzverwaltung zu den Werbungskosten findet man in dem sogenannten „Bauherrenerlaß" (Bundesminister der Finanzen, Erlaß v. 31. 8. 1990 IV B 1 – S 2253 a – 49/90, BStBl. I, 366 ff.).

In dem besprochenen Beispiel sind unter den Geldbeschaffungskosten mehrere Varianten von Auszahlungsverlusten angeführt:

- Der Schuldner der I. Hypothek von DM 285 000,– muß ein Disagio von 6% aus der Darlehenssumme = DM 17 100,– hinnehmen. Der Schuldner hat dafür ein zusätzliches vorab zu tilgendes Disagio-(Tilgungsstreckungs-)Darlehen erhalten. Die Finanzverwaltung sieht die Ausgaben für dieses Disagio erst im Zeitpunkt der Zahlung der einzelnen Tilgungsraten als geleistet an. Im Beispiel wird die Zahlung in Höhe der jährlichen Tilgungsrate mit DM 1695,75 angesetzt.

- Wird aber bereits bei ratenweiser Auszahlung der Darlehen, entsprechend dem Baufortschritt, das Disagio bei der ersten oder einer anderen Rate einbehalten, so können diese Geldbeschaffungskosten im Zeitpunkt der Auszahlung als Werbungskosten geltend gemacht werden. Dieser Fall ist bei dem Darlehen im Voraus auf einen Bausparvertrag behandelt. Das Disagio in Höhe von 4% aus DM 80000,– = DM 3200,– kann während der Bauzeit als Werbungskosten geltend gemacht werden, wenn der Erwerber vor Fertigstellung das Gebäude erwirbt und das Disagio von ihm als Schuldner einbehalten wird. Man findet daher oft Konditionsgestaltungen, die ein hohes Disagio während der Bauzeit, bei gleicher Effektivverzinsung, mit einer Verringerung des Nominalzinses verbinden. Werden diese Beträge als Werbungskosten während der Bauzeit geltend gemacht, so können sie zur Aufbringung des Eigenkapitals beitragen. Die Finanzverwaltung erkennt diese Geldbeschaffungskosten grundsätzlich an, soweit sie unter Berücksichtigung der jährlichen Zinsen die marktüblichen Beträge nicht überschreiten. Eine darüber hinausgehende Ausgabe ist auf den Zinsfestschreibungszeitraum zu verteilen. Bei Darlehen mit variablem Zinssatz rechnet man sie zeitanteilig auf die Laufzeit des Darlehens zu.
- Bei dem Darlehen aus einem zugeteilten Bausparvertrag sind 2% Verwaltungskosten aus DM 70000,– = DM 1400,– dem Bauspardarlehen zugeschlagen worden. Die Tilgung dieses Disagios erfolgt mit den Tilgungsraten für das Hauptdarlehen. Steuerlich wird diese Konstruktion wie ein Tilgungsstreckungsdarlehen behandelt. Zusammen mit der Zahlung von DM 1695,75 bei der I.Hypothek ergibt sich der in der Steuerrechnung ausgewiesene Betrag von DM 3095,75 als Geldbeschaffungskosten.

In den Baunebenkosten sind oft Werbungskosten enthalten (im Beispiel DM 15000,– als Bauzeitzinsen und Erhaltungsaufwand), die der Käufer, wenn er vor der Fertigstellung erwirbt, dann geltend machen kann, wenn er sie aufwendet und nicht der Bauherr.

Für das **Beispiel** ergibt sich:

Werbungskosten:	
Bauzeitzinsen und Erhaltungsaufwand	DM 15000,–
Disagio Vorausdarlehen	DM 3200,–
Verlust aus Vermietung und Verpachtung	DM 18200,–

Nach der Einkommensteuer-Splittingtabelle 1999 beträgt bei einem zu versteuernden Einkommen von:

DM 120000,–	die tarifliche Einkommensteuer	DM 28718,–
	Nach dem Beispiel vermindert sich das zu versteuernde Einkommen um:	
DM 18200,–	die Bemessungsgrundlage (zu versteuerndes Einkommen) ermäßigt sich auf	
DM 101800,–	Die tarifliche Einkommensteuer darauf beträgt:	DM 22424,–
	Daraus ergibt sich eine Steuerersparnis von	DM 6294,–

Verluste die bei der Ermittlung des Gesamtbetrags der Einkünfte nicht ausgeglichen werden, sind bis zu einem Betrag von insgesamt 2 Millionen DM wie Sonderausgaben vom Gesamtbetrag der Einkünfte des unmittelbar dem Veranlagungszeitraum vorangegangenen Veranlagungszeitraums vorrangig vor Sonderausgaben, außerordentlichen Belastungen und sonstigen Abzugsbeträgen abzuziehen (Verlustrücktrag). Der durch das StEntlG 1999/2000/2002 geänderte § 10 d EStG enthält unfangreiche Neuregelungen. Es empfiehlt sich die komplizierten Bestimmungen mit Hilfe eines Steuerberaters umzusetzen. Bei der Investition in eigengenutzte Häuser und Wohnungen tritt das Problem eigentlich nicht auf.

Der Bauherr kann die an sich nach § 4 Nr. 12 UStG umsatzsteuerfreien Umsätze aus Vermietung und Verpachtung als steuerpflichtig behandeln lassen, wenn die Umsätze an Unternehmer für deren Unternehmen ausgeführt werden (§ 9 UStG). Er muß dann zwar Umsatzsteuer für die Mieten bezahlen. Dafür aber ist er zum Abzug der in den Baukosten enthaltenen Umsatz-(Mehrwert-)Steuern als Vorsteuer berechtigt. Diese Wirkung tritt durch Erklärung (Option) gegenüber dem Finanzamt ein, wenn auch die übrigen Voraussetzungen vorliegen. (Siehe dazu v. Heymann, Betriebs-Berater, Beilage 12/1980 S. 7). Zunächst hat der Bauherr die in den Rechnungen ausgewiesenen Umsatzsteuern an die Aussteller der Rechnungen zu bezahlen. Optiert er zum Verzicht auf Steuerbefreiung, so erhält er die in den Herstellungsausgaben enthaltene Vorsteuer vom Finanzamt zurückvergütet. Er kann diese Rückzahlungen zur Aufbringung des Eigenkapitals verwenden.

Aus den im Verhältnis zu den Gesamtkosten relativ geringen Mieten ist dann Umsatzsteuer zu zahlen. Der Bauherr ist zwar nur für einen Veranlagungszeitraum an die Optionserklärung gebunden. Wenn er die Option widerruft, ist eine Berichtigung des Vorsteuerabzugs für jedes von 10 Kalenderjahren mit einem Zehntel der Vorsteuerbeträge vorzunehmen.

Bei zu Wohnzwecken dienenden Gebäuden konnte der Vorsteuerabzug in Anspruch genommen werden, wenn die Wohnung vor dem 1. 4. 1985 fertiggestellt war.

b) Berechnung der Steuerersparnis bei Selbstnutzung nach dem 1. 1. 1987 (§ 10c EStG)

Beispiel: Kosten des Baugrundstücks und der Erschließung sowie Grunderwerbsteuer

DM 56.355,– davon die Hälfte	= DM 28178,–
Bau- und Baunebenkosten, Außenanlagen sowie Grunderwerbsteuer DM 208845,–	DM 208845,–
Bemessungsgrundlage nach § 10e EStG =	DM 237023,–

Abzugsbetrag 5% von Bemessungsgrundlage = DM 11851,–

Beispiel:

DM		Tarifliche Einkommensteuer DM
70200,–	zu versteuerndes Einkommen.	12344,–
	Nach dem Beispiel vermindert sich das zu versteuernde Einkommen um:	
11851,–		
	Die Bemessungsgrundlage (zu versteuerndes Einkommen) ermäßigt sich auf:	
58349,–	Die tarifliche Einkommensteuer darauf beträgt (Splitting-Tabelle 1999)	8808,–
	Daraus ergibt sich eine Steuerersparnis von	3536,–

Bei nach dem 1. 1. 1990 hergestellten oder angeschafften Wohnungen für die die Steuerbegünstigung nach § 10e EStG beansprucht wird, erhöht sich das Baukindergeld nach § 34f EStG auf monatlich DM 83,33.

Wegen des ab 1. 1. 1996 geltenden Eigenheim-Zulagengesetzes ist diese Berechnung grundsätzlich nur für sogenannte „Altfälle“ unter Berücksichtigung der neuen Steuertabellen anwendbar (s. S. 134).

Kapitel III. Sicherheiten für Finanzierungsmittel

A. Das zweigliedrige Schuldverhältnis

Nimmt man fremde Mittel auf, so entsteht zwischen Darlehensnehmer und Darlehensgeber, meist ein Kreditinsitut, ein Schuldverhältnis. Die Ansprüche des Gläubigers richten sich, wirtschaftlich gesehen, auf Verzinsung und Rückzahlung einer bestimmten Menge Geld innerhalb einer vereinbarten Zeit. Bei einer solchen zweiseitigen Kreditbeziehung, die ein Vertrauensverhältnis voraussetzt, besteht die Sicherheit in der Person des Kreditnehmers. Auf seinem Ruf, seiner Zuverlässigkeit und seiner Ertragskraft – auch Bonität genannt –, beruht diese Sicherheit bei einem „*Personalkredit*". Der Schuldner soll in geordneten wirtschaftlichen Verhältnissen leben. Außerdem wird erwartet, daß er alles Notwendige unternehmen wird, die empfangene Geldsumme ordnungsgemäß zurückzuzahlen.

Aber es kommt auch auf den beabsichtigten Verwendungszweck der Fremdmittel an. Er muß ebenfalls kreditwürdig sein. Die Finanzierung von Grundvermögen, zum Beispiel beim Ankauf, Bau, Ausbau, Umbau und der Modernisierung gilt in der Regel als kreditwürdige Zweckbestimmung.

Bei der Finanzierung von Häusern und Wohnungen sucht die darlehensausgebende Stelle aber nach der Möglichkeit, noch einen „zweiten" Schuldner zu finden. Dieses Verlangen nach einer zusätzlichen Sicherheit wird damit erfüllt, daß der Vermögensgegenstand „Haus oder Wohnung" als Pfand gegeben wird. Die Verpfändung besteht darin, daß ein Grundpfandrecht an dem Grundstück bestellt wird. Am häufigsten geschieht das mit einer Hypothek oder einer Grundschuld. Rentenschulden kommen seltener vor. Wird ein Darlehen zusätzlich durch Eintragung eines Grundpfandrechts im Grundbuch gesichert, so wird daraus meist ein „*Realkredit*". Man versteht darunter eine langfristige Ausleihung von Geld gegen Bestellung von grundpfandrechtlichen Sicherheiten an Grundstücken und bestimmten grundstücksgleichen

Rechten (Wohnungseigentum, Teileigentum und Erbbaurechten). Für die Gewährung von Realkredit muß noch aber eine weitere Bedingung erfüllt sein:

Unabhängig von der Person des Kreditnehmers müssen Verzinsung und Rückzahlung des Darlehens jederzeit aus dem beliehenen Grundstück gewährleistet sein. Entweder aus seinen Erträgen oder aus seinem Bau- und Bodenwert oder seinem Verkehrswert.

Ist diese Bedingung nicht oder nicht voll erfüllt, so spricht man von einem *„grundpfandrechtlich gesicherten Personalkredit"*. Er tritt besonders häufig, in verschiedenen Mischformen, bei der Finanzierung selbstgenutzter Eigenheime und Eigentumswohnungen auf. Damit bestehen für ein einziges, nur einmal geschuldetes Darlehen zwei Schuldverhältnisse nebeneinander:

- die persönliche Haftung des Darlehensnehmers und
- die dingliche Haftung des Grundstücks aus dem eingetragenen Grundpfandrecht.

Kredite sind in der Regel um so teurer, je geringer dem Darlehensgeber die Sicherheit erscheint. Da bei der Finanzierung von Haus und Wohnung der Sachwert zusätzlich zur Sicherung der Forderung verwendet werden kann, schränkt sich das Risiko für das Kreditinstitut erheblich ein. Solche objektbezogenen Darlehen können daher zu günstigeren Zinssätzen ausgeliehen werden als weniger gut gedeckte Kredite. (Auf eine manchmal gebrauchte Unterscheidung zwischen „Kredit" und „Darlehen" wird hier verzichtet. In der Finanzierungspraxis besteht für den Darlehensnehmer kaum ein Grund zur Differenzierung.)

Auch aus der Sicht des Kreditnehmers besteht zwischen ihm und dem Gläubiger ein Vertrauensverhältnis. Ein Schuldner kann erwarten, daß ihm das ausgeliehene Geld, wenn er den Vertrag ordnungsgemäß erfüllt, für die gesamte versprochene Laufzeit zur Verfügung bleibt. Er muß Gewißheit haben, daß er die von ihm gegebenen Sicherheiten nach der Rückzahlung der Schuld zurückerhält und daß außerdem das gesamte Darlehensverhältnis Dritten nach außen nicht bekanntgegeben wird. Ein Kreditinstitut verpflichtet sich mit einem Darlehensvertrag die Zusage einzuhalten, das Darlehen wie vereinbart auszuzahlen, sobald die Voraussetzungen vorliegen. Beachten muß der Darlehensnehmer, ob er sich in solchen Vereinbarungen verpflichtet, den Kredit auch abzunehmen, selbst wenn er ihn nicht benötigt. Meist kann er ihn nach freiem Belieben oder nach Baufortschritt in Anspruch nehmen. Kreditabnahmeverpflichtungen sind manchmal notwendig, weil der Darlehensgeber sich die Mittel bei Dritten (auf den Finanzmärkten) borgt und selbst einen Zins für die Inanspruchnahme dieser Mittel versprochen hat. Beim Realkredit besteht meistens eine Abnahmepflicht des Kreditnehmers. Aber er kann im Rahmen der vereinbarten Bedingungen von seinen Kündigungsrechten Gebrauch machen. Das wird aber meist teuer.

Die einzelvertraglichen Vereinbarungen zwischen dem Kreditnehmer und dem Darlehensgeber werden meist durch „Allgemeine Geschäftsbedingungen" ergänzt. Es handelt sich dabei um vorformulierte Vertragsbedingungen, die für eine Vielzahl von Verträgen angewendet werden. Das „Gesetz zur Regelung des Rechts der Allgemeinen Geschäftsbedingungen" (AGB-Gesetz) BGBl. I 1976, 3317, das am 1. 4. 1977 in Kraft trat, zieht immer wieder Änderungen der Allgemeinen Geschäftsbedingungen nach sich.* Insgesamt gesehen wurden sie kundenfreundlicher. Allerdings wäre es eine Illusion anzunehmen, daß dadurch eine Verwässerung der Pflichten des Darlehensnehmers eingetreten wäre.

Studiert er erstmals die in den Schuldurkunden formulierten Vereinbarungen, so erfassen ihn zunächst Angst, Schrecken und Verwirrung. Wenn er aber die einzelnen Vereinbarungen genauer durchsieht, dann bemerkt er, daß sie in ihrem unangenehmen Teil

---

* Zur Unwirksamkeit einer im Rahmen der formularmäßigen Anerkennung von Bauspardarlehensbedingungen erklärten Übernahme der persönlichen Haftung durch den Grundeigentümer siehe OLG Oldenburg, Urt. v. 10. 3. 1988 – 14 U 95/87, NJW-RR 1988 S. 1101. „Bestellt ein Grundstückseigentümer vereinbarungsgemäß eine Grundschuld zur Sicherung von Forderungen der Bank gegen einen Dritten, so verstößt eine in dem Grundschuldbestellungsformular enthaltene Klausel, durch die der Eigentümer auch die persönliche Haftung für die gesicherten Forderungen übernimmt, gegen § 9 Abs. 2 Nr. 1 AGBG." BGH, Urteil vom 5. 3. 1991 – XI ZR 75/90, BB 1991 S. 1077 f. Der BGH gibt den Kreditinstituten den Hinweis, daß nur durch eine gesonderte Vereinbarung die persönliche Haftung des zur Sicherung bereiten Dritten zu begründen ist. Daher wird es künftig erforderlich sein, daß die Haftungserweiterung durch Übernahme einer persönlichen Haftung nicht mehr in den Grundbestellungsformularen selbst, sondern in separaten Vereinbarungen rechtswirksam begründet wird.

Siehe auch Beschluß des BVG vom 19. 10. 1993 – 1 BvR 567/89 (NJW 1994, S. 36) und BGH-Urteil (IX ZR 161/98) v. 1. 7. 1999.

nur bei Leistungsstörungen wirken. Diese Klauseln beziehen sich hauptsächlich auf den Fall, daß der Schuldner mit seinen Zahlungen in Verzug kommt oder überhaupt nicht zahlt. Das Kreditinstitut kann dann alles tun, um seine Forderung zu realisieren. Denn bei Nichtzahlung hat der Kreditnehmer das besondere Vertrauensverhältnis – ein bestimmendes Wesensmerkmal des Darlehensvertrages – zu dem Darlehensgeber gestört. Der Gläubiger vertraut darauf, daß der Schuldner das ihm anvertraute Geld während der Laufzeit des Darlehens rechtzeitig und in jeweils ausgemachter Höhe zurückzahlt. Treten Schwierigkeiten auf, die nicht in der Person des Darlehensnehmers liegen, so helfen Kreditinstitute, tragbare Lösungen zu finden (Wegfall von Überstunden, Arbeitslosigkeit). Für die Öffentlichkeit wird dieses Verhalten deutlich in den Jahren, in denen die Zinsen erheblich ansteigen, die vereinbarte Laufzeit zu Ende geht und deshalb eine Umschuldung notwendig wird. In einem solchen Fall empfiehlt es sich, rechtzeitig mit dem Gläubiger über neue Konditionen zu verhandeln. Gemeinsam kann man sich bemühen, die finanzielle Situation des Darlehnsnehmers durch Wohngeld, Miet- oder Lastenzuschüsse (siehe dazu S. 502) zu verbessern. Darlehn mit relativ hohem Auszahlungsverlust (Disagio) können die Lasten aus dem Kapitaldienst, wegen des dann niedrigeren Nominalzinses, herabsetzen (siehe S. 158). Mit einem Tilgungsstreckungsdarlehen (siehe S. 317) verlagert man die Belastung des Schuldners in die Zukunft.

1. Die persönliche Haftung des Darlehensnehmers

Haftung setzt (in aller Regel) ein Verpflichtetsein voraus. Die Haftung verlangt eine Verpflichtung, die dem Schuldner aufgibt, die Leistung zu bewirken. Der Umfang der Haftung wird gekennzeichnet durch die Weite und die Begrenzung des Inhalts der Verpflichtung. Der Inhalt einer schuldrechtlichen Vereinbarung legt fest, wie und was geschuldet wird. Für die Praxis der Finanzierung macht es dabei keinen Unterschied, ob man der Meinung ist, daß bei dem zweigliedrigen Schuldverhältnis in einer Person zwei Schuldverhältnisse anknüpfen (persönliches und dingliches Schuldverhältnis) oder ob man meint, daß es sich um eine einheitliche Verpflichtung mit alternierendem Inhalt handele. Wenn der spätere Schuldner eine Finanzierung erreichen will, so muß er sich auf die Darlehensbedingungen einlassen. Meist wird die persönliche Haftung des Darlehensnehmers mit Formularverträgen begründet, sie heißen z.B.: Schuldschein, Darlehensanerkenntnis oder zweiseitiger Kreditvertrag. Sieht man einen solchen Vertrag durch, so kommen grundsätzlich folgende Bedingungen vor:

Gemeinsam ist diesen Formen, daß zuerst der Darlehensbetrag festgelegt wird und außerdem der Verwendungszweck beschrieben ist. Anschließend folgt eine Zinsvereinbarung. Hier wird der nominelle Zins eingetragen sowie der Auszahlungskurs und sonstige Nebenleistungen. An *Nebenleistungen* kommen in Frage: Bearbeitungsgebühr, Bereitstellungsprovisionen, Vorfälligkeitsentschädigungen und andere Provisionen. An dieser Position eines Darlehensvertrages sind wirtschaftlich entscheidende Änderungen durch Verhandlung möglich. Meistens schließt sich eine *Zinsänderungsvereinbarung* an (siehe S. 282). Es wird außerdem die *Zinszahlungstechnik* festgelegt: ob die Zinsen z.B. jährlich, vierteljährlich oder monatlich im voraus oder nachträglich berechnet werden. Außerdem wird aufgeführt, wann Zinsraten zu leisten sind und wann und wie Verzugszinsen berechnet werden. Diese Zinserhöhung bei nicht rechtzeitig geleisteter Zahlung ist in der Regel an im Vertrag genau vereinbarte Bedingungen gebunden. Anschließend folgen *Abreden über die Rückzahlung.* Die Höhe der Tilgung, der Zahlungszeitpunkt, der Zeitpunkt der Tilgungsverrechnung und der Beginn der Tilgung werden bestimmt. Nach diesen Tilgungsvereinbarungen richtet sich die Darlehenslaufzeit (siehe dazu S. 263).

An dieser Stelle des Vertrages kommen manchmal auch *Rückzahlungssperrfristen* vor. Es wird ein Termin eingesetzt, bis zu dem der Schuldner nicht zurückzahlen kann. Manchmal ist in diesem Zeitraum nur die normale planmäßige Rückzahlung möglich. Wegen der Unterscheidung zwischen Abzahlungsdarlehn, Festhypothek bzw. Fälligkeitshypothek wird auf S. 283f. verwiesen. Manche Institute verlangen auch den Abschluß einer *Hypothekentilgungsversicherung.* Die *Kündigungsmöglichkeiten* der Dar-lehen sind für beide Seiten zu regeln. Sie sind zu betrachten unter dem Gesichtspunkt der Zinsanpassung und der Vereinbarung einer vorzeitigen Rückzahlungsmöglichkeit.

Das Kündigungsrecht des Schuldners aus Darlehensverträgen erhielt ab 1. 1. 1987 eine neue gesetzliche Grundlage.* Ein neuer § 609a wurde in das BGB eingefügt und der § 247 BGB aufgehoben. Auf Verträge, die vor dem 1. 1. 1987 abgeschlossen wurden, bleiben die Bestimmungen des § 247 BGB weiterhin anwendbar. Diese Regelung führt zu dem Ergebnis, daß es für Alt- und Neuverträge für eine Übergangszeit unterschiedliche gesetzliche Kündigungsmöglichkeiten bei Darlehensverträgen gibt. Die Neuregelung ist für den durchschnittlichen Darlehensnehmer sehr kompliziert ausgefallen. Für den an dieser Stelle maßgeblichen Bereich der Neuregelung gibt es folgende Einzelregelungen:

Darlehen mit veränderlichem Zinssatz

Gemäß § 609a II BGB kann der Schuldner ein Darlehen mit veränderlichem Zinssatz jederzeit unter Einhaltung einer Kündigungsfrist von drei Monaten kündigen. Da insoweit jegliche Einschränkung fehlt, gilt dieses Kündigungsrecht für Darlehen zu jedem Zweck und unabhängig von der Person des Darlehensnehmers.

Festverzinsliche Kredite

Nach § 609a Abs. 1 BGB kann der Schuldner ein Darlehen, bei dem ein Zinssatz für einen bestimmten Zeitraum fest vereinbart ist, ganz oder teilweise kündigen,

a) wenn die Zinsbindung vor der für die Rückzahlung bestimmten Zeit endet und keine neue Vereinbarung über den Zinssatz getroffen ist, unter Einhaltung einer Kündigungsfrist von einem Monat, frühestens für den Ablauf des Tages, an dem die Zinsbindung endet; ist eine Anpassung des Zinssatzes in bestimmten Zeiträumen bis zu einem Jahr vereinbart, so kann der Schuldner jeweils nur für den Ablauf des Tages kündigen, an dem die Zinsbindung endet;
b) in jedem Falle nach Ablauf von 10 Jahren nach dem vollständigen Empfang unter Einhaltung einer Kündigungsfrist von 6 Monaten; wird nach dem Empfang des Darlehens eine neue

---

* Gesetz zur Änderung wirtschafts-, verbraucher-, arbeits- und sozialrechtlicher Vorschriften vom 25. 7. 1986 (BGBl. I S. 1169ff.).

Vereinbarung über die Zeit der Rückzahlung oder den Zinssatz getroffen, so tritt der Zeitpunkt dieser Vereinbarung an die Stelle des Zeitpunktes der Auszahlung.

Nach § 609a Abs. 1 Nr. 3 BGB kann der Schuldner bei allen festverzinslichen Darlehen („in jedem Falle") nach Ablauf von 10 Jahren nach dem vollständigen Empfang des Darlehens den Darlehensvertrag kündigen. Der Darlehensnehmer soll – wie schon bei § 18 Abs. 2, 2. Halbsatz des Hypothekenbankgesetzes – nicht länger als 10 Jahre an einen möglicherweise nicht mehr zeitgemäßen Zinssatz gebunden sein.

Nach Abs. 1 Nr. 3 2. Halbsatz beginnt der 10jährige Zeitraum, nach dessen Ablauf dem Schuldner das gesetzliche Kündigungsrecht zusteht, im Falle einer nach der Auszahlung des Darlehens erfolgten Konditionenanpassung mit dem Zeitpunkt der Anpassung, wie dies bisher schon in § 18 Abs. 2 Satz 2 2. Halbsatz des Hypothekenbankgesetzes vorgesehen war.

Als Darlehen mit „festem" Zinssatz gelten sowohl solche, bei denen der Zins für die gesamte Laufzeit unverändert bleibt, als auch solche, bei denen eine abschnittsweise Finanzierung dergestalt erfolgt, daß jeweils für bestimmte Zeiträume bis zu dem Rückzahlungstermin ein bestimmter Zins vereinbart wird oder gelten soll. Zu dem „fest vereinbarten" Zins zählt das Gesetz auch das Darlehen mit variablem Zins, sofern eine Zinsanpassung nur in fest vorgegebenen Zeiträumen erfolgen kann (Abs. 1, 1. Halbs.). Zu Darlehen mit „veränderlichem" Zinssatz i. S. dieser Vorschrift qualifiziert das Gesetz im Hinblick auf die getroffene Bestimmung für festverzinsliche Darlehen (nur noch) solche, „bei denen jederzeit eine Änderung des Zinssatzes eintreten kann" (Abs. 2). Im wesentlichen handelt es sich bei Darlehen mit solchem „veränderlichem", d. h. jederzeit anpaßbarem Zinssatz, um solche, bei denen eine

- automatisch wirkende Zinsanpassungsklausel jederzeit den Zins verändert, wenn sich die gewählte Bezugsgröße geändert hat (Beispiel: „Der Zins beträgt jeweils X% über Bundesbankdiskont. Er ändert sich unmittelbar nach oben oder unten, sobald der Diskontsatz geändert worden ist", sog. „Spannungsklausel"),
- einseitige Zinsbestimmungsklausel, die dem Gläubiger das Recht einräumt, den Zins jederzeit unter Berücksichtigung billi-

gen Ermessens (das gerichtlich voll überprüfbar ist, BGH WM 1986 S. 581) nach objektiven Kriterien festzusetzen (Beispiel: „Der Darlehensgeber behält sich vor, jederzeit den Darlehenszins den geänderten Verhältnissen am Kapitalmarkt anzupassen“, sog. „Leistungsvorbehaltsklausel“).

Beide Arten von Anpassungsklauseln bedürfen keiner währungsrechtlichen Genehmigung. Zu Zinsbegrenzungsverträgen s. S. 280.

Die lange umstrittene Frage, ob es eine Nachfolgeregelung zu § 3 WährG geben soll bei Umsetzung des Euro-Einführungsgesetzes, ist jetzt geklärt. In letzter Minute wurde im Bundestag ein neuer § 2 im PreisAngG (PAPKG) Artikel 9, § 4 EuroEG v. 9. 6. 1998 (BGBl. I S. 1429), (in Zukunft *Preisangaben- und Preisklauselgesetz*) eingefügt. In ihm ist ein Indexierungsverbot mit Genehmigungsvorbehalt fixiert. Danach darf der Betrag von Geldschulden „nicht unmittelbar und selbsttätig durch den Preis oder Wert von anderen Gütern oder Leistungen bestimmt werden, die mit den vereinbarten Gütern oder Leistungen nicht vergleichbar sind“. Das Bundesministerium für Wirtschaft oder eine andere von der Bundesregierung durch RechtsVO bestimmte Bundesbehörde kann aber auf Antrag Ausnahmen hiervon genehmigen. Nicht unter das Indexierungsverbot fallen der Geld- und Kapitalverkehr sowie Verträge von gebietsansässigen Kaufleuten mit Gebietsfremden.

Dann wird der *Zahlungsort* aufgeführt. Es wird festgestellt, daß die *Zahlungen* eine Bringschuld sind und daß die Zahlungen kostenfrei zu leisten sind und daß Aufrechnungen ausgeschlossen werden. Der Gläubiger behält sich das Recht vor, die geleisteten Zahlungen nach eigenem Ermessen auf die Arten des geschuldeten Leistungen zu verteilen. Meist verwendet er sie zuerst für Kosten, dann für Zinsen und anschließend für die Tilgung.

Daneben werden *Zusatzpflichten des Schuldners* vereinbart. Er muß versprechen, die Pflege des Objekts zu übernehmen, das Objekt zu versichern und dem Gläubiger ein Recht einzuräumen, den Pfandgegenstand besichtigen zu können. Es wird von ihm verlangt, daß er die wirtschaftlichen Merkmale des Grundstücks dem Gläubiger auf Verlangen offenlegt und daß er ihm über seine Vermögensverhältnisse Auskunft gibt. Werden diese Pflichten vom Schuldner nicht eingehalten, so steht dem Darlehensgeber ein außerordentliches Kündigungsrecht zu. Meist handelt es sich um einen ziemlich umfangreichen Katalog von Pflichten, den man zwar durchlesen muß, auf den man aber eigentlich als einfacher Schuldner keinen Einfluß hat.

Dann ist meist in einem solchen persönlichen Schuldanerkenntnis die Verpflichtung enthalten, daß mehrere Schuldner als Gesamtschuldner haften und daß Eheleute als *Erklärungsempfänger* sich gegenseitig bevollmächtigen. Außerdem wird die *schuldrechtliche Verpflichtung* aufgenommen, ein Grundpfandrecht zu bestellen und ihm den vereinbarten Rang zu verschaffen.

Daneben muß der Schuldner sich in einem solchen Darlehensvertrag meist verpflichten, mit seinem *gesamten Vermögen für das Darlehen zu haften* – nicht nur mit dem belasteten Grundstück. *Abtretungsrechte des Gläubigers,* Vereinbarungen über die *Rückgewähr der Grundschuld* bilden wesentliche Bestandteile solcher Darlehensverträge. Es wird auch verlangt, daß der Schuldner gegenüber der Bauaufsichtsbehörde *Baulasten* nur mit Zustimmung des Gläubigers übernehmen darf. Außerdem wird fast immer auf *Geschäftsbedingungen* Bezug genommen und es werden Vereinbarungen über die Auskunftserteilung in solche Verträge aufgenommen. Zum Schluß sind dann *Abwicklungsvereinbarungen* über die Kostentragung und über den Gerichtsstand in solchen Verträgen zu finden.

Die Kreditinstitute sind natürlich gehalten, in solchen Formularverträgen nicht gegen das Gesetz über die Allgemeinen Geschäftsbedingungen zu verstoßen. Schon aus eigenem Interesse tun sie das in aller Regel nicht. Viel Einfluß kann ein einzelner Kreditnehmer auf die Summe der kleingedruckten Buchstaben meistens nicht nehmen. Er hat lediglich die Chance, durch Vergleich der Konditionen bei verschiedenen Kreditinstituten den Darlehensgeber auszuwählen, der wirtschaftlich den größten Vorteil bietet. Maßgeblich für den Zinsvergleich sind die Zahlungsströme.

Das Verbraucherkreditgesetz (VerbrKrG) nach der Änderung v. 27. 4. 1993 (BGBl. I S. 509) ist zu beachten: Damit werden bei der Kreditvergabe einschließlich Zwischenfinanzierung notwendige Angaben gefordert (§ 4):

- Jeder Kreditvertrag bedarf grundsätzlich der Schriftform.

- Die einheitliche Urkunde und jeder separate Urkundenteil müssen sowohl vom Kreditnehmer als auch vom Kreditgeber unterschrieben sein. Es genügt jetzt, wenn Antrag und Annahme des Kreditvertrags jeweils getrennt schriftlich erklärt werden. Die Angaben des Pflichtenkatalogs des § 4 sind nur auf der vom Verbraucher zu unterschreibenden Urkunde zu machen.
- Der Kreditvertrag muß insbesondere an Angaben enthalten:
  - Nettokreditbetrag (ggfs. der Höchstbetrag).
  - Zinssatz und alle Kosten des Kredits, die im einzelnen zu bezeichnen sind.
  - Effektiver Jahreszins oder anfänglicher effektiver Jahreszins.
  - Art und Weise der Kreditrückzahlung.
  - Zu bestellende Sicherheiten.
  - Versicherungskosten von Versicherungen, die mit dem Kreditvertrag abgeschlossen werden.

2. Die dingliche Haftung des Grundstücks

Die Gestaltungsmöglichkeiten für die dinglichen Sicherungsrechte hat der Gesetzgeber in den §§ 1113–1202 BGB geregelt.

Die häufig vorkommende Regelform nennt man „*Verkehrshypothek*". Eine Hypothek (§ 1113 BGB) ist immer abhängig von der schuldrechtlichen Forderung, die ihr zugrunde liegt. Diese Abhängigkeit vom Bestehen einer persönlichen Forderung wird beschrieben mit dem Begriff „Akzessorietät". Die Hypothek ist die Belastung eines Grundstücks oder eines grundstücksgleichen Rechtes mit einer herauszuzahlenden Geldsumme zur Sicherung einer Forderung. Aber diese gesetzliche Formulierung kann leicht mißverstanden werden. Der Grundstückseigentümer schuldet hier nicht etwa die Geldsumme persönlich, sondern die Hypothek bewirkt lediglich eine dingliche Haftung des Grundstücks. Sie stellt ein dingliches Verwertungsrecht dar. Dem Berechtigten verleiht sie die Befugnis für den Fall, daß die Schuldsumme nicht freiwillig bezahlt wird, das belastete Grundstück im Wege der Zwangsversteigerung zu verwerten oder zwangsweise durch Zwangsverwaltung die Nutzungen zu ziehen. Den erzielten Geldbetrag kann der Berechtigte bis zur Höhe der Belastung für sich behalten. Im

Regelfall wird über die Hypothek ein *Hypothekenbrief* erteilt. Eine solche *Briefhypothek* ist für Finanzierungszwecke deshalb gut brauchbar, weil der Erwerb und die Ausübung des Rechts an die Übergabe und an den Besitz des Hypothekenbriefes (Muster S. 180) gebunden ist. Diese Briefhypothek ist auch übertragbar, ohne daß die Übertragung im Grundbuch vermerkt wird. Damit erhöht sich ihre Verkehrsfähigkeit. Der mögliche Ausschluß der Erteilung eines Hypothekenbriefes bedarf einer besonderen Vereinbarung und diese Vereinbarung muß auch im Grundbuch eingetragen werden. Wird kein Brief ausgestellt, so handelt es sich um eine *Buchhypothek.*

Eine *Gesamthypothek* liegt dann vor, wenn die Hypothek für eine einheitliche Forderung an mehreren Grundstücken desselben oder verschiedener Eigentümer bestellt wird. Der Gläubiger kann die gesamte Forderungssumme zwar nur einmal geltend machen, aber es steht in seinem Belieben, sich aus allen oder auch nur aus einem Grundstück zu befriedigen. Da dem Gläubiger der Gesamthypothek auch das Recht zusteht, diese Hypothek beliebig auf die einzelnen Grundstücke zu verteilen und in Einzelhypotheken aufzulösen, kann bei vorrangigen Gesamthypotheken eine Finanzierung erschwert werden. Da ein nachrangiger Grundpfandgläubiger nicht vorhersehen kann, in welcher Höhe der vorrangige Gläubiger der Gesamthypothek das nachrangig belastete Grundstück innerhalb der ihm verliehenen Machtbefugnis in Anspruch nehmen wird, sehen die Kreditinstitute für eine nachrangige Beleihung nach einer solchen Vorlast ein nicht unerhebliches Risiko. Es wird in der Praxis dann darauf gesehen, daß das Gesamtgrundpfandrecht (es gibt auch Gesamtgrundschulden) zerlegt wird. Bei der Beleihung von Wohnungseigentumsrechten stellt sich dieses Problem, wenn ein Gesamtgrundpfandrecht besteht, das noch nicht auf die einzelnen Eigentumswohnungen verteilt worden ist.

Sicherungshypotheken (§§ 1184f. BGB), die stets als Buchhypotheken ausgestaltet sein müssen, spielen bei der Beschaffung von Finanzierungsmitteln kaum eine Rolle; ebenso die *Inhaberhypotheken* (§§ 1187f. BGB) und die *Höchstbetragshypotheken* (§ 1190 BGB).

Man unterscheidet Hypotheken auch nach der Art und Weise, wie das aufgenommene fremde Kapital abgetragen wird. Der Inhalt der Tilgungsvereinbarungen bei *Tilgungs-*, *Abzahlungs-* und *Tilgungsfondshypotheken* und deren wirtschaftliche Auswirkungen sind im Kapitel V.: Die Technik des Schuldendienstes, S. 256 behandelt. Bei der Begriffsbestimmung „Hypothek" heißt es, daß der Hypothekengläubiger die Befriedigung wegen einer ihm zustehenden Forderung verlangen kann. Aber es ist nicht erforderlich, daß diese Forderung des Gläubigers auch gegen den Grundstückseigentümer und Besteller der Hypothek selbst gerichtet sein muß. Die Hypothek kann auch der Sicherung fremder Schulden dienen. Der Schuldner leiht sich fremde Bonität.

Meist wird, wegen des geringeren Verwaltungsaufwandes, von den Kreditinstituten die Bildung einer Buchhypothek bevorzugt. Doch oft besteht für den Schuldner ein wirtschaftliches Bedürfnis, eine Briefhypothek zu bestellen. Erkennt er im Zahlungsplan und in der Darlehenszusage, daß die Finanzierungsmittel dieses Gläubigers nicht rechtzeitig zur Verfügung stehen werden, so kann er den Hypothekenbrief dazu verwenden, eine Zwischenfinanzierung oder einen anderen Kredit zu beschaffen. Die Übergabe und Abtretung einer Briefhypothek ist dann ein schnelles, praktikables Mittel, um Sicherheiten für diesen kurz- oder mittelfristigen Finanzierungsbedarf zu stellen.

Mit der Änderung des Hypotheken- und Grundschuldrechts durch das „Gesetz zur Änderung sachenrechtlicher, grundbuchrechtlicher und anderer Vorschriften" vom 22. 6. 1977 BGBl. I, 998 ist die Aussagefähigkeit der Hypothekenbriefe und auch der Grundschuldbriefe vermindert worden. Sie enthalten jetzt nur noch den Inhalt der Hypotheken- oder Grundschuldeintragung, die Nummer das Grundbuchblattes sowie die Nummer, unter der das belastete Grundstück im Bestandsverzeichnis eingetragen ist. Der Brief kann damit nichts mehr über Art, Lage, Größe des belasteten Grundstücks, des Wohnungseigentums oder eines Erbbaurechtes aussagen. Er enthält auch nicht mehr die Person des Eigentümers. Auch über etwa vorgehende oder gleichrangige Belastungen kann man nichts mehr nachlesen. Der neue Hypothekenbrief kann nicht mehr über den Stand des Grundbuches und auch über die Sicherheiten der Hypothek Auskunft geben. Der Gläubiger muß in allen Fällen für diese Auskünfte eine Grundbuchabschrift anfordern.

Die Hypothek hat die Eigenschaft, daß sie sich kraft Gesetzes in eine Eigentümergrundschuld verwandelt. Durch Tilgung erwirbt der Eigentümer dieses dingliche Recht. Damit wandelt sich die Eigentümerhypothek kraft Gesetzes in eine Eigentümergrundschuld um (§ 1163 Abs. 1 und § 1177 Abs. 1 Satz 1 BGB). Diese Umwandlungseigenschaft, auch „Metamorphose" genannt, rührt aus dem allgemeinen Pfandrecht her. Es ist bestimmt, daß das Pfandrecht grundsätzlich erlischt, wenn es mit dem Eigentum in derselben Person zusammentrifft. Dieser Automatismus in der Umwandlung der Hypothek zeigt auch den entscheidenden Unterschied zur Grundschuld.

Grundschulden sind nicht von einer Forderung abhängig. Die Belastung des Grundstücks geschieht in der Weise, daß schlechthin an denjenigen, zu dessen Gunsten sie erfolgt, eine bestimmte Geldsumme aus dem Grundstück zu zahlen ist (§§ 1191 ff. BGB). Diese Zahlung kann, aber sie muß nicht zur Befriedigung einer Forderung dienen. Die Grundschuld kann ebenfalls Buch- oder Briefgrundschuld sein. Selbst ein Grundstückseigentümer kann durch einseitige Erklärung gegenüber dem Grundbuchamt eine Eigentümergrundschuld für sich selbst bestellen (§ 1196 BGB). Wegen des gesetzlichen Löschungsanspruches wird auf die S. 198 verwiesen.

Für die förmlichen Erfordernisse der Umwandlung und Abtretung von Hypotheken und Grundschulden gibt es eine umfangreiche Rechtsprechung.[1]

Im Gegensatz zur Hypothek geht eine Grundschuld bei Tilgung oder Nichtentstehung der persönlichen Schuld nicht auf den Eigentümer über, sondern nur bei Verzicht oder Leistung durch den Eigentümer auf das dingliche Recht oder durch Rückübertragung. Werden Zahlungen bei einer Grundschuld nicht auf die persönliche Forderung geleistet, sondern auf die Fremd-Grundschuld selbst, so entsteht dadurch eine Eigentümergrundschuld. Wenn dieses Recht neu valutiert werden soll, so muß man die so entstehende Eigentümergrundschuld besonders abtreten.

Werden die Zahlungen des Eigentümers nur auf die persönliche Forderung geleistet, so sind, wenn der Sicherungszweck erfüllt ist,

---

[1] Bub/Schmid, Grundstücke erwerben, besitzen, belasten und verkaufen, 7. Aufl. 1996, Beck-Rechtsberater im dtv, Band 5082.

Ansprüche des Eigentümers zu berücksichtigen: er hat wahlweise Anspruch auf Rückabtretung der Grundschuld an sich oder einen Dritten; er hat Anspruch auf Verzicht auf die Grundschuld, auf Löschung der Grundschuld oder Herausgabe des Erlöses aus der Grundschuld im Falle der Zwangsversteigerung.

Juristisch gesehen ist die Behandlung der Grundpfandrechte im Zusammenhang mit der Realisierung von Forderungen und der Kreditsicherungen eine mit speziellen Erfordernissen gespicktes Feld. Es gibt darüber eine ausgedehnte Spezialliteratur.[1] Für den Bauherrn oder den Käufer von Haus oder Wohnung genügt es, die hier dargestellten wichtigsten Anwendungsregeln und die Folgen für die Finanzierung zu wissen.

Rentenschulden (§§ 1199ff. BGB) als dritte Form eines Grundpfandrechtes (als Spezialform der Grundschuld) kommen selten vor. Ihre Besonderheit liegt darin, daß zu regelmäßig wiederkehrenden Terminen eine bestimmte Summe aus dem Grundstück zu zahlen ist. Manchmal werden Grundstücke auf Rentenbasis verkauft. Dann werden zur Sicherung des Verkäufers Rentenschulden eingetragen (siehe dazu das dargestellte wirtschaftliche Ergebnis unter „Kauf auf Rentenbasis", S. 351).[1]

Grundschulden bilden sich immer mehr als hauptsächliches Sicherungsmittel heraus. Bei Forderungsübergängen und der Sicherung von Forderungen bieten sie Vorteile. Außerdem sind die Verfahrensvorschriften bei der Verwertung der Grundschuld für die Kreditinstitute leichter zu handhaben.

Die Finanzierung bleibt für den Erwerber oder Eigentümer von Haus und Wohnung eine immer wiederkehrende Aufgabe. Er muß immer wieder dingliche Sicherheiten stellen. Wird eine Hypothek als Grundpfandrecht bestellt, so ist es umständlicher, diese neu zu valutieren, als wenn man eine Grundschuld als Sicherungsmittel verwendet. Eine Eigentümergrundschuld hat eine große Umlaufsfähigkeit, wenn sie als Briefgrundschuld ausgebildet ist. Dieses Pfandrecht läßt sich leicht außerhalb des Grundbuches abtreten. Es ist deshalb bei der Aufnahme von Krediten vielseitig zu handhaben.

---

[1] Petzold, Rolf „Geschäfts- und Grundstücksveräußerung auf Rentenbasis", Verlagsgesellschaft Recht + Wirtschaft (Heidelberger Musterverträge H 37).

Muster

Deutscher

Hypothekenbrief

über

Noch gültig für
15 000 DM.

Schönberg, den 9. Juli 1981

(Unterschriften)

20 000 Deutsche Mark

eingetragen im Grundbuch von
Waslingen (Amtsgericht Schönberg)
Band 3 Blatt 82 Abteilung III Nr. 3 (drei)

Inhalt der Eintragung:

Nr. 3: 20 000 (zwanzigtausend) Deutsche Mark Kaufpreisforderung mit fünf vom Hundert jährlich verzinslich für Josef Schmitz in Waslingen, geboren am 20. März 1931. Unter Bezugnahme auf die Eintragungsbewilligung vom 1. Dezember 1978 eingetragen am 16. Februar 1979.

Belastetes Grundstück:

Das im Bestandsverzeichnis des Grundbuchs unter Nr. 1 verzeichnete Grundstück.

Schönberg, den 20. Februar 1979

Amtsgericht

(Siegel oder Stempel)

(Unterschriften)

Dem belasteten Grundstück ist am 14. November 1980 das im Bestandsverzeichnis unter Nr. 3 verzeichnete Grundstück als Bestandteil zugeschrieben worden. Infolge der Zuschreibung ist das belastete Grundstück unter Nr. 4 des Bestandsverzeichnisses neu eingetragen worden.

Schönberg, den 13. März 1981

Amtsgericht

(Siegel oder Stempel)

(Unterschriften)

Von den vorstehenden 20 000 DM sind 5 000 (fünftausend) Deutsche Mark nebst den Zinsen seit dem 1. Juli 1981 mit dem Vorrange vor dem Rest abgetreten an den Ingenieur Hans Müller in Waslingen. Die Abtretung und die Rangänderung sind am 7. Juli 1981 im Grundbuch eingetragen. Für den abgetretenen Betrag ist ein Teilhypothekenbrief hergestellt.

Schönberg, den 9. Juli 1981

Amtsgericht

(Siegel oder Stempel)

(Unterschriften)

Solcher Kreditbedarf ergibt sich, wenn Modernisierungen und größere Instandhaltungen vorzunehmen sind. Es kann auch eine Darlehensaufnahme in Frage kommen, um eine Erbauseinandersetzung zu regeln. Warum soll ein Eigentümer von Haus und Wohnung, nachdem er jahrelang gespart hat, nicht sein Objekt neu beleihen, um mit dem aufgenommenen Geld das zu tun, was er gerne machen möchte? Es muß ja nicht immer der Erwerb von Haus und Wohnung sein.

Zusammenfassend kann man sagen, daß Grundpfandrechte dingliche Sicherungsrechte sind. Sie entsprechen dem Pfandrecht bei beweglichen Sachen. Als Sicherheit werden Grundstücke verwendet. Die Bestandteile des Grundstücks, einschließlich der Mietzinsforderungen und bestimmter Versicherungsansprüche, sind haftungsverbunden mit dem Grundpfandrecht.

Diese Lasten des Grundstücks sind im Grundbuch eingetragen.[1] Außerdem gibt es noch ein Baulastenverzeichnis (siehe dazu S. 204).

3. Der Inhalt von Schuldurkunden für Grundpfandrechte

Grundpfandrechte bestellt man beim Notar. Man bringt das dafür von dem Gläubiger verlangte Formular mit. Fast jeder Darlehensgeber und jede Gruppe von Kreditinstituten verlangt ein anderes Muster. Aber der Inhalt ist ähnlich. In diesen Formularen steht obenan der Kapitalbetrag in Deutscher Mark. Dann wird bestimmt, ob es sich um eine Hypothek handelt oder um eine Grundschuld und ob sie mit oder ohne Brief bestellt wird. Es folgen meist Vereinbarungen über die verlangte Rangstelle des Grundpfandrechts und Vereinbarungen über Löschungsvormerkungen. Allerdings hat sich eine Erleichterung ergeben, da seit dem 1. 1. 1978 ein gesetzlicher Löschungsanspruch besteht, der nicht mehr in den Darlehensverträgen gesondert aufgeführt werden muß. Lediglich der Ausschluß oder die Einschränkung des Löschungsanspruchs muß vereinbart werden. Dann wird ein Zinssatz eingesetzt, der sogenannte dingliche Zins. Er ist in aller Regel erheblich höher als der für das Darlehen tatsächlich zu lei-

[1] „Grundbuchordnung“, Rote Textausgaben C. H. Beck, München.

stende Zins. Er dient der Sicherheit für den Fall der Zwangsversteigerung gegenüber dem nachrangig Berechtigten. Der vorrangige Gläubiger verbessert seine Sicherheit, da er die dinglichen Zinsen vorrangig geltend machen kann. Deshalb neigen die Kreditinstitute dazu, einen hohen Zinssatz eintragen zu lassen. Manchmal wird ein zu hoher dinglicher Zinssatz aber bei nachrangigen Beleihungen als störend angesehen. Daher findet man manchmal Verpflichtungen des erstrangigen Grundpfandrechtsgläubigers, nur die tatsächlich berechtigten Zinsen geltend zu machen. In der Schuldurkunde wird vereinbart, wie dieser Zinssatz sich bei einem *Rückstand* erhöht. Es wird festgelegt, welche einmaligen *Nebenleistungen* zusätzlich durch die Grundschuld abgesichert werden sollen, z.B. für Auszahlungsverluste (Disagio) und bestimmt wird auch, wann die dinglichen *Zinsen fällig* sein sollen. Auch über die *Fälligkeit der Grundschuld* selbst wird etwas vereinbart. In aller Regel ist der Satz zu finden: „Die Grundschuld ist ohne Kündigung sofort fällig." Das hat für den Gläubiger den Vorteil, daß er bei einer Zwangsmaßnahme nicht erst die Grundschuld kündigen muß. Gebräuchlich ist auch eine zweite Fassung, in der es heißt: „Kapital und Nebenleistung der Grundschuld können von beiden Teilen (oder nur von dem Gläubiger) jederzeit durch fristlose Kündigung fällig gestellt werden." Varianten dieser beiden Regelungen kommen in den verschiedensten Verträgen vor. Außerdem wird häufig vereinbart, daß die *Zahlung des Schuldners* nicht auf die Grundschuld selbst angerechnet werden, sondern daß die Zahlungen zur Begleichung der durch die Grundschuld gesicherten persönlichen Forderungen des Gläubigers dienen sollen. Der Grundschuldbestellung liegt häufig ein Sicherungsvertrag zugrunde – auch Sicherungsabrede oder Zweckerklärung genannt. Bei dieser Konstruktion geht es hauptsächlich um das Entstehen von Eigentümergrundschulden und Rückgewähransprüchen: Es entstehen dabei Rechtsfragen mit komplizierten formalen Auslegungs- und Gestaltungsfragen, die hauptsächlich dem Spezialisten zugänglich sind.

Von großer praktischer Bedeutung ist die in solchen Urkunden verlangte *Unterwerfung des jeweiligen Eigentümers des Grundstücks unter die sofortige Zwangsvollstreckung* aus dem Grundpfandrecht in das Grundstück. Mit einer *vollstreckbaren Ausfer-*

tigung der Schuldurkunde, die der Eigentümer bezahlen muß, wird dem Gläubiger ein Rechtstitel an die Hand gegeben, mit dem er möglichst bald und einfach die Beitreibung seiner Forderung einleiten kann. In solchen Klauseln muß sich manchmal der Eigentümer darüber hinaus der sofortigen Zwangsvollstreckung in sein gesamtes Vermögen unterwerfen. Diese Forderung wird oft als zu weitgehend empfunden. Es verstößt gegen § 9 AGB-Gesetz, wenn ein Sicherungsgeber, der nicht Schuldner der zu sichernden Forderung ist, im Rahmen einer Grundschuldbestellung formularmäßig durch abstraktes Schuldversprechen die persönliche Haftung für den Grundschuldbetrag übernimmt.* Es folgen dann meist die formalen grundbuchrechtlichen Dinge, der *Eintragungsantrag* und die *Eintragungsbewilligung.*

Häufig ist auch vereinbart, daß der Eigentümer auf das *Recht, die Anträge zurückzunehmen,* verzichtet. Das hat praktische Vorteile für den Schwebezustand zwischen Bewilligung eines solchen Rechtes und dem Vollzug des Antrags im Grundbuch. Mit einem Verzicht auf ein Rücknahmerecht läßt sich die Valutierung eines Darlehens schneller erreichen.

Den Kreditinstituten genügt häufig schon die gesicherte Anwartschaft auf Eintragung des Grundpfandrechts. Eine Darlehensauszahlung wird nicht selten schon dann vorgenommen, wenn:
- der gemeinsam von Darlehensnehmer und Gläubiger gestellte Eintragungsantrag beim Grundbuchamt eingegangen,
- die Eintragungsbewilligung des Grundstückseigentümers in öffentlich beglaubigter oder in beurkundeter Form dem Grundbuchamt und dem Gläubiger vorliegen,
- der Darlehensnehmer als Eigentümer des Grundstücks eingetragen,
- der Hypotheken- oder Grundschuldbrief körperlich an den Gläubiger übergeben wurde,
- durch die Bestätigung eines Notars nachgewiesen wird, daß die vereinbarte Rangstelle im Grundbuch frei, und daß nach Einsicht in das Grundbuch dem Notar nicht bekannt ist, daß der Eintragung des Grundpfandrechts Hindernisse entgegenstehen,

---

* OLG Oldenburg, Urt. v. 18. 6. 1984 – 9 U 1/84, NJW 1985, 152, und s. S. 171.

- für die Eintragung des Grundpfandrechts die Zustimmung einer Behörde oder eines Dritten nicht erforderlich oder unwiderruflich erteilt worden ist.

Welche dieser Voraussetzungen erfüllt sein müssen, entscheidet der Gläubiger im Einzelfall.

Wird ein Grundpfandrecht im Zusammenhang mit der Finanzierung eines Grundstückserwerbs benötigt, so muß der„Noch"-eigentümer die Eintragung ermöglichen. Der Anspruch des Verkäufers auf die Kaufpreiszahlung wird dann häufig so gesichert, daß der Darlehensnehmer seinen Auszahlungsanspruch an den Verkäufer in dieser Höhe abtritt und dem Darlehensgeber anweist, die Darlehensvaluta an den Verkäufer auszuzahlen.

Die körperliche Briefübergabe kann ersetzt werden durch eine Vereinbarung der Beteiligten, daß der Gläubiger sich den Brief unmittelbar vom Grundbuchamt aushändigen lassen darf (§ 1117 Abs. 2 BGB).

Es folgt in der Urkunde dann meist die Erklärung, daß beide Eheleute sich als *Erklärungsempfänger* gegenseitig vertreten. Dann kommt die Beschreibung des Pfandbesitzes und die Ermächtigung des Notars, die erforderlichen Anträge zur Durchführung der Urkunde zu stellen. Manchmal werden Vereinbarungen getroffen, daß im Falle der *Abtretung eines Auszahlungsanspruches* an ein drittes Kreditinstitut (meist wegen einer Zwischenfinanzierung) das Grundbuchamt auf Antrag des Eigentümers das Buchgrundpfandrecht in ein Briefgrundpfandrecht umwandeln kann. Es ist außerdem dann verabredet, daß auf Antrag des Eigentümers das Grundbuchamt dem dritten Kreditinstitut den Brief aushändigen darf. Es werden Abreden getroffen über die *Abtretung von Grundpfandrechten,* die vorgehen oder gleichzeitig entstehen und die *Abtretung von Rückgewähransprüchen.*

B. Wie man das Grundbuch für die Finanzierung benutzt

Benötigt man Fremdkapital für ein Haus oder eine Wohnung, so muß man ein Grundstück haben oder Eigentümer werden können. Dieses Grundstück kann man beleihen. Es dient als Pfandobjekt für die dingliche Haftung.

Es genügt allerdings nicht zu sagen: „Ich habe das Grundstück Rosenweg Nr. 16 in Altenberg." Man muß vielmehr eindeutig nachweisen, daß man als Eigentümer im Grundbuch eingetragen ist. Als geeigneter Nachweis eines Grundstücks dient ein Grundbuch-Auszug oder eine Grundbuchnachricht.

Der Begriff „Grundstück" im rechtlichen Sinne ist in seinen Einzelheiten differenzierter ausgestaltet, als die Vorstellung, die man im Sprachgebrauch mit dem Wort „Grundstück" verbindet. Allgemein wird als Grundstück ein äußerlich erkennbarer, abgegrenzter Teil der Erdoberfläche bezeichnet. Ein Grundstück im Rechtssinne muß vermessen sein. Es muß formal abgegrenzt als Katasterparzelle in dem Liegenschaftskataster, als dem Verzeichnis aller Grundstücke eines Gebietes, enthalten sein. Die vermessene Fläche trägt zur Kennzeichnung eine Parzellennummer (auch Flurstücksnummer genannt). Allein durch diese Nummer wird das Grundstück im Rechtssinne gekennzeichnet. Aber als weitere Voraussetzung kommt hinzu, daß diese Parzelle mit ihrer Nummer im Grundbuch als Grundstück ausgewiesen sein muß.

1. Wie ist das Grundbuch eingeteilt?

Das Grundbuch ist ein staatliches Register für Grundstücksrechte. Es wird bei den Amtsgerichten geführt. Baden-Württemberg macht eine Ausnahme mit staatlichen Grundbuchämtern, die von Notaren geleitet werden.

Für jedes Grundstück im Rechtssinne ist ein Grundbuchblatt angelegt. Die Ausgestaltung des Grundbuchs zeigt folgendes Schema (siehe S. 186).

Das Grundbuch beschreibt das jeweilige Grundstück genau. Dem Aufbau des Grundbuchs liegt im Regelfall das „Realfoliensystem" zugrunde. Das heißt nichts anderes, als daß jedes Grundstück im Grundbuch ein besonderes Grundbuchblatt erhält. Daneben gibt es das „Personalfoliensystem". Hat ein Eigentümer mehrere Grundstücke, und liegen sie alle in einem Grundbuchbezirk, so kann er dafür ein gemeinschaftliches Grundbuchblatt anlegen lassen.

Über die Führung des Grundbuchs und die Einzelheiten der Anlagen gibt es die Grundbuchordnung (GBO) vom 24. 3. 1897 (RGBl. 139) in der jeweils geltenden Fassung und die dazu ergan-

Darstellung des Grundbuchs (*nur Schema*)[1]

Einlegeblatt

Amtsgericht Königswinter **Grundbuch von** Ittenbach **Blatt** 0140 **Bestandsverzeichnis**

Laufende Nummer der Grundstücke	Bisherige laufende Nummer der Grundstücke	Bezeichnung der Grundstücke und der mit dem Eigentum verbundenen Rechte					Größe		
		Gemarkung (Vermessungsbezirk)	Karte: Flur	Karte: Flurstück	Liegenschaftsbuch	Wirtschaftsart und Lage			
		a	b		c/d	e	ha	a	m²
1	2	3					4		
1		Ittenbach	4	1699		Bauplatz Uferweg			

Hier auch einzutragen: Rechte, die mit dem (Eigentum an dem) aufgeführten Grundstück verbunden sind. So z.B. ein Wegerecht an einem anderen Grundstück;

eingetragen: „Geh- und Fahrrecht am Grundstück Ittenbach Flur 4 Nr. 1606 (Grundbuch von Ittenbach Blatt 0027)

Im Loseblatt-Grundbuch ist dieses Blatt weiß.

* Komplettes Muster eines Grundbuchs z. B. bei *Baur*, Anhang 1; *Lent-Schwab*, S. 311 ff; ferner in den GBO-Kommentaren, z. B. *Horber*, Anl 1 zur GBVfg.

[1] *Quelle:* Gerhardt, Immobiliarsachenrecht, JuS Schriftenreihe Heft 41, C.H. Beck, 4. Aufl. München 1996.

Einlegeblatt **Abt. I**

Amtsgericht Königswinter **Grundbuch von** Ittenbach **Blatt** 0140 **Erste Abteilung**

Laufende Nummer der Eintragungen	Eigentümer	Laufende Nummer der Grundstücke im Bestandsverzeichnis	Grundlage der Eintragung
1	2	3	4
1	Landwirt Max Bauer	1	Aufgelassen am 5. Oktober 1932 und eingetragen am 18. Oktober 1934 *Rolf* *Walther*

Einzutragen: Eigentümer + Grundlage des Eigentums (z. B. Auflassung)

Im Loseblatt-Grundbuch rosa getönte Blätter

Einlegeblatt **Abt. II**

Amtsgericht Königswinter **Grundbuch von** Ittenbach **Blatt** 0140 **Zweite Abteilung**

Laufende Nummer der Eintragungen	Laufende Nummer der betroffenen Grundstücke im Bestandsverzeichnis	Lasten und Beschränkungen
1	2	3
1	1	Vormerkung zur Sicherung des Anspruchs auf Eigentumsübertragung für den Baurat Ernst Kern aus Bonn. Mit Bezug auf die Bewilligung vom 14. Dezember 1978 eingetragen am 30. Januar 1979. *Hoss* *Köhler*

Einzutragen: Lasten und Beschränkungen
z.B. Nießbrauch
Auflassungsvormerkung*
Widerspruch gegen die Eintragung des (in Abt. I eingetragenen) Eigentümers*
Wegerecht zugunsten eines anderen Grundstücks
dingl. Vorkaufsrecht zugunsten eines anderen Grundstücks Nacherbenvermerk*
Testamentsvollstreckervermerk*
Konkursvermerk (Verlust der Verfügungsbefugnis des Eigentümers infolge Konkurseröffnung).*

Im Loseblatt-Grundbuch gelb getönte Blätter

* Diese Eintragungen beziehen sich inhaltlich unmittelbar auf die Berechtigung des in Abt. I Eingetragenen. Da diese Abteilung jedoch im Interesse der Übersichtlichkeit von allen zusätzlichen Eintragungen freigehalten werden soll, finden auch diese Eintragungen in Abt. II (Sammelfunktion) statt.

Einlegeblatt **Abt. III**

Amtsgericht Königswinter **Grundbuch von** Ittenbach **Blatt** 0140 **Dritte Abteilung**

Laufende Nummer der Eintragungen	Laufende Nummer der belasteten Grundstücke im Bestandsverzeichnis	Betrag	Hypotheken, Grundschulden, Rentenschulden
1	2	3	4
1		10000 DM	Zehntausend Deutsche Mark Hypothek mit 10% Zinsen jährlich für den Rentner Paul Reich aus Düsseldorf. Unter Bezugnahme auf die Eintragungsbewilligung vom 23. Januar 1979 eingetragen am 13. Februar 1979. *Hoss* *Köhler*

Einzutragen: Hypotheken, Grundschulden und Rentenschulden mit Betrag und Bezugnahme auf die Eintragungsbewilligung.

Falls vereinbart auch: Zinssatz
Unterwerfung unter die sofortige Zwangsvollstreckung
Ausschluß der Brieferteilung

Im Loseblatt-Grundbuch grün getönte Blätter

genen Verfügungen und Verordnungen.[1] In ihnen ist die Hauptgliederung des Grundbuchs, wie sie hier abgedruckt ist, festgelegt.

Jedes Grundbuchblatt besteht aus der Aufschrift, dem Bestandsverzeichnis und drei Abteilungen. Die Aufschrift enthält die Abgrenzungs- und Einordnungskriterien: das als Grundbuchamt tätige Amtsgericht und den Grundbuchbezirk (der erfaßte engere örtliche Gebietsbereich). Hinzu kommt die Fundstelle. Früher wurde nach Band und Blatt differenziert, wobei jeder Grundbuchband mehrere numerierte Grundbuchblätter enthielt. Seit 1961 ist bei den Grundbuchämtern überwiegend das Lose-Blatt-System eingeführt. Computergestützte Grundbuch-Führungen sind in der Erprobung und Anwendung. Ihre Benutzung breitet sich aus. Einzelhefte mit herausnehmbaren Einlegebogen werden verwendet. Deshalb tritt an die Stelle der Angabe nach Band und Blatt nur noch die Untergliederung nach Blättern, die Angabe der Bandbezeichnung entfällt. Das Lose-Blatt-System schafft eine zusätzliche Unterscheidbarkeit mit Hilfe der farblichen Tönung der einzelnen Blätter. Das Titelblatt mit der Aufschrift ist grau. Das Bestandsverzeichnis befindet sich auf weißen Bögen, die Abteilung I besteht aus rosa Papier. Die Abteilung II wird auf gelb getöntes Papier gedruckt und die Abteilung III ist grün gefärbt.

Als erstes Blatt nach der Aufschrift kommt das Bestandsverzeichnis. Es enthält die genaue Bezeichnung des Grundstücks nach dem Kataster und dem Vermessungsbezirk, also der Gemarkung sowie Angaben über Wirtschaftsart, Lage und Größe. Auf diesem Blatt werden auch Wegerechte oder Geh- und Fahrrechte eingetragen, d.h. Rechte, die mit dem Eigentum an dem aufgeführten Grundstück verbunden sind.

Die Abteilung I führt den jeweiligen Eigentümer des Grundstücks auf. Die Abteilung II ist die Stelle, an der alle übrigen eintragungsfähigen Lasten und Beschränkungen eingetragen werden, soweit sie nicht in die Abteilung III gehören.

Die Abteilung III ist der für die Finanzierung wichtigste Teil des Grundbuchs. Hier sind die Grundpfandrechte verzeichnet: Hypotheken, Grundschulden und manchmal eine Rentenschuld.

---

[1] Siehe dazu Demharter, Grundbuchordnung 22. Auflage, München 1997; Bauer/von Oefele, Grundbuchordnung, München 1999.

Das Grundstück und sein Inhalt unterliegen immer wieder Rechtsänderungen. Eine Eintragung wird durch „Löschung" aufgehoben. Diese Eintragungen vorausgehender Rechtsinhaber werden nicht bis zur Unkenntlichkeit beseitigt. Eine Löschung im Grundbuch erkennt man daran, daß der Name des Berechtigten „gerötet" ist. Im Interesse einer notwendigen genauen Unterscheidung nimmt man diese Rötung durch Unterstreichungen mit Rotstift vor; früher in Schlängellinie, heute mit schrägen oder waagerechten Strichen.

2. Wie erreicht man eine Eintragung in das Grundbuch?

Juristen unterscheiden zwischen materiellem und formellem Grundbuchrecht. Diese rechtliche Spezialität muß der Grundstückseigentümer bei Fragen der Finanzierung nicht so genau kennen. Für die Handhabung in der Praxis kommt es darauf an, daß die wesentlichen Verfahrensgrundsätze des formellen Grundbuchrechts eingehalten werden:
– das Antragserfordernis und
– der Bewilligungsgrundsatz.

Es besteht außerdem das Erfordernis, daß der Betroffene bereits im Grundbuch eingetragen sein muß. Für manche Erklärungen, die im Grundbuch vollzogen werden sollen, bestehen Formvorschriften (öffentliche Beglaubigung oder Beurkundung).

Das Grundbuchrecht ist vom Antragsprinzip getragen. Nach der Grundbuchordnung sollen Eintragungen, soweit das Gesetz nicht etwa anderes vorschreibt, nur auf Antrag erfolgen. Damit soll zum Ausdruck gebracht werden, daß der Erwerb und die Sicherung materieller Rechte am Grundstück im Belieben der Beteiligten stehen. Antragsberechtigt ist jeder Beteiligte (Darlehensgeber und -nehmer). Der Antrag ist formfrei, d.h. daß keine Formvorschrift zu beachten ist.

Aber ein Antrag allein genügt nicht. Es kommt noch hinzu, daß eine Eintragung nur dann vorgenommen werden kann, wenn derjenige sie bewilligt, dessen Recht von dem Vorgang betroffen wird (z.B. die Löschung der Hypothek durch den Hypothekengläubiger). Dieser Bewilligungsgrundsatz besagt auch, daß bei beantragten Eintragungen von Rechtsänderungen oder auch von

Berichtigungen die rechtlichen Voraussetzungen der erbetenen Eintragungen grundsätzlich nicht nachgeprüft werden. Sie müssen aber einwandfrei erkennen lassen, was eingetragen werden soll. Das Grundbuchamt begnügt sich mit der formellen Zustimmung desjenigen, dessen Recht durch die beantragte Eintragung beeinträchtigt wird.

Die Bewilligung ist formgebunden. Sie muß durch öffentliche oder öffentlich-beglaubigte Urkunden nachgewiesen werden. Beglaubigt oder beurkundet ein Notar eine zur Eintragung erforderliche Erklärung, so gilt dieser als ermächtigt, die Eintragung beim Grundbuchamt zu beantragen. Anträge, die zugleich eine Eintragungsbewilligung enthalten, unterliegen ebenfalls dem Formzwang. Alle diese Unterlagen werden zu den Grundakten genommen, die als besonderes Aktenstück für jedes Grundbuchblatt bestehen.

Dem Antragsteller, dem eingetragenen Eigentümer und den Personen, zu deren Gunsten eine Eintragung erfolgt ist oder deren Recht durch sie betroffen wird, soll jede Eintragung bekanntgemacht werden. Eine solche Eintragungsbekanntmachung muß man daraufhin prüfen, ob alles das eingetragen ist, auf was sich die Beteiligten geeinigt hatten. Eine beim Grundbuchamt eingereichte Bestellung von Grundpfandrechten kann vom Grundstückseigentümer zurückgenommen werden, wenn er den Eintragungsantrag gestellt hat. Die Formvorschriften sind dabei einzuhalten.

Für die Aufnahme von Finanzierungsmitteln wird deshalb häufig der Eintragungsantrag vom Gläubiger mitgestellt. Das hat zur Folge, daß ein einseitig vom Grundstückseigentümer gestellter Antrag auf Rücknahme der Eintragung wirkungslos bleibt. Der Darlehensgeber ist deshalb in der Lage, wenn alle anderen Auszahlungsbedingungen vorliegen, das Darlehen ganz oder teilweise vor dem Zeitpunkt auszuzahlen, an dem die Eintragung im Grundbuch vorgenommen worden ist.

Jedermann ist die Einsicht in das öffentlich geführte und öffentlich zugängliche Register „Grundbuch“ gestattet. Allerdings muß er dem Grundbuchamt sein berechtigtes Interesse darlegen. Einem Grundstückseigentümer, der in diesem Einsichtsrecht eine Beeinträchtigung seiner wirtschaftlichen Interessen sah, widersprach der Bundesgerichtshof mit seiner Entscheidung vom 6. 3. 1981, V ZR 18/80. Gerade weil das Grundbuch die privaten Rechte an

Grundstücken widerspiegelt und weil es über die Rechtsverhältnisse an Grundstücken Auskunft geben soll, muß es ein Eigentümer auch hinnehmen, daß seine wirtschaftlichen Verhältnisse insoweit in die Öffentlichkeit gelangen. Für den künftigen Erwerber ist es, vor allem auch wegen der Finanzierung, notwendig, die Belastungen des Grundstücks vorher zu kennen. Manchmal gibt es wegen der Darlegung des berechtigten Interesses Erschwernisse durch einzelne Amtsinhaber. In solchen Fällen empfiehlt es sich, schriftlich einen „Antrag auf Einsicht in das Grundbuch" zu stellen.

Grundbuchauszüge oder Abschriften von Urkunden aus der Grundakte können unter den gleichen Voraussetzungen gegen Erstattung der Kosten verlangt werden. Dieses Recht ist besonders dann von Bedeutung, wenn die Finanzierung für ein erst noch zu erwerbendes Grundstück vorgenommen werden soll.

3. Die Rangordnung der Grundbuchrechte

Für die Auswahl der Finanzierungsmittel sind die Regeln über die Rangordnung der dinglichen Rechte im Grundbuch wesentlich (siehe dazu S. 50 Finanzierungsräume). Für die Beleihung gewinnen sie entscheidende Bedeutung. Der wirtschaftliche Wert eines Grundpfandrechts, also einer Hypothek oder einer Grundschuld, wird maßgeblich von seinem grundbuchlichen Rang bestimmt. Nachrangige Hypotheken gelten als geringere Sicherheiten als erststellige. Es kommt dabei aber auch auf die Situation des Gläubigers an. Bausparkassen finanzieren grundsätzlich Zweite Hypotheken. Erste Hypotheken werden von Realkreditinstituten, Sparkassen und Lebensversicherungen gewährt (siehe dazu Seite 50 Finanzierungsräume). Die Darlehenshingabe mit der Bezeichnung erste und zweite Hypotheken, meint ursprünglich immer den Rang des Rechtes in der III. Abteilung des Grundbuches.

Jedes Grundstück kann mit mehreren Grundpfandrechten und außerdem mit anderen dinglichen Rechten belastet werden. Der Rang bestimmt die Reihenfolge, in der mehrere dingliche Rechte an ein und demselben Grundstück berücksichtigt werden (§ 879 BGB). Die Rangordnung zeigt ihre Wirkung bei der Zwangsvollstreckung. Aus dem Versteigerungserlös werden die Kapitalforderungen, die Zinsen und die Kosten der einzelnen Grundpfandrechte der Reihe nach befriedigt. Die Reihenfolge der Verteilung des Erlöses wird durch den Rang des Rechts im Grundbuch bestimmt. Der Rang wirkt sich nicht auf den Inhalt des jeweiligen Rechts aus, sondern er stellt lediglich das Verhältnis des einen dinglichen Rechts zu anderen dar.

Den Rang eines Rechtes kann man aus der Eintragung im Grundbuch ersehen. Sind Rechte in der gleichen Abteilung eingetragen, so wird ihr Rang bereits aus der Reihenfolge der Eintragung erkennbar (Raumfolge). Das zuerst eingetragene steht immer, soweit kein besonderer Rangvermerk vorhanden ist, vor dem später eingetragenen Recht, selbst wenn es am gleichen Tage eingetragen wurde; es ist vorrangig. Rangverhältnisse bestehen nicht nur bei den Rechten in Abteilung III untereinander, sondern auch untereinander bei Rechten in Abteilung II oder zwischen Rechten aus Abteilung II und Abteilung III. Bei Rechten in verschiedenen Abteilungen kommt es auf den Tag der Eintragung an. Rechte mit derselben Tagesangabe haben den gleichen Rang. Die ältere Tagesangabe gewährt den besseren Rang. Die Eingangsdaten der Anträge beim Grundbuchamt verpflichtet das Grundbuchamt zur Beachtung bei der Eintragung. Eine später beantragte Eintragung darf nicht vor Erledigung des früher gestellten Eintragungsantrags erfolgen.

4. Wie beeinflußt man den Rang der Grundpfandrechte?

Jedes im Grundbuch eingetragene Recht hat eine feste Rangstelle. Gegen den Willen des Berechtigten kann sie ihm grundsätzlich nicht entzogen werden. Die gesetzliche Regelung der Rangordnung läßt Raum dafür, daß die Beteiligten den Rang selbst bestimmen. Sie können ihn auch nachträglich ändern.

Die gesetzliche Rangbestimmung (§§ 879, 880, 881 BGB) nutzt man in der Praxis am einfachsten für sich aus, indem man die Anträge auf Eintragung von Grundpfandrechten an verschiedenen Tagen in der Reihenfolge einreicht, wie nach den Darlehensbedingungen der einzelnen Gläubiger wegen der unterschiedlichen Finanzierungsräume der Rang verlangt wird.

Die Beteiligten können den Rang des Grundpfandrechts auch abweichend von der gesetzlichen Rangfolge schuldrechtlich oder auch dinglich vereinbaren. Verpflichtet sich der Darlehensnehmer in einem Darlehensvertrage, dem Grundpfandrecht einen bestimmten Rang zu verschaffen, so kann er zunächst das Grundpfandrecht an der Stelle im Grundbuch eintragen lassen, die nach den gesetzlichen Rangbestimmungen offen ist. Das Grundpfandrecht wird dann zunächst an „rangbereiter" Stelle eingetragen. Der Darlehensgeber erhält damit das von ihm verlangte Grundpfandrecht. Da es aber noch nicht den vereinbarten Rang im Grundbuch erhalten hat, muß der Darlehensnehmer den schuldrechtlichen Anspruch auf Rangverbesserung dadurch erfüllen, indem er den oder die Inhaber der im Rang vorgehenden Rechte zu einem Rangrücktritt oder zu einer Löschung veranlaßt. In der Praxis wird zum Beispiel eine Bausparkasse, für dic ein Grundpfandrecht im Grundbuch eingetragen ist, einer zeitlich später eingetragenen I. Hypothek den Vorrang einräumen, soweit sie sich auch bei dem verschlechterten Rang noch innerhalb ihres Finanzierungsraums bewegt. Der Rang kann mit dinglicher Wirkung vereinbart werden, wenn eine Rangbestimmung in den Inhalt der Einigung aufgenommen und das Grundpfandrecht mit diesem bestimmten Rang zur Eintragung bewilligt und beantragt wird. Eine solche dingliche Rangvereinbarung hat zur Folge, daß das Grundpfandrecht solange nicht eingetragen werden kann, bis die Voraussetzungen für die ranggerechte Eintragung dem Grundbuchamt vorgelegt werden. Mit einer Zwischenverfügung bezeichnet das Grundbuchamt die Eintragungshindernisse und die Möglichkeiten zu ihrer Beseitigung und setzt dafür eine Frist. Wird das Eintragungshindernis nicht beseitigt, weil der Grundstückseigentümer den vereinbarten Rang nicht beschaffen kann, so wird der Eintragungsantrag zurückgewiesen und das Grundpfandrecht wird im Grundbuch überhaupt nicht eingetragen. Man kann sich in solchen Fällen helfen, indem die Beteiligten die Rangbestimmung nachträglich ändern. Wichtig ist, daß der Darlehensgeber auch dann noch im Rahmen seines Finanzierungsraums bleibt. Oder es werden zusätzliche Sicherheiten verlangt. Diese freiwilligen Änderungen der Reihenfolge können immer von den Parteien, dem Grundstückseigentümer und dem Berechtigten aus dem Recht oder dem Berechtigten aus einem anderen Recht vereinbart werden. Solche Erklärungen heißen „*Vorrangeinräu-*

mungserklärungen". Erst mit ihrem Vollzug im Grundbuch werden die Rangverhältnisse geändert.

In der Praxis kommt es häufig vor, daß sich zu dem Zeitpunkt, an dem man seine Anträge stellt, bei den Grundakten noch unerledigte Eintragungsanträge vorliegen. Insbesondere dann, wenn die Finanzierung vor oder unmittelbar im Zusammenhang mit einem Eigentumswechsel erfolgt. Ist dies der Fall, so wird die vorgesehene Rangstelle nicht erlangt. Sie ist besetzt. Es empfiehlt sich daher eine rechtzeitige Einsicht in die Grundakten, um sich vor die Finanzierung gefährdenden Überraschungen zu schützen. Tritt dieser Fall ein, so muß eine Rangänderung vorgenommen werden.

Ein weiteres Hilfsmittel zur Rangbestimmung ist der „*Rangvorbehalt*" (§ 881 BGB). Mit ihm kann sich der Eigentümer bei der Eintragung eines Rechts den Rang für ein später einzutragendes Recht vorbehalten. Bei Kreditinstituten, die vornehmlich erststellige Hypotheken geben, wird verhältnismäßig oft ein vorbehaltener Rang für die Eintragung ausgenutzt. Gewährt zum Beispiel eine Bausparkasse ein Darlehen und wird zu ihren Gunsten eine Grundschuld eingetragen, so wird oft ein Rangvorbehalt für eine noch später einzutragende erstrangige Hypothek oder Grundschuld vereinbart. Der Rangvorbehalt entsteht durch Einigung des Grundstückseigentümers und des Gläubigers des belasteten Rechts und der Eintragung des Vorbehalts bei dem belasteten Recht. Die Eintragung kann zum Beispiel wie folgt lauten:

„50 000 DM Bauspardarlehen nebst 7% Zinsen für die (....) Bausparkasse. Vorbehalten ist der Vorrang für eine später einzutragende Hypothek von 90 000 DM nebst 14% Zinsen."

Ein Eigentümer kann diesen Rangvorbehalt ausnutzen, wenn ihm das wirtschaftlich sinnvoll erscheint. Die Grundpfandrechtsbestellung für ein später einzutragendes Recht, das unter Ausnutzung des Rangvorbehalts eingetragen werden soll, kann folgende Formulierung aufweisen:

„Die Eintragung des begünstigten Rechts soll unter Ausnutzung des bei dem Recht Abteilung III Nr. 1 eingetragenen Rangvorbehalts erfolgen."

Auch bei dem belasteten Recht ist zu vermerken, daß der Rang durch die betreffende Belastung ausgenutzt wurde. Der Rangvorbehalt erlischt, wenn das belastete Recht erlischt und der Rangvorbehalt nicht ausgeübt wurde. Juristisch gibt es noch eine Reihe von Auslegungsfragen, z.B. über die stufenweise Ausübung des Rangvorbehalts, über die mehrfache Ausübung des Rangvorbehalts und über relative Rangverhältnisse.[1] Da man mit dem Formular für die Bestellung eines Grundpfandrechts ohnehin zu einem Notar gehen muß, empfiehlt es sich, juristische Zweifelsfragen dort klären zu lassen. Bei Bauspardarlehen ergeben sich dann manchmal Probleme wegen des Ranges der Grundpfandrechte, wenn verschiedene Bausparkassen ein und dasselbe Objekt finanzieren. Unter bestimmten Voraussetzungen (siehe dazu S. 434) sind Bausparkassen bereit, ihren Grundpfandrechten gegenseitig gleichen Rang zu gewähren. Dazu gibt es zwischen den Bausparkassen ein Gleichrangabkommen.

5. Das Prinzip der beweglichen Rangstelle

Da die Rangstelle im Grundbuch entscheidend ist für den wirtschaftlichen Wert einer Hypothek oder einer Grundschuld, versuchen Gläubiger, sich Verbesserungsmöglichkeiten ihrer Rangstelle auszubedingen. Ein Grundpfandrecht rückt im Rang vor, wenn eine Vorlast gelöscht wird. Der Gläubiger erteilt eine *Löschungsbewilligung* und der Eigentümer stellt den notwendigen Antrag. Die Löschungsbewilligung muß in grundbuchfähiger Form abgegeben werden. Weitere Rangverbesserungen können durch eine *Pfandfreigabe*, eine *Verzichtserklärung* oder mit Hilfe einer löschungsfähigen Quittung erfolgen. Ein anderes Instrument war die „*Löschungsvormerkung*". Da bei Tilgung einer Hypothek sich die Hypothek in eine Eigentümergrundschuld umwandelt (§§ 1163 Abs. 1 S. 2, 1177 Abs. 1 S. 1 BGB), mußte der Grundstückseigentümer sich verpflichten, eine vorrangige Hypothek löschen zu lassen, wenn sie ihm zufiel. Zur Sicherung dieses schuldrechtlichen Anspruchs ließ der Gläubiger eine Löschungsvormerkung nach § 1179 BGB im Grundbuch eintragen. Der Gläubiger des von der Vormerkung betroffenen Vorrechts hat

---

[1] Siehe Palandt BGB 58. Aufl. 1999, § 881.

keine Einwirkungsmöglichkeit. Erfüllte der Grundstückseigentümer diesen Löschungsanspruch, so rückte dann die nachrangige Grundschuld oder Hypothek in eine günstigere Rangstelle. Die Vereinbarung solcher Löschungsvormerkungen war allgemein üblich.

Wegen der Vielzahl eingetragener Löschungsvormerkungen wurden aber die Grundbücher häufig unübersichtlich. Außerdem hatten die Grundbuchämter damit viel Arbeit. Der Gesetzgeber verfügte deshalb ab dem 1. 1. 1978 eine Änderung. Von diesem Zeitpunkt an schließt eine neue bestellte Hypothek, eine Grundschuld oder eine Rentenschuld das Recht ein, vom Grundstückseigentümer die Löschung vor- oder gleichrangiger Grundpfandrechte zu verlangen, wenn und sobald der Eigentümer sie endgültig erworben hat. Diese Regelung bezeichnet man als *„Löschungsanspruch“* (§§ 1179a, 1179b BGB). Er ist zum gesetzlichen Inhalt eines jeden Grundpfandrechts geworden. Er bedarf keiner besonderen Vereinbarung oder Eintragung ins Grundbuch. Eine abweichende Vereinbarung ist aber dann notwendig, wenn der gesetzliche Löschungsanspruch ausgeschlossen oder eingeschränkt werden soll. Es gibt, wie immer, einige Ausnahmen. Sie spielen aber bei der Finanzierung kaum eine Rolle.

Das Bestreben der nachrangigen Gläubiger, die Vorlasten nach dem Prinzip der beweglichen Rangstelle zu vermindern, kollidiert manchmal mit den Interessen des Grundstückseigentümers. Sein Interesse ist darauf gerichtet, die Eigentümergrundschuld für sich zu behalten. Steht das auf ihn übergegangene Recht an guter Rangstelle, so kann er es als Sicherheit für eine neue Finanzierung verwenden.

Die Löschungsvormerkung wird zwar in Zukunft verschwinden, zumindest soweit es sich um Belastungen in der Abteilung III des Grundbuchs handelt. Aber für eine noch lange Übergangszeit bestehen alte „Löschungsvormerkungen“ und neue „Löschungsansprüche“ nebeneinander. Ist der gesetzliche Löschungsanspruch ausgeschlossen, so muß das im Grundbuch eingetragen werden. Er bezieht sich immer nur auf bestimmte vor- oder gleichrangige Rechte. Ein vollständiger Ausschluß, auch bezüglich solcher Rechte, die später vielleicht einmal durch eine Änderung vorrangig oder gleichrangig werden sollten, ist nicht möglich.

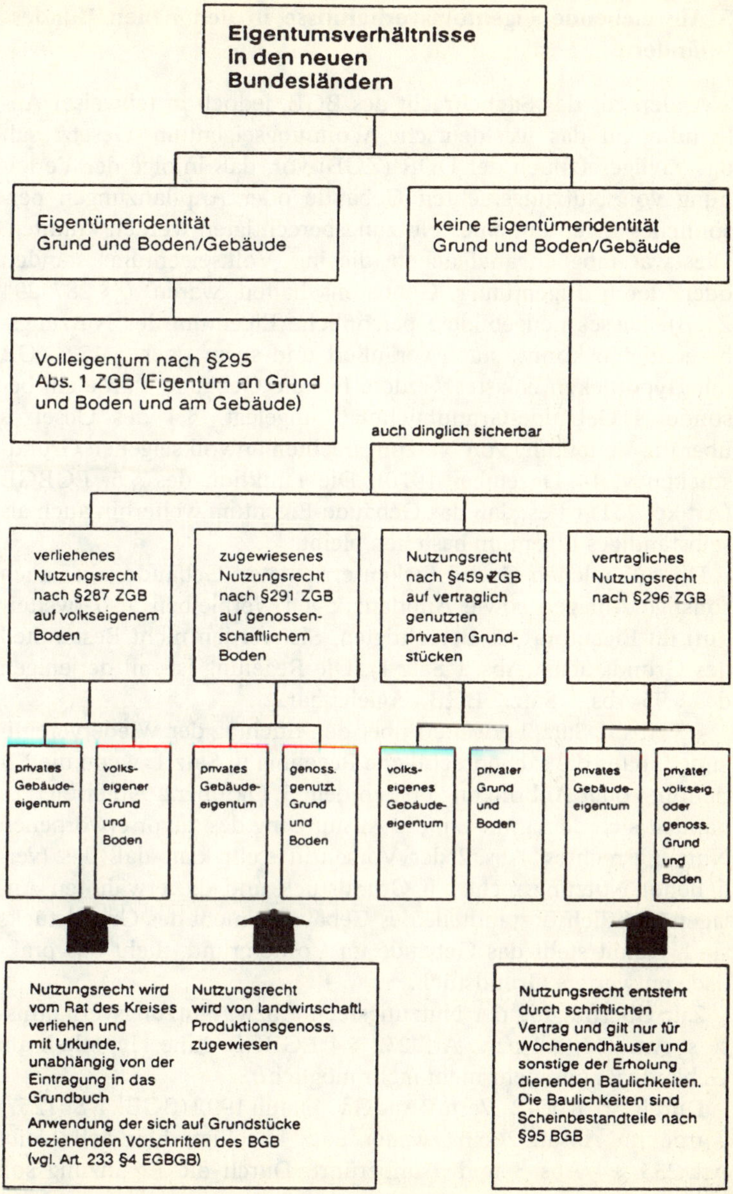
Eigentumsverhältnisse in den neuen Bundesländern
Eigentümeridentität Grund und Boden/Gebäude
keine Eigentümeridentität Grund und Boden/Gebäude
Volleigentum nach §295 Abs. 1 ZGB (Eigentum an Grund und Boden und am Gebäude)
auch dinglich sicherbar
verliehenes Nutzungsrecht nach §287 ZGB auf volkseigenem Boden
zugewiesenes Nutzungsrecht nach §291 ZGB auf genossenschaftlichem Boden
Nutzungsrecht nach §459 ZGB auf vertraglich genutzten privaten Grundstücken
vertragliches Nutzungsrecht nach §296 ZGB
privates Gebäudeeigentum
volkseigener Grund und Boden
privates Gebäudeeigentum
genoss. genutzt. Grund und Boden
volkseigenes Gebäudeeigentum
privater Grund und Boden
privates Gebäudeeigentum
privater volkseig. oder genoss. Grund und Boden
Nutzungsrecht wird vom Rat des Kreises verliehen und mit Urkunde, unabhängig von der Eintragung in das Grundbuch
Nutzungsrecht wird von landwirtschaftl. Produktionsgenoss. zugewiesen
Anwendung der sich auf Grundstücke beziehenden Vorschriften des BGB (vgl. Art. 233 §4 EGBGB)
Nutzungsrecht entsteht durch schriftlichen Vertrag und gilt nur für Wochenendhäuser und sonstige der Erholung dienenden Baulichkeiten. Die Baulichkeiten sind Scheinbestandteile nach §95 BGB

6. Abweichende Eigentumsverhältnisse in den neuen Bundesländern

Anders als das Sachenrecht des BGB, jedoch in teilweiser Anlehnung an das westdeutsche Wohnungseigentums-Gesetz, sah das Zivilgesetzbuch der DDR (ZGB) vor, daß infolge der Verleihung von Nutzungsrechten Gebäude oder Anpflanzungen persönliches Eigentum eines Nutzungsberechtigten werden konnten. Dies war möglich an Flächen, die im „Volkseigentum" standen oder deren Eigentümer Genossenschaften waren (§§ 287–294 ZGB). Dieses neugebildete persönliche Eigentum des Nutzungsberechtigten konnte auch veräußert und sogar nach § 452 ZGB mit Hypotheken belastet werden. Für die Gebäude wurde ein besonderes Gebäude-Grundbuchblatt angelegt (§ 4 des Gesetzes über die Verleihung von Nutzungsrechten an volkseigenen Grundstücken v. 14. Dezember 1970). Die Funktion des § 5, EGBGB (Artikel 231) ist es, daß das Gebäude-Eigentum weiterhin auch als selbständiges Eigentum bestehen bleibt.

Die auf solchen Grundstücken errichteten Gebäude, aber auch sonstige Anlagen sowie Anpflanzungen, verbleiben also (weiterhin) im Eigentum des Berechtigten. Sie werden nicht Bestandteil des Grundstücks (Abs. 1 Satz 1). Die Regelung ist mit derjenigen des § 95 Abs. 1 Satz 2 BGB vergleichbar.

§ 5 Abs. 1 Satz 2 erweitert über den Stichtag der Wiedervereinigung hinaus die sachenrechtliche Regelung in Satz 1, wenn die Errichtung oder Anbringung erst ab dem 3. Oktober 1990 erfolgt; es handelt sich dabei nur um die Ausnutzung des zuvor erworbenen Nutzungsrechtes. Abs. 2 der Vorschrift stellt klar, daß das (verliehene) Nutzungsrecht am Grundstück und die erwähnten Anlagen rechtlich Bestandteile des Gebäudes, nicht des Grundstücks sind. Damit steht das Gebäude im Vordergrund, nicht das praktisch entwertete Grundstück.

Zur Übertragung der Nutzungsrechte bzw. Nutzungsverhältnisse s. Art. 233, § 4 bzw. Art. 232 § 4 EGBGB. Eine Hypothek am Gebäude ist nunmehr nicht mehr möglich.

Durch Art. 8 des 2. VermRÄndG v. 14. Juli 1992 (BGBl. I, S. 1257) wurde im Absatz 2 ein zweiter Satz angefügt; hiernach bleibt Art. 233 § 4 Abs. 3 und 5 unberührt. Durch die Ergänzung soll klargestellt werden, daß die Bestandteilsregelung des Art. 231 § 5 Abs. 2 der Aufhebung des Nutzungsrechts und ihren in Art. 233 § 4 Abs. 4 (neu) geregelten Folgen nicht entgegensteht (so die Begründung zu dem Gesetzentwurf vom 28. April 1992, BT-Drucks. 12/2480, S. 76).

Das rechtlich selbständige Gebäude (auf fremdem Grundstück) konnte vererbt und – mit staatlicher Genehmigung – auch veräußert werden. Der nach den §§ 287, 292 Abs. 2 ZGB Berechtigte, der auf dem Grundstück das Gebäude errichten darf, kann dies auch nach dem 3. Oktober 1990 tun, er wird dann ebenfalls nach altem Recht Gebäudeeigentümer. Dies ist für den Erwerber eines Grundstücks in den neuen Ländern von erheblicher Bedeutung.

Der Gebäudeeigentümer war nicht stets verpflichtet, an den Grundstückseigentümer Nutzungsentgelt zu zahlen (§ 288 Abs. 3 ZGB), mindestens war dieses Entgelt sehr gering. Zutreffend ist darauf hingewiesen worden, daß nach dem politischen Umschwung kein großer Anreiz besteht seitens des Gebäudeeigentümers, unter diesen Umständen auch das Grundstückseigentum zu erwerben.

Personenkreis

Nach dem Grundgesetz der Bundesrepublik Deutschland besitzen alle natürlichen und juristischen Personen das Recht, Eigentum an Haus- und Grundbesitz zu haben und zu erwerben.

Erfahrungsgemäß handelt es sich bei Investoren in der Hauptsache um Personen, die bereits über einige Zeit hinweg durch einen teilweisen Verzicht auf konsumtive Nutzung von Einkommensteilen über erspartes Geldvermögen verfügen (z. B. Sparguthaben, Bausparguthaben, Sparbriefe und festverzinsliche Wertpapiere).

Da mit dem Einigungsvertrag das BGB in Kraft gesetzt worden ist, gelten ab dem 3. Oktober 1990 die sachenrechtlichen Bestimmungen des BGB, insbesondere daher auch das Grundstücksrecht der §§ 94 ff., 929 ff. BGB. Für das Gebiet der neuen Länder ist dabei die Möglichkeit der Eintragung einer Grundschuld neu, die das ZGB als Sicherungsrecht nicht kannte.

Für die nach altem Recht zugewiesenen Nutzungsrechte, die zur Errichtung von Gebäuden führten, sieht Art. 233, § 4 Abs. 1 eine entsprechende Anwendung der sich auf Grundstücke beziehenden Vorschriften des BGB vor. Es gelten daher die Bestimmungen über die Bestellung von Grundpfandrechten für die verselbständigten Eigentümer an Gebäuden. Dieses besondere Eigentumsrecht des dinglich zur Nutzung Berechtigten bleibt bestehen, ebenso wie die in § 5 genannten Mitbenutzungsrechte.

Ist ein Gebäude vor dem 3. Oktober 1990 errichtet worden, kann es also selbständig hypotheken- und jetzt auch grundschuldfähig sein. Hiervon ist die Hypothekenhaftung des Grundstücks selbst zu trennen (anders in § 1120 BGB). In Betracht kommen aber nur Gebäude, die hinsichtlich des Nutzungsrechtes auf Grund einer Verleihung errichtet worden sind, nicht auf Grund vertraglicher Abmachungen. Der für die Verleihung des Nutzungsrechtes seinerzeit vorgesehene staatliche Akt (Verwaltungsakt) bleibt aufgrund Art. 19 Einigungsvertrag wirksam. Ob er nachträglich wegen Unvereinbarkeit mit rechtsstaatlichen Grundsätzen im Verwaltungsrechtswege angefochten werden kann, ist immerhin fraglich.

Soll über das besondere Gebäudeeigentum verfügt (Veräußerung, Verpfändung) werden, muß eine Eintragung ins Grundbuch auf dem Gebäude-Grundbuchblatt erfolgen (Einigungsvertrag V Anl. I Kap. III, Sachgebiet B III Nr. 1 d). Das Recht kann nur noch belastet werden durch ein nach dem BGB zulässiges Grundstücksrecht. Eine Umwandlung in Wohnungseigentum ist nicht möglich (Palandt-Bassenge, BGB, 50. A., RdNr. 3). Für die Übereignung gelten die §§ 873, 925 BGB mit Ausnahme der §§ 927 f.

Der Verkehrswert des Nutzungsrechts kann meistens nur auf der Grundlage unsicherer Annahmen ermittelt werden.

C. Bürgschaften

Überschreiten die Darlehenswünsche für nachrangige Mittel die Finanzierungsräume, die Kreditinstitute wegen der Beleihungsgrenzen einhalten müssen, so muß man sich zusätzliche Sicherheiten beschaffen.

Nach den Beleihungsgrundsätzen des Realkreditgeschäftes dürfen Hypotheken oder Grundschulden zur Beschränkung des

Kreditrisikos in der Regel nur bis zu drei Fünfteln des Grundstückswertes ausgeliehen werden (§ 11 Hypothekenbankgesetz i.d.F. des ÄndG vom 22. 5. 1980 – BGBl. I 584 –, § 20 Kreditwesengesetz, Neuf. vom 11. 7. 1985 – BGBl. I 1472, § 54a Versicherungsaufsichtsgesetz). Dies ist die Beleihungsgrenze für erststellige Grundpfandrechte. Lediglich bei Bauspardarlehen darf die Beleihung bis zu vier Fünfteln des Verkehrswerts des Grundstücks gehen (§ 7 Bausparkassengesetz vom 16. 11. 1972 – BGBl. I 2097 –, zuletzt geändert durch Gesetz v. 13. 12. 90 (BGBl. I 1990, 2770).

Als zusätzliche Sicherheit reicht aus, wenn für das Darlehen die volle Gewährleistung einer inländischen Körperschaft oder Anstalt des öffentlichen Rechts übernommen wird (§ 1 Nr. 2, § 5 Hypothekenbankgesetz, § 8 Gesetz über die Pfandbriefe und verwandten Schuldverschreibungen öffentlich-rechtlicher Kreditanstalten i.d.F. des Art. 2 des Ges. vom 22. 5. 1980 – BGBl. I 584 –, § 20 Abs. 2 Nr. 2 Kreditwesengesetz). Als volle Gewährleistung i.S. dieser Vorschriften gilt eine Ausfallbürgschaft einer der genannten Institutionen.

Es kommen selbstschuldnerische Bürgschaften vor und Ausfallbürgschaften. Selbstschuldnerische Bürgschaften sind Bürgschaften, bei denen der Bürge auf die Einrede der Vorausklage verzichtet (§ 773 BGB), während bei der Ausfallbürgschaft der Bürge nur haftet, wenn der Gläubiger trotz Zwangsvollstreckung beim Schuldner und infolge Versagens sonstiger Sicherheiten einen Ausfall gehabt hat. Die Länder übernehmen die Landesbürgschaften nur in Form der Ausfallbürgschaften.

Sie werden, meistens in modifizierter Form, gewährt: für den Wohnungsbau, den Erwerb von Wohnungen, die Modernisierung von Wohnungen und auch für Vor- und Zwischenfinanzierungen (§§ 24 und 88 II. WoBauG). Wegen des Verfahrens der Bürgschaftsübernahme in den einzelnen Bundesländern wird verwiesen auf „Finanzierungshilfen des Bundes und der Länder für den Wohnungsbau", jährlich erscheinende Sondernummer der Zeitschrift für das gesamte Kreditwesen, Knapp-Verlag, Frankfurt/Main. Kreditinstitute übernehmen ebenfalls Bürgschaften für nachrangige Finanzierungsmittel anderer Institute des Bankgewerbes. Sie kommen besonders häufig bei Verbundfinanzierungen vor.

Manchmal wird verlangt, daß für den verbürgten Teil eines Darlehens ein gesonderter Kreditvertrag abgeschlossen wird und daß auch getrennte Grundpfandrechte bestellt werden. In dem Darlehens-Vertrag ist auch die Vereinbarung über eine Bürgschaftsprovision(-gebühr) enthalten. Es wird unterschieden nach einer einmaligen Bearbeitungsgebühr, die sich um 1 bis 2 Prozent des verbürgten Darlehens bewegt und einer laufenden Bürgschaftsgebühr von meist bis 0,5 Prozent des Ursprungsbetrages des Darlehens. Manchmal wird sie auch aus dem verbürgten Restdarlehen berechnet. Kombinationen beider Arten kommen ebenfalls vor.

D. Baulastenverzeichnis

Vor der Genehmigung von Baugesuchen verlangen die Bauaufsichtsbehörden immer häufiger eine Verpflichtung des Grundstückseigentümers, ein sein Grundstück betreffendes Tun, Dulden oder Unterlassen freiwillig zu übernehmen.

Bei einer solchen, die bauliche Nutzung in der Regel einschränkenden Baulast[1] handelt es sich um ein nicht in das Grundbuch eintragungsfähiges öffentliches Recht. Sie bedeutet eine absolut erstrangige Grundstücksbelastung. Selbst ein begünstigter Nachbar kann sie nicht allein aufheben oder sich davon befreien. Zur Bestellung einer Baulast ist die Zustimmung des Gläubigers eines im Grundbuch eingetragenen Grundpfandrechts nicht erforderlich. Alle Baulasten trägt man in ein Baulastenverzeichnis ein, das bei der zuständigen Bauaufsichtsbehörde geführt wird. In diesem öffentlichen Register können auch Auflagen, Bedingungen, Befristungen und Widerrufsvorbehalte vermerkt werden. Auch für den Rechtsnachfolger gelten diese, meist nicht geldwerten, öffentlichen Lasten fort, die auf einer einseitigen Willenserklärung des Grundstückseigentümers beruhen. Eine solche Erklärung bedarf der Schriftform. Die Unterschrift muß öffentlich beglaubigt oder

[1] Die Einzelheiten sind in den Landesbauordnungen der Bundesländer geregelt. Zur Rechtsfortbildung der Baulast siehe: Meendermann/Lassek, NJW 1993, S. 424; sowie Masloh, T. Zivilrechtliche Aspekte der öffentlich-rechtlichen Baulasten, NJW 95, S. 1993f.

vor der Bauaufsichtsbehörde geleistet oder von ihr anerkannt werden. Eine solche Baulast, als Einzelfallregelung des Baurechts, und eine privatrechtliche Dienstbarkeit unterscheiden sich inhaltlich häufig nicht.

Zwar beeinträchtigt die Baulast den öffentlichen Glauben des Grundbuchs nicht unmittelbar, im Grundstücksverkehr und auch bei der Finanzierung kommt ihr aber eine wesentliche Bedeutung zu. Dem Veräußerer obliegt eine Auskunftspflicht. Dem Kaufinteressenten gestattet die Landesbauordnung, bei Vorliegen eines berechtigten Interesses, die Einsicht in das Baulastenverzeichnis. Der Kaufvertrag sollte einen Hinweis auf Eintragung im Baulastenverzeichnis enthalten. Eine ausreichende Unterrichtung über die Bedeutung und Auswirkung der Baulast durch den beurkundenden Notar ergibt sich aus dessen Hinweis- bzw. Belehrungspflicht.

Für die Finanzierung ergeben sich selten Schwierigkeiten, da die Nutzungsbeschränkung in der Baugenehmigung bereits berücksichtigt ist. Es wird ohnehin nur das tatsächlich errichtete Gebäude beliehen.

E. Wie bekommt man eine Darlehenszusage?

Für sich allein stellt man einen Finanzierungsplan auf. Dabei muß man erreichen, daß die Forderungen der Finanzplanung erfüllt werden (siehe S. 11):

- Die Gesamtfinanzierung muß gesichert sein.
- Die Finanzierung muß für den Eigentümer tragbar sein.
- Die Finanzierungsmittel müssen rechtzeitig zur Verfügung stehen.

Die gleichen Anforderungen stellen die Darlehensgeber (Kreditinstitute, Versicherungen und die Ausgeber öffentlicher Finanzierungsmittel). Zwar hat sich das Sicherheitsbedürfnis der Kreditwirtschaft vor allem wegen des zweigliedrigen Schuldverhältnisses in den letzten Jahrzehnten vermindert, aber bei vielen Kreditinstituten steht nach wie vor das Denken in Sachsicherheiten (dinglichen Pfändern) im Vordergrund der Kundenberatung. Man muß zur Prüfung der Bonität Unterlagen für die persönliche Haftung des Darlehensnehmers (siehe S. 169) und für die Bewertung der Pfandobjekte vorlegen:[1]

Diese Beleihungs-Unterlagen benötigen Sie in jedem Fall:

Unterlage	Woher zu bekommen?	Für Neubau	Für Hauskauf	Für Wohnungskauf
A. Zur Beurteilung der persönlichen Bonität (Zahlungsfähigkeit)				
1. Einkommensnachweis	eigene Akten	○	○	○
2. Eigenmittelnachweis bzw.	eigene Akten Architekt	○	○	○
Eigenleistungsnachweis		○		
B. Objektbezogene Unterlagen für die Kredit-Bewilligung				
1. Bauzeichnungen	Architekt oder Bauträger	○		
2. Berechnung des umbauten Raums	Architekt oder Bauträger	○		
3. Wohn- und Nutzflächenberechnung	Architekt oder Bauträger	○		
4. Baubeschreibung	Architekt oder Bauträger	○		
5. Gebäude-Feuerversicherungsschein	Versicherungsgesellschaft		○	○
6. Lichtbilder des Objekts	eigene Fotos		○	○
C. Objektbezogene Unterlagen für die Kredit-Auszahlung				
1. Lageplan	Architekt oder Bauträger oder Katasteramt	○	○	○
2. Baukostenaufstellung	Architekt oder Bauträger	○		
3. Aktueller Grundbuchauszug	Notar oder Grundbuchamt	○	○	○

[1] Quelle: Zeitschrift Das Haus.

Unterlage	Woher zu bekommen?	Für Neubau	Für Hauskauf	Für Wohnungskauf
4. Abschrift des Kaufvertrags	Notar		○	○
5. Abschrift des Erbbaurechtsvertrags (bei Erbbaurecht)	Notar oder Voreigentümer	○	○	○
6. Abschrift der Teilungserklärung (bei Eigentumswohnung)	Notar oder Bauträger oder Voreigentümer			○
7. Aufstellung der Mieten u. Bewirtschaftungskosten (bei Renditeobjekten)	eigene Akten oder Voreigentümer	○	○	○

Häufig werden auch alle diese Angaben zusammengefaßt in mehr oder minder komplizierten Formularen verlangt. Ein in der Praxis häufig verwendetes Muster eines Darlehensantrages ist auf S. 210 abgedruckt.

Diesem Darlehensantrag geht meist ein Informationsgespräch über die Finanzierungsmöglichkeiten des Kreditinstituts und eine Beratung über die Erhältlichkeit von öffentlichen Darlehen, Zuschüssen und anderen Subventionen voraus. Die Arbeitsteilung der einzelnen Kreditinstitute hat sich in den letzten Jahren verändert. Sie bieten fast alle erweiterte standardisierte Kreditprogramme der untereinander verbundenen Institute an.

Das Konkurrenzverhältnis der Darlehensgeber drückt sich auch dadurch aus, daß sie alle mit einem einfachen Antragsverfahren, einer schnellen Entscheidung, einer zügigen Bearbeitung und einer Auszahlung in mehreren Raten werben.

In der Schweiz ansässige Kreditinstitute bieten auch grundpfandgesicherte Darlehn an. Objekte mit einem Mindestwert von 1 Million Franken werden beispielsweise mit bis zu 60% des Verkehrswertes beliehen. Der deutsche Kunde kann so vom niedrigeren Zinsniveau in der Schweiz profitieren. Aber er geht das Risiko von Währungsschwankungen ein. Er muß für DM oder Euro teurere oder billigere Schweizer Franken kaufen. Zur Absicherung der Währungsschwankungen wird nicht selten ein um rund 20% höherer Betrag als Grundpfandrecht auf dem in der Bundesrepublik gelegenen Grundstück eingetragen, als die Darlehensvaluta ausmacht.

In der Praxis bestehen oft Schwierigkeiten, die Gesamtfinanzierung bereits bei Antragstellung für die Darlehen der einzelnen Finanzierungsräume nachzuweisen. Es wird häufig mit vorläufigen Zusagen „vorbehaltlich der Beleihungsprüfung" gearbeitet. Der informierte Kunde kann vertrauensvoll mit Kreditinstituten zusammenarbeiten. Er muß aber auf der Hut sein. Er muß ihnen sachdienliche kritische Fragen stellen. Liegt ein Angebot vor, so muß immer die zweite Frage kommen:

Welche anderen Konditionen können Sie anbieten oder vermitteln?

Alle Kreditinstitute arbeiten nach dem gewollten Prinzip der Preisspaltung. Der Preis für die Finanzierungsmittel wird in verschiedene Bestandteile aufgeteilt (Zinsen, Auszahlungsverlust, Provision, Gebühren). Zusammen mit den Darlehensbedingungen machen sie die Konditionen aus. Der Effektiv-Zinssatz und der nominelle Zinssatz sind (fast) niemals identisch. Daher kommt dem Effektivzins (siehe dazu S. 277) eine wesentliche Stellung als Orientierungshilfe zu. Er allein erlaubt einen Vergleich der Konditionen der verschiedenen Anbieter von Finanzierungsmitteln.

Die Kombination der einzelnen Finanzierungsmittel sollte man selbst vornehmen. Immer wieder muß man den Finanzierungsplan neu aufstellen und bei der Lasten- und Rentabilitätsberechnung versuchen, die günstigste Variante zu ermitteln. In diesem Zusammenhang wird zunehmend öfter eine Finanzberatung mit Computer angeboten. Zwar kann man auf diese Weise die Konditionen der Finanzierungsmittel der einzelnen Kreditinstitute sammeln, vergleichen, aufbereiten und mit persönlichen Daten kombinieren. Aber man weiß nicht immer, ob wirklich die günstigsten erreichbaren Konditionen gespeichert sind. Es empfiehlt sich, solche Computerberechnungen, die auch noch dazu mit unterschiedlichen Programmen hergestellt werden, mit den Methoden der Finanzplanung, wie auf S. 156 dargestellt sind, nachzurechnen. Die sogenannte „computergestützte Baufinanzierung" entwickelt sich weiter, insbesondere wegen der vergrößerten Möglichkeiten Daten zu speichern und den Zugriff zu erleichtern. Aber Optimierungs-Modelle werden selten verwendet. Noch sind diese Baufinanzierungsberechnungen nur Verkaufshilfe für den Absatz von Standard-Finanzierungsmitteln. Welche Menge von Daten dabei berücksichtigt werden kann, läßt sich aus dem auf S. 213 abgedruckten „Analysebogen“ ersehen. In vielen Fällen können die errechneten und ausgedruckten Ergebnisse nicht auf ihre Richtigkeit nachvollzogen werden. Manche dieser Datenverarbeitungsprogramme arbeiten auch mit indexierten Einkommenserhöhungen. Damit kann ein „geschöntes“ Bild bei der Lasten- und Steuerberechnung entstehen.

Nimmt der Darlehnsnehmer die Konditionen an, so kann die Darlehenszusage wirksam werden. Nach Vorliegen der Voraussetzungen wird das Darlehen dann ausbezahlt. Nicht benötigte Sicherheiten soll man zurückfordern.

DARLEHENSANTRAG

			Darlehens Nr.	
Darlehensbetrag DM	Verwendungszweck	mtl. Ruckzahlungs vorschlag →	DM	ab / Zeit

ANTRAGSTELLER

Name, Vorname (ggfs. Geburtsname)						Geburtsdatum
Anschrift (PLZ, Straße, Ort)				Beruf		
◀ nicht selb standig *	◀ selb standig *	◀ Handels register eingetrag *	Arbeitgeber			seit
Familienstand ◀ ledig *	◀ ver heiratet *	◀ getrennt lebend *	◀ ge schieden *	◀ ver witwet *	Güterstand ◀ ge setzlich *	◀ ver traglich *
Staatsangehorigkeit	Zahl u. Alter der unterhaltsberechtigt. Kinder	Anzahl der Kinder	Alter der Kinder	Geschaftstelefon	Privattelefon	Girokonto-Nr.
Mitantragsteller (Name, Vorname, Geburtsname)						Geburtsdatum
Anschrift (Straße, PLZ, Ort)						
Beruf			Arbeitgeber			seit
Sonstiges						

EINKOMMEN

Antragsteller →	Gehalt in DM/netto/mtl.	sonst. Eink./DM	Art der sonstigen Einkommen	Summe mtl. Eink.
Mitantragsteller →	Gehalt in DM/netto/mtl.	sonst. Eink./DM	Art der sonstigen Einkommen	Summe mtl. Eink.
in hauslicher Gemeinschaft lebende Kinder →	(Gehalt, Kindergeld, Ausbildungsbeihilfe usw.)			Summe mtl.

BELASTUNGEN

Schulden →	Art der Schulden	Gesamtbetrag
Feststehende Ausgaben (mtl.) →	Art der Ausgaben	Summe mtl.

VERMÖGENSVERHÄLTNISSE

Grundstucke →	Adresse/Große		Verkehrswert in DM
Einrichtungsgegenstande →	Name der Hausratversicherung	Versicherungsbetr.	Zeitwert in DM
Maschinen und Fahrzeuge →	Art	Name der Versicherung	Zeitwert in DM
Lebensversicherung →	Name der Versicherung		Versicherungsbetrag
sonstige Vermogenswerte →	Art der Werte /Guthaben/bei		Zeitwert in DM

SONSTIGES

Schwebt(e) Klage o. Mahnverfahren →	◀ ja *	◀ nein *	Ist Antrag auf Leistung einer eidesstattlichen Versicherung gestellt oder ist eine eidesstattl. Versicherung gel. worden	◀ ja *	◀ nein *
Geschaftsbeziehungen zu anderen Kreditinstituten →	Name der Kreditinstitute				
Konten bei →	Konto-Nummern				

ANGABEN ÜBER DAS GRUNDSTÜCK

Ort	Straße			Lgb.-Nr.
eingetragen im Grundbuch von			Band / Nr	Blatt
grundbuchmaßiger Eigentumer				
Bei Erbbaugrundstuck →	Ausgeber	Erbbauzins (jahrl.)	Erbbaulaufzeit von	bis

Darlehensantrag (dinglich gesichert)

Zutreffendes * bitte ankreuzen [X ◀ Beispiel]

ANGABEN ÜBER DAS GEBÄUDE

Wann wurde das Gebäude erstellt →	Baujahr	Wann ist voraussichtl. Baubeginn →	Datum	Wann ist voraussichtl. Baufertigstellung →	Datum	Geschoßzahl

Anzahl der Wohnungen / Garagen		Anzahl d. Zimmer pro Wohnung		Nutzbare Fläche in qm	Miete pro qm in DM	Monatsmiete in DM	Jahresmiete in DM	Summe der Jahresmieten in DM
	Wohnungen mit je		Zimmer m. Küche u. Bad					
	Wohnungen mit je		Zimmer m. Küche u. Bad					
	Wohnungen mit je		Zimmer m. Küche u. Bad					
	Wohnungen mit je		Zimmer m. Küche u. Bad					
	Wohnungen mit je		Zimmer m. Küche u. Bad					
	Garagen							
Laden / Büro								
Werkstatt								
Fabrik / Werkhalle								

BESCHREIBUNG DER BAUAUSFÜHRUNG

Kellermauerwerk		Außenwände	Innenwände		
Kellerdecke		Geschoßdecke	Dachdeckung		
Fußboden		Wasserleitung	Art der Heizung		
Einzäunung	elektr. Licht *		Gasanschluß *	Kanalisation *	Klärgrube *

BERECHNUNG DER BAUKOSTEN (NUR BEI NEU-, UM- UND ERWEITERUNGSBAUTEN AUSFÜLLEN)

Bezeichnung der Gebäude		Grundfläche qm	Höhe m	Rauminhalt cbm	cbm-Preis DM	Baukosten / Werte im einzelnen DM	Baukosten / Werte insgesamt DM
Wohngebäude	Keller						
	Erdgeschoß						
	Vollgeschosse						
	Dachgeschoß						
	Dachgeschoß ausgebaut						
Gewerblicher Teil							
Außenanlage	Hausanschlüsse für Versorgung und Kanalisation						
	Hofbefestigung, Gartenanlage, Einfriedung etc.						
Sonstige Kosten							
Bodenwert	Größe in qm	qm-Preis in DM		Bodenwert in DM			
	Vorhandene Bauteile			Wert der Bauteile in DM			
Gesamtwert des Objektes							DM

FINANZIERUNG

Beschreibung der Eigenmittel								Summe der Eigenmittel
Grundstückswert →	DM	Vorhandene Bauwerte →	DM	Vorhandenes Baumaterial ** →	DM			
Bargeld * →	DM	Sparguthaben * →	DM	Sonstige Guthaben * →	DM			
Eigenleistung →	DM	Sonstiges →	DM	* = Aufstellung bitte beifügen	** = vom Architekt bestätigte Nachweise erforderlich			DM

Beschreibung der Fremdmittel						Summe der Fremdmittel
Hypotheken(Grund)schuld-Darlehen →	von	Auszahlg. %	Zinsen %	Tilgung %	DM	
Hypotheken(Grund)schuld-Darlehen →	von	Auszahlg. %	Zinsen %	Tilgung %	DM	
Hypotheken(Grund)schuld-Darlehen →	von	Auszahlg. %	Zinsen %	Tilgung %	DM	
Sonstiges →	von	Auszahlg. %	Zinsen %	Tilgung %	DM	
Sonstiges →	von	Auszahlg. %	Zinsen %	Tilgung %	DM	DM

Summe der Eigenmittel und der Fremdmittel	DM

Die ist berechtigt, jederzeit die öffentlichen Register sowie das Grundbuch und Grundakten einzusehen und auf Rechnung des Antragstellers einfache oder beglaubigte Abschriften und Auszüge zu beantragen.
Die Richtigkeit der vorstehenden Angaben wird ausdrücklich versichert. Die durch die Bearbeitung dieses Antrages entstehenden Kosten trage(n) ich/wir, auch wenn der Antrag abgelehnt werden sollte. Die ist berechtigt, der Schutzgemeinschaft für allgemeine Kreditsicherung (SCHUFA) Daten des Kreditnehmers und etwaiger Mitschuldner über die Aufnahme (Kreditbetrag, Laufzeit, Ratenbeginn) und Abwicklung dieses Kredites zur Speicherung zu übermitteln.

Ort Datum	Unterschrift Antragsteller	Unterschrift Mitantragsteller

Analysebogen für eine Investitions- oder Bau-Finanzierung

Die Ausarbeitung von mehreren Investitionsberechnungen bzw. Finanzierungsbeispielen kostet bei Übersendung eines Verrechnungsschecks zusammen mit diesem Analysebogen DM ...,– inkl. MwSt. Alternativ erfolgt die Berechnung per Nachnahme für DM ...,– inkl. MwSt.

Die Qualität der Analyse hängt von einer exakten Datenvorgabe ab. Bitte füllen sie die einzelnen Punkte gewissenhaft und vollständig aus. Alle Daten dienen ausschließlich dieser Auftragserfüllung und werden absolut vertraulich behandelt. Die Vorschriften des Datenschutzgesetzes werden streng beachtet.

Persönliche Daten/Firmendaten

Vorname/Titel ______________________________

Nachname ______________________________

Firmenname ______________________________

Branche ______________________________

Straße ______________________________

PLZ/Ort ______________________________

Telefon priv. ______________ geschäftl. ______________

Familienstand ○ ledig ○ verheiratet

Geburtsdatum ______________ dto. Ehegatte ______________

Anzahl der Kinder unter 18 bzw. in Ausbild. ______________

Veranlagung: ○ Splitting ○ Einzelveranlagung

Kirchensteuersatz 0 / 8 / 9 ________ %

(wenn nur eine Person kirchensteuerpflichtig ist, bitte nur die Hälfte angeben)

Objekt- und Finanzierungsdaten (auch bei Umschuldungen)

Kosten Projekt/Objekt	Betrag in DM
Grundstück inkl. Erschließung	______________
Kauf/Bauleistung I	______________
Kauf/Bauleistung II	______________
Nebenleistungen abschreibbar	______________

Nebenleistungen nicht abschreibbar ____________________

abzugsf. Betriebsausg./Werbungskosten ____________________

abzugsfähige Vorsteuern ____________________

Kosten bewegliche Anlagen

Betriebs-/Praxisanlagen ____________________

Einrichtung/Ausstattung ____________________

Warenlager/Vorräte ____________________

Firmenwert/Praxiswert ____________________

Eigenmittel für Projekt/Objekt

Barmittel ____________________

Eigenleistungen ____________________

bezahlte Rechnungen ____________________

* ____________________ ____________________

____________________ ____________________

____________________ ____________________

Bitte einsenden an:

Wann wurde oder wird mit der Investition begonnen? ____________

Bis zu welchem Zeitpunkt
werden die Geldmittel benötigt? ____________________

Meine/unsere Hausbank ist die ____________________

Adresse: ____________________

____

* Hier bitte alle einmaligen privaten oder staatl. nicht rückzahlbaren Zuschüsse eintragen. Bitte angeben, ob der Zuschuß als Einnahme (steuerwirksam) oder als nicht steuerwirksamer Zuschuß (Minderung der AfA-Bemessungsgrundlage) behandelt werden soll.

Einkünfte nach Abzug der Betriebsausgaben/Werbungskosten aus

Land- und Forstwirtschaft	________________
Gewerbebetrieb	________________
selbständiger Tätigkeit	________________
nichtselbständiger Tätigkeit	________________
Kapitalvermögen	________________
Vermietung und Verpachtung	________________
Sonstiges	________________
= Summe der Einkünfte	________________
⁒ Freibeträge	________________
⁒ Sonderausgaben unbeschr.	________________
⁒ Sonderausgaben beschränkt	________________

Rechtsform der Firma (z. B. Einzelf./oHG/KG/GmbH) ____________

bei GmbH/AG durchschnittl. Körperschaftsteuersatz ____________ %

Ist die Investition mit zusätzlichen Mieteinnahmen verbunden? ja / nein

Indexierung der Miete? ja / nein

Erste Mietanhebung nach ______ Jahren

Indexregelung ____

____

Neubaufinanzierung ja / nein oder Umschuldung ja / nein

AfA für Bauleistung	I	II	Nutzung Projekt/Objekt	
nach § 7 b	○	○	reine Eigennutzung	○
degressiv	○	○	Eigen- u. Fremdnutzung	○
linear 2% p.a.	○	○	nur Fremdnutzung	○
linear in % p.a.	____	____		
Sonderabschr. gem.	§ ____	§ ____		

AfA in Jahren ______	Projekt/Objektart	
AfA in Jahren ______	Eigentumswohnung	○
	Einfamilienhaus	○

AfA in Jahren ______	Einfamilienhaus mit Einliegerwohnung	O
bewegl. Anlagen DM	Zweifamilienhaus	O
____________________	Mehrfamilienhaus	O
____________________	Geschäftshaus	O
____________________	gemischt genutztes Grundstück	O
____________________	Gewerbe-/Industriegebäude	O
____________________	bei vorhandener Bausubstanz: Baujahr ______ seit wann in Besitz ______	

Sonstige, lfd. Zuschüsse od. Kosten p.a. (Erbpacht, Nebenkosten usw.)

Bezeichnung	dynamisch	steuerwirksam	Laufzeit	Höhe DM
______________	ja / nein	ja / nein	______ Jahre	______
______________	ja / nein	ja / nein	______ Jahre	______
______________	ja / nein	ja / nein	______ Jahre	______

Dynamisch = Anpassung an den Lebenshaltungsindex
steuerwirksam = Erfassung als Betriebsausg./Werbungsk. od. Einnahmen

monatl. Netto-Mieteinnahmen Gewerbe DM ______ Fläche qm ____

monatl. Netto-Mieteinnahmen Wohnung DM ______ Fläche qm ____

monatl. Mietw. d. selbstgenutzt. Wohng. DM ______ Fläche qm ____

Besteht Anspruch auf staatliche Förder- oder Sonderprogramme, z. B. Eigenkapitalhilfeprogramm, ERP- oder Landesdarlehen, KfW-Mittel, usw.?

	1. Darlehen	2. Darlehen	3. Darlehen
Bezeichnung	____________	____________	____________
Darlehensbetrag	____________	____________	____________
Zinssatz % bzw.	____________	____________	____________
Zinssätze	____________	____________	____________
bei einer	____________	____________	____________
Staffelung	____________	____________	____________
	____________	____________	____________
Auszahlungssatz	____________	____________	____________

Annuitäten- od. Ratentilgung	______	______	______
Tilgungssatz	______	______	______
Tilg.-Aussetz. in Jahren	______	______	______

Haben Sie Bausparverträge abgeschlossen? Zu welchen Bedingungen?

Anzahl Verträge ______ Summe ______

Bei mehr als drei Verträgen bitte gesondertes Blatt verwenden

	1. Vertrag	2. Vertrag	3. Vertrag
Vertragssumme	______	______	______
Gesellschaft	______	______	______
Tarif (4,5 %, 5 % Sollzins)	______	______	______
abgeschlossen am	______	______	______
bisher angespart	______	______	______
Guthaben für Zuteilung	______	______	______
wann zuteilungsreif	______	______	______

Wie schätzen Sie ohne Berücksichtigung der Investition die Entwicklung Ihres zu versteuernden Einkommens ein?	1. Jahr ______
	2. Jahr ______
	3. Jahr ______
	4. Jahr ______
Wie hoch schätzen Sie Ihr Zusatzeinkommen durch die Investition ohne Berücksichtigung der AfA und Finanzierungskosten ein? Nicht ausfüllen, wenn nur Mieteinnahmen erzielt werden.	1. Jahr ______
	2. Jahr ______
	3. Jahr ______
	4. Jahr ______

Für eine realitätsbezogene Analyse werden möglichst alle Einnahmen und Ausgaben mit Indexzahlen, z. B. der durchschnittlichen jährlichen Inflationsrate, berechnet.
Bitte ggf. auch angeben, wann der Eintritt in das Ruhealter geplant ist, da dann vom Programm ein geringeres Einkommen berücksichtigt werden kann.

Eintritt in das Ruhealter nach ______________ Jahren

Verminderung des Einkommens auf ______________ %

Wenn Sie glauben, daß dieser Analyse-Bogen für Ihren Fall nicht ausreicht, bitte weitere Details auf einem gesonderten Blatt eintragen, oder einen umfassenderen Analyse-Bogen anfordern bei:

Sonstiges:

____

____

____

Zur Berechnung Ihnen bereits vorliegender Angebote bzw. bei Umschuldungen die derzeit gültigen Konditionen:

Angebot ja / nein oder Umschuldung ja / nein

	1. Angebot	2. Angebot
Bank/Versicherung/Bausparkasse	______	______
1. Hypothek brutto	______	______
Zins %	______	______
Auszahlung %	______	______
Anfangstilgung %*	______	______
Dauer der Festschreibung	______	______
bzw. variabler Zins derzeit %	______	______
2. Hypothek brutto	______	______
Zins %	______	______
Auszahlung %	______	______
Anfangstilgung %*	______	______
Dauer der Festschreibung	______	______
bzw. variabler Zins derzeit %	______	______
bei Vorfinanzierung mit neuen Bausparverträgen		
Gesellschaft	______	______
Gesamt-Vertragssumme	______	______

Anzahl Verträge	________	________
Tarif (4,5%, 5% Sollzins)	________	________
Abschlußgebühr %	________	________
Zinssatz für Guthaben %	________	________
Sparbetrag pro DM 1000,- mtl.	________	________
od. Sofortauffüllung auf %	________	________
Guthaben für Zuteilung	________	________
voraussichtliches Zuteilungsjahr	________	________

* bei Tilgung durch Lebensversicherung

Tarif/Gesellschaft	________	________
Laufzeit	________	________
Abschlußsumme	________	________
jährlicher Beitrag	________	________
Dynamik ja / nein in %	________	________
voraussichtliche Ablaufleistung inkl. Gewinnanteile	________	________

Kann zur Klärung von Details Kontakt mit dem Steuerberater/Wirtschaftsprüfer, Unternehmensberater, Architekten/Bauträger aufgenommen werden? Wenn ja - Anschriften bitte gesondert angeben!

____

Ort, Datum   Unterschrift

Kapitel IV. Die Bewertung des Pfandgrundstücks

Bevor ein Darlehen ausgezahlt wird, prüft ein Finanzierungsinstitut, was das Objekt wert ist, an dem ein Grundpfandrecht eingetragen werden soll. Es bewertet das Pfandobjekt – es ermittelt den für seine Beleihung maßgeblichen Wert. Dieser „Beleihungswert" dient im Realkreditgeschäft als Hilfsmittel, um das Risiko zu beurteilen. Er unterscheidet sich vom Verkehrswert.

Mit dem Verkehrswert kann man auch einen Wert, aber einen anderen, feststellen:

> „Der Verkehrswert wird durch den Preis bestimmt, der in dem Zeitpunkt, auf den sich die Ermittlung bezieht, im gewöhnlichen Geschäftsverkehr nach den rechtlichen Gegebenheiten und tatsächlichen Eigenschaften, der sonstigen Beschaffenheit und der Lage des Grundstücks oder des sonstigen Gegenstands der Wertermittlung ohne Rücksicht auf ungewöhnliche oder persönliche Verhältnisse zu erzielen wäre." (§ 194 Baugesetzbuch (BauGB)).

Er ist der Wert, der stichtagsbezogen die Marktverhältnisse wiedergibt. Die tatsächlich zustande gekommenen Preise sind die Werte, bei denen die Vorstellungen von Käufer und Verkäufer übereinstimmen. Die Regeln, wie man diesen Wert findet, sind festgelegt in der Verordnung über Grundsätze für die Ermittlung des Verkehrswertes von Grundstücken (Wertermittlungs-Verordnung – WertV 1988) in der Fassung vom 6. 12. 1988 (BGBl. I S. 2209).[1] Ergänzt wird die „Wertermittlungsverordnung" mit den Richtlinien für die Ermittlung des Verkehrswertes von Grundstükken (Wertermittlungsrichtlinien – WertR 91) v. 11. 6. 1991, BAnz. Nr. 182a v. 27. 9. 1991. Im BAnz. Nr. 86/1992 sind ergänzende Hinweise für die Ermittlung von Grundstückswerten in den neuen Bundesländern abgedruckt. Ganz andere Kriterien sind wegen unterschiedlicher Zielsetzungen bei den Wertermittlungen im Realkredit maßgeblich.

---

[1] Siehe: Beck-Texte im dtv: Baugesetzbuch Nr. 5018 sowie Simon/Cors/Troll, Handbuch der Grundstückswertermittlung 4. Aufl., München 1997, Kerl, Bankaufsichtliche Anforderungen an den Realkredit, Stuttgart 1995.

Schaubild über den Ablauf der Ermittlung des Verkehrswertes für bebaute Grundstücke nach Sachwert- und Ertragswertverfahren der WertV/WertR:

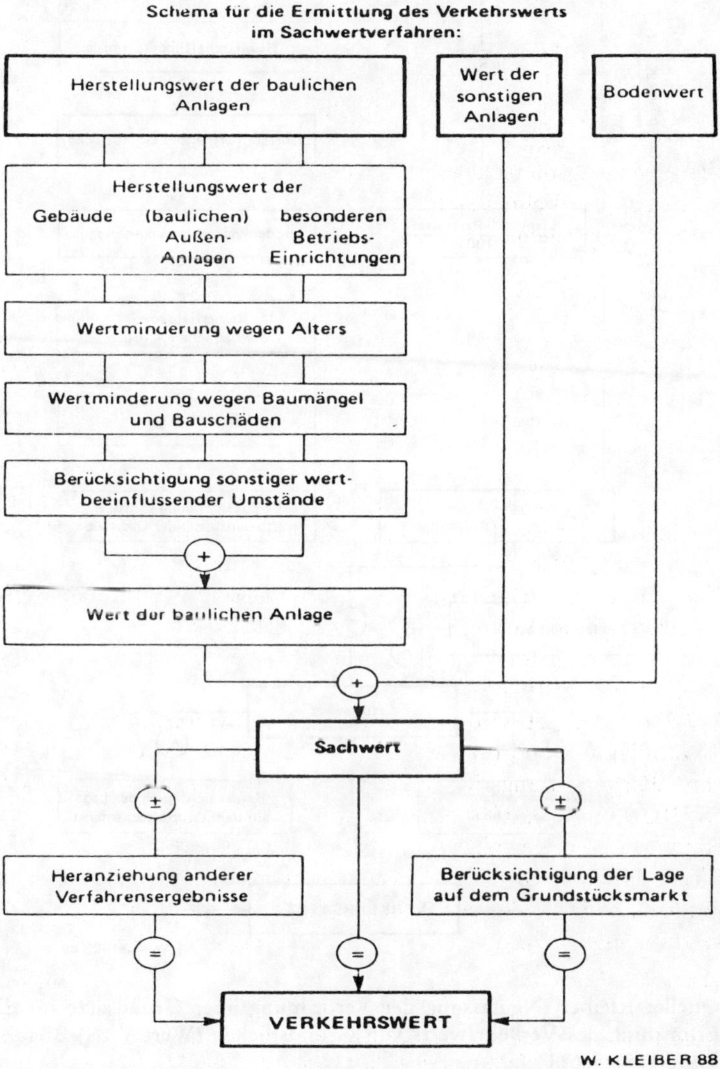

Schema für die Ermittlung des Verkehrswerts im Ertragswertverfahren:

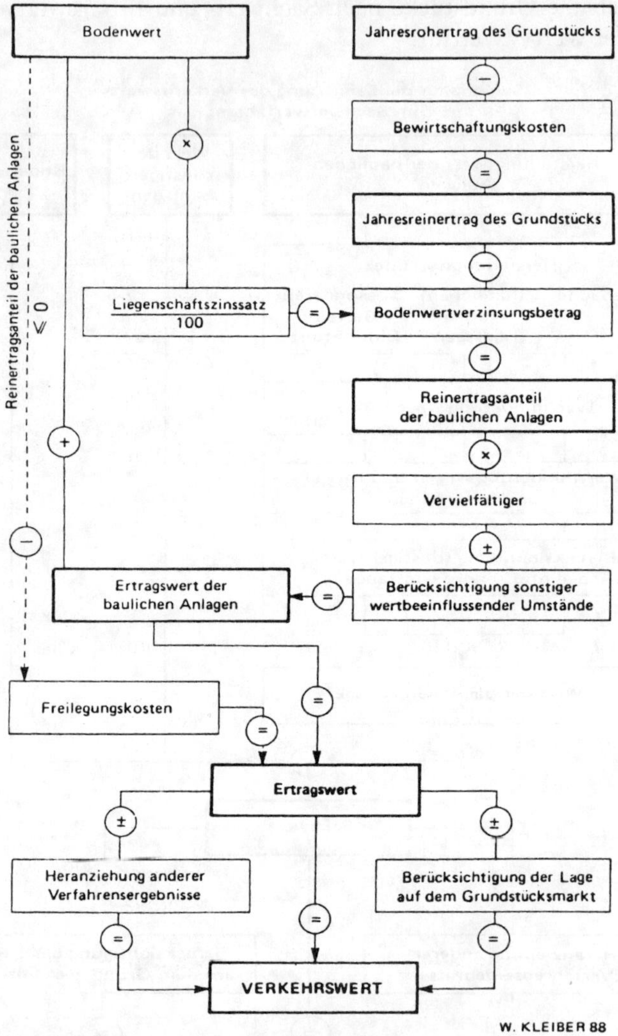

Quelle: Kleiber, Neufassung der Verordnung über Grundsätze für die Ermittlung des Verkehrswerts von Grundstücken (Wert V 88) BBauBl. Bonn 1988 S. 611 f.

A. Beleihungsregeln

Ist der Darlehensgeber ein Kreditinstitut, so muß er die ihm vorgeschriebenen Beleihungsgrundsätze und Anweisungen zur Feststellung eines Beleihungswertes beachten und anwenden. Bei den einzelnen Gruppen und Arten der Kreditinstitute gibt es dazu vielfältige, unterschiedliche gesetzliche Bestimmungen und Richtlinien (z. B. § 13 Hypothekenbankgesetz, Beleihungsgrundsätze für Sparkassen,[1] Beleihungsrichtlinien der Bausparkassen). Gemeinsamkeit besteht hinsichtlich des Ziels der Beleihungswertermittlung: Es soll ein jederzeit erzielbarer Wert festgesetzt werden. Dieser Wert soll eine möglichst absolute Sicherung der Darlehensforderung während der Dauer der Darlehenslaufzeit gewährleisten. Er wird daher mit aller Vorsicht festgesetzt.[2]

Jedes Kreditinstitut schätzt auf seine Weise den Beleihungswert. Im Grunde leiten sich diese Wertermittlungen immer aus zwei Verfahren ab:
- dem *Ertragswert* und
- dem *Sachwert*.

Dieses Grundprinzip der Beleihungswertermittlung im Realkredit ist beschrieben in § 12 Abs. 1 Hypothekenbankgesetz (HBG):

> „Bei der Feststellung dieses Wertes (d. h. vereinfacht des Beleihungswertes) sind nur die dauernden Eigenschaften des Grundstücks und der Ertrag zu berücksichtigen, welchen das Grundstück bei ordnungsmäßiger Wirtschaft jedem Besitzer nachhaltig gewähren kann."

Ertragswert

Da die Zahlungen für die Zins- und Tilgungsbeträge des Darlehens aus den Erträgen des Grundstückes gedeckt werden sollen – nur im Notfall durch Verwertung in der Zwangsversteigerung –, wird der Ertragswert bevorzugt berücksichtigt. Ermittelt wird ein

---

[1] Siehe dazu: Stannigel/Kremer/Weyers, Beleihungsgrundsätze, Stuttgart 1984.

[2] Bellinger/Kerl, Hypothekenbankgesetz 4. Auflage, München 1995, Rauch/Zimmermann, Grundschuld und Hypothek – Der Realkredit in der Bankenpraxis, 2. Aufl. München 1999.

Ertragswert, „der unabhängig von der Person des jeweiligen Besitzers voraussichtlich für die Dauer der Beleihung nachhaltig erzielt werden kann". Der Jahresreinertrag (Jahresrohertrag abzüglich laufende Bewirtschaftungskosten) wird mit einem Vervielfältiger multipliziert. Der Vervielfältiger berechnet sich nach einem Zinssatz, der für die dauernde Ertragsfähigkeit des Objektes als üblich angesehen wird. Im allgemeinen bewegen sie sich zwischen 4 und 8 Prozent. Folgende Zinssätze sind bei der Kapitalisierung üblich: 3 bis 5% bei Mietwohngrundstücken, 5,5% bei gemischt genutzten Grundstücken mit weniger als 50% gewerblichem Mietanteil, 6% bei gemischten Grundstücken mit mehr als 50% gewerblichem Mietanteil, 6,5% bis 8% bei Geschäftsgrundstücken. Der Vervielfältiger oder Kapitalisierungsfaktor ist dann der reziproke Wert des Zinsfußes.

Beispiel:

Bei einem Zinssatz von 5% (reziproker Wert = 100 : 5) rechnet man

$$\text{Ertragswert} = \text{Jahresreinertrag} \times \frac{100}{\text{Zinssatz}} = \frac{100}{5} = 20.$$

Das Ergebnis dieser Division ist der Vervielfältiger: 20.

Manche Darlehensgeber rechnen auch mit dem jeweiligen Kapitalmarktzins. Andere Kreditinstitute rechnen mit den Vervielfältigern der Anlage 1 zu § 9 Abs. 3 der „Wertermittlungs-Verordnung". Allerdings ist dabei eine Differenzierung zwischen Boden- und Gebäudewertverzinsung notwendig.[1] Diese Methode hat sich weitgehend durchgesetzt.

---

[1] Siehe dazu Stannigel/Kremer/Weyers, S. 65 f.

ERTRAGSWERT

1		Jahres-Rohertrag
2	-	Bewirtschaftungskosten
3	=	Jahres-Reinertrag
4	-	ggf. Gewerbe-Abschlag (GA)
5	=	Jahres-Reinertrag nach GA
6	-	Bodenverzinsung
7	=	Gebäude-Reinertrag
8	x	Vervielfältiger
9	=	Gebäude-Ertragswert
10	+	Bodenwert
11	=	Ertragswert
12	±	Besonderheiten
13	=	Ergebnis der Ertragswert-Ermittlung

Sachwert

Nicht immer kann der Ertragswert dem Beleihungswert zugrunde gelegt werden. Bei Einfamilienhäusern und Eigentumswohnungen, insbesondere bei eigengenutzten Objekten sind „angemessene" Herstellungskosten Grundlage eines *Bauwertes.*

Zugrundegelegt werden nicht die tatsächlichen Herstellungs- oder Anschaffungskosten. Die Darlehensgeber gehen vielmehr von „angemessenen" Herstellungskosten aus. Um diese Daten zu ermitteln, werden zwei Wege eingeschlagen:

Entweder ein *Abschlagsverfahren* oder
ein *Indexverfahren.*

Bei Neubauten wendet man häufiger das *Abschlagsverfahren* an. Man geht dabei von den Preisen pro Kubikmeter umbauten Raums aus, wie sie einem Bauvorhaben normaler Ausstattung entsprechen würden. Diese Baukosten werden dann noch um Wertminderungen und nicht werterhöhende Aufwendungen sowie um Abschreibungen gekürzt. Von den so ermittelten angemessenen Herstellungskosten wird ein ausreichender Risikoabschlag gemacht. Als Ergebnis erhält man dann den Bauwert im Sinne der Beleihungsregeln:

Objektarten	Risiko-Kategorien			
	(1) geringes Risiko Abschlag vom Verkehrswert in v. H.	(2) durchschnittliches Risiko Abschlag vom Verkehrswert in v. H.	(3) erhöhtes Risiko Abschlag vom Verkehrswert in v. H.	(4) hohes Risiko Abschlag vom Verkehrswert in v. H.
1. Sachwertobjekte: Baugrundstücke Einfamilienhäuser* Zweifamilienhäuser* Eigentumswohnungen*	bis 10	10–15	15–30	mind. 30

* Auch derzeit vermietete Objekte, die jedoch nach Art und Standort zur Selbstnutzung vorgesehen sind.

Objektarten	Risiko-Kategorien			
	(1) geringes Risiko Abschlag vom Verkehrswert in v. H.	(2) durchschnittliches Risiko Abschlag vom Verkehrswert in v. H.	(3) erhöhtes Risiko Abschlag vom Verkehrswert in v. H.	(4) hohes Risiko Abschlag vom Verkehrswert in v. H.
2. Renditeobjekte:				
a) Wohngrundstücke:				
– Einfamilienhäuser*				
– Zweifamilienhäuser	bis 10	10–15	15–30	mind. 40
– Mehrfamilienhäuser				
– Eigentumswohnungen*				
b) gemischt genutzte Grundstücke	bis 10	10–20	20–35	mind. 35
c) gewerblich genutzte Grundstücke (Regelfall)	bis 15	15–25	25–40	mind. 40
d) land- oder forstwirtschaftlich genutzte Grundstücke (Regelfall)	bis 15	15–25	25–40	mind. 40

* Vermietete Einfamilienhäuser und Eigentumswohnungen, die nicht für eine Selbstnutzung in Betracht kommen.

SACHWERT

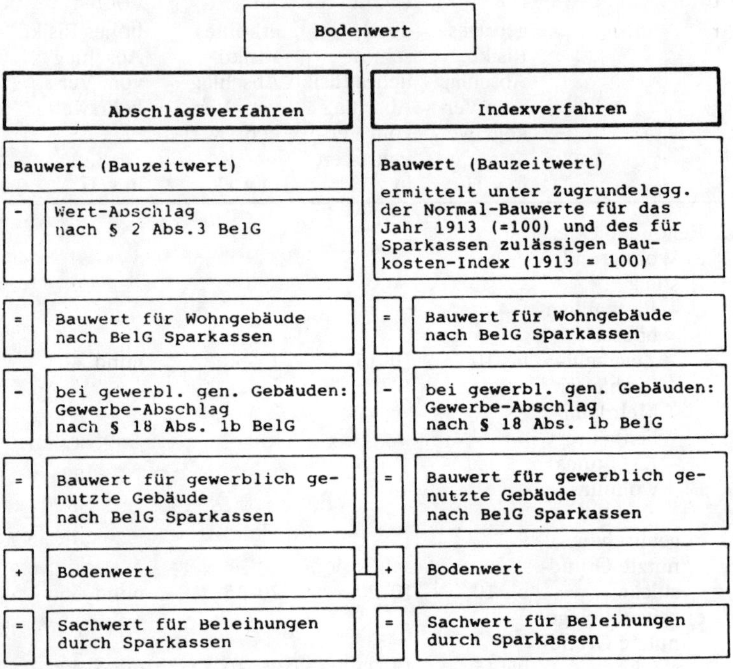

Bei dem *Indexverfahren* geht man folgenden Weg:

Ausgangspunkt sind die durchschnittlichen Raummeterpreise der Jahre 1913/1914. Diese multipliziert man mit der Menge des umbauten Raums. Über diese Raummeterpreise 1913/1914 gibt es gesicherte Aufschreibungen. Ein Auszug aus diesem Zahlenwerk ist auf S. 17f. abgedruckt. Hat man diesen Bauwert ermittelt, so ist er ebenfalls um die Wertminderungen und die nicht werterhöhenden Aufwendungen und um die Abschreibungen zu kürzen. Man kommt dann zu angemessenen Herstellungskosten der Jahre 1913/1914. Diese Herstellungskosten vervielfältigt man mit der „zulässigen" Indexziffer. Das Statistische Bundesamt veröffentlicht in der Fachserie 17, Reihe 4: „Meßzahlen für Bauleistungspreise und Preisindizes für Bauwerke" z. Zt. vierteljährlich fortgeschriebene Indexzahlen der verschiedenen Baujahre bzw. Basisjahre (siehe

S. 28). Aber diese aktuelle Indexziffer ist für manche Kreditinstitute nicht die zulässige Meßzahl. Sie verwenden „höchstens berücksichtigungsfähige" Baukostenindexzahlen.

Gerade bei der Beleihung von Altbauten kommt dieses Indexverfahren wieder stärker zur Geltung. Eine solche Entwicklung hängt auch damit zusammen, daß die Einschätzungen der Gebäude für die Gebäudebrandversicherung ebenfalls von den Basisjahren 1913/1914 ausgehen.

Beim *Bodenwert* ist ansatzfähig „der Preis, der für Grundstücke gleicher Art und Lage auf die Dauer voraussichtlich zu erzielen sein wird". Die Kaufpreissammlungen bei den Gutachterausschüssen und die bekanntgemachten Richtwertzahlen dieser Gutachterausschüsse erleichtern die Beurteilung und Schätzung des Bodenwertes. Für die Finanzierungspraxis wird im konkreten Falle der in einem Kaufvertrag vereinbarte Kaufpreis für das unbebaute Grundstück im allgemeinen als angemessen angesehen.

Bauwert- und Bodenwert bilden den Sachwert. Manchmal wurden und werden Mittelwerte aus Ertragswert und Sachwert (einfaches arithmetisches Mittel) gebildet. Es hat sich weitgehend die Meinung durchgesetzt, daß solche Mittelwerte zu realitätsfernen Bewertungen führen können. Die „Wert-Richtlinien" für die Ermittlung des Verkehrswertes von Grundstücken verbieten die Bildung von Mittelwerten als nicht sachgerecht (Nummer 3.7).

B. Beleihungsgrenzen

Hat ein Kreditinstitut einen Beleihungswert geschätzt und durch die dafür zuständigen Organe festsetzen lassen, so ist dieser Beleihungswert Ausgangspunkt für die Berechnung der Beleihungsgrenze. Nur bis zu einem bestimmten Prozentsatz des Beleihungswertes steht den Kreditinstituten ein Finanzierungsraum zur Verfügung. I a Darlehen werden in aller Regel in Höhe bis zu 60% des Beleihungswertes gewährt. Bei I b Darlehen liegt die Beleihungsgrenze bei 80% des Beleihungswertes. In aller Regel wird in diesen Fällen eine Bürgschaft als zusätzliche Sicherheit verlangt (siehe dazu S. 202). Die Bausparkassen gewähren Darlehen unter Berücksichtigung vorgehender Rechte bis zu 80% des Beleihungswertes. Für darüber hinausgehende Beleihungen verlangen sie ebenfalls zusätzlich Bürgschaften.

Beispiel:

Beleihungswert:	DM 200 000,–
60%ige Beleihungsgrenze:	DM 120 000,–

Es könnte eine I. Hypothek bis zu dieser Obergrenze als Realkredit gewährt werden.

Hat eine Bausparkasse den gleichen Wert ermittelt, so liegt ihre Beleihungsgrenze bei 80% = 160 000,– DM. Vorgehende Rechte vermindern diesen Finanzierungsraum. Die Bausparkasse müßte eine im Rang vorgehende I. Hypothek, z. B. von 120 000,– DM berücksichtigen:

80%ige Beleihungsgrenze	DM 160 000,–
./. vorgehende Belastung	DM 120 000,–
Finanzierungsraum der Bausparkasse	DM 40 000,–

Würde die vorgehende I. Hypothek nur 110 000,– DM betragen, so erweiterte sich der Finanzierungsraum der Bausparkasse auf 50 000,– DM (160 000,– ./. 110 000,– DM).

Es ist nicht üblich, den Beleihungswert selbst (und nicht die Beleihungsgrenze) um die vorgehenden Belastungen zu kürzen. Anhaltspunkte dafür, wie die so entstehenden Finanzierungsräume den notwendigen Kapitalbedarf abdecken, gibt folgende Faustregel:

Es können ohne zusätzliche Sicherheiten nach den Regeln des Realkredits finanziert werden:

40%–50% der Gesamtkosten mit einem erststelligen Hypothekendarlehen und weitere

20%–30% der Gesamtkosten mit einem nachrangigen Bauspardarlehen.

C. Überschreitung der Beleihungsgrenzen

Die guten Erfahrungen, die die Kreditinstitute in den letzten Jahrzehnten mit der Zahlungsmoral der Schuldner von Baudarlehen gemacht haben, führten auch zu Finanzierungsangeboten, die den Bewertungsrahmen des Realkredits übersteigen. Der Realkredit gilt wegen der engen Beleihungsgrenzen und wegen des zweigliedrigen Schuldverhältnisses als typisch risikoarm. Die Kreditinstitute erteilen auch Darlehensbewilligungen, die nicht nur auf die Eigenschaften des beliehenen Grundstücks abgestellt sind, sondern auf die Kreditwürdigkeit aus dem persönlichen Schuldverhältnis. Es ist nicht selten, daß Häuser und Wohnungen nicht bis zu 80 oder 90% der angemessenen Baukosten, also des Beleihungswertes beliehen werden, sondern bis zu 80 und 90% der tatsächlichen Gesamtkosten des Kaufpreises oder des Verkehrswertes. Einige Zeit war die sogenannte „100-Prozent-Finanzierung" im Gespräch. Sie kommt auch heute immer noch dann vor, wenn die Einkommens- und Vermögensverhältnisse des Darlehensnehmers die Erwartung als berechtigt erscheinen lassen, daß aus dessen Einkommen die zu übernehmenden Verpflichtungen und Verbindlichkeiten erfüllt werden können. In diesem Zusammenhang sind die Variationen der Darlehensarten zu sehen, die eine zeitlich gestreckte Verteilung der Belastung aus dem Kapitaldienst erlauben (siehe dazu S. 60). Soweit die aufzunehmenden Darlehen über die Beleihungsgrenzen des Realkredits hinausgehen, handelt es sich um einen dinglich gesicherten Personalkredit. Dieser gesicherte Personalkredit gewährt dem Gläubiger immer noch eine bessere Rechtsstellung als ein normaler Personalkredit ohne dingliche Sicherheit. Denn jeder Grundpfand-Gläubiger hat ein Befriedigungsvorrecht vor allen anderen Gläubigern des Schuldners. Daher geben die dinglichen Rechte eine so vorzügliche Beleihungsbasis ab. Selbst eine hohe nachrangige Beleihung erscheint unter den inflatorischen Entwicklungen der letzten Jahrzehnte den Kreditinstituten nicht mehr so risikoreich wie früher. Es hat sich gezeigt, daß die Werte zumindest geldmäßig durch die Inflation zwar nicht gleichmäßig, aber doch grundsätzlich ansteigen. Damit verbessert sich die Sicherheit für die Kreditinstitute mit zunehmendem Kaufkraftschwund. Selbst wenn man berücksichtigt, daß sich Haus und Wohnung, die benutzt werden, auch abnutzen. Außerdem entsteht bei steigenden Nominaleinkommen der Schuldner eine inflationsbedingte Amortisation (Tilgung) der ausstehenden Schuld.

Man hat sogenannte „maßgerechte" Kreditformen entwickelt, mit denen versucht wird, sich an den Finanzierungsbedarf des Kreditsuchenden anzupassen. Eine solche kundenorientierte Geschäftspolitik führt zu Kreditangeboten, die die spezielle Situation des Darlehensnehmers weitgehend zu berücksichtigen suchen. Variationen der Kredithöhe, der Kreditlaufzeit, des Verwendungszwecks, der notwendigen Sicherheiten, der Kosten, der Rückzahlung und der Anpassung an die steuerlichen Wirkungen werden in Aussicht gestellt. Gerade für Arbeitnehmerhaushalte mit ihren regelmäßigen Lohn- oder Gehaltszahlungen, verbesserte sich mit einer solchen Geschäftspolitik die Möglichkeit, Finanzierungsmittel aufzunehmen. Dabei wird bedacht, daß eine Darlehenstilgung auch als zwangsweises nachträgliches Sparen anzusehen ist. Hieß es früher: „Zuerst sparen und dann bauen", so wird heute umgekehrt argumentiert: „Zuerst bauen und dann sparen."

Trotz der Beleihungswertermittlungen sind letztlich die wirtschaftlichen Verhältnisse des Darlehensnehmers entscheidend für die Sicherheit eines Kredits. Kreditinstitute entwickelten „Risikoklassifizierungen". Ein Beispiel:

Risikogruppe	Beschreibung der Risikogruppe
Ia	Kredite an Kreditnehmer mit guten wirtschaftlichen Verhältnissen, die auch eine Blankokreditgewährung rechtfertigen,
Ib	Kredite an Kreditnehmer mit labilen, aber nicht insgesamt unbefriedigenden wirtschaftlichen Verhältnissen, bei denen sich die Blankokreditanteile (einschließlich der Zinsen des laufenden Jahres) im Rahmen des Eigenkapitals und eventueller Reserven des Unternehmens bewegen oder die Ertragskraft des Unternehmens die Abschreibungen und Fremdkapitalzinsen deckt.
Ic	Kredite an Kreditnehmer mit insgesamt unbefriedigenden wirtschaftlichen Verhältnissen, bei denen die gestellten Sicherheiten jedoch eine ausreichende Deckung der Kredite und der Zinsen des laufenden Jahres gewährleistet.
IIa	Kredite an Kreditnehmer mit labilen, aber nicht insgesamt unbefriedigenden wirtschaftlichen Verhältnissen mit Blankokreditanteilen, die nicht im Rahmen des Eigenkapitals und eventueller Reserven des Unternehmens liegen und bei denen die Abschreibungen und Fremdkapitalzinsen nicht durch die Ertragskraft des Unternehmens gedeckt sind.
IIb	Kredite an Kreditnehmer mit insgesamt unbefriedigenden wirtschaftlichen Verhältnissen, bei denen eine ausreichende Sicherstellung der Kreditforderung nicht gegeben ist.
III	Notleidende Kredite Für diese Kredite besteht bereits eine Einzelwertberichtigung oder ist die Bildung einer Einzelwertberichtigung erforderlich.
IV	Uneinbringliche Kredite Bei den Ausleihungen dieser Risikogruppen ist mit an Sicherheit grenzender Wahrscheinlichkeit mit dem Ausfall der Kreditforderung zu rechnen.

Die Angebotspolitik auf den Kreditmärkten macht aber auch deutlich, daß alle Kreditinstitute letztlich von dem Verkauf von Darlehen an gute Schuldner abhängig sind. Die vereinbarten Konditionen sind entscheidend für die Ertragssituation der Kreditinstitute. Die harte Konkurrenzsituation kann der Darlehenssuchende benutzen, um Angebote der verschiedenen Darlehensgeber zu vergleichen und damit seine Stellung bei dem Aushandeln von Darlehensbedingungen zu verbessern. Besonders deutlich kommt diese für den Darlehensnehmer günstige Position darin zum Ausdruck, daß Kreditinstitute für sich ausrechnen, wie hoch die Erfolgsquote bei Bedingungsanpassungen für Darlehen ist. Unter Erfolgsquote verstehen sie den Anteil der Darlehensnehmer, der bei Konditionen-Anpassungen wegen Ablaufs der Fristen bei dem Gläubigerinstitut bleibt und nicht zu einem anderen Finanzierungsinstitut wechselt.

Auch das richtige „Timing" spielt eine erhebliche Rolle. Es ist notwendig, daß man zu dem Zeitpunkt Kredite nachfragt, zu dem sie zu haben sind und zu dem sie nach Möglichkeit auch noch preiswert sind. Denn es ist nicht selbstverständlich, daß zu jeder Zeit ein ausreichendes oder sogar noch ein preiswertes Angebot an Finanzierungsmitteln zur Verfügung steht. In einer Hochzinsphase bevorzugen Darlehensnehmer häufig Darlehen mit kurzen Laufzeiten. Obwohl bei einer inversen Zinsstruktur die Belastung des Darlehensnehmers für diese „vorläufigen" Finanzierungsmittel höher ist als bei einer langfristigen Festlegung der Konditionen. Sie halten sich damit die Möglichkeit offen, bei erwarteter Zinssenkungstendenz, zu dem ihnen richtig erscheinenden Zeitpunkt auf dann billigere langfristige Mittel umzusteigen.

D. Nutzungsrechte, Verwertungsrechte, Erwerbsrechte und Verfügungsbeschränkungen als Vorlasten

Die Finanzierungsräume werden durch Vorlasten eingeengt. Dazu rechnen aber nicht nur die Grundpfandrechte in Abteilung III des Grundbuchs, sondern auch im Range vorgehende Rechte in Abteilung II des Grundbuchs und nicht im Grundbuch eingetragene, auf die Beleihung einwirkende Rechte.

1. Nutzungsrechte

Dienstbarkeiten: In Abteilung II des Grundbuchs sind häufig Grunddienstbarkeiten (§ 1018 BGB) eingetragen. Sie müssen in die Beleihungsrechnung eingehen, wenn sie dem zu bestellenden Grundpfandrecht im Range vorgehen würden.[1] Meistens sind sie wertmäßig so unbedeutend, daß sie nicht berücksichtigt werden müssen (Fensterrechte, Leiterrechte, Stützrechte, Wegerechte, Traufrechte, Wasserschöpfrechte). Wenn sich Grunddienstbarkeiten auf die Ausbeutung des Grundstücks mit Bodenschätzen beziehen, so sind sie zu bewerten. Aber in den meisten Fällen kommen solche Rechte bei der Finanzierung von Haus und Wohnung nicht vor. Bezieht sich die Grunddienstbarkeit auf ein Bebauungsverbot oder das Verbot der Ausübung eines bestimmten Gewerbes, so muß das Kreditinstitut fast immer den Rangrücktritt verlangen, sonst wird die Beleihung unmöglich. Mit Grunddienstbarkeiten können Grundstücke, Erbbaurechte, Wohnungs- und Teileigentumsrechte und Wohnungs- und Teilerbaurechte belastet sein. Neben den Dienstbarkeiten kennt das Grundbuch in der Abteilung II noch die *beschränkt persönlichen Dienstbarkeiten* (§§ 1090ff. BGB).

Das Recht, ein Gebäude oder einen Teil eines Gebäudes unter Ausschluß des Eigentümers als Wohnung zu benutzen, ein dingliches Wohnrecht nach § 1093 BGB, kann eine solche beschränkt persönliche Dienstbarkeit sein. Auf dieses Recht findet auch eine Reihe der für den Nießbrauch geltenden Vorschriften Anwendung. Gerade bei Altenteilen kommen solche Dienstbarkeitsbestellungen vor. Hier wird der Gläubiger in allen Fällen fordern, daß ein Vorrang für das Grundpfandrecht des Kreditinstituts eingeräumt wird. Ein vorrangiges Wohnrecht beeinträchtigt die Beleihung des Grundstücks erheblich oder macht sie, je nach seinem Wert, sogar unmöglich.

Leitungsduldungsrechte sind häufig auch als beschränkte persönliche Dienstbarkeiten in Abteilung II des Grundbuchs einge-

---

[1] Sichtermann/Hennings, Bedeutung und Behandlung der Eintragungen in Abt. II des Grundbuches, 12. Auflage Stuttgart 1995 mit ausführlichem Literaturverzeichnis und Stannigel/Kremer/Weyers, Beleihungsgrundsätze, a.a.O. S. 199ff. und Bausparkassen-Fachbuch 1994/95, Stuttgart S. 374.

tragen; sie kommen vor bei Fernwärmeleitungen, Ferngas- oder Stromleitungen. Ob ein solches Leitungsduldungsrecht bei der Beleihung als unerhebliche Vorlast anzusehen ist, wird das Kreditinstitut in jedem Fall einzeln prüfen. Bei Wohngrundstücken kann ein solches Leitungsduldungsrecht eine gewisse Wertminderung des belasteten Grundstücks bewirken. Behält diese Dienstbarkeit den Vorrang vor dem einzutragenden Grundpfandrecht des beleihenden Instituts, dann wird es unter Umständen einen Abschlag beim Beleihungswert vornehmen. Bei Ölfern- und Ferngasleitungen besteht die Dienstbarkeit häufig auch in der Vereinbarung, ein Grundstücksstreifen von einer gewissen Breite nicht zu betreten oder zu befahren oder nicht zu bebauen. Der Wert einer solchen Vorlast ist schlecht abzuschätzen. Aus Sicherheitsgründen verlangen Finanzierungsinstitute daher in solchen Fällen fast immer den Vorrang des Grundpfandrechts zu ihren Gunsten.

Auch Tankstellenrechte kommen als beschränkte persönliche Dienstbarkeiten vor. Sie beinhalten das Recht, auf dem Grundstück Motorentreib- und -schmierstoffe jeder Art zu lagern und zu vertreiben, sowie eine Tankanlage nebst allen dazugehörigen technischen Einrichtungen zu errichten, zu erhalten und zu betreiben und die Möglichkeit, die Ausübung der Dienstbarkeit einem Dritten zu überlassen. Meist werden sie auf längere Zeit bestellt (20–30 Jahre). Ein solches Tankstellenrecht macht ein Grundstück nur einseitig verwendbar. Im Falle der Zwangsversteigerung verringert sich der Personenkreis, der das Grundstück erwerben würde. Es erhöht damit das Risiko eines nachrangigen Grundpfandgläubigers erheblich. Die Kreditinstitute verlangen, soweit irgend möglich, den Rangrücktritt dieses Rechts in Abteilung II hinter ihr neu einzutragendes Recht für das Finanzierungsmittel.

Für Wohnungen, die mit Mitteln der öffentlichen Hand oder auch von Arbeitgebern mitfinanziert worden sind, verlangt der Darlehensgeber häufig ein Wohnungsbelegungs- oder Wohnungsbesetzungsrecht. Diese Verpflichtung beschränkt sich regelmäßig auf die Laufzeit des Darlehens, meist verbunden mit einer Mindestlaufzeit. Dieses Recht wird mit einer beschränkt persönlichen Dienstbarkeit gesichert. Darin ist festgelegt, daß bestimmte Wohnungen zur Verfügung gehalten werden müssen und nur von

Personen bewohnt werden dürfen, die der Darlehensgeber benannt hat. Die Bewertung eines solchen Rechtes ist schwierig. In aller Regel sind aber die Darlehensgeber der öffentlichen Hand und auch die Arbeitgeber bereit, mit dem Wohnungsbesetzungsrecht im Rang hinter die Grundpfandrechte des Realkredits und der Bausparkassen zurückzutreten.

Eine Belastung eines Grundstücks mit einem Dauerwohnrecht nach Teil II des Wohnungseigentumgsgesetzes kann erhebliche Beleihungsschwierigkeiten mit sich bringen. Da in der Praxis das Dauerwohnrecht keine große Bedeutung erlangt hat, kann auf die Behandlung an dieser Stelle verzichtet und zu Einzelheiten auf die in der Fußnote auf S. 253 genannten Quellen verwiesen werden.

Bei einer erheblichen Wertminderung muß die beschränkt persönliche Dienstbarkeit im Range zurücktreten. In manchen Fällen kann auch dadurch abgeholfen werden, daß der Berechtigte sich gegenüber dem Kreditgeber verpflichtet, das im Vorrang verbleibende Recht in der Zwangsversteigerung, falls es nicht in das geringste Gebot aufgenommen wird, nur mit einem geringen Betrag anzumelden. Diese Regelung empfiehlt sich dann, wenn das Bestehenbleiben der Dienstbarkeit die Verwertbarkeit an sich nicht beeinträchtigt. Auch kann die Eintragung einer Ablösungssumme nach § 882 BGB weiterhelfen.

In der II. Abteilung findet man häufiger einen Nießbrauch (§ 1030 BGB) eingetragen. Er ist das dingliche Recht, sämtliche Nutzungen des belasteten Gegenstandes zu ziehen. Ist ein Nießbrauch an einem Grundstück bestellt, so ist es kaum als Beleihungsgegenstand zu verwerten, da das Nießbrauchrecht den Käufer oder Ersteher von der Nutzung ausschließt. Da das Nießbrauchrecht spätestens mit dem Tode des Nießbrauchers erlischt, kann es trotzdem manchmal zweckmäßig sein, auch ein mit einem Nießbrauch belastetes Grundstück zu erwerben.[1]

Eine Beleihungsmöglichkeit ist nach sorgfältiger Prüfung u. U. gegeben, wenn der Eigentümer sich einzelne Nutzungen vorbehalten hat und diese einen erheblichen Wert darstellen, oder

---

[1] Zur einkommensteuerrechtlichen Behandlung des Nießbrauchs bei Einkünften aus Vermietung und Verpachtung siehe Schreiben des BMF vom 24. 7. 1998 (BStBl. I 914).

– der Nießbraucher sehr alt ist,
– der Nießbrauch befristet ist und der Ablauf der Frist bevorsteht.

In allen anderen Fällen muß der Nießbrauch auch im Range ausweichen. Aber auch dann kann die Beleihung in Frage gestellt sein, wenn es an der Kreditwürdigkeit des Eigenheimers fehlt, da ihm der Objektertrag auch bei nachrangigem Nießbrauch nicht zusteht. Eine Zwangsverwaltung bringt nur Objektertrag, wenn sich der Nießbraucher in Ansehung der Grundschuld (Hypothek) der Zwangsvollstreckung unterworfen hat.

In der Zwangsversteigerung ist für einen Nießbrauch nach § 92 Abs. 2 ZVG Wertersatz aus dem Versteigerungserlös in Form einer Geldrente aus dem Deckungskapital zu zahlen. Es besteht nach § 121 ZVG aus der Summe aller künftigen Jahresleistungen, höchstens aber aus dem für 25 Jahre ermittelten Betrag. Richtet sich der Nießbrauch nach der Lebenserwartung einer Person, so ist das Deckungskapital danach zu ermitteln, jedoch ebenfalls mit der angegebenen Obergrenze.

2. Verwertungsrechte

In der II. Abteilung des Grundbuchs kommen *Reallasten* (§ 1105 Abs. 1 BGB) neben den Verwertungsrechten mit Sicherungscharakter (Hypotheken, Grundschulden) vor. Eine Reallast ist die dingliche Belastung eines Grundstücks in der Weise, daß an den Berechtigten wiederkehrende Leistungen aus dem Grundstück zu entrichten sind. Die Leistungen können in Naturalien, in Geld oder in Handlungen bestehen. Sie sind auf eine positive Leistung, nicht auf ein Unterlassen gerichtet. Man bestellt sie zeitlich unbeschränkt oder beschränkt auf eine gewisse Zeit oder auf die Lebenszeit des Berechtigten. Im Verhältnis zu dem Wert des Objekts ist die Last in den einzelnen Fällen unterschiedlich hoch. Altenteile und Leibgedinge sind meist Reallasten. Die Reallast stellt bei der Beleihung, insbesondere wenn es sich um einen Altenteil handelt, eine zu bewertende Belastung des Grundstücks dar. Die Verwertbarkeit kann, je nach der Höhe der zu erbringenden Leistung, mehr oder minder stark beeinträchtigt sein. Die Einräumung des Vorrangs für ihr Grundpfandrecht vor der Reallast verlangen die Kreditinstitute bei einer Finanzierung wohl immer. Ausnahmsweise wird davon abgesehen, wenn die Leistungen aus der Reallast so gering sind, daß sie im Verhältnis zum Grundstückswert unberücksichtigt bleiben können. Wird durch die Berücksichtigung des kapitalisierten Rechts die Beleihungsgrenze überschritten, so muß die Reallast im Range zurücktreten. Bei Reallasten, die Gemeinden zustehen (Straßenunterhaltungs- und Beleuchtungsverpflichtungen etc.), kann i.d.R. von einem Rangrücktritt abgesehen werden. Rentenschulden (§§ 1199f. BGB) zählen ebenfalls zu den Verwertungsrechten, die auf konkrete Leistungen des Eigentümers gerichtet sind.

Nach § 134 Abs. 2 Baugesetzbuch ruht der Erschließungsbeitrag als öffentliche Last auf dem Grundstück, dem Erbbaurecht und dem Wohnungs- oder Teileigentum. Wohnungs- und Teileigentümer sind nur entsprechend ihrem Miteigentumsanteil beitragspflichtig. Öffentliche Lasten sind dingliche Verwertungsrechte an Grundstücken. Sie begründen keine persönliche Schuldnerschaft des jeweiligen Eigentümers. Zum Inhalt haben sie nur, daß er wegen der Beitragsforderung die Zwangsvollstreckung in das Grundstück, Erbbaurecht, Wohnungs- oder Teileigentum dulden muß. Erlischt die Beitragsforderung der Gemeinde, so erlischt auch die öffentliche Last. Kreditinstitute prüfen daher, ob und welche Beitragsforderungen im Zeitpunkt der Beleihung bereits entstanden sind und lassen den Darlehensnehmer eine Bescheinigung über den anfallenden Erschließungsbeitrag bei der Gemeinde einholen.

3. Erwerbsrechte

Dingliches Vorkaufsrecht (§§ 1094ff. BGB). In Abteilung II kann auch ein dingliches Vorkaufsrecht an einem Grundstück oder einem grundstücksgleichen Recht eingetragen sein. Es gibt das Recht, in einen Kaufvertrag einzutreten, den der Verpflichtete mit einem Dritten abgeschlossen hat. Ein solches Vorkaufsrecht behindert die Belastung eines Grundstücks mit Grundpfandrechten nicht. Wirtschaftlich betrachtet vermindert ein Vorkaufsrecht den Wert des belasteten Grundstücks. Der Käuferkreis für ein solches Grundstück ist in aller Regel kleiner als bei einem unbelasteten Grundstück. Jeder Interessent sieht sich der Gefahr ausgesetzt, daß der Vorkaufsberechtigte von seinem Recht Gebrauch macht und in den von ihm abzuschließenden Kaufvertrag eintritt. Sie wirkt dem Dritten gegenüber wirtschaftlich gesehen wie eine

Auflassungsvormerkung. Allerdings wird die Vorbelastung bei einer Beleihung meist nicht als sehr wesentlich bewertet. Trotzdem versuchen Kreditinstitute, daß das Vorkaufsrecht ihrem Grundpfandrecht den Vorrang einräumt. Ein sich auf mehrere Verkaufsfälle erstreckendes vorrangiges Verkaufsrecht ist wertmindernd. Es ist in der Zwangsversteigerung nach § 92 Abs. 1 ZVG nach dem angemeldeten bzw. festgesetzten Wert zu berücksichtigen. Angemessen können 2% des gemeinen Wertes sein.

Schuldrechtliches Vorkaufsrecht (§§ 504 ff. BGB). Dieses Vorkaufsrecht besteht in der Befugnis, einen Gegenstand durch einen Kauf zu erwerben, wenn der Vorkaufsverpflichtete diesen Gegenstand an einen Dritten verkauft. Dieses Recht kann nur durch Eintragung einer Vormerkung im Grundbuch gesichert werden. Es gibt Bedenken gegen den Vorrang einer solchen Vormerkung vor einem Grundpfandrecht. Manche Kreditinstitute sehen darin eine Gefährdung ihres Grundpfandrechtes. Sie verlangen daher wohl in allen Fällen den Rangrücktritt der Vormerkung hinter das neue Grundpfandrecht oder eine Zustimmung des Berechtigten zur nachrangigen Belastung.

Wiederkaufsrechte: Im Grundbuch findet man in der Abteilung II auch häufig durch Eintragung einer Vormerkung gesicherte schuldrechtliche Wiederkaufsrechte (§§ 497 ff. BGB).

Ein Wiederkaufsrecht setzt voraus, daß beim Abschluß eines Kaufvertrages oder nachträglich zwischen den Kaufvertragsparteien vereinbart wird, daß dem Verkäufer der Wiederkauf vorbehalten und das Grundstück zurückverkauft sein soll, wenn der Verkäufer (und Wiederkäufer) eine darauf gerichtete Erklärung abgibt. Das Wiederkaufsrecht ist also das in der Regel befristete Recht des Verkäufers, durch einseitige Willenserklärung den Rückkauf zustande zu bringen. Das Wiederkaufsrecht bedarf bei Grundstücken stets der für den Kaufvertrag vorgeschriebenen Form des § 313 BGB, während die Erklärung, daß das Wiederkaufsrecht ausgeübt werde, formlos erfolgen kann. Seinem Wesen nach ist der Wiederkaufsvorbehalt der Abschluß eines aufschiebend bedingten Rückkaufvertrages.

Ein solches Wiederkaufsrecht läßt Belastungen des Grundstücks mit Grundpfandrechten zu. Aber ein nachträglich eingetragenes Grundpfandrecht kann dann als unwirksam angesehen werden, wenn es die Ausübung des Wiederkaufsrechts beeinträchtigt. Ein so belastetes Grundstück wird in aller Regel nicht beliehen werden, wenn die Wiederkaufsvormerkung dem Grundpfandrecht des Kreditinstituts nicht den Vorrang einräumt.

Ankaufsrecht (Option). Das Ankaufsrecht ist gesetzlich nicht geregelt. Es beinhaltet das Recht, innerhalb einer bestimmten Zeit und unter bestimmten Bedingungen ein Grundstück zu erwerben (Options-Einstandsrecht). Durch Eintragung einer Vormerkung kann dieses Recht dinglich gesichert werden.

Für den Grundstückseigentümer begründet das Ankaufsrecht die Verpflichtung zur Abgabe eines Verkaufsangebots oder zum Verkauf. Der Ankaufsberechtigte seinerseits kann frei entscheiden, ob er von seinem Recht Gebrauch machen will. Bei der Beleihung wird es behandelt wie ein Wiederkaufsrecht. Sind Ankaufs- oder Optionsrechte durch eine Vormerkung im Grundbuch dinglich gesichert, so wird im allgemeinen verlangt, daß sie im Rang hinter das Grundpfandrecht zugunsten des Finanzierungsinstitutes zurücktritt.

Sondergesetzliche Erwerbsrechte. *Gesetzliche Wiederkaufsrechte* kommen selten vor. Ähnliche Wirkungen gibt es beim Heimfallanspruch des Grundstückseigentümers nach §§ 32f. Erbbaurechtsverordnung (ErbbRVO) und bei der Bestellung eines Dauerwohnrechts (§§ 36, 42 WEG).

Ihre Bewertung als Vorlast oder die Notwendigkeit eines Rangrücktritts muß bei den Verhandlungen über die Finanzierung mit den zukünftigen Gläubigern geklärt werden.

Neben den privatrechtlich zu vereinbarenden Vorkaufsrechten gibt es *gesetzliche Vorkaufsrechte,* insbesondere nach dem Baugesetzbuch (BauGB). Diese gesetzlichen Vorkaufsrechte sind nicht im Grundbuch eingetragen. Sie sind aus keiner Abteilung des Grundbuchs zu ersehen. Das Grundbuchamt bedarf aber bei Veräußerungen immer einer Erklärung des gesetzlichen Vorkaufsberechtigten. Solange diese nicht vorliegt, ist das Grundbuch gesperrt.

In der Finanzierungspraxis kommen hauptsächlich vor:

- das allgemeine Vorkaufsrecht des § 24 Baugesetzbuch in der Neufassung des Baugesetzbuchs v. 27. 8. 1997 (BGBl. I 2141;

1998, 137) geändert durch Gesetze v. 15. 12. 1997 (BGBl. I 2902) und v. 17. 12. 1997 (BGBl. I 3108)
- das besondere Vorkaufsrecht des § 25 Baugesetzbuch.

Diese gemeindlichen Vorkaufsrechte ruhen als öffentlich-rechtliche Belastung auf den von ihnen betroffenen Grundstücken. Dieses Vorkaufsrecht wird wirksam, wenn
- die Voraussetzungen für das Entstehen des Vorkaufsrechts vorliegen und
- die Gemeinde das Vorkaufsrecht ausübt.

Ein solches Vorkaufsrecht der Gemeinde geht privaten Vorkaufsrechten vor. Das Vorkaufsrecht kann nur binnen 2 Monaten nach Mitteilung des Kaufvertrages ausgeübt werden. Die Ausübung ist ein Verwaltungsakt, der dem Veräußerer unter Angabe des Verwendungszwecks mitgeteilt wird. Die Gemeinde kann das Vorkaufsrecht für sich oder zugunsten eines anderen ausüben.

Der Gesetzgeber hat Vorsorge getroffen, daß diese gesetzlichen Vorkaufsrechte, in allen Fällen, in denen die Gemeinde davon Gebrauch machen wollen, auch ausgeübt werden können. Es ist bestimmt, daß
- alle Veräußerungen der Gemeinde mitgeteilt werden,
- die Eintragung des Erwerbers in das Grundbuch nur nach Nachweis (Zeugnis) der Nichtausübung oder des Nichtbestehens des Vorkaufsrechts oder des Verzichts auf das Vorkaufsrecht vorgenommen wird,
- bei Ausübung des Vorkaufsrechts eine Vormerkung zugunsten der Gemeinde in das Grundbuch eingetragen wird.

Die Darlehensgeber verlangen bei der Beleihungsprüfung eine Kopie des gemeindlichen Zeugnisses. Ist für eine Gemeinde in Ausübung des Vorkaufsrechts eine Vormerkung bereits im Grundbuch eingetragen, so bestehen die Kreditinstitute auf einem Rangrücktritt dieser Vormerkung hinter ihr neu einzutragendes Recht. Dabei prüfen sie, ob durch die Ausübung des Vorkaufsrechts eine Wertänderung des Grundstücks eintritt. Denn der Gemeinde steht nach § 28 Abs. 3 BauGB das Recht zu, eine von ihr als überhöht angesehenen Kaufpreis auf den Verkehrswert (§ 194 BauGB) herabzusetzen.

Im Bau- und Raumordnungsgesetz (BauROG 1998) v. 18. 8. 97 (BGBl. I 2081) ist folgende Erweiterung eingeführt worden:

aa) Voraussetzungen. Die Vorkaufsrechte der Gemeinden (§§ 24 ff. BauGB) werden in Fortführung des § 3 BauGBMaßnG 1993 erweitert. Zu den bisherigen „allgemeinen" (gesetzlichen) Vorkaufsrechten in beplanten Gebieten zur Nutzung für öffentliche Zwecke, sowie in Umlegungs-, Sanierungs-, Entwicklungs- und Erhaltungsgebieten treten Vorkaufsrechte für die im Flächennutzungsplan als Wohnbauflächen oder Wohngebiete dargestellten Flächen sowie für die unbebauten Flächen in beplanten Gebieten und im nichtbeplanten Innenbereich, die für Wohngebäude vorgesehen sind. Nach den neueingefügten Sätzen 2 und 3 des § 24 I BauGB kann das Vorkaufsrecht schon ausgeübt werden nach Beginn der öffentlichen Auslegung eines Bebauungsplan-Entwurfs und nach Beschlußfassung darüber, daß ein Flächennutzungsplan aufgestellt oder geändert werden soll, wenn anzunehmen ist, daß dieser eine Nutzung als Wohnbaufläche darstellen wird. Bei dieser sachlichen und zeitlichen Ausdehnung des gesetzlichen Vorkaufsrechts wird das „besondere" (auf gemeindlicher Satzung beruhende) Vorkaufsrecht des § 25 BauGB an Bedeutung verlieren; § 25 BauGB ist nicht verändert worden. Der neue § 27 a BauGB ermöglicht der Gemeinde, das Vorkaufsrecht zugunsten eines Dritten oder zugunsten eines öffentlichen Bedarfs- oder Erschließungsträgers auszuüben.

bb) Preislimitiertes Vorkaufsrecht. Neugefaßt ist die Möglichkeit, statt des zwischen Verkäufer und Käufer vereinbarten Preises die von der Gemeinde zu zahlende Gegenleistung auf den Verkehrswert herabzusetzen („preislimitiertes Vorkaufsrecht"). Nach § 28 IV BauGB (neu) richtet sich bei Vorkaufsfällen für öffentlich zu nutzende Flächen im Geltungsbereich eines Bebauungsplans (§ 24 I Nr. 1 BauGB) die Gegenleistung der Gemeinde immer nach dem Verkehrswert; Voraussetzung ist, daß der Erwerb des Grundstücks für die Durchführung des Bebauungsplans erforderlich ist und das Grundstück enteignet werden könnte. In anderen Vorkaufsfällen kann die Gemeinde die Gegenleistung auf den Verkehrswert herabsetzen, wenn der vereinbarte Kaufpreis den Verkehrswert in einer dem Rechtsverkehr deutlich erkennbaren Weise überschreitet. Bei Herabsetzung des Kaufpreises auf den Verkehrswert hat der Verkäufer ein Rücktrittsrecht; die Gemeinde erstattet ihm die Kosten des Kaufvertrages, wobei die Kostenberechnung auf der Grundlage des Verkehrswerts erfolgt. Tritt der Verkäufer nicht zurück, so wird der Kaufvertrag praktisch abgelöst durch den Ausübungsbescheid der Gemeinde, der dann wie im Enteignungsverfahren die Grundlage für die Umschreibung im Grundbuch bildet.

cc) Übergangsvorschrift. Nach § 234 BauGB sind für das Vorkaufsrecht die jeweils zur Zeit des Vorkaufsfalls geltenden städtebaurechtlichen Vorschriften anzuwenden.

Dem Mieter einer öffentlich geförderten Mietwohnung, die in eine Eigentumswohnung ungewandelt worden ist oder werden soll, steht ein Vorkaufsrecht an der von ihm bewohnten Wohnung nach § 2b Wohnungsbindungsgesetz (WoBindG) zu. Wird sie an einen Dritten verkauft, so kann der Mieter das Vorkaufsrecht bis zum Ablauf von 6 Monaten seit der Mitteilung des Verfügungsberechtigten über den Inhalt des mit dem Dritten geschlossenen Vertrages ausüben. Der neu eingefügte § 570b BGB brachte ein zusätzliches Vorkaufsrecht für Mieter.[1]

Seltener treten auf: Vorkaufsrechte nach

- § 69 Landbeschaffungsgesetz
- § 46 Abs. 1 Landschaftspflegegesetz Schleswig-Holstein.

In solchen Fällen entscheiden die Kreditinstitute über deren Auswirkung auf die Finanzierung nach ihrer Erfahrung.

4. Verfügungsbeschränkungen

Bei der Beleihung sind Verfügungsbeschränkungen über das Grundstück zu berücksichtigen. Es gibt einerseits gesetzliche oder von einem Gericht oder einer anderen Behörde erlassenen Verfügungsbeschränkungen. Es kann sich aber auch um Verfügungsbeschränkungen aufgrund einstweiliger Verfügungen oder anderer Maßnahmen (Pfändung, Beschlagnahme) handeln. Es kommen außerdem vor:

- Der Vermerk über eine Überbaurente (§ 912 BGB),
- über eine Notwegrente (§ 917 BGB),
- der sogenannte „Rechtshängigkeitsvermerk“,
- der Konkursvermerk (§ 113 KO),
- der Vermerk über Verfügungsbeschränkungen im Vergleichsverfahren (§§ 61 Abs. 1, 63 Abs. 2 VerglO),
- der Vermerk über Verfügungsbeschränkung nach dem Vertragshilfegesetz und
- ein Zwangsversteigerungs- oder Zwangsverwaltungsvermerk (§ 19 Abs. 1 ZVG).

Von Bedeutung für die Finanzierung ist der Nacherbenvermerk. Ein Testamentsvollstreckervermerk, ein Nachlaßverwaltervermerk, ein Entschuldungsvermerk, ein Vermerk nach § 75 Abs. 1 Bundesversorgungsgesetz und bei Unfallrenten ein Vermerk nach § 610 Reichsversicherungsordnung sind zu beachten und auf eine

---

[1] Dieses Recht kann nur bei dem ersten Verkauf nach der Umwandlung ausgeübt werden (BGH-Urteil VIII ZR 384/97).

mögliche Behinderung bei der Finanzierung hin zu untersuchen. Ein Enteigungsvermerk aufgrund des Baugesetzbuches oder landesrechtlicher Enteignungsgesetze, ein Umlegungsvermerk nach § 54 BauGB sind bei der Beleihung zu berücksichtigen. Außerdem gibt es den Vermerk über die Einleitung eines Rangklarstellungsverfahrens (§ 90 GBO), den Vermerk nach § 72 Versicherungsaufsichtsgesetz (VAG), den Rückerstattungsvermerk, den Vermerk über die Hypothekengewinnabgabe (§§ 111ff. LAG) und einen Vermerk nach § 31 des Gesetzes über Kapitalanlagegesellschaften. In allen Fällen wird der Darlehensgeber prüfen, ob dieser Eintragung in der II. Abteilung ein bei der Beleihung wesentlicher Wert zukommt. Der Eigentümer von Haus und Wohnung sollte sich schon vor dem Erwerb über die Bedeutung eines solchen Vermerkes im Grundbuch klarwerden. Ob Denkmalschutz für Gebäude als nicht unerhebliche Vorlast angesehen wird, entscheiden die Darlehensgeber im Einzelfall.[1]

E. Erbbaurecht

Mit dem Inhalt, daß der Erbbauberechtigte das vererbliche und veräußerliche Recht hat, auf oder unter der Oberfläche des Grundstücks ein Bauwerk zu haben, kann das Erbbaurecht als dinglich gesichertes Recht an einem Grundstück bestellt werden (Verordnung über das Erbbaurecht vom 15. 1. 1919, RGBl. I 72 – ErbbRVO –) – zuletzt geändert durch Gesetz v. 5. 10. 1994 (BGBl. I S. 2911).

Ein Vertrag,[2] durch den sich der Grundstückseigentümer verpflichtet, ein Erbbaurecht einzuräumen, bedarf der notariellen Beurkundung (§ 313 BGB).

Das Erbbaurecht wird als grundstücksgleiches Recht wie ein Grundstück behandelt und kann wie ein Grundstück belastet werden.

Der Erbbauberechtigte erwirbt das Eigentum am Bauwerk, ohne daß er das für einen Grundstückskauf notwendige Kapital investieren muß. Ein möglicher Wertzuwachs für das Baugrund-

---

[1] Siehe Haegele-Schöner-Stöber, Grundbuchrecht, C. H. Beck, München.
[2] Zur rechtlichen Ausgestaltung siehe Palandt, Überblick vor § 1012 BGB.

stück kommt dem Eigentümer und für das Bauwerk dem Erbbauberechtigten zugute. Es ergeben sich abstimmungsbedürftige Interessen zwischen dem Grundstückseigentümer als Erbbaurechtsausgeber auf der einen Seite und dem Erbbauberechtigten andererseits. Um den an sich schon nicht immer reibungslosen Bauablauf nicht auch noch durch formale Schwierigkeiten zusätzlich zu gefährden, empfiehlt es sich, bereits bei Abschluß des Erbbaurechtsvertrages dessen Inhalt in dieser Hinsicht zweckmäßig zu ergänzen. Notare sind geübt, diesen wirtschaftlichen Sachverhalten die notwendige rechtliche Form zu geben.

Der Grundstückseigentümer sucht einen Schutz gegen eine Veräußerung, die seinen Interessen (z.B. der sicheren Zahlung des Erbbauzinses und der ordentlichen Bewirtschaftung) zuwiderlaufen könnte. Der rechtliche Rahmen des Erbbaurechts läßt die Vereinbarung einer Zustimmungsbedürftigkeit als Inhalt des Erbbaurechts zu (§ 5 Abs. 1 ErbbRVO). Üblicherweise erhält eine solche Verfügungsbeschränkung dingliche Wirkung. Verweigert der Grundstückseigentümer die Zustimmung ohne ausreichenden Grund, so kann das zuständige Amtsgericht die Zustimmung auf Antrag ersetzen.

Für die Baufinanzierungsinstitute stellt sich in einem speziellen Veräußerungsfall, nämlich bei einer nicht freiwilligen Eigentumsänderung – der Zwangsversteigerung, die Frage, ob hierzu die Zustimmung des Grundstückseigentümers erforderlich ist. Zwar kann ein gerichtlicher Beschluß eine solche Erklärung, deren Notwendigkeit rechtlich immer noch nicht einheitlich beurteilt wird, ersetzen. Im allgemeinen verlangen die Grundpfandgläubiger vorsichtigerweise schon vor der Beleihung die ausdrückliche Zustimmung zur etwaigen Durchführung der Zwangsversteigerung des belasteten Erbbaurechts und zur Erteilung des Zuschlages durch eine Vorauszustimmungserklärung des Grundstückseigentümers.[1]

Dem Erbbaurechtsausgeber muß eine Möglichkeit eingeräumt werden, mit der er verhindern kann, daß das Erbbaurecht übermäßig belastet wird oder sogar eine Überschuldung eintritt. Die Erbbaurechtsverordnung läßt die Vereinbarung einer solchen Be-

[1] Siehe dazu Beschluß des Kammergerichts – 1 W 5129/83 – vom 21. 2. 1984 (DNotZ 1984 S. 384).

lastungsgenehmigung für die Bestellung von Hypotheken, Grund- oder Rentenschulden oder von Reallasten zu (§ 5 Abs. 2 ErbbRVO).

Im Interesse des Erbbauberechtigten empfiehlt es sich, den Abschluß einer solchen Vereinbarung davon abhängig zu machen, daß gleichzeitig zugunsten des Erbbauberechtigten einem auf eine einmalige Ausübung beschränkten Rangvorbehalt in Höhe der in Aussicht genommenen Fremdmittel vom Grundstückseigentümer zugestimmt wird. Erst bei einer Überschreitung der veranschlagten Bauwerkskosten würde wegen einer notwendigen Nachfinanzierung dann die Frage der Genehmigung einer zusätzlichen Belastung akut, die der Grundstückseigentümer unter Abwägung der Interessen zu entscheiden hätte.

Der Erbbauzins wird als wiederkehrende Leistung vom Erbbauberechtigten an den Grundstückseigentümer gezahlt, als Entgelt für die Gewährung der Nutzung des Grundstücks. Er gehört nicht zum Inhalt des Erbbaurechts, sondern stellt sich als dessen Belastung dar. Als Reallast steht dieses dingliche Recht in der II. Abteilung des Erbbaugrundbuchs.

Ein einer Hypothek im Grundbuch im Range vorgehender Erbbauzins ist zu kapitalisieren (meist mit 4 bis 6 Prozent) (siehe Tabelle auf S. 247) und von der Hypothek und damit von der Beleihungsgrenze des Realkredits in Abzug zu bringen. Wenn der Erbbauzins nicht zumindest zugunsten des Gläubigers der I. Hypothek im Range zurücktritt, so engt sich der Spielraum für eine Beleihung erheblich ein, denn die Hypotheken des erststelligen Realkredits dürfen in der Regel zusammen mit dem kapitalisierten Erbbauzins drei Fünftel des Beleihungswertes nicht übersteigen. Bund, Länder, Gemeinden, Gemeindeverbände, sonstige Körperschaften und Anstalten des öffentlichen Rechts und die von ihnen wirtschaftlich abhängigen Unternehmen räumen im Wohnungsbau nach der Empfehlung des § 89 Abs. 5 II. Wohnungsbaugesetz den zur Finanzierung des Bauvorhabens erforderlichen Grundpfandrechten in aller Regel den Vorrang vor einem für die Bestellung eines Erbbaurechts zu ihren Gunsten ausbedungenen Erbbauzins ein.

Um den Ausfall des Erbbauzinses in der Zwangsversteigerung zu vermeiden, läßt § 9 ErbbauRVO folgende Gestaltung von Erbbaurechten zu:

Als Inhalt des Erbbauzinses kann vereinbart werden, daß

1. die Reallast abweichend von § 52 Abs. 1 des Gesetzes über die Zwangsversteigerung und die Zwangsverwaltung mit ihrem Hauptanspruch bestehenbleibt, wenn der Grundstückseigentümer aus der Reallast oder der Inhaber eines im Range vorgehenden oder gleichstehenden dinglichen Rechts die Zwangsversteigerung des Erbbaurechts betreibt, und
2. der jeweilige Erbbauberechtigte dem jeweiligen Inhaber der Reallast gegenüber berechtigt ist, das Erbbaurecht in einem bestimmten Umfang mit einer der Reallast im Rang vorgehenden Grundschuld, Hypothek oder Rentenschuld im Erbbaugrundbuch zu belasten.

Ist das Erbbaurecht mit dinglichen Rechten belastet, ist für die Wirksamkeit der Vereinbarung die Zustimmung der Inhaber der der Erbbauzinsreallast im Rang vorgehenden oder gleichstehenden dinglichen Rechte erforderlich.

Tabelle zur Kapitalisierung des Reinertrages und des Erbbauzinses bei zeitlich beschränkten Erbbaurechten[1,2]

Anleitung zur Benutzung: Eine Zahlung von 1 M., die am Ende eines jeden Jahres 100 Jahre lang zu erwarten ist, hat zu Anfang eines jeden in der ersten Spalte angegebenen Jahres den daneben unter dem betreffenden Diskontsatze berechneten Wert. Durch Vervielfältigung findet man dann den Wert einer beliebig hohen Jahresleistung. Hat das ER. eine kürzere Dauer als 100 Jahre, so ist seine wirkliche Dauer von 100 abzuziehen und das so festgestellte Jahr in Spalte 1 als erstes zu betrachten. So gibt z. B. den Wert einer Mark bei einer Dauer von 80, 75, 60 Jahren die den Jahren 21, 26, 41 entsprechende Zahl an. Beispiel: Rechtsdauer 60 Jahre, Jahresreinertrag 1000 M. Der kapitalisierte Ertrag beträgt bei einem Diskontsatz von 5 Prozent zu Beginn 1000 × 18,929 = 18929 M., nach Ablauf von 10 Jahren 1000 × 18,256 = 18256 M.

In gleicher Weise ist bei Kapitalisierung des jeweils noch zu zahlenden Erbbauzinses zu verfahren.

Wert 1 Mark Anfang des Jahres	4%	4½%	5%	5½%	6%	6½%	7%
1	24,505	21,950	18,848	18,096	16,618	15,356	14,269
2	24,485	21,938	19,840	18,091	16,615	15,354	14,268
3	24,465	21,925	19,832	18,086	16,611	15,352	14,267
4	24,443	21,911	19,824	18,081	16,608	15,350	14,266

[1] Finanzmathematisch betrachtet, handelt es sich um nachschüssige Rentenbarwertfaktoren.

[2] Quelle: Hermann Günther, Erbbaurecht, Guttentag'sche Sammlung Nr. 135.

Wert 1 Mark Anfang des Jahres	4%	4½%	5%	5½%	6%	6½%	7%
5	24,421	21,897	19,815	18,075	16,605	15,348	14,264
6	24,398	21,883	19,806	18,069	16,601	15,346	14,263
7	24,374	21,868	19,796	18,063	16,597	15,343	14,261
8	24,349	21,852	19,786	18,057	16,593	15,341	14,259
9	24,323	21,835	19,775	18,050	16,588	15,338	14,257
10	24,295	21,817	19,764	18,043	16,584	15,335	14,255
11	24,267	21,799	19,752	18,035	16,579	15,331	14,253
12	24,238	21,780	19,740	18,027	16,573	15,328	14,251
13	24,207	21,760	19,727	18,018	16,568	15,324	14,249
14	24,176	21,740	19,713	18,009	16,562	15,320	14,246
15	24,143	21,718	19,699	18,000	16,556	15,316	14,243
16	24,109	21,695	19,684	17,990	16,549	15,312	14,240
17	24,073	21,671	19,668	17,979	16,542	15,307	14,237
18	24,036	21,647	19,651	17,968	16,534	15,302	14,234
19	23,997	21,621	19,634	17,956	16,526	15,297	14,230
20	23,957	21,594	19,616	17,944	16,518	15,291	14,226
21	23,915	21,565	19,596	17,931	16,509	15,285	14,222
22	23,872	21,536	19,576	17,917	16,500	15,278	14,218
23	23,827	21,505	19,555	17,903	16,490	15,271	14,213
24	23,780	21,473	19,533	17,887	16,479	15,264	14,208
25	23,731	21,439	19,509	17,871	16,468	15,256	14,202
26	23,680	21,404	19,485	17,854	16,456	15,248	14,196
27	23,628	21,367	19,459	17,836	16,443	15,239	14,190
28	23,573	21,328	19,432	17,817	16,430	15,230	14,183
29	23,516	21,288	19,404	17,797	16,416	15,219	14,176
30	23,456	21,246	19,374	17,776	16,401	15,209	14,169
31	23,395	21,202	19,343	17,753	16,385	15,197	14,160
32	23,330	21,156	19,310	17,730	16,368	15,185	14,152
33	23,264	21,108	19,275	17,705	16,350	15,172	14,142
34	23,194	21,058	19,239	16,679	16,331	15,158	14,132
35	23,122	21,006	19,201	17,651	16,310	15,144	14,121
36	23,047	20,951	19,161	17,622	16,289	15,128	14,110
37	22,969	20,894	19,119	17,591	16,266	15,111	14,098
38	22,887	20,834	19,075	17,558	16,242	15,093	14,084
39	22,803	20,772	19,029	17,524	16,217	15,075	14,070
40	22,715	20,706	18,980	17,488	16,190	15,054	14,055
41	22,623	20,638	18,929	17,450	16,161	15,033	14,039
42	22,528	20,567	18,876	17,410	16,131	15,010	14,022
43	22,430	20,492	18,820	17,367	16,099	14,986	14,003
44	22,327	20,414	18,761	17,322	16,065	14,960	13,984

Wert 1 Mark Anfang des Jahres	4%	4 1/2%	5%	5 1/2%	6%	6 1/2%	7%
45	22,220	20,333	18,699	17,275	16,029	14,932	13,963
46	22,109	20,248	18,633	17,225	15,991	14,903	13,940
47	21,993	20,159	18,565	17,173	15,950	14,872	13,916
48	21,873	20,066	18,493	17,117	15,907	14,838	13,890
49	21,748	19,969	18,418	17,058	15,861	14,803	13,862
50	21,617	19,868	18,339	16,997	15,813	14,765	13,832
51	21,482	19,762	18,256	16,932	15,762	14,725	13,801
52	21,341	19,651	18,169	16,863	15,708	14,682	13,767
53	21,195	19,536	18,077	16,790	15,650	14,636	13,730
54	21,043	19,415	17,981	16,714	15,589	14,587	13,692
55	20,885	19,288	17,880	16,633	15,524	14,535	13,650
56	20,720	19,156	17,774	16,548	15,456	14,480	13,606
57	20,549	19,018	17,663	16,458	15,383	14,421	13,558
58	20,371	18,874	17,546	16,363	15,306	14,359	13,507
59	20,186	18,724	17,423	16,263	15,225	14,292	13,452
60	19,993	18,566	17,294	16,157	15,138	14,221	13,394
61	19,793	18,402	17,159	16,046	15,046	14,146	13,332
62	19,587	18,230	17,017	15,929	14,949	14,065	13,265
63	19,368	18,050	16,868	15,805	14,846	13,979	13,193
64	19,143	17,862	16,711	15,674	14,737	13,888	13,117
65	18,908	17,666	16,547	15,536	14,621	13,791	13,035
66	18,665	17,461	16,374	15,391	14,498	13,687	12,948
67	18,411	17,247	16,193	15,237	14,368	13,577	12,854
68	18,148	17,023	16,003	15,075	14,230	13,459	12,754
69	17,874	16,789	15,803	14,904	14,084	13,334	12,647
70	17,588	16,544	15,593	14,724	13,929	13,201	12,532
71	17,292	16,289	15,372	14,534	13,765	13,059	12,409
72	16,984	16,022	15,141	14,333	13,591	12,907	12,278
73	16,663	15,743	14,898	14,121	13,406	12,746	12,137
74	16,330	15,451	14,643	13,898	13,211	12,575	11,987
75	15,983	15,147	14,635	13,662	13,003	12,392	11,826
76	15,622	14,828	14,094	13,414	12,783	12,198	11,654
77	15,247	14,495	13,799	13,152	12,550	11,991	11,469
78	14,857	14,148	13,489	12,875	12,303	11,770	11,272
79	14,451	13,784	13,163	12,583	12,042	11,535	11,061
80	14,029	13,405	12,821	12,275	11,764	11,285	10,836
81	13,590	13,008	12,462	11,950	11,470	11,019	10,594
82	13,134	12,593	12,085	11,608	11,158	10,735	10,336
83	12,659	12,160	11,690	11,246	10,828	10,432	10,059
84	12,166	11,707	11,274	10,865	10,477	10,111	9,763

Wert 1 Mark Anfang des Jahres	4%	4½%	5%	5½%	6%	6½%	7%
85	11,652	11,234	10,838	10,462	10,106	9,768	9,447
86	11,118	10,740	10,380	10,038	9,712	9,403	9,108
87	10,563	10,223	9,899	9,590	9,295	9,014	8,745
88	9,986	9,683	9,394	9,117	8,853	8,600	8,358
89	9,385	9,119	8,863	8,619	8,384	8,159	7,943
90	8,760	8,529	8,306	8,093	7,887	7,689	7,499
91	8,111	7,913	7,722	7,538	7,360	7,189	7,024
92	7,435	7,269	7,108	6,952	6,802	6,656	6,515
93	6,733	6,596	6,463	6,335	6,210	6,089	5,971
94	6,002	5,893	5,786	5,683	5,582	5,485	5,389
95	5,242	5,158	5,076	4,996	4,917	4,841	4,767
96	4,452	4,390	4,329	4,270	4,212	4,156	4,100
97	3,630	3,588	3,546	3,505	3,465	3,426	3,387
98	2,775	2,749	2,723	2,698	2,673	2,648	2,624
99	1,886	1,873	1,859	1,846	1,833	1,821	1,808
100	0,962	0,957	0,952	0,948	0,943	0,939	0,935

Der Gesetzgeber schreibt vor, daß der Erbbauzins nach Zeit und Höhe für die ganze Erbbauzeit im voraus bestimmt sein muß (§ 9 Abs. 2 ErbbRVO). Die Geldentwertung und auch die lange Laufzeit von Erbbaurechtsverträgen (20 bis 99 Jahre) führten zur Entwicklung von Anpassungsklauseln (Gleit- und Wertsicherungsklauseln, Spannungsklauseln).[1]

Solche schuldrechtlichen Vereinbarungen, die die Höhe des Erbbauzinses an sich verändernde Verhältnisse koppeln, können grundsätzlich durch eine Vormerkung im Erbbaugrundbuch dinglich gesichert werden. Ihrem Rang im Erbbaugrundbuch kommt bei der Beleihung, je nach ihrem Inhalt, unterschiedliche Bedeutung zu. Ein Rangrücktritt hinter die Grundpfandrechte wird nicht selten verlangt.

Die Änderung der Verordnung über das Erbbaurecht vom Jahre 1974[2] brachte für Bauwerke, die Wohnungszwecken dienen, eine

[1] Siehe dazu Dürkes, Wertsicherungsklauseln, Heidelberg.

[2] Gesetz zur Änderung der Verordnung über das Erbbaurecht vom 8. 1. 1974 (BGBl. I S. 41), insbesondere § 9a (ErbbRVO) und Sachenrechtsänderungsgesetz v. 5. 10. 94.

wesentliche Einschränkung der Anpassungsmöglichkeiten. Danach kann eine Änderung des Erbbauzinses nur verlangt werden, soweit dies unter Berücksichtigung aller Umstände des Einzelfalles nicht unbillig ist. Als unbillig wird es angesehen, wenn eine Erhöhung über die Veränderung der allgemeinen wirtschaftlichen Verhältnisse hinausgeht. Änderungen des Grundstückswertes bleiben bei Anwendung der Erhöhungsklauseln außer Betracht, auch wenn sie als Maßstab für die Veränderung des Erbbauzinses vereinbart sind. Man zieht in der Praxis als Bemessungsgrundlage für die seit Vertragsschluß oder seit der letzten Anpassung des Erbbauzinses eingetretene Änderung der wirtschaftlichen Verhältnisse häufig den Anstieg der Indices für die Kosten der Lebenshaltung des Statistischen Bundesamtes heran. Zur Frage der Erbbauzinserhöhung bei Fehlen vertraglicher Anpassungsklausel BGH, Urteil vom 21. 2. 1986, B.-B. 1986, S. 1183. Außerdem ist die Erhöhung nur in Abständen von mindestens 3 Jahren möglich. Ab dem 1. 7. 98 kann nach dem Euro-Einführungsgesetz die Reallast für den Erbbauzins unter bestimmten Bedingungen an die allgemeine Preisentwicklung gekoppelt werden (Indexierung).

Der Bodenwert kann bei der Ermittlung des Beleihungswertes nicht berücksichtigt werden.

Nach § 20 Abs. 1 ErbbRVO muß bei einer Hypothek für die Anlegung von Mündelgeld die planmäßige Tilgung der Hypothek

1. unter Zuwachs der ersparten Zinsen[1] erfolgen
2. spätestens mit dem Anfang des vierten auf die Gewährung des Hypothekenkapitals folgenden Kalenderjahr beginnen
3. spätestens zehn Jahre vor Ablauf des Erbbaurechts endigen und dazu
4. nicht länger dauern, als zur buchmäßigen Abschreibung des Bauwerkes nach wirtschaftlichen Grundsätzen erforderlich ist.

In aller Regel wird nur bei Mündelhypotheken und bei der Beleihung durch Hypothekenbanken und private Versicherungsgesellschaften der Mittelwert des § 19 ErbbRVO angewendet. Auch wenn eine Stillhalteerklärung des Erbbauzinsberechtigten vorliegt, ist der kapitalisierte Erbbauzins als Vorlast bei der Berechnung

---

[1] Siehe S. 283 f.

des Finanzierungsraumes zu berücksichtigen. Die Praxis entwickelte eine Reihe von Stillhalteerklärungen. Unter einer Stillhalteerklärung versteht man in diesem Zusammenhang z.B. eine schuldrechtliche Verpflichtung des Grundstückseigentümers gegenüber dem Gläubiger des Realkredits, im Falle der Zwangsversteigerung des Erbbaurechts den Erbbauzins hinsichtlich des künftig fälligen jährlichen Erbbauzinses dem Erwerber des Erbbaurechts stehenzulassen, sofern sich dieser verpflichtet, in den mit dem Erbbauberechtigten abgeschlossenen Erbbaurechtsvertrag mit allen Rechten und Pflichten einzutreten. Wegen der umfangreichen Faktoren bei der Risikoabwägung bei einem vorgehenden Erbbauzins und bei dem Ansatz eines Bodenwerts ist es in der Regel zweifelhaft, ob solche Vereinbarungen gegenüber dem Darlehensgeber bei Verhandlungen durchsetzbar sind.

F. Wohnungs- und Teileigentum

Das Wohnungseigentumsgesetz (WEG) vom 15.3.1951 (BGBl. I 175) definiert in seinem § 1:

„Wohnungseigentum als Sondereigentum an einer Wohnung in Verbindung mit einem Miteigentumsanteil an dem gemeinschaftlichen Eigentum, zu dem es gehört."

Wohnungseigentum an gewerblichen Räumen wird Teileigentum genannt. Wohnungseigentum entsteht durch Eintragung im Wohnungsgrundbuch, wenn durch Vertrag gem. § 3 WEG oder einseitige Teilungserklärung gem. § 8 WEG ein bestehendes oder noch zu errichtendes Gebäude so aufgeteilt wird, daß mit jedem Miteigentumsanteil das Sondereigentum an einer bestimmten Wohnung verbunden ist.

Die zunächst strittige Einzelbeleihung einer jeden Eigentumswohnung, für die ein besonderes Wohnungsgrundbuch besteht, hat sich in der Praxis der Finanzierung durchgesetzt.[1] Für das Wohnungseigentum als besonders ausgestaltetes Miteigentum gelten aber bei der Beleihung und Finanzierung einige Besonderheiten.

---

[1] Siehe dazu: Michaelis/Schiebel, Beleihung von Wohnungseigentum, Stuttgart.

§ 12 WEG läßt zu, daß als Inhalt des Sondereigentums[1] vereinbart werden kann, daß ein Wohnungseigentümer zur Veräußerung seiner Eigentumswohnung der Zustimmung anderer Wohnungseigentümer oder eines Dritten bedarf. Solche Veräußerungsbeschränkungen werden im Bestandsverzeichnis des Wohnungsgrundbuchs eingetragen. Die Zustimmung darf nur aus wichtigem Grund versagt werden. Eine Veräußerungsbeschränkung kann im Interesse der Wohnungseigentümergemeinschaft liegen. Da eine solche Vereinbarung zu Schwierigkeiten bei einer Zwangsversteigerung führen kann, verlangen in der Praxis die Kreditinstitute in der Regel eine Einschränkung des Inhalts der Veräußerungsbeschränkung. Sie sehen darauf, daß diese Veräußerungsbeschränkung sich nicht auf Veräußerungen im Wege der Zwangsvollstreckung oder durch den Konkursverwalter erstreckt. Falls eine solche, nicht eingeschränkte Veräußerungsbeschränkung vor der Aufnahme von Finanzierungsmitteln bereits im Grundbuch eingetragen ist, bestehen Kreditinstitute auf einer Verzichterklärung der übrigen Wohnungseigentümer oder des berechtigten Dritten für den Fall der Zwangsversteigerung, des Konkurses und der Weiterveräußerung durch den Ersteher.

Die Auszahlung von Finanzierungsmitteln wird außerdem davon abhängig gemacht, daß eine Verwaltung des gemeinschaftlichen Eigentums durch eine vertrauenswürdige natürliche oder juristische Person gewährleistet erscheint. Die Grundpfandgläubiger dürfen sich vertraglich nicht die Zustimmung zur Bestellung und Abberufung des Verwalters vorbehalten.

Bei der Ermittlung des Ertragswertes wird von der Größe der Wohnfläche der einzelnen Wohnung ausgegangen. Der Bau- und Bodenwert des einzelnen Wohnungseigentums wird im Verhältnis zum gesamten Hausgrundstück anteilig ermittelt.

Die Vorschriften des WEG gelten auch für das Teileigentum (§ 1 Abs. 3 WEG), das Wohnungserbbaurecht und das Teilerbbaurecht (§ 30 WEG) entsprechend. Für die Praxis der Einzelbeleihung ist

---

[1] Zu den Einzelfragen der Gestaltung wird verwiesen auf: Bärmann-Pick, Wohnungseigentumsgesetz, C. H. Beck München; Bärmann-Pick-Merle, Wohnungseigentumsgesetz, Kommentar, C. H. Beck München; Bub, Wohnungseigentum von A–Z, Beck-Rechtsberater im dtv Nr. 5054.

es wichtig, daß der für das Grundstück zu zahlende Gesamterbbauzins entsprechend den Erbbaurechtsanteilen aufgeteilt wird. Mit der Eintragung des anteiligen Erbbauzinses als Reallast in Abteilung II des Wohnungs-Erbbaurechts-Grundbuchs beschränkt sich die dingliche Haftung des Wohnungseigentümers auf diesen Betrag. Damit wird die Finanzierung von Eigentumswohnungen in der Rechtsform des Wohnungserbbaurechts erleichtert.

Das in Teil II des WEG geschaffene „Dauerwohnrecht" (§§ 31f. WEG) kommt in der Praxis kaum vor.

2. Abschnitt. Zahlungsmechanik

Vorbemerkung – Euro

Seit dem 1. 1. 1999 gilt im Bereich der Europäischen Währungsunion die Währungseinheit „Euro = 100 Cent". Der Umrechnungskurs beträgt 1 Euro = DM 1,95583. Man rechnet, daß bis zum 31. 12. 2001 der Wirtschaftsverkehr überwiegend noch in DM abgewickelt wird.

Für die Umrechnung und Rundung von Geldbeträgen von DM in Euro sind in den Artikeln 4 und 5 der „Verordnung (EG) Nr. 1103/97 des Rates vom 17. Juni 1997 über bestimmte Vorschriften im Zusammenhang mit der Einführung des Euro" (ABl. EG Nr. L 162 vom 19. 6. 1997, Seite 1) verbindliche Regelungen enthalten.

Zum Umrechnungskurs und zur Rundung von Geldbeträgen heißt es in Art. 4 und 5 der EG-Verordnung Nr. 1103/97:

Artikel 4

(1) Die Umrechnungskurse werden als ein Euro, ausgedrückt in den einzelnen nationalen Währungen der teilnehmenden Mitgliedstaaten festgelegt. Sie werden mit sechs signifikanten Stellen festgelegt.

(2) Die Umrechnungskurse werden bei Umrechnungen nicht gerundet oder um eine oder mehrere Stellen gekürzt.

(3) Die Umrechnungskurse werden für Umrechnungen sowohl der Euro-Einheit in nationale Währungseinheiten als auch umgekehrt verwendet. Von den Umrechnungskursen abgeleitete inverse Kurse werden nicht verwendet.

(4) Geldbeträge, die von einer nationalen Währungseinheit in eine andere umgerechnet werden, werden zunächst in einen auf die Euro-Einheit lautenden Geldbetrag umgerechnet, der auf nicht weniger als drei Dezimalstellen gerundet werden darf, und dann in die andere nationale Währungseinheit umgerechnet. Es dürfen keine anderen Berechnungsmethoden verwendet werden, es sei denn, sie führen zu denselben Ergebnissen.

Artikel 5

Zu zahlende oder zu verbuchende Geldbeträge werden bei einer Rundung, die nach einer Umrechnung in die Euro-Einheit gemäß Artikel 4 erfolgt, auf die nächstliegenden Cent auf- oder abgerundet. Zu zahlende oder zu verbuchende Geldbeträge, die in eine nationale Währungseinheit umgerechnet werden, werden auf die nächstliegende Untereinheit oder, gibt es keine Untereinheit, auf die nächstliegende Einheit oder entsprechend den nationalen Rechtsvorschriften oder Gepflogenheiten auf ein Vielfaches oder einen Bruchteil der Untereinheit oder Einheit der nationalen Währungseinheit auf- oder abgerundet. Führt die Anwendung des Umrechnungskurses zu einem Resultat genau in der Mitte, so wird der Betrag aufgerundet.

Kapitel V. Die Technik des Schuldendienstes

Zwei Dinge hat man im Darlehensvertrag versprochen:
- *die gleiche Menge Geld, die man empfangen hat, innerhalb oder nach einer bestimmten Zeit zurückzugeben und*
- *daneben Zinsen und manchmal auch Gebühren zu zahlen.*

Nach dem Empfang des Darlehens muß man den umgekehrten Zahlungsstrom in Bewegung setzen. Die im Darlehensvertrag ver-

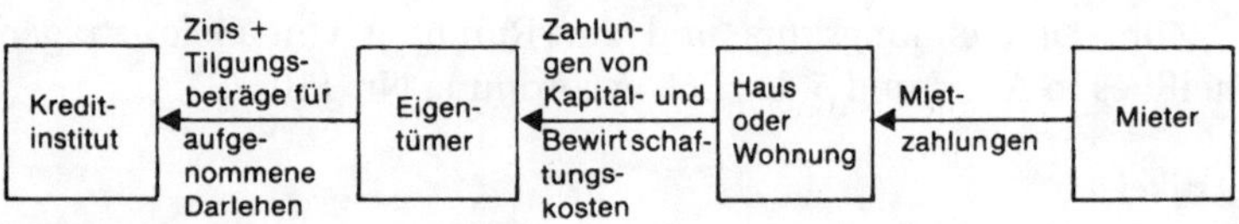

einbarten Konditionen bestimmen Umfang und Zeitpunkt des Schuldendienstes. Der Darlehensnehmer kann sie nur begrenzt beeinflussen, denn die Kreditinstitute leihen in aller Regel typisierte, der Marktsituation angepaßte Darlehen aus.

Bereits vor der Aufnahme der Finanzierungsmittel wählt man unter den Angeboten verschiedener Institute aus. Die Merkmale der Darlehenskonditionen unterscheiden sich von Darlehensgeber zu Darlehensgeber. In dieser Auswahlmöglichkeit und Konkurrenzsituation liegt die Chance für den zukünftigen Schuldner, die Höhe seines Schuldendienstes zu steuern. Die Konditionsbestandteile sind miteinander verschmolzen. Die funktionellen Zusammenhänge sind zu klären und die Grundbestandteile zu erläutern.

A. Zinsberechnungen

Der Zins für fremde Mittel wird angesehen als „Preis des Geldes"; genauer als Preis für die Nutzung fremden Geldes. Wie wird dieser Preis berechnet:

1% von einer Zahl ist deren hundertster Teil; 1 Prozent = $\frac{1}{100}$.

Beispiel:

9 Prozent (p) von 300 (K) = $\frac{9 \times 300}{100}$ = 27 (z).

Diese Regel der *Prozentrechnung:* $z = \frac{K \times p}{100}$ bildet den Ausgangspunkt. Die *allgemeine Zinsformel* zur Berechnung des Jahreszinses für einmalig gezahlte Kapitalbeträge (Einmalzahlungen) lautet dann:

$$\text{Zinsen} = \frac{\text{Anfangskapital} \times \text{Zinssatz} \times \text{Laufzeit}}{100} \text{ oder}$$

$$z = \frac{K_o \times p \times t}{100}.$$

Dabei bedeuten die Symbole:

K_o = Anfangskapital p = Zinssatz in % p. a.
z = Zinsen t = Laufzeit (Verzinsungsperiode)

Errechnet man nach den Darlehensvereinbarungen die Zinsen nicht jährlich, sondern für Tage, dann lautet die Formel:

$$z = \frac{K_o \times p \times 6}{100 \times 360}.$$

In der deutschen kaufmännischen Zinsrechnung wird das Jahr mit 360 Tagen angenommen.
Diese Zinsformel für Tageszinsen kann umgeformt werden in:

$$z = \frac{K_o \times t \times \frac{p}{360}}{100}.$$ Statt mit einem Bruch $\frac{p}{360}$ zu multiplizieren,

kann man auch mit dessen Kehrwert $\frac{360}{p}$ dividieren.

Dann gilt: $z = \frac{K_0 \times t}{100 \times \frac{360}{p}}$. Man bezeichnet $\frac{p}{360}$ als *Zinsdivisor* und $\frac{K_0 \times t}{100}$ als *Zinszahl.* Diese *kaufmännische* Zinsformel, deren Anwendung praktikabler ist, lautet dann:

$$\text{Zinsen} = \frac{\text{Zinszahl}}{\text{Zinsdivisor}}.$$

Bei der im Euro-Bereich anzuwendenden kalendergenauen Zinsrechnung lautet dann die Formel $K_0 = \frac{Ki}{1 + \frac{p \times t}{100 \times 365}}$

Zur Ermittlung der Zinszahl: $\frac{\text{Kapital} \times \text{Laufzeit in Tagen}}{100}$ ist die Laufzeit des Kapitals, d.h. der Beginn und das Ende der Verzinsung festzustellen. Im Kreditgewerbe werden Verzinsungsbeginn bzw. -ende durch die in der Regel von den Buchungsdaten abweichenden Wertstellungsdaten bestimmt. Will man die Summe der Zinsen mehrerer Kapitalbeträge bei unterschiedlichen Laufzeiten, aber einheitlichem Zinssatz ermitteln, wie z.B. bei der Abrechnung eines Kontokorrentkontos, so kann die Summe der Zinszahlen durch den Zinsdivisor geteilt werden. (Bei einem einzigen vorgegebenen Kapital wird das Kapital mit der Laufzeit in Tagen multipliziert und das Ergebnis durch das Produkt 100 × Zinsdivisor dividiert.)

Beispiel bei einem Zinssatz von 9%:

Buchung Einzahlung	Abhebung	Wertstellung* von	bis	Kapital DM	Laufzeit in Tagen			Zinszahl
5. 1.	16. 1.	5. 1.	15. 1.	210	10	$\frac{210 \times 10}{100}$	=	21
5. 1.	31. 1.	5. 1.	30. 1.	4100	25	$\frac{4100 \times 25}{100}$	=	1025
						Summe der Zinszahlen	=	1046
						Zinsdivisor lt. Tabelle	=	40

Zinsen: $\frac{1046}{40}$ = DM 26,15

* Wertstellung: Bei Einzahlungen der Einzahlungstag, bei Abhebungen der Vortag der Abhebung.

Zinsdivisoren

Zins-satz %	Zins-divisor	Zins-satz %	Zins-divisor	Zins-satz %	Zins-divisor
		5	72,00	10	36,00
0,125	2880,00	5,125	70,24	10,125	35,56
0,25	1440,00	5,25	68,57	10,25	35,12
0,375	960,00	5,375	66,98	10,375	34,70
0,5	720,00	5,5	65,45	10,5	34,29
0,625	576,00	5,625	64,00	10,625	33,88
0,75	480,00	5,75	62,61	10,75	33,49
0,875	411,43	5,875	61,28	10,875	33,10
1	360,00	6	60,00	11	32,73
1,125	320,00	6,125	58,78	11,125	32,36
1,25	288,00	6,25	57,60	11,25	32,00
1,375	261,82	6,375	56,47	11,375	31,65
1,5	240,00	6,5	55,38	11,5	31,30
1,625	221,54	6,625	54,34	11,625	30,97
1,75	205,71	6,75	53,33	11,75	30,64
1,875	192,00	6,875	52,36	11,875	30,32
2	180,00	7	51,43	12	30,00
2,125	169,41	7,125	50,53	12,125	29,69
2,25	160,00	7,25	49,66	12,25	29,39
2,375	151,58	7,375	48,81	12,375	29,09
2,5	144,00	7,5	48,00	12,5	28,80
2,625	137,14	7,625	47,21	12,625	28,51
2,75	130,91	7,75	46,45	12,75	28,24
2,875	125,22	7,875	45,71	12,875	27,96
3	120,00	8	45,00	13	27,69
3,125	115,20	8,125	44,31	13,125	27,43
3,25	110,77	8,25	43,64	13,25	27,17
3,375	106,67	8,375	42,99	13,375	26,92
3,5	102,86	8,5	42,35	13,5	26,67
3,625	99,31	8,625	41,74	13,625	26,42
3,75	96,00	8,75	41,14	13,75	26,18
3,875	92,90	8,875	40,56	13,875	25,95
4	90,00	9	40,00	14	25,71
4,125	87,27	9,125	39,45	14,125	25,49
4,25	84,71	9,25	38,92	14,25	25,26
4,375	82,29	9,375	38,40	14,375	25,04
4,5	80,00	9,5	37,89	14,5	24,83
4,625	77,84	9,625	37,40	14,625	24,62
4,75	75,79	9,75	36,92	14,75	24,41
4,875	73,85	9,875	36,46	14,875	24,20
				15	24,00

B. Zinsstaffelrechnungen

Bei Kontokorrentkrediten, die bei der Vorfinanzierung von Baukosten und Kaufpreisen vorkommen, ermittelt man die jeweiligen Salden in entsprechender Anwendung des § 355 HGB. Nach jedem Geschäftsvorfall wird ein Saldo neu errechnet. „Haben“ (H) bedeutet: Guthabensaldo und Gutschrift. „Soll“ (S) heißt: der Kreditsaldo und jede einzelne Belastung des Kontos.

Beispiel:

Tag	Geschäftsvorfall	Soll DM	Haben DM
31. 12.	Saldo des Vorjahres	20,00	
02. 01.	Scheck (Belastung)	15,00	
03. 01.	Bareinzahlung		5,00
04. 01.	Überweisung (Belastung)	10,00	
07. 01.	Barauszahlung	4,00	
10. 01.	Scheck (Gutschrift)		20,00
15. 01.	Überweisung (Gutschrift)		5,00

Diese Kontobewegungen faßt das kontoführende Kreditinstitut in einer Zinsstaffelrechnung zusammen. In der Praxis werden Wertstellungen bei den einzelnen Kreditinstituten durchaus unterschiedlich vorgenommen. Vergleicht man solche manchmal als geringfügig angesehenen Abweichungen, so wird deutlich, daß nicht nur die Höhe des Zinssatzes wichtig ist, sondern daß es auch darauf ankommt, zu welchem Zeitpunkt die Umsätze zinswirksam verbucht werden.

	Bank A	Bank B	
	Wertstellungsdatum		
Bareinzahlung	Tag	1 Tag nach	
Barauszahlung	1 Tag	Tag	
Überweisung (Gutschrift)	1 Tag nach	1 Tag nach	Buchungs-
Überweisung (Belastung)	Tag	Tag	datum
Schecks (Gutschrift)	1 Tag nach	3 Tage nach	
Schecks (Belastung)	Tag	1 Tag vorher	

Zinsstaffelrechnung Kreditinstitut A:

Buchungs-tag	Umsatz-Art	Umsatz TDM	S/H	Wert	Saldo TDM	Zins-tage	Zins-zahlen
31. 12.	Saldo-Vortrag	–,–	S	31. 12.	20,0	2	400
02. 01.	Scheck	15,0	S	02. 01.	35,0	1	350
03. 01.	Bar	5,0	H	03. 01.	30,0	1	300
04. 01.	Überweisung	10,0	S	04. 01.	40,0	3	1200
07. 01.	Bar	4,0	S	07. 01.	44,0	4	1760
10. 01.	Scheck	20,0	H	11, 01.	24,0	4	960
15. 01.	Überweisung	5,0	H	15, 01.	19.0		
	Summe					15	4970

Zinsstaffelrechnung Kreditinstitut B:

Buchungs-tag	Umsatz-Art	Umsatz TDM	S/H	Wert	Saldo TDM	Zins-tage	Zins-zahlen
31. 12.	Saldo-Vortrag	–,–	S	31. 12.	20,0	1	200
02. 01.	Scheck	15,0	S	01. 01.	35,0	3	1050
03. 01.	Bar	5,0	H	04. 01.	30,0	–	–
04. 01.	Überweisung	10,0	S	04. 01.	40,0	3	1200
07. 01.	Bar	4,0	S	07. 01.	44,0	6	2640
10. 01.	Scheck	20,0	H	13. 01.	24,0	2*	480
15. 01.	Überweisung	5,0	H	16. 01.*	19.0		
	Summe					15	5570

Berechnet man die Zinsen nach der Formel Zinsen $= \frac{\text{Zinszahl}}{\text{Zinsdivisor}}$, so ergibt sich bei einem Zinssatz von 14% p. a.

bei Bank A $= \frac{4970}{25{,}71} = \underline{\underline{\text{DM } 193{,}31}}$

bei Bank B $= \frac{5570}{25{,}71} = \underline{\underline{\text{DM } 216{,}65}}$

Man sieht, daß bei gleichem Zinssatz schlechtere Bedingungen der Wertstellungen zu einer Verteuerung des Kredites und damit

* Bei einem Ende der Zinsstaffelrechnung am 15. 1. wird wegen der Vergleichbarkeit der eine fehlende Zinstag vom 15. bis 16. 1. in der nächsten Abrechnungsperiode berücksichtigt.

zu einer höheren Effektivverzinsung führen. Eine Kontoeröffnung bei einem Kreditinstitut sollte immer auch unter diesem Gesichtspunkt geprüft werden.

Mißbräuchen der Wertstellungspraxis im Zahlungsverkehr geht das Bundesaufsichtsamt für das Kreditwesen, Berlin, nach. Es hat festgestellt, daß Kontobelastungen bei Schecks und Lastschriften häufig mit einer Wertstellung versehen werden, die bis zu zwei Tagen vor dem eigentlichen Geschäftsvorfall liegen. Angesichts des weitgehenden Automatisierungsgrades im Zahlungsverkehr bezweifelt es, ob eine vom Geschäftstag zu Ungunsten des Kunden abweichende Wertstellung für normale Zahlungsvorgänge überhaupt noch sachgerecht sei. Die Informationspflichten der Kreditinstitute im Zusammenhang mit Überweisungen in Staaten der EU und des Europäischen Wirtschaftsraums sind in einer Verordnung geregelt, die im Bundesgesetzblatt 1999 I, S. 1730 veröffentlicht ist. Die Regelung beruht auf Paragraph 675a BGB, der durch das Überweisungsgesetz neu eingefügt worden ist. Danach müssen die Banken ihren „tatsächlichen und möglichen" Kunden Informationen zu den Überweisungskonditionen „schriftlich, gegebenenfalls auch auf elektronischem Weg in leicht verständlicher Form" zur Verfügung stellen. Unter anderem müssen Angaben zur Zeitspanne zwischen dem Überweisungsauftrag und der Buchung der Gutschrift enthalten sein sowie zu den Beschwerdemöglichkeiten der Kunden. Abweichungen stellt man dann leicht aus den Kontoauszügen fest und kann dann eine Korrektur erreichen.

Obwohl die Zinssätze bei Kontokorrentkrediten immer relativ hoch sind und auch Spesen und Provisionssätze hinzukommen, kann der Kontokorrentkredit, insbesondere während der Bauzeit, wirtschaftlicher sein als andere Kreditarten. Die Zinsen werden grundsätzlich nicht nach dem eingeräumten Kreditbetrag gerechnet, sondern nur nach dem jeweils in Anspruch genommenen Kreditteilbetrag. Die permanente Saldoermittlung erlaubt die unmittelbare Absetzung der Zahlungen des Kreditnehmers, die damit für die weitere Zinsberechnung ausscheiden.

C. Zeitpunkte der Verrechnung von Tilgungsleistungen

Bei allen Darlehensarten muß der Darlehensnehmer darauf achten:

- wie die Zahlungstermine für die Zins- und Tilgungsraten gestaltet sind und
- wann die Anrechnung der Tilgungszahlungen auf die Kapitalschuld vorgenommen wird.

Häufig werden Jahresleistungen geteilt und in vierteljährlichen oder monatlichen Raten gezahlt. Aber die Zinsen werden für das ganze Jahr im voraus errechnet. Man geht aus von der am Berechnungsstichtag vorhandenen Darlehensrestschuld und berechnet die Zinsen für den Zeitraum, bis zu dem die nächste Tilgungsverrechnung stattfindet. Der Tilgungsplan I macht deutlich (s. S. 264):

Die Tilgungsanteile der Zahlungen am 31. 3., 30. 6. und 30. 9., anfangs in Höhe von DM 1000,– : 4 = DM 250,– je Vierteljahr werden erst am Jahresschluß von der Restschuld abgezogen. Im zweiten Jahr beträgt der Tilgungsanteil der Vierteljahreszahlung DM 1080,– : 4 = DM 270,–. Er erhöht sich mit abnehmender Darlehensschuld. Im 10. Jahr der Darlehenslaufzeit macht er bereits DM 1999,– : 4 = DM 499,75 je Vierteljahr aus. Weil diese „unterjährigen Zahlungen" – so nennt man diese Aufteilung der Annuitäten – erst am Jahresende als Tilgung gutgeschrieben werden, obwohl sie der Gläubiger früher empfängt, erhöht sich die Effektivverzinsung für das aufgenommene Darlehen.

An dieser Stelle gibt es einen häufig nicht genutzten Verhandlungsspielraum für den Darlehensnehmer. Er muß vor einer Darlehenszusage darauf drängen, daß eine möglichst zahlungsnahe Tilgungsverrechnung erfolgt. Die Konkurrenz der Banken untereinander erlaubt dem Darlehensnehmer, das für ihn günstigste Angebot der Nebenbedingung „Tilgungsverrechnung" auszuwählen. Wird eine Tilgungsverrechnung halbjährlich vorgenommen, wie im Tilgungsplan II (s. S. 265) dargestellt, so läßt sich der Vorteil an der Summe aller Zinsen ablesen:

Tilgungsplan I	DM 157 034,11
Tilgungsplan II	DM 152 101,02
Zinsersparnis	DM 4 933,09

Tilgungsplan I (Jahreswerte)

Anfangsschuld	100 000,00 DM
Zinssatz	8,000 % p. a.
Tilgung	1,000 % p. a.

Berechnung der Zinsen aus der jeweiligen Restschuld am Ende des vergangenen Jahres. Die Jahresrate (Annuität) beträgt 8% + 1% = 9% aus DM 100 000,– = DM 9000,– Zahlung in 4 Teilbeträgen jeweils am Vierteljahresende in Höhe von 2250,00 DM.

Jahr	Anfangsschuld DM	Zinsen p. a. DM	Tilgung p. a. DM	Restschuld DM
1	100 000,00	8 000,00	1000,00	99 000,00
2	99 000,00	7 920,00	1080,00	97 920,00
3	97 920,00	7 833,60	1166,40	96 753,60
4	96 753,60	7 740,29	1259,71	95 493,89
5	95 493,89	7 639,51	1360,49	94 133,40
6	94 133,40	7 530,67	1469,33	92 664,07
7	92 664,07	7 413,13	1586,87	91 077,20
8	91 077,20	7 286,18	1713,82	89 363,38
9	89 363,38	7 149,07	1850,93	87 512,45
10	87 512,45	7 001,00	1999,00	85 513,45
11	85 513,45	6 841,08	2158,92	83 354,53
12	83 354,53	6 668,36	2331,64	81 022,89
13	81 022,89	6 481,83	2518,17	78 504,72
14	78 504,72	6 280,38	2719,62	75 785,10
15	75 785,10	6 062,81	2937,19	72 847,91
16	72 847,91	5 827,83	3172,17	69 675,74
17	69 675,74	5 574,06	3425,94	66 249,80
18	66 249,80	5 299,98	3700,02	62 549,78
19	62 549,78	5 003,98	3996,02	58 553,76
20	58 553,76	4 684,30	4315,70	54 238,06
21	54 238,06	4 339,04	4660,96	49 577,10
22	49 577,10	3 966,17	5033,83	44 543,27
23	44 543,27	3 563,46	5436,54	39 106,73
24	39 106,73	3 128,54	5871,46	33 235,27
25	33 235,27	2 658,82	6341,18	26 894,09
26	26 894,09	2 151,53	6848,47	20 045,62
27	20 045,62	1 603,65	7396,35	12 649,27
28	12 649,27	1 011,94	7988,06	4 661,21
29	4 661,21	372,90	4661,21	0,00
Summe aller Zinsen		157 034,11		

Tilgungsplan II (Jahreswerte)

Anfangsschuld	100 000,00 DM
Zinssatz	8,000 % p. a.
Tilgung	1,000 % p. a.

Berechnung der Zinsen aus der jeweiligen Restschuld am Ende des vergangenen *Halbjahres.* Die Jahresrate (Annuität) beträgt 8% + 1% = 9% aus DM 100 000,– = DM 9000,– Zahlung in 4 Teilbeträgen jeweils am Vierteljahresende in Höhe von 2250,00 DM.

Jahr	Anfangsschuld DM	Zinsen p. a. DM	Tilgung p. a. DM	Restschuld DM
1	100 000,00	7980,00	1020,00	98 980,00
2	98 980,00	7896,77	1103,23	97 876,77
3	97 876,77	7806,74	1193,26	96 683,51
4	96 683,51	7709,37	1290,63	95 392,88
5	95 392,88	7604,06	1395,94	93 996,94
6	93 996,94	7490,15	1509,85	92 487,09
7	92 487,09	7366,94	1633,06	90 854,03
8	90 854,03	7233,69	1766,31	89 087,72
9	89 087,72	7089,56	1910,44	87 177,28
10	87 177,28	6933,66	2066,34	85 110,94
11	85 110,94	6765,06	2234,94	82 876,00
12	82 876,00	6582,68	2417,32	80 458,68
13	80 458,68	6385,43	2614,57	77 844,11
14	77 844,11	6172,07	2827,93	75 016,18
15	75 016,18	5941,32	3058,68	71 957,50
16	71 957,50	5691,73	3308,27	68 649,23
17	68 649,23	5421,78	3578,22	65 071,01
18	65 071,01	5129,79	3870,21	61 200,80
19	61 200,80	4813,98	4186,02	57 014,78
20	57 014,78	4472,40	4527,60	52 487,18
21	52 487,18	4 102,96	4897,04	47 590,14
22	47 590,14	3 703,36	5296,64	42 293,50
23	42 293,50	3 271,15	5728,85	36 564,65
24	36 564,65	2 803,68	6196,32	30 368,33
25	30 368,33	2 298,05	6701,95	23 666,38
26	23 666,38	1 751,18	7248,82	16 417,56
27	16 417,56	1 159,67	7840,33	8 577,23
28	8 577,23	519,90	8480,10	97,13
29	97,13	3,89	97,13	0,00
Summe aller Zinsen		152 101,02		

Tilgungsplan III

Es sind zu zahlen:	5,5% Zinsen	2% Tilgung	Anfangsschuld 50 000,00 DM

Die Jahresrate beträgt 7,5% aus DM 50 000,00 = DM 3 750,00.

Gleichbleibende vierteljährliche Zahlungen 937,50 DM erstmals zum 30. 6.

Es sind zu zahlen am Jahr und Tag der Fälligkeit	insgesamt DM	davon sind Zinsen DM	Tilgung DM	Restschuld DM
				50 000,00
30. 6. 1980	937,50	687,50	250,00	49 750,00
30. 9.	937,50	684,06	253,44	49 496,56
31. 12.	937,50	680,58	256,92	49 239,64
31. 3. 1981	937,50	677,05	260,45	48 979,19
30. 6.	937,50	673,46	264,04	48 715,15
30. 9.	937,50	669,83	267,67	48 447,48
31. 12.	937,50	666,15	271,35	48 176,13
31. 3. 1982	937,50	662,42	275,08	47 901,05
30. 6.	937,50	658,64	278,86	47 622,19
30. 9.	937,50	654,81	282,69	47 339,50
31. 12.	937,50	650,92	286,58	47 052,92
31. 3. 1983	937,50	646,98	290,52	46 762,40
30. 6.	937,50	642,98	294,52	46 467,88
30. 9.	937,50	638,93	298,57	46 169,31
31. 12.	937,50	634,83	302,67	45 866,64
31. 3. 1984	937,50	630,67	306,83	45 559,81
30. 6.	937,50	626,45	311,05	45 248,76
30. 9.	937,50	622,17	315,33	44 933,43
31. 12.	937,50	617,83	319,67	44 613,76
31. 3. 1985	937,50	613,44	324,06	44 289,70
usw.				

Noch stärker zinssparend wirkt eine Vereinbarung, die vorsieht, daß die in den vierteljährlichen Teilbeträgen enthaltenen Tilgungsanteile unmittelbar zum Zahlungszeitpunkt auf die Restschuld angerechnet werden. Sie wirken sich dann unmittelbar zinsmindernd aus (Beispiel Tilgungsplan III). Die umfangreiche höchstrichterliche Rechtsprechung führt in zunehmenden Umfang zu taggleicher Anrechnung s. Tilgungsplan IV; S. 267 f.

Tilgungsplan IV

Annuitätsdarlehen:	100 000,00 DM	Ratenfälligkeit:	monatlich
Leistungsrate:	541,67 DM		
Tilgungszinssatz:	1,000%	Tilgungsverrechnung:	monatlich
Nominalzins:	5,500%	Zinssollstellung:	monatlich
Effektivzins PAngV:	5,640%		

Monat	**Zahlung**	**Zinsen**	**Tilgung**	**Kapital**
1	541,67	458,33	83,34	99 916,66
2	541,67	457,95	83,72	99 832,94
3	541,67	457,57	84,10	99 748,84
4	541,67	457,18	84,49	99 664,35
5	541,67	456,79	84,88	99 579,47
6	541,67	456,41	85,26	99 494,21
7	541,67	456,02	85,65	99 408,56
8	541,67	455,62	86,05	99 322,51
9	541,67	455,23	86,44	99 236,07
10	541,67	454,83	86,84	99 149,23
11	541,67	454,43	87,24	99 061,99
12	541,67	454,03	87,64	98 974,35
13	541,67	453,63	88,04	98 886,31
14	541,67	453,23	88,44	98 797,87
15	541,67	452,82	88,85	98 709,02
16	541,67	452,42	89,25	98 619,77
17	541,67	452,01	89,66	98 530,11
18	541,67	451,60	90,07	98 440,04
19	541,67	451,18	90,49	98 349,55
20	541,67	450,77	90,90	98 258,65
21	541,67	450,35	91,32	98 167,33
22	541,67	449,93	91,74	98 075,59
23	541,67	449,51	92,16	97 983,43
24	541,67	449,09	92,58	97 890,85
25	541,67	448,67	93,00	97 797,85
26	541,67	448,24	93,43	97 704,42
27	541,67	447,81	93,86	97 610,56
28	541,67	447,38	94,29	97 516,27
29	541,67	446,95	94,72	97 421,55
30	541,67	446,52	95,15	97 326,40
31	541,67	446,08	95,59	97 230,81
32	541,67	445,64	96,03	97 134,78
33	541,67	445,20	96,47	97 038,31
34	541,67	444,76	96,91	96 941,40
35	541,67	444,31	97,36	96 844,04
36	541,67	443,87	97,80	96 746,24
37	541,67	443,42	98,25	96 647,99
38	541,67	442,97	98,70	96 549,29
39	541,67	442,52	99,15	96 450,14
40	541,67	442,06	99,61	96 350,53
41	541,67	441,61	100,06	96 250,47
42	541,67	441,15	100,52	96 149,95
43	541,67	440,69	100,98	96 048,97
44	541,67	440,22	101,45	95 947,52
45	541,67	439,76	101,91	95 845,61
46	541,67	439,29	102,38	95 743,23
47	541,67	438,82	102,85	95 640,38
48	541,67	438,35	103,32	95 537,06
49	541,67	437,88	103,79	95 433,27
50	541,67	437,40	104,27	95 329,00
51	541,67	436,92	104,75	95 224,25

Annuitätsdarlehen:	100 000,00 DM	Ratenfälligkeit:	monatlich
Leistungsrate:	541,67 DM		
Tilgungszinssatz:	1,000%	Tilgungsverrechnung:	monatlich
Nominalzins:	5,500%	Zinssollstellung:	monatlich
Effektivzins PAngV:	5,640%		

Monat	**Zahlung**	**Zinsen**	**Tilgung**	**Kapital**
52	541,67	436,44	105,23	95 119,02
53	541,67	435,96	105,71	95 013,31
54	541,67	435,48	106,19	94 907,12
55	541,67	434,99	106,68	94 800,44
56	541,67	434,50	107,17	94 693,27
57	541,67	434,01	107,66	94 585,61
58	541,67	433,52	108,15	94 477,46
59	541,67	433,02	108,65	94 368,81
60	541,67	432,52	109,15	94 259,66
61	541,67	432,02	109,65	94 150,01
62	541,67	431,52	110,15	94 039,86
63	541,67	431,02	110,65	93 929,21
64	541,67	430,51	111,16	93 818,05
65	541,67	430,00	111,67	93 706,38
66	541,67	429,49	112,18	93 594,20
67	541,67	428,97	112,70	93 481,50
68	541,67	428,46	113,21	93 368,29
69	541,67	427,94	113,73	93 254,56
70	541,67	427,42	114,25	93 140,31
71	541,67	426,89	114,78	93 025,53
72	541,67	426,37	115,30	92 910,23
73	541,67	425,84	115,83	92 794,40
74	541,67	425,31	116,36	92 678,04
75	541,67	424,77	116,90	92 561,14
76	541,67	424,24	117,43	92 443,71
77	541,67	423,70	117,97	92 325,74
78	541,67	423,16	118,51	92 207,23
79	541,67	422,62	119,05	92 088,18
80	541,67	422,07	119,60	91 968,58
81	541,67	421,52	120,15	91 848,43
82	541,67	420,97	120,70	91 727,73
83	541,67	420,42	121,25	91 606,48
84	541,67	419,86	121,81	91 484,67
85	541,67	419,30	122,37	91 362,30
86	541,67	418,74	122,93	91 239,37
87	541,67	418,18	123,49	91 115,88
88	541,67	417,61	124,06	90 991,82
89	541,67	417,05	124,62	90 867,20
90	541,67	416,47	125,20	90 742,00
91	541,67	415,90	125,77	90 616,23
92	541,67	415,32	126,35	90 489,88
93	541,67	414,75	126,92	90 362,96
94	541,67	414,16	127,51	90 235,45
95	541,67	413,58	128,09	90 107,36
96	541,67	412,99	128,68	89 978,68
97	541,67	412,40	129,27	89 849,41
98	541,67	411,81	129,86	89 719,55
99	541,67	411,22	130,46	89 589,09
100	541,67	410,62	131,05	89 458,04
101	541,67	410,02	131,65	89 326,39
102	541,67	409,41	132,26	89 194,13
103	541,67	408,81	132,86	89 061,27
104	541,67	408,20	133,47	88 927,80
105	541,67	407,59	134,08	88 793,72
106	541,67	406,97	134,70	88 659,02
107	541,67	406,35	135,32	88 523,70

Annuitätsdarlehen:	100 000,00 DM	Ratenfälligkeit:	monatlich
Leistungsrate:	541,67 DM		
Tilgungszinssatz:	1,000%	Tilgungsverrechnung:	monatlich
Nominalzins:	5,500%	Zinssollstellung:	monatlich
Effektivzins PAngV:	5,640%		

Monat	Zahlung	Zinsen	Tilgung	Kapital
108	541,67	405,73	135,94	88 387,76
109	541,67	405,11	136,56	88 251,20
110	541,67	404,48	137,19	88 114,01
111	541,67	403,86	137,81	87 976,20
112	541,67	403,22	138,45	87 837,75
113	541,67	402,59	139,08	87 698,67
114	541,67	401,95	139,72	87 558,95
115	541,67	401,31	140,36	87 418,59
116	541,67	400,67	141,00	87 277,59
117	541,67	400,02	141,65	87 135,94
118	541,67	399,37	142,30	86 993,64
119	541,67	398,72	142,95	86 850,69
120	541,67	398,07	143,60	86 707,09
121	541,67	397,41	144,26	86 562,83
122	541,67	396,75	144,92	86 417,91
123	541,67	396,08	145,59	86 272,32
124	541,67	395,41	146,26	86 126,06
125	541,67	394,74	146,93	85 979,13
126	541,67	394,07	147,60	85 831,53
127	541,67	393,39	148,28	85 683,25
128	541,67	392,71	148,96	85 534,29
129	541,67	392,03	149,64	85 384,65
130	541,67	391,35	150,32	85 234,33
131	541,67	390,66	151,01	85 083,32
132	541,67	389,97	151,70	84 931,62
133	541,67	389,27	152,40	84 779,22
134	541,67	388,57	153,10	84 626,12
135	541,67	387,87	153,80	84 472,32
136	541,67	387,16	154,51	84 317,81
137	541,67	386,46	155,21	84 162,60
138	541,67	385,75	155,92	84 006,68
139	541,67	385,03	156,64	83 850,04
140	541,67	384,31	157,36	83 692,68
141	541,67	383,59	158,08	83 534,60
142	541,67	382,87	158,80	83 375,80
143	541,67	382,14	159,53	83 216,27
144	541,67	381,41	160,26	83 056,01
145	541,67	380,67	161,00	82 895,01
146	541,67	379,94	161,73	82 733,28
147	541,67	379,19	162,48	82 570,80
148	541,67	378,45	163,22	82 407,58
149	541,67	377,70	163,97	82 243,61
150	541,67	376,95	164,72	82 078,89
151	541,67	376,19	165,48	81 913,41
152	541,67	375,44	166,23	81 747,18
153	541,67	374,67	167,00	81 580,18
154	541,67	373,91	167,76	81 412,42
155	541,67	373,14	168,53	81 243,89
156	541,67	372,37	169,30	81 047,59
157	541,67	371,59	170,08	80 904,51
158	541,67	370,81	170,86	80 733,65
159	541,67	370,03	171,64	80 562,01
160	541,67	369,24	172,43	80 389,58
161	541,67	368,45	173,22	80 216,36
162	541,67	367,66	174,01	80 042,35
163	541,67	366,86	174,81	79 867,54

Annuitätsdarlehen:	100 000,00 DM	Ratenfälligkeit:	monatlich
Leistungsrate:	541,67 DM		
Tilgungszinssatz:	1,000%	Tilgungsverrechnung:	monatlich
Nominalzins:	5,500%	Zinssollstellung:	monatlich
Effektivzins PAngV:	5,640%		

Monat	Zahlung	Zinsen	Tilgung	Kapital
164	541,67	366,06	175,61	79 691,93
165	541,67	365,25	176,42	79 515,51
166	541,67	364,45	177,22	79 338,29
167	541,67	363,63	178,04	79 160,25
168	541,67	362,82	178,85	78 981,40
169	541,67	362,00	179,67	78 801,73
170	541,67	361,17	180,50	78 621,23
171	541,67	360,35	181,32	78 439,91
172	541,67	359,52	182,15	78 257,76
173	541,67	358,68	182,99	78 074,77
174	541,67	357,84	183,83	77 890,94
175	541,67	357,00	184,67	77 706,27
176	541,67	356,15	185,52	77 520,75
177	541,67	355,30	186,37	77 334,38
178	541,67	354,45	187,22	77 147,16
179	541,67	353,59	188,08	76 959,08
180	541,67	352,73	188,94	76 770,14
181	541,67	351,86	189,81	76 580,33
182	541,67	350,99	190,68	76 389,65
183	541,67	350,12	191,55	76 198,10
184	541,67	349,24	192,43	76 005,67
185	541,67	348,36	193,31	75 812,36
186	541,67	347,47	194,20	75 618,16
187	541,67	346,58	195,09	75 423,07
188	541,67	345,69	195,98	75 227,09
189	541,67	344,79	196,88	75 030,21
190	541,67	343,89	197,78	74 832,43
191	541,67	342,98	198,69	74 633,74
192	541,67	342,07	199,60	74 434,14
193	541,67	341,16	200,51	74 233,63
194	541,67	340,24	201,43	74 032,20
195	541,67	339,31	202,36	73 829,84
196	541,67	338,39	203,28	73 626,56
197	541,67	337,46	204,21	73 422,35
198	541,67	336,52	205,15	73 217,20
199	541,67	335,58	206,09	73 011,11
200	541,67	334,63	207,04	72 804,07
201	541,67	333,69	207,98	72 596,09
202	541,67	332,73	208,94	72 387,15
203	541,67	331,77	209,90	72 177,25
204	541,67	330,81	210,86	71 966,39
205	541,67	329,85	211,82	71 754,57
206	541,67	328,88	212,79	71 541,78
207	541,67	327,90	213,77	71 328,01
208	541,67	326,92	214,75	71 113,26
209	541,67	325,94	215,73	70 897,53
210	541,67	324,95	216,72	70 680,81
211	541,67	323,95	217,72	70 463,09
212	541,67	322,96	218,71	70 244,38
213	541,67	321,95	219,72	70 024,66
214	541,67	320,95	220,72	69 803,94
215	541,67	319,93	221,74	69 582,20
216	541,67	318,92	222,75	69 359,45
217	541,67	317,90	223,77	69 135,68
218	541,67	316,87	224,80	68 910,88
219	541,67	315,84	225,83	68 685,05

Annuitätsdarlehen:	100 000,00 DM	Ratenfälligkeit:	monatlich
Leistungsrate:	541,67 DM		
Tilgungszinssatz:	1,000%	Tilgungsverrechnung:	monatlich
Nominalzins:	5,500%	Zinssollstellung:	monatlich
Effektivzins PAngV:	5,640%		

Monat	**Zahlung**	**Zinsen**	**Tilgung**	**Kapital**
220	541,67	314,81	226,86	68 458,19
221	541,67	313,77	227,90	68 230,29
222	541,67	312,72	228,95	68 001,34
223	541,67	311,67	230,00	67 771,34
224	541,67	310,62	231,05	67 540,29
225	541,67	309,56	232,11	67 308,18
226	541,67	308,50	233,17	67 075,01
227	541,67	307,43	234,24	66 840,77
228	541,67	306,35	235,32	66 605,45
229	541,67	305,27	236,40	66 369,05
230	541,67	304,19	237,48	66 131,57
231	541,67	303,10	238,57	65 893,00
232	541,67	302,01	239,66	65 653,34
233	541,67	300,91	240,76	65 412,58
234	541,67	299,81	241,86	65 170,72
235	541,67	298,70	242,97	64 927,75
236	541,67	297,59	244,08	64 683,67
237	541,67	296,47	245,20	64 438,47
238	541,67	295,34	246,33	64 192,14
239	541,67	294,21	247,46	63 944,68
240	541,67	293,08	248,59	63 696,09
241	541,67	291,94	249,73	63 446,36
242	541,67	290,80	250,87	63 195,49
243	541,67	289,65	252,02	62 943,47
244	541,67	288,49	253,18	62 690,29
245	541,67	287,33	254,34	62 435,95
246	541,67	286,16	255,51	62 180,44
247	541,67	284,99	256,68	61 923,76
248	541,67	283,82	257,85	61 665,91
249	541,67	282,64	259,03	61 406,88
250	541,67	281,45	260,22	61 146,66
251	541,67	280,26	261,41	60 885,25
252	541,67	279,06	262,61	60 622,64
253	541,67	277,85	263,82	60 358,82
254	541,67	276,64	265,03	60 093,79
255	541,67	275,43	266,24	59 827,55
256	541,67	274,21	267,46	59 560,09
257	541,67	272,98	268,69	59 291,40
258	541,67	271,75	269,92	59 021,48
259	541,67	270,52	271,15	58 750,33
260	541,67	269,27	272,40	58 477,93
261	541,67	268,02	273,65	58 204,28
262	541,67	266,77	274,90	57 929,38
263	541,67	265,51	276,16	57 653,22
264	541,67	264,24	277,43	57 375,79
265	541,67	262,97	278,70	57 097,09
266	541,67	261,69	279,98	56 817,11
267	541,67	260,41	281,26	56 535,85
268	541,67	259,12	282,55	56 253,30
269	541,67	257,83	283,84	55 969,46
270	541,67	256,53	285,14	55 684,32
271	541,67	255,22	286,45	55 397,87
272	541,67	253,91	287,76	55 110,11
273	541,67	252,59	289,08	54 821,03
274	541,67	251,26	290,41	54 530,62
275	541,67	249,93	291,74	54 238,88

Annuitätsdarlehen:	100 000,00 DM	Ratenfälligkeit:	monatlich
Leistungsrate:	541,67 DM		
Tilgungszinssatz:	1,000%	Tilgungsverrechnung:	monatlich
Nominalzins:	5,500%	Zinssollstellung:	monatlich
Effektivzins PAngV:	5,640%		

Monat	Zahlung	Zinsen	Tilgung	Kapital
276	541,67	248,59	293,08	53 945,80
277	541,67	247,25	294,42	53 651,38
278	541,67	245,90	295,77	53 355,61
279	541,67	244,55	297,12	53 058,49
280	541,67	243,18	298,49	52 760,00
281	541,67	241,82	299,85	52 460,15
282	541,67	240,44	301,23	52 158,92
283	541,67	239,06	302,61	51 856,31
284	541,67	237,67	304,00	51 552,31
285	541,67	236,28	305,39	51 246,92
286	541,67	234,88	306,79	50 940,13
287	541,67	233,48	308,19	50 631,94
288	541,67	232,06	309,61	50 322,33
289	541,67	230,64	311,03	50 011,30
290	541,67	229,22	312,45	49 698,85
291	541,67	227,79	313,88	49 384,97
292	541,67	226,35	315,32	49 069,65
293	541,67	224,90	316,77	48 752,88
294	541,67	223,45	318,22	48 434,66
295	541,67	221,99	319,68	48 114,98
296	541,67	220,53	321,14	47 793,84
297	541,67	219,06	322,61	47 471,23
298	541,67	217,58	324,09	47 147,14
299	541,67	216,09	325,58	46 821,56
300	541,67	214,60	327,07	46 494,49
301	541,67	213,10	328,57	46 165,92
302	541,67	211,59	330,08	45 835,84
303	541,67	210,08	331,59	45 504,25
304	541,67	208,56	333,11	45 171,14
305	541,67	207,03	334,64	44 836,50
306	541,67	205,50	336,17	44 500,33
307	541,67	203,96	337,71	44 162,62
308	541,67	202,41	339,26	43 823,36
309	541,67	200,86	340,81	43 482,55
310	541,67	199,30	342,37	43 140,18
311	541,67	197,73	343,94	42 796,24
312	541,67	196,15	345,52	42 450,72
313	541,67	194,57	347,10	42 103,62
314	541,67	192,97	348,70	41 754,92
315	541,67	191,38	350,29	41 404,63
316	541,67	189,77	351,90	41 052,73
317	541,67	188,16	353,51	40 699,22
318	541,67	186,54	355,13	40 344,09
319	541,67	184,91	356,76	39 987,33
320	541,67	183,28	358,39	39 628,94
321	541,67	181,63	360,04	39 268,90
322	541,67	179,98	361,69	38 907,21
323	541,67	178,32	363,35	38 543,86
324	541,67	176,66	365,01	38 178,85
325	541,67	174,99	366,68	37 812,17
326	541,67	173,31	368,36	37 443,81
327	541,67	171,62	370,05	37 073,76
328	541,67	169,92	371,75	36 702,01
329	541,67	168,22	373,45	36 328,56
330	541,67	166,51	375,16	35 953,40
331	541,67	164,79	376,88	35 576,52

Annuitätsdarlehen:	100 000,00 DM	Ratenfälligkeit:	monatlich
Leistungsrate:	541,67 DM		
Tilgungszinssatz:	1,000%	Tilgungsverrechnung:	monatlich
Nominalzins:	5,500%	Zinssollstellung:	monatlich
Effektivzins PAngV:	5,640%		

Monat	**Zahlung**	**Zinsen**	**Tilgung**	**Kapital**
332	541,67	163,06	378,61	35 197,91
333	541,67	161,32	380,35	34 817,56
334	541,67	159,58	382,09	34 435,47
335	541,67	157,83	383,84	34 051,63
336	541,67	156,07	385,60	33 666,03
337	541,67	154,30	387,37	33 278,66
338	541,67	152,53	389,14	32 889,52
339	541,67	150,74	390,93	32 498,59
340	541,67	148,95	392,72	32 105,87
341	541,67	147,15	394,52	31 711,35
342	541,67	145,34	396,33	31 315,02
343	541,67	143,53	398,14	30 916,88
344	541,67	141,70	399,97	30 516,91
345	541,67	139,87	401,80	30 115,11
346	541,67	138,03	403,64	29 711,47
347	541,67	136,18	405,49	29 305,98
348	541,67	134,32	407,35	28 898,63
349	541,67	132,45	409,22	28 489,41
350	541,67	130,58	411,09	28 078,32
351	541,67	128,69	412,98	27 665,34
352	541,67	126,80	414,87	27 250,47
353	541,67	124,90	416,77	26 833,70
354	541,67	122,99	418,68	26 415,02
355	541,67	121,07	420,60	25 994,42
356	541,67	119,14	422,53	25 571,89
357	541,67	117,20	424,47	25 147,42
358	541,67	115,26	426,41	24 721,01
359	541,67	113,30	428,37	24 292,64
360	541,67	111,34	430,33	23 862,31
361	541,67	109,37	432,30	23 430,01
362	541,67	107,39	434,28	22 995,73
363	541,67	105,40	436,27	22 559,46
364	541,67	103,40	438,27	22 121,19
365	541,67	101,39	440,28	21 680,91
366	541,67	99,37	442,30	21 238,61
367	541,67	97,34	444,33	20 794,28
368	541,67	95,31	446,36	20 347,92
369	541,67	93,26	448,41	19 899,51
370	541,67	91,21	450,46	19 449,05
371	541,67	89,14	452,53	18 996,52
372	541,67	87,07	454,60	18 541,92
373	541,67	84,98	456,69	18 085,23
374	541,67	82,89	458,78	17 626,45
375	541,67	80,79	460,88	17 165,57
376	541,67	78,68	462,99	16 702,58
377	541,67	76,55	465,12	16 237,46
378	541,67	74,42	467,25	15 770,21
379	541,67	72,28	469,39	15 300,82
380	541,67	70,13	471,54	14 829,28
381	541,67	67,97	473,70	14 355,58
382	541,67	65,80	475,87	13 879,71
383	541,67	63,62	478,05	13 401,66
384	541,67	61,42	480,25	12 921,41
385	541,67	59,22	482,45	12 438,96
386	541,67	57,01	484,66	11 954,30
387	541,67	54,79	486,88	11 467,42

Annuitätsdarlehen:	100 000,00 DM	Ratenfälligkeit:	monatlich
Leistungsrate:	541,67 DM		
Tilgungszinssatz:	1,000%	Tilgungsverrechnung:	monatlich
Nominalzins:	5,500%	Zinssollstellung:	monatlich
Effektivzins PAngV:	5,640%		

Monat	Zahlung	Zinsen	Tilgung	Kapital
388	541,67	52,56	489,11	10 978,31
389	541,67	50,32	491,35	10 486,96
390	541,67	48,07	493,60	9 993,36
391	541,67	45,80	495,87	9 497,49
392	541,67	43,53	498,14	8 999,35
393	541,67	41,25	500,42	8 498,93
394	541,67	38,95	502,72	7 996,21
395	541,67	36,65	505,02	7 491,19
396	541,67	34,33	507,34	6 983,85
397	541,67	32,01	509,66	6 474,19
398	541,67	29,67	512,00	5 962,19
399	541,67	27,33	514,34	5 447,85
400	541,67	24,97	516,70	4 931,15
401	541,67	22,60	519,07	4 412,08
402	541,67	20,22	521,45	3 890,63
403	541,67	17,83	523,84	3 366,79
404	541,67	15,43	526,24	2 840,55
405	541,67	13,02	528,65	2 311,90
406	541,67	10,60	531,07	1 780,83
407	541,67	8,16	533,51	1 247,32
408	541,67	5,72	535,95	711,37
409	541,67	3,26	538,41	172,96
410	171,54	0,79	172,96	0,00
		121 716,78	100 000,00	

Bei Bauspardarlehen wird die Tilgung im allgemeinen vierteljährlich von der Restschuld abgesetzt. Anschließend werden die Zinsen aus der verminderten Schuld für das nächste Vierteljahr errechnet. Allerdings ist die Zahlung von Monatsraten üblich. Auch hier kommt es wegen der nicht monatlich erfolgenden Tilgungsverrechnung zu einer Erhöhung des Effektivzinses. Es gibt immer häufiger Tarife mit taggleicher Anrechnung.

Eine Zusammenstellung des Zinsaufwandes, der Laufzeit und der Effektivverzinsung läßt sich aus folgenden Tabellen[1] (S. 275 f.) entnehmen.

[1] *Quelle:* Deutscher Sparkassenkalender 1999 S. 436 f., Stuttgart.

Laufzeit, Zinsaufwand und Effektivverzinsung von Bauspardarlehen

Die 2%ige Darlehensgebühr ist dem Bauspardarlehen zugeschlagen.
Die Zinsen werden vierteljährlich vorschüssig berechnet.

			Darlehenszinssatz 4,5%			
			Für 1000 DM Darlehen beträgt			
Darlehen in % der Bausparsumme	Laufzeit		die laufende monatlich vorschüssige Rückzahlungsrate	die zusätzliche Schlußrate	der gesamte Zinsaufwand	Effektiv-Zinssatz
%	Jahre/ Monate		DM	DM	DM	%
60,00	10	9	10,000000	8,945886	278,946	5,16
59,00	10	7	10,169492	1,253913	272,779	5,17
58,00	10	4	10,344828	3,931711	266,690	5,18
57,00	10	1	10,526316	6,991876	260,676	5,19
56,00	9	10	10,714286	10,448021	254,734	5,21
55,00	9	8	10,909091	3,444085	248,899	5,22
54,00	9	5	11,111111	7,581564	243,137	5,23
53,00	9	3	11,320755	0,839456	237,443	5,25
52,00	9	0	11,538462	5,660024	231,814	5,26
51,00	8	9	11,764706	10,951719	226,246	5,28
50,00	8	7	12,000000	4,735788	220,736	5,29
49,00	8	4	12,244898	10,790437	215,280	5,31
48,00	8	2	12,500000	4,930364	209,930	5,32
47,00	7	11	12,765957	11,884040	204,650	5,34
46,00	7	9	13,043478	6,375559	199,419	5,37
45,00	7	7	13,333333	0,900214	194,234	5,39
44,00	7	4	13,636364	9,089360	189,089	5,40
43,00	7	2	13,953488	4,026848	184,027	5,42
42,00	6	11	14,285714	13,341036	179,055	5,44
41,00	6	9	14,634146	8,753207	174,119	5,48
40,00	6	7	15,000000	4,213176	169,213	5,50
Angebotseffektivzinssatz nach PANGV*						5,37

* „Verordnung über Preisangaben (PangV)". Siehe auch Preisangabenverordnung S. 277.

Die 2%ige Darlehensgebühr ist dem Bauspardarlehen zugeschlagen. Die Zinsen werden vierteljährlich vorschüssig berechnet.

Darlehen in % der Bausparsumme	Laufzeit		Darlehenszinssatz 5% Für 1000 DM Darlehen beträgt die laufende monatlich vorschüssige Rückzahlungsrate	die zusätzliche Schlußrate	der gesamte Zinsaufwand	Effektiv-Zinssatz
%	Jahre/	Monate	DM	DM	DM	%
60,00	11	2	10,000000	3,774491	323,774	5,68
59,00	10	11	10,169492	4,063533	316,267	5,69
58,00	10	8	10,344828	4,739437	308,877	5,71
57,00	10	5	10,526316	5,813055	301,603	5,72
56,00	10	2	10,714286	7,296203	294,439	5,73
55,00	9	11	10,909091	9,201728	287,384	5,74
54,00	9	9	11,111111	0,432501	280,433	5,77
53,00	9	6	11,320755	3,016319	273,582	5,78
52,00	9	3	11,538462	6,060217	266,829	5,79
51,00	9	0	11,764706	9,581773	260,170	5,80
50,00	8	10	12,000000	1,600146	253,600	5,83
49,00	8	7	12,244898	5,891350	247,116	5,84
48,00	8	4	12,500000	10,712912	240,713	5,86
47,00	8	2	12,765957	3,364726	234,429	5,88
46,00	7	11	13,043478	9,115717	228,246	5,89
45,00	7	9	13,333333	2,138956	222,139	5,92
44,00	7	6	13,636364	8,829627	216,102	5,94
43,00	7	4	13,953488	2,224515	210,131	5,96
42,00	7	1	14,285714	9,935532	204,221	5,98
41,00	6	11	14,634146	3,778690	198,413	6,00
40,00	6	8	15,000000	12,717537	192,718	6,04
Angebotseffektivzinssatz nach PANGV*						5,89

Man findet auch folgende Form der Verrechnung von Tilgungsleistungen: Die Zinsen für ein Bauspardarlehen werden vom Tage der Auszahlung an bis zum nächsten Monatsende von dem ausge-

* „Verordnung über Preisangaben (PangV)". Siehe auch Preisangabenverordnung S. 277.

zahlten Betrag, beginnend mit dem Tag der Wertstellung auf dem Darlehenskonto, von da ab monatlich nach der Darlehensschuld am Beginn des Monats berechnet und belastet.

D. Effektivzinssätze

Nicht nur Nominalzinssätze (z.B. ein Jahreszins von 8,5%) werden in Darlehensverträgen vereinbart. Nach dem Prinzip der Preisspaltung können an Konditionsbestandteilen, die die Kreditkosten beeinflussen, vorkommen:

- Nominalzinssatz
- jährlicher Tilgungsbetrag bei der planmäßigen Laufzeit (betragsmäßige Tilgungsrate) oder die Tilgungsrate, die sich bei der planmäßigen Laufzeit aus den Zahlungsraten unter Berücksichtigung des Zinses ergibt (prozentuale Tilgungsrate)
- Berücksichtigung von unterjährigen Verrechnungen und Zahlungen
- Tilgungsfreie Jahre
- Bereitstellungszinsen
- Zinszuschläge für Teilauszahlungen
- Höhe des Disagios
- Verrechnung des Disagios (zeitliche Verteilung auf die Laufzeit des Darlehens)
- Verdecktes Disagio mit Tilgungsstreckungsdarlehen
- Verrechnungsart der Verzinsung des Tilgungsstreckungsdarlehens
- Laufzeit der Zinsbindung
- Vorfälligkeitsentschädigungen
- Maklerprovision
- Schätzungsgebühren
- Verwaltungskostenzuschläge auf den Nominalzins
- Sonstige Bearbeitungsgebühren
- Aufwendungen für Restschuld-Lebensversicherungen

Diese preisbestimmenden Faktoren sind nach der „Verordnung über Preisangaben“ (PAngV) in eine Preisberechnung einzubeziehen und als „effektiver Zinssatz“ vom Anbieter anzugeben.

Bei Krediten mit variablen Konditionen begrenzen zukünftige Konditionsänderungen und die Vielfalt dieser in die Berechnung eingehenden Faktoren bei Realkreditinstituten die Möglichkeit, einen Effektivzinssatz anzugeben.

Die „Zweite Verordnung zur Änderung der Preisangabenverordnung" vom 14. 10. 1992 (BGBl. I S. 1765) trifft folgende Anweisungen (ab 1. 1. 1993):

„§ 4 Kredite

(1) Bei Krediten sind als Preis die Gesamtkosten als jährlicher Vomhundertsatz des Kredits anzugeben und als „effektiver Jahreszins" oder, wenn eine Änderung des Zinssatzes oder anderer preisbestimmender Faktoren vorbehalten ist (§ 1 Abs. 4), als „anfänglicher effektiver Jahreszins" zu bezeichnen. Zusammen mit dem anfänglichen effektiven Jahreszins ist anzugeben, wann preisbestimmende Faktoren geändert werden können und auf welchen Zeitraum Belastungen, die sich aus einer nicht vollständigen Auszahlung des Kreditbetrages oder aus einem Zuschlag zum Kreditbetrag ergeben, zum Zwecke der Preisangabe verrechnet worden sind.

(2) Der anzugebende Vomhundertsatz gemäß Absatz 1 beziffert den Zinssatz, mit dem sich der Kredit bei regelmäßigem Kreditverlauf, ausgehend von den tatsächlichen Zahlungen des Kreditgebers und des Kreditnehmers, auf der Grundlage taggenauer Verrechnung aller Leistungen und nachschüssiger Zinsbelastung gemäß § 608 BGB staffelmäßig abrechnen läßt. Bei der Berechnung des anfänglichen effektiven Jahreszinses sind die zum Zeitpunkt des Angebots oder der Werbung geltenden preisbestimmenden Faktoren zugrunde zu legen. Der anzugebende Vomhundertsatz ist mit der im Kreditgewerbe üblichen Genauigkeit zu berechnen.

(3) In die Berechnung des anzugebenden Vomhundertsatzes sind die Gesamtkosten des Kredits für den Kreditnehmer einschließlich etwaiger Vermittlungskosten mit Ausnahme folgender Kosten einzubeziehen:

1. Kosten, die vom Kreditnehmer bei Nichterfüllung seiner Verpflichtungen aus dem Kreditvertrag zu tragen sind;
2. Kosten mit Ausnahme des Kaufpreises, die vom Kreditnehmer beim Erwerb von Waren oder Dienstleistungen unabhängig davon zu tragen sind, ob es sich um ein Bar- oder Kreditgeschäft handelt;
3. Überweisungskosten sowie die Kosten für die Führung eines Kontos, das für die Tilgungszahlung im Rahmen der Rückzahlung des Kredits sowie für die Zahlung von Zinsen und sonstigen Kosten dienen soll, es sei denn, der Kreditnehmer hat hierbei keine angemessene Wahlfreiheit und diese Kosten sind ungewöhnlich hoch; diese Bestimmung gilt jedoch nicht für die Inkassokosten dieser Rückzahlungen oder Zahlungen, unabhängig davon, ob sie in bar oder auf eine andere Weise erhoben werden;
4. Mitgliedsbeiträge für Vereine oder Gruppen, die sich aus anderen Vereinbarungen als dem Kreditvertrag ergeben, obwohl sie sich auf die Kreditbedingungen auswirken;

5. Kosten für Versicherungen oder Sicherheiten; es werden jedoch die Kosten einer Versicherung einbezogen, die die Rückzahlung an den Darlehensgeber bei Tod, Invalidität, Krankheit oder Arbeitslosigkeit des Kreditnehmers zum Ziel haben, über einen Betrag, der höchstens dem Gesamtbetrag des Kredits, einschließlich Zinsen und sonstigen Kosten, entspricht, und die der Darlehensgeber zwingend als Bedingung für die Gewährung des Kredits vorschreibt.

(4) Ist eine Änderung des Zinssatzes oder sonstiger in die Berechnung des anzugebenden Vomhundertsatzes einzubeziehender Kosten vorbehalten und ist ihre zahlenmäßige Bestimmung im Zeitpunkt der Berechnung des anzugebenden Vomhundertsatzes nicht möglich, so wird bei der Berechnung von der Annahme ausgegangen, daß der Zinssatz und die sonstigen Kosten gemessen an der ursprünglichen Höhe fest bleiben und bis zum Ende des Kreditvertrages gelten.

(5) Erforderlichenfalls ist bei der Berechnung des anzugebenden Vomhundertsatzes von folgenden Annahmen auszugehen:

1. Ist keine Darlehensobergrenze vorgesehen, entspricht der Betrag des gewährten Kredits 4000 Deutsche Mark;
2. ist kein Zeitplan für die Tilgung festgelegt worden und ergibt sich ein solcher nicht aus den Vertragsbestimmungen oder aus den Zahlungsmodalitäten, so beträgt die Kreditlaufzeit ein Jahr;
3. vorbehaltlich einer gegenteiligen Bestimmung gilt, wenn mehrere Termine für die Aus- oder Rückzahlung vorgesehen sind, sowohl die Auszahlung als auch die Rückzahlung des Darlehens als zu dem Zeitpunkt erfolgt, der als frühestmöglicher Zeitpunkt vorgesehen ist.

(6) Bei einer vertraglich möglichen Neufestsetzung der Konditionen eines Kredits ist der effektive oder anfängliche effektive Jahreszins anzugeben.

(7) Wird die Gewährung eines Kredits allgemein von einer Mitgliedschaft oder vom Abschluß einer Versicherung abhängig gemacht, so ist dies anzugeben.

(8) Bei Bauspardarlehen ist bei der Berechnung des anzugebenden Vomhundertsatzes davon auszugehen, daß im Zeitpunkt der Kreditauszahlung das vertragliche Mindestsparguthaben angespart ist. Von der Abschlußgebühr ist im Zweifel lediglich der Teil zu berücksichtigen, der auf den Darlehensanteil der Bausparsumme entfällt. Bei Krediten, die der Vor- oder Zwischenfinanzierung von Leistungen einer Bausparkasse aus Bausparverträgen dienen und deren preisbestimmende Faktoren bis zur Zuteilung unveränderbar sind, ist als Laufzeit von den Zuteilungsfristen auszugehen, die sich aus der Zielbewertungszahl für Bausparverträge gleicher Art ergeben.

(9) Bei Krediten, die auf einem laufenden Konto zur Verfügung gestellt werden, sind abweichend von Absatz 1 der Zinssatz pro Jahr und die Zinsbelastungsperiode anzugeben, wenn diese nicht kürzer als drei Monate ist und keine weiteren Kreditkosten anfallen.“

Angesichts der detaillierten Regelungen der Verbraucherkreditrichtlinie waren die allgemein formulierten Vorschriften der PAngV jedoch zu abstrakt und entsprachen daher nicht den Bestimmtheitsanforderungen, die Artikel 189 Abs. 3 EWG-Vertrag nach ständiger Rechtsprechung des Europäischen Gerichtshofes an die Durchführung der Gemeinschaftsrichtlinien stellt.

Einer Änderungsverordnung bedurfte es auch deshalb, weil die Verbraucherkreditrichtlinie im Unterschied zur bisherigen PAngV verlangt, auch die Kosten einer typischen Restschuldversicherung, sofern sie der Darlehensgeber zwingend als Bedingung für die Gewährung eines Kredits vorschreibt, in die Berechnung des effektiven Jahreszinses einzubeziehen.

Schließlich trägt die Änderungsverordnung zu mehr Transparenz beim Angebot von Verbraucherkrediten bei, indem die zur Angabe des effektiven Jahreszinses auch bei einer vertraglich möglichen Neufestsetzung der Kreditkonditionen verpflichtet.

Es gilt zu beachten, daß in der Regel der von den Kreditinstituten angegebene Effektivzinssatz die Schätz- und Bearbeitungsgebühren, die Bereitstellungszinsen und manchmal auch Teilauszahlungsgebühren nicht umfaßt.

Keinesfalls sollte man sich darauf einlassen, daß ein Darlehen nach der Bewilligung in voller Höhe auf ein Darlehenskonto umgebucht wird, wenn die Teilauszahlungen nach Baufortschritt erst später erfolgen. Man muß erreichen, daß nur der ausgezahlte Darlehensteil verzinst werden muß. Über Bereitstellungszinsen läßt sich, zumindest was den Zeitpunkt ab dem sie fällig werden, fast immer verhandeln.

Das Verbraucherkreditgesetz wurde mit Gesetz vom 27. 4. 93 (BGBl. I, S. 509) geändert; die Änderungen betreffen Anwendungsbereichs- und Formfragen.[1]

E. Grundmuster von Zinsvereinbarungen

Darlehen unterscheiden sich hauptsächlich hinsichtlich der Zinsvereinbarungen. Diese wirken sich auch auf die Darlehenslaufzeit aus.

---

[1] Wimmer/Stöckl-Pukall, Die Preisangabenverordnung der Banken, München 1998.

Es gibt drei Grundmuster:

1. Festvereinbarte Zinsen für die gesamte Laufzeit des Darlehens (Festzinsen),
2. Änderung des Zinskonditionen des Darlehens nach bestimmten Zeiträumen (Bedingungsanpassung),
3. Darlehen mit Zinsgleitklauseln (variabler Zins).

Zu den Darlehensarten mit Festzinsen zählen die Bauspardarlehen. Es sind allerdings nicht die Beträge an Zinsen ihrer Höhe nach fest bestimmt, sondern ein Zinssatz, d.h. ein Preis (Zinsfuß) berechnet auf 100 DM eines Darlehens.

Bei dem Grundmuster „Bedingungsanpassung nach bestimmten Zeiträumen" unterscheidet man zwei Hauptarten:

- Ein Kreditinstitut bietet Darlehenskonditionen für eine fest bestimmte Zeit an. Der Gläubiger will nach Ablauf dieses Zeitraumes nur dann in eine Verlängerung (Prolongation) des Darlehens einwilligen, wenn neben den Zinsen ein Auszahlungsverlust (Disagio) und manchmal auch noch die Tilgung jeweils der aktuellen Kapitalmarktsituation angepaßt werden.
- Das Kreditinstitut gewährt ein grundsätzlich langfristiges Darlehen. Aber der Gläubiger behält sich z.B. vor, zum Ende der Festzinsperiode die Bedingungen für den Zins, Geldbeschaffungskosten, die Tilgung, die Sperrfristen für die Kündigung und eine Zinsbindungszeit neu zu vereinbaren (Konditionenanpassung).

Diese beiden Arten werden häufig kombiniert mit einem Vorschaltdarlehen mit ein- oder zweijähriger Zinsbindung. Ein Vorschaltdarlehen deckt dann den Zeitraum bis zur Vereinbarung längerfristiger, günstigerer Konditionsbindungen ab, wenn die Partner eine Verbesserung der Situation an den Kapitalmärkten erwarten. Mit der Gewährung eines solchen Vorschaltdarlehens verbinden die Kreditinstitute häufig die Verpflichtung für den Darlehensnehmer, anschließend ein langfristiges Darlehen bei diesem Institut abzunehmen. Zu Kündigungsmöglichkeiten siehe S. 171.

In Zeiten niedriger Marktzinsen bemühen sich Schuldner, höher verzinsliche Darlehen vor dem Ende der Zinsbindungsfrist abzulösen oder umzuschulden. Der Gläubiger ist in der Regel nur dann bereit einen Darlehensvertrag vorzeitig zu beenden, wenn der Schuldner den wirtschaftlichen Nachteil der vor der Fälligkeit beabsichtigten Rückzahlung ausgleicht. Über die Methoden der Berechnung der Vorfälligkeitsentschädigung entschied der BGH mit Urteilen v. 1. 7. 1997, XI ZR 267/96 und XI ZR 197/96, NJW 1997 S. 2875 und 2878. Für den Fall der anderweitigen Verwertung des Pfandobjekts sieht der BGH einen Anspruch des Darlehensnehmers auf vorzeitige Ablösung eines Darlehens.

Das dritte Grundmuster findet man bei Darlehen mit Zinsgleitklauseln. Es wird besonders bei Instituten mit einem hohen Bestand und Zugang an Spargeldern verwendet. Bei dieser Konditionsart (Zinsanpassung) wird üblicherweise vereinbart, daß im Falle einer künftig eintretenden Änderung der allgemein in Ansatz gebrachten Zinsen der Zinssatz für das ausgeliehene Darlehen durch einseitige Erklärung des Gläubigers gesenkt oder erhöht werden kann. In Zeiten hohen Zinses ist eine Zinsvereinbarung mit variablen Zinsen manchmal vorteilhaft. Selbst dann, wenn man der Tatsache eingedenk bleibt, daß die Kreditinstitute die Anpassung an verringerte Zinssätze immer nur mit erheblicher zeitlicher Verzögerung vornehmen. Der Vorteil kann aber nur dann herbeigeführt werden, wenn man gleichzeitig eine Vereinbarung schließt, daß der Schuldner oder beide Parteien das Darlehen unter Einhaltung einer bestimmten kürzeren Frist kündigen können. Wenn die Kapitalmarktsituation es erlaubt, kann der Darlehensnehmer umschulden und ein Darlehen mit geringeren fest vereinbarten Zinsen und Tilgungsraten für die gesamte Laufzeit oder vielleicht auch nur für eine begrenzte Laufzeit aufzunehmen.

Ein Spezialfall variabler Zinsvereinbarungen zeigt sich bei Zinsbegrenzungsverträgen. Eine Zinsobergrenze „cap“ wird vertraglich festgelegt für die Verzinsung eines bestimmten Darlehensbetrages für einen bestimmten Zeitraum. Zugleich wird eine Zinsuntergrenze „floor“ vereinbart. Außerdem wird festgelegt, zu welchen Zeitpunkten Zinsänderungen (nach oben oder nach unten) wirksam werden. Der anzupassende Zins richtet sich nach Marktzinssätzen (z.B. Fibor = Frankfurt Interbank Offered Rate zuzüglich eines Zuschlags – z.B. 0,85 Prozentpunkte). Die Sicherheit, daß eine bestimmte Zinsobergrenze nicht überschritten wird, hat ihren Preis. Die „Cap-Prämie“ beträgt oft einmalig 1,5%–3,5% des Darlehensbetrages zuzüglich einer Bearbeitungsgebühr. Ein Zinsänderungsrisiko (über die vereinbarte Zinsobergrenze hinaus) aus einer solchen nicht laufzeitkongruenten Finanzierung verbleibt beim Darlehensgeber. Eingesetzt werden dabei sogenannte „Finanzierungsderivate" (z. B. Zins-swaps).

Beispiel für ein Angebot bei Zinsbegrenzungsverträgen: Nominalzins 9,5%, Auszahlungskurs 98,5%, Effektivzins 10,28%, Zinsobergrenze 9,75%, Zinsuntergrenze 6%, Laufzeit 5 Jahre. Ob der Abschluß einer solchen Vereinbarung für den Darlehensnehmer vorteilhaft war, läßt sich erst nach Ablauf des Zinsbegrenzungsvertrages durch Vergleich mit der tatsächlichen Zinsentwicklung beurteilen.

F. Formen der Darlehensrückzahlung

Neben den Vereinbarungen der Zinskonditionen kommt es auf die Abmachungen über die Tilgungsmodalitäten an. Im Realkredit kommt am häufigsten das *„Annuitätendarlehen"* vor, auch Amortisations- oder Tilgungsdarlehen genannt. Außerdem gibt es *„Abzahlungsdarlehen"* und als dritte Variante *„Festdarlehen"*.

Wie unterscheiden sie sich voneinander?

1. Annuitätendarlehen

Bei dieser Darlehensart erfolgt die Tilgung, auch Amortisation genannt, durch von Anfang an für die gesamte Laufzeit gleichbleibende vereinbarte Jahresleistungen in Höhe eines gleichbleibenden Vomhundertsatzes des Darlehens. Dieser Satz, die Annuität, besteht aus dem Ursprungszinssatz und dem Ursprungstilgungssatz. Der durch die fortschreitende Tilgung ersparte Zinsanteil dient der Tilgung. Der Tilgungsanteil wächst progressiv an, während die Zinsrate sich entsprechend vermindert.

Beispiel:

Ursprungsdarlehen 100000 DM, 8% Zins und 1% Tilgung im Jahr ergeben 9%. 9% aus 100000 DM sind 9000 DM. Diese Annuität ändert sich nicht, obwohl die Darlehensschuld durch die fortlaufende Tilgung immer geringer wird. Die Wirkung der „ersparten Zinsen" erklärt sich so: Betragen die Zinsen aus DM 100000 im ersten Jahr noch 8000 DM und die Tilgung 1000 DM, so werden schon im zweiten Jahr die Zinsen nur aus dem

Restkapital von 100 000 DM – 1000 DM = 99 000 DM berechnet. 8% Zinsen aus 99 000 DM sind aber nur noch 7920 DM. Für die Tilgung im zweiten Jahr stehen dann die 80 DM an ersparten Zinsen zusätzlich zur Verfügung (Differenz zwischen Annuität und Zins 9000 DM – 7920 DM = 1080 DM).

Dieser Vorgang des Tilgungszuwachses durch die Summe der jeweils ersparten Zinsen bringt mit dem überproportionalen Anwachsen der Tilgungsquoten eine Veränderung der Laufzeit des Darlehens zwangsläufig mit sich. Je höher der Zinssatz ist, der der Annuität zugrunde liegt, um so höher ist auch der Betrag der ersparten Zinsen. Das bedeutet, daß die Laufzeit des Darlehens bei gleichem Tilgungssatz durch die Höhe der Zinsen beeinflußt wird. Je höher die vereinbarten und gezahlten Zinsen, um so schneller ist bei gleichbleibender Annuität das Darlehen zurückgezahlt.

Die auf den S. 264 f. abgedruckten Tilgungspläne lassen diese Wirkung leicht erkennen.

Aus dem Tilgungsplan ersieht man außerdem, daß sich die Tilgungsquoten am Anfang viel langsamer erhöhen als gegen Ende der Tilgungszeit. Die Tilgungen bilden eine geometrische Reihe. Daher wachsen die Tilgungsquoten (abgerundet) an:

Zinssatz %	6	6,5	7	7,5	8[1]
Jahr der Laufzeit	Jährliche Tilgungsquote %				
1	1	1	1	1	1
5	1,25	1,29	1,31	1,33	1,36
10	1,69	1,76	1,84	1,92	2,00
15	2,26	2,41	2,58	2,75	2,94
20	3,03	3,31	3,62	3,95	4,32
25	4,05	4,53	5,07	5,67	6,34
30	5,42	6,21	7,11	8,14	

[1] Berechnet nach der Formel $T_m = T_1 \cdot q^{m-1}$; m = 1, 2, 3 … siehe: Kosiol, Erich, Finanzmathematik, Wiesbaden

Daraus folgt auch, daß die Tilgung der ersten Hälfte der Schuld bedeutend länger dauert, als die halbe rechnerische Laufzeit des Darlehens. Oder umgekehrt: In der ersten Hälfte der Laufzeit des Darlehens wird weniger als das halbe Darlehen getilgt. Betrachtet man den auf Seite 264 abgedruckten Tilgungsplan I, so sieht man, daß die erste Hälfte des Darlehens erst nach rd. 21 Jahren zurückgezahlt ist. Bei einer Darlehenslaufzeit von rd. 28 Jahren liegt die Hälfte der Tilgungszeit bei rd. 14 Jahren. Bis dahin sind etwa 24,2% des Darlehens getilgt (100 TDM – 75,8 TDM).

Es wird auch deutlich, daß sich der Tilgungsanteil gegen Ende der Laufzeit hin immer mehr verstärkt. Damit ist naturgemäß eine Verminderung der Zinsen verbunden. Es ergibt sich ein verstärkter Entschuldungseffekt. Diese Wirkung ist im Hinblick auf den Wertverschleiß des Bauwerks von erheblicher Bedeutung für das Beleihungsrisiko. Die Laufzeiten für Annuitätendarlehen werden bestimmt durch die Höhe der Zins- und Tilgungssätze:[1]

(Zinszahlung und Tilgungszahlung jährlich nachträglich)

Darlehenszinsfuß %	3	4	5	6	7	8	9	10	
Tilgungssatz 1% p.a.	47	41	37	33	31	29	27	25	Jahre Laufzeit
Tilgungssatz 2% p.a.:	31	28	26	24	22	21	20	19	Jahre Laufzeit

Die Tilgungsrechnung bei Annuitätendarlehen leitet sich aus der Renten- und Zinseszinsrechnung, einem Teil der Finanzmathematik ab. Dieses Teilgebiet der angewandten Mathematik befaßt sich mit langfristigen Kapitalvorgängen und Zinsen. Dem interessierten Leser, der tiefer in die Möglichkeiten der Anwendung mathematischer Methoden auf Probleme des Kreditwesens eindringen will, stehen preiswerte, auf die Praxis ausgerichtete Bücher zur Verfügung.[2]

Mit Hilfe der dort vorgeführten und erläuterten Rechenverfahren lassen sich z.B. Laufzeiten (Tilgungsdauer), Restlaufzeiten, Annuitäten, Restschulden, Zinsaufwand und Effektivverzinsung berechnen. Die Ergebnisse solcher Berechnungen sind in den anschließend abgedruckten Tabellen zusammengefaßt. Ihre Verwendung erspart finanzmathematische Rechnungen und Kenntnisse.

[1] Entnommen (gerundet) Braeß-Fangmeyer: Effektivzinssätze I für Tilgungsdarlehen (Annuitätendarlehen), Stuttgart.

[2] Caprano/Wimmer, Finanzmathematik, 6. Auflage, München 1999; Kosiol, Finanzmathematik, Nachdruck der 10. Auflage, Wiesbaden 1991; Kruschwitz, Finanzmathematik – mit Programmdiskette für PC, 2. Aufl. München 1995.

Laufzeiten von Annuitätendarlehen[1]

Zinssatz	Tilgungssatz in %							
	0,50		1,00		1,50		2,00	
%	Laufzeit in Jahren/Zusätzliche Schlußrate für 1000 DM Darlehen in DM							
1,00	110	6,162369	69	13,236606	51	8,466598	40	22,495242
2,00	81	6,898219	55	14,417311	42	27,607943	35	0,112617
3,00	65	29,186244	46	36,034960	37	7,608236	30	49,946415
4,00	56	1,011201	41	1,804025	33	7,131376	28	0,674276
4,50	52	15,806815	38	40,355755	31	30,006317	26	50,773525
5,00	49	8,259981	36	43,718592	30	3,588136	25	47,730913
5,25	47	42,357916	35	51,164423	29	27,056842	25	12,514009
5,50	46	25,078838	34	62,486357	28	54,329690	24	51,948228
5,75	45	11,306651	34	10,732552	28	13,429170	24	18,075129
6,00	44	1,282413	33	28,162435	27	47,078308	23	63,688438
6,25	42	62,988013	32	49,526643	27	7,046761	23	31,477729
6,50	41	63,644406	31	74,664666	26	47,146813	22	83,035134
6,75	40	68,249573	31	27,615895	26	8,377962	22	52,767198
7,00	40	1,952089	30	59,269554	25	54,852918	22	21,277158
7,25	39	12,697889	30	12,677464	25	17,713534	21	81,794460
7,50	38	27,644125	29	51,005986	24	70,332083	21	52,620554
7,75	37	46,681206	29	5,330015	24	35,151441	21	22,324217
8,00	36	69,648409	28	50,340640	23	93,528611	20	91,541570
8,25	36	9,565385	28	6,022579	23	60,589481	20	63,886104
8,50	35	39,593393	27	57,562580	23	26,251706	20	35,218802
8,75	34	73,211694	27	15,013788	22	93,726636	20	5,505107
9,00	34	16,446191	26	72,768632	22	62,020907	19	86,797598
9,25	33	57,201019	26	32,358473	22	29,030713	19	60,138193
9,50	33	0,965847	25	95,857024	21	105,166346	19	32,555340
9,75	32	48,902763	25	57,903203	21	75,141788	19	4,019445
10,00	31	99,31164	25	18,182342	21	43,958753	18	96,818185
10,25	31	48,735744	24	91,290262	21	11,575566	18	71,675160
10,50	30	105,629719	24	54,478097	20	100,044341	18	45,709340
10,75	30	56,920956	24	16,026674	20	71,063765	18	18,896152
11,00	30	5,434080	23	98,258469	20	41,022822	17	122,081272
11,25	29	73,470372	23	63,108476	20	9,885626	17	98,904938
11,50	29	24,492808	23	26,463588	19	109,923816	17	75,013607
11,75	28	98,185523	22	116,997953	19	82,542672	17	50,387325
12,00	28	52,086251	22	83,971072	19	54,213370	17	25,005704
12,25	28	3,552013	22	49,604595	19	24,905729	16	141,473466
12,50	27	87,742458	22	13,847897	18	135,189985	16	120,014965
12,75	27	42,639511	21	116,789044	18	109,888326	16	97,935394
13,00	26	130,796923	21	85,089927	18	83,758899	16	75,218786
13,50	26	45,875797	21	17,985064	18	28,917747	16	27,808453
14,00	25	103,336292	20	102,315822	17	129,089009	15	140,392954
14,50	25	18,895853	20	39,432354	17	79,801773	15	99,143662
15,00	24	91,034880	19	135,564159	17	27,454626	15	55,650538

[1] Quelle: Deutscher Sparkassenkalender 1999, Stuttgart S. 440 f.

Zinssatz	Tilgungssatz in %							
	2,50		3,00		3,50		4,00	
%	Laufzeit in Jahren/Zusätzliche Schlußrate für 1000 DM Darlehen in DM							
1,00	33	28,557519	28	36,488357	25	11,602884	22	21,347914
2,00	29	30,797983	25	39,872793	22	45,426254	20	28,667278
3,00	26	37,259144	23	27,205877	20	61,322984	18	65,325248
4,00	24	23,852293	21	42,560907	19	32,767250	17	54,183486
4,50	23	27,770090	20	61,505894	18	62,775313	17	10,796651
5,00	22	39,238112	20	8,422438	18	16,134855	16	56,385338
5,25	22	8,830553	19	63,903253	17	79,583887	16	36,059022
5,50	21	58,392250	19	38,950450	17	58,157822	16	15,143883
5,75	21	29,839248	19	13,136066	17	36,070162	15	91,471118
6,00	21	0,192726	18	77,200235	17	13,302146	15	73,098863
6,25	20	58,712289	18	53,733271	16	87,932538	15	54,225756
6,50	20	31,276133	18	29,498325	16	67,744244	15	34,839565
6,75	20	2,840318	18	4,472237	16	46,969345	15	14,927871
7,00	19	70,112671	17	80,029006	16	25,592375	14	104,839104
7,25	19	44,196076	17	57,698282	16	3,597589	14	87,769421
7,50	19	17,382966	17	34,678363	15	92,296528	14	70,265411
7,75	18	92,889300	17	10,949799	15	73,232498	14	52,317367
8,00	18	68,843417	16	97,493228	15	53,650092	14	33,915441
8,25	18	44,009456	16	76,736919	15	33,536713	14	15,049483
8,50	18	18,363741	16	55,378000	15	12,879571	13	121,045369
8,75	17	105,034994	16	33,400685	14	114,836080	13	105,324453
9,00	17	82,466543	16	10,788855	14	97,367926	13	89,232426
9,25	17	59,200692	15	111,082091	14	79,456467	13	72,761752
9,50	17	35,217926	15	91,753413	14	61,091917	13	55,904806
9,75	17	10,498136	15	71,899634	14	42,264226	13	38,653766
10,00	16	111,382422	15	51,508097	14	22,963133	13	21,000659
10,25	16	90,098053	15	30,565908	14	3,178211	13	2,937407
10,50	16	68,196713	15	9,059811	13	124,523753	12	130,932778
10,75	16	45,662517	14	125,740466	13	108,291311	12	116,391390
11,00	16	22,478912	14	107,839216	13	91,677856	12	101,534473
11,25	15	136,267774	14	89,485464	13	74,675769	12	86,356330
11,50	15	116,767685	14	70,669257	13	57,277248	12	70,851119
11,75	15	96,738622	14	51,380398	13	39,474316	12	55,012884
12,00	15	76,167992	14	31,608562	13	21,258919	12	38,835632
12,25	15	55,042835	14	11,343120	13	2,622770	12	22,313191
12,50	15	33,349960	13	146,620703	12	145,384435	12	5,439354
12,75	15	11,075828	13	130,260997	12	130,619288	11	157,041249
13,00	14	144,563383	13	113,518639	12	115,535470	11	143,992889
13,50	14	107,688155	13	78,855320	12	84,388728	11	117,115775
14,00	14	68,939641	13	42,568043	12	51,897120	11	89,170046
14,50	14	28,235439	13	4,591727	12	18,011950	11	60,121098
15,00	13	162,382362	12	149,442466	11	169,941634	11	29,933295

Beispiel:

Wie lang ist die Tilgungsdauer (Laufzeit) bei einem Darlehen von 100 000,– DM bei einem Nominalzinssatz von 8% p.a. und 1% Tilgung, wenn die Zinsen aus der Restschuld am Jahresbeginn gerechnet und am Ende des Jahres fällig werden?

Laufzeit laut Tabelle 28 Jahre + einer Schlußrate von 5034,06 DM. (Im Tilgungsplan I auf Seite 264 sind für die Schlußrate ausgewiesen: Tilgung 4661,21 DM + Zinsen 372,90 DM insgesamt 5034,11 DM. Die Differenz von 5 Pfennigen erklärt sich aus Abrundungen.)

Zinsaufwand und Effektivverzinsung von Annuitätendarlehen

Die Annuität (= Zins + Tilgung) wird jährlich nachträglich geleistet.
Der gesamte Zinsaufwand bezieht sich auf ein Darlehen von 1000 DM

Tilgung	Zinssatz %	Zinsaufwand DM	Auszahlungskurs in % 100,00 Effektivzinssatz[1] %	99,50 %	99,00 %	98,50 %	98,00 %	97,50 %	97,00 %
1% +	1,00	393,237	1,00	1,02	1,03	1,05	1,07	1,08	1,10
ersparte	1,25	468,807	1,25	1,27	1,29	1,30	1,32	1,34	1,36
Zinsen	1,50	538,623	1,50	1,52	1,54	1,56	1,58	1,60	1,62
	1,75	603,579	1,75	1,77	1,79	1,81	1,83	1,85	1,88
	2,00	664,417	2,00	2,02	2,04	2,07	2,09	2,11	2,13
	2,25	721,594	2,25	2,27	2,30	2,32	2,34	2,37	2,39
	2,50	775,785	2,50	2,52	2,55	2,58	2,60	2,63	2,65
	2,75	827,167	2,75	2,78	2,80	2,83	2,86	2,88	2,91
	3,00	876,035	3,00	3,03	3,06	3,08	3,11	3,14	3,17
	3,25	922,832	3,25	3,28	3,31	3,34	3,37	3,40	3,43
	3,50	967,617	3,50	3,53	3,56	3,59	3,62	3,65	3,69
	3,75	1010,621	3,75	3,78	3,81	3,85	3,88	3,91	3,94
	4,00	1051,804	4,00	4,03	4,07	4,10	4,13	4,17	4,20
	4,25	1091,722	4,25	4,28	4,32	4,35	4,39	4,43	4,46
	4,50	1130,356	4,50	4,54	4,57	4,61	4,65	4,68	4,72
	4,75	1167,636	4,75	4,79	4,82	4,86	4,90	4,94	4,98
	5,00	1203,719	5,00	5,04	5,08	5,12	5,16	5,20	5,24
	5,25	1238,664	5,25	5,29	5,33	5,37	5,41	5,45	5,49
	5,50	1272,486	5,50	5,54	5,58	5,62	5,67	5,71	5,75
	5,75	1305,733	5,75	5,79	5,84	5,88	5,92	5,97	6,01
	6,00	1338,162	6,00	6,04	6,09	6,13	6,18	6,22	6,27
	6,25	1369,527	6,25	6,30	6,34	6,39	6,43	6,48	6,53
	6,50	1399,665	6,50	6,55	6,59	6,64	6,69	6,74	6,79
	6,75	1430,116	6,75	6,80	6,85	6,90	6,94	6,99	7,04
	7,00	1459,270	7,00	7,05	7,10	7,15	7,20	7,25	7,30
	7,25	1487,677	7,25	7,30	7,35	7,40	7,46	7,51	7,56

[1] Die in der Tabelle angegebenen Effektivzinssätze sind nach der „360-Tage-Methode" errechnet. Die Auszahlungsverluste wurden auf die ganze Laufzeit der Darlehen verteilt. Quelle: Deutscher Sparkassenkalender 1999, Stuttgart S. 447 ff.

Die Annuität (= Zins + Tilgung) wird jährlich nachträglich geleistet.
Der gesamte Zinsaufwand bezieht sich auf ein Darlehen von 1000 DM

Tilgung	Zins-satz	Zins-auf-wand	Auszahlungskurs in %						
			100,00	99,50	99,00	98,50	98,00	97,50	97,00
			Effektivzinssatz						
	%	DM	%	%	%	%	%	%	%
	7,50	1516,006	7,50	7,55	7,60	7,66	7,71	7,76	7,82
	7,75	1542,830	7,75	7,80	7,86	7,91	7,97	8,02	8,08
	8,00	1570,341	8,00	8,05	8,11	8,17	8,22	8,28	8,33
	8,25	1596,023	8,25	8,31	8,36	8,42	8,48	8,53	8,59
	8,50	1622,563	8,50	8,56	8,61	8,67	8,73	8,79	8,85
	8,75	1647,514	8,75	8,81	8,87	8,93	8,99	9,05	9,11
	9,00	1672,769	9,00	9,06	9,12	9,18	9,24	9,30	9,37
	9,25	1697,358	9,25	9,31	9,37	9,44	9,50	9,56	9,62
	9,50	1720,857	9,50	9,56	9,63	9,69	9,75	9,82	9,88
	9,75	1745,403	9,75	9,81	9,88	9,94	10,01	10,07	10,14
	10,00	1768,182	10,00	10,07	10,13	10,20	10,26	10,33	10,40
	10,25	1791,290	10,25	10,32	10,38	10,45	10,52	10,59	10,66
	10,50	1814,478	10,50	10,57	10,64	10,70	10,77	10,84	10,92
	10,75	1836,027	10,75	10,82	10,89	10,96	11,03	11,10	11,17
	11,00	1858,258	11,00	11,07	11,14	11,21	11,28	11,36	11,43
	11,25	1880,608	11,25	11,32	11,39	11,47	11,54	11,61	11,69
	11,50	1901,464	11,50	11,57	11,65	11,72	11,80	11,87	11,95
	11,75	1921,998	11,75	11,82	11,90	11,97	12,05	12,13	12,21
	12,00	1943,971	12,00	12,08	12,15	12,23	12,31	12,38	12,46
	12,25	1964,605	12,25	12,33	12,40	12,48	12,56	12,64	12,72
	12,50	1983,848	12,50	12,58	12,66	12,74	12,82	12,90	12,98
	12,75	2004,289	12,75	12,83	12,91	12,99	13,07	13,15	13,24
	13,00	2025,090	13,00	13,08	13,16	13,24	13,33	13,41	13,49
	13,25	2044,670	13,25	13,33	13,41	13,50	13,58	13,67	13,75
	13,50	2062,985	13,50	13,58	13,67	13,75	13,84	13,92	14,01
	13,75	2082,107	13,75	13,83	13,92	14,01	14,09	15,18	14,27
	14,00	2102,316	14,00	14,09	14,17	14,26	14,35	14,44	14,53
	14,25	2121,436	14,25	14,34	14,43	14,51	14,60	14,69	14,78
	14,50	2139,432	14,50	14,59	14,68	14,77	14,86	14,95	15,04
	14,75	2156,266	14,75	14,84	14,93	15,02	15,11	15,21	15,30
	15,00	2175,564	15,00	15,09	15,18	15,28	15,37	15,46	15,56

Die Annuität (= Zins + Tilgung) wird jährlich nachträglich geleistet.
Der gesamte Zinsaufwand bezieht sich auf ein Darlehen von 1000 DM

Tilgung	Zins-satz %	Zins-aufwand DM	Auszahlungskurs in % 100,00 Effektivzinssatz %	99,50 %	99,00 %	98,50 %	98,00 %	97,50 %	97,00 %
2% +	1,00	222,495	1,00	1,03	1,05	1,08	1,11	1,13	1,16
ersparte	1,25	270,209	1,25	1,28	1,31	1,33	1,36	1,39	1,42
Zinsen	1,50	315,602	1,50	1,53	1,56	1,59	1,62	1,65	1,68
	1,75	358,829	1,75	1,78	1,81	1,84	1,87	1,90	1,94
	2,00	400,113	2,00	2,03	2,06	2,10	2,13	2,16	2,20
	2,25	439,801	2,25	2,28	2,32	2,35	2,39	2,42	2,45
	2,50	477,919	2,50	2,53	2,57	2,61	2,64	2,68	2,71
	2,75	514,603	2,75	2,79	2,82	2,86	2,90	2,93	2,97
	3,00	549,946	3,00	3,04	3,08	3,11	3,15	3,19	3,23
	3,25	584,297	3,25	3,29	3,33	3,37	3,41	3,45	3,49
	3,50	617,546	3,50	3,54	3,58	3,62	3,66	3,71	3,75
	3,75	649,683	3,75	3,79	3,83	3,88	3,92	3,96	4,01
	4,00	680,674	4,00	4,04	4,09	4,13	4,18	4,22	4,27
	4,25	711,305	4,25	4,29	4,34	4,39	4,43	4,48	4,52
	4,50	740,774	4,50	4,55	4,59	4,64	4,69	4,74	4,78
	4,75	769,560	4,75	4,80	4,85	4,89	4,94	4,99	5,04
	5,00	797,731	5,00	5,05	5,10	5,15	5,20	5,25	5,30
	5,25	825,014	5,25	5,30	5,35	5,40	5,45	5,51	5,56
	5,50	851,948	5,50	5,55	5,60	5,66	5,71	5,76	5,82
	5,75	878,075	5,75	5,80	5,86	5,91	5,97	6,02	6,08
	6,00	903,688	6,00	6,05	6,11	6,17	6,22	6,28	6,33
	6,25	928,978	6,25	6,31	6,36	6,42	6,48	6,53	6,59
	6,50	953,035	6,50	6,56	6,62	6,67	6,73	6,79	6,85
	6,75	977,767	6,75	6,81	6,87	6,93	6,99	7,05	7,11
	7,00	1001,277	7,00	7,06	7,12	7,18	7,24	7,31	7,37
	7,25	1024,294	7,25	7,31	7,37	7,44	7,50	7,56	7,63
	7,50	1047,621	7,50	7,56	7,63	7,69	7,75	7,82	7,88
	7,75	1069,824	7,75	7,81	7,88	7,94	8,01	8,08	8,14
	8,00	1091,542	8,00	8,07	8,13	8,20	8,27	8,33	8,40
	8,25	1113,886	8,25	8,32	8,38	8,45	8,52	8,59	8,66
	8,50	1135,219	8,50	8,57	8,64	8,71	8,78	8,85	8,92
	8,75	1155,505	8,75	8,82	8,89	8,96	9,03	9,10	9,18
	9,00	1176,798	9,00	9,07	9,14	9,21	9,29	9,36	9,43
	9,25	1197,638	9,25	9,32	9,40	9,47	9,54	9,62	9,69
	9,50	1217,555	9,50	9,57	9,65	9,72	9,80	9,87	9,95
	9,75	1236,519	9,75	9,82	9,90	9,98	10,05	10,13	10,21
	10,00	1256,818	10,00	10,08	10,15	10,23	10,31	10,39	10,47
	10,25	1276,675	10,25	10,33	10,41	10,48	10,56	10,64	10,73
	10,50	1295,709	10,50	10,58	10,66	10,74	10,82	10,90	10,98
	10,75	1313,896	10,75	10,83	10,91	10,99	11,08	11,16	11,24
	11,00	1332,081	11,00	11,08	11,16	11,25	11,33	11,41	11,50
	11,25	1351,405	11,25	11,33	11,42	11,50	11,59	11,67	11,76
	11,50	1370,014	11,50	11,58	11,67	11,75	11,84	11,93	12,02
	11,75	1387,887	11,75	11,84	11,92	12,01	12,10	12,18	12,27

Die Annuität (= Zins + Tilgung) wird jährlich nachträglich geleistet.
Der gesamte Zinsaufwand bezieht sich auf ein Darlehen von 1000 DM

Tilgung	Zinssatz	Zinsaufwand	Auszahlungskurs in %						
			100,00	99,50	99,00	98,50	98,00	97,50	97,00
			Effektivzinssatz						
	%	DM	%	%	%	%	%	%	%
	12,00	1405,006	12,00	12,09	12,17	12,26	12,35	12,44	12,53
	12,25	1421,473	12,25	12,34	12,43	12,52	12,61	12,70	12,79
	12,50	1440,015	12,50	12,59	12,68	12,77	12,86	12,96	13,05
	12,75	1457,935	12,75	12,84	12,93	13,02	13,12	13,21	13,31
	13,00	1475,219	13,00	13,09	13,19	13,28	13,37	13,47	13,56
	13,25	1491,849	13,25	13,34	13,44	13,53	13,63	13,73	13,82
	13,50	1507,808	13,50	13,59	13,69	13,79	13,88	13,98	14,08
	13,75	1523,081	13,75	13,85	13,94	14,04	14,14	14,24	14,34
	14,00	1540,393	14,00	14,10	14,20	14,29	14,39	14,50	14,60
	14,25	1557,542	14,25	14,35	14,45	14,55	14,65	14,75	14,85
	14,50	1574,144	14,50	14,60	14,70	14,80	14,91	15,01	15,11
	14,75	1590,184	14,75	14,85	14,95	15,06	15,16	15,27	15,37
	15,00	1605,651	15,00	15,10	15,21	15,31	15,42	15,52	15,63

Beispiel:

Wieviel Zinsen sind für ein Darlehen von 750 000,– DM insgesamt zu zahlen, bei einem Nominalzinssatz von 8,5% und 1% Tilgung, wenn die Zinsen aus der Restschuld am Jahresbeginn gerechnet und am Ende des Jahres fällig werden und die Annuität dann in einem Betrag geleistet wird?

$$\text{Zinsaufwand} = \frac{750000}{1000} \times 1622{,}563 = \underline{\underline{\text{DM } 1\,216\,922{,}25.}}$$

Welcher Auszahlungskurs (Nominaldarlehen ./. Auszahlungsverlust (Disagio) ergibt sich bei einem Effektivzinssatz von 9,5%?
Zinssatz 9,25% Auszahlungskurs 98% oder
Zinssatz 9,50% Auszahlungskurs 100%.

2. Progressive Tilgungsrechnung

Während der Darlehenslaufzeit oder auch schon vor der Aufnahme von Annuitätendarlehen hätte der Darlehensnehmer gerne Antwort auf seine Überlegungen:

- *Wie hoch ist die nach Ablauf des x-ten Jahres insgesamt geleistete Tilgung?*
- *Wie hoch ist die Restschuld nach x-Jahren?*
- *Wie hoch sind die Zins- und Tilgungsleistungen im x-ten Jahr der Laufzeit?*

Diese Fragen dienen der Absicht, die Zahlungsströme zu steuern, z. B. um Umfinanzierungen vorzubereiten. Aus der Finanzmathematik heraus sind für die Praxis ausreichend genaue Tabellen entwickelt worden. Sie dienen dazu, dem Darlehensnehmer zu helfen, ohne finanzmathematische Kenntnisse interessierende Daten selbst zu ermitteln.[1] Anwenden kann man diese Tabellen (S. 297–313) mit einfachen Rechenvorgängen.

Beispiel:

a) Wie hoch ist die nach Ablauf des 20. Jahres insgesamt geleistete Tilgung?

b) Wie hoch ist die Restschuld nach 20 Jahren?
Die Werte der Tabellen (S. 297 bis S. 313) stellen die am Ende eines jeden Jahres der Laufzeit insgesamt geleistete Tilgung in v. H. des Schuldbetrages dar. Nach der Tabelle Seite 300 (Zinssatz 7%, Tilgung 1%, jährliche Verrechnung) sind am Ende des 20. Jahres 40,9955% der Schuld getilgt.
Die Restschuld macht dann aus

	100,0000%	
./.	40,9955%	
	59,0045%	der Schuld.

Die geleistete Tilgung beträgt 40,9955% von DM 100 000,–
= DM 40 995,50.

Die Restschuld beläuft sich auf 59,0045% von DM 100 000,–
= DM 59 004,50.

c) Wie hoch sind die Zins- und Tilgungsleistungen im 21. Jahr der Laufzeit?
Nach der Tabelle sind
am Ende des 21. Jahres 44,8652%
und am Ende des 20. Jahres 40,9955% der Schuld getilgt.

Die Differenz = 3,8697% ergibt den Prozentsatz der Tilgung im 21. Jahr.

Da die Jahresleistung 8% beträgt, ergibt sich der Zinssatz im 21. Jahr

aus der Differenz der Jahresleistung	von 8,0000%
und dem Tilgungssatz	von 3,8697%
	= 4,1303%

[1] Schoppe, Tabellen für die progressive Tilgungsrechnung, 3. Auflage, Hamburg 1965.

Die Tilgungsleistung im 21. Jahr beträgt dann

3,8697% auf DM 100000,– = DM 3.869,70 und die Zinsleistung
4,1303% auf DM 100000,– = DM 4.130,30.

Die in der Tabelle aufgeführten Tilgungssätze können durch einfache Addition erweitert werden.

Beispiel:

Ein Darlehen soll bei jährlicher Verrechnung mit 6% p.a. verzinst und mit $2^1/_2$ p.a. zuzüglich ersparter Zinsen getilgt werden.
Wie hoch ist die nach 10 Jahren insgesamt geleistete Tilgung?
Laut Tabelle (Seite 297) beträgt die gesamt Tilgung nach 10 Jahren

	bei 2 %	Tilgung 26,3616%	der Schuld
	bei $^1/_2$ %	Tilgung 6,5904%	der Schuld
mithin	bei $2^1/_2$%	Tilgung 32,9520%	der Schuld

Wird bei der Darlehenshergabe ein Disagio in Abzug gebracht, ändern sich die nach den Beispielen ermittelten Werte nicht, da Zinsen und Tilgung nach dem Nominalbetrag zu errechnen sind. Soll aber das Disagio ganz oder teilweise durch ein *Tilgungsstrekkungsdarlehen* aufgefangen werden, so ist die gesamte Laufzeit um die Tilgungszeit dieses *Zusatzdarlehens* zu verlängern. Die in dieser Zeit entstehenden Zinsen sind dem tabellarisch ermittelten Zinsbetrag hinzuzuschlagen.

Das im Beispiel auf S. 292 genannte Darlehen von DM 100000,– soll nur zu 95% ausgezahlt werden (Disagio 5%). 3% des Disagios sollen aber durch ein *Tilgungsstreckungsdarlehen* aufgefangen werden, d.h., die in den ersten 3 Jahren auf den Nominalbetrag des Darlehens zu leistende Tilgung muß zur Rückzahlung des Tilgungsstreckungsdarlehens verwandt werden. Die gesamte Laufzeit verlängert sich um 3 Jahre.

Die Mehrzinsen betragen für 3 Jahre

$$0{,}07 \times 100\,000 \times 3 = 21\,000{,}–$$

Die gesamte Zinsleistung beträgt also jetzt	DM 145927,–
	+ DM 21000,–
	= DM 166927,–
und die gesamte Tilgungsleistung	DM 100000,–
	+ DM 3000,–
	= DM 103000,–

Die Kreditinstitute fordern gewöhnlich neben dem *einmaligen* Verwaltungs- oder Unkostenbeitrag einen *laufenden* Verwaltungskostenbeitrag, der im allgemeinen den Zinsen zugeschlagen und bei der Verrechnung wie Zinsen behandelt wird. Soll z.B. ein Darlehen mit $6^1/_2$% p.a. verzinst und daneben ein laufender Verwaltungskostenbeitrag von $^1/_2$% erhoben werden, so ist bei der tabellarischen Bestimmung der gewünschten Werte so zu verfahren, als ob das Darlehen mit 7% verzinst werden soll. Wird der laufende Verwaltungskostenbeitrag *nicht* wie Zinsen behandelt und bleibt er bei der Verrechnung unberücksichtigt, so muß er besonders errechnet werden. Werden dagegen Darlehen (insbesondere Landesdarlehen für den sozialen Wohnungsbau) zinslos gegeben und wird neben der Tilgungsleistung nur ein laufender Verwaltungskostenbeitrag gefordert, der auf den Ursprungsbetrag des Darlehens berechnet wird, so handelt es sich nicht um eine progressive, sondern um eine *gleichbleibende* Tilgung.

Die nachfolgend abgedruckten, jeweils doppelseitigen Tabellen geben Aufschluß über die Gesamttilgung am Ende eines jeden Jahres der Laufzeit in v. H. der Gesamtschuld bei jährlicher Verrechnung. Fehlende Tilgungssätze können durch einfache Addition ermittelt werden.

Zinssatz 6 %

Verrechnung: **jährlich**

nach Jahren	Tilgung ½ %	1 %	1½ %	2 %	3 %	4 %	5 %
1	0,5	1,0	1,5	2,0	3,0	4,0	5,0
2	1,0300	2,0600	3,0900	4,1200	6,1800	8,2400	10,3000
3	1,5918	3,1836	4,7754	6,3672	9,5508	12,7344	15,9180
4	2,1873	4,3746	6,5619	8,7492	13,1238	17,4984	21,8731
5	2,8185	5,6371	8,4556	11,2742	16,9113	22,5484	28,1855
6	3,4877	6,9753	10,4630	13,9506	20,9259	27,9012	34,8766
7	4,1969	8,3938	12,5907	16,7877	25,1815	33,5753	41,9692
8	4,9487	9,8975	14,8462	19,7949	29,6924	39,5898	49,4873
9	5,7457	11,4913	17,2370	22,9826	34,4739	45,9652	57,4566
10	6,5904	13,1808	19,7712	26,3616	39,5424	52,7232	65,9040
1	7,4858	14,9716	22,4575	29,9433	44,9149	59,8866	74,8582
2	8,4350	16,8699	25,3049	33,7399	50,6098	67,4798	84,3497
3	9,4411	18,8821	28,3232	37,7643	56,6464	75,5285	94,4107
4	10,5075	21,0151	31,5226	42,0301	63,0452	84,0602	
5	11,6380	23,2760	34,9139	46,5519	69,8279	93,1038	
6	12,8363	25,6725	38,5088	51,3450	77,0176		
7	14,1064	28,2129	42,3193	56,4257	84,6386		
8	15,4528	30,9057	46,3585	61,8113	92,7170		
9	16,8800	33,7600	50,6400	67,5200			
20	18,3928	36,7856	55,1784	73,5712			
1	19,9964	39,9927	59,9891	79,9854			
2	21,6961	43,3923	65,0884	86,7846			
3	23,4979	46,9958	70,4937	93,9916			
4	25,4078	50,8156	76,2234				
5	27,4323	54,8645	82,2968				
6	29,5782	59,1564	88,7346				
7	31,8529	63,7058	95,5586				
8	34,2641	68,5281					
9	36,8199	73,6398					
30	39,5291	79,0582					
1	42,4008	84,8017					
2	45,4449	90,8898					
3	48,6716	97,3432					
4	52,0919						
5	55,7174						
6	59,5604						
7	63,6341						
8	67,9521						
9	72,5292						
40	77,3810						
1	82,5238						
2	87,9753						
3	98,7538						
4	99,8790						

Zinssatz 6 %

Verrechnung: **jährlich**

nach Jahren	Tilgung 6 %	7 %	8 %	9 %	10 %
1	6,0	7,0	8,0	9,0	10,0
2	12,36	14,42	16,48	18,54	20,60
3	19,1016	22,2852	25,4688	28,6524	31,8360
4	26,2477	30,6223	34,9969	39,3715	43,7462
5	33,8226	39,4597	45,0967	50,7338	56,3709
6	41,8519	48,8272	55,8025	62,7779	69,7532
7	50,3630	58,7569	67,1507	75,5445	83,9384
8	59,3848	69,2823	79,1797	89,0772	98,9747
9	68,9479	80,4392	91,9305		
10	79,0848	92,2656			
1	89,8299				

Zinssatz 6½ %

Verrechnung: **jährlich**

nach Jahren	Tilgung ½ %	1 %	1½ %	2 %	3 %	4 %	5 %
1	0,5	1,0	1,5	2,0	3,0	4,0	5,0
2	1,0325	2,065	3,0975	4,130	6,195	8,260	10,325
3	1,5996	3,1992	4,7988	6,3984	9,5977	12,7969	15,9961
4	2,2036	4,4072	6,6108	8,8143	13,2215	17,6287	22,0359
5	2,8468	5,6936	8,5405	11,3873	17,0709	22,7746	28,4682
6	3,5319	7,0637	10,5956	14,1274	21,1912	28,2549	35,3186
7	4,2614	8,5229	12,7843	17,0457	25,5686	34,0914	42,6143
8	5,0384	10,0769	15,1153	20,1537	30,2306	40,3074	50,3843
9	5,8659	11,7319	17,5978	23,4637	35,1956	46,9274	58,6593
10	6,7472	13,4944	20,2416	26,9888	40,4833	53,9777	67,4721
1	7,6858	15,3716	23,0573	30,7431	46,1147	61,4862	76,8578
2	8,6854	17,3707	26,0561	34,7414	52,1121	69,4828	86,8536
3	9,7499	19,4998	29,2497	38,9996	58,4994	77,9992	97,4990
4	10,8836	21,7673	32,6509	43,5346	65,3019	87,0692	
5	12,0911	24,1822	36,2732	48,3643	72,5465	96,7286	
6	13,3770	26,7540	40,1310	53,5080	80,2620		
7	14,7465	29,4930	44,2395	58,9860	88,4791		
8	16,2050	32,4101	48,6151	64,8201	97,2302		
9	17,7584	35,5167	53,2751	71,0334			
20	19,4127	38,8253	58,2380	77,6506			
1	21,1745	42,3490	63,5234	84,6979			
2	23,0508	46,1016	69,1524	92,2033			
3	25,0491	50,0982	75,1474				
4	27,1773	54,3546	81,5319				
5	29,4438	58,8877	88,3315				
6	31,8577	63,7154	95,5731				
7	34,4284	68,8569					
8	37,1663	74,3326					
9	40,0821	80,1642					
30	43,1874	86,3749					
1	46,4946	92,9892					
2	50,0168						
3	53,7679						
4	57,7628						
5	62,0173						
6	66,5485						
7	71,3741						
8	76,5134						
9	81,9868						
40	87,8160						
1	94,0240						

Zinssatz 6½ %
Verrechnung: **jährlich**

nach Jahren	Tilgung 6 %	7 %	8 %	9 %	10 %
1	6,0	7,0	8,0	9,0	10,0
2	12,39	14,455	16,52	18,585	20,65
3	19,1953	22,3946	25,5938	28,7930	31,9922
4	26,4430	30,8502	35,2574	39,6646	44,0717
5	34,1618	39,8555	45,5491	51,2428	56,9364
6	42,3824	49,4461	56,5098	63,5735	70,6373
7	51,1372	59,6601	68,1830	76,7058	85,2287
8	60,4611	70,5380	80,6149	90,6917	
9	70,3911	82,1230	93,8548		
10	80,9665	94,4610			
1	92,2294				

Zinssatz 7 %

Verrechnung: **jährlich**

nach Jahren	Tilgung ½ %	1 %	1½ %	2 %	3 %	4 %	5 %
1	0,5	1,0	1,5	2,0	3,0	4,0	5,0
2	1,035	2,07	3,105	4,14	6,21	8,28	10,35
3	1,6075	3,2149	4,8224	6,4298	9,6447	12,8596	16,0745
4	2,2200	4,4399	6,6599	8,8799	13,3198	17,7598	22,1997
5	2,8754	5,7507	8,6261	11,5015	17,2522	23,0030	28,7537
6	3,5766	7,1533	10,7299	14,3066	21,4599	28,6132	35,7665
7	4,3270	8,6540	12,9810	17,3080	25,9621	34,6161	43,2701
8	5,1299	10,2598	15,3897	20,5196	30,7794	41,0392	51,2990
9	5,9890	11,9780	17,9670	23,9560	35,9340	47,9120	59,8899
10	6,9082	13,8164	20,7247	27,6329	41,4493	55,2658	69,0822
1	7,8918	15,7836	23,6754	31,5672	47,3508	63,1344	78,9180
2	8,9442	17,8885	26,8327	35,7769	53,6654	71,5538	89,4423
3	10,0703	20,1406	30,2110	40,2813	60,4219	80,5626	
4	11,2752	22,5505	33,8257	45,1010	67,6514	90,2019	
5	12,5645	25,1290	37,6935	50,2580	75,3871		
6	13,9440	27,8881	41,8321	55,7761	83,6642		
7	15,4201	30,8402	46,2603	61,6804	92,5206		
8	16,9995	33,9990	50,9985	67,9981			
9	18,6895	37,3790	56,0684	74,7579			
20	20,4977	40,9955	61,4932	81,9910			
1	22,4326	44,8652	67,2978	89,7303			
2	24,5029	49,0057	73,5086	98,0115			
3	26,7181	53,4361	80,1542				
4	29,0883	58,1767	87,2650				
5	31,6245	63,2490	94,8735				
6	34,3382	68,6765					
7	37,2419	74,4838					
8	40,3488	80,6977					
9	43,6733	87,3465					
30	47,2304	94,4608					
1	51,0365						
2	55,1091						
3	59,4667						
4	64,1294						
5	69,1184						
6	74,4567						
7	80,1687						
8	86,2805						
9	92,8201						
40	99,8176						

Zinssatz 7 %

Verrechnung: **jährlich**

nach Jahren	Tilgung 6 %	7 %	8 %	9 %	10 %
1	6,0	7,0	8,0	9,0	10,0
2	12,42	14,49	16,56	18,63	20,7
3	19,2894	22,5043	25,7192	28,9341	32,1490
4	26,6397	31,0796	35,5195	39,9595	44,3994
5	34,5044	40,2552	46,0059	51,7566	57,5074
6	42,9197	50,0730	57,2263	64,3796	71,5329
7	51,9241	60,5781	69,2322	77,8862	86,5402
8	61,5588	71,8186	82,0784	92,3382	
9	71,8679	83,8459	95,8239		
10	82,8987	96,7151			
1	94,7016				

Zinssatz 7½ %

Verrechnung: **jährlich**

nach Jahren	Tilgung ½ %	1 %	1½ %	2 %	3 %	4 %	5 %
1	0,5	1,0	1,5	2,0	3,0	4,0	5,0
2	1,0375	2,075	3,1125	4,150	6,225	8,300	10,375
3	1,6153	3,2306	4,8459	6,4612	9,6919	12,9225	16,1531
4	2,2365	4,4729	6,7094	8,9458	13,4188	17,8917	22,3646
5	2,9042	5,8084	8,7126	11,6168	17,4252	23,2336	29,0420
6	3,6220	7,2440	10,8660	14,4880	21,7321	28,9761	36,2201
7	4,3937	8,7873	13,1810	17,5746	26,3620	35,1493	43,9366
8	5,2232	10,4464	15,6696	20,8927	31,3391	41,7855	52,2319
9	6,1149	12,2298	18,3448	24,4597	36,6896	48,9194	61,1493
10	7,0735	14,1471	21,2206	28,2942	42,4412	56,5883	70,7354
1	8,1041	16,2081	24,3122	32,4162	48,6244	64,8325	81,0406
2	9,2119	18,4237	27,6356	36,8474	55,2712	73,6945	92,1186
3	10,4028	20,8055	31,2083	41,6110	62,4165	83,2220	
4	11,6830	23,3659	35,0489	46,7318	70,0978	93,4637	
5	13,0592	26,1184	39,1775	52,2367	78,3551		
6	14,5386	29,0772	43,6159	58,1545	87,2317		
7	16,1290	32,2580	48,3870	64,5161	96,7741		
8	17,8387	35,6774	53,5161	71,3548			
9	19,6766	39,3532	59,0298	78,7064			
20	21,6523	43,3047	64,9570	86,6094			
1	23,7763	47,5525	71,3288	95,1051			
2	26,0595	52,1190	78,1785				
3	28,5139	57,0279	85,5418				
4	31,1525	62,3050	93,4575				
5	33,9889	67,9779					
6	37,0381	74,0762					
7	40,3160	80,6319					
8	43,8397	87,6793					
9	47,6276	95,2553					
30	51,6997						
1	56,0772						
2	60,7830						
3	65,8417						
4	71,2798						
5	77,1258						
6	83,4102						
7	90,1660						
8	97,4285						

Zinssatz $7^{1}/_{2}$ %

Verrechnung: **jährlich**

nach Jahren	Tilgung 6 %	7 %	8 %	9 %	10 %
1	6,0	7,0	8,0	9,0	10,0
2	12,45	14,525	16,6	18,675	20,75
3	19,3837	22,6144	25,8450	29,0756	32,3062
4	26,8375	31,3105	35,7834	40,2563	44,7292
5	34,8503	40,6587	46,4671	52,2755	58,0839
6	43,4641	50,7082	57,9522	65,1962	72,4402
7	52,7239	61,5113	70,2986	79,0859	87,8732
8	62,6782	73,1246	83,5710	94,0173	
9	73,3791	85,6089	97,8388		
10	84,8825	99,0296			
1	97,2487				

Zinssatz 8 %

Verrechnung: **jährlich**

nach Jahren	Tilgung ½ %	1 %	1½ %	2 %	3 %	4 %	5 %
1	0,5	1,0	1,5	2,0	3,0	4,0	5,0
2	1,04	2,08	3,12	4,16	6,24	8,32	10,40
3	1,6232	3,2464	4,8696	6,4928	9,7392	12,9856	16,2320
4	2,2531	4,5061	6,7592	9,0122	13,5183	18,0244	22,5306
5	2,9333	5,8666	8,7999	11,7332	17,5998	23,4664	29,3330
6	3,6680	7,3359	11,0039	14,6719	22,0078	29,3437	36,6796
7	4,4614	8,9228	13,3842	17,8456	26,7684	35,6912	44,6140
8	5,3183	10,6366	15,9549	21,2732	31,9099	42,5465	53,1831
9	6,2438	12,4876	18,7313	24,9751	37,4627	49,9502	62,4378
10	7,2433	14,4866	21,7298	28,9731	43,4597	57,9462	72,4328
1	8,3227	16,6455	24,9682	33,2910	49,9364	66,5819	83,2274
2	9,4886	18,9771	28,4657	37,9542	56,9314	75,9085	94,8856
3	10,7476	21,4953	32,2429	42,9906	64,4859	85,9812	
4	12,1075	24,2149	36,3224	48,4298	72,6448	96,8597	
5	13,5761	27,1521	40,7282	54,3042	81,4563		
6	15,1621	30,3243	45,4864	60,6486	90,9728		
7	16,8751	33,7502	50,6253	67,5004			
8	18,7251	37,4502	56,1754	74,9005			
9	20,7231	41,4463	62,1694	82,8925			
20	22,8810	45,7620	68,6429	91,5239			
1	25,2115	50,4229	75,6344				
2	27,7284	55,4568	83,1851				
3	30,4466	60,8933	91,3399				
4	33,3824	66,7648					
5	36,5530	73,1059					
6	39,9772	79,9544					
7	43,6754	87,3508					
8	47,6694	95,3388					
9	51,9830						
30	56,6416						
1	61,6729						
2	67,1068						
3	72,9753						
4	79,3133						
5	86,1584						
6	93,5511						

Zinssatz 8%
Verrechnung: **jährlich**

nach Jahren	Tilgung 6 %	7 %	8 %	9 %	10 %
1	6,0	7,0	8,0	9,0	10,0
2	12,48	14,56	16,64	18,72	20,80
3	19,4784	22,7248	25,9712	29,2176	32,4640
4	27,0367	31,5428	36,0489	40,5550	45,0611
5	35,1996	41,0662	46,9328	52,7994	58,6660
6	44,0156	51,3515	58,6874	66,0234	73,3593
7	53,5368	62,4596	71,3824	80,3052	89,2280
8	63,8198	74,4564	85,0930	95,7297	
9	74,9253	87,4129	99,9005		
10	86,9194				
1	99,8729				

Zinssatz 8½ %

Verrechnung: **jährlich**

nach Jahren	Tilgung ½ %	1 %	1½ %	2 %	3 %	4 %	5 %
1	0,5	1,0	1,5	2,0	3,0	4,0	5,0
2	1,0425	2,085	3,1275	4,170	6,255	8,340	10,425
3	1,6311	3,2622	4,8933	6,5244	9,7867	13,0489	16,3111
4	2,2698	4,5395	6,8093	9,0790	13,6185	18,1580	22,6976
5	2,9627	5,9254	8,8881	11,8507	17,7761	23,7015	29,6269
6	3,7145	7,4290	11,1435	14,8581	22,2871	29,7161	37,1452
7	4,5302	9,0605	13,5907	18,1210	27,1815	36,2420	45,3025
8	5,4153	10,8306	16,2460	21,6613	32,4919	43,3226	54,1532
9	6,3756	12,7512	19,1269	25,5025	38,2537	51,0050	63,7562
10	7,4176	14,8351	22,2527	29,6702	44,5053	59,3404	74,1755
1	8,5480	17,0961	25,6441	34,1922	51,2882	68,3843	85,4804
2	9,7746	19,5492	29,3239	39,0985	58,6478	78,1970	97,7463
3	11,1055	22,2109	33,3164	44,4219	66,6328	88,8437	
4	12,5494	25,0989	37,6483	50,1977	75,2966		
5	14,1161	28,2323	42,3484	56,4645	84,6968		
6	15,8160	31,6320	47,4480	63,2640	94,8960		
7	17,6604	35,3207	52,9811	70,6415			
8	19,6615	39,3230	58,9845	78,6460			
9	21,8327	43,6654	65,4982	87,3309			
20	24,1885	48,3770	72,5655	96,7540			
1	26,7445	53,4891	80,2336				
2	29,5178	59,0356	88,5534				
3	32,5268	65,0537	97,5805				
4	35,7916	71,5832					
5	39,3339	78,6678					
6	43,1773	86,3546					
7	47,3473	94,6947					
8	51,8719						
9	56,7810						
30	62,1074						
1	67,8865						
2	74,1568						
3	80,9602						
4	88,3418						
5	96,3508						

Zinssatz 8½ %
Verrechnung: **jährlich**

nach Jahren	Tilgung 6 %	7 %	8 %	9 %	10 %
1	6,0	7,0	8,0	9,0	10,0
2	12,510	14,595	16,680	18,765	20,850
3	19,5733	22,8356	26,0978	29,3600	32,6222
4	27,2371	31,7766	36,3161	40,8556	45,3951
5	35,5522	41,4776	47,4030	53,3284	59,2537
6	44,5742	52,0032	59,4322	66,8613	74,2903
7	54,3630	63,4235	72,4840	81,5445	90,6050
8	64,9838	75,8145	86,6451	97,4758	
9	76,5075	89,2587			
10	89,0106				

Zinssatz 9 %

Verrechnung: **jährlich**

nach Jahren	Tilgung ½ %	1 %	1½ %	2 %	3 %	4 %	5 %
1	0,5	1,0	1,5	2,0	3,0	4,0	5,0
2	1,045	2,09	3,135	4,18	6,27	8,36	10,45
3	1,6391	3,2781	4,9172	6,5562	9,8343	13,1124	16,3905
4	2,2866	4,5731	6,8597	9,1463	13,7194	18,2925	22,8656
5	2,9924	5,9847	8,9771	11,9694	17,9541	23,9388	29,9236
6	3,7617	7,5233	11,2850	15,0467	22,5700	30,0933	37,6167
7	4,6002	9,2004	13,8006	18,4009	27,6013	36,8017	46,0022
8	5,5142	11,0285	16,5427	22,0569	33,0854	44,1139	55,1424
9	6,5105	13,0210	19,5315	26,0421	39,0631	52,0841	65,1052
10	7,5965	15,1929	22,7894	30,3859	45,5788	60 7717	75,9647
1	8,7801	17,5603	26,3404	35,1206	52,6809	70,2412	87,8015
2	10,0704	20,1407	30,2111	40,2814	60,4222	80,5629	
3	11,4767	22,9534	34,4301	45,9068	68,8601	91,8135	
4	13,0096	26,0192	39,0288	52,0384	78,0576		
5	14,6805	29,3609	44,0414	58,7218	88,0827		
6	16,5017	33,0034	49,5051	66,0068	99,0102		
7	18,4869	36,9737	55,4606	73,9474			
8	20,6507	41,3013	61,9520	82,6027			
9	23,0092	46,0185	69,0277	92,0369			
20	25,5801	51,1601	76,7402				
1	28,3823	56,7645	85,1468				
2	31,4367	62,8733	94,3100				
3	34,7660	69,5319					
4	38,3950	76,7898					
5	42,3504	84,7009					
6	46,6620	93,3240					
7	51,3616						
8	56,4841						
9	62,0677						
30	68,1538						
1	74,7876						
2	82,0185						
3	89,9002						
4	98,4912						

Zinssatz 9 %
Verrechnung: **jährlich**

nach Jahren	Tilgung 6 %	7 %	8 %	9 %	10 %
1	6,0	7,0	8,0	9,0	10,0
2	12,54	14,63	16,72	18,81	20,90
3	19,6686	22,9467	26,2248	29,5029	32,7810
4	27,4388	32,0119	36,5850	41,1582	45,7313
5	35,9083	41,8930	47,8777	53,8624	59,8471
6	45,1400	52,6633	60,1867	67,7100	75,2333
7	55,2026	64,4030	73,6035	82,8039	92,0043
8	66,1708	77,1993	88,2278	99,2563	
9	78,1262	91,1473			
10	91,1576				

Zinssatz 9½ %

Verrechnung: **jährlich**

nach Jahren	Tilgung ½ %	1 %	1½ %	2 %	3 %	4 %	5 %
1	0,5	1,0	1,5	2,0	3,0	4,0	5,0
2	1,0475	2,095	3,1425	4,190	6,285	8,380	10,475
3	1,6470	3,2940	4,9410	6,5880	9,8821	13,1761	16,4701
4	2,3035	4,6070	6,9104	9,2139	13,8209	18,4278	23,0348
5	3,0223	6,0446	9,0669	12,0892	18,1338	24,1784	30,2231
6	3,8094	7,6189	11,4283	15,2377	22,8566	30,4754	38,0943
7	4,6713	9,3426	14,0140	18,6853	28,0279	37,3706	46,7132
8	5,6151	11,2302	16,8453	22,4604	33,6906	44,9208	56,1510
9	6,6485	13,2971	19,9456	26,5941	39,8912	53,1883	66,4854
10	7,7801	15,5603	23,3404	31,1206	46,6809	62,2412	77,8015
1	9,0193	18,0385	27,0578	36,0770	54,1155	72,1540	90,1926
2	10,3761	20,7522	31,1283	41,5043	62,2565	83,0087	
3	11,8618	23,7236	35,5854	47,4473	71,1709	94,8945	
4	13,4887	26,9774	40,4661	53,9548	80,9321		
5	15,2701	30,5402	45,8103	61,0805	91,6207		
6	17,2208	34,4416	51,6623	68,8831			
7	19,3568	38,7135	58,0703	77,4270			
8	21,6956	43,3913	65,0869	86,7826			
9	24,2567	48,5135	72,7702	97,0269			
20	27,0611	54,1222	81,1833				
1	30,1319	60,2638	90,3958				
2	33,4945	66,9889					
3	37,1764	74,3529					
4	41,2082	82,4164					
5	45,6230	91,2459					
6	50,4571						
7	55,7506						
8	61,5469						
9	67,8938						
30	74,8438						
1	82,4539						
2	90,7870						
3	99,9118						

Zinssatz 9½ %

Verrechnung: **jährlich**

nach Jahren	Tilgung 6 %	7 %	8 %	9 %	10 %
1	6,0	7,0	8,0	9,0	10,0
2	12,570	14,665	16,760	18,855	20,950
3	19,7641	23,0582	26,3522	29,6462	32,9402
4	27,6417	32,2487	36,8557	41,4626	46,0696
5	36,2677	42,3123	48,3569	54,4016	60,4462
6	45,7131	53,3320	60,9509	68,5697	76,1886
7	56,0559	65,3985	74,7412	84,0838	93,4265
8	67,3812	78,6114	89,8416		
9	79,7824	93,0795			
10	93,3617				

Zinssatz 10 %

Verrechnung: **jährlich**

nach Jahren	Tilgung ½ %	1 %	1½ %	2 %	3 %	4 %	5 %
1	0,5	1,0	1,5	2,0	3,0	4,0	5,0
2	1,05	2,1	3,15	4,2	6,3	8,4	10,5
3	1,655	3,31	4,965	6,62	9,93	13,24	16,55
4	2,3205	4,641	6,9615	9,282	13,923	18,564	23,205
5	3,0526	6,1051	9,1577	12,2102	18,3153	24,4204	30,5255
6	3,8578	7,7156	11,5734	15,4312	23,1468	30,8624	38,5781
7	4,7436	9,4872	14,2308	18,9743	28,4615	37,9487	47,4359
8	5,7179	11,4359	17,1538	22,8718	34,3076	45,7435	57,1794
9	6,7897	13,5795	20,3692	27,1589	40,7384	54,3179	67,8974
10	7,9687	15,9374	23,9061	31,8748	47,8123	63,7497	79,6871
1	9,2656	18,5312	27,7967	37,0623	55,5935	74,1246	92,6558
2	10,6921	21,3843	32,0764	42,7685	64,1528	85,5371	
3	12,2614	24,5227	36,7841	49,0454	73,5681	98,0908	
4	13,9875	27,9750	41,9625	55,9500	83,9249		
5	15,8862	31,7725	47,6587	63,5450	95,3174		
6	17,9749	35,9497	53,9246	71,8995			
7	20,2724	40,5447	60,8171	81,0894			
8	22,7996	45,5992	68,3988	91,1983			
9	25,5795	51,1591	76,7385				
20	28,6375	57,2750	85,9125				
1	32,0013	64,0025	96,0038				
2	35,7014	71,4027					
3	39,7715	79,5430					
4	44,2487	88,4973					
5	49,1735	98,3471					
6	54,5909						
7	60,5500						
8	67,1050						
9	74,3155						
30	82,2470						
1	90,9717						

Zinssatz 10 %

Verrechnung: jährlich

nach Jahren	Tilgung 6 %	7 %	8 %	9 %	10 %
1	6,0	7,0	8,0	9,0	10,0
2	12,6	14,7	16,8	18,9	21,0
3	19,86	23,17	26,48	29,79	33,1
4	27,846	32,487	37,128	41,769	46,41
5	36,6306	42,7357	48,8408	54,9459	61,051
6	46,2937	54,0093	61,7249	69,4405	77,1561
7	56,9230	66,4102	75,8974	85,3845	94,8717
8	68,6153	80,0512	91,4871		
9	81,4769	95,0563			
10	95,6245				

3. Abzahlungsdarlehen

Diese Darlehensart enthält die Absprache, daß die Tilgung durch, von Anfang an festgelegte, gleichgroße Raten (Teilbeträge) vorgenommen wird. Wenn die Tilgung in Raten zum Jahresende abgesetzt wird, vermindert sich bei dieser nachschüssigen Zahlungsweise der Zins. Es entsteht eine ungleichmäßige Jahresbelastung an Zinsen bei gleichbleibenden Tilgungsraten. Mit fortschreitender Tilgung nehmen die aufzubringenden Zinsen ab, da sie nur auf den jeweiligen Rest der Schuld bezahlt werden müssen. Damit wird die Jahresleistung, die sich aus den Zinsen und der Tilgungsrate zusammensetzt, von Jahr zu Jahr kleiner. Zu Beginn des Schuldendienstes ist sie am größten. Das ist für den Schuldner meist der ungünstigste Zeitpunkt. Annuitätendarlehen werden deshalb häufig vorgezogen, weil sie eine jährlich gleichbleibende Belastung bringen. Eine Hilfe bietet auch bei Abzahlungsdarlehen die Vereinbarung von tilgungsfreien Jahren am Anfang der Darlehenslaufzeit. Da keine gleichmäßige Annuität vereinbart ist, kommt es nicht zu einem Tilgungszuwachs über ersparte Zinsen. Würde beispielsweise bei einem Abzahlungsdarlehen ein Tilgungssatz von jährlich 1% vereinbart, wie es bei Annuitätendarlehen üblich ist, so wäre das Darlehen erst nach 100 Jahren zurückgezahlt. Eine solche Kondition kann kein Kreditinstitut eingehen. Die Tilgungsraten werden meist in festen Beträgen vereinbart. Aber es kommen auch Vereinbarungen eines Prozentsatzes bezogen auf das Ursprungsdarlehen vor.

Tilgungsplan bei einem Abzahlungsdarlehen
(Nachschüssige Verzinsung und Tilgung)

Jahr	Restschuld am Anfang	Am Ende des Jahres zu zahlende Zinsen 8%	+ Tilgung 5% vom Ursprungsdarlehen	Jahresleistung
	DM	DM	DM	DM
1	100 000,–	8 000,–	5 000,–	13 000,–
2	95 000,–	7 600,–	5 000,–	12 600,–
3	90 000,–	7 200,–	5 000,–	12 200,–
4	85 000,–	6 800,–	5 000,–	11 800,–
5	80 000,–	6 400,–	5 000,–	11 400,–
6	75 000,–	6 000,–	5 000,–	11 000,–
usw.		42 000,–	30 000,–	72 000,–

Man erkennt, daß die Restschulden eine arithmetisch fallende Reihe bilden, deren Differenz durch die Tilgungsrate von 5.000,– DM bestimmt wird. Sowohl die Zinsen als auch die Jahresleistung nehmen um die Zinsen der Tilgungsrate 8% aus 5.000,– DM = 400,– DM ab. Die Erhöhung des Effektivzinses bei unterjähriger Zahlung von Zins und Tilgung kann auch hier eintreten. Es ist auch möglich, diese Kapitalabzahlungsbeträge in ungleichmäßiger Höhe zu vereinbaren.

4. Festdarlehen

Es handelt sich um Darlehen, die an einem von vornherein bestimmten und feststehenden Termin durch eine einmalige Rückzahlung getilgt werden. Diese sogenannten „endfälligen" Darlehen werden häufig mit Lebensversicherungen oder Tilgungsversicherungen kombiniert. Gezahlt werden immer Zinsen vom vollen Ursprungskapital. Tilgungsleistungen werden während der Dauer des Festdarlehens nicht verlangt. Statt dessen zahlt der Schuldner eine Versicherungsprämie. Getilgt wird das Darlehen dann durch Auszahlung der Versicherungssumme. Sie erfolgt aufgrund einer Abtretung des Berechtigten an den Gläubiger. Ein solches Darlehen ist von der Summe der Zinsen her gesehen wesentlich teurer als ein Annuitätendarlehen, da Zinsersparnisse durch Tilgungen nicht vorkommen.

Aber aus steuerlichen Gründen sind sie manchmal anzuraten. Die Einzahlungen auf die Lebensversicherungen sind unter bestimmten Bedingungen im Rahmen der Höchstbeträge bei den Vorsorgeaufwendungen als Sonderausgaben bei der Einkommensteuer bzw. der Lohnsteuer abzugsfähig (siehe dazu S. 342). Die Einschränkung des Abzugs von Beiträgen zur Kapitallebensversicherung und der Steuerfreiheit der außerrechnungsmäßigen und rechnungsmäßigen Zinsen aus den Versicherungen nach § 20 Abs. 1, Nr. 6 i.V. mit § 10 Abs. 2 EStG durch das Steueränderungsgesetz (StÄndG 1992) ist zusätzlich zu beachten (s. auch S. 441).

Der Rückkaufswert der Versicherung erhöht sich durch die fortlaufenden Einzahlungen, so daß dem Risiko der Wertminderung des Beleihungsgegenstandes durch diesen erhöhten Rückkaufswert gegengesteuert wird. Außerdem werden Erträge, die die Lebensversicherung bei der Anlage der eingezahlten Gelder erzielt, dem Versicherungsvertrag gutgeschrieben. Über die Versicherungssumme hinaus werden Gewinn und Überschußanteile ausgezahlt. Dieser über die Kapitalanlage hinaus erzielte Zins aus dem Lebensversicherungsvertrag unterliegt nach der zur Zeit herrschenden Regelung keiner Besteuerung. (Eine Änderung ab dem Jahr 2000 ist beabsichtigt.) Es kann so ein zusätzlicher Vorteil entstehen. Diese Finanzierungskoppelung ist aber nur dann vorteilhaft, wenn die Zinsen steuerlich in voller Höhe als Werbungskosten abgesetzt werden können und eine hohe Steuerbelastung besteht. Man muß vergleichen, in welchem Verhältnis der Zinsaufwand für das Darlehen nach Steuern zu der erzielten steuerfreien Barausschüttung steht und ob ein niedrigerer Nettoaufwand als bei einer anderen Finanzierung entsteht. Allerdings lassen sich weder die Höhe der künftigen Gewinnanteile noch die langfristige Steuerprogression beim Darlehensnehmer sicher abschätzen. Zu beachten ist, daß die Versicherungsprämien im Rahmen des § 10 Einkommensteuergesetz unter den dort festgelegten Voraussetzungen vom Einkommen abgesetzt werden können, während sonst Tilgungszahlungen aus bereits versteuertem Einkommen zu leisten sind.

Eine weitere Gestaltungsmöglichkeit besteht darin, daß man die Versicherungssummen teilt und mit abgestufter Laufzeit abschließt. Auf diese Weise kann man das Festdarlehen nicht nur an einem einzigen Termin, sondern zu mehreren Zeitpunkten zurückzahlen. Es kommt dabei auf die vorherige Vereinbarung unterschiedlicher Fälligkeiten der Lebensversicherungssumme an. Die Darlehenstilgung erfolgt auch manchmal in der Weise, daß der Versicherungsnehmer einmal oder mehrmals den Rückkaufswert der Versicherung beleiht und mit dem vom Versicherer erhaltenen Policendarlehen den Kredit bei dem Gläubiger tilgt. Bei der Gestaltung ist das Abzugsverbot für Beiträge zu bestimmten Versicherungen bei Policen-Darlehen als Sonderausgaben (§ 10 Abs. 2, Satz 2 EStG) durch das StÄndG 1992 ab 14. 2. 1992 zu berücksichtigen.

Mit Schr. v. 8. 5. 1998 – IV B 2 – S 2134 – 23/98 geht das BMF auf Fragen der Anwendung des § 10 Abs. 2 Satz 2 EStG ein. U. a. wird Stellung genommen zur Abtretung von Ansprüchen aus Rentenversicherungen mit

Kapitalwahlrecht, zur Umschuldung (Heilung) einer steuerschädlichen Finanzierung sowie zur unmittelbaren Verwendung der Darlehensmittel. Ebenfalls werden die Fragen geklärt, ob eine Beschränkung der Abtretung der Höhe nach auch noch nach dem Abschluß des Sicherungsvertrags möglich ist und ob bei einer Finanzierung unter Einsatz von Lebensversicherungsansprüchen (Altfall) durch einen Versicherungsnehmerwechsel steuerliche Nachteile entstehen können.

Es besteht sowohl für den Schuldner als auch für den Gläubiger ein zusätzlicher Sicherungseffekt: Bei Eintreten des Todesfalls des Begünstigten wird die Versicherungssumme vorzeitig fällig und kann zur Abdeckung der Restschuld verwendet werden.

G. Wie erleichtert man sich den Kapitaldienst?

Häufig geht es nicht ohne Überbrückungshilfen. Die Einkommen reichen nicht immer aus, um ein Haus oder eine Wohnung in vollem Umfang nach den Regeln der klassischen Baufinanzierung zu finanzieren. Insbesondere dann, wenn relativ wenig Eigenkapital vorhanden ist. Es gibt eine solche Unzahl von Modellvarianten, daß man sie nicht alle überschauen kann. Aber die wesentlichen Merkmale der einzelnen Konstruktionen sind ähnlich.

1. Tilgungsstreckungsdarlehen

Tilgungsstreckungsdarlehen sind nichts Neues. Es geht eigentlich nur darum, den Eigenkapitalbedarf zu vermindern und die Liquiditätslücke zu schließen, die durch den Auszahlungsverlust, durch das Disagio, entsteht. Gewährt das Kreditinstitut ein Tilgungsstreckungsdarlehen, so steht der Betrag des Hauptdarlehens ungeschmälert zur Auszahlung zur Verfügung. Die Tilgung auf das Ursprungsdarlehen bleibt aber meist so lange ausgesetzt, bis das Tilgungsstreckungsdarlehen zurückgezahlt ist.[1] Dieses Tilgungsstreckungsdarlehen ist wirtschaftlich gesehen ein teurer Zuschlag auf das Hauptdarlehen in Höhe des vom Gläubiger vereinnahmten Disagios. Der Umfang des Schuldendienstes (Zins und Tilgung) bleibt gleich. Im Ergebnis verlängert sich die Laufzeit des Darlehens.

---

[1] Siehe Beispiel auf S. 159.

2. Aussetzen der Tilgung

Der Darlehensgeber kann den Darlehensnehmer für eine bestimmte Zeit freistellen, die vereinbarten Tilgungen zu leisten.

Am Ende der Zinsbindungsfrist ist eine neue Zinsvereinbarung notwendig. Diese kommt in einer Hochzinsphase nur mit einem höheren Zinssatz zustande. War die Kapitaldienstrate aus einem erheblich niedrigeren Zinssatz berechnet, so würde sie sich stark erhöhen. Wenn eine solche Mehrbelastung mit dem verfügbaren Einkommen nicht in Übereinstimmung zu bringen ist, so verzichtet der Gläubiger vorübergehend auf die Tilgung und verlangt nur die Zinsen. Erst wenn die Zinsen wieder gesunken sind, setzt die Tilgung wieder ein. Manchmal wird die Tilgung ausgesetzt, indem man das Annuitätendarlehen in ein Festdarlehen umwandelt. Ein abzutretender Bausparvertrag oder eine abzutretende Lebensversicherung holt bei Fälligkeit dieser Verträge die Tilgung nach.

3. Dynamische Tilgung

Es gibt Möglichkeiten einer sogenannten „dynamischen" Tilgung. Solche Darlehensbedingungen kommen vor sowohl mit Vereinbarungen wachsender Tilgungsbeträge als auch mit Absprachen zunehmender Annuitäten. Die Rückzahlungen auf das Darlehen werden anfänglich vermindert und später nachgeholt. Es besteht die Tendenz, solche Vereinbarungen einer dynamischen Tilgung so zu gestalten, daß die ursprüngliche planmäßige Laufzeit eines Annuitätendarlehens nicht überschritten wird.

Bausparkassen verlangen zum Beispiel anstatt eines Zins- und Tilgungsbeitrags von 6,– DM pro Tausend DM Bausparsumme:

ab dem 1. Jahr	5,– DM pro Tausend DM Bausparsumme
ab dem 3. Jahr	6,– DM pro Tausend DM Bausparsumme
ab dem 5. Jahr	7,– DM pro Tausend DM Bausparsumme

4. Tilgungszuschußdarlehen

Als Möglichkeit zur Verminderung der Zahllast des Schuldendienstes haben sich Annuitäten- und Tilgungszuschußdarlehen eingebürgert. Man findet dafür auch noch das Wort: Tilgungsauffangkredit. Es handelt sich um eine zusätzliche Darlehensgewährung. Dieses neue Darlehen wird ratenweise ausgezahlt, um die Zins- und Rückzahlungsverpflichtungen des ursprünglich aufgenommenen Darlehens zu bedienen. Dieses zusätzliche Darlehen wird zunächst weder mit Zinsen noch mit Tilgungsleistungen bedient. Die Zinsen werden dem Kapital jeweils zugeschlagen und mit verzinst. Erst dann, wenn das Ursprungsdarlehen getilgt ist, beginnt der Kapitaldienst für das aufgelaufene Annuitäts- oder Tilgungszuschußdarlehen. Das Wort „Zuschuß" täuscht in diesem Zusammenhang. Es handelt sich um ein zusätzliches Darlehen mit Rückzahlungsverpflichtung. Solche Darlehen kommen auch vor bei Zinsstundungen und Tilgungsaussetzungen. Wichtig ist eine Vereinbarung, daß der Darlehensnehmer jederzeit die Zahlung des Tilgungszuschußdarlehens durch den Gläubiger unterbrechen und die bereits ausbezahlten Beträge vorzeitig zurückzahlen kann. Wegen der Besonderheiten des Sonderausgabenabzugs bei Lebensversicherungen s. S. 441.

Beispiel 1:

Bausparsumme 100000 DM, *Bauspardarlehen 60000 DM zuzüglich 2% Darlehensgebühr.* Darlehenszins 5%, Zins- und Tilgungsrate 400 DM, vierteljährliche Zinsrechnung, letztes Vierteljahr Teilrate. Tilgungszuschußdarlehen aus Monatsrate 200 DM, monatliche Verzinsung, jährliche Zinskapitalisierung bei Zinssätzen für das Tilgungszuschußdarlehen von 6%, 8%, 10% und 12%.

Die Abwicklung dieser Kombination von Finanzierungsmitteln ist anschließend dargestellt.

Datum	Bauspardarlehen DM	Jahreszins DM	Tilgungszuschuß darlehen DM	Kumulierter Zins bei 12% DM	10% DM	8% DM	6% DM
01.01.01	61.200,—						
31.12.01	56.981,72	2.981,72	2.400,—	156,—	130,—	104,—	78,—
31.12.02	52.548,54	2.766,82	4.800,—	618,72	513,—	408,32	304,38
31.12.03	47.889,52	2.540,98	7.200,—	1.424,97	1.174,30	928,99	688,96
31.12.04	42.993,14	2.303,62	9.600,—	2.615,96	2.141,73	1.683,30	1.240,30
31.12.05	37.847,30	2.054,16	12.000,—	4.237,88	3.445,90	2.689,97	1.968,72
31.12.06	32.439,31	1.792,01	14.400,—	6.342,42	5.120,44	3.969,17	2.884,84
31.12.07	26.755,81	1.516,60	16.800,—	8.987,51	7.202,54	5.542,70	3.999,93
31.12.08	20.782,77	1.226,96	19.200,—	12.238,02	9.732,80	7.434,12	5.325,93
31.12.09	14.505,42	922,65	21.600,—	16.166,58	12.756,08	9.668,84	6.875,48
31.12.10	7.908,28	602,86	24.000,—	20.854,57	16.321,68	12.274,35	8.662,01
31.12.11	975,04	266,76	26.400,—	26.393,11	20.483,85	15.280,30	10.699,73
31.03.12	-,—	12,19	26.187,23	27.976,90	21.655,95	16.113,91	11.256,23
Stand des Zuschußdarlehens bei Tilgungsbeginn				54.164,13	47.843,18	42.301,14	37.443,46

Tilgungszuschußdarlehen
Zins- und Tilgungsrate 600 DM, vierteljährliche Zinsrechnung, Verzinsungsbeginn 01. des der Tilgung des Bauspardarlehens folgende Quartals.

Datum	12% Tilgungs-zuschuß-darlehen DM	12% Jahres-zins DM	10% Tilgungs-zuschuß-darlehen DM	10% Jahres-zins DM	8% Tilgungs-zuschuß-darlehen DM	8% Jahres-zins DM	6% Tilgungs-zuschuß-darlehen DM	6% Jahres-zins DM
01.04.12	54.164,13		47.843,18		42.301,14		37.443,46	
31.12.12	53.622,98	4.858,85	45.985,75	3.542,57	39.381,58	2.480,44	33.672,41	1.628,95
31.12.13	52.822,61	6.399,63	43.285,13	4.499,38	35.208,99	3.027,41	28.375,05	1.902,64
31.12.14	51.921,79	6.299,18	40.304,16	4.219,03	30.692,45	2.683,46	22.752,63	1.577,58
31.12.15	50.907,89	6.186,10	37.013,72	3.909,56	25.803,61	2.311,16	16.785,19	1.232,56
31.12.16	49.766,75	6.058,86	33.381,69	3.567,97	20.511,76	1.908,15	10.451,56	866,37
31.12.17	48.482,39	5.915,64	29.372,62	3.190,93	14.783,70	1.471,94	3.729,27	477,71
31.12.18	47.036,83	5.754,44	24.947,35	2.774,73	8.583,46	999,76	214,99	85,72
31.12.19	45.409,83	5.573,00	20.062,68	2.315,33	1.872,11	488,65	-,—	0,39
31.12.20	43.578,63	5.368,80	14.670,92	1.808,24	109,55	37,44	letzte Zahlung: 12.07	
31.12.21	41.517,61	5.138,98	8.719,42	1.248,50	-,—	0,13	215,38 DM	
31.12.22	39.197,90	4.880,29	2.150,09	630,67	letzte Zahlung: 06.04			
31.12.23	36.587,06	4.589,16	403,84	53,75	109,68 DM			
31.12.24	33.648,53	4.261,47	-,—	2,26				
31.12.25	30.341,19	3.892,66	letzte Zahlung: 21.04					

Datum	12% Tilgungs-zuschuß-darlehen DM	12% Jahres-zins DM	10% Tilgungs-zuschuß-darlehen DM	10% Jahres-zins DM	8% Tilgungs-zuschuß-darlehen DM	8% Jahres-zins DM	6% Tilgungs-zuschuß-darlehen DM	6% Jahres-zins DM
31.12.26	26.618,75	3.477,56	406,10 DM					
31.12.27	22.429,10	3.010,35						
31.12.28	17.713,62	2.484,52						
31.12.29	12.406,31	1.892,69						
31.12.30	6.432,89	1.226,58						
30.09.31	1.465,78	432,89						
14.12.31	-,—	35,48						
	letzte Zahlung: 14.12 304,26 DM							

[1] Quelle: Bausparkassen-Fachbuch 1985, Stuttgart S. 321 f.

Beispiel 2:

Bausparsumme 100000 DM, Bauspardarlehen 60000 DM zuzüglich 2% Darlehensgebühr, 4,5% Darlehenszins, Zins- und Tilgungsrate 400 DM, vierteljährliche Zinsrechnung, letztes Vierteljahr Teilrate. Tilgungszuschußdarlehen aus Monatsrate 200 DM, monatliche Verzinsung, jährliche Zinskapitalsierung bei Zinssätzen für das Tilgungsstreckungsdarlehen von 6%, 8%, 10% und 12%.

Datum	Bauspar-darlehen DM	Jahres-zins DM	Tilgungs-zuschuß-darlehen DM	Kumulierter Zins bei 12 % DM	10 % DM	8 % DM	6 % DM
01. 01. 01	61 200,–						
31. 12. 01	56 678,41	2 678,41	2 400,–	156,–	130,–	104,–	78,–
31. 12. 02	51 949,89	2 471,48	4 800,–	618,72	513,–	408,32	304,38
31. 12. 03	47 004,97	2 255,08	7 200,–	1 424,97	1 174,30	928,99	688,96
31. 12. 04	41 833,75	2 028,78	9 600,–	2 615,96	2 141,73	1 683,30	1 240,30
31. 12. 05	36 425,86	1 792,11	12 000,–	4 237,88	3 445,90	2 689,97	1 968,72
31. 12. 06	30 770,48	1 544,62	14 400,–	6 342,42	5 120,49	3 969,17	2 884,84
31. 12. 07	24 856,28	1 285,80	16 800,–	8 987,51	7 202,54	5 542,70	3 999,93
31. 12. 08	18 671,41	1 015,13	19 200,–	12 238,02	9 732,80	7 434,12	5 325,93
31. 12. 09	12 203,50	732,09	21 600,–	16 166,58	12 756,08	9 668,84	6 875,48
31. 12. 10	5 439,58	436,08	24 000,–	20 854,57	16 321,68	12 274,35	8 662,01
30. 09. 11	164,26	124,68	25 800,–	24 981,48	19 420,81	14 510,81	10 176,80
31. 12. 11	–,–	1,85	24 766,11	26 504,92	20 551,33	15 317,03	10 716,45
Stand des Zuschußdarlehens bei Tilgungsbeginn				51 271,03	45 317,44	40 083,14	35 482,56

Tilgungszuschußdarlehen bei Bauspardarlehenszins 4,5%

Zins- und Tilgungsrate 600 DM, vierteljährliche Zinsrechnung, Verzinsungsbeginn 01. des der Tilgung des Bauspardarlehens folgenden Quartals.

Datum	12 % Tilgungs-zuschuß-darlehen DM	12 % Jahres-zins DM	10 % Tilgungs-zuschuß-darlehen DM	10 % Jahres-zins DM	8 % Tilgungs-zuschuß-darlehen DM	8 % Jahres-zins DM	6 % Tilgungs-zuschuß-darlehen DM	6 % Jahres-zins DM
01. 01. 12	51 271,03		45 317,44		40 083,14		35 482,56	
31. 12. 12	50 175,46	6 104,43	42 547,46	4 430,02	35 968,39	3 085,25	30 296,27	2 013,71
31. 12. 13	48 942,38	5 966,92	39 489,91	4 142,45	31 514,45	2 746,06	24 791,72	1 695,45
31. 12. 14	47 554,55	5 812,17	36 114,94	3 825,03	26 693,35	2 378,90	18 949,40	1 357,68
31. 12. 15	45 992,55	5 638,00	32 389,61	3 474,67	21 474,85	1 981,50	12 748,57	999,17
31. 12. 16	44 234,50	5 441,95	28 277,54	3 087,93	15 826,18	1 551,33	6 167,24	618,67
31. 12. 17	42 255,80	5 221,30	23 738,58	2 661,04	9 711,86	1 085,68	967,55	200,31
31. 12. 18	40 028,74	4 972,94	18 728,41	2 189,83	3 093,53	581,67	–,–	7,76
31. 12. 19	37 522,17	4 693,43	13 198,14	1 669,73	1 355,40	61,87	letzte Zahlung: 19. 10.	
31. 12. 20	34 701,02	4 378,85	7 093,74	1 095,60	–,–	20,28	375,31 DM	
31. 12. 21	31 525,77	4 024,75	355,64	461,90 }	letzte Zahlung: 08. 06.			
31. 12. 22	27 952,00	3 626,23	–,–	1,74 }	175,68 DM			
31. 12. 23	23 929,70	3 177,70	letzte Zahlung: 19. 01.					
31. 12. 24	19 402,56	2 672,86	357,38 DM					
31. 12. 25	14 307,23	2 104,67						
31. 12. 26	8 572,39	1 465,16						
31. 12. 27	2 117,77	745,38						
31. 03. 28	381,30	63,53 }						
19. 04. 28	–,–	2,40 }						
	letzte Zahlung: 19. 04.							
	383,70 DM							

Quelle: Bausparkassen-Fachbuch 1985 a. a. O. S. 324.

Alle derartigen Finanzierungs-Konstruktionen helfen die Belastungen aus dem Kapitaldienst erträglicher zu gestalten. Aber mit einer Laufzeitverlängerung ist immer ein Zinsmehraufwand verbunden. Die Finanzierung verteuert sich.

Wenn in Finanzierungsangeboten statt des in diesem Abschnitt verwendeten Begriffs „Darlehen" das Wort „Hypothek" auftaucht, so macht das in aller Regel, wirtschaftlich betrachtet, keinen Unterschied.

3. Abschnitt. Merkmale der Finanzierungsmittel

Kapitel VI. Die eigenen Mittel – der mühsame Teil

Mit eigenen Mitteln muß man den Restfinanzierungsraum (siehe S. 53) ausfüllen. Oder mit solchen Finanzierungsmitteln, die Eigenkapital ersetzen können. Bestimmt wird der Umfang dieses Finanzierungsraums durch 2 Faktoren

- die Obergrenze, bis zu der Kreditinstitute fremde Mittel ausleihen und
- die Belastung, die für den Eigentümer tragbar ist.

Beide Faktoren stehen in einer Wechselbeziehung zueinander:

- erlauben die finanziellen Verhältnisse des Eigentümers eine hohe Belastung, so verkleinert sich der Bedarf an eigenen Mitteln,
- vergrößert sich der Eigenkapitalanteil, so sinkt die Belastung aus dem Kapitaldienst.

In der Lastenberechnung (siehe S. 60) werden Zinsen für die eingesetzten eigenen Mittel nicht gerechnet. Bei wirtschaftlicher Betrachtungsweise kann man aber den Gesichtspunkt nicht vernachlässigen, daß auch das im Grundvermögen eingesetzte Eigenkapital sich verzinsen soll. Daher muß man bei der Rentabilitäts-(Wirtschaftlichkeits-)berechnung (siehe S. 66) die Verzinsung des Eigenkapitals mitrechnen und bei der Mietkalkulation ansetzen. Bei eigengenutzten Häusern und Wohnungen wird zwar darauf verzichtet; aber der Investor muß der Tatsache eingedenk bleiben, daß er neben den Zinsen für den Kapitaldienst außerdem noch die Zinsen des Eigenkapitals „verwohnt".

Verfügt ein Anleger über soviel eigene Mittel, daß er das Verhältnis Fremdkapital zu Eigenkapital weitgehend frei bestimmen kann, so stehen kurz- und langfristig zu betrachtende Rentabilitätsgesichtspunkte im Vordergrund der Finanzplanung. Steuerliche Überlegungen treten hinzu. Die Wirtschaftlichkeit und die Steuerwirkungen verschiedener Kombinationen von Finanzierungsmitteln werden durchgerechnet und die günstigste Variante ausgewählt.

Aber in der Mehrzahl der Fälle reduziert sich das Auswahlproblem. Es geht schlicht darum, ob soviel eigene Mittel überhaupt aufgebracht werden können, daß der Kapitalbedarf für das Objekt bei einer als tragbar angesehenen Belastung gedeckt werden kann.

Hier können nicht alle Vorgänge der Ansammlung von Geldvermögen dargestellt werden. Dafür wird auf die einschlägige Literatur verwiesen und das täglich neu publizierte Angebot miteinander konkurrierender Geldvermögensanlagen wie Spareinlagen, Sparpläne mit Bonus oder Prämie, Schuldverschreibungen, Bundesschatzbriefe, Anleihen der öffentlichen Hände, Pfandbriefe, Kommunalobligationen, Investmentfondsanteile, Aktien und noch vieles andere mehr. All dieses in Geldvermögen angelegte und durch Zinsen[1] vermehrte Eigenkapital kann dann für die Finanzierung von Haus und Wohnung verwendet werden, wenn es in dem Zeitpunkt liquide oder als Sicherheit zur Verfügung steht, in dem es benötigt wird. Der Fungibilität einer solchen Anlage kommt im Hinblick auf die Verwendung zur Finanzierung von Haus und Wohnung erhebliche Bedeutung zu.

A. Wie vermehrt man sein Geldvermögen?

Einzelne, bestimmte Sparvorgänge sind speziell auf die Finanzierung von Haus und Wohnung angelegt. Da in der Bundesrepublik der Bildung von Wohneigentum sowohl politisch als auch von den Bürgern her gesehen, ein hoher Stellenwert beigemessen wird, fördert der Staat die Ansammlung von Eigenmitteln.

Solche Subventionen von Sparvorgängen sollen hier behandelt werden, obwohl sie auch dem Kapitel VIII. „Die staatlichen Subventionen – der geschenkte Teil" zugeordnet werden können. Es handelt sich um die Gewährung von Wohnungsbauprämien, um

[1] Der Sparer-Freibetrag bei der Einkommensteuer für Kapitalerträge wurde ab 1. 1. 1993 pro Jahr auf DM 6100,– für Alleinstehende und auf DM 12200,– für Eheleute erhöht, einschließlich Werbungskosten-Pauschbetrag. Ab dem Jahr 2000 gelten halbierte Freibeträge.

In dieser Höhe kann ein Freistellungsauftrag bei der Zinsabschlagsteuer geltend gemacht werden.

den Abzug von Sparleistungen als Sonderausgaben nach § 10 Einkommensteuergesetz und um die Arbeitnehmersparzulage.

1. Wohnungsbauprämien

Für Aufwendungen zur Förderung des Wohnungsbaues können unbeschränkt steuerpflichtige natürliche Personen eine Prämie erhalten. So bestimmt es § 1 des Wohnungsbau-Prämiengesetzes (WoPG), das es seit dem Jahre 1952 gibt. Sie kann, wie das bei staatlichen Subventionen üblich ist, nur in Anspruch genommen werden, wenn der Sparer bestimmte Voraussetzungen schafft und Beschränkungen einhält.

Sparbeiträge werden nur in begrenzter Höhe prämiert:

Ab 1. 1. 1996 gilt für bestehende und neu abzuschließende Verträge:

Familienstand	Auf diese Einzahlungen gibt es Wohnungsbauprämie jährlich DM	So hoch ist die Wohnungsbauprämie DM jährlich	
alleinstehend	1000	10	100
verheiratet	2000	10	200

Mindestbeitragsgrenze DM 100.– jährlich ab 1990.

Das Steueränderungsgesetz 1992 brachte eine Änderung des Ehegattenbegriffs entsprechend der Regelung im EStG ab 1992.

Ab 1996 kann die Wohnungsbauprämie schon im Alter von 16 Jahren und nicht erst mit 18 Jahren in Anspruch genommen werden. Das Einkommen der Eltern wird nicht mehr angerechnet. Das Antrags- und Auszahlungsverfahren wurde wie folgt geregelt:

Die Prämie wird für Aufwendungen auf Antrag nach Ablauf des Sparjahrs gezahlt. Sparjahr ist das Kalenderjahr, in dem die Aufwendungen geleistet worden sind. Für Aufwendungen im Sinne des § 2 Abs. 1 Nr. 1 wird die Prämie auf Antrag nach Ablauf des Sparjahrs ebenfalls gezahlt, wenn sie auf Grund eines Vertrages geleistet worden sind, der vor dem 1. Januar 1992 geschlossen worden ist. Ist der Vertrag nach dem 31. Dezember 1991 geschlossen worden, so wird die Prämie auf Antrag nach Ablauf des Sparjahrs lediglich festgesetzt.

Der Antrag ist nach amtlich vorgeschriebenem Vordruck bis zum Ablauf des zweiten Kalenderjahrs, das auf das Sparjahr folgt, an das Unternehmen oder Institut zu richten, an das die prämienbegünstigten Aufwendungen geleistet worden sind. Das Unternehmen oder Institut leitet den Antrag an das Finanzamt weiter, das für die Besteuerung des Einkommens des Prämienberechtigten zuständig ist.

Wird dem Antrag entsprochen, überweist das Finanzamt die Prämie zugunsten des Prämienberechtigten an das Unternehmen oder Institut. Einen Bescheid über die Festsetzung der Prämie erteilt das Finanzamt nur auf zusätzlichen Antrag des Prämienberechtigten. Wird nachträglich festgestellt, daß die Voraussetzungen nicht vorliegen oder die Prämie aus anderen Gründen ganz oder teilweise zu Unrecht gezahlt worden ist, so hat das Finanzamt die Prämienfestsetzung aufzuheben oder zu ändern und die Prämie, soweit sie zu Unrecht gezahlt worden ist, zurückzufordern. Sind zu diesem Zeitpunkt die prämienbegünstigten Aufwendungen durch das Unternehmen oder Institut noch nicht ausgezahlt, so darf die Auszahlung nicht vorgenommen werden, bevor die Prämien an das Finanzamt zurückgezahlt sind. Ein Rückforderungsanspruch erlischt, wenn er nicht bis zum Ablauf des zweiten Kalenderjahrs geltend gemacht worden ist, das auf das Kalenderjahr folgt, in dem die Prämie dem Prämienberechtigten von dem Unternehmen oder Institut ausgezahlt worden ist.

Wird dem Antrag entsprochen, teilt das Finanzamt der Bausparkasse die Höhe der festgesetzten Prämie mit. Die Bausparkasse merkt die Prämie im Konto des Bausparers gesondert vor. Sobald

a) der Bausparvertrag zugeteilt,
b) die Bindungsfrist überschritten oder
c) unschädlich durch wohnwirtschaftliche Verwendung verfügt

worden ist, fordert die Bausparkasse die festgesetzten Prämienbeträge bei dem Finanzamt an, das zu diesem Zeitpunkt für die Besteuerung des Einkommens des Prämienberechtigten zuständig ist. Das Finanzamt überweist den angeforderten Prämienbetrag an die Bausparkasse, wenn diese bestätigt hat, daß die Voraussetzungen für die Auszahlung der Prämie vorliegen. Wird der Bausparvertrag fortgeführt, sind anfallende Prämien jährlich an die Bausparkasse zu überweisen.

Das BMF stellt mit Schr. v. 18. 5. 1998 – IV B 6 – S 32/98 nochmals klar, daß für Sparjahre ab 1996 die Anzeigepflicht der Bausparkassen weggefallen ist (§ 1 WoPDV 1996). Nach der Neuregelung des Verfahrens nach § 4a WoPG 1996 hat die Bausparkasse zu Unrecht gutgeschriebene oder ausgezahlte Prämien selbst zurückzufordern (§ 4a Abs. 4 Satz 1 WoPG 1996). Nur in den Ausnahmefällen des § 4a Abs. 4 Satz 5 WoPG 1996 ist das FA zu unterrichten. Auch die Anzeigepflicht nach § 29 Abs. 3 EStDV wurde durch das Gesetz zur Neuregelung der steuerrechtlichen Wohneigentumsförderung v. 15. 12. 1995 aufgehoben. Eine Anzeigepflicht besteht nach § 84 Abs. 2a EStDV nur noch für vor dem 1. 1. 1996 geleistete Bausparbeiträge, die bei späteren Vertragsabschlüssen nicht vorliegen können. Bei vermögenswirksamen Leistungen, die in Kj ab 1994 angelegt worden sind, besteht nach § 8 Abs. 1 VermBDV 1994 eine Anzeigepflicht des Anlageunternehmens oder des ArbG nur noch gegenüber der Zentralstelle der Länder.

Es gab eine zusätzliche Bausparförderung nach dem Wohnungsbauprämiengesetz in den neuen Bundesländern

Nach dem Einigungsvertragsgesetz vom 23. 9. 1990 (BGBl. II S. 885) gilt:

Dem § 10 werden folgende Absätze angefügt:

„(6) In den Kalenderjahren 1991 bis 1993 gilt für Beiträge an Bausparkassen zur Erlangung von Baudarlehen, die zur Förderung des Wohnungsbaus in dem in Artikel 3 des Einigungsvertrages genannten Gebiet bestimmt sind, zusätzlich:

1. Der Vertrag muß ausdrücklich zur Verwendung zum Wohnungsbau in dem in Artikel 3 des Einigungsvertrages genannten Gebiet bestimmt sein. Ein Vertrag, der diese Bestimmung nicht enthält, kann entsprechend ergänzt werden.
2. Für Beiträge auf Grund eines Vertrages nach Nummer 1 gilt § 3 Abs. 1 und Abs. 2 mit der Maßgabe, daß sich der Prämiensatz um 5 vom Hunder der Aufwendungen (Zusatzprämie) und die prämienbegünstigten Aufwendungen um 1200 Deutsche Mark, bei Ehegatten um 2400 Deutsche Mark, erhöhen (zusätzlicher Höchstbetrag).
3. Eine Verfügung, die § 2 Abs. 2, nicht aber dem besonderen vertraglichen Zweck entspricht, ist hinsichtlich der Zusatzprämie und des zusätzlichen Höchstbetrages schädlich. Schädlich ist auch die Verwendung für Ferien- und Wochenendwohnungen, die in einem entsprechend ausgewiesenen Sondergebiet liegen oder die sich auf Grund ihrer Bauweise nicht zum dauernden Bewohnen eignen.

(7) Die Verordnung über die Einführung des Bausparens in der DDR vom 21. Juni 1990 (GBl I Nr. 37 S. 478) ist letztmalig auf Tatbestände anzuwenden, die vor dem 1. Januar 1991 verwirklicht worden sind. Fördermaßnahmen nach dieser Verordnung werden nur für das Jahr 1990 gewährt."

Die Gesamt-Wohnungsbauprämie beträgt unter Ausnutzung des zusätzlichen Höchstbetrages jährlich bis

Alleinstehende	15% aus DM 2000,– = DM 300,–
Verheiratete	15% aus DM 4000,– = DM 600,–.

Eine Verfügung über den Bausparvertrag, die nicht dem vereinbarten Zweck entspricht, ist hinsichtlich der Zusatzprämie und des zusätzlichen Höchstbetrages schädlich, selbst wenn sie sich im Rahmen des § 2 Abs. 2 Wohnungsbau-Prämiengesetz hält. Schädlich in diesem Sinne ist auch die Verwendung des begünstigten Vertrages für Ferien- und Wochenendwohnungen, die in einem entsprechend ausgewiesenen Sondergebiet liegen oder die sich aufgrund ihrer Bauweise nicht zum dauernden Bewohnen eignen. Für das Sparjahr 1990 bleibt es für Bewohner der (ehemaligen) DDR bei der Sonderförderung, wie sie in der Verordnung über die Einführung des Bausparens in der DDR festgelegt ist. Die Wohnungsbauprämie beträgt 15% der Aufwendungen zuzüglich 2% für jedes zu berücksichtigende Kind. Der Prämienhöchstbetrag ist begrenzt auf 400 DM für Alleinstehende und 600 DM für Verheiratete und Alleinerziehende. Einkommensgrenzen gibt es nicht.

Auch für Bausparer in den alten Bundesländern können bei Vorliegen der Voraussetzungen Zusatzprämien gewährt werden.

Die Prämien gehören nicht zu den Einkünften im Sinne des Einkommensteuergesetzes.

Nach dem Zinsabschlagsgesetz sind Bausparzinsen an Sparer mit Arbeitnehmer-Sparzulage oder Wohnungsbauprämie oder generell mit Zinsen unter 1% von der Zinsabschlagsteuer ausgenommen.

Welche Einkommensgrenzen dürfen nicht überschritten werden?

Die Einkommensgrenze beträgt 50000 Deutsche Mark, bei Ehegatten 100000 Deutsche Mark. Maßgebend ist das zu versteuernde Einkommen (§ 2 Abs. 5 des Einkommensteuergesetzes) des Sparjahrs. Bei Ehegatten ist das zu versteuernde Einkommen maßgebend, das sich bei einer Zusammenveranlagung nach § 26b des Einkommensteuergesetzes ergeben hat oder, falls eine Veranlagung nicht durchgeführt worden ist, ergeben würde.

Dieser Betrag kann je nach den steuerrechtlich möglichen Abzügen im Einzelfall auch noch höher liegen.

Ab 1990 ist das im Jahr der Sparleistung zu versteuernde Einkommen maßgeblich.

Auch der Kreis der prämienbegünstigten Aufwendungen ist beschränkt. Als Aufwendungen zur Förderung des Wohnungsbaus gelten (§ 2 WoPG):

- Beiträge an Bausparkassen zur Erlangung von Baudarlehen.
- Erwerb von Rechten zur dauernden Selbstnutzung von Wohnraum in Alten-, Altenpflege- und Behinderteneinrichtungen oder -anlagen (erstmals für das Kj. 1991).

- Aufwendungen für den ersten Erwerb von Anteilen an Bau- und Wohnungsgenossenschaften.
- Beiträge aufgrund von Sparverträgen mit Kreditinstituten und bestimmten Spareinrichtungen der gemeinnützigen Wohnungswirtschaft, die auf die Dauer von 3 bis 6 Jahren als allgemeine Sparverträge oder als Sparverträge mit festgelegten Sparraten abgeschlossen werden, wenn die eingezahlten Sparbeiträge und die Prämien zum Bau oder Erwerb von Wohneigentum verwendet werden.
- Beiträge aufgrund von Kapitalansammlungsverträgen mit Wohnungs- und Siedlungsunternehmen oder Organen der staatlichen Wohnungspolitik, die nach der Art von Sparverträgen mit festgelegten Sparraten auf die Dauer von 3 bis 6 Jahren abgeschlossen werden, wenn die eingezahlten Sparbeiträge und die Prämien zum Bau oder Erwerb von Wohneigentum verwendet werden.

Besonderes Gewicht bekam die Wohnungsbauprämie für das Bausparkassengeschäft. Die Milliardenbeträge (von 1976 bis 1982 allein DM 14,1 Mrd.) an ausgezahlten Wohnungsbauprämien für geleistete Sparbeiträge machen dies deutlich. Die oben beschriebene Änderung der Auszahlung der Wohnungsbauprämie verlagert den Zufluß bei den Bausparkassen in die Zukunft.

Von den Einzahlungen auf Bausparverträge gelten
als prämienbegünstigt:
- monatliche Regelsparbeiträge
- freiwillige Sonderzahlungen
- Abschlußgebühren bzw. die in gleicher Höhe auf ein Sonderkonto geleistete Zahlung
- Übernahme- und Umschreibegebühren bei Abtretung (Übertragung) eines Bausparvertrages
- gutgeschriebene Zinsen
- nach dem 31. 12. 1989 angefallene Bausparbeiträge gelten nach § 2 Abs. 1 Nr. 1 WoPG nur dann als prämienbegünstigt, soweit die an dieselbe Bausparkasse geleisteten Beiträge im Sparjahr mindestens DM 100 betragen (§ 10 Abs. 1 WoPG)
- nach Zuteilung, aber vor Auszahlung der Bausparsumme geleistete Bausparbeiträge
- die Kontoführungsgebühr

- Bearbeitungsgebühr für den Wohnungsbauprämienantrag
- Leistungen nach dem 5. VermBG, soweit hierfür keine Arbeitnehmer-Sparzulage gewährt wurde

nicht als prämienbegünstigt:

- die vom Finanzamt überwiesenen Wohnungsbauprämien
- Beiträge, die über die Bausparsumme hinausgehen
- Zins- und Tilgungsleistungen
- das Entgelt, das der Erwerber eines Bausparvertrags dem Vertragsveräußerer bei Übertragung des Bausparvertrages gezahlt hat
- Sparguthaben, das von einem prämienbegünstigten Sparvertrag auf einen Bausparvertrag übertragen worden ist
- Einzahlungen nach dem Vermögensbildungsgesetz, für die ein Anspruch auf Arbeitnehmer-Sparzulage besteht
- Bonus beim sog. Optionstarif.

Sperrfristen sind zu beachten, in denen weder die Bausparsumme ganz oder zum Teil ausgezahlt, noch geleistete Beiträge ganz oder zum Teil zurückgezahlt oder Ansprüche aus dem Bausparvertrag abgetreten oder beliehen werden dürfen:

- 7 Jahre für Einzahlungen auf vor dem 13. 11. 1980 abgeschlossene Bausparverträge.
- 10 Jahre für Einzahlungen auf ab dem 13. 11. 1980 bis zum 31. 10. 1984 abgeschlossene Bausparverträge
- 7 Jahre für Einzahlungen auf ab dem 1. 11. 1984 abgeschlossene Bausparverträge.
- „Ewige“ Bindung für Bausparbeiträge, die auf einen Bausparvertrag geleistet werden, der zur Verwendung in den ostdeutschen Bundesländern (ohne West-Berlin) bestimmt ist, soweit eine Zusatzprämie in Anspruch genommen oder die zusätzlichen Sparhöchstbeträge genutzt wurden.

Es kommt vor, daß bei Bausparverträgen eine gespaltene Bindungsfrist (Sperrfrist) besteht: 7 Jahre bei Inanspruchnahme der Wohnungsbauprämie und 10 Jahre beim Abzug von Sonderausgaben (§ 10 EStG). Bei Verfügungen über den Bausparvertrag zwischen dem siebten und dem zehnten Jahr verlangen Bausparkassen, daß der Bausparer erklärt, daß er keinen Sonderausgabenabzug in Anspruch genommen hat. Bestehen gegen die Richtigkeit der Erklärung keine Bedenken, – die gutgeschriebenen Wohnungsbauprämien sind auf dem Bausparkonto jeweils ersichtlich – und stimmt das Verhältnis zur Summe der Bausparbeiträge in etwa überein, so kann der Bausparer prämienunschädlich über die angesammelte Summe verfügen.

Allerdings läßt der Gesetzgeber unter bestimmten Voraussetzungen eine vorzeitige Verfügung zu (§ 2 Abs. 2 WoPG). Diese Ausnahmen sind für die Finanzierung von Haus und Wohnung von Bedeutung. Ohne sie wäre die Verwendung der Bausparverträge als Finanzierungsmittel innerhalb der Bindefristen nicht möglich. Die vorzeitige Verfügung ist dann prämienunschädlich, wenn:

- die Bausparsumme ausgezahlt oder die Ansprüche aus dem Vertrag beliehen werden und der Bausparer die empfangenen Beträge unverzüglich und unmittelbar zum Wohnungsbau verwendet.
- die Ansprüche aus dem Bausparvertrag abgetreten werden und der Erwerber die Bausparsumme oder die aufgrund einer Beleihung empfangenen Beträge unverzüglich und unmittelbar zum Wohnungsbau für den Abtretenden oder dessen Angehörigen im Sinne von § 15 der Abgabenordnung verwendet.
- Ansprüche aus dem Bausparvertrag für eine Kautionsgestellung abgetreten werden. In der Regel wird darin nur eine Beschränkung des Kautionshinterlegers hinsichtlich der Verfügung über sein angespartes Guthaben gesehen. Von dem Zeitpunkt an, in dem ein Bausparer für Verbindlichkeiten einzustehen hat, wird eine prämienschädliche Verfügung angenommen.

Eine unverzügliche Verwendung der Bausparsumme sieht die Finanzverwaltung nur dann, wenn innerhalb von 12 Monaten nach Erlangung der Verfügungsmacht über die Mittel mit dem Wohnungsbau begonnen wurde. (BFH-Urteil vom 29. 11. 1973, BStBl. 1974 II 227).

Erklärt der Erwerber des Bausparvertrags, daß er die Bausparsumme im Zeitpunkt der Auszahlung zum Wohnungsbau verwenden wird, so kann er weiterhin auf diesen Bausparvertrag Beiträge leisten. Dadurch kommt kein neuer Bausparvertrag zustande. Vielmehr läuft die Sperrfrist auch für den Erwerber vom Zeitpunkt des Vertragsabschlusses durch den Abtretenden. Nach Ablauf der Sperrfrist kann der Erwerber über den Bausparvertrag unschädlich nur über seine nach Vertragsübernahme geleisteten Beiträge frei verfügen. Diese kann er sich auch durch Kündigung des Bausparvertrages zurückzahlen lassen. Der Abtretende verliert aber immer dann seine Vergünstigungen, wenn der Erwerber den Bausparvertrag im Zustand der Vertragsübernahme nicht zum Wohnungsbau für den Abtretenden oder dessen Angehörige oder – falls der Erwerber selbst Angehöriger des Abtretenden ist – für sich selbst verwendet. Die Bausparkasse ist in diesem Falle dem Finanzamt gegenüber anzeigepflichtig.

Die Beleihung eines Bausparvertrags zugunsten Dritter ist vor Ablauf der Sperrfrist nur dann prämienunschädlich, wenn der Drittbegünstigte die empfangenen Beträge unverzüglich und unmittelbar zum Wohnungsbau für den Prämienberechtigten oder dessen Angehörige verwendet (BFH Urteil vom 29. 11. 1973, BStBl. 1974 II 265).[1]

ABC der wohnwirtschaftlichen Verwendung von Bausparverträgen während der Sperrfrist[*]

aa) Eigentümer ABC

Abbruchkosten	*unschädlich* im Zusammenhang mit der Errichtung eines Wohngebäudes (Neubau)
Abfindung	s. Miterben
Ablösung von Verpflichtungen	*unschädlich,* auch bei Teilablösungen, soweit es sich um echte Fremdmittel für den Wohnungsbau handelt. Die Zahlung laufender, rückständiger oder fällig werdender Zins- und Tilgungsbeiträge ist *schädlich*. Siehe auch Garagenbau-Verpflichtung, Hypotheken-Gewinnabgabe, Kreditgewinnabgabe, Miterben, öffentliche Baudarlehen, Vermögensabgabe, Dauerwohnrecht, Erbbaurecht
Alarmanlage	*unschädlich*
Altenwohnheim	*unschädlich* bei Verwendung als Mietvorauszahlung oder als Mietdarlehen gegen Überlassung einer Wohnung *schädlich* bei Verwendung für Dienstleistungen im Heim; s. auch Mietvorauszahlungen, Immobilienfonds

---

[1] Siehe auch BFH, Urt. vom 17. 10. 1980, Der Langfristige Kredit 1981, S. 92.
[*] Ohne Anspruch auf Vollständigkeit.

Anbau, Ausbau	s. Zubau
Anliegerbeiträge	*unschädlich*
Architektenhonorar	*unschädlich*
Ausland	*unschädlich,* nur Wohnungsbau im Inland ist begünstigt; das gilt nicht für Bedienstete der Europäischen Gemeinschaften und für rückkehrende Ausländer
Außenanlagen	*unschädlich,* soweit sie im Zusammenhang mit dem Wohngebäude stehen; s. auch Gartenanlagen
Außenputz	*unschädlich,* soweit Verbesserung des Wohngebäudes; s. auch Instandsetzung
Bauerwartungsland	*schädlich.* Ausnahme: Bebaubarkeit steht bevor. Durch Bescheinigung der Gemeinde nachzuweisen
Baukostenzuschuß	*unschädlich,* wenn Beteiligung an der Finanzierung des Wohngebäudes bei Neubau oder Kauf gegen Überlassung einer Wohnung. Der Finanzierungsbeitrag muß sich auf mindestens 5 Jahre erstrecken; s. auch Mietvorauszahlungen
Baunebenkosten	*unschädlich,* insbesondere Prüfungs- und Genehmigungsgebühren.
Bauplatz (Bauland)	*unschädlich,* soweit das Bauland auf den Wohnzwecken dienenden Teil des Gebäudes entfällt. Es ist unschädlich, wenn der Bausparer später seine Absicht ändert und nicht baut. Ein Hinzuerwerb von Gelände nach Fertigstellung des Gebäudes zur Vergrößerung des Gartens ist nicht begünstigt. Die Kosten des Erwerbs eines Grundstücks, auf dem der Bausparer als Erbbauberechtigter ein Wohngebäude errichtet hat, sind begünstigt
Berlindarlehen	*schädlich*
Dauerwohnrecht	*unschädlich,* sofern es eigentumsähnlich i. S. des Wohnungseigentumsgesetzes, d. h. im Grundbuch eingetragen, veräußerlich und zeitlich nicht begrenzt ist
Eigenleistung	Gestellung der eigenen Arbeitskraft nicht begünstigt *unschädlich* Kosten der Materialbeschaffung
Eigenmittel	*schädlich,* wenn bei Verwendung Bausparvertrag noch nicht zugeteilt war
Einbaumöbel	*unschädlich,* wenn die Einbaumöbel wesentlicher Bestandteil des Gebäudes i. S. des BGB werden *schädlich* bei serienmäßigen Ein-/Anbaumöbel (z. B. Ein-/Anbauküche, -schrank)
Einfriedung	s. Gartenzaun
Einstellplätze	s. Garagen
Einzahlung auf Bausparverträge	*schädlich*

Entschuldung	*unschädlich,* soweit Darlehen für Wohngebäude (bzw. den Wohnzwecken dienenden Teil des Gebäudes) aufgenommen. Gleichgültig, ob Darlehen dinglich sichergestellt oder nicht. Auch Rückzahlung von Verwandtendarlehen möglich. Zulässig ist auch Kettenentschuldung
Erbbaurecht (Bestellung und Erwerb)	*unschädlich,* soweit Grundstück wohnwirtschaftlich genutzt
Erbbauzins (Ablösung)	*unschädlich*
Erbfolge	*unschädlich* sind: a) Verwendung durch einen Miterben zur Ablösung gesamthänderisch gebundener Anteile anderer Miterben und b) Zahlung an Dritte (z. B. Geschwister) im Rahmen einer vorweggenommenen Erbfolge, wenn Zahlung echte Gegenleistung für Erwerb des Wohngebäudes *schädlich* dagegen: Erfüllung einer dem Erben durch letztwillige Verfügung auferlegten schuldrechtlichen Verpflichtung (Vermächtnis, Pflichtteilsanspruch) einem Dritten gegenüber zum Ausgleich dafür, daß er das Grundstück nicht mitgeerbt hat
Erbschaftsteuer	*unschädlich,* soweit sie auf Wohngrundstücke einfällt; s. aber auch Miterben
Erschließungsbeitrag	*unschädlich* im Zusammenhang mit dem Wohnhausneubeu
Fahrstuhl	*unschädlich,* auch bei 2 oder 3 Stockwerken
Ferienwohnung	*unschädlich*, soweit Gebäude zum dauernden Wohnen geeignet
Finanzierungsbeitrag	s. Baukostenzuschuß
Garagen	*unschädlich*, sofern keine gewerbliche Nutzung. Müssen nicht notwendig auf demselben Grundstück errichtet werden wie das Wohnhaus, geringe Entfernung ist zulässig; s. auch Zweitgarage
Garagenbauverpflichtung	*unschädlich*: a) als Ablösungsbetrag an die Gemeinde b) Erwerb von Tiefgaragenplatz als Ersatz für den Bau einer nicht genehmigten Garage
Gartenanlagen	*unschädlich*, soweit erstmalige Anlagen des Vorgartens (nicht Nutzgarten)
Gartenzaun	*unschädlich*
Gemischtgenutzte Gebäude	*unschädlich*, soweit Bausparsumme nicht höher als die Kosten des Wohnzwecken dienenden Teil des

	Gebäudes. Gleichgültig, ob Bau, Erwerb, Verbesserung oder Entschuldung
Geometer	s. Vermessungsgebühren
Grunderwerbsteuer	*unschädlich*, sofern Erwerb von Bauland oder eines Wohngebäudes
Hausanschlußkosten	*unschädlich*
Heizungsanlagen	*unschädlich* bei Modernisierung (z. B. Umstellung auf Ölfeuerung, Gasheizung) und Instandsetzung
Hypotheken-gewinnabgabe	*unschädlich*, soweit Hypothekengewinnabgabe auf Grundpfandrechte zurückgeht, die der Bausparer seinerzeit für Wohnungsbaudarlehen bestellt oder übernommen hat
Immobilienfonds	a) *unschädlich*, wenn der Erwerber wirtschaftlicher Eigentümer der Objekte (Bruchteilseigentum) wird und die Bausparmittel unmittelbar und unverzüglich zu den begünstigten Zwecken verwendet werden b) *schädlich*, wenn der Erwerber lediglich den Anteil an einer Personengesellschaft oder Kapitalgesellschaft (KG bzw. GmbH) erwirbt Erwerb von Anteilen an sog. offenen Immobilienfonds (Erwerb von Mitgliedschaftsrechten)
Instandsetzung	*unschädlich*, wenn Verbesserung des Wohngebäudes (z. B. Außenputz, Dachneudeckung neue Fußböden). Der Bausparer muß aber Eigentümer des Wohngebäudes sein. Werden zusammen mit Instandsetzungs-(Erhaltungs-)arbeiten gleichzeitig Verbesserungen und Modernisierungen durchgeführt, ist die Verwendung insgesamt *unschädlich*; Aufwendungen dürfen – gemessen am Verkehrswert – nicht unerheblich sein; s. auch Mietermodernisierung *schädlich*, wenn nur Schönheitsreparaturen (z. B. übliche Tapezierarbeiten- und Malerarbeiten)
Kachelöfen	*unschädlich*
Kanalanschluß-gebühren	*unschädlich*, s. Hausanschlußkosten
Kaution	*unschädlich*, solange nur Verfügungsbeschränkung; schädlich, wenn Verbindlichkeiten entstehen, für die der Bausparer einzutreten hat
Kreditgewinnabgabe (Ablösung)	*schädlich*
Land- und forst-wirtschaftliche Gebäude	*unschädlich*, soweit Kosten auf den wohnwirtschaftlich genutzten Teil des Gebäudes eines Landwirts entfallen *schädlich:* andere Grundstücks- und Gebäudeteile
Leibrenten	*unschädlich*, sofern sie in Zusammenhang mit Bau-

	oder Erwerbskosten eines Wohnhauses stehen; s. Rentenzahlung
Luftschutzräume	*unschädlich*
Maklerprovision	*unschädlich*
Markise	*unschädlich*
Mietermodernisierung	*unschädlich* seit 1. 1. 1982, dabei darf es sich nicht um Schönheitsreparaturen handeln
Mietvorauszahlungen	s. Baukostenzuschuß
Miterben	*unschädlich* bei Verwendung zur Ablösung gesamthänderisch gebundener Anteile anderer Miterben im Wege der Erbauseinandersetzung; s. auch Erbfolge
Modernisierung	s. Instandsetzung
Nachtilgung	*schädlich*
Neubau	*unschädlich*, soweit Wohnräume finanziert werden
Notariatsgebühren,	*unschädlich*
Öffentliche	*unschädlich*, da Entschuldung
Baudarlehen	s. Ablösung von Verpflichtungen, Entschuldung
Parabol-Antenne für Satellitenfernsehen	*unschädlich*
Pergola	*unschädlich*, wenn wesentlicher Gebäudebestandteil
Planungskosten	*unschädlich*, u. E. auch wenn der Bau nicht ausgeführt wird
Raumteiler	*unschädlich*, wenn wesentlicher Gebäudebestandteil
Refinanzierung	*schädlich*
	unschädlich, wenn Bausparvertrag im Zeitpunkt der wohnwirtschaftlichen Verwendung der Eigenmittel bereits zugeteilt
Renovierung	s. Instandsetzung
Rentenzahlung	*unschädlich*, sofern unverzügliche und unmittelbare Zahlung an den Grundstücksverkäufer aus Anlaß eines Grundstückskaufs für Wohnzwecke
Reparaturen	s. Instandsetzung
Sauna	*unschädlich*
Schuldentilgung	s. Ablösung von Verpflichtungen, Entschuldung
Schutzbauten	*unschädlich*
Schwimmbäder	*unschädlich*, wenn das Schwimmbad eigenes Gebäude oder im Wohnhaus integriert ist; Schwimmbecken müssen bewertungsfähige Außenanlage sein
Sickergruben	*unschädlich*
Sondertilgung	*unschädlich*, da Entschuldung
Teilablösung	s. Ablösung von Verpflichtungen
Teppichboden	*unschädlich*, bei Ersatz der üblichen Bodenbeläge

	(z. B. Linoleum, Parkett) *schädlich,* wenn lediglich die Funktion eines Teppichs übernommen wird
Tiefgaragenplatz	s. Garagen
Tilgungsbetrag	s. Zins- und Tilgungsbeträge
Umbau	s. Zubau
Umschuldung	*unschädlich,* s. Entschuldung und Ablösung von Verpflichtungen
Umzäunung	s. Gartenzaun
Verbesserung	s. Instandsetzung
Vermächtnis	s. Miterben und Erbfolge
Vermessungsgebühren	*unschädlich*
Vermögensabgabe (Ablösung)	*unschädlich,* soweit sie Wohngebäude betrifft
Voraustilgung	*schädlich*
Wiederaufbau	*unschädlich,* soweit er Wohnraum betrifft
Wochenendhaus	*unschädlich,* wenn Gebäude zum dauernden Wohnen bestimmt
Zins- und Tilgungsbeträge	*schädlich,* auch bei Schulden, die im Zusammenhang mit dem Wohnungsbau stehen. Dazu gehört auch die Nachzahlung aufgelaufener bzw. die Vorauszahlung fällig werdender Zins- und Tilgungsbeträge
Voll- und Teilablösung der Hauptschuld	*unschädlich* (s. Voraus- und Nachtilgung)
Zubau	*unschädlich,* soweit wohnwirtschaftlich genutzt
Zugewinnausgleich:	*unschädlich,* wenn abzufindender Ehegatte Miteigentümer des Wohnhauses
Zweitgarage	*unschädlich*

bb) Mieter-ABC

Alarmanlage	*unschädlich*
Bad-Einbau oder -Renovierung	*unschädlich*
Bodenbeläge	*unschädlich*
Dachgeschoßausbau	*unschädlich*
Diebstahlsicherung	*unschädlich*
Einbauküche	*unschädlich,* wenn wesentlicher Bestandteil; Geräte: schädlich
Einbauschränke	*unschädlich,* wenn wesentlicher Bestandteil
Elektro-, Gas- und Sanitärleitungen erneuern bzw. verlegen	*unschädlich*
Etagenheizung	*unschädlich*

Fenstererneuerung	*unschädlich*
Fliesen	*unschädlich* im Rahmen einer Instandsetzung
Fußbodenerneuerung	*unschädlich*
Fußbodenheizung, Erneuerung bzw. Einbau	*unschädlich*
Garagenbau	*schädlich*
Garagentorerneuerung	*unschädlich*
Heimsauna	*schädlich*
Heizungsumstellung	*unschädlich*, wenn nicht Reparatur
Innenputzerneuerung	*unschädlich*
Isolierverglasung	*unschädlich*
Kachelofeneinbau u. Einbau eines offenen Kamins	*unschädlich*, wenn wesentlicher Bestandteil
Kellerausbau (z. B. Sauna, Hobbyraum)	*schädlich*
Klempnerarbeiten	*unschädlich*, im Rahmen einer Instandsetzung
Kochraum mit Entlüftungsmöglichkeiten und den erforderlichen weiteren Anlagen	*unschädlich*
Malerarbeiten	*unschädlich* im Rahmen einer Instandsetzung
Markiseneinbau	*unschädlich*, wenn wesentlicher Bestandteil
Radiatoren für Zentralheizung	*unschädlich*
Raumteiler	*unschädlich*, wenn wesentlicher Bestandteil
Rolladeneinbau	*unschädlich*
Sanitäre Anlagen	*unschädlich*
Schallschluckmaßnahmen (z. B. Wandverkleidungen)	*unschädlich*
Schwimmbecken-Einbau	*schädlich*
Steckdosen und Schalter (zusätzlich)	*unschädlich*
Tapezieren	*unschädlich* im Rahmen einer Instandsetzung
Teppichboden	*unschädlich*
Terrassen- und Balkonrenovierung	*unschädlich*
Thermostat-Ventil-	*unschädlich*

Einbau	
Treppen- und Treppenbeläge-Erneuerung	*unschädlich*
Türenerneuerung	*unschädlich*
Verkleidung von Außen- oder Innenwänden	*unschädlich*
Verkleidung von Decken und Wänden (z. B. mit Holz)	*unschädlich*
Verputzerneuerung	*unschädlich*
Versetzen von Wänden	*unschädlich*
Wärmeschutzmaßnahmen (z. B. Heizköpernischen, Fußboden, Außenwände)	*unschädlich*
Wärmepumpen-Einbau	*unschädlich*
Warmwasseranlage-Einbau	*unschädlich*
WC-Einbau	*unschädlich*
Wohnungsabschluß	*unschädlich*
Zentralheizungserneuerung	*unschädlich*
Zwischendecke	*unschädlich*
Zwischengeschoß-einbau	*unschädlich*

Bindefristen brauchen auch nicht beachtet zu werden, wenn der Bausparer oder sein Ehegatte sterben, völlig erwerbsunfähig oder arbeitslos werden (§ 2 Abs. 2 WoPG).

Durch das Gesetz zur Förderung der Rückkehrbereitschaft von Ausländern vom 28. 11. 1983 (BGBl. I 1377) ist zugelassen worden, daß Bausparmittel vor Ablauf der Bindefrist an solche Bausparer prämien- und steuerunschädlich zurückgezahlt werden können, die aus einem Anwerbestaat außerhalb der Europäischen Gemeinschaft stammen und nach dem 30. 9. 1983 auf Dauer in ihre Heimat zurückkehren. Eine weitergehende Regelung ist in dem „Gesetz über eine Wiedereingliederungshilfe im Wohnungsbau für rückkehrende Ausländer" vom 18. 2. 86 (BGBl. I 280) enthalten. Es trat am 1. 1. 1986 in Kraft. Der ausländische Bausparer kann die angesparte Bausparsumme (bis 60000.– DM) steuer- und prämienunschädlich zum Wohnungsbau in seinem Heimatland verwenden, wenn er innerhalb von 4 Jahren nach Beginn der Auszahlung in sein Heimatland zurückkehrt. Wegen der Nichteinhaltung der dauerhaften Rückkehr ergeben sich erhebliche Probleme.

Wer als Angehöriger im Sinne von § 15 der Abgabenordnung anzusehen ist, läßt sich aus dem Text des § 15 AO 1977 und dem Schaubild S. 341 entnehmen:

§ 15 der Abgabenordnung (AO 1977) i. d. Fassung vom 2. 7. 1976 (BGBl. I 1976, 1749):

(1) Angehörige sind:
1. der Verlobte,
2. der Ehegatte,
3. Verwandte und Verschwägerte gerader Linie,
4. Geschwister,
5. Kinder der Geschwister,
6. Ehegatten der Geschwister und Geschwister der Ehegatten,
7. Geschwister der Eltern,
8. Personen, die durch ein auf längere Dauer angelegtes Pflegeverhältnis mit häuslicher Gemeinschaft wie Eltern und Kind miteinander verbunden sind (Pflegeeltern und Pflegekinder).

(2) Angehörige sind die in Abs. 1 aufgeführten Personen auch, wenn
1. in den Fällen der Nummern 2, 3 und 6 die Beziehung begründende Ehe nicht mehr besteht;
2. in den Fällen der Nummern 3 bis 7 die Verwandtschaft oder Schwägerschaft durch Annahme als Kind erloschen ist;
3. im Falle der Nummer 8 die häusliche Gemeinschaft nicht mehr besteht, sofern die Personen weiterhin wie Eltern und Kind miteinander verbunden sind.

Bausparkassenbeiträge sind nach dcm Steuerreformgesetz 1990 ab 1. 1. 1988 auch dann prämienbegünstigt, wenn sie durch einen Kredit finanziert werden.

Mit dem Steuerreformgesetz 1990 fiel ab 1. 1. 1988 zugunsten der Bausparkassenbeiträge die Einschränkung weg, daß nur der Betrag des Eineinhalbfachen geltend gemacht werden kann.

Zu Einzelfragen wie: Höchstbetragsgemeinschaft, Erhöhung und Zusammenlegung von Bausparverträgen u. a. siehe Stäuber/Walter: Kommentar zum Wohnungsbau-Prämiengesetz und zur steuerlichen Bausparförderung, Stuttgart.

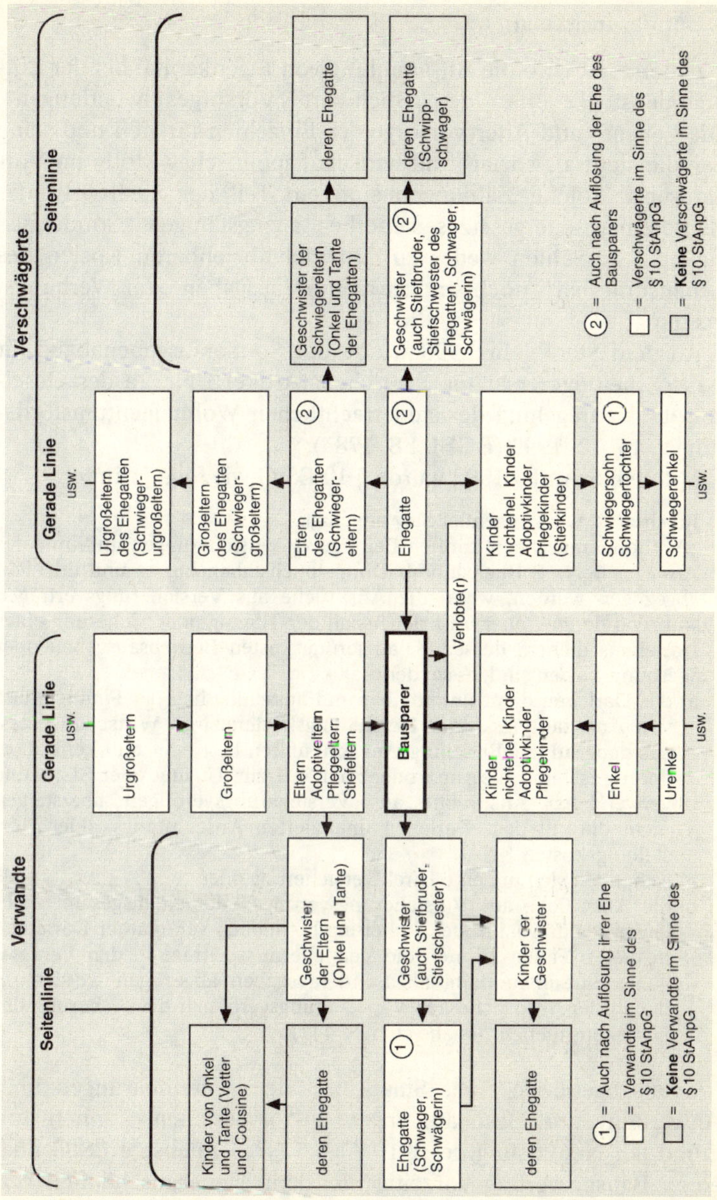
Verwandte
Seitenlinie
Gerade Linie
usw.
Urgroßeltern
Großeltern
Eltern
Adoptiveltern
Pflegeeltern
Stiefeltern
Bausparer
Kinder
nichtehel. Kinder
Adoptivkinder
Pflegekinder
Enkel
Urenkel
usw.
Geschwister der Eltern (Onkel und Tante)
Kinder von Onkel und Tante (Vetter und Cousine)
deren Ehegatte
Geschwister (auch Stiefbruder, Stiefschwester)
Ehegatte (Schwager, Schwägerin) ①
Kinder der Geschwister
deren Ehegatte
① = Auch nach Auflösung ihrer Ehe
□ = Verwandte im Sinne des §10 StAnpG
□ = Keine Verwandte im Sinne des §10 StAnpG
Verlobte(r)
Verschwägerte
Gerade Linie
usw.
Urgroßeltern des Ehegatten (Schwieger-urgroßeltern)
Großeltern des Ehegatten (Schwieger-großeltern)
Eltern des Ehegatten (Schwieger-eltern) ②
Ehegatte ②
Kinder nichtehel. Kinder Adoptivkinder Pflegekinder (Stiefkinder)
Schwiegersohn Schwiegertochter ①
Schwiegerenkel
usw.
Seitenlinie
Geschwister der Schwiegereltern (Onkel und Tante der Ehegatten)
deren Ehegatte
Geschwister (auch Stiefbruder, Stiefschwester des Ehegatten, Ehegatten, Schwager, Schwägerin) ②
deren Ehegatte (Schwipp-schwager)
② = Auch nach Auflösung der Ehe des Bausparers
□ = Verschwägerte im Sinne des §10 StAnpG
□ = Keine Verschwägerte im Sinne des §10 StAnpG

2. Sonderausgaben

Unterstützt wird die Ansammlung von Eigenkapital bei der Einkommensteuer unter dem Stichwort „Vorsorgeaufwendungen". Die Lebens- und Altersvorsorge des Einzelnen für sich und seine Familie steht als sozial- und wirtschaftspolitisches Motiv im Vordergrund. Solche Zahlungen sind ein Teil der nach § 10 des Einkommensteuergesetzes steuerlich abzugsfähigen „Sonderausgaben". Sie zählen weder zu den nichtabziehbaren Kosten des Lebensunterhalts noch sind sie Betriebsausgaben oder Werbungskosten.

Ab dem Steuerjahr 1996 wurde der Sonderausgabenabzug für Bausparbeiträge ersatzlos gestrichen (Artikel 3 Nr. 2a des Gesetzes zur Neuregelung der steuerrechtlichen Wohneigentumsförderung v. 15. 12. 1995 (BGBl. I S. 1783).

Mit dem StÄndG 1992 wurde § 10 EStG wie folgt geändert:

a) In Absatz 2 wird folgender Satz angefügt:
„Als Sonderausgaben können Beiträge zu Versicherungen im Sinne des Absatzes 1 Nr. 2 Buchstabe b Doppelbuchstaben bb, cc und dd nicht abgezogen werden, wenn die Ansprüche aus Versicherungsverträgen während deren Dauer im Erlebensfall der Tilgung oder Sicherung eines Darlehens dienen, dessen Finanzierungskosten Betriebsausgaben oder Werbungskosten sind, es sei denn,
   a) das Darlehen dient unmittelbar und ausschließlich der Finanzierung von Anschaffungs- oder Herstellungskosten eines Wirtschaftsgutes, das dauernd zur Erzielung von Einkünften bestimmt und keine Forderung ist, und die ganz oder zum Teil zur Tilgung oder Sicherung verwendeten Ansprüche aus Versicherungsverträgen übersteigen nicht die mit dem Darlehen finanzierten Anschaffungs- oder Herstellungskosten,
   b) es handelt sich um eine Direktversicherung oder
   c) die Ansprüche aus Versicherungsverträgen dienen insgesamt nicht länger als drei Jahre der Sicherung betrieblich veranlaßter Darlehen; in diesen Fällen können die Versicherungsbeiträge in den Veranlagungszeiträumen nicht als Sonderausgaben abgezogen werden, in denen die Ansprüche aus Versicherungsverträgen der Sicherung des Darlehens dienen." (siehe auch S. 441)

Staatsangehörige eines Staats, mit dem Vereinbarungen über Anwerbung und Beschäftigung von AN bestehen, können aufgrund der Neufassung des § 10 Abs. 5 Nr. 3 Buchst. e EStG über einen Bausparvertrag vorzeitig nur dann steuerunschädlich verfügen, wenn die Mittel unverzüglich und unmittelbar zum Wohnungsbau im Heimatland verwendet werden und sie die Bundesrepublik innerhalb von vier Jahren und drei Monaten nach Beginn der Auszahlung der Bausparsumme, spätestens am 31. 3. 98 auf Dauer verlassen. Damit ist die vorzeitige Verfügung über einen Bausparvertrag ausschließlich aus Anlaß der Ausreise aus der Bundesrepublik im Gegensatz zur bisherigen Rechtslage steuerschädlich.

Das Kreditaufnahmeverbot und die Begrenzung des Abzugs auf das „Eineinhalbfache" wurden ab 1. 1. 1988 aufgehoben. Die für den Sonderausgabenabzug von Bausparverträgen geltende Sperrfrist beträgt 10 Jahre bei nach dem 8. 12. 1966 abgeschlossenen Bausparverträgen, soweit die Beiträge nach 31. 12. 1966 geleistet worden sind.

3. Vermögensbildung der Arbeitnehmer

Im Jahre 1975 wurden mit dem „Dritten Gesetz zur Förderung der Vermögensbildung der Arbeitnehmer" (BGBl. I 1975, S. 252) – VermBG – zusätzliche Vergünstigungen geschaffen. Sie werden wirksam, wenn Arbeitnehmer Teile ihres Arbeitseinkommens zur Vermögensbildung verwenden. Die Vergünstigung besteht in einer „Arbeitnehmer-Sparzulage". Voraussetzung ist, daß eine Zahlung, die „vermögenswirksame Leistung", durch den Arbeitgeber erfolgt. Zu dem berechtigten Personenkreis rechnen auch Heimarbeiter, Beamte, Richter, Berufssoldaten und Soldaten auf Zeit.

Die Arbeitnehmer-Sparzulage für Bausparkassenbeiträge beträgt 10% ab 1. 1. 1990. Für die förderungsfähigen vermögensbildenden Leistungen ist ein einheitlicher zulagenbegünstigter Höchstbetrag von 936,– DM eingeführt. Die Aufstockung der Arbeitnehmer-Sparzulage für Sparer mit mehr als 3 Kindern entfällt.

Es gelten die Bestimmungen des „Fünften Gesetzes zur Förderung der Vermögensbildung der Arbeitnehmer (Fünftes Vermögensbildungsgesetz – 5. VermGB)"

Die *vermögenswirksamen Leistungen* sind Arbeitslohn oder Gehalt. Sie sind steuerpflichtige Einnahmen im Sinne des Einkommensteuergesetzes, außerdem Einkommen, Verdienst oder

Entgelt im Sinne der Sozialversicherung und des Arbeitsförderungsgesetzes. Sie werden vom Arbeitgeber an das ausgewählte Unternehmen direkt geleistet. Die *Arbeitnehmer-Sparzulage* selbst ist steuerfrei bei der Einkommen-(Lohn-)Steuer und unterliegt auch nicht der Beitragspflicht bei der Sozialversicherung. Sie braucht nicht vermögenswirksam angelegt werden. Sie unterliegt keiner Verwendungsbeschränkung.

Die steuerliche Förderung des Erwerbs von Vermögensbeteiligungen, die vom Arbeitgeber kostenlos oder verbilligt überlassen werden (Höchstbetrag für die Steuerfreiheit des geldwerten Vorteils DM 300,– ab 1. 1. 1994 jährlich (§ 19a EStG)), ist nicht an Einkommensgrenzen gebunden. Sie kann auch von Arbeitnehmern in Anspruch genommen werden, die wegen der Überschreitung der Einkommensgrenzen keine Arbeitnehmer-Sparzulage erhalten können.

Zum 1. Januar 1999 traten zahlreiche wichtige Änderungen in Kraft. Folgende Regelungen sind von besonderer Bedeutung:

- Erhöhung der Einkommensgrenzen: Die Einkommensgrenzen nach dem Vermögensbildungsgesetz werden von 27 000 DM/54 000 DM (Alleinstehende/Verheiratete) auf 35 000 DM/70 000 DM erhöht. Die Anhebung gilt für alle geförderten Anlageformen, d. h. für den Erwerb von Beteiligungen, für das Bausparen und die Entschuldung von Wohneigentum.
- Einführung eines weiteren Förderungsbereiches für Unternehmensbeteiligungen: Beteiligungen am Produktkapital werden ab 1. Januar 1999 besonders gefördert. Der geförderte Höchstbetrag für Beteiligungen beträgt 800 DM/Jahr, der Zulagesatz der Arbeitnehmer-Sparzulage beträgt 20% (25% bis zum Jahr 2004 in den neuen Bundesländern). Der Betrag von 936 DM, der bisher für alle Anlageformen galt, ist künftig grundsätzlich für das Bausparen und Entschuldung von Wohneigentum reserviert. Bausparen und Entschuldung von Wohneigentum werden bis zum Höchstbetrag von 936 DM weiterhin mit 10% Arbeitnehmer-Sparzulage gefördert.
- Besondere Förderung der Unternehmensbeteiligungen in den neuen Bundesländern: Unternehmensbeteiligungen von Arbeitnehmern mit Hauptwohnsitz in den neuen Bundesländern werden – bis zum Jahr 2004 – befristet mit einer erhöhten Arbeitnehmersparzulage von 25% gefördert.
- Änderung des Anlagekataloges: neben Fondsanteilen von Wertpapier-Sondervermögen, Beteiligungs-Sondervermögen und Investmentfonds, die in ausländischen Wertpapieren engagiert sind, können vermögenswirksame Leistungen auch in Investmentfondsanteil-Sondervermögen

oder gemischten Wertpapier- und Grundstücks-Sondervermögen angelegt werden. Dabei darf der Wert der Aktien und stillen Beteiligungen in diesen Sondervermögen 60% des Wertes des Sondervermögens nicht überschreiten.

- Mögliche Einschränkung der Wahlfreiheit der Arbeitnehmer: Die Tarifvertragspartner können ab 1999 die Anlage der vermögenswirksamen Leistungen per Tarifvertrag auf Unternehmensbeteiligungen, das Bausparen und zur Entschuldung von Wohneigentum beschränken. Auch in diesen Fällen wird künftig Arbeitnehmer-Sparzulage gewährt. Eine Verpflichtung der Tarifvertragsparteien zu einer solchen Einschränkung der Wahlfreiheit besteht jedoch nicht. Sollte die freie Wahl der Anlage durch die Tarifpartner eingeschränkt werden, können Arbeitnehmer ab 1999 vermögenswirksame Leistungen des Arbeitgebers nicht mehr zum Kontensparen oder für Kapitalversicherungsverträge verwenden. Dies gilt auch dann, wenn sie aufgrund ihres Einkommens keine Arbeitnehmer-Sparzulage erhalten.
- Vorkehrungen für eine Insolvenzsicherung: Vor der Anlage vermögenswirksamer Leistungen im eigenen Unternehmen hat der Arbeitgeber in Zusammenarbeit mit dem Arbeitnehmer Vorkehrungen zu treffen, die der Absicherung der angelegten vermögenswirksamen Leistungen bei einer während der Dauer der Sperrfrist eintretenden Zahlungsunfähigkeit des Arbeitgebers dienen.

Der Arbeitnehmer wählt die Anlageform ausdrücklich selbst aus:

a) Wohnungsbau

- Aufwendungen zum Bau, zum Erwerb oder zur Erweiterung eines Wohngebäudes oder einer Eigentumswohnung sowie zum Erwerb eines Dauerwohnrechts im Sinne des Wohnungseigentumsgesetzes.
- Aufwendungen zum Erwerb eines Grundstücks zum Zwecke der Wohnungsbaus.

Die „vermögenswirksamen Leistungen“ werden bei dieser Anlageart unmittelbar an den Arbeitnehmer gezahlt. Er kommt unmittelbar und ohne zeitliche Bindefristen in den Genuß der vermögenswirksamen Leistung und der Arbeitnehmer-Sparzulage. Er hat dem Arbeitgeber die zweckentsprechende Verwendung der in einem Kalenderjahr erhaltenen Beträge jeweils bis zum Ende des folgenden Kalenderhalbjahres nachzuweisen. Diese Aufwendungen können nicht nur für den Arbeitnehmer selbst, sondern auch zugunsten von Familienangehörigen erbracht werden. Gefordert wird, daß der Familienangehörige entweder Alleineigentümer oder Miteigentümer des Anlagegegenstandes ist. Es genügen auch eine

vom Arbeitnehmer auszufüllen ▸

Name und Vorname	
Steuernummer	

1998

Anlage VL

99	1	5
9		

Wichtiger Hinweis:

Diese Bescheinigung benötigen Sie, wenn Sie eine Arbeitnehmer-Sparzulage beantragen wollen. In diesem Fall fügen Sie bitte die Bescheinigung Ihrer Einkommensteuererklärung / Ihrem Antrag auf Arbeitnehmer-Sparzulage bei.

Bescheinigung vermögenswirksamer Leistungen für 1998

(§ 15 Abs. 1 des 5. VermBG, § 5 VermBDV 1994)

Arbeitnehmer (Name, Vorname)	geboren am
Straße, Hausnummer	
Postleitzahl, Wohnort	

***) Bitte zutreffende Kennzahl eintragen.**

1 = Sparvertrag über Wertpapiere oder andere Vermögensbeteiligungen (§ 4 des 5. VermBG)

2 = Wertpapier-Kaufvertrag (§ 5 des 5. VermBG)

3 = Beteiligungs-Vertrag oder Beteiligungs-Kaufvertrag (§§ 6, 7 des 5. VermBG)

4 = Bausparvertrag (§ 2 Abs. 1 Nr. 4 des 5. VermBG)

5 = Lebensversicherungsvertrag, der vor 1989 abgeschlossen worden und dessen zwölfjährige Sperrfrist noch nicht abgelaufen ist (§ 17 Abs. 5 Satz 1 Nr. 3 i.V.m. Abs. 6 Nr. 2 Buchstabe a Doppelbuchstabe bb des 5. VermBG 1989)

8 = Wohnungsbau, z.B. Entschuldung (§ 2 Abs. 1 Nr. 5 des 5. VermBG), oder Anlagen nach § 2 Abs. 1 Nr. 4 des 5. VermBG in Verbindung mit § 2 Abs. 1 Nr. 2 des WoPG

		1. Vertrag		2. Vertrag
Art der Anlage *)	0	Kennzahl der Anlageart	0	Kennzahl der Anlageart
Institutsschlüssel für Sparzulage	1		1	
Vertrags-Nummer	2		2	
Vermögenswirksame Leistungen (volle DM)	3		3	
Ende der Sperrfrist	4	Datum	4	Datum

Anlageinstitut, Unternehmen, Empfänger

(Datum) (Unterschrift des Anlageinstituts, Unternehmens, Empfängers)

Anlage VL Aug. 98 11.98; 15 M OFD KA

solche beabsichtigte Regelung der Eigentumsverhältnisse für die Zeit nach der Bezugsfertigkeit des Objekts und ein wirtschaftliches Eigentum im Sinne von § 39 Abgabenordnung. Aufwendungen für ein Wohngebäude im Ausland oder zur Modernisierung sind nicht begünstigt.

b) Schuldentilgung

Vermögenswirksame Leistungen zur Erfüllung von Verpflichtungen, die im Zusammenhang mit den oben aufgeführten Wohnungsbauvorhaben eingegangen worden sind.

Es genügt, wenn der Arbeitnehmer dem Arbeitgeber einmalig vor Überweisung des ersten Betrages an den Gläubiger (meist ein Kreditinstitut) darlegt und versichert, daß er oder ein Familienangehöriger Eigentümer von Grundbesitz ist und das Darlehen zum Bau, Erwerb oder zur Erweiterung des Grundbesitzes verwendet hat. Der Arbeitgeber überweist dann die vermögenswirksame Leistung unmittelbar, im Auftrag des Arbeitnehmers, auf das bekannte Darlehenskonto bei dem Gläubiger. Die Lasterleichterung besteht darin, daß die Schuldentilgung unmittelbar verstärkt wird und dem Arbeitnehmer die Sparzulage zusätzlich zufließt. Diese Anlage zählt zum Bereich des Nachsparens.

c) Wohnungsbauprämie

Aufwendungen, die nach dem Wohnungsbauprämiengesetz (siehe S. 325) angelegt werden.

Die Voraussetzungen sind erfüllt, wenn für die Aufwendungen dem Grunde nach eine Prämie gewährt werden könnte. Die Voraussetzungen für die tatsächliche Gewährung einer Wohnungsbauprämie brauchen nicht vorzuliegen. Die vermögenswirksame Leistung gelangt in die Verfügungsmacht des Arbeitnehmers für eine Finanzierung erst dann, wenn Bindefristen abgelaufen sind oder eine unschädliche vorzeitige Verwendung zum Wohnungsbau erfolgt (siehe S. 330). Wartezeiten bei Bausparverträgen werden wirksam.

d) Versicherungen

Beiträge des Arbeitnehmers zu Kapitalversicherungen gegen laufenden Beitrag auf den Erlebens- und Todesfall.

Es handelt sich um Lebensversicherungen, die auch als Vermögensbildungsversicherungen bezeichnet werden. Die Zahlung muß unmittelbar vom Arbeitgeber an das Versicherungsunternehmen erfolgen. Der Arbeitnehmer hat die Bindefrist von 12 Jahren einzuhalten. Wegen der Verwendung zur Finanzierung siehe S. 441.

e) Sparbeiträge

Sparbeiträge des Arbeitnehmers (§ 1 Abs. 2 Nr. 1, 2, 3 und 6 des Spar-Prämiengesetzes), die nach den Vorschriften des Spar-Prämiengesetzes angelegt werden.

Die Voraussetzungen für die Gewährung einer Prämie nach dem Spar-Prämiengesetz brauchen nicht vorliegen. Ob tatsächlich eine Prämie gewährt wird, ist nicht entscheidend. Obwohl Sparprämien für Neuverträge nicht mehr gewährt werden, besteht weiterhin die Möglichkeit, Sparverträge im Sinne des Sparprämiengesetzes zur Anlage vermögenswirksamer Leistungen abzuschließen. Der Stichtag 12. 11. 1980 hat insoweit keine Bedeutung.

Die Leistungen bei den einzelnen Anlagearten können auch erbracht werden

aa) zugunsten des Ehegatten des Arbeitnehmers, der mindest seit Beginn des maßgebenden Kalenderjahres mit dem Arbeitnehmer verheiratet ist und von ihm nicht dauernd getrennt lebt,

bb) zugunsten der in § 32 des Einkommensteuergesetzes bezeichneten Kinder.

cc) zugunsten der Eltern oder eines Elternteils des Arbeitnehmers, wenn der Arbeitnehmer als Kind die Voraussetzungen des Buchstaben bb erfüllt.

Die Auswahl einer dieser hier besprochenen Anlagearten (es gibt zusätzliche, für die Finanzierung von Haus und Wohnung nicht direkt wirksame Anlageformen, die hier nicht behandelt werden), begründet für den Arbeitnehmer die Möglichkeit, eine „vermögenswirksame Leistung" vom Arbeitgeber zu erhalten. Außerdem müssen die arbeitsrechtlichen Voraussetzungen vorliegen (Tarifvertrag, Betriebsvereinbarungen und ähnliches).

Man muß deutlich unterscheiden zwischen dem Anspruch auf „vermögenswirksame Leistungen" und der Möglichkeit, dafür auch eine „Arbeitnehmer-Sparzulage" bekommen zu können.

Solche Anlagen können auch dann vorgenommen werden, wenn die sonstigen Voraussetzungen für die Gewährung einer Sparzulage nicht vorliegen und der Höchstbetrag, für die Arbeitnehmer-Sparzulage gewährt wird, überschritten ist. Es kommen vor:

- vermögenswirksame Leistungen mit Arbeitnehmer-Sparzulage
- vermögenswirksame Leistungen ohne Arbeitnehmer-Sparzulage.

Arbeitnehmer, die gleichzeitig in mehreren Arbeitsverhältnissen stehen, können in jedem dieser Arbeitsverhältnisse vermögenswirksame Leistungen erhalten. Aber eine Sparzulage kann jährlich nur einmal beansprucht werden. Bei Eheleuten, die beide Arbeitnehmer sind, kann jeder für sich vermögenswirksame Leistungen und auch Sparzulagen erhalten. Im Ergebnis verdoppelt sich bei solchen Eheleuten die Vergünstigung.

Es sind Einkommensgrenzen einzuhalten. Werden sie überschritten, so entfällt der Anspruch auf eine Arbeitnehmer-Sparzulage. Die Einkommensgrenzen betragen ab dem 1. 1. 1999 bei Alleinstehenden DM 35000,–, für Verheiratete DM 70000,–. Maßgeblich ist das zu versteuernde Einkommen. Für die Arbeitnehmer-Sparzulage wird das Einkommen des laufenden Jahres herangezogen. Die Sparzulage wird ab 1990 nicht mehr durch den Arbeitgeber ausgezahlt. Sie muß beim Finanzamt bei der Antragsveranlagung zur Anrechnung von Lohnsteuer auf die Einkommensteuer (die ab 1991 an die Stelle des Lohnsteuer-Jahresausgleichs trat) oder bei der Einkommensteuer-Erklärung beantragt werden.

Unterschiedliche Stichtage und Termine gesetzlicher Änderungen, die Auslegung des Arbeitnehmer- und Familienbegriffs, das Bestätigungsverfahren, der Wegfall der Zulagebegünstigung und die unterschiedlichen vorzeitigen Verfügungsmöglichkeiten machen es notwendig, in jedem Einzelfall bei der Verwendung der angesammelten Mittel zur Finanzierung von Haus oder Wohnung sich der Spezialliteratur und der Beratung durch die Anbieter der einzelnen Anlageformen zu versichern. Am wenigsten Probleme entstehen bei der direkten Anlage zum Wohnungsbau und zur Schuldentilgung. Vermögenswirksame Sparverträge sind in aller Regel von der Gewährung einer Sparzulage ausgeschlossen.

Die Förderung der Vermögensbildung im Überblick

Anlagetyp	Förderhöchstbetrag	Fördersatz	max. Sparzulage pro Jahr
bisher: Produktivkapitalverträge, Anlagen im Wohnungsbau	936 DM	10%	94 DM
ab 1. 1. 1999: Anlagen im Wohnungsbau	936 DM	10%	94 DM
Anlagen in Produktivkapital	800 DM	20% (West) 25% (Ost)	160 DM (West) 200 DM (Ost)
maximale Gesamtförderung	1736 DM		254 DM (West) 294 DM (Ost)

4. Kapitalisierung von Renten

Eigenkapital hat man auch zur Verfügung, wenn man erst später fällige Rentenansprüche kapitalisieren läßt. Diese vorzeitige Auszahlung kann zur Deckung des Kapitalbedarfs für Haus und Wohnung herangezogen werden. Die monatliche Rente steht dann aber nicht mehr zur Verfügung, um die Lasten aus dem Kapitaldienst nach Bezug des Objekts zu tragen.

Solche Kapitalabfindungen kommen vor beim

- Bundesversorgungsgesetz (i. d. F. vom 22. 6. 1976 – BGBl. I 1633 –)
- Unfallversicherungs-Neuregelungsgesetz (i. d. F. vom 21. 12. 1967 – BGBl. I 1259 –)
- Soldatenversorgungsgesetz (i. d. F. vom 9. 10. 1980 – BGBl. I 1951 –)
- Gesetz über die Errichtung einer Stiftung „Hilfswerk für behinderte Kinder“ (Contergan-Geschädigte) – 2. Änderungsgesetz vom 31. 1. 1980, BGBl. I 111.

Die rechtlichen und finanziellen Voraussetzungen können bei der Stelle, die die Rente bewilligt oder bezahlt, erfragt werden. Der Erwerb von Haus oder Wohnung und die wirtschaftliche

Stärkung von Grundbesitz gehören zu den begünstigten Zwekken. Welchen Umfang eine solche Kapitalisierung annehmen kann, wird deutlich bei der Anwendung des Bundesversorgungsgesetzes. Die Kapitalabfindung beträgt das 108fache (9 Jahre × 12 Monate) der für 10 Jahre zustehenden monatlichen Grundrente.

B. Wie kann man Eigenkapital ersetzen?

1. Kauf auf Rentenbasis

Überhaupt kein Eigenkapital benötigt man beim Kauf eines Hauses oder einer Wohnung, wenn man dem Eigentümer eine laufende Rente anstelle des Kaufpreises verspricht. (Die Erwerbsnebenkosten muß man natürlich selbst aufbringen).

Bevor man mit der Berechnung beginnt, sind zwei Entscheidungen zu treffen:
- mit welcher Lebenserwartung ist zu rechnen?
- welche Verzinsung des Kaufpreises soll vereinbart werden?

Sterbewahrscheinlichkeiten berechnet das Statistische Bundesamt Wiesbaden. Es gibt Sterbetafeln 1949/51, 1960/62, 1970/1972, 1986/88 und 1993/95. Die Unterlagen der jeweiligen Volkszählung und der laufenden Statistik liegen solchen Querschnittstafeln zugrunde.

Die neuere Entwicklung läßt sich aus der abgedruckten „Abgekürzte Sterbetafel 1993/95" ablesen.

Ausführliche Unterlagen findet man in finanzmathematischen Werken. Damit können auch berechnet werden: Renten bei verbundenen Paaren, bei der Vereinbarung von Wertsicherungsklauseln, Rentengarantien, aufgehobenen Renten, temporäre Leibrenten, unterjährige Zahlungen und ähnliche vertragliche Vereinbarungen.

Abgekürzte Sterbetafel 1993/95
Deutschland

Männlich				Weiblich			
Vollendetes Alter	Durchschnittliche Lebenserwartung im Alter × in Jahren	Vollendetes Alter	Durchschnittliche Lebenserwartung im Alter × in Jahren	Vollendetes Alter	Durchschnittliche Lebenserwartung im Alter × in Jahren	Vollendetes Alter	Durchschnittliche Lebenserwartung im Alter × in Jahren
Jahre		Jahre		Jahre		Jahre	
0	72,99	45	30,51	0	79,49	45	35,99
1	72,44	46	29,52	1	78,88	46	35,06
2	71,48	47	28,73	2	77,92	47	34,13
3	70,51	48	27,86	3	76,94	48	33,20
4	69,53	49	26,99	4	75,95	49	32,29
5	68,55	50	26,13	5	74,97	50	31,37
6	67,56	51	25,28	6	73,98	51	30,46
7	66,57	52	24,44	7	72,99	52	29,55
8	65,58	53	23,61	8	72,00	53	28,66
9	64,59	54	22,78	9	71,01	54	27,76
10	63,60	55	21,97	10	70,02	55	26,87
11	62,61	56	21,16	11	69,03	56	25,98
12	61,63	57	20,37	12	68,04	57	25,09
13	60,64	58	19,59	13	67,04	58	24,21
14	59,65	59	18,83	14	66,05	59	23,35
15	58,66	60	18,08	15	65,06	60	22,49
16	57,68	61	17,35	16	64,08	61	21,64
17	56,71	62	16,63	17	63,10	62	20,80
18	55,75	63	15,93	18	62,12	63	19,97
19	54,81	64	15,25	19	61,14	64	19,15
20	53,87	65	14,59	20	60,16	65	18,33
21	52,93	66	13,93	21	59,19	66	17,53
22	51,99	67	13,29	22	58,21	67	16,74
23	51,04	68	12,67	23	57,23	68	15,96
24	50,09	69	12,04	24	56,24	69	15,19
25	49,14	70	11,44	25	55,26	70	14,44
26	48,19	71	10,85	26	54,28	71	13,70
27	47,23	72	10,28	27	53,30	72	12,97
28	45,28	73	9,73	28	52,32	73	12,27
29	45,33	74	9,22	29	51,34	74	11,60
30	44,37	75	8,71	30	50,36	75	10,94
31	43,43	76	8,22	31	49,39	76	10,30
32	42,48	77	7,72	32	48,41	77	9,66
33	41,53	78	7,24	33	47,44	78	9,05
34	40,59	79	6,80	34	46,47	79	8,47
35	39,66	80	6,38	35	45,51	80	7,92
36	38,72	81	5,99	36	44,54	81	7,39
37	37,79	82	5,61	37	43,57	82	6,88
38	36,86	83	5,25	38	42,61	83	6,40
39	35,94	84	4,91	39	41,66	84	5,95
40	35,02	85	4,60	40	40,70	85	5,52
41	34,11	86	4,30	41	39,75	86	5,12
42	33,20	87	4,03	42	38,80	87	4,76
43	32,30	88	3,77	43	37,86	88	4,42
44	31,40	89	3,53	44	36,92	89	4,10
		90	3,29			90	3,80

Abgekürzte Sterbetafel 1993/95
Früheres Bundesgebiet

Männlich				Weiblich			
Vollendetes Alter	Durchschnittliche Lebenserwartung im Alter × in Jahren	Vollendetes Alter	Durchschnittliche Lebenserwartung im Alter × in Jahren	Vollendetes Alter	Durchschnittliche Lebenserwartung im Alter × in Jahren	Vollendetes Alter	Durchschnittliche Lebenserwartung im Alter × in Jahren
Jahre		Jahre		Jahre		Jahre	
0	73,53	45	30,89	0	79,81	45	36,27
1	72,99	46	29,99	1	79,20	46	35,34
2	72,03	47	29,10	2	78,24	47	34,41
3	71,05	48	28,22	3	77,26	48	33,49
4	70,07	49	27,34	4	76,27	49	32,57
5	69,09	50	26,48	5	75,29	50	31,65
6	68,10	51	25,63	6	74,30	51	30,75
7	67,11	52	24,77	7	73,31	52	29,84
8	66,13	53	23,93	8	72,32	53	28,94
9	65,14	54	23,10	9	71,33	54	28,04
10	64,15	55	22,28	10	70,34	55	27,15
11	63,15	56	21,46	11	69,34	56	26,25
12	62,17	57	20,66	12	68,35	57	25,37
13	61,18	58	19,87	13	67,36	58	24,49
14	60,19	59	19,10	14	66,37	59	23,61
15	59,20	60	18,34	15	65,38	60	22,75
16	58,22	61	17,60	16	64,39	61	21,90
17	57,25	62	16,86	17	63,41	62	21,05
18	56,28	63	16,15	18	62,43	63	20,22
19	55,34	64	15,46	19	61,45	64	19,39
20	54,39	65	14,79	20	60,47	65	18,57
21	53,44	66	14,13	21	59,49	66	17,76
22	52,50	67	13,48	22	58,51	67	16,97
23	51,55	68	12,84	23	57,53	68	16,18
24	50,59	69	12,21	24	56,55	69	15,40
25	49,64	70	11,60	25	55,57	70	14,64
26	48,69	71	11,01	26	54,59	71	13,90
27	47,73	72	10,44	27	53,61	72	13,17
28	46,78	73	9,88	28	52,63	73	12,46
29	45,82	74	9,35	29	51,65	74	11,78
30	44,87	75	8,84	30	50,67	75	11,11
31	43,92	76	8,34	31	49,69	76	10,46
32	42,97	77	7,84	32	48,72	77	9,81
33	42,02	78	7,36	33	47,74	78	9,19
34	41,07	79	6,92	34	46,77	79	8,50
35	40,13	80	6,49	35	45,81	80	8,03
36	39,18	81	6,10	36	44,84	81	7,49
37	38,25	82	5,71	37	43,87	82	6,97
38	37,31	83	5,34	38	42,91	83	6,48
39	36,38	84	5,00	39	41,95	84	6,01
40	35,45	85	4,68	40	40,99	85	5,58
41	34,53	86	4,39	41	40,04	86	5,18
42	33,62	87	4,12	42	39,09	87	4,81
43	32,70	88	3,86	43	38,15	88	4,46
44	31,79	89	3,62	44	37,21	89	4,14
		90	3,38			90	3,83

Abgekürzte Sterbetafel 1993/95
Neue Länder und Berlin-Ost

Männlich				Weiblich			
Vollendetes Alter	Durchschnittliche Lebenserwartung im Alter × in Jahren	Vollendetes Alter	Durchschnittliche Lebenserwartung im Alter × in Jahren	Vollendetes Alter	Durchschnittliche Lebenserwartung im Alter × in Jahren	Vollendetes Alter	Durchschnittliche Lebenserwartung im Alter × in Jahren
Jahre		Jahre		Jahre		Jahre	
0	70,72	45	28,88	0	78,16	45	34,83
1	70,19	46	28,02	1	77,58	46	33,90
2	69,25	47	27,18	2	76,63	47	32,97
3	68,28	48	26,34	3	75,65	48	32,05
4	67,30	49	25,50	4	74,67	49	31,14
5	66,32	50	24,67	5	73,68	50	30,23
6	65,33	51	23,64	6	72,69	51	29,32
7	64,35	52	23,03	7	71,70	52	28,42
8	63,36	53	22,22	8	70,71	53	27,52
9	62,37	54	21,43	9	69,72	54	26,63
10	61,38	55	20,65	10	68,73	55	25,74
11	60,40	56	19,88	11	67,74	56	24,85
12	59,41	57	19,12	12	66,75	57	23,98
13	58,42	58	18,38	13	65,76	58	23,11
14	57,43	59	17,66	14	64,77	59	22,25
15	56,45	60	16,95	15	63,78	60	21,41
16	55,47	61	16,26	16	62,80	61	20,57
17	54,51	62	15,58	17	61,83	62	19,75
18	53,56	63	14,92	18	60,85	63	18,94
19	52,64	64	14,28	19	59,88	64	18,13
20	51,73	65	13,66	20	58,91	65	17,34
21	50,80	66	13,04	21	57,94	66	16,56
22	49,88	67	12,43	22	56,96	67	15,79
23	48,94	68	11,84	23	55,98	68	15,03
24	48,00	69	11,25	24	55,00	69	14,29
25	47,06	70	10,68	25	54,02	70	13,55
26	46,11	71	10,12	26	53,04	71	12,84
27	45,17	72	9,58	27	52,06	72	12,15
28	44,22	73	9,06	28	51,08	73	11,49
29	43,28	74	8,58	29	50,10	74	10,86
30	42,34	75	8,11	30	49,13	75	10,24
31	41,41	76	7,64	31	48,15	76	9,63
32	40,48	77	7,17	32	47,18	77	9,04
33	39,55	78	6,71	33	46,22	78	8,48
34	38,63	79	6,29	34	45,26	79	7,94
35	37,71	80	5,88	35	44,29	80	7,41
36	36,80	81	5,52	36	43,33	81	6,94
37	35,91	82	5,18	37	42,37	82	6,49
38	35,01	83	4,84	38	41,42	83	6,04
39	34,12	84	4,52	39	40,46	84	5,63
40	33,24	85	4,21	40	39,51	85	5,23
41	32,35	86	3,92	41	38,57	86	4,87
42	31,48	87	3,65	42	37,63	87	4,53
43	30,61	88	3,38	43	36,69	88	4,22
44	29,74	89	3,11	44	35,76	89	3,93
		90	2,85			90	3,64

Ganz einfach lassen sich so die notwendigen Rechenschritte vornehmen:

1. Schritt:
Die durchschnittliche Lebenserwartung im Alter von × Jahren aus der Sterbetafel ablesen.
2. Schritt:
In der Tabelle „Barwerte gleichbleibender jährlicher Zahlungen" den Barwertfaktor der Laufzeit (Lebenserwartung) bei einem gewählten Zinssatz heraussuchen (vorschüssige Zahlung).
3. Schritt:
Rechenvorgänge vornehmen
a) Barwert einer Renten ermitteln:
Rentenbetrag × Barwertfaktor
b) Verrentung eines Kapitals:

$$\frac{\text{Kapital}}{\text{Barwertfaktor}} = \text{Rente}$$

Beispiele:

A. Der Rentenbetrag von DM 1000,– wird für einen 60jährigen Mann bezahlt. Wie hoch ist der Barwert bei einem Zinssatz von 5%
1) Lebenserwartung 18,06 Jahre
2) In der Barwerttabelle beträgt der Barwertfaktor bei 5% und einer Laufzeit von 18 Jahren = 12,274066
Rente DM 1000,– × 12,274066 = DM 12274,066.

B. Ein 60jähriger Mann verkauft sein Haus für DM 400000,–
Wie hoch ist die Rente bei einem vorgegebenen Zinssatz von 5%?

$$\frac{\text{DM } 400000}{12{,}274066} = \text{DM } 32589{,}04$$

C. Eine 60jährige Witwe will ihre Eigentumswohnung gegen eine jährliche Rente von DM 12000,– verkaufen. Bis zu welchem Kaufpreis kann man bieten?

1) Durchschnittliche Lebenserwartung 22,49 Jahre
2) Barwertfaktor bei Laufzeit von 22 Jahren
bei 3% Zins = 16,415024 × DM 12000,– = DM 196980,–
bei 4% Zins = 15,029160 × DM 12000,– = DM 180350,–
bei 5% Zins = 13,821153 × DM 12000,– = DM 165854,–
bei 6% Zins = 12,764077 × DM 12000,– = DM 153169,–

Barwerttabelle

Aus einem Barwert von ... DM können bei einem Zinssatz von ...% einschl. Zins und Zinseszins ... Jahre lang jährlich vorschüssige Zahlungen von 1 DM geleistet werden.

	3%	4%	5%	6%	7%	8%
1	1,000000	1,000000	1,000000	1,000000	1,000000	1,000000
2	1,970874	1,961538	1,952381	1,943396	1,934579	1,925926
3	2,913470	2,886095	2,859410	2,833393	2,808018	2,783265
4	3,828611	3,775091	3,723248	3,673012	3,624316	3,577097
5	4,717098	4,629895	4,545951	4,465106	4,387211	4,312127
6	5,579707	5,451822	5,329477	5,212364	5,100197	4,992710
7	6,417191	6,242137	6,075692	5,917324	5,766540	5,622880
8	7,230283	7,002055	6,786373	6,582381	6,389289	6,206370
9	8,019692	7,732745	7,463213	7,209794	6,971299	6,746639
10	8,786109	8,435332	8,107822	7,801692	7,515232	7,246888
11	9,530203	9,110896	8,721735	8,360087	8,023582	7,710081
12	10,252624	9,760477	9,306414	8,886875	8,498674	8,138964
13	10,954004	10,385074	9,863252	9,383844	8,942686	8,536078
14	11,634955	10,985648	10,393573	9,852683	9,357651	8,903776
15	12,296073	11,563123	10,898641	10,294984	9,745468	9,244237
16	12,937935	12,118387	11,379658	10,712249	10,107914	9,559479
17	13,561102	12,652296	11,837770	11,105895	10,446649	9,851369
18	14,166118	13,165669	12,274066	11,477260	10,763223	10,121638
19	14,753513	13,659297	12,689587	11,827603	11,059087	10,371887
20	15,323799	14,133939	13,085321	12,158116	11,335595	10,603599
21	15,877475	14,590326	13,462210	12,469921	11,594014	10,818147
22	16,415024	15,029160	13,821153	12,764077	11,835527	11,016803
23	16,936917	15,451115	14,163003	13,041582	12,061240	11,200744
24	17,443608	15,856842	14,488574	13,303379	12,272187	11,371059
25	17,935542	16,246963	14,798642	13,550358	12,469334	11,528758
26	18,413148	16,622080	15,093945	13,783356	12,653583	11,674776
27	18,876842	16,982769	15,378185	14,003166	12,825779	11,809978
28	19,327031	17,329586	15,643031	14,210534	12,986709	11,935165
29	19,764108	17,663063	15,898127	14,406164	13,137111	12,051078
30	20,188455	17,983715	16,141074	14,590721	13,277674	12,158406
31	20,600441	18,292033	16,372451	14,764831	13,409041	12,257783
32	21,000428	18,588494	16,592811	14,929086	13,531814	12,349799
33	21,388766	18,873551	16,802677	15,084043	13,646555	12,434999
34	21,765792	19,147646	17,002549	15,230230	13,753790	12,513888
35	22,131837	19,411198	17,192904	15,368141	13,854009	12,586934
36	22,487220	19,664613	17,374194	15,498246	13,947672	12,654568
37	22,832252	19,908282	17,546852	15,620987	14,035208	12,717193
38	23,167235	20,142579	17,711287	15,736780	14,117017	12,775179
39	23,492462	20,367864	17,867893	15,846019	14,193473	12,828869

	3%	4%	5%	6%	7%	8%
40	23,808215	20,584485	18,017041	15,949075	14,264928	12,878582
41	24,114772	20,792774	18,159086	16,046297	14,331709	12,924613
42	24,412400	20,993052	18,294368	16,138016	14,394120	12,967235
43	24,701359	21,185627	18,423208	16,224543	14,452449	13,006699
44	24,981902	21,370795	18,545912	16,306173	14,506962	13,043240
45	25,254274	21,548841	18,662773	16,383182	14,557908	13,077074
46	25,518713	21,720040	18,774070	16,455832	14,605522	13,108402
47	25,775449	21,884654	18,880066	16,524370	14,650020	13,137409
48	26,024708	22,042936	18,981016	16,589028	14,691608	13,164267
49	26,266707	22,195131	19,077158	16,650027	14,730474	13,189136
50	26,501657	22,341472	19,168722	16,707572	14,766799	13,212163

Häufig werden Barzahlungen für Teile des Kaufpreises verlangt. Muß der Erwerber diese Mittel durch Beleihung des Kaufgegenstandes finanzieren, so können Schwierigkeiten auftreten. Für die Leibrente wird in aller Regel eine Reallast in Abt. II des Grundbuchs an erster Rangstelle eingetragen. (Manchmal auch eine Sicherungshypothek in Abt. III des Grundbuchs.) Die Kreditinstitute verlangen aber meist, daß ihrem Grundpfandrecht der Vorrang vor der Reallast eingeräumt wird. Da diese Rangverschlechterung nicht von allen Verkäufern hingenommen wird, scheitern solche Käufe häufig schon in diesem Verhandlungsstadium.

Ob ein Kauf auf Rentenbasis noch einen zusätzlichen spekulativen Gewinn oder einen Verlust bringt, hängt von der Abweichung des tatsächlichen Eintritts des Todes von der in die Rechnung eingegangenen Sterbewahrscheinlichkeit ab.

Bei der Formulierung solcher Leibrentenvereinbarungen sollte die Hilfe und Beratung des ohnehin mitwirkenden Notars beansprucht werden.

Für den Verkäufer bringt ein Leibrentenvertrag Vorteile bei der Einkommensteuer. Die Rente wird in den Kapital- und in den Ertragsanteil zerlegt. Nur der bei Beginn der Rentenzahlung für die gesamte Dauer des Rentenbezuges festgesetzte Ertragsanteil unterliegt der Einkommensteuer. Er wird nach folgender Tabelle ermittelt (§ 22 Abs. 1 EStG) (ab 1. 1. 1994 nach dem Gesetz FKPG vom 23. 6. 1993 (BGBl. I S. 944):

Bei Beginn der Rente vollendetes Lebensjahr des Rentenberechtigten	Ertrags-anteil in %	Bei Beginn der Rente vollendetes Lebensjahr des Rentenberechtigten	Ertrags-anteil in %	Bei Beginn der Rente vollendetes Lebensjahr des Rentenberechtigten	Ertrags-anteil in %
0 bis 3	73	44	49	68	23
4 bis 5	72	45	48	69	22
6 bis 8	71	46	47	70	21
9 bis 11	70	47	46	71	20
12 bis 13	69	48	45	72	19
14 bis 15	68	49	44	73	18
16 bis 17	67	50	43	74	17
18 bis 19	66	51	42	75	16
20 bis 21	65	52	41	76	15
22 bis 23	64	53	40	77	14
24 bis 25	63	54	39	78	13
26 bis 27	62	55	38	79	12
28	61	56	37	80 bis 81	11
29 bis 30	60	57	36	82	10
31	59	58	35	83	9
32 bis 33	58	59	34	84 bis 85	8
34	57	60	32	86 bis 87	7
35	56	61	31	88	6
36 bis 37	55	62	30	89 bis 91	5
38	54	63	29	02 bis 93	4
39	53	64	28	94 bis 96	3
40	52	65	27	ab 97	2
41 bis 42	51	66	26		
43	50	67	25		

Der Käufer – der Leibrentenverpflichtete – kann bei den Einkünften aus Vermietung und Verpachtung nur den Ertragsanteil als Werbungskosten abziehen. Er rechnet zu den Schuldzinsen.

2. Ersatz durch Fremdfinanzierungsmittel

Eine Finanzierungslücke entsteht dann, wenn die vorhandenen Geldvermögen nicht ausreichen, den Restfinanzierungsraum auszufüllen. Man muß dann einen oder mehrere Gläubiger finden, die diese Lücke finanzieren. Deren Sicherheitsverlangen bestimmt, ob Finanzierungsmittel

- im Rang nach allen anderen Finanzierungsmitteln im Grundbuch dinglich gesichert werden
- ohne dingliche Sicherheiten zur Verfügung gestellt werden.

Auf dem eigenen Grundstück werden in diesem Finanzierungsraum bei einer einkommensorientierten Finanzierung (siehe S. 454) Darlehen abgesichert. Damit wird der Eigenkapitalbedarf gemindert. Arbeitgeber- und Verwandtendarlehen werden benutzt, um die Gesamtfinanzierung zu decken. Häufig belasten Eltern ihr eigenes Objekt, um ihren Kindern diese Darlehensbeträge als Ersatz für fehlendes Eigengeld zur Verfügung zu stellen. In manchen Fällen genügt es, wenn ein Grundpfandrecht auf einem anderen Grundstück als zusätzliche Sicherheit dient. Darlehensnehmer und dinglicher Schuldner sind dann nicht identisch. Dabei werden auf dem anderen Objekt vorhandene, nicht mehr ausgenutzte, Finanzierungsräume wieder mobilisiert. In gleicher Weise kann man vorgehen, wenn man ein eigenes Objekt mitbeleiht, um zusätzliches Grundvermögen anzuschaffen oder herzustellen. Nicht mehr ausgenutzte Finanzierungsräume von Häusern und Wohnungen dienen auch dazu, die Erstfinanzierungsmittel, die man beim Bau oder Erwerb des Objekts aufgenommen hat, im Laufe der Zeit und in günstigeren Zins-Zeiten umzuschulden.

Im sozialen Wohnungsbau gibt es ebenfalls Mittel, die die Eigenleistung ersetzen helfen:

- Vor- und Zwischenfinanzierung von Eigenmitteln (§§ 24 und 36a II. WoBauG)
- Familienzusatzdarlehen (§ 45 II. WoBauG)
- Darlehen nach § 30 des Kriegsgefangenenentschädigungsgesetzes
- ähnliche Darlehen aus öffentlichen Haushalten, die der Restfinanzierung dienen.

3. Ersatz durch Verminderung des Kapitalbedarfs

„Muskelhypotheken“ sind ein Mittel, Eigenkapital zu ersetzen. Zunehmende Freizeit und ein hoher Lohnanteil bei den Preisen einzelner Bauleistungen reizen geradezu, einzelne Bauarbeiten selbst auszuführen. Die Überlegungen setzen an bei der Kapitalbedarfsrechnung. Welche Teile der Gesamtkosten kann man durch eigene körperliche Leistungen erbringen? Welche Kosten kann man einsparen, wenn man das Material selber beschafft?

Nicht alle Arbeiten kann ein in Bauarbeiten nicht erfahrener Bauherr ausführen. Die körperliche Belastbarkeit und fehlende Fertigkeit und Erfahrungen setzen Grenzen. Manche Arbeiten kann man nicht selbst erlernen, manche kann man nur unter Anleitung eines Fachmanns ausführen, manche eignen sich nicht und manche darf man überhaupt nicht selbst erbringen. Über das Ausmaß der notwendigen Arbeitszeit bestehen sehr häufig wenig realistische Vorstellungen. Nach den bekanntgewordenen Erfahrungswerten muß man bei Neubauten ca. 20–25 Stunden für jeden Quadratmeter Wohnfläche selbst arbeiten, um die reinen Baukosten um 30% zu senken. Das macht etwa 1600–2500 Stunden, die 12 bis 24 Monate Bauzeit erfordern. Aus dieser Zahl wird deutlich, daß man Helfer braucht. Nach § 36 Abs. 2 II. WoBauG wird die Eigenleistung durch Selbsthilfe wie folgt definiert:

„Zur Selbsthilfe gehören die Arbeitsleistungen, die zur Durchführung eines Bauvorhabens erbracht werden
a) vom Bauherrn selbst
b) von seinen Angehörigen
c) von anderen unentgeltlich und auf Gegenseitigkeit.“

Damit wird auch gleichzeitig eine Abgrenzung zur Schwarzarbeit vorgenommen.

Mögliche Anteile der Eigenleistung bei den einzelnen Bauleistungen zeigt die anschließende Tabelle.

Anteile der Gewerke bei Roh- und Ausbau (Erfahrungswerte Selbstbau)[1]

Gewerke	Baukosten-anteil in ca. %	Davon Material in ca. %	Facharbeit in ca. %	Eigenleistung in ca. %	Anteil der Eigenleistung an den Baukosten in ca. %
Rohbau					
1. Entwässerungs- und Kanalisierungsarbeiten	1,0	30	40	30	0,3
2. Erdarbeiten	2,5	20	30	50	1,3
3. Maurer-, Beton- und Stahlbetonarbeiten	40,5	50	10	40	16,2
4. Zimmer- und Holzbauarbeiten	4,0	50	25	25	1,0

[1] Quelle: Der Selbstbau, Bauspar-Bibliothek, Deutscher Sparkassenverlag Stuttgart.

Gewerke	Baukosten-anteil in ca. %	Davon Material in ca. %	Facharbeit in ca. %	Eigenleistung in ca. %	Anteil der Eigenleistung an den Baukosten in ca. %
5. Dachdeck- und Isolierarbeiten	3,0	70	10	20	0,6
6. Natur- und Betonwerksteinarbeiten	1,0	70	20	10	0,1
Rohbau	52,0				19,5
Ausbau					
7. Putzarbeiten	8,0	30	20	50	4,0
8. Klempnerarbeiten	2,0	70	30	10	
9. Fliesen- und Plattenlegearbeiten	2,0	40	10	50	1,0
10. Estricharbeiten	2,0	60	40		
11. Tischlerarbeiten	6,0	40	40	20	1,2
12. Glaserarbeiten	2,0	80	20		
13. Bodenbelegarbeiten	3,0	75		25	0,75
14. Metall- und Schlosserarbeiten	2,0	60	30	10	0,2
15. Malerarbeiten	3,0	25		75	1,7
16. Tapezierarbeiten	1,0	25		75	0,75
17. Heizung- und Warmwasserinstallation	7,0	50		50	
18. Gas-, Wasser-, Abwasser-Installation	7,0	60	20	20	1,4
19. Elektrische Installation	3,0	40	40	20	0,56
Ausbau	48,0				11,56

Mit der Selbsthilfe erspart man nicht nur Ausgaben: sie erhöht auch den Wert des Objekts; damit auch seine Beleihungsfähigkeit. „Der Wert der Selbsthilfe ist mit dem Betrage als Eigenleistung anzuerkennen, der gegenüber den üblichen Kosten der Unternehmerleistung erspart wird.“ (§ 36 Abs. 3 II. WoBauG).

Die Berechnung dieses Wertes bringt manchmal erhebliche Probleme mit sich, auch beim Ausgleich des Wertes der Selbsthilfe für die einzelnen Helfer untereinander bei der Gemeinschafts- und Nachbarschaftshilfe. (Siehe dazu: Der Selbstbau, a. a. O., S. 59.) Aber das leistet der Bedeutung der Selbsthilfe keinen Abbruch.

Auch die verlängerte Bauzeit sollte nicht abschrecken, obwohl in diesem Zusammenhang auch Mehrkosten entstehen können. Gerade im Umland größerer Städte und im ländlichen Raum nimmt ihre Bedeutung zu. Nicht so sehr bei Neubauten; aber bei Umbauten, Modernisierungen und bei der Instandhaltung von Haus und Wohnung.

Der Wert eines eigenen Baugrundstücks und der Wert verwendeter, bereits vorhandener Teile des Gebäudes ersetzen ebenfalls eigene Mittel. Auch Barzahlungsnachlässe (Skonti) können zu den Eigenleistungen rechnen. Sie vermindern nicht die ansatzfähigen Kosten. Man sieht sie als finanziellen Erfolg dafür an, daß der Bauherr besonders schnell zahlungsbereit und zahlungsfähig war.

Kapitel VII. Die fremden Mittel – der teure Teil

A. Überblick

In mehr als 53000 Bankstellen (einschließlich der neuen Bundesländer) suchen Mitarbeiter an jedem Arbeitstag gute Schuldner. Das gleiche tun die Heerscharen der Vermittler in den Außendiensten von Bausparkassen, Versicherungen und Strukturvertrieben.

Sie ringen um Marktanteile. Diese sind nicht immer direkt zurechenbar, da der Gruppenwettbewerb in der deutschen Kreditwirtschaft immer mehr zu „Allfinanz-Angeboten" tendiert. Zunehmend mehr Teilnehmer am Finanzdienstleistungsmarkt versuchen eine finanzielle „Rund-um-Versorgung" aus einer Hand bieten zu können: Eine Bank, eine Lebensversicherung, eine Bausparkasse und Immobilienbetreuungsunternehmen sowie Investmentfonds, Vermögensberatungen und Immobilienvermittlungen sollen ein „Komplett-Paket" des Financial-Service anbieten.

Nachgefragt werden Finanzierungsmittel für alle Arten von Wohneigentum. Der Umfang der Vermögensbildung beim Grundvermögen ist auch gesamtwirtschaftlich beachtlich. Seine Finanzierung zählt zu einem Hauptbetätigungsfeld einzelner Bankengruppen.

Für die Finanzierung von Haus und Wohnung steht eine umfangreiche, leistungsfähige, arbeitsteilige und konkurrierende Kreditwirtschaft bereit. Die Suche nach vorteilhaften Finanzierungsmitteln macht Mühe, aber man kann immer unter mehreren Angeboten auswählen. Die Auswahl selbst kann einem letztlich niemand abnehmen. Ob ein Finanzierungsmittel vorteilhaft ist, kann man an seinem Preis erkennen. Als Maßstab nimmt man den Effektivzins (siehe auch S. 277):

Seit Juni 1982 liegen gesonderte Angaben für die verschiedenen Konditionsarten vor, siehe S. 366f.

Es wird deutlich, daß die Zinsen für neu aufzunehmende oder umzuschuldende Darlehen sich unablässig verändern. Die Streu-

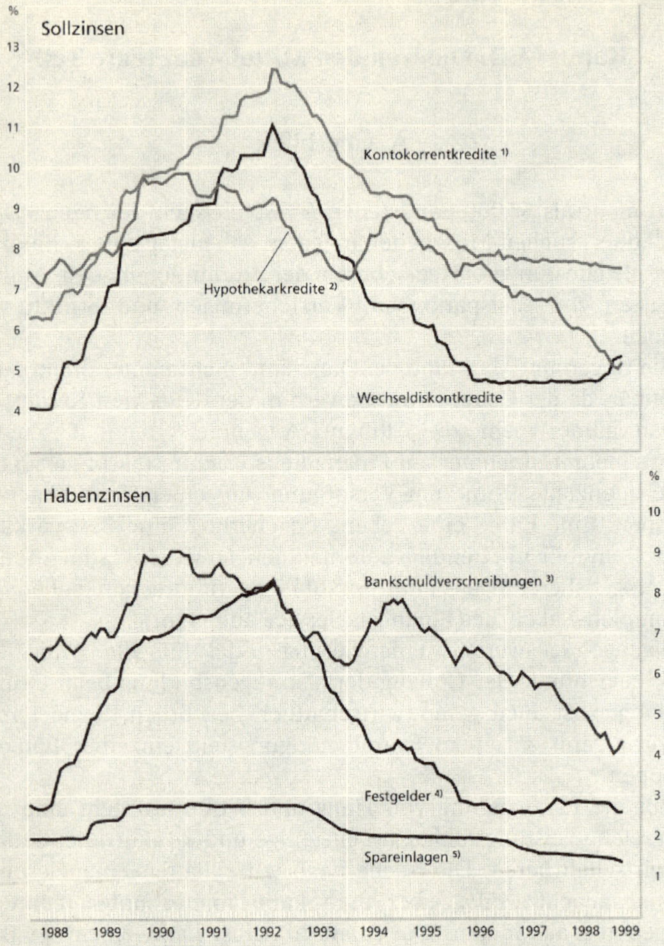

* Seit Januar 1991 einschl. der Sätze in den neuen Bundesländern. — 1 Von 1 Mio DM bis unter 5 Mio DM; Bewegung im November/Dezember 1996 vom Übergang zur neuen Zinsstatistik beeinflußt. — 2 Durchschnittlicher Effektivzins für Hypothekarkredite auf Wohngrundstücke zu Festzinsen auf zehn Jahre. — 3 Umlaufsrendite von Bankschuldverschreibungen mit einer Restlaufzeit von über neun bis zehn Jahren. — 4 Bis einschl. Oktober 1996 mit vereinbarter Laufzeit von 1 Monat bis einschl. 3 Monaten, ab November 1996 Laufzeit 1 Monat, bei Beträgen von 100 000 DM bis unter 1 Mio DM. — 5 Bis Ende Juni 1993 Spareinlagen mit gesetzlicher Kündigungsfrist, danach mit dreimonatiger Kündigungsfrist; bei Mindest-/Grundverzinsung.

Deutsche Bundesbank

Quelle: Geschäftsbericht der Deutschen Bundesbank, für das Jahr 1998 Frankfurt 1999 S. 105.

	Kontokorrentkredite					
	unter 200 000 DM		von 200 000 DM bis unter 1 Mio DM		von 1 Mio DM bis unter 5 Mio DM	
Erhebungszeitraum*	durchschnittlicher Zinssatz	Streubreite	durchschnittlicher Zinssatz	Streubreite	durchschnittlicher Zinssatz	Streubreite
1998 Juni	10,03	7,75–11,75	9,00	6,50–11,25	7,65	6,00–10,50
Juli	10,03	7,75–11,75	9,02	6,90–11,25	7,65	6,00–10,50
Aug.	9,99	7,75–11,75	9,00	6,75–11,25	7,59	6,00–10,50
Sept.	9,99	7,75–11,75	8,99	6,75–11,25	7,65	6,00–10,50
Okt.	9,98	7,75–11,75	8,98	6,75–11,50	7,58	6,00–10,50
Nov.	9,97	7,75–11,75	8,95	6,75–11,25	7,57	6,00–10,50
Dez.	9,94	7,75–11,75	8,89	6,50–11,25	7,56	6,00–10,50
1999 Jan.	9,93	7,75–11,75	8,87	6,75–11,25	7,54	6,00–10,50
Febr.	9,92	7,50–11,75	8,89	6,75–11,25	7,53	6,00–10,50
März	9,89	7,50–11,75	8,86	6,75–11,25	7,52	5,80–10,50
April	9,87	7,50–11,75	8,84	6,75–11,25	7,50	5,80–10,50

* Jeweils die beiden mittleren Wochen der angegebenen Monate; Quelle: Deutsche Bundesbank Monatsbericht Mai 1999, S. 45*.

breite zeigt den Rahmen an, innerhalb dessen sich die Zinskonditionen der einzelnen Finanzierungsmittel bewegen. Die Unterschiede liegen zwischen 1,5 und 2,5 Prozent p.a. Man erkennt, weshalb es auf eine geschickte Auswahl ankommt. Darlehen verschiedenartig finanzierter Kreditinstitute sind in dieser Tabelle zusammengefaßt. Die dem Kreditinstitut zur Verfügung stehenden Refinanzierungsmittel und die Marktsituation bestimmen den Preis.

B. Herkunft der Finanzierungsmittel

„Refinanzierung" nennt man die Geschäfte, bei denen Geldinstitute Schuldner werden. „Die eigentliche Funktion des Bankiers", sagt schon Ricardo, „beginnt erst, wenn er mit fremdem Kapital arbeitet."

„Hauptaufgabe einer jeden Bank muß es sein, darauf zu achten, daß ihre Aktiv- und Passivgeschäfte im richtigen Verhältnis zueinander stehen, daß die Anlage dem Charakter der Einlage entspricht. Das ist die ‚goldene Bankregel'." [1]

Dieser auch noch heute geltende Finanzierungsgrundsatz postuliert das Prinzip der Fristenkongruenz: Gelder, die nur kurzfristig

[1] Obst, Geld-, Bank- und Börsenwesen, 32. Auflage, Stuttgart 1948, S. 211 und 138.

	Hypothekarkredite auf Wohngrundstücke							
	zu Festzinsen (Effektivverzinsung)[1]							
	auf 2 Jahre		auf 5 Jahre		auf 10 Jahre		zu Gleitzinsen (Effektivverzinsung)[1]	
	durchschnittlicher Zinssatz	Streubreite	durchschnittlicher Zinssatz	Streubreite	durchschnittlicher Zinssatz	Streubreite	durchschnittlicher Zinssatz	Streubreite
1998 Juni	5,38	5,01–5,91	5,58	5,38–6,06	6,00	5,80–6,43	6,14	5,12–7,61
Juli	5,35	4,96–5,91	5,53	5,33–6,06	5,93	5,75–6,38	6,11	5,12–7,61
Aug.	5,28	4,89–5,91	5,41	5,17–5,91	5,81	5,60–6,31	6,08	5,07–7,61
Sept.	5,05	4,59–5,75	5,19	4,80–5,85	5,63	5,36–6,28	5,98	4,91–7,50
Okt.	4,88	4,44–5,64	5,02	4,70–5,75	5,49	5,22–6,12	5,88	4,76–7,50
Nov.	4,87	4,44–5,57	4,99	4,73–5,64	5,48	5,27–6,01	5,86	4,76–7,23
Dez.	4,70	4,18–5,48	4,80	4,47–5,64	5,29	5,01–5,91	5,78	4,60–7,23
1999 Jan.	4,52	4,01–5,38	4,60	4,31–5,38	5,11	4,91–5,61	5,67	4,41–7,18
Febr.	4,46	4,01–5,12	4,53	4,23–5,12	5,05	4,80–5,54	5,61	4,35–7,16
März	4,51	4,01–5,07	4,64	4,32–5,16	5,20	4,80–5,54	5,63	4,40–7,01
April	4,39	3,82–5,05	4,54	4,23–5,12	5,12	4,86–5,49	5,58	4,34–7,01

[1] Die Angaben beziehen sich auf den Zeitpunkt des Vertragsabschlusses und nicht auf die Gesamtlaufzeit der Verträge. Bei Errechnung der Effektivverzinsung wird von einer jährlichen Grundtilgung von 1% zuzüglich ersparter Zinsen ausgegangen unter Berücksichtigung der von den beteiligten Instituten jeweils vereinbarten Rückzahlungsmodalitäten (z. Zt. überwiegend monatliche Zahlung und Anrechnung).

zur Verfügung stehen, können grundsätzlich nur für kurze Zeit ausgeliehen werden. Für langfristig auszuleihende Darlehen müssen Gelder zur Verfügung stehen, die ähnlich lange Rückzahlungsbedingungen aufweisen. Es handelt sich um eine Bindungsregel – horizontale Finanzierungsregel –, mit der die Aktiv-(Darlehens-)Geschäfte und Passiv-(Kapitalbeschaffungs-)-Geschäfte zeitbezogen miteinander verknüpft werden.

Die Art der Schuldverpflichtungen, die Kreditinstitute übernehmen, bestimmen deren Fristigkeit und auch deren Kosten. Diese Kosten schlagen auf die Konditionen der zur Finanzierung von Haus und Wohnung aufzunehmenden Fremdmittel durch.

1. Auf dem Kapitalmarkt beschaffte Gelder

Um Geldvermögensbestände an sich zu ziehen, verkaufen Kreditinstitute Schuldverschreibungen. Für diese Mittel müssen sie Zinsen versprechen. Man kann aber niemanden zwingen, solche Schuldverschreibungen – Inhaber-, Namens- oder Orderschuldverschreibungen (§§ 793–808a BGB) zu kaufen. Diese Rentenwerte müssen in ihrer Ausstattung den Vorstellungen der Käufer entsprechen. Aber die Nachfrage nach Darlehen entspricht selten der Nachfrage nach Schuldverschreibungen. Manchmal fehlen die Refinanzierungsmittel, manchmal gibt es für die aus dem Verkauf erlösten Mittel nicht sofort eine Anlage als Darlehen für Haus und Wohnung. Die zeitliche Differenz, die Zwischenanlagen erlaubt oder nötig macht und die Abstimmung der Zeiträume, in der die Mittel zur Verfügung stehen, mit ihren Lücken und Spitzen der Laufzeitvereinbarungen, gleichen die Institute in sich selbst aus. Es handelt sich um die zeitliche Abstimmung kapitalzuführender und kapitalbindender Zahlungsströme. Die Emission von Schuldverschreibungen ist dem Grunde nach ein ideales Instrument einer kongruenten Darlehensfinanzierung. Wenn Aktiv- und Passivgeschäft einander entsprechen, lassen sich die Fristigkeiten der Darlehen und der Schuldverschreibungs-Gegenwerte nach Schichten ordnen.

Aber die Kongruenz ist nicht nur bei den Fristen von Bedeutung. Jeder Schuldverschreibungsemission muß eine entsprechend höher verzinsliche Anlage gegenüberstehen. Bis zum Jahre 1971 war es z. B. Hypothekenbanken[1] möglich, ihre Darlehen für die gesamte Laufzeit mit einem konstanten Zinssatz auszustatten. Dann setzte eine sowohl von den Anlegern als auch von den Darlehensnehmern ausgelöste Verkürzung der Laufzeiten der abgesetzten Rentenpapiere und der Darlehen ein.

In Hochzinszeiten gehen Darlehensnehmer sowohl bei Neufinanzierungen als auch bei Konditionenanpassungen in der Hoffnung auf einen Zinsrückgang keine längerfristige Zinsbindung ein. Sie sind bereit, höhere Zinsen aufzubringen (die wegen einer inversen – umgekehrten – Zinsstruktur verlangt werden), als sie bei einer längeren Zinsbindungsfrist zu zahlen hätten. Aber auch private Käufer sichern sich in solchen Zeiten meist nicht den hohen Zins für z. B. 10 Jahre. Wegen der Unsicherheit der zukünftigen wirtschaftlichen Entwicklung kaufen sie meistens ein- bis fünfjährige Titel. Das Verhalten der Anleger und auch der Darlehensnehmer ändert sich mit der Zinshöhe, nach Zinsänderungen und auch mit den Erwartungen über die zukünftige Zinsentwicklung. Die Einschätzung zukünftigen Marktverhaltens bleibt wohl immer mit hohen Unsicherheiten behaftet.

Bei den erstmalig abgesetzten festverzinslichen Wertpapieren braucht der Erwerber meist nicht den Nennwert einer Schuldverschreibung zu bezahlen, sondern einen davon abweichenden Preis (Emissionskurs). Die Zinsen werden aber aus dem Nennwert gerechnet und bei Fälligkeit wird (von Ausnahmen abgesehen) auch der Nominalbetrag von dem Ausgeber der Schuldverschreibung zurückgezahlt. Damit stimmt von Anfang an die tatsächliche Verzinsung nicht mit dem Nominalzinssatz überein. Nur bei einem Ausgabekurs von 100% (Parikurs) ist der Nominalzinsfuß dem tatsächlichen (effektiven) Zinsfuß gleich. Zwischen Emissionskurs und Effektivverzinsung besteht eine Wechselbeziehung. Zu jedem Effektivzins gehört ein bestimmter Kurs und zu jedem Kurs gehört ein bestimmter Zinsfuß:

Der Kurs wächst mit fallendem Zinsfuß und sinkt mit steigendem Zinsfuß.

Mit dem Emissionskurs lassen sich feine Abstufungen der Höhe der Effektivverzinsung vornehmen.

---

[1] Siehe: Bankrecht, Beck-Texte im dtv, Nr. 5021.

Aber auch während der Laufzeit der Schuldverschreibung ändert sich die Effektivverzinsung fortwährend. Ihre Höhe wird durch den Anstieg oder das Sinken der Kurse bestimmt. Der Kurs gibt an, wieviel DM für 100 DM Nennwert des Wertpapiers zu zahlen sind.

Beispiel:

Kurs 95,75. Einhundert DM Nennwert kosten 95,75 DM (Kurswert).

Der jeweilige Börsenkurs hängt von den Vorstellungen der Käufer und Verkäufer über den Marktzinsfuß ab. Der vom Nominalwert abweichende Börsenkurs bestimmt die effektive Verzinsung (Rendite):

F. A. Z.-RENTEN-RENDITE

Restlaufzeit*)	**1**	**2**	**3**	**4**	**5**	**6**	**7**	**8**	**9**	**10**
Öffentliche Anleihen										
29.12.1995	3,77	3,92	4,34	4,74	5,22	5,61	5,75	5,96	6,17	6,21
30.12.1996	3,25	3,57	4,02	4,49	4,90	5,20	5,47	5,72	5,85	5,92
30.12.1997	3,97	4,20	4,52	4,77	4,87	5,04	5,19	5,34	5,40	5,43
30.12.1998	3,12	3,20	3,36	3,39	3,51	3,69	3,89	3,99	4,08	4,04
25.8.1999	3,16	3,59	3,89	4,11	4,39	4,64	4,76	4,90	4,86	4,98
26.8.1999	3,15	3,57	3,85	4,09	4,35	4,61	4,71	4,86	4,81	4,94
27.8.1999	3,21	3,65	3,94	4,16	4,43	4,67	4,79	4,93	4,87	4,98
Hypothekenpfandbriefe und öffentlichen Pfandbriefe										
29.12.1995	3,90	4,09	4,58	5,07	5,45	5,78	6,06	6,22	6,43	6,38
30.12.1996	3,59	3,79	4,20	4,65	5,04	5,41	5,69	5,93	6,12	6,04
30.12.1997	4,07	4,37	4,65	4,85	5,01	5,16	5,31	5,40	5,58	5,46
30.12.1998	3,31	3,39	3,53	3,58	3,73	3,87	4,01	4,17	4,27	4,27
25.8.1999	3,29	3,72	4,07	4,36	4,59	4,70	4,97	5,16	5,15	5,19
26.8.1999	3,27	3,70	4,04	4,33	4,55	4,66	4,92	5,11	5,12	5,16
27.8.1999	3,33	3,78	4,10	4,39	4,61	4,72	4,98	5,16	5,18	5,22

*) In Jahren. Die in die Berechnung einbezogenen Papiere haben Restlaufzeiten von einem halben Jahr weniger bis zu sechs Monaten mehr als die angegebenen vollen Jahre. – Berechnung vom 31. Oktober 1995 an mit Stückzinsen.

Quelle: Frankfurter Allgemeine Zeitung, 27. 8. 1999.

In Hochzinszeiten sind die Kurse zeitlich früher ausgegebener Schuldverschreibungen mit niedrigerem Nominalzinssatz gesunken. Muß ein Anleger zu diesem Zeitpunkt festverzinsliche Wertpapiere verkaufen, so kann ihm ein Verlust entstehen.

Mit dem Effektivzins mißt man die Rentabilität der in der Praxis vorkommenden Kapitalanlagen. Gerade dann, wenn sich die Bedingungen der einzelnen Schuldverschreibungen voneinander unterscheiden. Der Begriff der Effektivverzinsung muß aber rechnerisch so gefaßt sein, daß alle vereinbarten und erwarteten einmaligen oder laufenden Zinsbestandteile in Rechnung gestellt werden. Die Kurs- und Rentabilitätsrechnung wandelt diese Leistungen in eine einheitliche, fortlaufend zahlbar gedachte Verzinsung, unter Beachtung der Fälligkeitstermine, um. Wegen der Schwierigkeit der Berechnung von Effektivzinsen für Realkredite siehe Seite 277.

Veränderungen der Renten-Renditen beeinflussen auch den Darlehenszins für neu zu bewilligende Finanzierungsmittel dieser Art. Zur Berechnung der Margen s. NJW 95, S. 2945–2956.

Auch die Summe der Gelder, die für eine Neuzusage von Darlehen zur Verfügung steht, ändert sich fortlaufend. Es werden Finanzierungsmittel vorzeitig und planmäßig zurückbezahlt, Schuldverschreibungen werden von den Eigentümern verkauft und wegen der Kurspflege zurückgekauft. Mit Hilfe der elektronischen Datenverarbeitung lassen sich laufend sowohl die Kredite, die Kreditzusagen und die vorhandenen Refinanzierungsmittel nach ihren Merkmalen (Nominalbetrag, Nominalzins, Auszahlungskurs, Laufzeit der vereinbarten Konditionen, Tilgungsbeiträge, Zinstermine u.a.) aufbereiten. Die Auswertung des Bestandsgefüges kann dann auch Spielräume für neue Darlehenszusagen geben, ohne daß Schuldverschreibungen neu verkauft werden müssen. Wenn der Druck des Marktes es erfordert, kann dann in einzelnen Fällen auch ein Mischdarlehenszins angeboten werden, der unter dem Marktzins liegt.

Mit den kürzeren Konditionenbindungsfristen geht auch eine zusätzliche Arbeit der Bedingungsanpassungen für Darlehensnehmer und Gläubiger einher. Wie stark die Konkurrenz in diesem Teil des Kreditgeschäftes ist, geht aus veröffentlichten Zahlen der sogenannten „Erfolgsquoten" hervor. Wenn bei Konditions-Anpassungen z.B. rd. drei Viertel der Kunden bei dem gleichen Kreditinstitut blieben, so erscheint diese Zahl aus der Sicht der Gläubigerseite beachtlich. Für den Schuldner zeigt sich, daß jeder Vierte einen neuen, ihm günstiger erscheinenden Gläubiger gefunden hat.

Die Refinanzierung am Kapital- und Geldmarkt kann auch durch Aufnahme kurz-, mittel- oder langfristiger Darlehen erfolgen. Kapitalsammelstellen (die Träger der gesetzlichen Rentenversicherungen, private und öffentlich-rechtliche Versicherungen u.ä.) bieten solche Refinanzierungsmittel an.

Zwischen dem Darlehensnehmer der Baufinanzierungsmittel und den Gläubigern der Refinanzierungsmittel des Kreditinstituts bestehen keine rechtlichen und auch keine unmittelbaren wirtschaftlichen Beziehungen.

2. Aus Einlagen stammende Mittel

Spareinlagen waren bisher eine ergiebige und auch eine günstige Finanzierungsquelle. Es gibt davon in der Bundesrepublik mehr als 1200 Milliarden DM. Aber der Zuwachs läßt nach. Das private Geldvermögen, das in Gesamtdeutschland insgesamt über mehr als 5100 Milliarden DM ausmacht, wird zunehmend anders angelegt. Die Sparer interessieren sich immer mehr für andere Formen der Geldanlage. Sie sind ertragsbewußter geworden. Sie haben auch bemerkt, daß über mehrere Jahre hinweg die Zinsen für kurzfristige Geldanlagen höher waren als bei langfristigen Kapitalanlagen (inverse Zinsstruktur). Sie stiegen um auf Termingeldanlagen und Sparbriefe mit höherer Verzinsung. Der Trend kann sich jederzeit umkehren.

„Die Streichung der Sparverkehrsvorschriften im Gesetz über das Kreditwesen durch die Vierte KWG-Novelle trat am 1. Juli 1993 in Kraft. Die Berechnung von Vorschußzinsen wird nicht mehr vorgeschrieben. Künftig soll je Kalendermonat über bis zu 3000 DM ohne Kündigung verfügt werden können. Die Kreditinstitute sind frei, Spareinlagen auch zu abweichenden Bedingungen hereinzunehmen, wobei diese dann jedoch im Jahresabschluß, in den Liquiditätsgrundsätzen und bei der Mindestreserve nicht als Spareinlagen im bisherigen Sinne berücksichtigt werden können.“

Nach dem Prinzip der Fristenkongruenz könnten die mit einer gesetzlichen Kündigungsfrist hereingenommenen Gelder nur zu einer entsprechend kurzfristigen Kreditgewährung verwendet werden. Da aber erfahrungsgemäß nicht alle Sparer gleichzeitig ihre Einlage abheben wollen (und können), ist es zulässig, einen Teil dieser Mittel langfristig anzulegen.

Aus Liquiditätsgründen verlangen die Gläubiger von Darlehen, die aus Spareinlagen finanziert sind, ein „ordentliches“ Kündigungsrecht. Es beträgt in aller Regel 3 Monate für den Gläubiger und auch für den Schuldner. Dieses ordentliche Kündigungsrecht kann auch zur Zinsanpassung verwendet werden. Wird eine solche Kündigung ausgesprochen, so beendet sie das Schuldverhältnis, wenn der Schuldner es ablehnt, das Vertragsverhältnis mit veränderten Konditionen fortzusetzen. Manchmal wird das ordentliche Kündigungsrecht auch auf den Fall der Zinsregulierung beschränkt. Die Zinsen für Spareinlagen sind kapitalmarktabhängig. Sie werden, wenn auch häufig mit großer zeitlicher Verzögerung, immer wieder veränderten Verhältnissen angepaßt. Daher sind aus solchen Mitteln stammende Darlehen grundsätzlich mit variablen Zinssätzen ausgestattet (siehe dazu „Grundmuster von Zinsvereinbarungen" S. 280). In begrenztem Umfang werden auch Festzinsdarlehen ausgegeben, die mit Spareinlagen refinanziert sind. Bei Veränderungen des Kapitalmarktzinses kann das zu Rentabilitätseinbußen führen. Aber Darlehen mit Festzinsvereinbarungen werden meist über langfristige Darlehen oder andere Mittel z. B. aus dem Verkauf von Sparbriefen oder Schuldverschreibungen mit entsprechender Fristenkongruenz refinanziert.

Zwischen dem Darlehensnehmer und den Gläubigern der Refinanzierungsmittel bestehen auch bei dieser Mittelherkunft keine rechtlichen und auch keine unmittelbaren wirtschaftlichen Beziehungen.

3. Der Sonderfall: Bauspardarlehen

In der Bundesrepublik gehört die Annahme von Geldbeträgen durch Kreditinstitute dann zu den verbotenen Geschäften, wenn der überwiegende Teil der Geldgeber einen Rechtsanspruch darauf hat, daß ihnen aus diesen Geldbeträgen Darlehen gewährt werden (Zwecksparunternehmen). Dies gilt nicht für Bausparkassen (§ 3 Abs. 2 KWG). Das „Gesetz über Bausparkassen" vom 16. 11. 1972 (BGBl. I 2097 – BauspG –)[1] in der Fassung der Neubekanntmachung v. 15. 2. 91 (BGBl. I S. 454) zuletzt geändert durch Art. 14 des Gesetzes zur Neuregelung der steuerrechtlichen Wohneigentumsförderung v. 15. 12. 1995 (BGBl. I S. 1783, 1791, Berichtigung v. 6. 2. 1996 – BGBl. I S. 321) erlaubt, daß jedermann einen Vertrag schließen kann, durch den er nach Leistung von Bauspareinlagen einen Rechtsanspruch auf Gewährung eines

[1] Siehe Bankrecht, Beck-Texte im dtv, Nr. 5021.

Bauspardarlehens erwirbt.[1] Dieses Bauspargeschäft darf nur von Bausparkassen betrieben werden. Der Geschäftsbetrieb einer Bausparkasse ist darauf gerichtet, Einlagen von Bausparern entgegenzunehmen und aus den angesammelten Beträgen nur diesen Bausparern Gelddarlehen für wohnungswirtschaftliche Maßnahmen zu gewähren. Bausparkassen sind Spezial-Kreditinstitute, die außer begrenzten Nebengeschäften und Geldanlagen nur solche Bauspargeschäfte betreiben dürfen. Diese Beschränkung ihrer Tätigkeit korrespondiert mit der Bestimmung, daß anderen Kreditinstituten das Bauspargeschäft nicht gestattet ist. Der Zweck des Bauspargeschäfts liegt darin, preiswerte, unkündbare, nachstellige Darlehen anbieten zu können, die sonst am Kapitalmarkt nicht erhältlich sind. Dieses Ziel läßt sich nur erreichen, wenn die Einlagen niedrig verzinst werden. Außerdem muß versucht werden, die Einflüsse der Geld- und Kapitalmärkte auf die Höhe der Zinsen für Einlagen auszuschalten. Die Konzeption für die Herkunft der Mittel für das Bausparkassengeschäft unterscheidet sich daher wesentlich von der Refinanzierung über den Kapitalmarkt und aus nicht zweckgebundenen Spareinlagen.

Das Bauspargeschäft erreichte ansehnliche Größenordnungen; das Bauspardarlehen nimmt gegenwärtig einen bedeutenden Platz bei der Finanzierung von Haus und Wohnung ein (siehe S. 374).

---

[1] Zu den Einzelheiten siehe: Lehmann/Schäfer/Cirpka, Kommentar zum Bausparkassengesetz, Bonn und Schiebel, Bausparen-Hilfe zur Selbsthilfe, Beck-Rechtsberater im dtv Nr. 5279.

Eingelöste Neuabschlüsse bei allen deutschen Bausparkassen 1989 bis 1998

Jahr	Anzahl		Bausparsummen[1]	
	absolut	Änderung gegenüber Vorjahr (v. H.)	Mio. DM	Änderung gegenüber Vorjahr (v. H.)
a) In Westdeutschland 1990 bis 1998[2]				
1990	2.840.508	+ 4,9	99.815,6	+ 9,7
1991	2.783.122	– 2,0	103.433,6	+ 3,6
1992	2.813.962	+ 1,1	113.038,1	+ 9,3
1993	2.704.903	– 3,9	112.230,8	– 0,7
1994	2.713.992	+ 0,3	114.847,1	+ 2,3
1995	2.753.076	+ 1,4	112.616,1	– 1,9
1996	3.656.234	+ 32,8	145.317,5	+ 29,0
1997	3.192.586	– 12,7	131.859,3	– 9,3
1998	3.115.397	– 2,4	127.977,1	– 2,9
b) In Ostdeutschland 1990 bis 1998[2]				
1990	559.118		20.648,8	
1991	1.054.520		31.073,8	
1992	733.815	– 30,4	24.075,3	– 22,5
1993	630.379	– 14,1	23.740,6	– 1,4
1994	512.387	– 18,7	20.675,8	– 12,9
1995	506.295	– 1,2	18.903,7	– 8,6
1996	679.392	+ 34,2	24.707,9	+ 30,7
1997	655.561	– 3,5	24.247,4	– 1,9
1998	657.084	+ 0,2	24.334,7	+ 0,4
c) Im Ausland (EU) 1990 bis 1998				
1990	14.335	+ 153,1	657,9	+ 73,5
1991	9.543	– 33,4	503,5	– 23,5
1992	9.443	– 1,0	527,1	+ 4,7
1993	9.964	+ 5,5	606,8	+ 15,1
1994	9.444	– 5,2	623,1	+ 2,7
1995	11.374	+ 20,4	732,0	+ 17,5
1996	14.002	+ 23,1	940,0	+ 28,4
1997	13.958	– 0,3	971,4	+ 3,3
1998	15.487	+ 11,0	1.105,0	+ 13,8
d) Insgesamt einschließlich Ausland 1989 bis 1998				
1989	2.714.278	– 14,7	91.373,3	– 9,6
1990	3.413.961	+ 25,8	121.122,3	+ 32,6
1991	3.847.185	+ 12,7	135.011,0[3]	+ 11,5
1992	3.557.220	– 7,5	137.640,4[3]	+ 1,9
1993	3.345.246	– 6,0	136.578,2	– 0,8
1994	3.235.823	– 3,3	136.146,0	– 0,3
1995	3.270.745	+ 1,1	132.251,7[3]	– 2,9
1996	4.349.628	+ 33,0	170.965,4	+ 29,3
1997	3.862.105	– 11,2	157.078,1	– 8,1
1998	3.787.968	– 1,9	153.416,8	– 2,3

[1] Einschließlich Erhöhungen.
[2] Berlin insgesamt Ostdeutschland zugeordnet worden.
[3] Differenz in der Summe durch Runden der Zahlen.

Bausparkassen (MFIs) in Deutschland*
Zwischenbilanzen

Bis Ende 1998 Mrd DM, ab 1999 Mrd Euro

Stand am Jahres- bzw. Montasende	Anzahl der Institute	Bilanzsumme	Kredite an Banken (MFIs): Guthaben und Darlehen (ohne Baudarlehen)[1]	Kredite an Banken (MFIs): Baudarlehen[2]	Kredite an Banken (MFIs): Bankschuldverschreibungen[3]	Kredite an Nichtbanken (Nicht-MFIs): Baudarlehen: Bauspardarlehen	Kredite an Nichtbanken (Nicht-MFIs): Baudarlehen: Vor- und Zwischenfinanzierungskredite	Kredite an Nichtbanken (Nicht-MFIs): Baudarlehen: sonstige Baudarlehen[4]	Kredite an Nichtbanken (Nicht-MFIs): Wertpapiere (einschl. Schatzwechsel und U-Schätze)[5]	Einlagen und aufgenommene Kredite von Banken (MFIs)[6]: Bauspareinlagen	Einlagen und aufgenommene Kredite von Banken (MFIs)[6]: Sicht- und Termingelder	Einlagen und aufgenommene Kredite von Nichtbanken (Nicht-MFIs): Bauspareinlagen	Einlagen und aufgenommene Kredite von Nichtbanken (Nicht-MFIs): Sicht- und Termingelder[7]	Inhaberschuldverschreibungen im Umlauf	Kapital (einschl. offener Rücklagen)[8]	Nachrichtlich: im Jahr bzw. Monat neu abgeschlossene Verträge[9]
Alle Bausparkassen																
1998	34	272,3	31,3	0,3	20,2	95,9	83,3	19,8	15,7	2,4	50,9	178,9	5,9	3,5	12,5	153,0
1999 Jan.	34	138,7	16,0	0,2	10,3	48,9	42,5	4,9	8,3	1,3	20,2	91,5	2,8	1,7	6,4	6,1
Febr.	34	138,7	16,0	0,2	10,4	48,2	42,6	4,9	8,9	1,2	20,2	91,9	2,9	1,8	6,5	6,5
März	34	139,9	17,0	0,1	10,4	47,7	43,1	5,0	9,2	1,2	20,5	92,2	2,9	1,8	6,5	8,4
Private Bausparkassen																
1999 Jan.	21	98,6	12,7	0,1	5,9	32,9	28,9	4,4	6,8	0,9	14,3	63,1	2,8	1,7	4,1	4,2
Febr.	21	98,8	12,7	0,1	5,9	32,4	29,0	4,4	7,4	0,9	14,5	63,4	2,8	1,8	4,2	4,4
März	21	99,9	13,7	0,1	5,8	32,1	29,4	4,4	7,7	0,9	14,9	63,6	2,9	1,8	4,2	5,7
Öffentliche Bausparkassen																
1999 Jan.	13	40,0	3,3	0,1	4,4	16,0	13,5	0,5	1,5	0,4	5,9	28,4	0,0	–	2,3	1,9
Febr.	13	40,0	3,3	0,1	4,5	15,8	13,6	0,5	1,5	0,3	5,7	28,5	0,0	–	2,3	2,1
März	13	40,0	3,3	0,1	4,6	15,7	13,7	0,5	1,5	0,3	5,6	28,6	0,0	–	2,3	2,7

* Ohne Aktive und Passiva bzw. Geschäfte der Auslandsfilialen. Die Ergebnisse für den jeweils neuesten Termin sind stets als vorläufig zu betrachten; Änderungen durch nachträgliche Korrekturen, die im folgenden Monatsbericht erscheinen, werden nicht besonders angemerkt. – **1** Einschl. Postgiroguthaben, Forderungen an Bausparkassen, Forderungen aus Namensschuldverschreibungen und Guthaben bei Zentralnotenbanken. – **2** Bauspardarlehen sowie Vor- und Zwischenfinanzierungskredite. – **3** Einschl. Geldmarktpapiere sowie geringer Beträge anderer Wertpapiere von Banken. – **4** Bis Dezember 1998 einschl. Treuhandkredite. – **5** Einschl. Ausgleichsforderungen. – **6** Einschl. Verbindlichkeiten gegenüber Bausparkassen. – **7** Einschl. geringer Beträge von Spareinlagen. – **8** Einschl. Genußrechtskapital; ab Dezember 1993 einschl. Fonds für allgemeine Bankrisiken. – **9** Bausparsumme; nur Neuabschlüsse, bei denen die Abschlußgebühr voll eingezahlt ist. Vertragserhöhungen gelten als Neuabschlüsse.

Entwicklung des Bauspargeschäfts

Bis Ende 1998 Mrd DM, ab 1999 Mrd Euro

Zeit	Umsätze im Sparverkehr [10]			Kapitalzusagen		Kapitalauszahlungen						Noch bestehende Auszahlungsverpflichtungen am Ende des Zeitraums		Zins- und Tilgungseingänge auf Bauspardarlehen [11]		Nachrichtlich: Eingegangene Wohnungsbauprämien [13]
							Zuteilungen				neu gewährte Vor- und Zwischenfinanzierungskredite und sonstige Baudarlehen					
							Bauspareinlagen		Bauspardarlehen							
	eingezahlte Bausparbeträge [10]	Zinsgutschriften auf Bauspareinlagen	Rückzahlungen von Bauspareinlagen aus nicht zugeteilten Verträgen	insgesamt	darunter Netto-Zuteilungen [12]	insgesamt	zusammen	darunter zur Ablösung von Vor- und Zwischenfinanzierungskrediten	zusammen	darunter zur Ablösung von Vor- und Zwischenfinanzierungskrediten		insgesamt	darunter aus Zuteilungen	insgesamt	darunter Tilgungen im Quartal	
Alle Bausparkassen																
1998	44,4	5,2	8,5	99,2	65,0	92,8	37,8	10,4	23,4	7,9	31,6	19,0	13,1	31,9	26,1	0,6
1999 Jan.	1,9	0,0	0,3	3,7	2,7	3,5	1,5	0,5	0,8	0,3	1,2	9,6	6,9	1,2		0,0
Febr.	2,1	0,0	0,4	3,5	2,4	3,1	1,4	0,4	0,7	0,3	1,0	9,8	7,1	1,5		0,0
März	2,6	0,0	0,5	4,6	2,6	4,1	1,7	0,4	0,9	0,3	1,5	10,2	6,8	1,7		0,0
Private Bausparkassen																
1999 Jan.	1,3	0,0	0,2	2,8	2,0	2,6	1,1	0,4	0,5	0,2	0,9	5,6	3,4	0,9		0,0
Febr.	1,5	0,0	0,3	2,5	1,6	2,2	1,0	0,3	0,5	0,2	0,8	5,7	3,5	1,0		0,0
März	1,8	0,0	0,3	3,3	1,8	2,9	1,2	0,3	0,6	0,2	1,1	6,0	3,4	1,2		0,0
Öffentliche Bausparkassen																
1999 Jan.	0,6	0,0	0,1	0,9	0,7	0,9	0,4	0,1	0,2	0,1	0,2	4,0	3,5	0,4		0,0
Febr.	0,6	0,0	0,2	1,0	0,8	0,9	0,4	0,1	0,2	0,1	0,2	4,1	3,6	0,4		0,0
März	0,8	0,0	0,2	1,3	0,8	1,2	0,5	0,1	0,3	0,1	0,4	4,2	3,5	0,5		0,0

10 Auszahlungen von Bauspareinlagen aus zugeteilten Verträgen s. unter Kapitalauszahlungen. – **11** Einschl. gutgeschriebener Wohnungsbauprämien. – **12** Nur die von den Berechtigten angenommenen Zuteilungen; einschl. Zuteilungen zur Ablösung von Vor- und Zwischenfinanzierungskrediten. – **13** Soweit den Konten der Bausparer oder Darlehensnehmer bereits gutgeschrieben, auch in „Eingezahlte Bausparbeträge" und „Zins- und Tilgungseingänge auf Bauspardarlehen" enthalten.
(Quelle: Deutsche Bundesbank, Monatsbericht Mai 1999, S. 39*.)

a) Wie funktioniert das Bauspargeschäft?

„Wenn 10 Menschen sich zusammentun, um je ein Haus für 10.000 DM zu bauen und jeder bezahlt jährlich 1000 DM, so erhält jedes Jahr einer sein Haus, der letzte freilich erst, wenn er alles selbst gespart hat. Er stünde aber nicht schlechter, als wenn er allein geblieben wäre.

Um diesen letzten ging es aber. Schließlich errechneten Mathematiker, daß es bei fortgesetztem, gleichbleibendem Geschäft bald keinen ersten, aber auch letzten mehr gab, weil jeder Bausparer so um die Mitte der Vertragszeit herum seine Bausparsumme erhält."[1] Das kollektive Prinzip, ursprünglich geschlossener Zuteilungsgruppen mit einem stationären Zustand, wurde erweitert zu dem Denkmodell eines dynamischen Beharrungszustandes, der sich bei geometrischer Progression des Neuzugangs herausbildet. Die Bausparverträge einer Bausparkasse bilden innerhalb eines Tarifs eine offene Gruppe, die sich dauernd durch Neuzugänge und Abgänge von Bausparverträgen verändert. Die eingezahlten Sparbeiträge bilden den Grundstock der Zuteilungsmasse. In diese Zuteilungsmasse fließen auch alle Tilgungsleistungen auf die bereits ausgezahlten Bauspardarlehen. Die Intensität des Geldeingangs bei der Bausparkasse aus den Zahlungsströmen

– Einzahlungen der Bausparer → Bausparkasse und
– Tilgungen der Darlehensnehmer → Bausparkasse

bestimmt, in welchem Umfang die Bausparkasse neue Darlehen für wohnungswirtschaftliche Maßnahmen ausleihen kann. Diese Zuflüsse bilden die Refinanzierungsquelle der Bausparkassen. Die Institute können aber nur verteilen, was sie haben. Die Stärke der Zahlungsströme bestimmt auch den Zeitraum, den Bausparer warten müssen, bis sie ein Bauspardarlehen erhalten können.

b) Wartezeiten

Die „Allgemeinen Geschäftsgrundsätze" der Bausparkassen müssen Bestimmungen enthalten über die Berechnungen für die Abwicklung der Bausparverträge und für die Dauer der Wartezeiten unter Hervorhebung der längsten, mittleren und kürzesten Wartezeit (§ 5 Abs. 2 BauspG).

---

[1] L. Weber, in „Sparkasse" 1954, S. 362.

Einflußfaktoren auf die Zuteilungsmasse einer Bausparkasse[1]

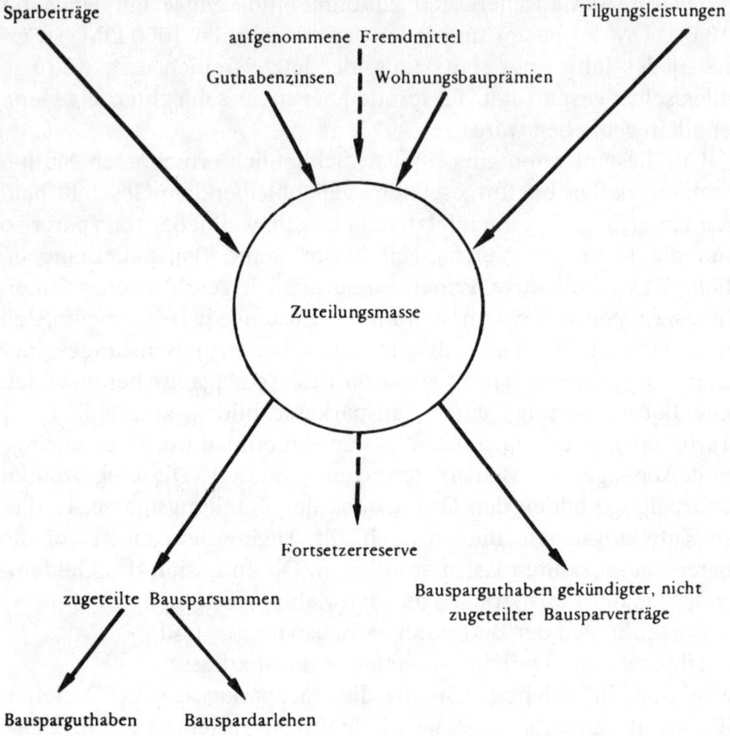

Quelle: Zink, Der Bausparvertrag, 3. Auflage, Wiesbaden 1984 S. 46.

Es handelt sich um bausparmathematische Unterlagen, die den Tarifen der Bausparkassen zugrunde liegen. Sie werden vom Bundesaufsichtsamt für das Kreditwesen nur genehmigt, wenn die Erfüllbarkeit der Bausparverträge gewährleistet scheint. Spar- und Tilgungsleistungen müssen in einer Höhe vorgesehen sein, daß keine unangemessenen Wartezeiten entstehen.

---

[1] Zusätzlich zu berücksichtigen sind, bei den Zinsen für aufgenommene Fremdmittel, die Bewegungen beim „Fonds zur bauspartechnischen Absicherung".

Beispiel:

Bei einer gleichbleibenden monatlichen Sparleistung von 4,– DM für jeweils 1000,– DM Bausparvertragssumme werden nach einer Sparzeit von rd. 7,5 Jahren 40 Prozent der Bausparsumme = 400,– DM an Guthaben erreicht. Davon sind rd. 360,– DM gezahlte Beiträge und rd. 40,– DM gutgeschriebene Zinsen (3%). Damit ist das Mindestsparguthaben, eine der Zuteilungsvoraussetzungen, erfüllt. Wird der Bausparvertrag (nach der Modellrechnung) mit diesem Guthaben und dem Bauspardarlehen von 60% der Bausparvertragssumme ausgezahlt, so beginnt die Rückzahlung des Bauspardarlehens. Bei 5% Darlehenszins und einem gleichbleibendem monatlichen Tilgungsbetrag von 6,– DM für jeweils 1000,– DM Bausparvertragssumme ist nach einer Tilgungszeit von rd. 11 Jahren das Darlehen amortisiert. Ein solcher Bausparvertrag durchläuft die Vorspar- und die Darlehensphase in etwa 18 Jahren. Dieser Ablauf gibt auch die sogenannte „mittlere Wartezeit" wieder.

Ungewißheit besteht über den Zeitpunkt, zu dem der Bausparer mit der Zuteilung sein Geld erhält. Er wird bestimmt durch die Entwicklung der Zuteilungsmasse[1].

Die Bausparkassen widmen den Auswirkungen der Neugeschäftsschwankungen große Aufmerksamkeit.

Diesen Berechnungen der mittleren Wartezeiten kommt im wesentlichen nur theoretische Bedeutung zu. Sie treffen nur zu für einen Bestand an Bausparern, der sich ausschließlich aus solchen Bausparern zusammensetzt, die nur die Regelsparbeiträge ansparen.

Die jüngere Entwicklung zeigt sich in folgendem Text:

„Für die Beurteilung der Frage, ob die Allgemeinen Bedingungen für Bausparverträge und die Allgemeinen Geschäftsgrundsätze die Erfüllbarkeit der Bausparverträge nachhaltig gewährleistet erscheinen lassen, haben sich die bisher vorzulegenden Berechnungen für die Abwicklung der Bausparverträge als unzureichend erwiesen. Neben den reinen Kontoabläufen und den unter bestimmten Modellannahmen aus den bauspartechnischen Berechnungen zu entwickelnden theoretischen Wartezeitengrößen (kürzeste, mittlere und längste Wartezeit) ist daher künftig aufgrund der neu gefaßten Nummer 1 das individuelle Sparer-Kassen-Leistungsverhältnis anzugeben, das eine Beurteilung der Zusammenhänge zwischen den bauspartechnisch relevanten Merkmalen der Allgemeinen Bedingungen für Bausparverträge und der möglichen Beanspruchung der Zuteilungsmasse

[1] Siehe dazu auch: Hafemann, Die Entwicklung des Anlagegrades der privaten Bausparkassen, DLK 1998 S. 264.

durch einzelne Bausparer zuläßt. Dieses modellmäßig zu errechnende individuelle Sparer-Kassen-Leistungsverhältnis gibt das Verhältnis zwischen den Leistungen eines Bausparers während der Sparphase und den Leistungen an diesen Bausparer während der Darlehensphase an. Für die Ermittlung dieser Meßzahl kommen verschiedene Methoden in Betracht, beispielsweise die Berechnung des Verhältnisses der Saldensummen während der Sparphase (Habensaldensumme) zu der Saldensumme während der Darlehensphase (Sollsaldensumme) und eine Errechnung aus den kumulierten Haben- und Sollzinsbeträgen.

Das individuelle Sparer-Kassen-Leistungsverhältnis hängt von den bauspartechnisch relevanten Tarifmerkmalen (insbesondere von den Zuteilungsvoraussetzungen und den Tilgungsbeiträgen), von der Art der Besparung und von dem Zuteilungszeitpunkt ab. In die Allgemeinen Geschäftsgrundsätze sind daher Kontoabläufe mit Angabe des individuellen Sparer-Kassen-Leistungsverhältnisses für die Sparformen und Tarifvarianten aufzunehmen, die für die Beurteilung des Tarifs im Hinblick auf die in § 8 Abs. 1 genannten Versagungsgründe erforderlich sind. Neben der vertragsgemäßen Besparung mit dem Regelsparbeitrag ist bauspartechnisch die Soforteinzahlung des Mindestsparguthabens zum Zeitpunkt des Vertragsabschlusses und ein zu dem geringsten Sparer-Kassen-Leisungsverhältnis führendes Sparverhalten besonders bedeutsam. Das individuelle Sparer-Kassen-Leistungsverhältnis, das nicht unterschritten werden darf, kann ggf. auch ohne Kontoabläufe abstrakt hergeleitet werden.

Die Beurteilung des Sparer-Kassen-Leistungsverhältnisses setzt voraus, daß in den Kontoabläufen sämtliche bauspartechnisch relevanten Leistungen erfaßt werden. Neben den eigentlichen tarifbestimmenden Merkmalen, wie Regelsparbeiträgen, Tilgungsbeiträgen, Bewertungszahlfaktoren, Zinssätzen, Auf- und Abgeldern können auch die im regelmäßigen Vertragsablauf anfallenden Gebühren das Sparer-Kassen-Leistungsverhältnis beeinflussen. Das gilt insbesondere für Gebühren, deren Bemessungsgrundlage die Bausparsumme oder das Bauspardarlehen ist (Abschlußgebühr, Darlehensgebühr). Sofern sich erhebliche Auswirkungen auf das Sparer-Kassen-Leistungsverhältnis ergeben, sind aber auch im regelmäßigen Vertragsablauf anfallende pauschale Gebühren (z. B. Kontoführungsgebühren) oder in den Spar- oder Tilgungsbeiträgen enthaltene sonstige Leistungen, wie Beiträge für eine Risikolebensversicherung, in den Modellrechnungen zu berücksichtigen."

Quelle: Gesetzentwurf der Bundesregierung zur Änderung des Gesetzes über Bausparkassen. Bundesrats-Drucksache 516/90.

In der Bausparkassenverordnung (Verordnung zum Schutz der Gläubiger von Bausparkassen) v. 16. 1. 1973 (BGBl. I S. 41) nach der Änderung vom 30. 11. 1998 (BGBl. I S. 3428) gilt als neue Bestimmung:

„§ 7 Zuteilungsvoraussetzungen

(1) In die Allgemeinen Bedingungen für Bausparverträge sind Mindestbewertungszahlen oder andere geeignete Zuteilungsvoraussetzungen aufzunehmen, die auf Dauer zu einem kollektiven Sparer-Kassen-Leistungsverhältnis von mindestens 1,0[1] führen.

(2) Das individuelle Sparer-Kassen-Leistungsverhältnis muß vorbehaltlich der Absätze 3 und 4 zum Zeitpunkt der Zuteilung mindestens 0,5 betragen. Kann bei der Einführung neuer Tarife oder Tarifmerkmale die voraussichtliche Höhe der wartezeitverkürzenden Faktoren nicht aus Erfahrungswerten für vergleichbare Tarife abgeleitet werden, muß das individuelle Sparer-Kassen-Leistungsverhältnis außerdem im Falle der Einzahlung des Mindestsparguthabens bei Vertragsabschluß zum Zeitpunkt der Zuteilung mindestens 0,7 betragen.

(3) Die Zuteilungsvoraussetzungen können abweichend von Absatz 2 festgesetzt werden, sofern für die in einer Zuteilungsmasse geführten Bauspartarife auf Dauer ein kollektives Sparer-Kassen-Leistungsverhältnis von mindestens 1,0 gewährleistet erscheint.

(4) Führen die Zuteilungsvoraussetzungen nicht auf Dauer zu einem kollektiven Sparer-Kassen-Leistungsverhältnis von mindestens 1,0, hat die Bausparkasse die Zuteilungsvoraussetzungen unverzüglich entsprechend anzupassen."

Das Bundesaufsichtsamt kann gem. Abs. 5 auf Antrag Ausnahmen von der Obergrenze des Sparer-Kassen-Leistungsverhältnisses zulassen.

In § 10 dieser Verordnung sind Übergangsregelungen für das Sparer-Kassen-Leistungsverhältnis älterer Bausparkassen-Tarife aufgenommen worden.

Aber nicht nur der Neuzugang an Bausparverträgen beeinflußt die Wartezeit, sondern auch die Zahlungsgewohnheiten der Bausparer des vorhandenen Vertragsbestandes. Konjunkturelle Entwicklungen, die Einschränkung staatlicher Subventionen und der Zins konkurrierender Anlageangebote machen sich bemerkbar. Wenn man von der zeitweise im größeren Umfang praktizierten Einschleusung teurer, außerkollektiver Fremdmittel in die Zuteilungsmasse absieht, stehen als Refinanzierungsquelle nur die Bausparer in ihren zwei Eigenschaften als Sparer und als Zahler von

---

[1] Zur Ermittlung dieser Maßzahl s. Moeller, E.: Die bauspartechnische Zuteilung nach dem Belastungsgrad, Privates Bausparwesen, Bonn 1952, S. 51 f. und Weiler, Mindestbewertungszahl und langfristige Unternehmensstrategie einer Bausparkasse, DLK 1998 S. 269.

Tilgungsleistungen zur Verfügung. Die Relation zwischen den erbrachten Sparleistungen und der Bausparsumme des noch nicht zugeteilten Vertragsbestandes, die sogenannte „Sparintensität"[1] gilt als Meßzahl.

Allerdings wird die Meinung vertreten, daß die Sparintensität für die Veränderung der Wartezeiten nicht das gleiche Gewicht besitzt wie die Tilgungsintensität. Der einzelne Bausparer verkürzt zwar durch höhere Sparleistungen seine eigene Wartezeit. Ein gleiches Sparverhalten aller Bausparer könnte die allgemeine Wartezeitproblematik eher verschärfen. Die Relation Tilgungsbe-

---

[1] „Als Maßstab für die Intensität der Sparprozesse bei den Bausparkassen dienen zwei unterschiedliche Relationen. Die eine von ihnen stellt tarifbezogen auf das Verhältnis der tatsächlichen zu den vertraglich vereinbarten Sparleistungen in einem bestimmten Zeitraum ab. Damit geben die Werte dieser Relation unmittelbar wieder, um wieviel Prozentpunkte die Bausparer im Durchschnitt mit ihrem Spar-Ist in der betreffenden Periode das Spar-Soll in Form der tariflichen Regelsparbeiträge nach den Allgemeinen Bedingungen für Bausparverträge (ABB) übertroffen haben. So definiert, stellt die Sparintensität mithin vor allem eine Maßzahl für die in den einzelnen angebotenen Tarifen jeweils geleisteten Sondersparzahlungen dar.

Die zweite in der Bausparpraxis übliche Definition der Sparintensität ist an sich tarifunabhängig und dementsprechend einfacher auch auf das Gesamtkollektiv einer Bausparkasse bzw. Bausparkassengruppe anwendbar. Unter ihr versteht man das Verhältnis der gesamten z. B. in einem Geschäftsjahr der Zuteilungsmasse zugeflossenen Sparleistungen zu dem jeweiligen mittleren nicht zugeteilten Bausparsummenbestand. Im Bereich der Landesbausparkassen werden dabei in den Zähler in der Regel weder die gewährten staatlichen Wohnungsbauprämien einbezogen noch die Guthabenzinsen. Die so von dieser Kennziffer angenommenen Werte lassen erkennen, wieviel die Bausparer mit noch nicht zugeteilten Bausparverträgen durchschnittlich in Relation zum Volumen ihrer Verträge in einer Periode eingezahlt haben."

„Ebenso wie für die Sparintensität so existieren im Bausparwesen auch für die Tilgungsintensität zwei unterschiedliche Definitionen. Im Bereich der Landesbausparkassen dominiert dabei nach wie vor das Verhältnis der tatsächlichen zu den vertraglich vereinbarten Zins- und Tilgungsleistungen pro Tarif. Die gesamten während eines bestimmten Zeitraums auf Darlehenskonten erfolgten Gutschriften werden hier also auf die nach den jeweiligen Allgemeinen Bedingungen für Bausparverträge (ABB) zu entrichtenden Tilgungsbeiträge bezogen. Daraus folgt, daß es sich bei dieser Relation vorrangig um eine Kennziffer für die von den Darlehensnehmern erbrachten Sondertilgungen handelt.

Die Alternative dazu besteht in dem Verhältnis der sogenannten reinen Tilgung zum mittleren Bestand an Bauspardarlehen. Diese Relation läßt sich als Maßstab für die Umschlaggeschwindigkeit des Darlehensbestandes interpretieren. Ihr Zähler umfaßt jeweils nur die um die Gebühren- und Zinsbelastungen verminderten Gutschriften für die Bausparer im Tilgungsstadium."

Quelle: Bausparkassen-Fachbuch 1994/95 a. a. O. S. 237.

träge zu Bauspardarlehen, die „Tilgungsintensität" der Darlehensnehmer drückt aus, daß sich Wartezeiten verkürzen oder verlängern können. Diese Wirkung kann eintreten, wenn Bausparer über die vereinbarten Zins- und Tilgungsraten hinaus Sondertilgungen leisten. Der Umfang schwankt erheblich. In Zeiten hoher Zinsen für Geldanlagen und Kapitalmarktdarlehen überlegen die Bausparer naturgemäß, ob sie ihr billiges Darlehen schneller tilgen als verlangt.

Von erheblichem Einfluß auf die Wartezeiten sind die sogenannten „Steuer- und Prämienbausparer". Mit ihrem Verzicht auf ein Bauspardarlehen entlasten sie die Zuteilungsmasse erheblich. Durch die Einführung einer Einkommensgrenze für die Gewährung von Wohnungsbauprämien, die Verringerung der Prämie von 18% auf 10%, die Verlängerung der Bindungsfristen und die Beseitigung der Zusatzvergünstigungen für vermögenswirksame Leistungen der Arbeitnehmer wurde der Anreiz Bausparguthaben mit geringem Zinsertrag zu halten, sicherlich vermindert. Mit der Erhöhung der Einkommensgrenzen und der Anhebung der Wohnungsbauprämien ab 1. 1. 1996 (s. S. 325) verstärkt sich die Möglichkeit eines Anwachsens der Zahl der Bausparverträge. Abträglich erscheint der ersatzlose Wegfall Beiträge an Bausparkassen steuerlich als Sonderausgaben (§ 10 EStG) geltend zu machen (ab 1. 1. 1996). Um den Steuer- und Prämienbausparer für den Abschluß eines Bausparvertrags zu gewinnen, zahlen manche Bausparkassen bei Darlehensverzichten die Abschlußgebühr (meist 1% der Summe des Bausparvertrages) mit dem Guthaben zurück[1]. Von erheblichem Einfluß sind auch die Auszahlungen der Sparguthaben gekündigter, nicht zugeteilter Bausparverträge. 1998 wurden mehr als 8,5 Milliarden DM bei diesen Vertragsauflösungen zurückgezahlt.

Auch der verzögerte Abruf der Bausparsumme rechnet zu den die Wartezeiten verkürzenden Faktoren. Wegen dieser zeitlichen Unsicherheiten bestimmt § 4 Abs. 5 BauspG: „Bausparkassen können sich vor Zuteilung eines Bausparvertrages nicht verpflichten, die Bausparsumme zu einem bestimmten Zeitpunkt auszuzahlen."

---

[1] Siehe dazu Schaub, Darlehensverzicht von Bausparern – gestern ein Segen, morgen ein Fluch?, DLK 1998 S. 271.

Bausparer erhalten von der Deutschen Bank Bauspar AG, Frankfurt, eine Garantie, daß die Bausparsumme auf jeden Fall zum versprochenen Zeitpunkt zugeteilt wird. Diese sogenannte Just-in-time-Vereinbarung muß der Bankkunde allerdings zusätzlich zum eigentlichen Bausparvertrag abschließen. Die Bank verlangt dafür eine jährliche Gebühr von einem Promille der Bausparsumme. Der Garantiefall trete nur ein, wenn aus unvorhergesehenen Gründen die Bausparsumme einmal nicht zugeteilt werden könne, obwohl der Kunde die Mindestzuteilungsvoraussetzungen erreicht habe. In diesem Falle erhalte der Kunde eine Zwischenfinanzierung zu einem effektiven Jahreszins von 4,6 Prozent, bis der Bausparvertrag zugeteilt werde.

c) Begriffe = Bedeutungen und Beziehungen

Die Wartezeit endet mit der Zuteilung. Das ist das Zentralwort des Bausparens. Es steht im Mittelpunkt der Abwicklung eines Bausparvertrages. Man versteht darunter den Zeitpunkt, von dem an die Bausparkasse die Bausparsumme zur Auszahlung an den Bausparer bereit hält. Der Mechanismus des Zuteilungsvorganges leitet sich aus dem Bezugssystem der Begriffe ab. „*Allgemeine Geschäftsgrundsätze*“ und „*Allgemeine Bedingungen für Bausparverträge*“ bilden die Rechtsgrundlage für dieses System (§ 5 BauspG).

Bausparer ist nur derjenige, der mit einer Bausparkasse einen Vertrag schließt, durch den er nach Leistung von Bauspareinlagen einen Rechtsanspruch auf Gewährung eines Bauspardarlehens erwirbt *(Bausparvertrag)* (§ 1 Abs. 2 BauspG). Bausparverträge lauten über eine bestimmte *Bausparsumme.* Sie wird mit einem Vielfachen von Tausend D-Mark abgeschlossen. In der Regel soll sie z. Zt. nicht weniger als 5000,– DM betragen. Bausparverträge, bei denen die Bausparsumme den Betrag von 300 000,– DM übersteigt, gelten als Großbausparverträge. Die innerhalb von 12 Monaten abgeschlossenen Bausparverträge eines Bausparers gelten dabei als ein Vertrag. Nach der Höhe der Bausparsumme richtet sich der Betrag des anzusammelnden *Bausparguthabens* und, meistens als Differenz zur Bausparsumme, die Höhe des Bauspardarlehens. Sie ist die Bezugsgröße für die Ansprüche an die *Zuteilungsmasse.*

In rechtlicher Hinsicht wird ein Bausparvertrag als Darlehensvorvertrag angesehen; ein gegenseitiger Vertrag im Sinne von §§ 320ff. BGB. Auf die Gewährung eines Bauspardarlehens besteht ein aufschiebend bedingter Rechtsanspruch. Er entsteht durch Sparleistungen und Zuteilung. Auch die Erfüllung des Bausparvertrages selbst ist bedingt. Die Kreditgewährung hängt ab von der Bonität des Bausparers und einer ordnungsmäßigen Sicherstellung des Bauspardarlehens. Dieses Rechtsverhältnis wird durch die „Allgemeinen Bedingungen für Bausparverträge" ausgestaltet. Sie binden Bausparkasse und Bausparer. Allen Bausparverträgen eines Tarifs liegen die gleichen Bedingungen zugrunde. Bausparkassen dürfen Bauspargeschäfte nur mit Bausparern machen.

Bausparverträge werden auch zugunsten Dritter abgeschlossen. Ähnlich wie bei einem Versicherungsvertrag kann bei einem Vertragsabschluß der Wunsch bestehen, einen Dritten zu begünstigen. Diese Begünstigung kann man bei Abschluß des Bausparvertrages aussprechen. Es kann auch ein *gemeinschaftlicher Bausparvertrag* abgeschlossen werden; meist kommt er bei Ehegatten vor. Bei der Abwicklung eines solchen Bausparvertrages gelten die Bausparer als gegenseitig zur Abgabe und zur Entgegennahme von Erklärungen, auch über den Tod hinaus, bevollmächtigt. Bausparverträge für Minderjährige müssen mit der Genehmigung des Vertretungsberechtigten zustande kommen.

Es treten Fragen der Legitimationsprüfung, der gesetzlichen Vertretung von Minderjährigen und der Widerrufbarkeit der Begünstigung auf. Sie sind nach den dafür geltenden Vorschriften des Bürgerlichen Rechts und des Steuerrechts zu lösen.[1]

Ein Bausparvertrag wird mit Tag des Eingangs des schriftlichen Bausparantrags bei der Bausparkasse oder der ersten Sparleistung wirksam. Die Bausparkasse gibt dem Bausparer eine Vertragsbestätigung, in der alle wesentlichen Merkmale, z.B. die Bausparsumme, der Regelsparbeitrag, das Abschlußdatum enthalten sind. Der Zeitpunkt des Vertragsbeginns ist wichtig. Im allgemeinen gingen die Bausparkassen dazu über, den Ersten des Monats als Vertragsbeginn anzunehmen, in dem der Bausparantrag bei der

[1] Siehe dazu: Lehmann/Schäfer/Cirpka, Kommentar zum Bausparkassengesetz und zur Bausparkassenverordnung, Bonn.

Bausparkasse eingeht. Steuer- und prämienrechtlich ist Vertragsbeginn der Tag, an dem der Bausparvertrag abgeschlossen wurde.

Bausparvorratsverträge finden sich im Repertoire der Kreditinstitute. Diese schließen mit den Bausparkassen Bausparverträge ab und sparen sie selbst an. (Das machen auch manchmal Wohnungsunternehmen und Arbeitgeber.) Besonders in Phasen hohen Zinses ist der Vorratsvertrag ein Mittel der Geschäftspolitik von Kreditinstituten. Sie wählen die Kunden aus, denen sie solche Vorratsverträge überlassen. Natürlich verlangen sie einen Ausgleich für die niedrigere Verzinsung des Sparguthabens bei der Bausparkasse. Man rechnet den mutmaßlichen Zinsentgang bei einer anderen Geldanlage auf dem Geldmarkt dem Sparguthaben hinzu. Daneben ist die Abschlußgebühr zu erstatten. Hinzu kommt dann noch eine Übernahmegebühr, die direkt an die Bausparkasse zu entrichten ist. Bei einer solchen *Übertragung,* die an die Zustimmung der Bausparkasse gebunden ist, werden häufig *Zuteilungssperrfristen* vereinbart. Übertragene Bausparverträge schließt man dabei für 12 bis 24 Monate von der Zuteilung aus. Ob der Übertragung zugestimmt wird und unter welchen Bedingungen, hängt von der Intensität der geschäftlichen Beziehungen zwischen der Bausparkasse und dem Kreditinstitut ab.

Das Entgelt, das der Übernehmer eines Vorratsvertrages zu zahlen hat, ist nicht prämienbegünstigt. Aber alle späteren Leistungen sind so zu behandeln, wie bei einem normalen Bausparvertrag auch, denn die Sperrfristen sind nicht personen-, sondern vertragsgebunden. Der Preis für die Übertragung eines Bausparvertrages kann dann als vorweggenommene Werbungskosten bei den Einkünften aus Vermietung und Verpachtung geltend gemacht werden, wenn die Übernahme des Vorratsvertrages in einem zeitlichen und wirtschaftlichen Zusammenhang mit der geplanten Errichtung und dem Erwerb eines Hauses oder einer Eigentumswohnung erfolgt.

Manchmal werden auch *Darlehensansprüche* aus zugeteilten Bausparverträgen von Bausparern verkauft, die das Bauspardarlehen nicht in Anspruch nehmen wollen. Auch diese Verträge können nur mit Zustimmung der Bausparkasse wirksam übertragen werden. Die *Abtretung von Rechten* aus dem Bausparvertrag bedarf generell nicht der Zustimmung der Bausparkasse.

Die meisten Vertragsdaten werden mit der Bausparsumme in Verbindung gebracht oder zu ihr in Beziehung gesetzt: die Höhe der *Abschlußgebühr,* die Höhe des *Sparbeitrags,* das notwendige *Mindestsparguthaben* und die *Bewertungszahl.* Manchmal auch noch die *Tilgungsleistung.*

Schließt man einen Bausparvertrag ab – das erfolgt auf einem Antragsformular –, so ist eine Abschlußgebühr zu zahlen. Sie beträgt meist 1% der abgeschlossenen Summe. Die von den Bausparkassen dafür vereinnahmten Beträge dienen zur Deckung der Kosten für den Vertragsabschluß. Damit werden vornehmlich die Werbung und der Außendienst bezahlt.

Regelsparbeiträge beziehen sich auf die Bausparsumme (Beispiele siehe S. 397). Sie werden angesammelt und erreichen im Laufe der Jahre das *Mindestsparguthaben.* Es beträgt meist 40 oder 50% der Bausparsumme.

Dieses Mindestsparguthaben ist Voraussetzung dafür, daß der Bausparvertrag an der Zuteilung teilnimmt. Da aber manche Bausparer schneller als in den Bausparbedingungen vorgesehen ansparen, wurden *Mindestwartezeiten* eingeführt. Sie wird auch Mindestvertragsdauer oder Mindestsparzeit genannt. Zur Zeit muß im allgemeinen ein Bausparvertrag mindestens 18 oder 24 Monate überhaupt bestehen, bevor er an der Zuteilung teilnehmen kann. Beide Mindestvoraussetzungen müssen erfüllt sein, damit die *Zuteilungsanwartschaft* erreicht wird: das Mindestsparguthaben muß vorhanden und die Mindestwartezeit muß abgelaufen sein. Im allgemeinen Sprachgebrauch sagt man auch: der Bausparvertrag ist zuteilungsreif. Aber selbst wenn diese Zuteilungsvoraussetzungen erfüllt sind, bleibt es weiter ungewiß, wann der Bausparvertrag zugeteilt wird. Manche Fachleute sprechen davon, daß erst von diesem Zeitpunkt an die eigentliche Wartezeit beginnt.

Über die *Zuteilungsreihenfolge* entschied bis zum Jahre 1940 das Los. Diese Methode führte zu unbefriedigenden Ergebnissen. Seither wird die Reihenfolge mit Hilfe von Bewertungszahlen geordnet. Es geht darum, unterschiedliches Sparverhalten so zu bewerten, daß eine gerechte Reihenfolge entsteht. Deshalb wird die Ansparzeit fortlaufend untersucht. Alle Zahlungen werden nach einem Geld × Zeit-System bewertet. Dabei berücksichtigt man sowohl das vorhandene Bausparguthaben (den Faktor Geld) als auch die gutgeschriebenen Sparzinsen. Der Sparzins läßt die Liegezeit der einzelnen Sparbeiträge (den Faktor Zeit) wirksam werden. Auf diese Weise werden unterschiedliche Spargewohnheiten auf einen Nenner gebracht.

Die Bausparbedingungen lassen zu, daß über die Regelsparbeiträge hinaus *Sonderzahlungen* geleistet werden. Der Bausparer kann die Beträge an von ihm selbst gewählten Zeitpunkten einzahlen. Er beeinflußt damit seinen Rang in der Zuteilungsreihenfolge. Die *Bewertungszahlenmethoden* entscheiden darüber, welche Wirkungen von den einzelnen Einzahlungen ausgehen.

Für jeden einzelnen Bausparvertrag wird eine Bewertungszahl ermittelt. Dabei gehen die Bausparkassen nicht einheitlich vor. Es gibt Zins-, Misch-, Salden- und Zuwachsmethoden. (Siehe Tabellen auf den Seiten 397 f.).

Bei der reinen Zinsmethode wird aus der Summe der Guthabenzinsen die Bewertungszahl errechnet. Bei Mischmethoden teilt man die Summe aus Sparguthaben einschließlich Zinsen und einem mehrfachen Betrag = x, der in dem Sparguthaben enthaltenen Zinsen, durch den Regelsparbeitrag. Die Berechnungsformel lautet:

$$\frac{\text{Sparguthaben} + (\times \cdot \text{Zinsen})}{\text{Regelsparbeitrag}} = \text{Bewertungszahl}$$

Der Multiplikationsfaktor x beträgt häufig 10 bis 15. Die Summe der Bausparguthabensalden an den von dem Bausparvertrag durchlaufenen Bewertungsstichtagen wird bei Saldensystemen durch die Bausparsumme oder einen Bruchteil davon dividiert. Bei der Zuwachsmethode ermittelt man den Zuwachs der Bewertungszahl seit dem letzten Bewertungsstichtag und addiert die Bewertungszahl des letzten Stichtages hinzu.

Beispiel für eine Saldenmethode:
Bausparvertrag über DM 20000,–
Vertragsabschluß im August 1980
monatlicher Bausparbeitrag DM 50,–

Stand der Bausparguthaben an den Bewertungsstichtagen (Abschlußgebühr bereits gezahlt; Zinsgutschriften unberücksichtigt)		Saldensumme	Bewertungszahl
1. Beispiel: Bausparbeiträge ohne Sonderzahlung			
30. 9. 80	DM 50,–	50	3
31. 3. 81	DM 350,–	400	20
30. 9. 81	DM 650,–	1050	53
31. 3. 82	DM 950,–	2000	100
2. Beispiel: Bausparbeiträge und Sonderzahlung zum 30. 9. 80 von DM 5000,–			
30. 9. 80	DM 5050,–	5050	253
31. 3. 81	DM 5350,–	10400	520
30. 9. 81	DM 5650,–	16050	803
31. 3. 82	DM 5950,–	22000	1100
3. Beispiel: Bausparbeiträge und Sonderzahlung zum 31. 3. 82 von DM 5000,–			
30. 9. 80	DM 50,–	50	3
31. 3. 81	DM 350,–	400	20
30. 9. 81	DM 650,–	1050	53
31. 3. 82	DM 5950,–	7000	350

Wird eine Sonderzahlung erst später geleistet (3. Beispiel), ist ein höherer Betrag erforderlich, um die gleiche Bewertungszahl zu erreichen, wie bei einer frühen Sonderzahlung (2. Beispiel). Die Zinsen tragen nach ihrer Gutschrift am 31. 12. jeden Jahres ebenfalls an den folgenden Bewertungsstichtagen zum Anstieg der Bewertungszahlen bei.

Alle Einzahlungen erhöhen die Bewertungszahl. Bei einem vorhandenen Guthaben wächst die Bewertungszahl im Laufe der Zeit auch ohne weitere Zahlungen wegen der gutzuschreibenden Sparzinsen.

Im Zeitpunkt des Abschlusses eines Bausparvertrages steht ein konkreter Verwendungszweck meist noch nicht fest (von sogenannten Schnellsparern abgesehen). Die Praxis zeigt, daß die abgeschlossene Bausparsumme im Durchschnitt zwischen DM 22000,– und DM 40000,– liegt. Es sei in Erinnerung gerufen, daß mit Bausparverträgen bei Neubau und Kauf ja nur eine Teilfinanzierung der Gesamtkosten beabsichtigt ist. Die Bausparkassen lassen bei einzelnen Tarifen die Bildung von Teilbausparsummen zu, bei denen das Bausparguthaben nach den Wünschen des Bausparers auf die entstehenden Teilbausparverträge verteilt wird. Damit verändern sich die Bewertungszahlen (siehe Beispiel auf S. 393) und damit auch die Wartezeit. Der Bausparer erhält die Möglichkeit, sein Bausparguthaben früher zurück zu erhalten. Die Bausparkassen wenden unterschiedliche Verfahren an.[1]

Bausparer können, besonders in Hochzinsphasen, mit dieser Möglichkeit den Ablauf des Bausparvertrages an ihre Wünsche besser anpassen. Durch Nachteile bei der Ermittlung der Bewertungsziffer wird versucht, den früheren Zugriff auf die Zuteilungsmasse möglichst gering zu halten. Gefahren für Schwankungen der Zuteilungsmasse sehen die Bausparkassen durchaus. Aber mit dem Teilbausparsummen-System können die Anbieter gut mit Argumenten werben, die auf den Abschluß höherer Bausparsummen hinauslaufen.

In den letzten Jahren führten eine Reihe von Bausparkassen den Zuteilungsmassen von Dritten aufgenommene (außerkollektive) *Fremdgelder* zu, teilweise durch den Verkauf von Darlehensforderungen (wegen der Unterverzinsung mit Abschlägen). Es wird die Meinung vertreten, daß solche Maßnahmen eigentlich nur zur Überbrückung kurzfristiger Schwankungen des Zugangs der Zahlungsströme des Kollektivs zur Zuteilungsmasse dienen sollen. Die Wartezeiten werden geglättet und die Gefahr verringert, daß vorübergehende Einflüsse das kollektive System stören. „Gelingt es, durch zusätzliche Geldbeschaffung ein übermäßiges Ansteigen der Wartezeiten zu verhindern und das Vertrauen zur Bausparkasse zu erhalten, wird es auch möglich sein, den Neuzugang zu heben und wieder zu einer natürlichen Besserung der Verhältnisse zu kommen."[2] Die Bausparkassen können diese

---

[1] Zur Problematik siehe Knödel, Klaus: Teilbausparsummen und Teilbausparverträge als marktpolitisches und bauspartechnisches Instrument, DLK 1986 S. 207 und Hölzle, Bernhard J.: Erfahrungen mit der Teilbausparsumme, DLK 1989, S. 254.

[2] Krahn, Arwed, a. a. O. S. 70.

künstliche Wartezeitverkürzung im Rahmen ihrer Ertragskraft oder auf in guten Zeiten vorsorglich gebildete Rücklagen aufrechterhalten. Dazu dient auch der „Fonds zur bauspartechnischen Absicherung", mit dem Zinssatzdifferenzen ausgeglichen werden können.

Ab 1. 1. 1991 gilt § 21a Körperschaftssteuergesetz:

„Zuteilungsrücklage bei Bausparkassen

Bausparkassen im Sinne des § 1 Abs. 1 des Gesetzes über Bausparkassen können Mehrerträge im Sinne des § 6 Abs. 1 Satz 2 des Gesetzes über Bausparkassen in eine den steuerlichen Gewinn mindernde Zuteilungsrücklage einstellen. Diese Rücklage darf drei vom Hundert der Bauspareinlagen nicht übersteigen. Soweit die Voraussetzungen für die Auflösung des Sonderpostens im Sinne von § 6 Abs. 1 Satz 2 des Gesetzes über Bausparkassen nach der Rechtsverordnung erfüllt sind, die aufgrund der Ermächtigungsvorschrift des § 10 Satz 1 Nr. 9 des Gesetzes über Bausparkassen erlassen wird, ist die Rücklage gewinnerhöhend aufzulösen."

Bausparkassen dürfen für nach dem 31. 12. 1998 endende Wirtschaftsjahre keine weiteren Mehrerträge in die steuerliche Zuteilungsrücklage einstellen. Bisher gebildete Rücklagen sind, wenn keine Rücklagenauflösung geboten ist, über einen Zeitraum von höchstens fünf Jahren gewinnerhöhend aufzulösen.

Die seit dem 1. 1. 1991 gesetzlich eingeführten Vorschriften der „Mindestbewertungszahl" im Sinne des „Sparer-Kassen-Leistungsverhältnisses" und des „Fonds zur bauspartechnischen Absicherung" sollen der Stabilisierung der Wartezeiten dienen.

Bausparkassen rechnen Bewertungszahlen meist an zwei oder vier *Bewertungsstichtagen* im Jahr. Zu jedem dieser Stichtage gehören in der Regel mehrere *Zuteilungstermine.* Häufig liegen Bewertungsstichtage am Ende von Kalendervierteljahren. Zu ihnen gehört bei den einzelnen Bausparkassen eine unterschiedliche Anzahl von Zuteilungsterminen. Alle die Zuteilungstermine, die an den gleichen Bewertungsstichtag geknüpft sind, werden auch als *Zuteilungsperiode* bezeichnet. Die am Bewertungsstichtag errechneten Bewertungszahlen ordnet man der Höhe nach. Daraus ergibt sich die Reihenfolge der Bausparverträge, die im Rahmen der in der *Zuteilungsmasse* zur Verfügung stehenden Mittel an den Zuteilungen teilnehmen. Der Bausparvertrag mit der höheren

Bewertungszahl hat Vorrang vor dem Bausparvertrag mit der geringeren Bewertungszahl. Es gibt außerdem eine *Zielbewertungszahl.* Sie ist die niedrigste Bewertungszahl, bei der zum letzten Zuteilungstermin einer Zuteilungsperiode ein Bausparvertrag hat zugeteilt werden können.

Beispiel:

Am 1. Juli 1998 lag die Zielbewertungszahl bei 176,5. Das bedeutet, daß aus dem letzten vorausgehenden Bewertungsstichtag alle Verträge zugeteilt werden konnten, die mindestens eine solche Bewertungszahl hatten.

Vertrag	Bauspar-summe (BS)	Bauspargut-haben	Habensaldensumme (HSS)	Bewertungszahl BZ = 40 × HSS : BS
Ursprungs-vertrag	100 000 DM	20 000 DM	200 000 DM	40 × 200 000 : 100 000 = 80
I. Bildung der Teilbausparsumme				
TeilBSvertrag	40 000 DM	20 000 DM	$200\,000 \times \frac{20\,000}{20\,000} = 200\,000$ DM	40 × 200 000 : 40 000 = 200
Restvertrag	60 000 DM	0 DM	$200\,000 \times \frac{0}{20\,000} = 0$ DM	40 × 0 : 60 000 = 0
II. Unproportionale Teilung				
1. Teilvertrag	20 000 DM	8 000 DM	$200\,000 \times \frac{8\,000}{20\,000} = 80\,000$ DM	40 × 80 000 : 20 000 = 160
2. Teilvertrag	80 000 DM	12 000 DM	$200\,000 \times \frac{12\,000}{20\,000} = 120\,000$ DM	40 × 120 000 : 80 000 = 60
III. Andere unproportionale Teilung				
1. Teilvertrag	10 000 DM	6 000 DM	$200\,000 \times \frac{6\,000}{20\,000} = 60\,000$ DM	40 × 60 000 : 10 000 = 240
2. Teilvertrag	90 000 DM	14 000 DM	$200\,000 \times \frac{14\,000}{20\,000} = 140\,000$ DM	40 × 140 000 : 90 000 = 62

Quelle: Laux, Hans, Bausparwissen, 5. A. S. 51.

Die Bewertungsstichtage und Zuteilungsperioden

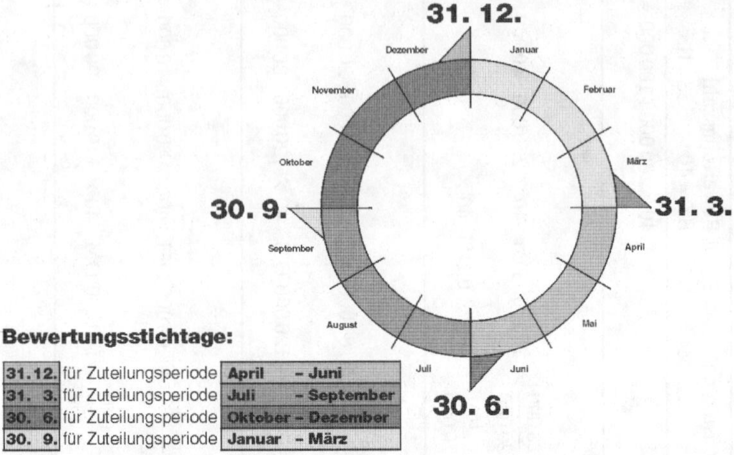

Quelle: Bausparkasse Schwäbisch Hall.

Die *Zuteilung* ist der entscheidende Vorgang innerhalb des Ablaufs eines Bausparvertrages. Mit der Zuteilung erreicht der Bausparer sein Ziel: die Möglichkeit ein zinsgünstiges Bauspardarlehen zu erlangen. Vom Zeitpunkt der Zuteilung an hält die Bausparkasse die Bausparsumme zur Auszahlung an den Bausparer bereit. Über sein Bausparguthaben kann er jederzeit unter Beachtung der steuerlichen oder prämienrechtlichen Sperrfristen oder der Verwendungszwecke verfügen. Das Bauspardarlehen kann er erst in Anspruch nehmen, wenn er eine ausreichende Sicherheit stellt. Bei Zuteilung wird die Bausparsumme aus den Mitteln der bei der Bausparkasse angesammelten *Zuteilungsmasse* bedient. Sie wird von den Bausparkassen zu bestimmten Berechnungsterminen nach einem vom Bundesaufsichtsamt für das Kreditwesen genehmigten Verfahren ermittelt. Keine Bausparkasse kann über diese Zuteilungsmasse frei verfügen. Sie darf sie nur für Zwecke des Bauspargeschäfts verwenden. Basis hierfür bildet die gesetzliche Forderung an die Bausparkassen, die vorhandenen Mittel zur Auszahlung von Bausparguthaben und Bauspardarlehen zu verwenden. Ein von dem Bundesaufsichtsamt bei jeder Bausparkasse bestellter Vertrauensmann hat darauf zu achten, daß die Bestimmungen der „Allgemeinen Bedingungen für

Bausparverträge", die das Zuteilungsverfahren betreffen, auch eingehalten werden.

Über die Zuteilung eines Bausparvertrages erhält der Bausparer eine schriftliche *Zuteilungszusage.*

Es gibt eine Reihe unterschiedlicher *Zuteilungsverfahren,* z.B.: ein automatisches Zuteilungsverfahren, ein Antragsverfahren und ein Befragungsverfahren. Beim *automatischen Zuteilungsverfahren* wird jedem Bausparer, welcher die Mindestvoraussetzung für die Zuteilung erfüllt hat und dessen Bausparvertrag eine ausreichende Bewertungszahl erreicht hat, eine Zuteilungsnachricht übermittelt. Damit wird die Aufforderung verbunden, innerhalb einer bestimmten Frist die Annahme der Zuteilung zu erklären.

Das *Antragsverfahren* ist so gestaltet, daß nach Erhalt eines Zuteilungsvorbescheids der Bausparer einen schriftlichen Antrag auf Zuteilung stellen muß. Bei einem *Befragungsverfahren* hingegen tritt die Bausparkasse an den Bausparer heran, ob er die Zuteilung wünscht. Das geschieht, sobald er nach Erfüllung der Mindestvoraussetzungen auch eine für die Zuteilung ausreichende Bewertungszahl am Bewertungsstichtag erreicht hat.

Welches Zuteilungsverfahren von einer Bausparkasse auch angewendet wird: der Bausparer ist in allen Fällen über die Zuteilung der Bausparsumme zu benachrichtigen. Er erfährt dabei, welcher seiner Bausparverträge zur Zuteilung kommt und zu welchem Zeitpunkt dies sein wird.

Zusätzliche Zuteilungswartefristen kommen bei Erhöhungen und Zusammenlegungen von Bausparverträgen vor. Solche Vertragsänderungen werden von Bausparkassen häufig nur dann durchgeführt, wenn der Bausparer ausdrücklich sein Einverständnis erklärt, daß der neu entstehende Bausparvertrag frühestens zu dem Zuteilungstermin zugeteilt wird (wenn alle übrigen Voraussetzungen erfüllt sind), der dem Ablauf dieser Wartefrist (beispielsweise nach 18 Monaten) folgt.

Der Bausparer kann auch nach der Zuteilungsnachricht die *Fortsetzung des Bausparvertrages verlangen.* Erklärt der Bausparer, daß er den Bausparvertrag fortsetzen will, so kann der Bausparer seine Rechte aus dieser Zuteilung jederzeit wieder geltend machen. Die Bausparsumme wird sodann in aller Regel kurze Zeit nach Eingang eines solchen Antrages vorweg bereitgestellt.

Wenn mehrere Bausparer solche Rechte geltend machen, so werden sie dabei in der Regel in der Reihenfolge des Eingangs der Anträge und nach den für die Zuteilung verfügbaren Mitteln berücksichtigt. Diese Bausparer, die die Fortsetzung des Bausparvertrages verlangten, stehen im Zugriff auf ihre Bausparsummen in Konkurrenz mit ihresgleichen und nicht mehr mit der großen Gruppe der anderen Zuteilungsanwärter.

Mit Hilfe seiner Sparleistungen erlangt der Bausparer einen Anspruch auf Gewährung eines unkündbaren, in der Regel durch ein nachrangiges Grundpfandrecht zu sicherndes *Bauspardarlehen.* Hauptmerkmal des Bauspardarlehens ist der für die gesamte Laufzeit unveränderbare *Zinssatz.* Er liegt bei den einzelnen Tarifen und deren Varianten zur Zeit zwischen 3,5 und fast 7% jährlich. In diesem niederen gleichbleibenden Zinssatz des Bauspardarlehens liegt der eigentliche Vorteil gegenüber sonst von den Zinsen des Kapitalmarkts abhängigen Darlehen für wohnungswirtschaftliche Maßnahmen. Verglichen mit Hypothekenbanken brauchen Bausparkassen etwa die vierfache Zinsspanne. Während der Ansparzeit erhält der Bausparer nur relativ bescheidene Zinserträge, meist bis 3%. Dieser Verzicht auf eine marktgerechte Verzinsung ist indirekt der Preis für den Rechtsanspruch auf ein Darlehen mit einem vorteilhaften Zins. Die Differenz zwischen erzielbarem Zinsertrag bei anderen Anlageformen und dem Bausparguthabenzins während der Sparzeit einerseits und der Unterschiedsbetrag der Bauspardarlehenszinsen gegenüber Kapitalmarktdarlehen bestimmen den Vor- oder den Nachteil. Eine Steuerersparnis und empfangene Wohnungsbauprämien sind hinzurechnen.

Die Höhe des Bauspardarlehens errechnet sich aus dem Differenzbetrag zwischen dem Bausparguthaben bei der Zuteilung und der abgeschlossenen Bausparsumme. In einigen neueren Tarifen sagen die Bausparkassen auch einen festen Darlehensanspruch in Höhe von 50% der Bausparsumme zu. Das Bauspardarlehen muß verzinst und getilgt werden. Ein Anhaltspunkt für die *Belastung aus dem Kapitaldienst* sind 6,– DM bis 8,– DM für 1000,– DM Bausparsumme, unabhängig von der tatsächlichen Höhe des Bauspardarlehens. Manche Bausparkassen rechnen für Zins- und Tilgungsbeitrag auch einen Prozentsatz bezogen auf das tatsächlich ausgezahlte Bauspardarlehen. Einzelne Bausparkassen ermäßigen bei Sondertilgungen, die mindestens 10 Prozent des Restdarlehens ausmachen, den Zins- und Tilgungsbeitrag. Einzelheiten findet man in den auf S. 399 abgedruckten Übersichten.

Bei einer angenommenen Summe von 60% der Bausparsumme als Bauspardarlehen, errechnet sich bei einer Verzinsung von 5% eine Anfangsbelastung von 12% jährlich. Das ist für einen langfristigen Realkredit hoch. Diese erhebliche Tilgungsleistung beeinflußt schon beim Abschluß die Höhe der Bausparsumme. Wegen der Einzelheiten des Kapitaldienstes siehe Kapitel V. Die Technik des Schuldendienstes S. 256.

d) Tarifvarianten bei Bausparkassen

Die Tatsache, daß die Bausparer z. Zt. länger auf ihr Geld warten müssen als früher, haben die Bausparkassen veranlaßt, ihr Angebot attraktiver und variabler darzustellen. Neue Tarife werden immer wieder eingeführt (z. B. „Ideal Tarif" der Bausparkasse Wüstenrot, „Mehr Wert" Tarif der Bausparkasse Heimstatt, „Zins-Pfiff" Variante der Deutsche Bank BausparAG oder „Neues Bausparen" der HypoVereinsbank. Manche Tarife tauchen in der Öffentlichkeit nicht mehr auf. Aus der Fülle marktstrategischer Maßnahmen kann hier anschließend nur ein begrenzter Ausschnitt gezeigt werden.

Folgende Gesichtspunkte treten hervor:
- Variation des Regelsparbeitrags
- Erhöhung des Mindestsparguthabens von 40% auf 50% der Bausparsumme
- Unterschiedliche Zinsen sowohl bei Guthaben als auch bei Darlehen und differenzierte Bewertungszahlfaktoren
- Einführung von Disagiomodellen und -varianten
- Dynamisierte Tilgungsleistungen
- Verbindungen mit dem Kontensparen
- Teilbausparsummen.

Disagio-Tarife sind vornehmlich deshalb auf dem Markt, weil bei eigengenutztem Wohneigentum der Abzug der Schuldzinsen steuerlich beschränkt ist. Solche Disagios werden manchmal bei vorgeschalteten Zwischenkrediten vorweg abgezogen. Mit der ab 1. 1. 1996 eingeführten Beschränkung des Vorkostenabzugs und seiner vollständigen Abschaffung seit 1999 vermindert sich der Anreiz Auszahlungsverluste (Disagios) hinzunehmen.

Bei einem neu eingeführten Tarif können die Wartezeiten kurz sein. Sie verlängern sich dann laufend, bis der Gleichgewichtszustand der tariflichen Modellrechnung erreicht ist. Ausführliche vergleichende Untersuchungen der Bausparkassen-Tarife sind zu finden in der Zeitschrift „Finanztest", Zeitschrift der Stiftung Warentest ab 1992.

Tarife der deutschen Bausparkassen*

Die Tarife der LBS/ÖBS (1) und der privaten Bausparkassen (2) werden nachfolgend in Form von Tabellen dargestellt.

Tarife der LBS/ÖBS

LBS Berlin

Tarife	Vario 1	Vario 2	Vario 3	Classic
Sparphase:				
Abschlußgebühr (%)*	1	1	1	1
mtl. Sparbeitrag (%)*	0,7	0,4	0,4	0,4
Guthabenszinssatz (%)	2,5	2,5	2,5	2,5
Bonus (%)	–	0,5	1,5	–
Mindestansparung (%)*	50	40 (50 nach Wechsel)	50	40
Mindestsparzeit in Monaten	18	18	48	18
Bewertungszahlenberechnung:				
a) Guthaben mal ...	1	1	1	1
b) Zins mal ...	15	10	7,5	12
c) Divisor: a) + b): ...% der BS	0,4	0,4	0,4	0,4
Mindestbewertungszahl	217	217	217	217
Darlehensphase:				
Darlehensgebühr (%)	3	3	3	3
mtl. Zins- und Tilgungsbeitrag (%)*	0,8	0,6	0,5	0,6
Agio/Disagio (%)	–	–	–	–
Darlehenszins nominal p.a. (%)	4,5	5,0	6,0	4,5
Effektivzins p.a. (%)[1]	6,02	5,94 (6,14 nach Wechsel)	6,97	5,43

* % der Bausparsumme
[1] taggenaue Verzinsung

* Ohne Anspruch auf Vollständigkeit.
Quelle: Bausparkassen-Fachbuch Stuttgart 1997.

LBS Bremen

Tarife	Vario 1	Vario 2	Vario 3	Classic
Sparphase:				
Abschlußgebühr (%)*	1	1	1	1
mtl. Sparbeitrag (%)*	0,7	0,4	0,4	0,4
Guthabenszinssatz (%)	2,5	2,5	2,5	2,5
Bonus (%)	–	0,5	1,5	–
Mindestansparung (%)*	50	40 (50 nach Wechsel)	50	40
Mindestsparzeit in Monaten	18	18	48	18
Bewertungszahlen-berechnung:				
a) Guthaben mal ...	1	1	1	1
b) Zins mal ...	15	10	7	11
c) Divisor: a) + b): ...% der BS	0,4	0,4	0,4	0,4
Mindestbewertungszahl	197	197	197	197
Darlehensphase:				
Darlehensgebühr (%)	3	3	3	3
mtl. Zins- und Tilgungs-beitrag (%)*	0,8	0,6	0,5	0,6
Agio/Disagio (%)	–	–	–	–
Darlehenszins nominal p. a. (%)	4,5	5,0	6,0	4,5
Effektivzins p. a. (%)[1]	6,02	5,94 (6,14 nach Wechsel)	6,97	5,43

* % der Bausparsumme
[1] taggenaue Verzinsung

LBS Hessen-Thüringen

Tarife	Vario 1	Vario 2	Vario 3	Classic	Classic mit Vers.
Sparphase:					
Abschlußgebühr (%)*	1	1	1	1	1
mtl. Sparbeitrag (%)*	0,7	0,4	0,3	0,4	0,4
Guthabenzinssatz (%)	2,5	2,5	2,5	2,5	2,0
Bonus (%)	–	0,5	1,5	–	–
Mindestansparung (%)*	50	40 (50 nach Wechsel)	50	40	40
Mindestsparzeit in Monaten	18	18	48	18	18
Bewertungszahlen-berechnung:					
a) Guthaben mal ...	1	1	1	1	1
b) Zins mal ...	18	12	7	12	15
c) Divisor: a) + b): ... % der BS	0,4	0,4	0,4	0,4	0,4
Mindestbewertungszahl	212	212	212	212	212
Darlehensphase:					
Darlehensgebühr (%)	3	3	3	3	3
mtl. Zins- und Tilgungs-beitrag (%)*	0,8	0,6	0,5	0,6	0,64
Agio/Disagio (%)	–	–	–	–	–
Darlehenszins nominal p.a. (%)	4,5	5,0	6,0	4,5	4,0
eff. Jahreszins (%)[1]	6,02	5,94 (6,14 nach Wechsel)	6,97	5,43	4,99[2] 5,46[3]

* % der Bausparsumme
[1] taggenaue Verzinsung
[2] ohne Kosten der Versicherung
[3] einschließlich Kosten der oblig. Risikoversicherung für einen bei Auszahlung des Bauspardarlehens 35jährigen männlichen Versicherten

LBS Öffentliche Bausparkasse Hamburg

Tarife	Vario 1	Vario 2	Vario 3	Classic
Sparphase:				
Abschlußgebühr (%)*	1	1	1	1
mtl. Sparbeitrag (%)*	0,7	0,4	0,4	0,4
Guthabenszinssatz (%)	2,5	2,5	2,5	2,5
Bonus (%)	–	0,5	1,5	–
Mindestansparung (%)*	50	40 (50 nach Wechsel)	50	40
Mindestsparzeit in Monaten	–	–	–	–
Bewertungszahlen-berechnung:				
a) Guthaben mal ...	1	1	1	1
b) Zins mal ...	15	11	7,5	11
c) Divisor: a) + b): ...% der BS	0,4	0,4	0,4	0,4
Mindestbewertungszahl	200	200	200	200
Darlehensphase:				
Darlehensgebühr (%)	3	3	3	3
mtl. Zins- und Tilgungs-beitrag (%)*	0,8	0,6	0,5	0,6
Agio/Disagio (%)	–	–	–	–
Darlehenszins nominal p.a. (%)	4,5	5,0	6,0	4,5
Effektivzins p.a. (%)[1]	6,02	5,94 (6,14 nach Wechsel)	6,97	5,43

* % der Bausparsumme
[1] taggenaue Verzinsung

LBS Hannover

Tarife	Vario	Vario	Vario	Vario	Standard 1	Standard 1[1]	Standard 2	Standard 2[1]	Schnell[1]
Sparphase:									
Abschlußgebühr (%)*	1	1	1	1	1	1	1	1	1
mtl. Sparbeitrag (%)*	0,3	0,3	0 3	0,3	0,4	0,4	0,4	0,4	0,7
Guthabenzinssatz (%)	2,5	2,5	2,5	2,5	3,0	3,0	2,5	2,5	2,5
Bonus (%)	1,5	–	–	–	–	–	–	–	–
Mindestansparung (%)*	50	50	50	50	40	40	40	40	50
Mindestsparzeit in Monaten	–	–	–	–	18	18	18	18	18
Bewertungszahlen-berechnung:									
a) Guthaben mal ...	1	1	1	1	1	1	1	1	1
b) Zins mal ...	6	6	10,5	15	10	10	10	10	15
c) Divisor: a) + b): ...% der BS	0,4	0,4	0,4	0,4	0,4	0,4	0,4	0,4	0,4
Mindestbewertungszahl	187	187	187	187	211	211	192	192	178
Darlehensphase:									
Darlehensgebühr (%)	3,0	3,0	3,0	3,0	3,0	3,0	3,0	3,0	3,0
mtl. Zins- und Tilgungs-beitrag (%)*	0,45	0,4	0,6	0,8	0,6	0,6	0,6	0,6	0,8
Agio/Disagio (%)	–	–	–	–	–	6	–	6	2
Darlehenszins nominal p.a. (%)	6,0	4,5	4,5	4,5	5,0	3,75	4,5	3,25	4,0
eff. Jahreszins (%)[2]	6,87	5,23	5,63	6,02	5,94	6,05	5,43	5,57	6,16

* % der Bausparsumme [1] mit Disagio [2] taggenaue Verzinsung

Badische LBS

Tarife	Vario 1	Vario 2	Vario 3	Classic
Sparphase:				
Abschlußgebühr (%)*	–[1]	–[1]	–[1]	1
mtl. Sparbeitrag (%)*	0,7	0,4	0,3	0,4
Guthabenszinssatz (%)	2,5	2,5	2,5	2,5
Bonus (%)	–	0,5	1,5	–
Mindestansparung (%)*	50	40 (50 nach Wechsel)	50	40
Mindestsparzeit in Monaten	18	18	52	18
Bewertungszahlen-berechnung:				
a) Guthaben mal …	1	1	1	1
b) Zins mal …	21	11	6	13,5
c) Divisor: a) + b): …% der BS	0,4	0,4	0,4	0,4
Mindestbewertungszahl	192	192	192	211
Darlehensphase:				
Darlehensgebühr (%)	3	3	3	3
mtl. Zins- und Tilgungsbeitrag (%)*	0,8	0,6	0,5	0,6
Agio/Disagio (%)	–	–	–	–
Darlehenszins nominal p. a. (%)	4,5	5,0	6,0	4,5
Effektivzins p. a. (%)[2]	6,02	5,94 (6,14 nach Wechsel)	6,97	5,43

* % der Bausparsumme
[1] unverzinsliche Einlage in Höhe von 1 %
[2] taggenaue Verzinsung

LBS Schleswig-Holstein

Tarife	Vario 1	Vario 2	Vario 3	Classic
Sparphase:				
Abschlußgebühr (%)*	1	1	1[1]	1
mtl. Sparbeitrag (%)*	0,7	0,4	0,3	0,4
Guthabenszinssatz (%)	2,5	2,5	2,5	2,5
Bonus (%)	–	0,5	1,5	–
Mindestansparung (%)*	50	40 (50 nach Wechsel)	50	40
Mindestsparzeit in Monaten	18	18	48	18
Bewertungszahlen-berechnung:				
a) Guthaben mal ...	1	1	1	1
b) Zins mal ...	15	11	7,5	11
c) Divisor: a) + b): ...% der BS	0,4	0,4	0,4	0,4
Mindestbewertungszahl	192	192	192	192
Darlehensphase:				
Darlehensgebühr (%)	3	3	3	3
mtl. Zins- und Tilgungs-beitrag (%)*	0,8	0,6	0,5	0,6
Agio/Disagio (%)	–	–	–	–
Darlehenszins nominal p.a. (%)	4,5	5,0	6,0	4,5
Effektivzins p.a. (%)[2]	6,02	5,94 (6,14 nach Wechsel)	6,97	5,43

* % der Bausparsumme

[1] Abschlußgebühr wird zurückerstattet, wenn das Bauspardarlehen aus dem zuteilungsreifen Bausparvertrag nicht in Anspruch genommen wird

[2] taggenaue Verzinsung

LBS Rheinland-Pfalz

Tarife	Vario 1	Vario 2	Vario 3	Classic	Bausp. mit Vers.
Sparphase:					
Abschlußgebühr (%)* [1]	1	1	1	1	1
mtl. Sparbeitrag (%)*	0,7	0,4	0,4	0,4	0,5
Guthabenzinssatz (%)	2,5	2,5	2,5	2,5	3,5
Bonus (%)	–	0,5	1,5	–	–
Mindestansparung (%)*	50	40 (50 nach Wechsel)	50	40	50
Mindestsparzeit in Monaten	18	18	36	18	18
Bewertungszahlen-berechnung:					
a) Guthaben mal ...	1	1	1	1	0,5
b) Zins mal ...	19	10	6	11	10
c) Divisor: a) + b): ...% der BS	0,4	0,4	0,4	0,4	0,4
Mindestbewertungszahl	185	185	185	192	185
Darlehensphase:					
Darlehensgebühr (%)	3	3	3	3	3
mtl. Zins- und Tilgungs-beitrag (%)*	0,8	0,6	0,5	0,6	0,5
Agio/Disagio (%)	–	–	–	–	–
Darlehenszins nominal p.a. (%)	4,5	5,0	6,0	4,5	5,5
eff. Jahreszins (%) [2,3]	6,02	5,94 (6,14 nach Wechsel)	6,97	5,43	6,45
eff. Jahreszins mit Versicherung (%) [4]	6,27	6,20 (6,39 nach Wechsel)	7,23	5,69	6,72

* % der Bausparsumme

[1] Rückerstattung bei Darlehensverzicht nach Zustellung bzw. Kündigung des Bausparvertrages unter bestimmten Voraussetzungen (Einzelheiten siehe Instituts-ABB)

[2] taggenaue Verzinsung

[3] ohne Kosten der oblig. Risikoversicherung

[4] einschl. Kosten der oblig. Risikoversicherung (am Beispiel eines 35jährigen männlichen Versicherten ermittelt)

Bayerische LBS

Tarife	Vario 1	Vario 2	Vario 3	Classic
Sparphase:				
Abschlußgebühr (%)*	1	1	1	1
mtl. Sparbeitrag (%)*	0,9	0,4	0,3	0,4
Guthabenszinssatz (%)	2,5	2,5	2,5	2,5
Bonus (%)	–	0,5	1,5	–
Mindestansparung (%)*	50	40 (50 nach Wechsel)	50	40
Mindestsparzeit in Monaten	18	18	18	18
Bewertungszahlen-berechnung:				
a) Guthaben mal …	1	1	1	1
b) Zins mal …	17	12	7	12
c) Divisor: a) + b): …% der BS	0,4	0,4	0,4	0,4
Mindestbewertungszahl	205	205	205	205
Darlehensphase:				
Darlehensgebühr (%)	3	3	3	3
mtl. Zins- und Tilgungs-beitrag (%)*	0,8	0,6	0,5	0,6
Agio/Disagio (%)	–	–	–	–
Darlehenszins nominal p.a. (%)	4,5	5,0	6,0	4,5
Effektivzins p.a. (%)[1]	6,02	5,94 (0,14 nach Wechsel)	6,97	5,43

* % der Bausparsumme
[1] taggenaue Verzinsung

LBS Münster/Düsseldorf

Tarife	Vario 1	Vario 2	Vario 3	Classic	Vario-Plus
Sparphase:					
Abschlußgebühr (%)*	1	1	1	1	1
mtl. Sparbeitrag (%)*	0,7	0,4	0,4	0,4	0,5
Guthabenzinssatz (%)	2,5	2,5	2,5	2,5	3,5
Bonus (%)	–	0,5	1,5	–	–
Mindestansparung (%)*	50	40 (50 nach Wechsel)	50	40	50
Mindestsparzeit in Monaten	18	18	60	18	–
Bewertungszahlen-berechnung:					
a) Guthaben mal ...	1	1	1	1	0,5
b) Zins mal...	15	10	5	10	10
c) Divisor: a) + b): ...% der BS	0,4	0,4	0,4	0,4	0,4
Mindestbewertungszahl	184	184	184	184	184
Darlehensphase:					
Darlehensgebühr (%)	3	3	3	3	3
mtl. Zins- und Tilgungs-beitrag (%)*	0,8	0,6	0,5	0,6	0,5
Agio/Disagio (%)	–	–	–	–	–
Darlehenszins nominal p.a. (%)	4,5	5,0	6,0	4,5	5,5
eff. Jahreszins (%)[1, 2]	6,02	5,94 (6,14 nach Wechsel)	6,97	5,43	6,45
eff. Jahreszins mit Versicherung[3]	6,26	6,19 (6,38 nach Wechsel)	7,22	5,68	6,72

* % der Bausparsumme
[1] taggenaue Verzinsung
[2] ohne Kosten der oblig. Risikoversicherung
[3] einschl. Kosten der oblig. Risikoversicherung (am Beispiel eines 35jährigen männlichen Versicherten ermittelt)

LBS Ostdeutsche Landesbausparkasse AG

Tarife	Vario 1	Vario 2	Vario 3	Classic
Sparphase:				
Abschlußgebühr (%)*	1	1	1	1
mtl. Sparbeitrag (%)*	0,7	0,4	0,3	0,4
Guthabenszinssatz (%)	2,5	2,5	2,5	2,5
Bonus (%)	–	0,5	1,5	–
Mindestansparung (%)*	50	40 (50 nach Wechsel)	50	40
Mindestsparzeit in Monaten	18	18	48	18
Bewertungszahlen-berechnung:				
a) Guthaben mal ...	1	1	1	1
b) Zins mal ...	15	11	7,5	11
c) Divisor: a) + b): ...% der BS	0,4	0,4	0,4	0,4
Mindestbewertungszahl	204	204	204	204
Darlehensphase:				
Darlehensgebühr (%)	3	3	3	3
mtl. Zins- und Tilgungs-beitrag (%)*	0,8	0,6	0,5	0,6
Agio/Disagio (%)	–	–	–	–
Darlehenszins nominal p.a. (%)	4,5	5,0	6,0	4,5
Effektivzins p.a. (%)[1]	6,02	5,94 (6,14 nach Wechsel)	6,97	5,43

* % der Bausparsumme

[1] taggenaue Verzinsung

LBS Saarbrücken

Tarife	Vario 1	Vario 2	Vario 3	Classic
Sparphase:				
Abschlußgebühr (%)*	1	1	1	1
mtl. Sparbeitrag (%)*	0,7	0,4	0,4	0,4
Guthabenszinssatz (%)	2,5	2,5	2,5	2,5
Bonus (%)	–	0,5	1,5	–
Mindestansparung (%)*	50	40 (50 nach Wechsel)	50	40
Mindestsparzeit in Monaten	18	18	48	18
Bewertungszahlen-berechnung:				
a) Guthaben mal ...	1	1	1	1
b) Zins mal ...	18	12	7	12
c) Divisor: a) + b): ...% der BS	0,4	0,4	0,4	0,4
Mindestbewertungszahl	202	202	202	202
Darlehensphase:				
Darlehensgebühr (%)	3	3	3	3
mtl. Zins- und Tilgungs-beitrag (%)*	0,8	0,6	0,5	0,6
Agio/Disagio (%)	–	–	–	–
Darlehenszins nominal p.a. (%)	4,5	5,0	6,0	4,5
Effektivzins p.a. (%)[1]	6,02	5,94 (6,14 nach Wechsel)	6,97	5,43

* % der Bausparsumme
[1] taggenaue Verzinsung

LBS Württemberg

Tarife	Vario 1	Vario 2	Vario 3	Classic	Classic mit Disagio
Sparphase:					
Abschlußgebühr (%)*[1]	1	1	1	1	1
mtl. Sparbeitrag (%)*	0,7	0,4	0,4	0,4	0,4
Guthabenszinssatz (%)	2,5	2,5	2,5	2,5	2,5
Bonus (%)	–	0,5	1,5	–	–
Mindestansparung (%)*	50	40 (50 nach Wechsel)	50	40	40
Mindestsparzeit in Monaten[2]	18	18	48	18	18
Bewertungszahlen-berechnung:					
a) Guthaben mal ...	1	1	1	1	1
b) Zins mal ...	19	12	7	13	13
c) Divisor: a) + b): ...% der BS	0,4	0,4	0,4	0,4	0,4
Mindestbewertungszahl	207	207	207	207	207
Darlehensphase:					
Darlehensgebühr (%)	3	3	3	3	3
mtl. Zins- und Tilgungs-beitrag (%)*	0,8	0,6	0,5	0,6	0,6
Agio/Disagio (%)	–	–	–		5
Darlehenszins nominal p. a. (%)	4,5	5,0	6,0	4,5	3,5
Effektivzins p. a. (%)[3]	6,02	5,94 (6,14 nach Wechsel)	6,97	5,43	5,57

* % der Bausparsumme

[1] wird bei Darlehensauszahlung fällig / unverzinsliche Sondereinlage, die u. a. bei Darlehensverzicht dem Bausparkonto gutgeschrieben wird

[2] bis zum Zeitungstermin

[3] taggenaue Verzinsung

Aachener Bausparkasse AG

Tarife	T (Standard)	F (Standard)	N (Variante 1)	N (Variante 2)
Sparphase:				
Abschlußgebühr (%)*	1,0	1,6	1,6	1,6
mtl. Sparbeitrag (%)*	0,42	0,42	0,35	0,35
Guthabenzinssatz (%)	3,0	2,5	2,5	2,5
Bonus (%)	–	–	1,5	–
Mindestansparung (%)*	40	40	50[1]	50[1]
Mindestsparzeit in Monaten	18	18	30	18
Bewertungszahlenberechnung:	$\frac{\text{SaSu}}{\text{BS}}$	$\frac{\text{SaSu}}{\text{BS}}$	$\frac{\text{SaSu}}{\text{BS}}$	$\frac{\text{SaSu} \times 1{,}4}{\text{BS}}$
Mindestbewertungszahl	5,6	5,6	5,6	5,6
Darlehensphase:				
Darlehensgebühr (%)	3	3	3	3
mtl. Zins- und Tilgungsbeitrag (%)*	0,6[2]	0,6[2]	0,40–0,585	0,43–0,7
Agio/Disagio (%)	–	–	–	5[3]
Darlehenszins nominal p.a. (%)	5,0	4,5	6,0	3,5[3]
eff. Jahreszins (%)	6,08	5,69	6,96–7,49	5,46–6,84

* % der Bausparsumme
[1] fester Darlehensanspruch von 50%
[2] mindestens 50 DM, höchstens 1,2% des Anfangsdarlehens
[3] wählbar ist Darlehenszins von 4,5% ohne Disagio

Alte Leipziger Bausparkasse AG

Tarife	F	F[1]	F	F[1]	H	H[1]	H	H[1]
Sparphase:								
Abschlußgebühr (%)*	1	1	1	1	1.6	1,6	1,6	1,6
mtl. Sparbeitrag (%)*	0,5	0 5	0,5	0,5	0,35	0,35	0,35	0,35
Guthabenszinssatz (%)	3,0	3,0	2,5	2,5	4,0	4,0	2,5	2,5
Bonus (%)	–	–	–	–	–	–	–	–
Mindestansparung (%)*	40	40	40	40	50[2]	50[2]	50[2]	50[2]
Mindestsparzeit in Monaten	–	–	–	–	–	–	–	–
Bewertungszahlen-berechnung	Ges.Zins × 0,8 / 1/1000 der BS	Ges.Zins × 0,8 / 1/1000 der BS	Ges.Zins × 0,8 / 1/1000 der BS	Ges.Zins × 0,8 / 1/1000 der BS	Ges.Zins × 0,9 / 1/1000 der BS	Ges.Zins × 0,9 / 1/1000 der BS	Ges.Zins × 1,44 / 1/1000 der BS	Ges.Zins × 1,44 / 1/1000 der BS
Mindestbewertungs-zahl	34	34	34	34	41	41	41	41
Darlehensphase:								
Darlehensgebühr (%)	2	2	2	2	3	3	3	3
mtl. Zins- und Tilgungsbetrag (%)*	0,6	0,6	0,6	0,6	0,3664–0,6798[3]	0,3664–0,6798[3]	0,3664–0,6798[3]	0,3664–0,6798[3]
Agio/Disagio (%)	–	5,0	–	5,0	–	5,0	–	5,0
Darlehenszins nominal p.a. (%)	5,0	4,0	4,5	3,5	6,0	5,0	4,5	3,5
Effektivzins p.a. (%)	5,89	5,98	5,37	5,48	6,86–7,76	6,60–8,29	5,34–6,16	5,13–6,74

* % der Bausparsumme; [1] mit Disagio; [2] fester Darlehensanspruch von 50%; [3] je nach Bewertungszahl

B & B Bausparkasse in Europa AG

Tarife	E	E mit Disagio
Sparphase:		
Abschlußgebühr (%)*	1,6	1,6
mtl. Sparbeitrag (%)*	0,4	0,4
Guthabenzinssatz (%)[1]	2	2
Bonus (%)	–	–
Mindestansparung (%)*	50	50
Mindestsparzeit in Monaten	18	18
Bewertungszahlenberechnung	$\frac{SaSu}{BS}$	
Mindestbewertungszahl	5,3	5,3
Darlehensphase:		
Darlehensgebühr (%)*	3[2]	3[2]
mtl. Zins- und Tilgungsbeitrag (%)*	0,6[3]	0,6[3]
Agio/Disagio (%)	–	5
Darlehenszins nominal p. a. (%)	4,5	3,5
eff. Jahreszins (%)[1, 4]	5,56/5,79	5,71/6,20

* % der Bausparsumme
[1] taggenaue Verzinsung
[2] Mindestens 180 DM
[3] bei einer BWZ bis 9,0; bei einer BWZ ab 9,0: 0,5
[4] abhängig vom Zins- und Tilgungsbeitrag (erste Zahl: 0,6/zweite Zahl: 0,5)

Badenia Bausparkasse AG

Tarife	I	I[1]	II	II[1]	III	III[1]	III	III[1]
Sparphase:								
Abschlußgebühr (%)*	1,6	1,6	1	1	1,6	1,6	1,6	1,6
mtl. Sparbeitrag (%)*	0,417	0,417	0,42	0,42	0,35	0,35	0,35	0,35
Guthabenszinssatz (%)	2,5	2,5	3,0	3,0	4,0	4,0	2,5	2,5
Bonus (%)	–	–	–	–	–	–	–	–
Mindestansparung (%)	40	40	40	40	50[2]	50[2]	50[2]	50[2]
Mindestsparzeit in Monaten	18	18	18	18	24	24	24	24
Bewertungszahlen-berechnung	$\frac{SaSu}{BS}$	$\frac{SaSu}{BS}$	$\frac{SaSu}{BS}$	$\frac{SaSu}{BS}$	$\frac{SaSu \times 1{,}7}{BS}$	$\frac{SaSu \times 1{,}7}{BS}$	$\frac{SaSu \times 1{,}7}{BS}$	$\frac{SaSu \times 1{,}7}{BS}$
Mindestbewertungszahl	2,4	2,4	2,4	2,4	3,4	3,4	3,4	3,4
Darlehensphase:								
Darlehensgebühr (%)	3,0	3,0	3,0	3,0	3,0	3,0	3,0	3,0
mitl. Zins- und Tilgungsbetrag (%)*	0,6	0,6	0,6	0,6	0,455–0,725[3]	0,430–0,700[3]	0,430–0,700[3]	0,430–0,700[3]
Agio/Disagio (%)	–	5,0	–	5,0	–	5,0	–	5,0
Darlehenszins nominal p. a. (%)	4,5	3,5	5,0	4,0	6,0	5,0	4,5	3,5
Effektivzins p. a. (%)	5,69	5,86	6,09	6,21	7,12–7,86	6,94–8,38	5,50–6,21	5,45–6,83

* % der Bausparsumme
1 mit Disagio
2 fester Darlehensanspruch von 50%
3 Annuitätsdynamik jährlich 5 % im Altbestand T III bei einem Zins- und Tilgungsbeitrag von 0,33 bis 0,6%

BHW Bausparkasse AG

Tarife	Dispo-Niedrigzinsvariante	Dispo-Standardvariante	B 1-Expreßtarif
Sparphase:			
Abschlußgebühr (%)*	1,6	1,0	1,0
mtl. Sparbeitrag (%)*	0,3	0,3	1,0
Guthabenszinssatz (%)	2,0	3,0 (4,0% bei 4 bis 6% Agio)	3,0
Bonus (%)	–	–	–
Mindestansparung (%)*	40	50	45
Mindestsparzeit in Monaten	–	–	–
Bewertungszahlenberechnung	Saldensumme × 10 / (Teil-)Bausparsumme	Saldensumme × 10 / (Teil-)Bausparsumme	Saldensumme × 15 / (Teil-)Bausparsumme
Mindestbewertungszahl	45	45	45
Darlehensphase:			
Darlehensgebühr (%)	2,0	2,0	2,0
mtl. Zins- und Tilgungsbeitrag (%)*	0,6–1,0[1]	0,4–0,8[1]	1,0
Agio/Disagio (%)	1,0	1,0 oder 4,0–6,0[2]	1,0
Darlehenszins nominal p.a. (%)	4,0; (2,25)[3]	5,0	5,0
Effektivzins p.a. (%)	5,80–5,05; (4,02–3,29)[3]	6,53–5,74; (7,5–6,42)[4]	6,74

* % der Bausparsumme
[1] abhängig von Bewertungszahl
[2] abhängig von Tilgungsbeitrag
[3] bei Einbehalt eines Betrages in Höhe der Sparzinsen
[4] bei Agio von 4 bis 6%

BHW Allgemeine Bausparkasse AG

Tarife	A 3	Dispo 2000-Niedrig	Dispo 2000-Standard	2003
Sparphase:				
Abschlußgebühr (%)*	1,0	1,6	1,0	1,6
mtl. Sparbeitrag (%)*	0,5	0,3	0,3	0,42
Guthabenszinssatz (%)	3,0	2,0	3,0 (4,0)[4]	4,0
Bonus (%)	–	–	–	–
Mindestansparung (%)*	40	40	50	50
Mindestsparzeit in Monaten	–	–	–	–
Bewertungszahlenberechnung	$\frac{\text{SaSu} \times 5}{\text{BS}}$	$\frac{\text{SaSu} \times 8{,}5}{\text{(Teil)BS}}$	$\frac{\text{SaSu} \times 8{,}5}{\text{(Teil)BS}}$	$\frac{\text{SaSu} \times 5}{\text{BS}}$
Mindestbewertungszahl	28	38	38	38
Darlehensphase:				
Darlehensgebühr (%)	2	2	2	2
mtl. Zins- und Tilgungsbeitrag (%)*[2]	0,5/0,6[1]	0,6–1,0[2]	0,4–0,8[2]	0,4–0,6[2]
Agio/Disagio (%)	1,0	1,0	1,0 oder 4,0–6,0[5]	1,0
Darlehenszins nominal p.a. (%)	5,0	4,0 (2,25)[3]	5,0	6,0
Effektivzins p.a. (%)[4]	5,94	5,05–5,80 (3,29–4,02)[3]	5,74–6,53 (6,42–7,50)[4]	6,86–7,32

* % der Bausparsumme
[1] je nach Anspargrad
[2] abhängig von Bewertungszahl
[3] bei Einbehalt eines Betrages in Höhe der Sparzinsen
[4] bei Agio von 4 bis 6%
[5] abhängig vom Tilgungsbeitrag

Colonia Bausparkasse AG

Tarife	LA	LA[1]	RT	RT[1]	ZA-Plus	ZA-Plus[1]	ZA-Plus	ZA-Plus
Sparphase:								
Abschlußgebühr (%)*	1,0	1,0	1,6	1,6	1,6	1,6	1,6	1,6
mtl. Sparbeitrag (%)*	0,4	0,4	0,4	0,4	0,35	0,35	0,35	0,35
Guthabenzinssatz (%)	3,0	3,0	2,5	2,5	2,0	2,0	2,0	2,0
Bonus (%)**	–	–	–	–	–	–	1,0	2,0
Mindestansparung (%)*	40	40	40	40	50[2]	50[2]	50[2]	50[2]
Mindestsparzeit in Monaten	24	24	24	24	24	24	24	24
Bewertungszahlenberechnung	$\frac{SaSu}{BS}$	$\frac{SaSu}{BS}$	$\frac{SaSu}{BS}$	$\frac{SaSu}{BS}$	$\frac{SaSu}{BS \times 1{,}7}$	$\frac{SaSu}{BS \times 1{,}7}$	$\frac{SaSu}{BS \times 1{,}7}$	$\frac{SaSu}{BS \times 1{,}7}$
Mindestbewertungszahl	2,8	2,8	2,8	2,8	3,4	3,4	3,4	3,4
Darlehensphase:								
Darlehensgebühr (%)	3	3	3	3	3	3	3	3
mtl. Zins- und Tilgungsbeitrag (%)*	0,6[3]	0,6[3]	0,6[3]	0,6[3]	0,4–0,7[4]	0,4–0,7[4]	0,4–0,7[4]	0,4–0,7[4]
Agio/Disagio (%)	–	5,0	–	5,0	–	5,0	–	–
Darlehenszins nominal p.a. (%)	5,0	4,0	4,5	3,5	4,25	3,25	5,25	6,00
eff. Jahreszins (%)	6,08	6,18	5,69	5,82	5,08–5,76	4,98–6,44	6,09–6,78	6,86–7,56

* % der Bausparsumme
** Bonus rückwirkend ab Vertragsbeginn
1% nach 4 Jahren
2% nach 7 Jahren
nach 10 Jahren Treueprämie in Höhe von 30% der bisher verdienten Basiszinsen (2%)
[1] mit Disagio
[2] fester Darlehensanspruch von 50%
[3] mindestens 50 DM
[4] je nach Bewertungszahl

DBS Deutsche Bausparkasse AG

Tarife	T2	T2[1]	T3	T3[1]	T1	T1[1]	T4A	T4A[1]	T4B	T4B[1]
Sparphase:										
Abschlußgebühr (%)*	1,0	1,0	1,6	1,6	1.0	1,0	1,6	1,6	1,6	1,6
mtl. Sparbeitrag (%)*	0,4	0,4	0,4	0,4	0,44	0,44	0,35	0,35	0,35	0,35
Guthabenzinssatz (%)	3,0	3,0	2,5	2,5	2,5	2,5	4,0	4,0	2,5	2,5
Bonus (%)	–	–	–	–	–	–	–	–	–	–
Mindestansparung (%)*	40	40	40	40	40	40	50[2]	50[2]	50[2]	50[2]
Mindestsparzeit in Monaten	–	–	–	–	–	–	18	18	18	18
Bewertungszahlenberechnung	SaSu × Faktor / BS	SaSu × Faktor / BS	SaSu × Faktor / BS	SaSu × Faktor / BS	SaSu × Faktor / BS	SaSu × Faktor / BS	SaSu / BS × 1,7	SaSu / BS × 1,7	SaSu / BS × 1,7	SaSu / BS × 1,7
Mindestbewertungszahl	6,1	6,1	6,1	6,1	6,1	6,1	6,8	6,8	6,8	6,8
Darlehensphase:										
Darlehensgebühr (%)	3	3	3	3	3	3	3	3	3	3
mtl. Zins- und Tilgungsbetrag (%)*	0,6	0,6	0,6	0,6	0,635	0,635	0,33–0,6[3]	0,33–0,6[3]	0,33–0,6[3]	0,33–0,6[3]
Agio/Disagio (%)	–	5,0	–	5,0	–	5,0	–	5,0	–	5,0
Darlehenszins nominal p.a. (%)	5,25	4,25	4.75	3,75	4,75	3,75	6,25	5,0	4,75	3,75
eff. Jahreszins (%)	6,20	6,33	5,81	5,96	5,74	5,97	7,88–7,12	8,20–6,68	6,28–5,58	6,93–5,44

* % der Bausparsumme
[1] mit Disagio
[2] fester Darlehensanspruch von 50%
[3] je nach Bewertungszahl; Steigerung der Monatsrate um 5% p.a. – altern. konstante Rate um 0,1% der BS erhöht

Debeka Bausparkasse AG

Tarife	Standard
Sparphase:	
Abschlußgebühr (%)*	1
mtl. Sparbeitrag (%)*	0,3
Guthabenszinssatz (%)	3,0
Bonus (%)	–
Mindestansparung (%)*	40
Mindestsparzeit in Monaten	–
Bewertungszahlenberechnung	$\frac{\text{SaSu}}{\text{1/1000 der BS}}$
Mindestbewertungszahl	2400
Darlehensphase:	
Darlehensgebühr (%)	2,0
mtl. Zins- und Tilgungsbeitrag (%)*	0,8–0,4[1]
Agio/Disagio (%)	–
Darlehenszins nominal p. a. (%)	5,0
Effektivzins p. a. (%)	5,97–5,47[2]

* % der Bausparsumme
[1] je nach Bewertungszahl, höchstens 1,5% des Anfangsdarlehens, mindestens 25 DM
[2] je nach Bewertungszahl

Deutsche Bank Bauspar AG

Tarife Varianten	A 1–3	A 1[1]	A 2[1]	A 3[1]	A 4–6	A 4[1]	A 5[1]	A 6[1]	A 7	A 7[1]	D	D
Sparphase:												
Abschlußgebühr (%)*	1,0	1,0	1,0	1,0	1,0	1,0	1,0	1,0	1,0	1,0	1,6	1,6
mtl. Sparbeitrag (%)*[2]	0,3–0,7	0,3	0,5	0,7	0,3–0,7	0,3	0,5	0,7	0,3	0,3	0,5	0,5
Guthabenzinssatz (%)	2,5	2,5	2,5	2,5	2,5	2,5	2,5	2,5	2,5	2,5	3,0	3,0
Bonus, verzinslich (%)	–	–	–	–	0,5	0,5	0,5	0,5	1,5	1,5	–	–
Mindestansparung (%)*	50	50	50	50	50	50	50	50	50	50	50	50
Mindestsparzeit in Monaten	–	–	–	–	–	–	–	–	–	–	–	–
Bewertungszahlen-berechnung	$\frac{\text{Guthaben}}{\text{BS}} \times 100 \times$ F[3] = BZ-Zuwachs										$\frac{\text{Guthaben}}{\text{BS}} \times 100 \times 4{,}9$ = BZ-Zuwachs	
Mindestbewertungszahl	3150	3150	3150	3150	3150	3150	3150	3150	3150	3150	3150	3150
Darlehensphase:												
Darlehensgebühr (%)	2,5	2,5	2,5	2,5	2,5	2,5	2,5	2,5	2,5	2,5	2,5	2,5
mtl. Zins- und Tilgungs-beitrag (%)*[2]	0,4/0,6/ 0,8	0,4	0,6	0,8	0,4/0,6/ 0,8	0,4	0,6	0,8	0,4	0,4	0,6	0,6
Disagio (%)	–	6	6	6	–	6	6	6	–	6	–	6
Darlehenszins nominal p. a. (%)[4]	4,5	3,85	3,25	2,95	5,0	4,35	3,80	3,25	6,0	5,50	5,00	3,80
eff. Jahreszins (%)[4]	5,25/ 5,67/ 6,08	5,65	6,07	6,77	5,77/ 6,20/ 6,62	6,14	6,63	7,08	6,80	7,27	6,35[5]	6,81[6]

* % der Bausparsumme
1 mit 6% Disagio
2 abhängig von gewähltem BZ-Faktor
3 Faktor 3 oder 5 oder 7 wählbar
4 bei vierteljährlicher Zinsberechnung
5 bei kostenloser Erhöhung der BS 6,20%
6 bei kostenloser Erhöhung der BS um 60% 6,63%

Deutscher Ring Bausparkasse AG

Tarife	Universal-Tarif		Spezial-Tarif	
	C	C[1]	D	D[1]
Sparphase:				
Abschlußgebühr (%)*	1,6	1,6	1,6	1,6
mtl. Sparbeitrag (%)*	0,35	0,35	0,5	0,5
Guthabenszinssatz (%)	2,5	2,5	2,75	2,75
Bonus (%)	1,5	–	–	–
Mindestansparung (%)*	50[2]	50[2]	45	45
Mindestsparzeit in Monaten	22	22	–	–
Bewertungszahlenberechnung	$\frac{SaSu \times 1{,}7}{BS}$	$\frac{SaSu \times 1{,}7}{BS}$	$\frac{SaSu}{BS}$	$\frac{SaSu}{BS}$
Mindestbewertungszahl	6,0	6,0	6,0	6,0
Darlehensphase:				
Darlehensgebühr (%)	2	2	2	2
mtl. Zins- und Tilgungsbeitrag (%)*	0,43–0,7[3]	0,43–0,7[3]	0,55	0,55
Agio/Disagio (%)	–	4,0	–	5,0
Darlehenszins nominal p.a. (%)	6,0	3,95	5,0	4,0
Effektivzins p.a. (%)	6,77–7,27	5,45–6,49	5,87	6,01

* % der Bausparsumme
1 mit Disagio
2 fester Darlehensanspruch von 50%
3 je nach Bewertungszahl

Dresdner Bauspar AG

Tarife	F 10	F 20	F 30	S 40	S 50	S 60
Sparphase:						
Abschlußgebühr (%)*	1,0	1,0	1,0	1,0	1,0	1,0
mtl. Sparbeitrag (%)*	0,4	0,4	0,5	0,5	0,5	0,5
Guthabenszinssatz (%)	2,0	2,5	2,0	3,0	3,0	3,0
Bonus (%)	–	–	–	–	1,0	–
Mindestansparung (%)*	40	40	50	50	50	50
Mindestsparzeit in Monaten	–	–	–	–	–	–
Bewertungszahlen-berechnung	(Ges.Zins × 35 + Guthaben) / 1/100 der BS	(Ges.Zins × 27 + Guthaben) / 1/100 der BS	(Ges.Zins × 60 + Guthaben) / 1/100 der BS	(Ges.Zins × 14 + Guthaben) / 1/100 der BS	(Ges.Zins × 14 + Guthaben) / 1/100 der BS	(Ges.Zins × 24 + Guthaben) / 1/100 der BS
Mindestbewertungszahl	150	150	150	150	150	150
Darlehensphase:						
Darlehensgebühr (%)	2,0	2,0	2,0	2,0	2,0	2,0
mtl. Zins- und Tilgungs-beitrag (%)*	0,6	0,6	0,8	0,4	0,4	0,7
Agio/Disagio (%)	2,0	2,0	1,25	2,5	2,5	1,25
Darlehenszins nominal p. a. (%)	4,0	4,5	4,0	5,0	6,0	5,0
Effektivzins p. a. (%)	5,12	5,63	5,59	5,96	6,97	6,41

* % der Bausparsumme

Heimstatt Bausparkasse AG

Tarife	SL	SL[1]	Plus	Plus
Sparphase:				
Abschlußgebühr (%)*	1,0	1,0	1,6	1,6
mtl. Sparbeitrag (%)*	0,5	0,5	0,35	0,35
Guthabenzinssatz (%)	4,0	4,0	4,0	2,5
Bonus (%)	–	–	–	–
Mindestansparung (%)*	45	45	50[2]	50[2]
Mindestsparzeit in Monaten	18	18	18	18
Bewertungszahlenberechnung	$\frac{SaSu \times 1{,}2}{BS}$	$\frac{SaSu \times 1{,}2}{BS}$	$\frac{SaSu \times 1{,}5}{BS}$	$\frac{SaSu \times 1{,}5}{BS}$
Mindestbewertungszahl	6,7	6,7	6,8	6,8
Darlehensphase:				
Darlehensgebühr (%)	3	3	3	3
mtl. Zins- und Tilgungsbeitrag (%)*	0,6[3]	0,6[3]	0,33–0,6[4] oder 0,43–0,7[5]	0,33–0,6[4] oder 0,43–0,7[5]
Agio/Disagio (%)	–	5	5[6]	5[6]
Darlehenszins nominal p. a. (%)	6,0	5,0	6,0[6]	4,5[6]
eff. Jahreszins (%)	7,06	7,26	6,87–7,47[7,8] 6,68–7,98[1,8] 6,93–7,56[7,9] 6,84–8,18[1,9]	5,33–5,92[7,8] 5,20–6,47[1,8] 5,40–6,01[7,9] 5,37–6,68[1,9]

* % der Bausparsumme
[1] mit Disagio
[2] fester Darlehensanspruch von 50%
[3] höchstens 1,5% des Anfangsdarlehens
[4] dynamische Tilgung, je nach BZ, jährlich um 5% ansteigend
[5] konstante Tilgung, je nach BZ
[6] Disagio wählbar, Darlehenszins dann 5,0% bzw. 3,5%
[7] ohne Disagio
[8] dynamische Tilgung
[9] konstante Tilgung

HUK-Coburg-Bausparkase AG

Tarife	W-Finanzierungsvariante	W-Universalvariante	W-Sparvariante
Sparphase:			
Abschlußgebühr (%)*	1,0	1,0	1,0
mtl. Sparbeitrag (%)*	0,6	0,5	0,4
Guthabenzinssatz (%)	2,0	3,0	4,0
Bonus (%)	–	–	–
Mindestansparung (%)*	50	50	50
Mindestsparzeit in Monaten	–	–	–
Bewertungszahlenberechnung:	Guthabenzins × 8 / 1/1000 der BS	Guthabenzins × 4 / 1/1000 der BS	Guthabenzins × 2 / 1/1000 der BS
Mindestbewertungszahl	153	153	153
Darlehensphase:			
Darlehensgebühr (%)	2	2	2
mtl. Zins- und Tilgungsbeitrag (%)*	0,7	0,6	0,5
Agio/Disagio (%)	1,0	1,0	1,0
Darlehenszins nominal p. a. (%)	4,0	5,0	6,0
eff. Jahreszins (%)	5,31	6,14	6,97

* % der Bausparsumme

IDUNA Bausparkasse AG

Tarife	T 2	T 2/ Disagio	TK	IWS (mit Zins-bonus)	IWS (mit Fest-zins)
Sparphase:					
Abschlußgebühr (%)*	1,0	1,0	1,0	1,0[1]	1,0[1]
mtl. Sparbeitrag (%)*	0,4	0,4	1,0	0,4	0,4
Guthabenzinssatz (%)**	3,0	3,0	3,0	2,5–4,25	3,0
Bonus (%)	–	–	–	bis 1,75[2]	–
Mindestansparung (%)*	40[4]	40[4]	50[3]	50[4]	50[4]
Mindestsparzeit in Monaten	–	–	18	–	–
Bewertungszahlen-berechnung	$\frac{SaSu}{BS}$	$\frac{SaSu}{BS}$	$\frac{SaSu \times 1{,}2}{BS}$	$\frac{SaSu}{BS}$	$\frac{SaSu}{BS}$
Mindest-bewertungszahl	2,4	2,4	2,4	3,3	3,3
Darlehensphase:					
Darlehensgebühr (%)	3,0	3,0	3,0	3,0	3,0
mtl. Zins- und Tilgungsbeitrag (%)*	0,6[5]	0,6[5]	0,7[5]	0,4–0,5[5,6]	0,4–0,5[5,6]
Agio/Disagio (%)	–	5,0	–	–	–
Darlehenszins nominal p.a. (%)	5,0	4,0	5,0	5,0	5,0
eff. Jahreszins (%)	6,08[7]	6,18[7]	6,56[7]	5,80–5,98[7,8]	5,80–5,98[7,8]

* % der Bausparsumme ** taggenaue Verzinsung

[1] 1,6% bei wählbarer kostenfreier Erhöhungsmöglichkeit um bis zu 100% der BS

[2] bei Darlehensverzicht wird ein nach Vertragsjahren mit Regelbesparung gestaffelter Zinsbonus gewährt, soweit die Auszahlung frühestens 7 Jahre nach Beginn des ersten regelbesparten Vertragsjahres erfolgt

[3] fester Darlehensanspruch von 50% der BS

[4] Darlehen entspricht BS abzügl. Sparguthaben

[5] höchstens 1,8% des Anfangsdarlehens

[6] je nach BZ

[7] bei vierteljährlicher Zinsberechnung

[8] abhängig von der Entscheidung für oder gegen kostenfreie Erhöhung und vom Tilgungsbeitrag

Leonberger Bausparkasse AG

Tarife	LW	LW[2]
Sparphase:		
Abschlußgebühr (%)[1]	1,6[3]	1,6[3]
mtl. Sparbeitrag (%)[1]	0,3	0,3
Guthabenzinssatz (%)	2,25[4]	2,25[4]
Bonus (%)	2,5[5]	2,5[5]
Mindestansparung (%)[1,6]	50[6]	50[6]
Mindestsparzeit in Monaten	22[7]	22[7]
Bewertungszahlenberechnung	$\frac{\text{SaSu} \times \text{F}^8}{\text{BS}}$	$\frac{\text{SaSu} \times \text{F}^8}{\text{BS}}$
Mindestbewertungszahl	–[9]	–[9]
Darlehensphase:		
Darlehensgebühr (%)	2	2
mtl. Zins- und Tilgungsbeitrag (%)[1]	0,3–0,8[10]	0,3–0,8[10]
Agio/Disagio (%)	–	5,0
Darlehenszins nominal p.a. (%)	1,5–5,75[11]	2,75–5,5[11]
eff. Jahreszins (%)	2,16–7,19	5,32–7,59

[1] % der Bausparsumme
[2] mit Disagio
[3] wird bei Darlehensverzicht zurückerstattet, wenn Bonusvoraussetzungen erfüllt sind
[4] bei Verzicht auf Guthabenzinsen wird erforderliche Bewertungszahl halbiert
[5] nur bei Darlehensverzicht unter bestimmten Voraussetzungen
[6] bei Mehrzuteilung über BS hinaus, 40% der Zuteilungssumme
[7] bis zum Stichtag vor Zuteilung
[8] Faktor = 0,4–1,4 bei Tilgungsbeitrag 0,3%–0,8%
[9] statt MBZ „erforderliche Bewertungszahl" = (80 – Anspargrad) × DZ-Faktor × GZ-Faktor [Darlehenszins-Faktor = 2,2 bis 0,5 bei Darlehenszins 1,5% bis 5,75%] [GZ-Faktor = Faktor bei Zinsumwandlung: 0,5 – siehe 4 –, ohne Zinsumwandlung beträgt der GZ-Faktor: 1]
[10] wahlweise, mindestens 50 DM und mindestens 0,8% des Anfangsdarlehens
[11] wahlweise

Bausparkasse Mainz AG

Tarife	A	A[1]	B	B[1]	C	D	D[1]	E (Formel S)
Sparphase:								
Abschlußgebühr (%)*	1,6	1,6	1,0	1,0	1,0	1,6	1,6	1,6[5]
mtl. Sparbeitrag (%)*	0,4	0,4	0,4	0,4	0,4	0,35	0,35	0,3
Guthabenzinssatz (%)	2,5	2,5	3,0	3,0	2,5	4,0	2,5	2,0[6]
Bonus (%)	–	–	–	–	–	–	–	[6]
Mindestansparung (%)*	40	40	40	40	40	50[2]	50[2]	40
Mindestsparzeit in Monaten	18	18	18	18	18	18	18	18/24[7]
Bewertungszahlenberechnung	$\frac{\text{SaSu} \times \text{BZ-Faktor}}{\text{BS}}$	$\frac{\text{SaSu} \times \text{BZ-Faktor}}{\text{BS}}$	$\frac{\text{SaSu} \times \text{BZ-Faktor}}{\text{BS}}$	$\frac{\text{SaSu} \times \text{BZ-Faktor}}{\text{BS}}$	$\frac{\text{SaSu} \times \text{BZ-Faktor}}{\text{BS}}$	$\frac{\text{SaSu} \times 1{,}7}{\text{BS}}$	$\frac{\text{SaSu} \times 1{,}7}{\text{BS}}$	$\frac{\text{ZinsSu} \times 100 \times \text{BZ-Faktor}}{\text{BS}}$
Mindestbewertungszahl	3,15	3,15	3,15	3,15	3,15	3,4	3,4	3,15 außer bei [7]
Darlehensphase:								
Darlehensgebühr (%)	3,0	3,0	3,0	3,0	4,0	3,0	3,0	3,0
mtl. Zins- und Tilgungsbeitrag (%)*	0,6	0,6	0,6	0,6	0,6[3]	0,33–0,6[4]	0,33–0,6[4]	0,6/1,0 d. Regeldarlehens oder flexibel bei [7]
Agio/Disagio (%)	–	5,0	–	5,0	–	–	5,0	–
Darlehenszins nominal p.a. (%)	4,5	3,5	5,0	4,0	4,5	6,0	3,5	4,5/ab 1,5 bei [7]
eff. Jahreszins (%)	5,56	5,71	5,94	6,06	5,75	6,87–7,56	5,20–6,68	5,6/ab 2,60 bei [7]

* % der Bausparsumme
[1] mit Disagio
[2] fester Darlehensanspruch von 50%
[3] mindestens 1,1% des Anfangsdarlehens
[4] je nach Bewertungszahl, jährlich um 5% ansteigend, alternativ konstante Rate bei einem um 0,1% höheren Tilgungsbeitrag
[5] Rückzahlung bei Darlehensverzicht vor Ablauf von 7 Jahren
[6] bei Kündigung oder Darlehensverzicht nach 7 Jahren Bonus in Höhe der bis dahin angefallenen Guthabenzinsen, nach dem 10. Jahr Bonus das 1,25 fache der angefallenen Zinsen
[7] bei Wahlzuteilung

mh Bausparkasse AG

Tarife	1	1[1]	2	2[1]	3	3[1]	Tarif 4 Variante 1 (Niedrigzinsvariante)		Tarif 4 Variante 2 (Basisvariante)	Tarif 4 Variante 3 (Hochzinsvariante)
Sparphase:										
Abschlußgebühr (%) *	1,0	1,0	1,6	1,6	1,6	1,6	1,6	1,6	1,6	1,6
mtl. Sparbeitrag (%) *	0,5	0,5	0,5	0,5	0,5	0,5	0,4	0,4	0,4	0,4
Guthabenzinssatz (%)	3,0	3,0	2,25	2,25	4,0	4,0	2,0	2,0	2,0	2,0
Bonus (%)	–	–	–	–	–	–	–	–	1	2,25[4]
Mindestansparung (%) *	40	40	40	40	50	50	50	50	40	50
Mindestsparzeit in Monaten	–	–	–	–	–	–	–	–	–	–
Bewertungszahlenberechnung	Ges. Zinsen × 0,7[2] / 1/1000 der BS	Ges. Zinsen × 0,7[2] / 1/1000 der BS	Ges. Zinsen × 0,9[3] / 1/1000 der BS	Ges. Zinsen × 0,9[3] / 1/1000 der BS	Ges. Zinsen × 1 / 1/1000 der BS	Ges. Zinsen × 1 / 1/1000 der BS	Ges. Zinsen × 1,4 / 1/1000 der BS	Ges. Zinsen × 1,4 / 1/1000 der BS	Ges. Zinsen × 1 / 1/1000 der BS	Ges. Zinsen × 1 / 1/1000 der BS
Mindestbewertungszahl	18	18	17,5	17,5	30	30	17,5	17,5	17,5	17,5
Darlehensphase:										
Darlehensgebühr (%)	3	3	2	2	3	3	2	2	2	2
mtl. Zins- und Tilgungsbeitrag (%) **	0,4–1,0	0,4–1,0	0,4–1,0	0,4–1,0	0,4–0,8	0,4–0,8	0,8–1,8	0,8–1,8	0,8–1,8	0,8–1,8
Agio/Disagio (%)	–	5	–	5	–	5	–	5	–	–
Darlehenszins nominal p. a. (%)	5,0	4,0	4,5	3,5	6,0	5,0	4,25	2–3,5[5]	5,25	6,25
eff. Jahreszins (%)	5,61–6,60	5,29–7,58	5,06–5,95	4,78–6,98	6,86–7,78	6,68–8,68	4,94–5,85	5,11–5,85	5,96–6,88	6,99–7,93

* % der Bausparsumme
** in % der Darlehensschuld
1 mit Disagio
2 bzw. 1 bei BZ-Zuwachs ab 50% Sparguthaben
3 bzw. 1,2 bei BZ-Zuwachs ab 50% Sparguthaben
4 zusätzlich Treuebonus in Höhe von 25% der Guthabenzinsen bei Darlehensverzicht und Laufzeit von mind. 7 Jahren
5 je nach Tilgungsbeitrag

Quelle Bauspar AG

Tarife	Q 1
Sparphase:	
Abschlußgebühr (%)*	1,0
mtl. Sparbeitrag (%)*	0,5
Guthabenzinssatz (%)	3,0
Bonus (%)*	0,1–1,0[1]
Mindestansparung (%)*	50
Mindestsparzeit in Monaten	18
Bewertungszahlenberechnung:	
a) Guthaben mal ...	1
b) Zins mal ...	10
c) Divisor: a) + b): ... % der BS	0,5
Mindestbewertungszahl	180
Darlehensphase:	
Darlehensgebühr (%)	2,0
mtl. Zins- und Tilgungsbeitrag (%)*	0,6
Agio/Disagio (%)	–
Darlehenszins nominal p. a. (%)	5,0
eff. Jahreszins (%)	5,89

* % der Bausparsumme

[1] Treueprämie, abhängig von Laufzeit (ab 48 Monate nach Zahlung der Abschlußgebühr), Bewertungszahl und Guthabenhöhe

Bausparkasse Schwäbisch Hall AG

Tarife	flexibles Tarifprogramm								Standard-Tarif		
	F-Schnell	F-Standard	F-Langzeit	F-Rendite	F-Schnell	F-Standard	F-Langzeit	F-Rendite	N	N	N
Sparphase:											
Abschlußgebühr (%) *	1,0[1]	1,0[1]	1,0[1]	1,0[1]	1,0[1]	1,0[1]	1,0[1]	1,0[1]	1,0	1,0	1,0
mtl. Sparbeitrag (%) *	0,5	0,5	0,5	0,5	0,5	0,5	0,5	0,5	0,5	0,5	0,5
Guthabenzinssatz (%)	3,0	3,0	3,0	3,0	3,0	3,0	3,0	3,0	2,5	2,5	2,5
Bonus (%)	–	–	–	1,0	–	–	–	1,0	–	–	–
Mindestansparung (%) *	50	50	50	50	50	50	50	50	40	40	40
Mindestsparzeit in Monaten	–	–	–	–	–	–	–	–	–	–	–
Bewertungszahlenberechnung	$\frac{\text{Zinsen} \times 1{,}80^2 \times LF^3}{1/1000 \text{ der BS}}$	$\frac{\text{Zinsen} \times 1{,}25^2 \times LF^3}{1/1000 \text{ der BS}}$	$\frac{\text{Zinsen} \times 1 \times LF^3}{1/1000 \text{ der BS}}$	$\frac{\text{Zinsen} \times 1 \times LF^3}{1/1000 \text{ der BS}}$	$\frac{\text{Zinsen} \times 1{,}80^2 \times LF^3}{1/1000 \text{ der BS}}$	$\frac{\text{Zinsen} \times 1{,}25^2 \times LF^3}{1/1000 \text{ der BS}}$	$\frac{\text{Zinsen} \times 1 \times LF^3}{1/1000 \text{ der BS}}$	$\frac{\text{Zinsen} \times 1 \times LF^3}{1/1000 \text{ der BS}}$	$\frac{\text{Zinsen} \times 1{,}2}{1/1000 \text{ der BS}}$	$\frac{\text{Zinsen} \times 1{,}2}{1/1000 \text{ der BS}}$	$\frac{\text{Zinsen} \times 1{,}2}{1/1000 \text{ der BS}}$
Mindestbewertungszahl	44	44	44	44	44	44	44	44	40	40	40
Darlehensphase:											
Darlehensgebühr (%)	2	2	2	2	2	2	2	2	2	2	2
mtl. Zins- und Tilgungsbeitrag (%) *	0,8 – mind. 25 DM	0,6 – mind. 25 DM	0,5 – mind. 25 DM	0,5 – mind. 25 DM	0,8 – mind. 25 DM	0,6 – mind. 25 DM	0,5 – mind. 25 DM	0,5 – mind. 25 DM	0,6 – mind. 25 DM	0,6 – mind. 25 DM	0,6 – mind. 25 DM
Agio/Disagio (%)	–	–	–	–	4,0	4,0	4,0	4,0	–	5,0	6,0
Darlehenszins nominal p.a. (%)	5,0 oder 5,25[4]	5,0 oder 5,25[4]	5,0 oder 5,25[4]	6,0 oder 6,25[4]	4,0 oder 4,25[4]	4,25 oder 4,50[4]	4,50 oder 4,75[4]	5,50 oder 5,75[4]	4,5 oder 4,75[4]	3,5 oder 3,75[4]	3,25 oder 3,5[4]
eff. Jahreszins (%)	6,45 oder 6,43	6,08 oder 6,13	5,89 oder 5,98	6,94 oder 7,00	6,90 oder 6,93	6,39 oder 6,47	6,26 oder 6,36	7,28 oder 7,35	5,37 oder 5,47	5,48 oder 5,60	5,47 oder 5,60

* % der Bausparsumme

[1] bei Darlehensverzicht auf Folgevertrag anrechenbar

[2] niedrigerer BZ-Faktor (einschließlich Bonuswahl) bis vor Zuteilung wählbar

[3] Leistungsfaktor = Bausparguthaben : Mindestguthaben (mindestens 1, höchstens 2)

[4] vierteljährliche oder taggenaue Zinsberechnung wählbar

Vereinsbank Victoria Bauspar AG

Tarife	T 1	T 2	T 3
Sparphase:			
Abschlußgebühr (%)*	1,6**	1,0**	1,0**
mtl. Sparbeitrag (%)*	0,4	0,4	0,4
Guthabenzinssatz (%)	2,5	3,0	4,0
Bonus (%)	–	–	–
Mindestansparung (%)*	45	45	45
Mindestsparzeit in Monaten[1]	–	–	–
Bewertungszahlenberechnung	$\frac{\text{Guthabenzins} \times 1{,}2}{1/1000 \text{ der BS}}$	$\frac{\text{Guthabenzinsen}}{1/1000 \text{ der BS}}$	$\frac{\text{Guthabenzins} \times 0{,}75}{1/1000 \text{ der BS}}$
Mindestbewertungszahl	23	23	23
Darlehensphase:			
Darlehensgebühr (%)	2,0	2,0	2,0
mtl. Zins- und Tilgungsbeitrag (%)*[2]	1,2–0,4	1,2–0,4	1,2–0,55 (bei Disagio 1,2–0,4)
Agio/Disagio (%)	5 (wahlweise)	5 (wahlweise)	5 (wahlweise)
Darlehenszins nominal p.a. (%)	4,5 (bei 5% Disagio: 3,5)	5,0 (bei 5% Disagio: 4,0)	6,0 (bei 5% Disagio: 5,0)
eff. Jahreszins (%)	6,41–5,11 (8,11–4,91)[3]	6,62–5,54 (8,28–5,30)[3]	7,67–6,78 (9,31–6,28)[3]

* % der Bausparsumme
** Erstattung bei Darlehensverzicht
[1] abhängig von Tilgungsbeitrag und Höhe der Ansparung
[2] abhängig von Zuteilung-BZ
[3] mit Disagio

Bausparkasse Gemeinschaft der Freunde Wüstenrot gemn. GmbH

Tarife	2	7	7	7	8
Sparphase:					
Abschlußgebühr (%)*	1,0[1]	1,0[1]	1,0[1]	1,0[1]	1,6[1]
mtl. Sparbeitrag (%)*	0,42	0,5	0,5	0,5	0,6
Guthabenzinssatz (%)**	3,0	2,5	2,5	2,5	4,0
Bonus (%)	–	–	1,0	2,0	–
Mindestansparung (%)*	40	50[2]	50	50	50[2]
Mindestsparzeit in Monaten	–	24	24	24	33
Bewertungszahlenberechnung	$\frac{\text{SaSu} \times 30}{\text{BS}}$	$\frac{\text{SaSu} \times \text{BZ-Faktor}^3}{\text{BS}}$	$\frac{\text{SaSu} \times \text{BZ-Faktor}^3}{\text{BS}}$	$\frac{\text{SaSu} \times \text{BZ-Faktor}^3}{\text{BS}}$	$\frac{\text{SaSu}^4 \times 45}{\text{BS}}$
Mindestbewertungszahl	180	240	240	240	240
Darlehensphase:					
Darlehensgebühr (%)	2	2	2	2	2
mtl. Zins- und Tilgungsbeitrag (%)*	0,6	0,4–0,8 je nach BZ-Faktor[3]	0,4–0,8 je nach BZ-Faktor[3]	0,4–0,8 je nach BZ-Faktor[3]	bis 0,7[5]
Agio/Disagio (%)	–	–	–	–	–
Darlehenszins nominal p. a. (%)	5,0	4,6	5,5	6,4	6,0
eff. Jahreszins (%)	5,89	5,28–6,02	6,22–7,00	7,15–7,98	7,53

* % der Bausparsumme
** taggenaue Verzinsung
[1] unverzinsliche Einlage, die u. a. bei Darlehensverzicht zurückerstattet wird
[2] fester Darlehensanspruch von 50% der BS
[3] BZ-Faktoren: 24, 32, 40, 48, 56
[4] das 50% der BS übersteigende Guthaben wird nur hälftig bewertet
[5] 1,4% des Netto-Anfangsdarlehens

e) Absicherung der Bauspardarlehen

Grundsätzlich rechnet das Bauspardarlehen zum Realkredit. Es soll durch Bestellung eines Grundpfandrechts im Grundbuch gesichert werden. Die Sicherstellung kann sowohl an einem Wohngebäude als auch an einem gewerblichen Objekt, einem gemischt genutzten Haus oder an einem Bauplatz erfolgen. Auch das Gebäude eines Dritten kann herangezogen sein. Der Dritte muß lediglich bereit sein, sein Grundstück mit einem Grundpfandrecht an ausreichender Rangstelle belasten zu lassen. In diesem Fall leiht sich der Schuldner fremde dingliche Sicherheiten. Die Kapitel III. „Sicherheiten für Finanzierungsmittel" und Kapitel IV. „Die Bewertung des Pfandobjekts" zeigen die Lösungsmöglichkeiten auch für Bauspardarlehen auf. Zusätzliche Gestaltungsmöglichkeiten können genutzt werden:

Negativerklärung – Blankokleindarlehen
Gleichrangdarlehen
Zusatz- und Ersatzsicherheiten
Restschuldversicherungen

Negativerklärung – Blankokleindarlehen. Die gesetzliche Definition (§ 7 Abs. 4 BauspG) lautet:

„Von einer Sicherung durch Grundpfandrechte oder durch Ersatzsicherheiten kann abgesehen werden, wenn
1. der Darlehensnehmer sich gegenüber der Bausparkasse verpflichtet, eine mögliche Sicherung durch Grundpfandrechte nicht durch eine Verpfändung des als Pfandobjekt in Betracht kommenden Gegenstandes für eine andere Verbindlichkeit oder durch seine Veräußerung zu verhindern oder
2. bei einem Bauspardarlehen oder einem Darlehen nach § 4 Abs. 1 Nr. 1 eine Sicherung wegen der geringen Höhe des Darlehensbetrages nicht erforderlich erscheint."

Im Ergebnis muß der Grundstückseigentümer sich verpflichten, die innerhalb von 80% des Beleihungswertes mögliche Belastung nicht durch eine anderweitige Grundpfandrechtsbestellung oder durch Veräußerung des Grundstücks zu verhindern. Solche Negativerklärungen kommen bei Kleindarlehen in Betracht. Die Bausparkassen erreichten, daß in der neu erlassenen Bausparkassen-Verordnung (Bspk-VO) die Höchstgrenze für Darlehen gegen Negativattest auf DM 20000,– angehoben wurde und außerdem die Gewährung von Blankokleindarlehen bis zu DM 10000,– erlaubt wurde. Mit der Änderung der Bspk-VO 1998 wurden die Obergrenzen für diejenigen Darlehen gegen Verpflichtungserklärung und Blankodarlehen, bei denen es sich um zugeteilte Bauspardarlehen handelt, auf DM 30000,– bzw. DM 20000,– angehoben. Für den Bausparer ist diese Darlehenssicherung sehr hilfreich. Sie kann die Auszahlung des Bauspardarlehens beschleunigen und die Kosten der Grundpfandrechtsbestellung ersparen.

Gleichrangdarlehen. Finanzieren mehrere Bausparkassen ein Objekt gleichzeitig, so ist die Frage des Rangverhältnisses der Grundpfandrechte der beteiligten Bausparkassen untereinander zu klären. Die privaten und die öffentlich-rechtlichen Bausparkassen wenden untereinander eine Vereinbarung über die Gleichrangeinräumung an. Dieses Gleichrangabkommen enthält Regeln über Rangfolgen zur Sicherung von Darlehen (Bauspardarlehen, Zwischenkredite, Bankvorausdarlehen, mit und ohne Bausparvertrag gewährte Sofortdarlehen). Grundsätzlich sind Grundpfandrechte bei gleichzeitiger Finanzierung mit Bauspardarlehen verschiedener Bausparkassen ungeachtet ihrer Höhe untereinander in gleichem Rang zu bestellen und im Grundbuch einzutragen. Aber es gibt Ausnahmen. Der Begriff der „gleichzeitigen" Finanzierung ist hier wesentlich. Wenn die an der Finanzierung beteiligten Institute in dem der Bausparkasse vorgelegten Darlehensantrag oder in anderen gleichzeitig vorgelegten Unterlagen genannt sind, kann ein Gleichrang gefordert werden. Er kann nicht verlangt werden, wenn nach Finanzierung eines Bauplatz- oder Hauskaufes zum späteren Neu-, Um- oder Anbau oder zur Umschuldung Darlehen gewährt werden. Wird eine Mitfinanzierung einer anderen Bausparkasse erst zu einem späteren Zeitpunkt, also nach dem Zeitpunkt des Darlehensantrags bekannt, so kann eine gleichrangige Absicherung ebenfalls nicht verlangt werden (z.B. bei einer Nachfinanzierung). Ist ein solcher Gleichrang einmal vereinbart, so wird dieser Gleichrang bei einer Umschuldung zu einem späteren Zeitpunkt durch eine andere Bausparkasse in aller Regel nicht hinfällig. Wird von einem dritten Kreditinstitut oder von der Bausparkasse selbst ein Annuitätszuschußdarlehen gewährt, so erstreckt sich der Gleichrang auch auf das Annuitätszuschußdarlehen. Wird nach Rückzahlung eines Bauspardarlehens ein neuer Kredit gewährt, so wird hiervon die ursprünglich herbeigeführte Gleichrangigkeit der Sicherheiten nicht berührt. Reicht in der Zwangsversteigerung das Meistgebot nicht aus, um die gleichrangigen Ansprüche der Bausparkassen voll abzudekken, so erfolgt die Verteilung nach dem Verhältnis der Kapitalbeträge der Grundpfandrechte.

In den Fällen, in denen ein Darlehen innerhalb von 100 Prozent der Bau- und Bodenkosten an Beamte auf Lebenszeit gegen zusätzliche Gehaltsabtretungen und/oder Risikolebensversicherung gewährt wird, erklärt sich die Bausparkasse, die den Bausparkassenkredit einem Beamten gewährt, bereit, jeweils der anderen, nicht auf diese Weise zusätzlich gesicherten Kasse, den Vorrang einzuräumen. Begrenzt wird diese Vorrangeinräumung durch die Vereinbarung, daß die gesamte Beleihung nur bis zur Höhe des Verkehrswertes durchgeführt werden kann.

Für den Fall der Vorfinanzierung durch andere Kreditinstitute und der „Finanzierung aus einer Hand“, gibt es Sonderregelungen. In solchen Fällen verpflichten sich die Bausparkassen, ihre Finanzierungsmittel gesondert, also nicht durch ein einheitliches Grundpfandrecht, sicherstellen zu lassen. Sollte dies in Einzelfällen nicht möglich sein, sondern wird ein Bausparkassendarlehen durch ein für ein drittes Kreditinstitut eingetragenes Grundpfandrecht dinglich gesichert oder dient das für die Bausparkasse eingetragene Grundpfandrecht auch der Sicherung eines von einem dritten Institut gewährten Darlehens, ist entweder der Gleichrang von dem Teil oder für den Teil der Grundschuld, der das Bauspardarlehen sichert, einzuräumen oder die andere Bausparkasse so zu stellen, als ob ihr für den Teil des Grundpfandrechts, der auf das Bausparkassendarlehen entfällt, der Gleichrang eingeräumt worden wäre. Sollten Fälle vorkommen, die in dem Gleichrangabkommen nicht geregelt sind, so wollen die Bausparkassen entsprechend verfahren.

Zusatz- und Ersatzsicherheiten. Überschreitet der Finanzierungsbedarf des Bausparers die Beleihungsgrenze von 80% des Beleihungswertes, so muß neben dem über die Beleihungsgrenze hinausgehenden Grundpfandrecht, für solche Darlehen oder

Darlehensspitzen eine zusätzliche Sicherheit beschafft werden. Den Bausparkassen und den Bausparern genügt dafür die Bürgschaft eines Kreditinstituts. In erheblichem Umfang übernehmen im Rahmen bestimmter Richtlinien die Deutsche Bau- und Bodenbank AG und die Deutsche Girozentrale – Deutsche Kommunalbank – diese Funktionen. Sie verlangen dafür entweder eine einmalige oder auch eine laufende Bürgschaftsgebühr. Das Verfahren ist unkompliziert und erleichtert es dem Bausparer, seinen Finanzierungsbedarf zu decken.

In den neuen Bundesländern Brandenburg, Mecklenburg-Vorpommern, Sachsen, Sachsen-Anhalt, Thüringen und in Berlin-Ost bestehen Finanzierungshindernisse wegen
- Restitutions- und Entschädigungsansprüchen,
- bei der vorläufigen Bewertung von Grund und Boden sowie
- wegen erheblicher Bearbeitungsdefizite der Liegenschaftsämter bei der Eintragung von Grundpfandrechten.

Die Wohnungsbaukreditanstalt Berlin, Bundesallee 2100, Berlin 15 (Wilmersdorf) übernimmt zur Förderung des Wohnungswesens in den genannten Gebieten Bürgschaften für nachstellige Darlehen. Werden Darlehen auf Bausparverträge gewährt, können Bürgschaften übernommen werden, sowohl für Bauspardarlehen als auch für Darlehen, die der Vor- und Zwischenfinanzierung der Bausparsumme dienen (siehe auch S. 451).

§ 7 Abs. 3 BauspG bestimmt:

> „Von einer Sicherung durch Grundpfandrechte kann abgesehen werden, wenn ausreichende anderweitige Sicherheiten gestellt werden (Ersatzsicherheiten)."

Vom Bundesaufsichtsamt für das Kreditwesen liegt eine Anordnung vor, in der beschrieben wird, welche Vermögensgegenstände als Ersatzsicherheiten dienen können (Schreiben vom 9. 1. 1979 – III, 18.13.1):

> „Danach bleibt es den Bausparkassen weiterhin unbenommen, innerhalb des gesetzlichen Rahmens in eigener Verantwortung mit der Sorgfalt eines ordentlichen Kaufmannes zu entscheiden, ob ihnen die vom Darlehensnehmer angebotene Ersatzsicherheit ausreichend erscheint. Als allgemeine Kriterien werden insoweit eine einfache und zuverlässige aktuelle Wertermittlung, eine hohe Wertbeständigkeit und eine leichte Liquidisier-

barkeit zu fordern sein. Ohne einen abschließenden Katalog aufstellen zu wollen, sehe ich folgende Sicherheiten als ausreichend im Sinne der obengenannten Bestimmungen an:

1. die Bürgschaft eines geeigneten Kreditinstitutes;
2. die Abtretung von Guthaben bei geeigneten Kreditinstituten;
3. die Abtretung von Ansprüchen aus Lebensversicherungen bei im Bundesgebiet zum Geschäftsbetrieb zugelassenen Versicherungsunternehmen bis zu 80 v. H. des Rückkaufswertes;
4. Pfandrechte an folgenden Wertpapieren, die an einer inländischen Börse zum amtlichen Handel zugelassen oder in den geregelten Freiverkehr bei einer inländischen Börse einbezogen sind; es dürfen beliehen werden:

4.1 mündelsichere Schuldverschreibungen auf den Inhaber bis zu 80 v. H. des Kurswertes;

4.2 im Lombardverkehr der Deutschen Bundesbank beleihbare andere Schuldverschreibungen auf den Inhaber bis zu 75 v. H. des Kurswertes;

4.3 im Inland ausgestellte sonstige Schuldverschreibungen auf den Inhaber sowie im Ausland ausgestellte auf Deutsche Mark lautende Schuldverschreibungen auf den Inhaber bis zu 60 v. H. des Kurswertes;

4.4 voll eingezahlte Aktien in- und ausländischer Standardunternehmen bis zu 60 v. H. des Kurswertes;

5. Pfandrechte an folgenden Investment-Zertifikaten; es dürfen beliehen werden:

5.1 Anteile an Wertpapier-Sondervermögen, die von einer inländischen Kapitalgesellschaft verwaltet werden, wenn die Vermögenswerte entsprechend den Vertragsbedingungen überwiegend in Wertpapieren anzulegen sind, die an einer inländischen Börse zum amtlichen Handel zugelassen oder in den geregelten Freiverkehr bei einer inländischen Börse einbezogen sind, bis zu 60 v. H. des Rücknahmepreises;

5.2 Anteile an Grundstücks-Sondervermögen, die von einer inländischen Kapitalanlagegesellschaft verwaltet werden, wenn seit dem Zeitpunkt der Bildung des Sondervermögens eine Frist von vier Jahren verstrichen ist, bis zu 60 v. H. des Rücknahmepreises."

Restschuldversicherungen. Bausparkassen verlangen manchmal als zusätzliche Sicherheit den Abschluß einer Risikolebensversicherung. Diese Versicherung soll das Risiko abdecken, das dann eintreten kann, wenn der Schuldner stirbt. Die Versicherung zahlt beim Tod des Bausparers den versicherten Betrag zur Tilgung des Bauspardarlehens an die Bausparkasse. Zu bedenken ist folgende Feinheit: Versichert ist das Darlehen, das zu Beginn des Kalenderjahres besteht. Infolge der im Verlauf eines Kalenderjahres erbrachten Tilgungen ergibt sich meistens ein Überschuß der Versicherungssumme gegenüber der Darlehensschuld, die zum Zeitpunkt des Todesfalles während des Jahres noch besteht. Dieser Überschuß steht den Erben des verstorbenen Bausparers zu.

Risikolebensversicherungen werden von den Bausparkassen vermittelt und die Prämie über sie an die Versicherung gezahlt. Überlebt der Bausparer die Versicherungszeit, so sind die Prämien verloren. Manche Bausparkassen stellen dem einzelnen Kreditnehmer frei, ob er für den Todesfall seine Familie absichern will. Viele Bausparkassen verlangen aber obligatorisch die Risikolebensversicherung. Bei ihr wird der Darlehensnehmer bis zu einem bestimmten Lebensalter und bis zu einer bestimmten Kreditsumme auf der Grundlage der Bausparbedingungen versichert. Die automatische Versicherung kann für manchen Bausparer von Vorteil sein, da der Versicherungsschutz übernommen wird, ohne daß im allgemeinen eine Gesundheitsprüfung stattfindet.

Von der Belastung her gesehen, gibt es manchmal die Regelung, daß der Versicherungsbeitrag nicht zusätzlich zu den Zins- und Tilgungsbeiträgen bezahlt werden muß, sondern aus dem Tilgungsanteil der Annuität abgezweigt wird. Hierdurch verlängert sich die Darlehenslaufzeit um einige Monate. Die Belastung ist für den Bausparer kaum zu spüren. Die Beitragssätze sind im allgemeinen wegen der Vielzahl der versicherten Personen günstig.

Es gibt auch bei manchen Tarifen die Möglichkeit, während der Ansparphase des Bausparvertrages eine Risiko-Lebensversicherung abzuschließen. Geworben wird mit dem Absichern der Bauziele, insbesondere für junge Familien. Auch ein Sofortkredit über die Bausparsumme ist durch den Versicherungsschutz abgesichert.

In den Angeboten „Bausparen mit Versicherungsschutz" wird häufig eine Überschußbeteiligung vorgesehen. Dabei werden öfters die Brutto-Prämiensätze direkt gekürzt (z.B. 40%). Dem Bausparer werden dann die Nettobeträge in Rechnung gestellt.

Beispiel:

Jahresbeiträge für je DM 1000,– Versicherungssumme.

(Für Versicherungssummen, die nicht auf volle DM 1000,– lauten, errechnet sich der Beitrag anteilig. Die Beiträge vermindern sich gegebenenfalls um die Überschußbeteiligung.)

Versicherungssumme		1000 DM		Männer	
Alter	Jahresbeitrag (DM)	Alter	Jahresbeitrag (DM)	Alter	Jahresbeitrag (DM)
bis 20	3,33	bis 44	5,76	bis 68	41,93
21	3,34	45	6,15	69	46,24
22	3,35	46	6,59	70	51,06
23	3,36	47	7,13	71	56,41
24	3,37	48	7,77	72	62,28
25	3,38	49	8,48	73	68,60
26	3,40	50	9,22	74	75,33
27	3,41	51	9,98	75	82,47
28	3,42	52	10,76	76	90,08
29	3,42	53	11,58	77	98,26
30	3,43	54	12,47	78	107,12
31	3,44	55	13,46	79	116,69
32	3,45	56	14,61	80	126,93
33	3,47	57	15,93	81	137,78
34	3,48	58	17,41	82	149,16
35	3,54	59	19,03	83	161,05
36	3,69	60	20,76	84	173,39
37	3,87	61	22,58	85	185,98
38	4,08	62	24,53		
39	4,32	63	26,64		
40	4,57	64	28,99		
41	4,84	65	31,65	Für höhere Alter sind die Beiträge im Einzelfall zu erfragen	
42	5,12	66	34,67		
43	5,42	67	38,09		

Versicherungssumme		1000 DM		Frauen	
Alter	Jahresbeitrag (DM)	Alter	Jahresbeitrag (DM)	Alter	Jahresbeitrag (DM)
bis 20	2,53	bis 33	2,93	bis 46	4,84
21	2,55	34	3,02	47	5,12
22	2,57	35	3,10	48	5,43
23	2,59	36	3,20	49	5,78
24	2,61	37	3,32	50	6,15
25	2,63	38	3,44	51	6,55
25	2,65	39	3,55	52	6,97
27	2,67	40	3,67	53	7,40
28	2,69	41	3,81	54	7,85
29	2,73	42	3,97	55	8,34
30	2,77	43	4,15	56	8,89
31	2,81	44	4,36	57	9,56
32	2,86	45	4,58	58	10,37

Versicherungssumme		1000 DM		Frauen	
Alter	Jahresbeitrag (DM)	Alter	Jahresbeitrag (DM)	Alter	Jahresbeitrag (DM)
59	11,28	70	31,32	81	104,85
60	12,26	71	35,15	82	115,86
61	13,32	72	39,39	83	127,67
62	14,46	73	44,18	84	140,27
63	15,70	74	49,51	85	153,70
64	17,09	75	55,39		
65	18,67	76	61,85		
66	20,50	77	68,94		
67	22,60	78	76,92	Für höhere Alter	
68	25,05	79	85,27	sind die Beiträge im	
69	27,93	80	94,65	Einzelfall zu erfragen	

Das Alter des Versicherten wird nach dem Unterschied zwischen dem jeweiligen Kalenderjahr und seinem Geburtsjahr bestimmt.

4. Gelder von Versicherungen

Nachteilige Folgen zukünftiger oder unvorhersehbarer Ereignisse versucht man durch Versicherungen abzudecken. Die Versicherungswirtschaft bietet eine breite Palette von Lebens-, Unfall- und Schadensversicherungen an. Für die Übernahme der Risiken verlangen die Versicherungsinstitute Prämien. Die Bruttoeinnahmen dienen zur Abdeckung von Schäden und auch der Bildung von Geldvermögen. Besonders Lebensversicherungen werden für einen langen Zeitraum abgeschlossen. Allein die steuerliche Bestimmungen des § 10 Abs. 1 Nr. 2 EStG verlangen eine Dauer von 12 Jahren. Versicherungen legen die empfangenen Mittel auch in Darlehen zur Finanzierung von Haus und Wohnung an. Die Herkunft der Mittel aus Prämien, deren Zahlung über einen längeren Zeitraum vereinbart ist, erlaubt es den Lebensversicherern, Baudarlehen mit vergleichsweise langen Laufzeiten anzubieten. Allerdings müssen auch sie marktgerechte Konditionen verlangen. Denn sie stellen den Vertragsinhabern hohe Versichertendividenden in Aussicht. Das sind Erträge aus der Anlage der Prämien, die über die vereinbarten Versicherungssumme hinaus einkommensteuerfrei ausgeschüttet werden. Die Versicherungen behalten sich meist vor, bei solchen Darlehen die Zinskonditionen anzupassen: meist nach Ablauf vertraglich festgelegter Zeiträume oder bei allgemeiner Änderung der Zinssätze am Kapitalmarkt. Daneben gibt es das Kündigungsrecht bei hohem Zinssatz nach § 247 BGB und § 609a BGB für den Schuldner.

Finanzierungsmittel von Versicherungen sind in aller Regel nur erhältlich, wenn eine Lebensversicherung in Höhe der aufzunehmenden Darlehen abgeschlossen wird. Spezielle Lebensversicherungen werden auch zur Tilgung von solchen Baudarlehen angeboten, die nicht von der Versicherung selbst stammen, sondern die bei einem Kreditinstitut aufgenommen werden. Hauptsächlich kommen vor:

- Reine Todesfallrisikoversicherungen.
  Sie dienen der Absicherung von Restschulden. Besonders bei Bausparkassendarlehen sind sie zu finden.
- Gemischte Versicherungen auf den Todes- und Erlebensfall.
  Solche Verträge decken nicht nur das Todesrisiko ab. Sie dienen auch der Ansammlung von Kapital. Manchmal wird ein spezieller Versicherungsschutz bei Berufsunfähigkeit eingeschlossen. Es gibt auch Risikolebensversicherungen mit fallender Versicherungssumme.

Gekoppelt werden solche Versicherungen entweder mit einem Festdarlehen oder auch mit einem Tilgungsdarlehen.

Bei dem Festdarlehen wird der Darlehensbetrag zu dem Zeitpunkt fällig, in dem auch die Versicherung ausgezahlt wird. Während der gesamten Laufzeit sind die Darlehenszinsen aus dem Ursprungsdarlehen zu zahlen. Zinsersparnisse durch Tilgungen finden nicht statt. Wenn die übrigen Voraussetzungen vorliegen, werden die Zinsen als Werbungskosten bei der Einkommensteuer wirksam. Anstelle der Tilgungen bezahlt der Schuldner Prämien für die Lebensversicherung. Im Rahmen der Höchstbeträge des § 10 EStG können sie als Vorsorgeaufwendungen geltend gemacht werden (siehe S. 325).

Gibt das Versicherungsunternehmen das Darlehen selber, so kommt es vor, daß ein Tilgungsdarlehen vereinbart wird. In einem solchen Fall verzichtet das Versicherungsinstitut häufig solange auf die Tilgungsbeträge, solange der Versicherungsnehmer (und Darlehensschuldner) die Versicherungsprämien pünktlich bezahlt.

Die Versicherungsprämien richten sich nach dem Lebensalter bei Vertragsabschluß und der Laufzeit des Versicherungsvertrages.

Es gibt auch Versicherungsformen, die erheblich niedrigere Anfangsprämien verlangen. Bei solchen Verträgen steigen die Versicherungsprämien während der Laufzeit an. Die Beitragserhöhung liegt meist zwischen 3 und 6% des Vorjahresbeitrages (Dynamisierung der Beiträge). Wegen der Überschußbeteiligung, die bis zu 100% der vertraglichen Versicherungssumme betragen kann, werden zur Abwicklung eines Darlehns Versicherungssummen auch in der halben Darlehenshöhe angeboten.

Zu beachten ist die mit dem Steueränderungsgesetz 1992 (§ 10 Abs. 2 Satz 2 EStG) ab dem 14. 1. 1992 eingeführte Einschränkung des Abzugs von Beiträgen zu Kapitallebensversicherungen (siehe dazu Schreiben des BMF vom 19. 5. und 14. 6. 1993 BStBl. I S. 406 u. S. 484 mit Ergänzung vom 2. 11. 1993 NJW 1994 S. 371). In der Gesetzesbegründung (BT-Drucksache 12/1108 S. 55f.) heißt es dazu:

„I. Finanzierungsmodelle

Zur langfristigen Finanzierung eines Projekts (z. B. Verwaltungsgebäude, Produktionsstätte, Bürohaus, aber auch Mietwohngebäude) wird ein Bankkredit aufgenommen, der über einen Annuitätenplan (Zins und Tilgung) bezahlt werden soll.

Daneben wird eine Kapitallebensversicherung abgeschlossen. Diese Versicherung wird jährlich beliehen (Policendarlehen), um die Annuitäten des Bankdarlehens und ab dem zweiten Beleihungsjahr auch die Zinsen für bereits gewährte Policendarlehen zu finanzieren. Die Tilgung für die Policendarlehen wird ausgesetzt, da die Kapitallebensversicherung sich im Laufe der Zeit zur Darlehenssumme (einschließlich Zinsen) aufbaut. Mit Fälligkeit der Lebensversicherung werden alle bis dahin aufgenommenen Policendarlehen einschließlich der darauf entfallenden Zinsen getilgt (Tilgungsstreckungsdarlehen). Der Zinsanteil für das Bankdarlehen fällt, während die Zinsen für das Policendarlehen überdimensional steigen. Denn um die Zinsen auf vorherige Policendarlehen wird das jeweils neu aufzunehmende Policendarlehen zusätzlich aufgestockt (Zinsaufblähungsmodell).

Nach versicherungsrechtlichen Bestimmungen dürfen Lebensversicherungen grundsätzlich nur bis zur Höhe der jeweiligen Deckungsrückstellung (Rückkaufswert) beliehen werden, d. h. bis etwa 60 v. H. der eingezahlten Versicherungsbeiträge. Daher wird die Versicherung über eine entsprechend höhere Summe abgeschlossen und in der Regel um ein bis zwei Jahre rückdatiert, um sofort einen beleihungsfähigen Rückkaufswert in der erforderlichen Höhe zur Verfügung zu haben.

Die Lebensversicherung wird wegen der niedrigeren Beiträge auf das Leben eines jüngeren Familienmitglieds abgeschlossen.

Im Regelfall werden die Lebensversicherungsprämien jährlich gezahlt. Kurze Zeit nach der Einzahlung wird der jeweilige Beleihungswert der Police von der Versicherung zur Verfügung gestellt.

Statt der ursprünglichen Aufnahme eines Bankkredits gibt es auch Modelle, bei denen von Anfang an ein Policendarlehen zur Finanzierung des Projekts aufgenommen wird. Die dadurch anfallenden Zinsen werden durch ein zweites Policendarlehen über eine zweite Kapitallebensversicherung bei einer anderen Versicherungsgesellschaft und umgekehrt (Überkreuzfinanzierung) finanziert.

Eine weitere Finanzierungsmöglichkeit besteht darin, mehrere Policendarlehen durch Abschluß mehrerer Kapitallebensversicherungen bei verschiedenen Versicherungsgesellschaften hintereinanderzuschalten.

II. Steuerliche Wirkung

Die Aufnahme des Darlehens und seine Besicherung durch den Abschluß des Lebensversicherungsvertrags sind steuerlich getrennt zu beurteilen.

1. Darlehen und Darlehenszinsen

Werden Darlehensmittel zur Tilgung einer betrieblichen Schuld verwendet, handelt es sich bei den hierauf entfallenden Zinsen um Betriebsausgaben. Dies gilt auch, wenn zur Finanzierung der Annuitäten ein weiteres Darlehen aufgenommen wird.

Bei den Überschußeinkünften – hier insbesondere bei den Einkünften aus Vermietung und Verpachtung – sind Schuldzinsen als Werbungskosten nur insoweit abziehbar, als sie mit einer auf Erzielung steuerpflichtiger Einnahmen gerichteten Tätigkeit in wirtschaftlichem Zusammenhang stehen. Besteht dieser wirtschaftliche Zusammenhang nicht, so dürfen Schuldzinsen steuerlich nicht berücksichtigt werden, auch nicht als Sonderausgaben.

Die Frage, ob Zinsen für ein Darlehen Betriebsausgaben/Werbungskosten sind, ist für jeden Veranlagungszeitraum nach den tatsächlichen Verhältnissen des jeweiligen Einzelfalles neu zu entscheiden.

2. Kapitallebensversicherung

Lebensversicherungen dienen als Personenversicherung der persönlichen Vorsorge oder der Versorgung der Hinterbliebenen und sind daher der Privatsphäre des Steuerpflichtigen zuzuordnen. Da mit einer Lebensversicherung persönliche Risiken abgedeckt werden, bleibt sie auch dann noch ein ‚Privatgut', wenn sie als Sicherheit für ein Darlehen gegeben wird, das seinerseits für Erwerbszwecke (betriebliche/berufliche Zwecke, Vermietung und Verpachtung) aufgenommen wird (Policendarlehen).

Weil die Lebensversicherung als solche mit keiner steuerlichen Einkunftsart in Zusammenhang stehen kann, sind die Beiträge weder als Werbungskosten noch als Betriebsausgaben abziehbar. Sie können nur im Rahmen des § 10 EStG innerhalb der Höchstbeträge als Sonderausgaben berücksichtigt werden.

Die Auszahlung der Versicherungssumme selbst führt nicht zu steuerpflichtigen Einnahmen[1]. Die Zinsen aus den Sparanteilen gehören dann nicht zu den Einkünften aus Kapitalvermögen, wenn die Voraussetzungen des § 20 Abs. 1 Nr. 1 EStG erfüllt sind.

Voraussetzung für die Steuerfreiheit der Zinsen aus den Sparanteilen nach § 20 Abs. 1 Nr. 6 EStG und ebenso für den Abzug der Prämien als Sonderausgaben nach § 10 Abs. 1 Nr. 2 Buchstabe b EStG ist, daß die Mindestvertragsdauer des Versicherungsvertrags zwölf Jahre beträgt und die Beiträge laufend für mindestens fünf Jahre ab dem Zeitpunkt des Vertragsabschlusses erbracht werden.

Wird die Lebensversicherung zurückdatiert und der technische Versicherungsbeginn z. B. ein bis zwei Jahre vor den tatsächlichen Abschluß des Versicherungsvertrags gelegt, um sofort einen beleihungsfähigen Rückkaufswert zur Verfügung zu haben, so dürfen die auf die Zeit der Rückdatierung entfallenden Einmalbeiträge allerdings nicht als Sonderausgaben im Zeitpunkt des Abflusses berücksichtigt werden. Die Zinsen aus den daraus entstehenden Sparanteilen sind, da die Voraussetzungen des § 10 Abs. 1 Nr. 2 Buchstabe b EStG nicht erfüllt sind, gemäß § 20 Abs. 1 Nr. 6 Satz 1 EStG steuerpflichtig.

Diese Nachteile werden in Kauf genommen, da einerseits die Höchstbeträge bei den Sonderausgaben ohnehin ausgeschöpft sind, andererseits die Besteuerung nur der Zinsen aus diesen Sparanteilen nicht erheblich ist.

3. Policendarlehen

Nach geltendem Recht sind also unter den genannten Voraussetzungen die Aufwendungen für das/die Policendarlehen (Prämien als Sonderausgaben, Schuldzinsen als Betriebsausgaben oder Werbungskosten) steuerlich abzuziehen, die Einnahmen aus der Police jedoch steuerfrei."

In der Lastenberechnung (s. S. 159) wirkt sich die ausgesetzte Tilgung aus. Die Versicherungsprämie ist den Lasten aus dem Kapitaldienst hinzuzurechnen. In der Steuerrechnung (s. S. 161) sind die (sich nicht durch Tilgung verringernden) Schuldzinsen zu berücksichtigen.

---

[1] Erträge aus langlaufenden kapitalbildenden Lebensversicherungen, die nach der Verkündung des Steuereinigungsgesetzes 1999 abgeschlossen werden, sollen künftig besteuert werden. Bei künftigen Neuverträgen mit einer Mindestlaufzeit von 12 Jahren sollen 20% des Versicherungsertrages – höchstens jedoch DM 30 000,– steuerfrei bleiben, wenn der Versicherte damit einen „altersbedingten Kapitalbedarf" deckt. Der Freibetrag darf nur einmal im Leben geltend gemacht werden. Er soll bei der Veranlagung zur Einkommensteuer berücksichtigt werden.

C. Entscheidungselemente und Wahlmöglichkeiten

1. Was ist zu bedenken?

Zeit ist Geld. Und das gleich in zweifacher Hinsicht:

- Für den Schuldner bringt eine lange Tilgungsdauer eine Verminderung der Belastung aus dem Kapitaldienst.
- Für den Gläubiger erhöht sich bei einer verlängerten Laufzeit des Darlehens die Summe der eingenommenen Zinsen.

Die *Herkunft* der Refinanzierungsmittel erlaubt nicht immer, daß Darlehen mit einer langen Laufzeit ausgestattet werden. Dann bleibt vielfach nichts anderes übrig, als mehrere Finanzierungsmittel zeitlich hintereinander zu schalten. Dabei taucht das Risiko auf, daß eine Anschlußfinanzierung zu einem Zeitpunkt beschafft werden muß, an dem Zinsen teuer und/oder Finanzierungsmittel knapp sind.

Die *Höhe* der verlangten Darlehenszinsen bestimmt ebenfalls die Entscheidung über die Auswahl der Finanzierungsmittel. Auch hier spielt die Zeit eine entscheidende Rolle. In Zeiten niedrigen Zinses versucht man, sich so langfristig wie möglich und nötig zu verschulden. In Hochzinsphasen muß man den Zeitraum begrenzen, für den man hohe Zinsen zahlen muß.

Aber auch die *Erwartungen* über den Verlauf der zukünftigen Zinsentwicklung beeinflussen die Auswahl und die Kombination der Finanzierungsmittel. Rechnet man mit sinkenden Zinsen, so wird man sich kurzfristiger Mittel bedienen.

Änderungen der *Zinsstruktur* spiegeln die Lage an den Geld- und Kapitalmärkten wider. Die übliche Regel lautet: „Kurzfristige Gelder sind billiger als langfristige Mittel."
Manchmal dreht sich die Situation: „Kurzfristige Gelder sind teurer als langfristige Mittel."

Trotz einer umgekehrten (inversen) Zinsstruktur kommt es in Hochzinszeiten vor, daß wegen einer erwarteten Zinssenkungstendenz kurzfristige Mittel preiswerteren langfristigen Darlehen vorgezogen werden.

Die Finanzierung von langfristigen Investitionen – wie Haus und Wohnung – mit kurzfristigen Mitteln verstößt gegen die fundamentale Bindungsregel der *Fristenkongruenz* und ist daher gefährlich. Kombiniert und verkettet man mehrere Finanzierungsmittel, um eine tragbare langfristige Finanzierung zu erreichen, so ist der Vertragsgestaltung als Ziel zugrunde zu legen: Eine Finanzierungslücke darf im Zeitablauf nicht entstehen. Andererseits sollte sich der Schuldner *Rückzahlungsmöglichkeiten* soweit wie möglich offenhalten, um sich an veränderte Einkommens- und Kapitalmarktverhältnisse anpassen zu können.

Die Verminderung der *effektiven* Zinsbelastung bleibt eine Daueraufgabe.

Hinzu kommt folgender Sachverhalt:

Am Anfang, wenn man gerade ein Haus oder eine Wohnung gekauft oder gebaut hat, erscheint die finanzielle Beanspruchung des Einkommens am höchsten. Die *Zahllast aus dem Kapitaldienst* drückt dann besonders. Mancher ist bestrebt, zu Beginn eines Schuldverhältnisses die Belastung aus dem Schuldendienst zu vermindern und sie später wieder ansteigen zu lassen. Konkret geht es darum, die Monatsrate am Anfang niedrigzuhalten; obwohl man weiß, daß jede Lastverschiebung in die Zukunft unter sonst gleichen Umständen die Gesamtsumme der zu zahlenden Zinsen erhöht. Bestehen solche Erleichterungsmöglichkeiten aber nicht, so kann mancher Interessent für Haus oder Wohnung gar nicht oder erst später Eigentümer werden. Es kommt nicht selten vor, daß eine Bereitschaft besteht, bis zu 40 oder gar 50 Prozent des verfügbaren Einkommens einer Familie für die Eigentumsbildung einzusetzen. Gerade bei jungen Familien, die noch wenig Eigenkapital haben bilden können, ist diese Einstellung anzutreffen.

2. Was kann man auswählen?

Die Anbieter von Baukrediten erkennen und nutzen diesen Sparwillen. Sie wollen mit Finanzierungsmodellen auch an diejenigen Nachfrager herankommen, die zuvor nicht imstande waren, ein Haus oder eine Wohnung zu finanzieren. Staatliche Hilfen kommen hinzu (siehe Seite 461). Bauherr und Erwerber von Wohneigentum beschaffen die einzelnen Bausteine der Finanzierung meist selbst und kombinieren sie. (Siehe dazu die Abschnitte

„Finanzierungsräume“ Seite 50 und „Lastenberechnung“ S. 60). Ein Vergleich der angebotenen Finanzierungsmittel über Datenverarbeitungsanlagen kann zu einer größeren Marktübersicht beitragen. Aber es ist nicht auszuschließen, daß solche Datensammlungen die Konditionen solcher Baugelder nicht enthalten, die deren Betreiber nicht selbst vermitteln. Man weiß auch nicht immer nach welcher Methode ein Effektivzinssatz ermittelt wird. Es kann vorteilhafter sein, mit den beschriebenen Verfahren der Finanzplanung durch wiederholtes Probieren die optimale Kombination selbst zu finden.

Die Kreditwirtschaft bietet unter dem Stichwort: „Maßgerecht und unkompliziert“ Finanzierungsmodelle an, die als Gesamtdarlehen – Finanzierung aus einer Hand – Verbundkredit – Baukredit-System, Baukredit-Programm, Ideal-Kredit oder ähnlichen Bezeichnungen auf den Finanzierungsmärkten zu finden sind. Meist werden folgende Darlehensarten zeitlich hintereinander geschaltet und/oder miteinander verbunden:
- Vorschaltkredite
- I. Hypotheken
- II. Hypotheken
- Bauspardarlehen
- Zwischenkredite
- Vorfinanzierungskredite
- Tilgungsauffangkredite (Aufwendungshilfekredite, Annuitätszuschußdarlehen).

Hinsichtlich des *Schuldendienstes* kommen an Variationen vor:
- Tilgungsaussetzung (vollständig oder teilweise)
- Tilgungsstreckung (vollständig oder teilweise)
- Zinsstundung (vollständig oder teilweise)
- Dynamische Tilgung.

Die *Anzahl der Gläubiger* kann ebenfalls unterschiedlich sein:
- ein einziger Gläubiger
- ein einziger Bevollmächtigter für mehrere kooperierende Gläubiger.

Dabei kommt auch die gemeinsame Verwendung dinglicher Sicherheiten und die treuhänderische Verwaltung von Hypothekendarlehen vor. Die Modelle setzt man sowohl bei der Neufinanzierung als auch bei Überbrückungshilfen ein.

Aus der großen Anzahl der auf dem Markt befindlichen Angebote gibt eine (nicht vollständige) Auswahl einen Überblick:

- Hypothek mit Tilgungsaussetzung und Bauspardarlehen
- Hypothek mit Tilgungsaussetzung und Bauspardarlehen mit Tilgungsstreckung
- Hypothek mit Begrenzung des Zinssatzes und Zinssenkungsspielraum
- Hypothek mit Vorschaltdarlehen und Zwischenkredit für einen Bausparvertrag
- Hypothek mit Zinsstundung und Tilgungsaussetzung bei teilweiser Ablösung durch einen oder mehrere Bausparverträge
- Hypothek und Bankvorausdarlehen mit gleichbleibenden Monatsraten
- Baudarlehen mit Ablösung durch Bausparverträge oder Lebensversicherungen.

Die Finanzierungsformen weisen drei Hauptkomponenten auf:

- Ausweitung der Fremdfinanzierung in den Restfinanzierungsraum hinein. Der Realkredit wird ergänzt durch einen dinglich gesicherten Personalkredit.
- Kurz und mittelfristige Finanzierungsmittel werden in einer zeitlichen Abfolge miteinander in Beziehung gesetzt, um das Fehlen zinsgünstiger Dauerfinanzierungsmittel zu überbrücken. – Aus kurz mach lang –.
- Rückzahlungsmöglichkeiten werden variiert und zu Schuldendiensthilfen ausgebaut.

Eine Analyse der dabei entstehenden Zahlungsströme macht die entstehenden Schuldverhältnisse transparent. Sie erleichtert es dem Darlehenssuchenden, seinen Finanzierungsbedarf zu erkennen und nach dem passenden Finanzierungsmittel zu fragen.

a) Die „klassische" Finanzierung:

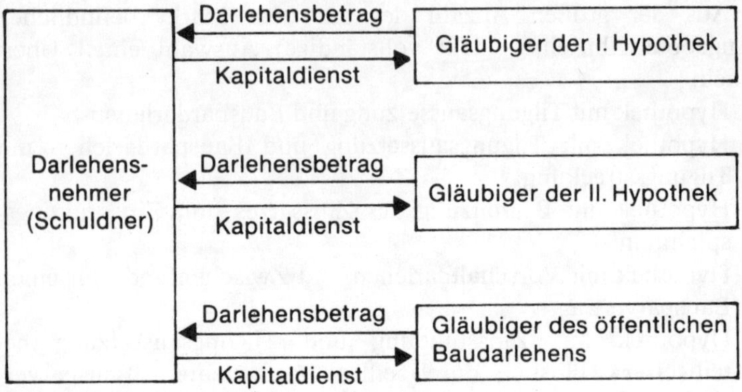

Zahlungsströme in unterschiedlicher Höhe mit unterschiedlichen Zahlungsterminen und mit verschiedenen Laufzeiten kommen zwischen dem Schuldner und dem Gläubigern nebeneinander vor. Ihr Umfang bleibt während der Laufzeit des Schuldverhältnisses meist gleich.

Werden keine Umfinanzierungen vorgenommen, so ändert sich bei Konditionenanpassung nur die Stärke des Zahlungsstroms (die Höhe des Kapitaldienstes). Stehen die Dauerfinanzierungsmittel nicht rechtzeitig und nicht für die gesamte benötigte Laufzeit zur Verfügung, so müssen die Zeiträume bis zum Zeitpunkt der möglichen Anschlußfinanzierung überbrückt werden. Man muß vorfinanzieren, zwischenfinanzieren und schließlich umfinanzieren. Die Grenzen zwischen den Begriffen „Vorfinanzierung" und „Zwischenfinanzierung" sind fließend. Unter Vorfinanzierung versteht man Darlehen, die gewährt werden, wenn die Ablösung durch Dauerfinanzierungsmittel im Zeitpunkt der Kreditgewährung noch nicht durch feste Zusagen gesichert ist. Meist besteht nur eine mehr oder weniger sichere Erwartung, daß in einem absehbaren Zeitraum die Mittel durch Eigenkapital oder Dauerfinanzierungsmittel zurückgezahlt werden. Als Zwischenfinanzierung gelten Mittel, die gewährt werden, wenn das endgültige Finanzierungsmittel bereits zugesagt ist oder in Aussicht steht.

b) Vorfinanzierung einer I. Hypothek

Beispiel:

Aufgenommen wird ein Vorschaltdarlehen für 2 Jahre. Es muß nur verzinst und nicht getilgt werden.

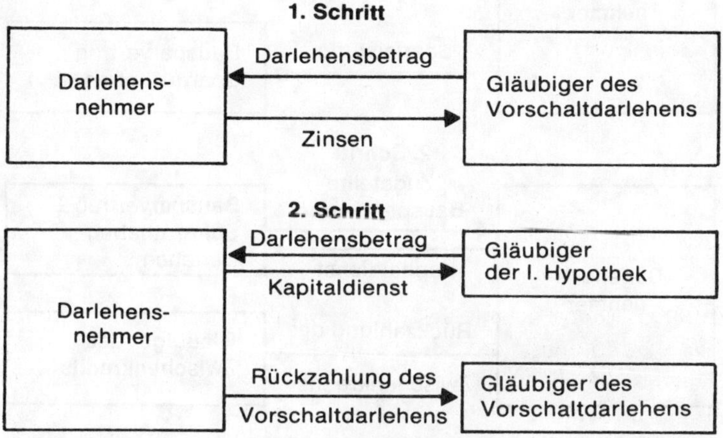

Anmerkung: In der Praxis wird oft das Zahlungsmittelkonto des Darlehensnehmers nicht berührt. Die Auszahlungsansprüche aus dem neuen Darlehen sind an den Gläubiger des alten Darlehens abgetreten. Der Zahlungsstrom fließt dann zwischen altem und neuem Gläubiger. Sind der neue und der alte Gläubiger eine einzige Person (Kreditinstitut), so erfolgt die Umfinanzierung lediglich durch Umbuchung auf beiden Darlehenskonten. Von diesen Abwicklungsmodalitäten wird aber der dargestellte grundsätzliche Zusammenhang nicht berührt.

c) Vorfinanzierung und Zwischenfinanzierung von Bausparverträgen

Bausparkassen beziehen den Begriff der Vorfinanzierung auf solche Bausparverträge, bei denen das Mindestsparguthaben noch nicht angespart ist. Unter Zwischenfinanzierung verstehen sie nur die Kreditgewährung auf Bausparverträge, die das Mindestsparguthaben bereits aufweisen. Beide Finanzierungsarten werden nur bis zur Höhe der Bausparsumme gewährt. Grundsätzlich sind die Zahlungsvorgänge gleich:

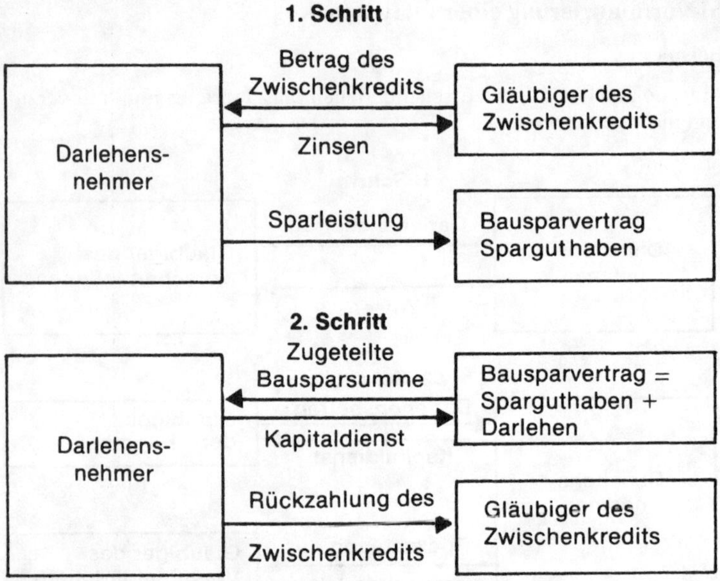

Bausparkassen können solche Kredite manchmal zu besonders günstigen Konditionen ausleihen. § 1 der Bausparkassen-Verordnung (BausparVO) vom 16. 1. 1973, BGBl. I S. 41, zuletzt geändert durch Änderungsverordnung v. 30. 11. 1998, BGBl. I S. 3428 erlaubt, daß Bausparkassen, die für die Zuteilung angesammelten und die bereits zugeteilten, aber von den Bausparern noch nicht in Anspruch genommenen Beträge, bis zu 70% vorübergehend zur Gewährung von Gelddarlehen verwenden, die der Vorfinanzierung oder der Zwischenfinanzierung von Lcistungen der Bausparkasse auf Bausparverträge ihrer Bausparer dienen. Diese Kreditgewährung aus der *„Trägheitsreserve“*[1] ist bei beiden Arten unter-

[1] Die Trägheitsreserve umfaßt die für die Zuteilung angesammelten und die bereits zugeteilten, aber von den Bausparern noch nicht in Anspruch genommenen Mittel. Sie stellt den Plafond des Kontingents aus Zuteilungsmitteln für die Gewährung von Vor- und Zwischenfinanzierungskrediten durch die Bausparkassen nach § 1 BSpKVO dar.

Die „für die Zuteilung angesammelten“ Mitteln (unechte Trägheitsreserve) mit ihren Komponenten Bausparleistungen, Zins- und Wohnungsbauprämiengutschriften sowie Tilgungsleistungen bilden die Zuteilungsmasse für die Zutei-

schiedlich summenmäßig und in bezug auf die Laufzeiten (bis 48 Monate) kontingentiert.

Die gleichen Zahlungsströme entstehen, wenn an Stelle eines Zwischenkredits ein anderes Finanzierungsmittel (I. Hypothek, Bankvorausdarlehen, Sofortdarlehen, öffentliche Mittel) teilweise oder ganz abgelöst wird.

§ 42 II. WoBauG läßt auch den Einsatz öffentlicher Mittel zur Vor- und Zwischenfinanzierung zu. Die §§ 24, 36a und 88 II. WoBauG erlauben der öffentlichen Hand, Bürgschaften in diesem Zusammenhang zu übernehmen.[1] Rechtsansprüche der Bauherren und Erwerber auf solche Vergünstigungen bestehen nicht.

d) Auffüllkredit

Ein Spezialfall, der der Zwischen- und Vorfinanzierung bei Bausparverträgen vorausgeht, ist der Auffüllkredit. Er kommt vor, wenn jemand mittelfristig ein zinsgünstiges Bauspardarlehen erlangen will und für die Einzahlung auf die Steuer- oder Prämienbegünstigung verzichtet. Es wird ein Bausparvertrag abgeschlossen, dessen Bausparsumme so hoch ist, daß nach Auffüllung des Mindestsparguthabens ein Darlehensanspruch in der gewünschten Höhe entsteht.

Beispiel:

Bausparsumme DM 100 000,–, Mindestsparguthaben DM 40 000,–, Darlehensanspruch DM 60 000, . Die Ansparung von DM 40 000,– wird durch einen Auffüllkredit eines Kreditinstituts erbracht. Für den aufgefüllten Bausparvertrag wird ein Zwischenkredit in Höhe der Bausparsumme bis zur Zuteilung des Bausparvertrags in Anspruch genommen.

---

lung in den folgenden Zuteilungsperioden. Die jeweils vorhandenen „bereits zugeteilten, aber von den Bausparern noch nicht in Anspruch genommenen“ Beiträge resultieren vor allem aus der sogenannten Darlehensträgheit. Durch den verzögerten, erst nach ordnungsmäßiger Besicherung, nach Baufortschritt usw. möglichen Abfluß der zugeteilten Bausparsummen entstehen permanent Reserven, die sich überwiegend aus noch nicht abgerufenen Bauspardarlehen zusammensetzen.“ Quelle: Bausparkassen-Fachbuch 1994/95 a. a. O. S. 238.

[1] Die Länder bedienen sich in der Regel zur Übernahme von Bürgschaften öffentlich-rechtlicher Institute (Landeskreditanstalten). siehe dazu den Musterentwurf der Richtlnien für die Übernahme von Bürgschaften zur Förderung des Wohnungswesens in: Fischer-Dieskau/Pergande/Schwender, Wohnungsbaurecht, Band 2, Anhang A Nr. 10 b, Essen.

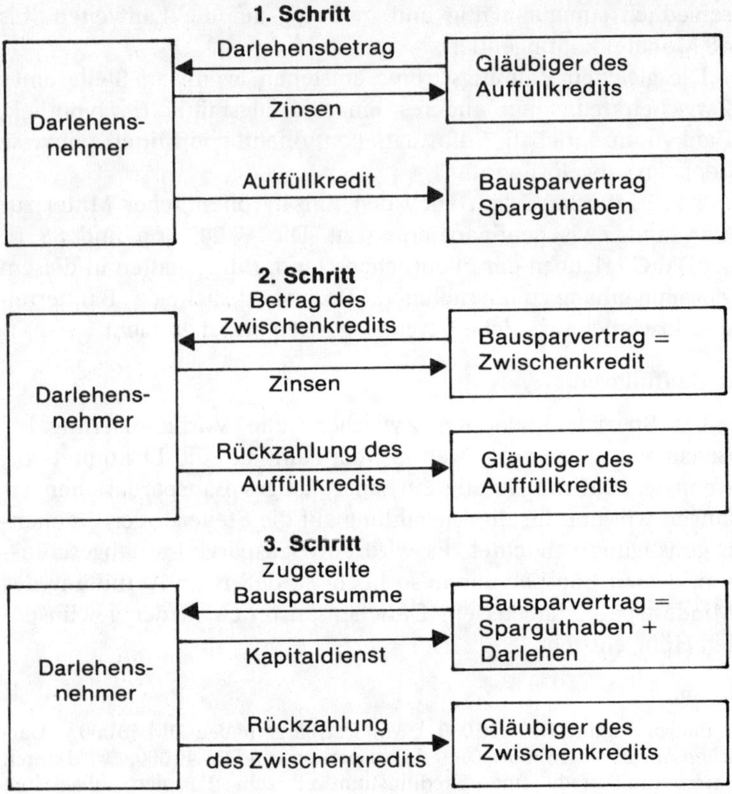

Es entsteht eine erhebliche Zinsbelastung bis zur Zuteilung des Bausparvertrages. Man kann auch den Zwischenkredit auf die Höhe des Darlehnsanspruchs begrenzen und den Auffüllkredit erst mit der Zuteilung ablösen. Da der Kapitaldienst an die Höhe der Bausparsumme geknüpft ist (monatlicher Zins + Tilgungsbetrag), wird dieses Verfahren von der Belastbarkeit des Darlehensnehmers begrenzt. Der Auffüllkredit kann auch ratenweise auf den Bausparvertrag eingezahlt werden. Z. B.: Der Auffüllkredit wird in Teilbeträgen von je 20% zu den der Bereitstellung folgenden 5 Bewertungsstichtagen auf den Bausparvertrag eingezahlt.

e) Finanzierung aus einer Hand – Verbundfinanzierung

Das Hauptmerkmal dieser Finanzierungskombination besteht darin, daß der Kreditnehmer es nur mit einem Gesprächspartner zu tun hat, auch wenn die Finanzierungsmittel verschiedener

Darlehensgeber eingesetzt werden. Zwei Kreditinstitute, oder manchmal drei, stimmen sich untereinander ab, wie sie die Finanzierung durchführen werden. Sie bestimmen, in welchem Umfang Finanzierungsmittel unter Beachtung der Beleihungsgrenzen auf die einzelnen Institute verteilt werden. Es wird häufig nur eine einheitliche Grundschuld oder eine andere Sicherheit für den gesamten Darlehensbetrag eingetragen. In aller Regel entstehen trotzdem getrennte Schuldverhältnisse. Das federführende Kreditinstitut übernimmt es, die Kreditmittel auszuzahlen und die Zins- und Tilgungsraten an die anderen beteiligten Institute abzuführen. Es handelt sich meist um eine Kombination von Vorschaltdarlehen, I. Hypotheken, bis zu drei Bausparverträgen und Lebensversicherungen.[1]

Beispiel:

Ein Kreditinstitut stellt für den gesamten Finanzierungsbedarf ein tilgungsfreies Vorschaltdarlehen bis zur Höhe des Verkehrswertes zur Verfügung. In einem zinsgünstigen Zeitpunkt wird der Finanzierungsraum der I. Hypothek (bis zu 60% des Beleihungswertes) ausgenutzt und insoweit das Vorschaltdarlehen abgelöst. Von Anfang an wird ein Bausparvertrag abgeschlossen und angespart. Die Bausparkasse übernimmt für den Teil des Vorschaltdarlehens, der in ihren Finanzierungsraum fällt (bis zu 80% des Beleihungswertes), gegenüber dem Ausgeber dieses Darlehens eine Bürgschaft. Übersteigt der Finanzierungsbedarf des Schuldners diese Beleihungsgrenze, so übernimmt der Ausgeber des Vorschaltdarlehens die Bürgschaft für das die Beleihungsgrenze übersteigende Bauspardarlehen (Zusatzsicherheit). Zur Rückzahlung werden auch Lebensversicherungen eingesetzt. Manche Lebensversicherungen begnügen sich wegen der Überschußbeteiligung mit einer Versicherungssumme von 50% der Darlehenssumme. Damit verringert sich die Last aus der Zahlung der Versicherungsprämie. Darüber hinaus wird angeboten, die Prämie für eine solche Versicherung erst vom vierten Jahr nach Fertigstellung oder Bezug die Prämienzahlung beginnen zu lassen. Für die ersten drei Jahre wird eine reine Risikoversicherung (Restschuldversicherung) vorgeschaltet. Siehe dazu aber die Einschränkung des Abzugs zu Beiträgen zu Kapitallebensversicherungen nach § 10 EStG S. 443.

Es können die Sparleistungen für einen zweiten Bausparvertrag und eine zweite Lebensversicherung fortgesetzt werden. Der Vorgang kann sich wiederholen, bis das Vorschaltdarlehen vollständig getilgt ist.

---

[1] Siehe dazu: Kirsten, Zur Sofortfinanzierung im Bausparen – Betrachtungen anhand eines Praxisbeispiels, DLK 1992, S. 470.

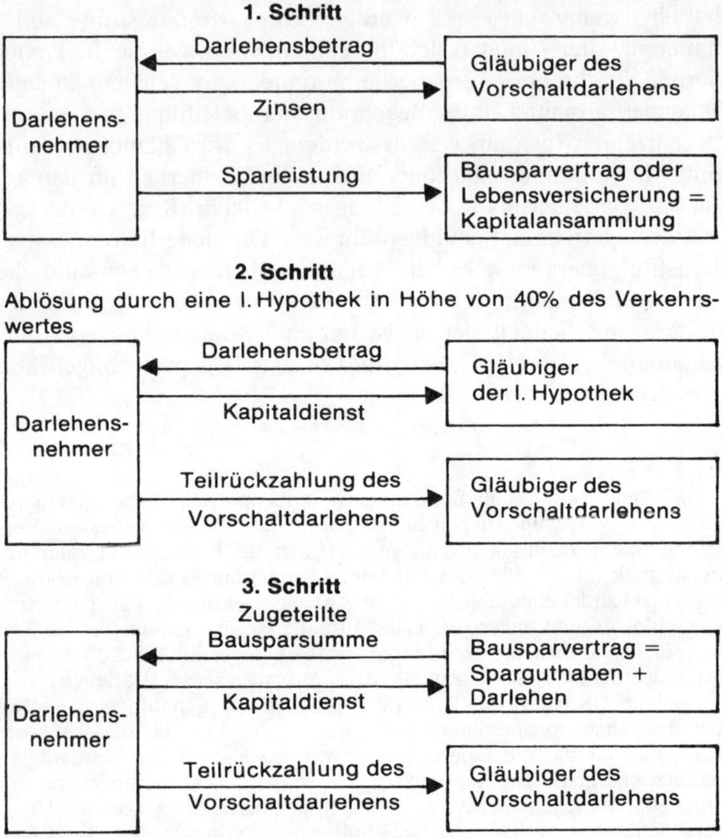

3. Schuldendiensthilfen

In Finanzierungsangeboten, mit denen Gesamtbaufinanzierungen (Verbundkredite) bereitgestellt werden, können Komponenten eingebaut sein, die zu einer Ermäßigung der Tilgungsraten führen. Auf diese Weise werden die Möglichkeiten der Darlehensgewährung flexibler gestaltet. Die Angebote können den persönlichen Vorstellungen und Bedürfnissen des Darlehensnehmers angepaßt werden.

Die Tilgung wird zeitweise ausgesetzt.

Beispiel:

Ein Darlehen hat eine Gesamtlaufzeit von 22 Jahren. Die Senkung der Monatsbelastung wird durch Aussetzung der Tilgungsleistung für 5 Jahre erreicht. Ab diesem Zeitpunkt beträgt der Tilgungssatz 3 Prozent jährlich zuzüglich ersparter Zinsen.

Bei einem für die gesamte Laufzeit gleichbleibend angenommenen Nominalzinssatz von 9,5 Prozent (das Disagio wird durch Eigenkapital erbracht) und einem Finanzierungsbetrag von 200.000 DM ergibt sich folgender Verlauf der Monatsbelastung:

	DM	
	1.–5. Jahr	6. –22. Jahr
Zins (9,5%)	1583	1583
+ Tilgung (3%)	–	500
Gesamtbelastung	1583	2083

Die Tilgungsaussetzung wird mit dem Ansparen eines Bausparvertrags verbunden, dessen Bausparsumme zum Nachholen der ausgesetzten Tilgung verwendet wird.

Beispiel:

Das Darlehen ist auf eine Laufzeit von rund 30 Jahren ausgerichtet. Die Tilgung wird für 10 Jahre ausgesetzt. Während dieser Zeit wird mit einer Monatsrate von 3 Promille der Bausparsumme ein Bausparvertrag angespart, der in Höhe von 30 Prozent des Finanzierungsbedarfs abgeschlossen wird (60 000,– DM). Nach Ablauf von rund 10 Jahren wird dieser Vertrag zugeteilt und dient zur teilweisen Ablösung des Darlehens. Vorteilhaft ist, daß mit dem Bausparvertrag im Rahmen der persönlichen Verhältnisse sämtliche Steuer- oder Prämienvorteile ausgenutzt werden können. Ab dem 11. Jahr ist der um die Bausparsumme ermäßigte Kredit mit 2 Prozent jährlich zuzüglich ersparter Zinsen zu tilgen und das Bauspardarlehen mit der üblichen Zins- und Tilgungsrate zu bedienen. Die Tabelle zeigt die Monatsbelastung – bei einem während der gesamten Laufzeit unterstellten gleichbleibenden Nominalzins von 9,5 Prozent – für einen Finanzierungsbedarf von 200 000 DM:

Jahre	Zins (9,5%)	+	Tilgung (2%)	Spar-leistung Bauspar-vertrag	Zins und Tilgung Bauspar-vertrag	Gesamt-belastung
		DM		DM	DM	DM
1.–10.	1583		–	180	–	1763
11.–22.	1108	–	233	–	360	1701
23.–30.	1108		233	–	–	1341

Die Belastung wird durch Aufnahme eines zusätzlichen Kredits vermindert. Es wird ein Annuitätenzuschußdarlehen beansprucht. Für diese Darlehensart kommen auch die Bezeichnungen Tilgungsauffangkredit, Aufwendungshilfekredit, Aufwendungsdarlehen und andere Abwandlungen vor. Das Darlehen wird in monatlichen Raten ausgezahlt. Mit diesen Mitteln wird ein Teil der monatlichen Zins- und Tilgungsleistung auf einen Bausparvertrag bedient. Die Bausparkasse selbst oder auch ein anderes Kreditinstitut leihen solche Kredite aus. In dem auf S. 320 abgedruckten Beispiel zahlt ein Bausparer seinen Anteil an der monatlichen Zins- und Tilgungsleistung auf das Bauspardarlehen mit 4,– DM pro 1000 DM Bausparsumme auf ein Kontokorrentkonto ein. Mit gleicher Wertstellung werden zu Lasten dieses Kontos die vertraglich vereinbarten Annuitäten von 6,– DM pro 1000 DM der Bausparsumme auf das Bauspardarlehenskonto bezahlt oder umgebucht. Die Differenz von 2,– DM pro 1000 DM Bausparsumme wächst während der Laufzeit des Bauspardarlehens zu eincm (im Beispiel Tilgungszuschußdarlehen genannt) Annuitätenzuschußdarlehen an.

Zinsen werden für diesen sich kumulierenden Kredit nach marktüblichen Zinssätzen berechnet und dem Annuitätenzuschußdarlehen zugeschlagen. Es entsteht dabei ein Zinseszinseffekt. Denn für die dem Darlehen zugeschlagenen Zinsen ist auch von der nächsten Verrechnungsperiode an ein Zins zu zahlen.

Mit der Tilgung des Annuitätenzuschußdarlehens wird von dem Zeitpunkt an begonnen, in dem das Bauspardarlehen vollständig getilgt ist. Im Beispiel wird die in den Bausparbedingungen vereinbarte Zins- und Tilgungsleistung von 6,– DM pro 1000 DM Bausparsumme solange weiter gezahlt, bis auch dieses zusätzliche Darlehen getilgt ist.

Die Tilgung wird „dynamisiert". Bei der sogenannten „dynamischen" Tilgung werden die Rückzahlungsraten unterschiedlich hoch festgelegt. Gestreckt wird meistens nicht die Tilgungszeit.
Der Schuldner muß z. B. in den ersten zwei Jahren monatlich nur 5 DM pro 1000 Vertragssumme zahlen. Im dritten und vierten Jahr zahlt er wie üblich 6 Promille. Ab dem 5. Jahr holt er die teilweise ausgesetzte Tilgung nach und zahlt dann 7 Promille der Bausparsumme.

Beispiel:

	mtl. Leistg. 1.–5. Jahr DM	mtl. Leistg. 6–9. Jahr DM	mtl. Leistg. 10.–16. Jahr DM
100 000 DM Bauspardarlehen aus einem Bausparvertrag über 200 000 DM Bausparsumme. Zinsen für das Annuitätenzuschußdarlehen 9% p.a., monatliche Leistung in den ersten 5 Jahren 3‰, dann bis zur Rückzahlung des Bauspardarlehens 4,5‰, danach 6‰ der Bausparsumme. – Ansparung zum Zuteilungszeitpunkt 100 000 DM	600	900	1200

Es entstehen natürlich zusätzliche Zinsen, weil selbst bei gleichbleibendem Zinssatz durch die verringerte Tilgung ein jeweils höheres Darlehen als im Vergleich zur Normaltilgung zu verzinsen ist.

Veränderliche Rückzahlungsbedingungen werden auch bei Annuitätenzuschußdarlehen vereinbart.
In den ersten 5 Jahren der gesamten Darlehenslaufzeit ist die Belastung um die Hälfte, vom 6.–9. Jahr um ein Viertel gesenkt.

Staatliche Hilfen erleichtern den Schuldendienst. § 88 II. WoBauG bestimmt, daß für Wohnungen, auf Antrag des Bauherrn Zuschüsse oder Darlehen zur Deckung von laufenden Aufwendungen gewährt werden können. Solche Mittel gelten nicht als „öffentliche Mittel im Sinne des II. WoBauG". Sie können bewilligt werden, wenn sichergestellt erscheint, daß die geförderten Wohnungen in der Regel nur Personen zum Gebrauch überlassen werden

- die durch den Bezug der Wohnung eine öffentlich geförderte Wohnung freimachen, oder
- deren Gesamteinkommen die in § 25 II. WoBauG bestimmte Einkommensgrenze (siehe S. 462) nicht mehr als 60% übersteigt.

Aufwendungsdarlehen und -zuschüsse helfen, die Belastung aus dem Kapitaldienst zu verringern. Sie können nach der Art der Bauvorhaben und nach dem begünstigten Personenkreis abgestuft werden. Sie werden z.B. innerhalb von 15 Jahren ausgezahlt. Sie vermindern sich jährlich um $^1/_{15}$ des Anfangsbetrags. Der Anfangsbetrag darf höchstens 5,25 DM monatlich je Quadratmeter Wohnfläche für Aufwendungsdarlehen betragen. In den Stadtstaaten und in den Ballungsgebieten können diese Beträge um bis zu 25% überschritten werden. Bei Gewährung von Aufwendungszuschüssen besteht eine Rückzahlungspflicht grundsätzlich nicht. Bei Aufwendungsdarlehen der öffentlichen Hand wächst ebenso wie bei Annuitätenzuschußdarlehen der Kreditinstitute eine Darlehensschuld an. Während die Mittel der Geldinstitute naturgemäß von Anfang an verzinst werden müssen, verzichtet der Staat für die Dauer von 16 Jahren – gerechnet von dem jeweils auf die Bezugsfertigkeit der Wohnungen folgenden 1. Januar bzw. 1. Juli an – auf eine Verzinsung und verlangt auch keine Tilgungen. Nach diesem Zeitraum ist das Aufwendungsdarlehen mit jährlich 6% zu verzinsen und mit 2% zuzüglich ersparter Zinsen zu tilgen. Zinsen und Tilgung werden halbjährlich fällig. Der Zinssatz kann auch auf bis zu 0% gesenkt werden, soweit und solange die allgemeine wirtschaftliche Entwicklung oder die Lage auf regionalen oder örtlichen Wohnungsmarkt es erfordern.

Einzelheiten sind in den unterschiedlichen Bestimmungen über die Förderung des Wohnungsbaus der einzelnen Bundesländer enthalten.[1]

Die Konditionen für Finanzierungsmittel ändern sich fast täglich. Soweit in den Beispielen Zins- und Tilgungssätze aufgeführt sind, so gab es sie zum Zeitpunkt der Berechnung. In der Praxis wendet man selbstverständlich bei jeder Aufnahme von Fremdmitteln die gerade erhältlichen Marktsätze an.

---

[1] Siehe dazu auch: Die Finanzierungshilfen des Bundes und der Länder für den Wohnungsbau, Zeitschrift für das gesamte Kreditwesen, Frankfurt/Main, Sonderausgabe erscheint jährlich neu. Kreditinstitute bieten mit zunehmender Tendenz EDV-gestützte Beratungsprogramme für öffentliche Finanzierungsmittel an.

Kapitel VIII. Die staatlichen Subventionen – der geschenkte Teil

Wohnen gehört zu den Grundbedürfnissen des Menschen zur Sicherung seiner biologischen Existenz. Solange man lebt, kann man, auf die Dauer gesehen, nicht aufhören zu wohnen. Es gibt zu Haus und Wohnung auch kein alternatives Ersatzwirtschaftsgut. Meist lebt man nicht allein und auch nicht nur in einem einzigen Raum.

Finanziert wird der Gegenstand: Haus oder Wohnung. Er gibt als wirtschaftliche Leistung das Gut „Wohnungsnutzung" ab. Gezahlt wird ein Preis für die Nutzung dieses dauerhaften Konsumgutes. Er bildet die Basis für Finanzierungsentscheidungen.

Der an den Märkten sich bildende Preis ist von den Eigenschaften des Gutes Wohnung und der Wohnungsmärkte bestimmt. Es besteht weithin die Auffassung, daß bei einer ausschließlich marktwirtschaftlichen Ordnung der Wohnungsmärkte eine Reihe sozialer Probleme nicht gelöst werden würde. Personen, die kein hinreichendes Einkommen erzielen, muß bei der Beschaffung von Wohnraum geholfen werden. Eine angemessene Grundversorgung soll gesichert werden. Da sich die Bundesrepublik Deutschland als sozialverpflichtetes Gemeinwesen versteht, soll der Staat mit sozialpolitischen Maßnahmen im Wohnbereich die privat organisierte Wohnungsmarktwirtschaft ergänzen, ohne deren Funktionieren zu beeinträchtigen. Dieses Ziel ist in § 1 des II. Wohnungsbaugesetzes[1] formuliert:

„(1) Bund, Länder, Gemeinden und Gemeindeverbände haben den Wohnungsbau unter Bevorzugung des Baues von Wohnungen, die nach Größe, Ausstattung und Miete oder Belastung für die breiten Schichten des Volkes bestimmt und geeignet sind (sozialer Wohnungsbau), als vordringliche Aufgabe zu fördern.

(2) Die Förderung des Wohnungsbaues hat das Ziel, den Wohnungsmangel zu beseitigen und für weite Kreise der Bevölkerung breitgestreutes Eigentum zu schaffen. Die Förderung soll eine ausreichende Wohnungs-

---

[1] Siehe Mietgesetze, Beck-Texte im dtv, Nr. 5013.

versorgung aller Bevölkerungsschichten entsprechend den unterschiedlichen Wohnbedürfnissen ermöglichen und diese namentlich für diejenigen Wohnungssuchenden sicherstellen, die hierzu selbst nicht in der Lage sind. In ausreichendem Maße sind solche Wohnungen zu fördern, die die Entfaltung eines gesunden Familienlebens, namentlich für kinderreiche Familien, gewährleisten. Die Förderung des Wohnungsbaues soll überwiegend der Bildung von Einzeleigentum (Familienheimen und eigengenutzten Eigentumswohnungen) dienen. Zur Schaffung von Einzeleigentum sollen Sparwille und Bereitschaft zur Selbsthilfe angeregt werden."

Ob aus diesen Zielsetzungen heraus die staatliche Wohnungspolitik die bestmöglichen Rahmenbedingungen für die Wohnungsmärkte immer geschaffen hat, steht hier nicht zur Diskussion. Für die Praxis geht es darum, die bestehenden gesetzlichen Möglichkeiten zu kennen und bei der Finanzierung von Haus und Wohnung anzuwenden.

Beginnen wir mit der Frage: Welche Subventionen kommen vor?

A. Sozialer Wohnungsbau

1. Erster Förderungsweg

Er bezieht sich auf öffentlich geförderte Wohnungen (§§ 25 bis 72 II. WoBauG) – Sozialwohnungen – die mit Hilfe öffentlicher Mittel hergestellt worden sind. Es können öffentliche Baudarlehen gewährt werden, die den nachstelligen Finanzierungsraum abdekken sollen. Sie werden soweit zinsfrei gestellt, daß die für die Wohnungen anfallenden Aufwendungen (siehe Wirtschaftlichkeitsberechnung auf S. 66) durch die Mieterträge gedeckt werden können. Daneben werden Kapitalmarktmittel verbürgt. Für solche – und auch für die in den anderen Finanzierungsräumen eingesetzten Fremdmittel – werden Aufwendungsbeihilfen (Aufwendungsdarlehen und -zuschüsse), Zinszuschüsse und Darlehen zur Deckung der für Finanzierungsmittel zu entrichtenden Zinsen oder Tilgungen (Annuitätsdarlehen[1]) (§ 42 II. WoBauG) bewilligt. Mit allen Subventionen soll der gleiche Effekt erzielt werden: die Zinsen zu verbilligen, um damit die Kostenmiete niedrig zu halten. In den

---

[1] Nicht zu verwechseln mit den Annuitätendarlehen auf S. 283 f.

Bundesländern sind die Subventionsformen unterschiedlich ausgestaltet. Es finden sich auch Finanzierungskombinationen, die die Förderungsarten mischen. Daneben kommen Zuschüsse vor, die die Gesamtkosten decken sollen (einmalige Baukostenzuschüsse).

Solche Finanzierungshilfen können nur – schon von der Zielsetzung her – an einen Personenkreis ausgegeben werden, dessen Einkommen bestimmte Grenzen nicht überschreitet:

Einkommensgrenzen nach § 25 II. WoBauG:

Haushaltsgröße	Familieneinkommen ab 1. 10. 1994 DM jährlich
1 Person	23 000
2 Personen	33 400
für jede weitere Person	8 000

§ 25 a Begriff des Jahreseinkommens

(1) Jahreseinkommen im Sinne dieses Gesetzes ist, vorbehaltlich der Absätze 2 und 3 sowie des § 25 b, die Summe der positiven Einkünfte im Sinne des § 2 Abs. 1 und 2 des Einkommensteuergesetzes. Ein Ausgleich mit Verlusten aus anderen Einkunftsarten und mit Verlusten des zusammenveranlagten Ehegatten ist nicht zulässig.

(2) Zum Jahreseinkommen gehören:

1. der nach § 19 Abs. 2 und § 22 Nr. 4 Satz 4 Buchstabe b des Einkommensteuergesetzes steuerfreie Betrag von Versorgungsbezügen,
2. die nach § 3 b des Einkommensteuergesetzes steuerfreien Zuschläge für Sonntags-, Feiertags- oder Nachtarbeit,
3. der nach § 40 a des Einkommensteuergesetzes vom Arbeitgeber pauschal besteuerte Arbeitslohn,
4. der nach § 20 Abs. 4 des Einkommensteuergesetzes steuerfreie Betrag (Sparer-Freibetrag),
5. die den Ertragsanteil nach § 22 Nr. 1 Satz 3 Buchstabe a des Einkommensteuergesetzes übersteigenden Teile von Leibrenten,
6. die Ansparabschreibungen sowie die auf Sonderabschreibungen und erhöhte Absetzungen entfallenden Beträge, soweit sie die höchstmöglichen Absetzungen für Abnutzung nach § 7 des Einkommensteuergesetzes übersteigen,
7. einkommensabhängige Rentenleistungen nach dem Bundesversorgungsgesetz und nach den Gesetzen, die auf das Bundesversorgungsgesetz verweisen,
8. Lohnersatzleistungen und ausländische Einkünfte nach § 32 b Abs. 1 des Einkommensteuergesetzes,

9. die Hälfte der als Zuschüsse gewährten Berufsausbildungsbeihilfen nach dem Arbeitsförderungsgesetz, der Leistungen zur Förderung der Ausbildung nach dem Bundesausbildungsförderungsgesetz, der Leistungen der Begabtenförderungswerke und die als Zuschuß gewährte Graduiertenbeförderung,
10. die nach § 22 Nr. 1 Satz 2 des Einkommensteuergesetzes dem Empfänger nicht zuzurechnenden Bezüge, die ihm zur Erfüllung einer gesetzlichen Unterhaltsverpflichtung von nicht zum Familienhaushalt rechnenden Personen gewährt werden, sowie die Leistungen nach dem Unterhaltsvorschußgesetz,
11. Leistungen der laufenden Hilfe zum Lebensunterhalt nach den Vorschriften des Bundessozialhilfegesetzes, des Asylbewerberleistungsgesetzes und des Bundesversorgungsgesetzes, soweit diese die bei ihrer Berechnung berücksichtigten Kosten für den Wohnraum übersteigen.

(3) Aufwendungen zum Erwerb, zur Sicherung und zur Erhaltung von steuerfreien Einnahmen nach Absatz 2 dürfen wie Betriebsausgaben oder Werbungskosten abgezogen werden.

§ 25b Pauschaler Abzug

(1) Bei der Ermittlung des Jahreseinkommens wird von dem nach § 25a ermittelten Betrag ein pauschaler Abzug in Höhe von jeweils 10 vom Hundert für die Entrichtung von
1. Steuern vom Einkommen,
2. Pflichtbeiträgen zur gesetzlichen Krankenversicherung,
3. Pflichtbeiträgen zur gesetzlichen Rentenversicherung

vorgenommen.

(2) mehr als nur geringfügige laufende Beiträge zu öffentlichen oder privaten Versicherungen oder ähnlichen Einrichtungen stehen den Pflichtbeiträgen nach Absatz 1 gleich, wenn sie deren Zweckbestimmung entsprechen.

(3) Wenn keine Steuern und Beiträge im Sinne der Absätze 1 und 2 entrichtet werden, wird ein Betrag in Höhe von 6 vom Hundert abgezogen.

§ 25c Ermittlungszeitraum des Jahreseinkommens

(1) Bei der Ermittlung des Jahreseinkommens ist das Einkommen zugrunde zu legen, das in den zwölf Monaten ab dem Monat der Antragstellung zu erwarten ist. Hierzu ist von dem Einkommen auszugehen, das innerhalb der letzten zwölf Monate vor Antragstellung erzielt worden ist. Änderungen sind zu berücksichtigen, wenn sie im Zeitpunkt der Antragstellung innerhalb von zwölf Monaten mit Sicherheit zu erwarten sind; Änderungen, deren Beginn oder Ausmaß nicht ermittelt werden können, bleiben außer Betracht.

(2) Kann in Höhe des zu erwartenden Einkommens nicht nach Absatz 1 ermittelt werden, so ist grundsätzlich das Einkommen der letzten zwölf Monate vor Antragstellung zugrunde zu legen.

(3) Bei Personen, die zur Einkommensteuer veranlagt werden, können bei Anwendung des Absatzes 1 Satz 2 und des Absatzes 2 die Einkünfte zugrunde gelegt werden, die sich aus dem letzten Einkommensteuerbescheid, den Vorauszahlungsbescheiden oder der letzten Einkommensteuererklärung ergeben.

(4) Einkommen, das in einem nach Absatz 1 oder 2 maßgebenden Zeitraum einmalig anfällt, aber einem anderen Zeitraum zuzurechnen ist, ist so zu behandeln, als wäre es während des anderen Zeitraums angefallen.

§ 25 d Frei- und Abzugsbeträge

(1) Bei der Ermittlung des Gesamteinkommens werden folgende Freibeträge abgesetzt:

1. 1800 Deutsche Mark für jedes Kind unter zwölf Jahren, für das Kindergeld nach dem Bundeskindergeldgesetz oder eine Leistung im Sinne des § 8 Abs. 1 des Bundeskindergeldgesetzes gewährt wird, wenn der Antragsberechtigte allein mit Kindern zusammen wohnt und wegen Erwerbstätigkeit oder Ausbildung nicht nur kurzfristig vom Haushalt abwesend ist;
2. bis zu 1200 Deutsche Mark soweit ein zum Haushalt rechnendes Kind eigenes Einkommen hat und das 16. aber noch nicht das 25. Lebensjahr vollendet hat;
3. a) 9000 Deutsche Mark für jeden Schwerbehinderten mit einem Grad der Behinderung
   aa) von 100 oder
   bb) von wenigstens 80, wenn der Schwerbehinderte häuslich pflegebedürftig im Sinne des § 69 Abs. 3 Satz 1 des Bundessozialhilfegesetzes ist;
3. b) 4200 Deutsche Mark für jeden Schwerbehinderten mit einem Grad der Behinderung von unter 80, wenn der Schwerbehinderte häuslich pflegebedürftig im Sinne des § 69 Abs. 3 Satz 1 des Bundessozialhilfegesetzes ist;
4. 8000 Deutsche Mark bei jungen Ehepaaren im Sinne des § 26 Abs. 2 Satz 2 bis zum Ablauf des fünften Kalenderjahres nach dem Jahr der Eheschließung.

(2) Aufwendungen zur Erfüllung gesetzlicher Unterhaltsverpflichtungen werden bis zu dem in einer Unterhaltsvereinbarung oder einem Unterhaltstitel oder Bescheid festgestellten Betrag abgesetzt. Liegen eine Unterhaltsvereinbarung oder ein Unterhaltstitel nicht vor, können Aufwendungen zur Erfüllung gesetzlicher Unterhaltsverpflichtungen wie folgt abgesetzt werden:

1. bis zu 6000 Deutsche Mark für ein zum Haushalt rechnendes Familienmitglied, das auswärts untergebracht ist;
2. bis zu 12000 Deutsche Mark für einen nicht zum Haushalt rechnenden geschiedenen oder dauernd getrennt lebenden Ehegatten; entsprechendes gilt bei Nichtigkeit oder Aufhebung der Ehe;
3. bis zu 6000 Deutsche Mark für eine sonstige nicht zum Haushalt rechnende Person.

Ober- und Untergrenzen für die Wohnfläche legen die Spannweiten fest. Belegungskriterien (Hinweise auf die Personenzahl und die Wohnräume) bestimmen das Verhältnis von Haushaltsgröße und Wohnungsgröße (§ 39 II. WoBauG):

„(1) Mit öffentlichen Mitteln soll nur der Bau von angemessen großen Wohnungen innerhalb der nachstehenden Grenzen gefördert werden:

1. Familienheime mit nur einer Wohnung 130 Quadratmeter,
2. Familienheime mit zwei Wohnungen 200 Quadratmeter,
3. eigengenutzte Eigentumswohnungen und Kaufeigentumswohnungen 120 Quadratmeter,
4. andere Wohnungen in der Regel 90 Quadratmer.

Bei Familienheimen mit zwei Wohnungen darf keine der Wohnungen die Wohnfläche von 130 Quadratmeter übersteigen. Die zweite Wohnung darf nur als abgeschlossene Wohnung gefördert werden.

(2) Eine Überschreitung der in Absatz 1 Satz 1 Nr. 1 bis 4 und Satz 2 genannten Wohnflächengrenzen ist zulässig,

1. soweit die Mehrfläche zu einer angemessenen Unterbringung eines Haushalts mit mehr als vier Personen erforderlich ist, oder
2. soweit die Mehrfläche zur angemessenen Berücksichtigung der besonderen persönlichen oder beruflichen Bedürfnisse des künftigen Wohnungsinhabers erforderlich ist, oder
3. soweit die Mehrfläche im Rahmen der örtlichen Bauplanung bei bei Wiederaufbau, Wiederherstellung, Ausbau oder Erweiterung oder bei der Schließung von Baulücken durch eine wirtschaftlich notwendige Grundrißgestaltung bedingt ist.

(3) Die für das Wohnungs- und Siedlungswesen zuständigen obersten Landesbehörden oder die von ihnen bestimmten Stellen können die Wohnflächengrenzen des Absatzes 1 Satz 1 Nr. 1 bis 4 und Satz 2 herabsetzen und über Absatz 2 hinaus Überschreitungen für vergleichbare Fallgruppen zulassen.

(4) Soll ein durch Wiederherstellung, Ausbau oder Erweiterung neugeschaffener Wohnraum der Vergrößerung einer vorhandenen Wohnung dienen, so ist bei der Ermittlung der Wohnflächengrenze die Wohnfläche der gesamten Wohnung zugrunde zu legen."

Die *Höhe der von der öffentlichen Hand eingesetzten Finanzierungsmittel* ändert sich meist von Jahr zu Jahr.[1] Die Subventionsformen sind in den einzelnen Bundesländern unterschiedlich ausgestaltet. Hinzu kommen örtlich verschiedenartige Finanzie-

---

[1] Siehe dazu: Die Finanzierungshilfen des Bundes und der Länder für den Wohnungsbau, a. a. O.

rungshilfen der Gemeinden. Anträge für die Gewährung dieser Mittel werden bei den Gemeindeverwaltungen und den Landkreisen auf besonderen Formularen mit Finanzierungsnachweisen eingereicht.

Der Preis für diese Subventionen liegt in einer *Mietpreisbindung,* in *Veräußerungs- und Verfügungsbeschränkungen.* Die Einzelheiten sind verstreut im II. Wohnungsbaugesetz (II. WoBauG), im Wohnungsbindungsgesetz (WoBindG), in der Neubaumietenverordnung (NMV) zu finden und auch im Gesetz zum Abbau der Fehlsubventionierung und der Mietverzerrung im Wohnungswesen (AFWoG vom 22. 12. 1981, BGBl. I, 1523, 1542, geändert durch Gesetz v. 11. 7. 1985, BGBl. I, 1276).

Auf die Gewährung von Finanzierungshilfen besteht beim öffentlich geförderten Wohnungsbau kein Rechtsanspruch. Werden aber einem Antragsteller, der zwei oder mehr Kinder hat, zum Bau eines Familienheimes oder einer eigengenutzten Eigentumswohnung öffentliche Mittel bewilligt, so muß ihm auf Antrag darüber hinaus ein *Familienzusatzdarlehen* (§ 45 II. WoBauG) gewährt werden. Es rechnet zu den Ersatzeigenleistungen, seine dingliche Absicherung kann im Restfinanzierungsraum erfolgen.

Das Familienzusatzdarlehen beträgt für Bauherren mit einem Kind 2000 Deutsche Mark, für Bauherren mit zwei Kindern 4000 Deutsche Mark und für Bauherren mit drei Kindern 7000 Deutsche Mark. Für jedes weitere Kind erhöht es sich um 5000 Deutsche Mark.

Gehört zum Familienhaushalt ein Schwerbehinderter, ein diesem Gleichgestellter oder eine Kriegerwitwe, so erhöht sich das Familienzusatzdarlehen für diese um je 2000 Deutsche Mark.

Gehört der Vater oder die Mutter des Bauherren oder seines Ehegatten zum Familienhaushalt, so ist auf Antrag so zu Verfahren, daß sie neben den zu berücksichtigenden Kindern oder, falls der Bauherr keine zu berücksichtigenden Kinder hat, an deren Stelle zu berücksichtigen sind.

Für die Verzinsung und Tilgung von nach dem 16. Juli 1985 gewährten Familienzusatzdarlehen gelten die Bedingungen wie für nachstellige öffentliche Baudarlehen (§ 44 Abs. 2 bis 5 II. WoBauG).

2. Zweiter Förderungsweg

§ 88 Abs. 1 II. WoBauG bestimmt:

„Für freifinanzierte Wohnungen können auf Antrag des Bauherrn Zuschüsse oder Darlehen zur Deckung von laufenden Aufwendungen aus Mitteln gewährt werden, die nicht als öffentliche Mittel im Sinne dieses Gesetzes gelten. Voraussetzung ist, daß die Wohnungen abgeschlossen sind und die in § 39 Abs. 1 bestimmten Wohnflächengrenzen im Zeitpunkt der Bewilligung um nicht mehr als 20 vom Hundert überschreiten; § 39 Abs. 2 bleibt unberührt. Daneben sollen auf Antrag des Bauherrn für Darlehen, die zu Deckung der Gesamtkosten dienen, Bürgschaften übernommen werden, für die der Bund Rückbürgschaften übernimmt."

Vornehmlich werden Familienheime und eigengenutzte Eigentumswohnungen mit diesen Mitteln gefördert. Aber es werden auch freifinanzierte Mietwohnungen berücksichtigt. Der Vermieter geht dabei vertraglich eine Bindung an die Kostenmiete ein.

Sehr weit ausgedehnt wurde der begünstigte Personenkreis (§ 88a II. WoBauG):

„(1) Bei der Bewilligung der Aufwendungszuschüsse und Aufwendungsdarlehen ist sicherzustellen, daß die geförderten Wohnungen in der Regel nur Personen zum Gebrauch überlassen werden,

a) die durch den Bezug der Wohnung eine öffentlich geförderte Wohnung freimachen, oder
b) deren Gesamteinkommen die in § 25 bestimmte Einkommensgrenze nicht um mehr als 60 vom Hundert übersteigt; bei der Ermittlung des Gesamteinkommens erhöhen sich die Freibeträge nach § 25d Abs. 1 um 60 vom Hundert.

(2) Die Zweckbestimmung nach Absatz 1 ist auf den Zeitraum zu befristen, für den sich durch die Gewährung der Mittel die laufenden Aufwendungen vermindern."

Für Personen, die öffentlich geförderte Wohnungen frei machen, gibt es danach keine Einkommensgrenze.

Wohnflächengrenzen sind einzuhalten. Sie dürfen die Wohnflächengrenzen des öffentlich geförderten Wohnungsbaus (§ 39 II. WoBauG) um bis zu 20% überschreiten (§ 82 II. WoBauG):

Familienheim mit 1 Wohnung	156 qm
Eigengenutzte Eigentumswohnungen und Kaufeigentumswohnungen	144 qm
Familienheime mit 2 Wohnungen (die für den Eigentümer bestimmte Wohnung darf 156 qm nicht überschreiten)	240 qm
Andere Wohnungen (Mietwohnungen)	108 qm

Überschreitungen der Wohnfläche und auch das *Verhältnis von Personenzahl und Wohnungsgröße* sind normiert:

Eine Überschreitung der Wohnflächengrenzen ist zulässig,

a) soweit die Mehrfläche zu einer angemessenen Unterbringung eines Haushalts mit mehr als fünf Personen erforderlich ist oder
b) soweit die Mehrfläche zur angemessenen Berücksichtigung der besonderen persönlichen oder beruflichen Bedürfnisse des künftigen Wohnungsinhabers erforderlich ist oder
c) soweit die Mehrfläche im Rahmen der örtlichen Bauplanung bei Wiederaufbau, Wiederherstellung, Ausbau oder Erweiterung oder bei der Schließung von Baulücken durch eine wirtschaftlich notwendige Grundrißgestaltung bedingt ist.

Zur angemessenen Unterbringung eines Haushalts mit mehr als fünf Personen ist für jede weitere Person, die zu dem Haushalt gehört oder alsbald nach Fertigstellung des Bauvorhabens in den Haushalt aufgenommen werden soll, eine Mehrfläche bis zu 20 Quadratmetern zulässig.

Bei den Förderungsmitteln des 2. Förderungsweges handelt es sich um Schuldendiensthilfen. Die Einzelheiten sind auf Seite 456 dargestellt.

Mit der großzügigen Abgrenzung des begünstigten Personenkreises wird nur einem relativ geringen Teil der Bevölkerung diese Vergünstigung grundsätzlich vorenthalten. Aber die Mittel sind knapp. Daher werden manchmal kleinere Wohnflächen gefördert als zulässig. Es wird erwartet, daß Bauherren, die solche Mittel in Anspruch nehmen, sich mit der Subventionierung der förderungsfähigen Fläche begnügen und die Mehrfläche auf eigene Kosten finanzieren. Nach den Zielen der Raumordnung und der Landesplanung setzt man diese Mittel hauptsächlich in regionalen Schwerpunkten ein.

Auf die Gewährung der Mittel des 2. Förderungsweges besteht kein Rechtsanspruch.

3. Dritter Förderungsweg

Mit dem Wohnungsbauänderungsgesetz 1988 v. 21. 2. 1989 (BGBl. I S. 242) schuf der Gesetzgeber einen dritten Förderungsweg – „die vertraglich vereinbarte Förderung". Der neue § 88d

II. Wohnungsbaugesetz gibt den Bewilligungsstellen der Bundesländer die Möglichkeit, mit solchen Bauherren Verträge abzuschließen, die Wohnraum schaffen und diesen für eine festvereinbarte, überschaubare Zeit dem sozialen Wohnungsbau überlassen. In solchen Verträgen werden vereinbart:

- Art und Umfang der finanziellen Förderung
- Zweckbestimmung und Belegungsbindung
- Beachtung von Einkommensgrenzen
- Höhe der Anfangsmieten und Mieterhöhungen.

Der so geschaffene Wohnraum ist kein preisgebundener Wohnraum. Die Regelungen der Neubaumietenverordnung (NMV 1970) über die Kostenmietbegrenzung gelten nicht. Eine Wirtschaftlichkeitsberechnung muß nicht aufgestellt werden. Die Anfangsmiete orientiert sich an der bisherigen Bewilligungsmiete im öffentlich geförderten Wohnungsbau. Ebenfalls gilt nicht ohne Vereinbarung das Wohnungsbindungsgesetz (WoBindG). Nach Ablauf der vereinbarten Belegungs- und Mietpreisbindung sind Mieterhöhungsverfahren nach dem Miethöhegesetz (MHG) möglich (Mietanpassung an die örtliche Vergleichsmiete oder freie Mietvereinbarung bei Neuvermietung).

Die Länder handhaben diese Neuregelung sehr unterschiedlich. Die Bewilligungsstellen und die örtlich zuständigen Stellen erteilen Auskünfte. Es herrscht meist Wettbewerb zwischen Bauherren, die sich um diese Mittel bewerben. Es wird argumentiert, daß im Gegensatz zur Kostenmiete des 1. Förderungswegs, hier der Investor als Bestandteile der Renditeberechnung folgende Bestimmungsfaktoren berücksichtigt:

- Wertsteigerung der Wohnungen
- Kapitalfreisetzungsgewinne
- steuerliche Begünstigungen.[1]

Beispiel einer „Vertraglich vereinbarten Förderung“:

- Die Förderung besteht in einem Baukostenzuschuß von DM 50 000,–.
- Länge der Mietbindung: 10 Jahre.
- Anfangsmiete (Netto-Kaltmiete pro Quadratmeter Wohnfläche und Monat): DM 6,50.

---

[1] Siehe dazu auch: Eckart, Rentabilität des Wohnungsbaus im 3. Förderweg, BBauBl. 1990 S. 72.

- Zulässige Mieterhöhung während der 10jährigen Bindungsfrist: 2,5% pro Jahr.
- Belegungsbindung 10 Jahre lang.
- Anpassung der Miete an die ortsübliche Miete für vergleichbare Wohnungen im 11. bis 13. Jahr von insgesamt 30%. Die Vergleichsmiete erreicht dann im 14. Jahr DM 11,41.

4. Vierter Förderungsweg (Zweites Wohnungsbaugesetz i.d.F. des Wohnungsbauförderungsgesetzes 1994)

§ 88e Einkommensorientierte Förderung

(1) Die Förderung des sozialen Wohnungsbaues nach § 88d kann auch durch eine Grund- und Zusatzförderung erfolgen. Die Grundförderung wird zum Zwecke des Erwerbs von Belegungsrechten und der Festlegung von höchstzulässigen Mieten, die Zusatzförderung zum Zwecke einer einkommensorientierten Wohnkostenbelastung des jeweiligen Mieters und einer dementsprechenden Sicherstellung der durch die Förderzusage festgelegten Mietzahlung gewährt. Die Förderzusage kann durch Vereinbarung oder Bewilligung erfolgen.

(2) Auf Grund der Förderung werden der Bauherr und seine Rechtsnachfolger insbesondere verpflichtet, für den geförderten Wohnraum während der Dauer der Zweckbestimmung
1. keinen höheren als den festgelegten Mietzins zu verlangen und
2. die festgelegten Belegungsrechte einzuhalten.

(3) Die zuständige Stelle ist während der Dauer der Zweckbestimmung zur Zahlung der jeweiligen Zusatzförderung verpflichtet. Die Höhe der jeweils auszuzahlenden Zusatzförderung wird von der zuständigen Stelle festgestellt; hierzu hat der Mieter die erforderlichen Nachweise zu erbringen. Empfänger der Zusatzförderung ist der Vermieter; die Auszahlung kann über den Mieter erfolgen. Erfolgt die Auszahlung über den Mieter, so ist dem Vermieter bei Feststellung nach Satz 2 nur die Tatsache der Förderung mitzuteilen.

(4) Die Länder bestimmen insbesondere
1. die Höhe der Grundförderung,
2. die höchstzulässigen Mieten und deren Erhöhung,
3. die Art und Dauer der Belegungsrechte der geförderten Wohnungen und die begünstigten Personengruppen,
4. die Höhe der Zusatzförderung und deren Anpassung unter Berücksichtigung der höchstzulässigen Mieten und des Haushaltseinkommens der Mieter,
5. den gesamten Leistungszeitraum für die Zusatzförderung,
6. den Zeitraum für die Auszahlung der nach Absatz 3 Satz 2 festzustellenden Zusatzförderung und die Voraussetzungen für ihre Neufestsetzung innerhalb dieses Zeitraums in den Fällen, in denen sich die der Feststellung nach Absatz 3 Satz 2 zugrunde liegende Sach- und Rechtslage nachträglich geändert hat.

(5) Die Zusatzförderung kann unabhängig davon bestimmt werden, ob für Mietanteile zugleich Leistungen nach dem Wohngeldgesetz zustehen würden. Bei Bemessung von Leistungen nach dem Wohngeldgesetz gilt folgendes:

1. Die Zusatzförderung wird bei Berechnung von Wohngeld nach den Anlagen zum Wohngeldgesetz als Beitrag Dritter zur Senkung der Miete im Sinne des § 7 Abs. 2 Nr. 3 des Wohngeldgesetzes berücksichtigt; sie mindert bei Berechnung von Wohngeld nach dem Fünften Teil die anerkannten laufenden Aufwendungen für den Wohnraum im Sinne des § 32 Abs. 1 Satz 1 des Wohngeldgesetzes. Dies gilt unabhängig davon, ob die Auszahlung unmittelbar an den Vermieter oder über den Mieter erfolgt
2. Die Vorschriften des Wohngeldgesetzes über die Anrechnung als Einnahme (§ 10 Abs. 1 des Wohngeldgesetzes), über die Nichtgewährung bei vergleichbaren Leistungen aus öffentlichen Kassen (§ 18 Abs. 1 Nr. 1 des Wohngeldgesetzes) und über sonstige laufende Leistungen zur Senkung der Miete (§ 38 des Wohngeldgesetzes) sind auf die Zusatzförderung nicht anzuwenden.

(6) Der Bund stellt für die Grund- und Zusatzförderung vom Haushaltsjahr 1995 an jährlich 300 Millionen Deutsche Mark als Verpflichtungsrahmen bereit. Soweit diese Finanzhilfen für die einkommensorientierte Förderung nicht eingesetzt werden, ist ihre Verwendung auch für andere Maßnahmen des sozialen Wohnungsbaues möglich.

§ 88f Sicherung der Zweckbestimmung, Datenschutz

(1) § 2 des Wohnungsbindungsgesetzes ist auf die nach den §§ 87a, 87b, 88, 88d und 88e geförderten Wohnungen entsprechend anzuwenden. Die sich aus Satz 1 ergebenden Aufgaben der zuständigen Stelle obliegen in den Fällen der §§ 87a und 87b derjenigen Stelle, die das Besetzungsrecht ausübt, soweit nicht der Darlehens- oder Zuschußgeber eine andere Stelle bestimmt.

(2) Die Zusatzförderung nach § 88e kann auch dann an den Bauherrn oder seine Rechtsnachfolger als Vermieter ausgezahlt werden, wenn dieser aus den geleisteten Zahlungen Rückschlüsse auf das Einkommen des Mieterhaushalts ziehen kann.

5. Wie wirken sich die Finanzierungsprogramme der öffentlichen Hand aus?

In den Haushaltsgesetzen des Bundes, der Länder und der Gemeinden wird jährlich neu bestimmt, welche Förderungsmittel (Darlehen, Zuschüsse und Bürgschaften) für die Wohnungsbauprogramme bereitgestellt werden (§ 29 II. WoBauG). Bauherren, Erwerber und Eigentümer vorhandener Wohnungen können Anträge auf solche verbilligenden Dauerfinanzierungsmittel stellen. Zweckbindung, Bedingungen und Antragsweg werden immer wieder neu festgelegt.

Alle Gruppen von Antragstellern (private Bauherren, Wohnungsunternehmen, Gemeinden) sollen bei der Verteilung der Mittel in gleicher Weise berücksichtigt werden. Allgemeine Förderungsgrundsätze und Förderungsvorränge bestimmen die Schwerpunkte der öffentlichen Förderung (§ 26 II. WoBauG). Auskünfte über die einzelnen Förderungsmittel erhält man bei den örtlichen Gemeindeverwaltungen und den zuständigen Stellen der Landkreise.

Da die zur Verfügung stehenden Mittel begrenzt sind und ein Rechtsanspruch auf die meisten Finanzierungsmittel nicht besteht, muß man rechtzeitig Anträge stellen. In dem eingereichten Darlehensantrag sind die Kapitalbedarfsrechnung, der Finanzierungsplan und die Wirtschaftlichkeitsberechnung darzustellen. Die Summe der laufenden Aufwendungen (Kapital- und Bewirtschaftungskosten) ist fast immer höher als die Summe der Erträge aus der von den Bewilligungsstellen mit einer Obergrenze festgelegten Ausgangsmiete (§ 72 Abs. 3 II. WoBauG). Der Antragsteller muß daher, um einen summenmäßigen Ausgleich der Wirtschaftlichkeitsberechnung nachweisen zu können, laufende Aufwendungen nicht oder nur in geringerer Höhe ansetzen, als nach der II. Berechnungsverordnung (II. BV) vorgeschrieben oder zugelassen sind. Erst nach Ablauf von 6 Jahren seit der Bezugsfertigkeit der Wohnungen können die vollen Ansätze in einer neuen Wirtschaftlichkeitsberechnung bei der Berechnung der Kostenmiete geltend gemacht werden. Manchmal lassen die Bewilligungsstellen auch kürzere Fristen zu (§ 4a Abs. 1 II. BV). Bis dahin ist die Wirtschaftlichkeit des Objekts, im Sinne der II. Berechnungsverordnung, nicht gegeben. Der Darlehensnehmer erhält keine volle Deckung für die laufenden Aufwendungen aus den Mieterträgen. Solche Aufwendungsverzichte oder Abstriche werden meistens bei den kalkulatorischen Posten wie Eigenkapitalverzinsung Abschreibung und Mietausfallwagnis vorgenommen. Manchmal wird auch der Kapitalbedarf vermindert über Abstriche bei der Bewertung des eingebrachten Grundstücks. Die Bewilligung öffentlicher Mittel kann auch mit der ausdrücklichen Auflage verbunden werden, daß höhere Grundstücks- und Baukosten als der Wirtschaftlichkeitsberechnung, die der Bewilligung zugrunde liegt, veranschlagt worden sind, in spätere Wirtschaftlichkeitsberechnungen nicht eingesetzt werden dürfen (§ 51 II. WoBauG). Oftmals steigen in der Zeit zwischen Darlehensantrag und Schlußabrechnung die Baukosten. Will man oder muß man solche öffentlichen Finanzierungshilfen in Anspruch nehmen, so besteht meist keine andere Wahl, als solche Verzichte und Abstriche zeitweise hinzunehmen.

Nicht leicht erkennt man aus den Förderungsbestimmungen den Nachteil, der in der Zustimmung zu dem sogenannten „Einfrierungsgrundsatz" des § 4 II. BV liegt. Bei der Wirtschaftlichkeitsberechnung ist im öffentlich geförderten Wohnungsbau von den Verhältnissen auszugehen, die beim Antrag auf Bewilligung der öffentlichen Mittel bestehen. Haben sich die Verhältnisse bis zur Bewilligung der öffentlichen Mittel geändert, so kann die Bewilligungsstelle der Bewilligung die geänderten Verhältnisse zugrunde legen. Wenn der Bauherr das beantragt, muß sie das tun. Die an diesem maßgebenden Zeitpunkt bestehenden Verhältnisse bleiben grundsätzlich während der gesamten Zeit gleich, in dem Haus oder Wohnung als „öffentlich gefördert" gelten. Über mehrere Jahrzehnte hinweg dürfen Änderungen der Preisverhältnisse bei Grundstücken und Baukosten bei der Berechnung der Kostenmiete nicht berücksichtigt werden. Das gilt selbst dann, wenn diese Preise erheblich steigen oder fallen. In dem Verbot, Änderungen des Verkehrswertes der Kostenmietberechnung zugrunde zu legen, ist einer der wesentlichen „Preise" für die empfangenen billigen Dauerfinanzierungsmittel und Zuschüsse zu sehen. Der Einfrierungsgrundsatz bindet die Ausübung des Eigentums.

Die Geldentwertung der letzten Jahrzehnte, das Ansteigen der laufenden Aufwendungen und die Veränderungen der Konditionen der aufgenommenen Finanzierungsmittel zwangen dazu, Änderungen der wirtschaftlichen Verhältnisse in einem bestimmten Umfang zuzulassen. Mit den §§ 8a, 8b WoBindG wurde die Kostenmiete in gewissem Umfang „dynamisiert". Die Neubaumietenverordnung 1970 – NMV 70 – und die II. BV bestimmen die Einzelheiten.

Es sind geregelt:

- Gesamtkostenänderungen, bauliche Änderungen (§ 11 Abs. 1 bis 7 II. BV)

- Änderung der Bewirtschaftungskosten (§ 30 Abs. 1 bis 4 II. BV)
- Finanzierungsmittel zur Deckung von Gesamtkostenänderungen (§ 12 Abs. 2 und 3 II. BV)
- Umfinanzierungen (§ 12 Abs. 4 bis 6 II. BV)
- Änderungen der Kapitalkosten (§ 23 Abs. 1 bis 6 II. BV)
- für Aufwendungsdarlehen zu entrichtende Zinsen und Tilgungen (§ 18 Abs. 3 II. BV)
- Wegfall laufender Beihilfen (§ 18 Abs. 2 II. BV).
- Umlage der Betriebskosten (§ 27 Abs. 3 II. BV und § 20 NMV 70).[1]

Grundsätzlich dürfen solche Veränderungen nur dann berücksichtigt werden, wenn sie der Bauherr oder sein Rechtsnachfolger nicht zu vertreten hat (§ 45 Abs. 2 II. BV). Erhöhte Gesamtkosten bei baulichen Änderungen dürfen nur berücksichtigt werden, wenn die Bewilligungsstelle zugestimmt hat.

Für die Finanzierung von Haus und Wohnung bringen diese Reglementierungen eine solche Vielfalt von Gestaltungsmöglichkeiten und Klippen mit sich, daß es der Kenntnis spezieller Literatur bedarf, um die Auswirkungen einer Finanzierungsänderung voll zu übersehen.[2]

6. Befreiung von den speziellen Eigentumsbindungen durch Umfinanzierung

Belegungsbindungen (§ 4 WoBindG) und *Mietpreisbindungen* (§ 8 WoBindG) sind die Mittel zur Sicherung der Zweckbestimmung von Sozialwohnungen. Regelungen über die Dauer der Eigenschaft „Sozialwohnung" (§§ 13ff. WoBindG), die Einschränkung von Zinsvergünstigungen (§§ 18a bis f WoBindG), Mitteilungs- und Unterrichtspflichten und Bindungen bei der Umwandlung von Mietwohnungen in Eigentumswohnungen (§§ 2a und 2b WoBindG) kommen hinzu. Daneben besteht eine Eigentumsbe-

---

[1] In der Fassung vom 5. April 1984 (BGBl. I S. 553), zuletzt geändert durch die Verordnung zur Änderung energieeinsparender Vorschriften vom 19. 1. 1989 (BGBl. I S. 109).

[2] Siehe dazu: Fischer-Dieskau, Pergande, Schwender, Wohnungsbaurecht a. a. O., insbesondere Band 3.1: Wohnungsbindungsgesetz, Band 3.2: Fehlbelegungsgesetz, Band 4: II. Berechnungsverordnung, Neubaumietenverordnung.

schränkung nach § 52 Abs. 2 II. WoBauG. Nach dieser Bestimmung muß die Bewilligungsstelle der öffentlichen Mittel sicherstellen, daß bestimmte Grundstücke oder Wohnungen nicht an Personen veräußert werden, deren Gesamteinkommen die in § 25 II. WoBauG bestimmte Einkommensgrenze (siehe S. 463) überschreitet. Eine solche Genehmigungspflicht wird für Eigenheime, Kaufeigenheime, Kleinsiedlungen in den Darlehensverträgen für die Gewährung der öffentlichen Mittel vorgeschrieben und übernommen. Sie soll mindestens bis zum Ablauf des zehnten Kalenderjahres nach dem Jahr der Bezugsfertigkeit, längstens aber solange das Gebäude als öffentlich gefördert gilt, vereinbart werden. Bei der Förderung von Mietwohnungen muß der Bauherr eine solche Eigentumsbindung nicht eingehen. Die Belegungsbindungen werden als ausreichend angesehen.

Schuldner von öffentlichen Mitteln möchten während der Laufzeit der Subventionen aus den verschiedensten Gründen sich von diesen Bindungen befreien. Der Gesetzgeber läßt dies unter bestimmten Bedingungen zu. Die Subvention aus öffentlichen Mitteln muß beendet werden, um die Befreiung von den Bindungen zu erreichen. Dazu muß man umfinanzieren. Die öffentlichen Mittel werden entweder durch Fremdmittel oder durch eigene Mittel ersetzt. Der Gesetzgeber hat vielfältige Bestimmungen über das Ende der Zweckbindungen und über deren zeitweiliges Fortbestehen (Nachwirkungsfrist) getroffen. Ausgangspunkt sind die Zahlungsvorgänge:

- planmäßige Tilgung
- vorzeitige unfreiwillige Rückzahlung
- vorzeitige freiwillige Rückzahlung
- vorzeitige nicht vollständige freiwillige Rückzahlung (Ablösung).

Voraussetzung für das Erlöschen der Eigenschaft „öffentlich gefördert" ist die vollständige Tilgung der öffentlichen Darlehen in sämtlichen Erscheinungsformen. Sind mehrere Darlehen, die auch von verschiedenen Darlehensgebern stammen können (Land und Gemeinde) vorhanden, so müssen sie alle vollständig getilgt sein. Bei Aufwendungs- oder Zinszuschüssen endet der Förderungszeitraum mit der planmäßigen Einstellung oder durch Verzicht auf weitere Auszahlung.

Läuft mit der planmäßigen Tilgung das Darlehen wie vorausgesehen aus, so endet die Eigenschaft „öffentlich gefördert" nach Ablauf des Kalenderjahres, in dem das Darlehen vollständig zurückgezahlt worden ist (§ 15 Abs. 1 Buchstabe a WoBindG). Differenzierter ist die Regelung, wenn „vorzeitig" zurückgezahlt wird.

Bei freiwilliger vorzeitiger vollständiger Rückzahlung, die nicht als ein vom Bauherrn zu vertretender Umstand angesehen wird, gelten folgende Endtermine:

Muß das Darlehen wegen einer Kündigung durch den Darlehensgeber, wegen Nichteinhaltung der Darlehensbedingungen, vorzeitig zurückgezahlt werden, so endet die nicht abkürzbare Nachwirkungsfrist nach Ablauf des Kalenderjahres, in dem das Darlehen nach Maßgabe der Tilgungsbedingungen vollständig zurückgezahlt worden wäre, längstens jedoch mit dem Ablauf des zehnten Kalenderjahres nach dem Jahr der Rückzahlung (§ 15 Abs. 1 Buchstabe b WoBindG). Zur Belegungsbindung in den neuen Bundesländern s. „Gesetz der DDR über die Gewährleistung von Belegungsrechten im kommunalen und genossenschaftlichen Wohnungswesen (Wohnungsbelegungsgesetz – WoBelG)" v. 22. 7. 1990 GBl. S. 894 und den Überleitungsvorschriften des § 11 MHG (Miethöhegesetz).

Die Einzelheiten vorzeitiger nicht vollständiger freiwilliger Rückzahlung sind in der „Ablösungsverordnung" geregelt (Verordnung über die Ablösung öffentlicher Baudarlehen nach dem Zweiten Wohnungsbaugesetz – Ablösungsverordnung = AblVO – in der Fassung der Bekanntmachung vom 1. 2. 1966, BGBl. I 107; zuletzt geändert durch die „Zweite Verordnung zur Änderung wohnungsrechtlicher Vorschriften" vom 25. Mai 1988 (BGBl. I S. 643, 645). Sie gilt auch in den neuen Bundesländern. Bisher ist sie ohne praktische Bedeutung. Falls in der Zukunft solche Darlehen in den neuen Bundesländern gewährt werden, kann eine Ablösung frühestens nach Ablauf von 2 Jahren nach Bezugsfähigkeit der Eigentumsmaßnahme vorgenommen werden.

Die Ablösungsvergünstigung wird nur noch für öffentliche Baudarlehn gewährt, die nach dem 31. 12. 1969 bewilligt worden sind.

Tabelle 1 zu § 16:
Übersicht über den Endtermin der Eigenschaft „öffentlich gefördert" nach vorzeitiger freiwilliger Rückzahlung nach der jeweiligen Fassung des § 16 WoBindG

Zeitpunkt der Rückzahlung	Gebiet	Art der Wohnung	Endtermin der Eigenschaft „öffentlich gefördert"	Rechtsgrundlage
vor dem 1. September 1965	schwarzer Kreis[2])	alle	Zeitpunkt der Mietpreisfreigabe,[1]) spätestens Jahresende 1972	§ 30 Abs. 2 Fassung 1965
	weißer Kreis[3])	alle	am 1. September 1965, Bindungen sind erloschen: — bei Rückzahlung vor Mietpreisfreigabe: mit der Mietpreisfreigabe, — bei Rückzahlung nach Mietpreisfreigabe: sofort mit der Rückzahlung	§ 31 Fassung 1965, § 1 Abs. 2 BindG 1960
vom 1. September 1965 bis 31. Dezember 1971	schwarzer Kreis[2])	alle	nach Ablauf von fünf Kalenderjahren, frühestens bei Mietpreisfreigabe[1])	§ 16 Abs. 1, 30 Abs. 1 Fassung 1965
	weißer Kreis[3])	alle	nach Ablauf von fünf Kalenderjahren	§ 16 Abs. 1 Fassung 1965
vom 1. Januar 1972 bis 31. Dezember 1973	alle	alle	nach Ablauf von zehn Kalenderjahren[9])	§ 16 Abs. 1 Fassung 1972
vom 1. Januar 1974 bis 30. Juni 1980	alle	eigengenutzte Eigenheime und geborene Eigentumswohnungen, mit Kleindarlehen von bis zu 1000 DM geförderte Wohnungen	sofort mit der Rückzahlung	§ 16 Abs. 1 Fassung 1974
		übrige Wohnungen	nach Ablauf von zehn Kalenderjahren[9])	

Fortsetzung Tabelle 1 zu § 16:

Zeitpunkt der Rückzahlung	**Gebiet**	**Art der Wohnung**	**Endtermin der Eigenschaft „öffentlich gefördert"**	**Rechtsgrundlage**
vom 1. Juli 1980 bis 16. Juli 1985	ohne erhöhten Wohnungsbedarf	Nicht vermietete Wohnungen	sofort mit der Rückzahlung	§ 16 Abs. 3 Fassung 1980
		an „Nichtberechtigte"[6]) vermietete Wohnungen	mit Ablauf von sechs Kalendermonaten nach Aufforderung zum Einkommensnachweis	
		an „Berechtigte"[7]) vermietete Wohnungen	mit Beendigung des Mietverhältnisses, längstens mit Ablauf von acht Kalenderjahren	
	mit erhöhtem Wohnungsbedarf	Miet- und Genossenschaftswohnungen, gekorene Eigentumswohnungen[4])[5])	mit Ablauf von acht Kalenderjahren	§ 16 Abs. 1 und 4 Fassung 1980
		übrige Wohnungen	wie in Gebieten ohne erhöhten Wohnungsbedarf	§ 16 Abs. 3 Fassung 1980
	alle	mit Kleindarlehen von bis zu 3000 DM geförderte Wohnungen	sofort mit der Rückzahlung	§ 16 Abs. 2 Fassung 1980
	alle	Bergarbeiterwohnungen[8])	mit Ablauf von zehn Kalenderjahren	§ 22 Abs. 5 Fassung 1982

[1]) Aufhebung der Mietpreisbindung insbesondere für Altbauwohnungen im Rahmen des Abbaues der Wohnungszwangswirtschaft

[2]) Gebiet mit am 1. September 1965 fortbestehender Mietpreisbindung

[3]) Gebiet mit am 1. September 1965 aufgehobener Mietpreisbindung

[4]) durch Umwandlung einer Mietwohnung entstandene Eigentumswohnung

[5]) gekorene Eigentumswohnung nur, wenn sie nicht vom Mieter erworben ist

[6]) Wohnungsinhaber, deren Einkommen die Einkommensgrenze um mehr als 25 v. H. übersteigt

[7]) Wohnungsinhaber, deren Einkommen die Einkommensgrenze nicht oder nicht um mehr als 25 v. H. übersteigt

[8]) Miet- und Genossenschaftswohnungen für Bergarbeiter, die von der Zweckbindung der Bergarbeiterwohnung nicht unbefristet freigestellt sind. Gilt nur für Rückzahlungen nach dem 24. Juli 1982 (§ 34 Abs. 8)

[9]) nachträglich mit Wirkung vom 1. Juli 1980 abgekürzt auf acht Jahre, § 34 Abs. 7 S. 2, Fassung 1980.

Fortsetzung Tabelle 1 zu § 16:

Zeitpunkt der Rückzahlung	Art der Wohnung	Gebiet	Art der Nutzung	Endtermin der Eigenschaft „öffentlich gefördert"	Rechtsgrundlage
vom 17. Juli 1985 bis zum 31. Dezember 1989	Miet- und Genossenschaftswohnungen; geborene, nicht eigengenutzte Eigentumswohnungen; gekorene Eigentumswohnungen[4])[10])	mit erhöhtem Wohnungsbedarf	jede	mit Ablauf von 8 Kalenderjahren nach der Rückzahlung	§ 16 Abs. 1,4 Fassung 1980
		ohne erhöhten Wohnungsbedarf	nicht vermietet	sofort bei Rückzahlung	§ 16 Abs. 3 Fassung 1980
			an „Nichtberechtigte"[6]) vermietet	mit Ablauf von 6 Kalendermonaten nach Aufforderung zum Einkommensnachweis	
			an „Berechtigte" vermietet[7])	mit Beendigung des Mietverhältnisses, längstens mit Ablauf von 8 Kalenderjahren nach der Rückzahlung	
	mit Kleindarlehen bis zu 3000 DM geförderte Wohnungen	alle	jede	sofort bei Rückzahlung	§ 16 Abs. 2 Fassung 1980
	Eigenheime, eigengenutzte Eigentumswohnungen[11])	alle	jede	sofort bei Rückzahlung oder Ablösung; bei gekorenen Eigentumswohnungen[4]): sofort bei Rückzahlung oder Ablösung nur bei berechtigter Nutzung durch Eigentümer oder Angehörige, sonst später bei Beginn der berechtigten Eigennutzung	§ 16 Abs. 5 Fassung 1985
	Miet- und Genossenschaftswohnungen für Bergarbeiter[8])	alle	jede	mit Ablauf von 10 Kalenderjahren nach der Rückzahlung	§ 22 Abs. 5 Fassung 1982

[10]) Eine gekorene Eigentumswohnung, die nicht vom Mieter erworben ist, verliert die Eigenschaft „öffentlich gefördert" jedoch, sobald der Eigentümer oder sein Angehöriger die Wohnung nach der Rückzahlung berechtigt selbst benutzt.

[11]) Bei Rückzahlung oder Ablösung vor dem 17. Juli 1985 entfällt die Eigenschaft „öffentlich gefördert" am 16. Juli 1985, bei gekorenen Eigentumswohnungen jedoch frühestens mit Beginn der berechtigten Nutzung durch Eigentümer oder seine Angehörigen.

Fortsetzung Tabelle 1 zu § 16:

Zeitpunkt der Rückzahlung	Art der Wohnung	Gebiet	Art der Nutzung	Endtermin der Eigenschaft „öffentlich gefördert"	Rechtsgrundlage
ab 1. Januar 1990 [12])	Miet- und Genossenschaftswohnungen einschl. für Bergarbeiter; geborene, nicht eigengenutzte Eigentumswohnungen; gekorene, Eigentumswohnungen [4])[10])	alle	jede	mit Ablauf von 10 Kalenderjahren nach der Rückzahlung	§ 16 Abs. 1 Fassung 1990
	mit Kleindarlehen bis zu 3000 DM geförderte Wohnungen	alle	jede	sofort bei Rückzahlung	§ 16 Abs. 2 Fassung 1980
	Eigenheime, eigengenutzte Eigentumswohnungen	alle	jede	sofort bei Rückzahlung oder Ablösung; bei gekorenen Eigentumswohnungen [4]): sofort bei Rückzahlung oder Ablösung nur bei berechtigter Nutzung durch Eigentümer oder Angehörige, sonst später bei Beginn der berechtigten Eigennutzung	§ 16 Abs. 5 Fassung 1985

[12]) Bei Rückzahlungen vom 1. Januar bis 29. Mai 1990 vgl. Überleitungsregelung in Art. 4 Abs. 2 WoBindÄndG, abgedr. u. erlt. in Anm. 4 zu § 34.

Quelle: Fischer-Dieskau, Pergande, Schwender, a.a.O., Kommentar zu § 16 WoBindG.

Der Ablösungsverordnung ist eine umfangreiche Vervielfältigertabelle angefügt, bei der eingearbeitet sind:
- der Zinssatz
- der Tilgungssatz
- die bisherige Laufzeit des Darlehens in Jahren
- Ablösende mit und ohne Kinder
- ablösende Schwerbehinderte (oder Gleichgestellte) mit und ohne Kinder.

Mit Hilfe dieser Merkmale wird der Ablösungsbetrag errechnet, der für das öffentliche Darlehen zu zahlen ist. In Höhe der Differenz zwischen den geschuldeten Darlehen und dem Ablösungsbetrag gewährt der Darlehensgeber einen Schuldennachlaß (auch Bonus genannt).

Die Vielfalt der zu berücksichtigenden Merkmale, die verschiedenartigen Subventionsformen und die kompliziert gestalteten Möglichkeiten der Beendigung der Bindungen erschweren eine wirtschaftlich fundierte Entscheidung bei der vorzeitigen Rückzahlung von öffentlichen Mitteln. Wenn man die Alternativverzinsung für das einzusetzende Kapital berechnet oder die Höhe der Zinsen der zur Rückzahlung einzusetzenden Fremdfinanzierungsmittel in eine Wirtschaftlichkeits- und in eine Lastenberechnung einsetzt und die Möglichkeiten der Abwälzung über eine Kostenmiete untersucht, so kann man zu dem Ergebnis kommen, daß sich wirtschaftlich eine vorzeitige Umfinanzierung nicht lohnt. Setzt man voraus, daß die Inflation weitergeht, so begibt man sich, soweit man zur Umfinanzierung keine Fremdmittel aufnimmt, der Möglichkeit, die einzelnen Raten mit sich immer mehr entwertendem Geld zurückzuzahlen. Und trotzdem führt der Drang nach freier Verfügbarkeit des Hauses oder der Wohnung in vielen Fällen zu freiwilligen vorzeitigen vollständigen Rückzahlungen öffentlicher Baudarlehen.

Eine kompetente Auskunft über die Beendigung der Bindungen erhält man bei der Stelle, die Subventionen gezahlt hat und an die der Kapitaldienst geleistet wird.

B. Steuerlich berücksichtigungsfähige Abschreibungen

Auch die Sonder- und Zusatzabschreibungen des Einkommensteuerrechts zählt man zu den staatlichen Hilfen bei der Finanzierung von Haus und Wohnung. Der Steuerpflichtige hat einen Rechtsanspruch auf die Ausnutzung dieser finanzierungswirksamen Gestaltungsmöglichkeiten.[1] Die Einzelheiten sind bei der Steuerrechnung, S. 161, dargestellt und erläutert. Von den Umständen des Einzelfalles hängt es ab, ob die, neben oder anstelle öffentlicher Darlehen und Zuschüsse, ansatzfähigen Abschreibun-

---

[1] Siehe dazu auch Dornbusch/Jasper/Piltz, Steuervorteile durch privaten Haus- und Wohnbesitz, Beck-Rechtsberater im dtv Nr. 5240.

gen zu einem Begünstigungseffekt führen. Abgesetzt werden einkommensrelevante Vermögensänderungen.

Der Wirtschaftlichkeitsberechnung nach der Berechnungsverordnung liegt die Annahme zugrunde, daß die Erträge im gesamten Zeitablauf gleich bleiben. Unterstellt man weiter, daß die Steuersätze ebenfalls gleich bleiben (eine wegen der langen Nutzungsdauer allerdings unrealistische Annahme), so ergibt sich folgende Wirkung:

„Die Sonderabschreibungen bzw. jede Abschreibung, die höher als die jeweilige Wertminderung ist, stellt einen zinslosen Kredit der Finanzverwaltung an den Steuerpflichtigen dar. In den späteren Jahren der Nutzungsdauer, wenn die vorweggenommenen Abschreibungen fehlen, d.h. die steuerlichen Abschreibungen hinter der Wertminderung zurückbleiben, muß der Steuerpflichtige in Form erhöhter Steuerzahlungen den Kredit zurückzahlen. Der Vorteil erhöhter bzw. beschleunigter Abschreibungen besteht also lediglich in einem Zinsgewinn. Bei einem progessiven Tarif, wie er in der Einkommensteuer allgemein angewendet wird und bei der Beschränkung des Steuerbemessungszeitraumes auf ein Jahr verändert sich jedoch die Steuerschuld, wenn sich die Verteilung des Einkommens im Zeitablauf verändert. Sie ist am niedrigsten, wenn das Einkommen gleichmäßig auf alle Jahre verteilt ist. Durch die Sonderabschreibung (im ersten Jahr)* wird die gleichmäßige Einkommensverteilung gestört, so daß sich die gesamte Steuerschuld in dem (Fünfjahres-)[1]Zeitraum erhöht. Ob die Steuererhöhung den Zinsgewinn kompensiert, hängt von der Zinshöhe und der Steilheit der Progression ab, die bei dem jeweiligen Steuertarif für den in Frage kommenden Einkommensbereich gilt. Bei proportionalen Steuersätzen, z.B. für Körperschaften, bleibt die Steuerschuld im (Fünfjahres-)[1]Zeitraum dagegen unverändert, so daß der Zinsgewinn unverändert erhalten bleibt.“[2]

Bei einer langfristigen Betrachtung ist gerade dann ein starkes Ansteigen der Erträge festzustellen, wenn die (steuerlichen) Abschreibungsbeträge schon verbraucht sind. In diesem Fall wird die Gesamtsteuerschuld größer. Sie wird den Zinsgewinn kompensieren, wenn nicht sogar überkompensieren. Diese Aussage ist aber mit einiger Einschränkung zu betrachten. Wenn man unterstellt, daß Adolph Wagners „Gesetz“ der wachsenden Staatsaus-

---

[1] Klammern vom Verfasser (H.S.).

[2] Vgl. dazu W. Albers, Die Einkommensbesteuerung in Frankreich seit dem Ersten Weltkrieg, Kieler Studien, Forschungsberichte des Instituts für Weltwirtschaft an der Universität Kiel 1957, S. 158f.

gaben generell gilt, so muß für die Zukunft mit steigenden Steuersätzen gerechnet werden. Außerdem sind diese Aussagen im wesentlichen nur gültig, wenn es sich um eine einmalige Investition handelt. Es wird aber häufig der Fall auftreten, daß über die wegen der Sonderabschreibung höhere Liquidität der Investoren neue Kapitalanlagen in Haus oder Wohnung induziert werden, um die Steuerbefreiung immer wieder in Anspruch nehmen zu können.

Betrachtet man das Thema „Abschreibung“ und seine Finanzierungswirkungen güterwirtschaftlich, so kommt man nicht an der Tatsache vorbei, daß bei fortlaufender Geldentwertung die Summe aller Abschreibungsbeträge nicht ausreicht, um ein gleiches Objekt, dessen Kapitalbedarf durch die Teuerung steigt, wiederzubeschaffen. Unter dem Gesichtspunkt der Substanzerhaltung wird daher immer wieder gefordert:
- Zulassung von Abschreibungen über den Anschaffungswert hinaus bis zur Höhe des Wiederbeschaffungspreises oder
- Anpassung der jährlichen Abschreibungssumme an die Preisentwicklung oder
- Aufwertung des Anschaffungspreises auf den Wiederbeschaffungspreis und Vornahme von fiktiven Abschreibungen unter Berücksichtigung der bisherigen Abschreibungen.

C. Andere mit Grundvermögen verbundene Steuern und Zulagen

1. Vermögensteuer

Ab 1997 kann eine Vermögensteuer auf den 1. 1. 1997 und die Folgejahre nicht mehr erhoben werden.

2. Erbschaft- und Schenkungsteuer

Entscheidende Änderungen ab dem 1. 1. 1996 brachte das Jahressteuergesetz 1997 (JStG 1997) v. 20. 12. 1996 (BGBl. I S. 2049). Das Bewertungsgesetz[1] sieht u.a. eine neue Grundbesitzbewertung vor:

[1] BewG nach der Änderung v. 29. 10. 1997 (BGBl. I S. 2590).

Für die Bewertung der wirtschaftlichen Einheiten des Grundvermögens verweist § 138 III BewG auf die §§ 145 bis 150 BewG, die eine typisierende Wertermittlung vorsehen.

Bei unbebauten Grundstücken bestimmt sich der Wert nach ihrer Fläche und den um 20% ermäßigten Bodenrichtwerten. Weist der Steuerpflichtige nach, daß der gemeine Wert niedriger ist, ist dieser festzustellen (§ 145 III BewG). Bebaute Grundstücke werden gem. § 146 III BewG grundsätzlich nach dem Ertragswertverfahren bewertet. Der Wert eines bebauten Grundstücks beträgt danach das 12,5fache der im Durchschnitt der letzten drei Jahre vor dem Besteuerungszeitpunkt erzielten Jahresmiete ohne Betriebskosten (§ 146 III BewG), vermindert um einen Abschlag wegen Alters des Gebäudes, der regelmäßig 0,5% für jedes Jahr seit Bezugsfertigkeit beträgt, höchstens jedoch 25% (§ 146 IV BewG). Bei Ein- und Zweifamilienhäusern ist der vorstehend beschriebene Wert um 20% zu erhöhen (§ 146 V BewG). Ist eine Jahresmiete nicht festzustellen, so ist gem. § 146 III BewG die übliche Miete als Jahresmiete anzusetzen. Die Untergrenze für den Wert eines bebauten Grundstücks bildet der Wert des Grund und Bodens, falls nicht der Steuerpflichtige einen niedrigeren gemeinen Wert nachweist (§ 146 VI, VII BewG).

Kann bei bebauten Grundstücken die übliche Miete nicht ermittelt werden – etwa bei Spezialbauten –, so bemißt sich der Wert nach der Summe der Werte für Grund und Boden und für das Gebäude. Der Gebäudewert ist der ertragsteuerliche Wertansatz im Besteuerungszeitpunkt; bei der Ermittlung des Grund- und Bodenwerts tritt an Stelle des Wertabschlags von 20% ein solcher von 30%. Da auch diese neue Grundstücksbewertung zu erbschaft- und schenkungsteuerlichen Bemessungsgrundlagen führt, die erheblich *unter* den Verkehrswerten der Grundstücke liegen, können in der Praxis die bekannten Immobiliengestaltungen – z. B. mittelbare Grundstücksschenkung, Übertragung unter Vorbehaltsnießbrauch mit oder ohne Schuldenübergang, Nutzung eines Schuldenüberhangs usw. – auch zukünftig weiter genutzt werden.

Der Wert des mit einem Erbbaurecht belasteten Grundstücks wird mit dem 18,6fachen des Erbauzinsanspruches (Jahreswert) angesetzt (§ 148 Abs. 1 bewG). Der Wert des Erbbaurechts selber ist gem. § 148 Abs. 1 Satz 2 BewG der nach dem Ertragswertverfahren ermittelte Grundstückswert abzüglich des Werts des belasteten Grundstücks (18,6fache des Erbbauzinsanspruchs). Erbbauzinsanspruch und -verpflichtung sind künftig nicht mehr gesondert anzusetzen (§ 148 Abs. 1 Satz 3 BewG).[1]

a) Steuerklassen

Die neue Steuerklasseneinteilung stellt sich gem. § 15 I ErbStG nach dem persönlichen Verhältnis des Erwerbers zum Erblasser oder Schenker wie folgt dar:

I	II	III
1. der Ehegatte, 2. die Kinder und Stiefkinder, 3. die Abkömmlinge der in Nr. 2 genannten Kinder und Stiefkinder, 4. die Eltern und Voreltern bei Erwerben von Todes wegen	1. die Eltern und Voreltern, soweit sie nicht zur Steuerklasse I gehören, 2. die Geschwister, 3. die Abkömmlinge ersten Grades von Geschwistern, 4. die Stiefeltern, 5. die Schwiegerkinder, 6. die Schwiegereltern, 7. der geschiedene Ehegatte.	1. alle übrigen Erwerber und die Zweckzuwendungen.

b) Der neue Erbschaft- und Schenkungsteuertarif

Wert des Steuerpflichtigen Erwerbs (§ 10 ErbStG) bis einschließlich Deutsche Mark	Vomhundertsatz in der Steuerklasse		
	I	II	III
100 000	7	12	17
500 000	11	17	23
1 000 000	15	22	29
10 000 000	19	27	35
25 000 000	23	32	41
50 000 000	27	37	47
über 50 000 000	30	40	50

[1] Siehe auch ErbSt-Richtlinien v. 21. 12. 98 (BStBl. 1998 I, Sondernummer 2/1998).

c) Persönliche Freibeträge

Erwerber	Freibetrag nach § 16 I ErbStG n. F.	Freibetrag nach § 16 I ErbStG a. F.
1. Ehegatten	600 000 DM	250 000 DM
2. Kinder i. S. der Steuerklasse I Nr. 2 und Kinder verstorbener Kinder i. S. der Steuerklasse I Nr. 2	400 000 DM	90 000 DM
3. Übrige Personen der Steuerklasse I (= Kinder noch lebender Kinder i. S. der Steuerklasse I Nr. 2 sowie Eltern und Voreltern bei Erwerb von Todes wegen)	100 000 DM	50 000 DM (bisher in Steuerklasse II)
4. Personen der Steuerklasse II	20 000 DM	10 000 DM (bisher in Steuerklasse III)
5. Personen der Steuerklasse III	10 000 DM	3 000 DM (bisher in Steuerklasse IV)

d) Versorgungsfreibeträge

Erwerber	Versorgungsfreibetrag nach § 17 I, II ErbStG n. F. DM	Versorgungsfreibetrag nach § 17 I, II ErbStG a. F. DM
Ehegatten	500 000	250 000
Kinder bei einem Lebensalter von		
bis zu 5 Jahren	100 000	50 000
mehr als 5 bis zu 10 Jahren	80 000	40 000
mehr als 10 bis zu 15 Jahren	60 000	30 000
mehr als 15 bis zu 20 Jahren	40 000	20 000
mehr als 20 bis zur Vollendung des 27. Jahres	20 000	10 000

Erhalten die Anspruchsberechtigten des besonderen Versorgungsfreibetrags Versorgungsbezüge, die nicht der Erbschaftsteuer unterliegen, wird der Versorgungsfreibetrag um den Kapitalwert (§§ 13, 14 BewG) der Bezüge gekürzt (§ 17 I 2 und II 2 ErbStG).

e) Schulden und Lasten in Zusammenhang mit Grundstücken

Bei der Berücksichtigung von Schulden und Lasten, die mit Grundstücken übergehen, ist zwischen Erbfällen und Schenkungen zu unterscheiden. In Erbfällen sind die Schulden vom steuerlichen Bedarfswert des Grundstücks nach §§ 138ff. BewG mit dem Nominalwert der Restschuld abzuziehen. Es kann dabei zu Schuldenüberhängen kommen (§ 10 Abs. 5 Nr. 1 ErbStG). Bei Schenkungen von belasteten Grundstücken, bei denen der Erwerber die Belastungen übernimmt, spricht man von gemischten Schenkungen, ggf. können auch Schenkungen unter Auflage vorliegen. In der Regel können in diesen Fällen die Schulden nur anteilig, und zwar in dem Verhältnis, in dem sie zum Verkehrswert des Grundstücks stehen, vom steuerlichen Bedarfswert abgezogen werden. Ist das Grundstück z.B. zu 60 v.H. belastet, gilt 40 v.H. des steuerlichen Bedarfswerts als geschenkt, in der Übernahme der 60 v.H. Belastungen liegt ggf. ein grunderwerbsteuerpflichtiger Erwerb vor.

3. Grundsteuer und Einheitswert

Der Einheitswert des Grundstückes wird nach § 76 BewG mit einem Ertragswertverfahren ermittelt für:

Einfamilienhäuser
Zweifamilienhäuser
Mietwohngrundstücke
Geschäftsgrundstücke
Gemischt genutzte Grundstücke.

Im Ertragswertverfahren (nach den Wertverhältnissen des Jahres 1964 und dem Grundstückszustand am 1. 1. 1974) rechnet die Finanzverwaltung:

Jahresrohmiete
\+ 12% bei Grundsteuerbegünstigung
\+ 24% bei Grundsteuerbeihilfen bei Arbeiterwohnstätten
\+ 3% bis 5% für vom Mieter übernommene Schönheitsreparaturen

./. Abzug bis 10% bei außergewöhnlicher Grundsteuerbelastung (soweit nicht grundsteuerbegünstigt)

= Korrigierte Jahresrohmiete × Vervielfältiger (Ein Auszug ist auf Seite 490 abgedruckt.)
= Vorläufiger Grundstückswert

./. Ermäßigung wegen	
Beeinträchtigung durch Lärm, Rauch, Gerüche Behebbarer Baumängel und Bauschäden	Bis zu 30% des vorläufigen Grundstückswertes
Notwendigkeit baldigen Abbruchs	Unbegrenzt
+ Erhöhung wegen	
Größe der nicht bebauten Fläche Nachhaltiger Nutzung für fremde Reklamezwecke	Bis zu 30%

= Grundstückswert (Einheitswert)

Anhaltspunkte für die Jahresrohmiete 1964 gibt der Mietspiegel des Landes Nordrhein-Westfalen:

Die angegebenen Rahmensätze in DM/qm Wohnfläche je Monat gelten für Wohnungen in Mehrfamilienhäusern, d.h. für Mietwohnungen. Sie sind in der Regel noch anzuheben

für freistehende Einfamilienhäuser	um 20 v.H.
für Einfamilienreihenhäuser	um 10 v.H.
für Zweifamilienhäuser	um 5 v.H.

Bei Wohnungen, die mit Bundes- oder Landesbedienstetenmitteln finanziert worden sind, liegen die Mieten im allgemeinen um 7 bis 10 v.H. über den Mieten für öffentlich geförderte Wohnungen.

Die übliche Miete betägt danach

a) für öffentlich geförderte Wohnungen: bis 2, 35 DM/qm

b) für freifinanzierte Wohnungen:

Gemeindegröße		Ausstattung				
		I. einfachste	II. einfache	III. mittlere	IV. gute	V. sehr gute
unter	5 000	1,65–2,20	2,15–2,65	2,50–3,00	2,80–3,90	3,70–5,25
bis	10 000	1,70–2,30	2,15–2,70	2,60–3,10	2,90–4,00	3,80–5,30
bis	100 000	1,75–2,35	2,25–2,75	2,65–3,15	3,00–4,20	3,90–5,40
bis	500 000	1,85–2,45	2,40–2,80	2,70–3,20	3,10–4,25	3,90–5,40
über	500 000	1,85–2,45	2,40–2,80	2,70–3,20	3,10–4,25	3,90–6,00

Die Grundstücke werden ab dem 1. 1. 1974 (Hauptfeststellung 1974) mit den Einheitswerten unter Berücksichtigung eines Zuschlages von 40% der Besteuerung zugrunde gelegt.

Je nach Grundstücksart erreichen diese Einheitswerte im Bundesdurchschnitt etwa 15 bis 45% der realen Verkehrswerte. Bei Ein- und Zweifamilienhäusern beträgt der Verkehrswert durchschnittlich mehr als das Siebenfache des Einheitswerts. Die Einheitswerte öffentlich geförderter Wohnungen sind wegen des Ansatzes niedrigerer Mieten häufig geringer als bei freifinanzierten Wohnungen.

Vervielfältiger für Einheitswerte + Bodenwertanteil nach § 80 BewG (Auszug):
Gemeindegrößen über 200 000 bis 500 000 Einwohner
(mit Multiplikatoren für Bodenwertanteil in Sonderfällen)

Baujahrgruppe	Einfamilienhäuser	Zweifamilienhäuser	Mietwohngrundstücke	gemischtgenutzte Grundstücke bis zu 50 v. H. gewerbl. Anteil	gemischtgenutzte Grundstücke über 50 v. H. gewerbl. Anteil	Geschäftsgrundst.
A bei Massivbauten mit Mauerwerk aus Ziegelsteinen, Natursteinen, Kalksandsteinen, Schwemmsteinen oder ähnlichen Steinen sowie bei Stahl- und Stahlbetonskelettbauten außer bei solchen Bauten, die unter B fallen						
Altbauten						
vor 1895	7,8	6,8	5,4	5,9	6,4	6,8
1895 bis 1899	8,0	7,0	5,5	6,0	6,5	7,0
1900 bis 1904	8,2	7,2	5,7	6,3	6,7	7,1
1905 bis 1915	8,6	7,5	6,0	6,5	7,0	7,4
1916 bis 31. 3. 1924	8,9	7,8	6,2	6,8	7,2	7,6
Neubauten						
1. 4. 1924 bis 31. 12. 1934	10,2	9,0	7,7	7,7	7,9	8,0
1. 1. 1935 bis 20. 6. 1948	10,4	9,2	7,9	7,9	8,1	8,1
Nachkriegsbauten nach dem 20. 6. 1948	11,8	10,5	9,0	9,0	8,8	8,9
B. bei Holzfachwerkbauten mit Ziegelsteinausmauerung, Gebäuden aus großformatigen Bimsbetonplatten oder ähnlichen Platten sowie bei anderen eingeschossigen massiven Gebäuden in leichter Bauausführung						
Altbauten						
vor 1908	7,3	6,5	5,1	5,5	6,1	6,5
1908 bis 1915	7,6	6,7	5,3	5,7	6,2	6,7
1916 bis 31. 3. 1924	8,1	7,1	5,7	6,2	6,7	7,1
Neubauten						
1. 4. 1924 bis 31. 12. 1934	9,4	8,5	7,2	7,2	7,5	7,6
1. 1. 1935 bis 20. 6. 1948	9,9	8,8	7,5	7,5	7,8	7,8
Nachkriegsbauten nach dem 20. 6. 1948	11,4	10,1	8,7	8,7	8,6	8,7

Baujahrgruppe	Einfamilienhäuser	Zweifamilienhäuser	Mietwohngrundstücke	gemischtgenutzte Grundstücke bis zu 50 v. H. gewerbl. Anteil	gemischtgenutzte Grundstücke über 50 v. H. gewerbl. Anteil	Geschäftsgrundst.
C. bei Holzfachwerkbauten mit Lehmausfachung und besonders haltbaren Holzbauten mit massiven Fundamenten						
Altbauten vor dem 1. 4. 1924	6,7	6,0	4,6	5,0	5,6	6,1
Neubauten 1. 4. 1924 bis 31. 12. 1934	8,0	7,3	6,1	6,1	6,5	6,8
1. 1. 1935 bis 20. 6. 1948	9,0	8,1	6,8	6,9	7,2	7,3
Nachkriegsbauten nach dem 20. 6. 1948	10,6	9,5	8,1	8,2	8,2	8,4
A, B und C	Multiplikator für Bodenwertanteil in Sonderfällen					
Altbauten und Neubauten	3,33	3,0	1,82	1,67	2,31	2,86
Nachkriegsbauten	2,22	2,0	0,91	1,67	2,31	2,86

Grundbesitz jeglicher Art unterliegt nach § 2 Grundsteuergesetz (GrStG[1]) der Grundsteuer.

Die Grundsteuer wird erhoben für:

Land- und forstwirtschaftliches Vermögen
Bebaute und unbebaute Grundstücke
Erbbaurechte
Eigentumswohnungen
Eigentumsähnliche Dauerwohnrechte.

a) Wie hängen Einheitswert, Steuermeßzahl und Steuermeßbetrag zusammen?

Zuerst stellt das Finanzamt den Einheitswert fest, unmittelbar anschließend wird der Steuermeßbetrag bestimmt. In dieser Stufe des Verfahrens, in der die Grundlagen für die Erhebung der Grundsteuer geschaffen werden, taucht als neuer Begriff die „Steuermeßzahl" auf. Mit ihr und dem Einheitswert des Grundstücks bildet man den „Steuermeßbetrag" (§ 13 GrStG).

Es gilt folgende Beziehung:

Einheitswert × Steuermeßzahl = Steuermeßbetrag.

[1] Grundsteuergesetz (GrStG) vom 7. 8. 1973 (BGBl. I, 965); zuletzt geändert durch Art. 9 des Gesetzes zur Änderung des Einführungsgesetzes zur Insolvenzordnung und anderer Gesetze (EGInsOÄndG) vom 19. Dezember 1998 (BGBl. I S. 3841).

Ab 1. 1. 1974 betragen die Steuermeßzahlen für Grundstücke (§ 15 GrStG):

- für Mietwohngrundstücke, Geschäftsgrundstücke, gemischtgenutzte Grundstücke und sonstige bebaute Grundstücke 3,5 v. T.
- für Einfamilienhäuser
  für die ersten 75 000 DM des Einheitswertes 2,6 v. T.
  für den Rest 3,5 v. T.
  Das gilt nicht für Wohnungseigentum und Wohnungserbbaurecht
  (§ 15 Abs. 2 GrStG 1974)
- Für Zweifamilienhäuser 3,1 v. T.

Die Gemeinde allein bestimmt den Hebesatz der Grundsteuer (§ 25 GrStG). Sie errechnet mit diesem Prozentsatz und dem vom Finanzamt festgesetzten Steuermeßbetrag die Grundsteuer. Die Hebesätze bewegen sich zur Zeit für Grundstücke zwischen 200 und 350 vom Hundert. Der Grundstückseigentümer erhält einen Grundsteuerbescheid, aus dem die Höhe der Jahresgrundsteuer hervorgeht und mit dem er gleichzeitig zur Zahlung aufgefordert wird. In vierteljährlichen Raten ist dann die Grundsteuer am 15. 2., 15. 5., 15. 8. und 15. 11. von dem Steuerpflichtigen an die Gemeinde zu bezahlen. Bei geringen Beträgen kommen auch Halbjahresraten oder auch nur eine einzige Zahlung im Jahr vor. Im allgemeinen verlangen die Gemeinden einen Jahresbetrag, der 30,– DM nicht übersteigt, am 15. 8. eines jeden Jahres. Bei Jahresbeträgen, die 60,– DM nicht übersteigen, müssen Halbjahresraten am 15. 2. und 15. 8. eines jeden Jahres gezahlt werden (§ 28 GrStG).

Faßt man abschließend die einzelnen Schritte zusammen, aus denen das Prinzip der Grundsteuerfestsetzung besteht, so ergibt sich folgende Kombination:

Jahresrohertrag × Vervielfältiger = Einheitswert × Steuermeßzahl = Steuermeßbetrag × Hebesatz = Jahresgrundsteuer : 4 = Vierteljahresbetrag der Grundsteuer.

Beispiel:

Einheitswert eines Einfamilienhauses	DM 50 000
Steuermeßzahl 2,6 v. T. von 50.000 = Steuermeßbetrag von	DM 130
Wenn die Gemeinde einen Hebesatz von 300 v. H. festgelegt hat, beträgt die jährliche Grundsteuer 130 DM × 300 v. H. =	DM 390.

b) Grundsteuerermäßigung nach dem II. Wohnungsbaugesetz

Diese Grundsteuervergünstigung ist nach dem Steuerreformgesetz 1990 auf neugeschaffene Wohnungen beschränkt, die bis zum 31. 12. 1989 bezugsfertig geworden sind.

10 Jahre lang verzichten die Gemeinden bei neugeschaffenem Wohnraum auf Teile der Grundsteuer. (§§ 82, 92a[1]–94a II. WoBauG). Das Finanzamt berechnet in diesem Zeitraum den Steuermeßbetrag nur nach dem Teil des jeweils maßgebenden Einheitswerts, der auf den Grund und Boden entfällt. Dieser Bodenwertanteil wird im Verfahren bei der Festsetzung des Steuermeßbetrages ermittelt. Bei der nach dem Ertragswertverfahren vorgenommenen Bewertung wird zunächst der Anteil des Bodenertrags, er in der Jahresrohmiete enthalten ist, pauschal errechnet. Diese je nach Grundstückarten, Baujahrsgruppen und Gemeindegrößen unterschiedlich festgesetzten Multiplikatoren (siehe S. 490) ergeben nach ihrer Anwendung auf die Jahresrohmiete den Bodenwertanteil.

c) Vorschriften für die neuen Länder

Grundsteuer für Steuergegenstände in dem in Artikel 3 des Einigungsvertrages genannten Gebiet ab dem Kalenderjahr 1991

„§ 40 Land- und forstwirtschaftliches Vermögen

Anstelle der Betriebe der Land- und Forstwirtschaft im Sinne des § 2 tritt das zu einer Nutzungseinheit zusammengefaßte Vermögen im Sinne des § 125 Abs. 3 des Bewertungsgesetzes. Schuldner der Grundsteuer ist abweichend von § 10 der Nutzer des land- und forstwirtschaftlichen Vermögens (§ 125 Abs. 2 des Bewertungsgesetzes). Mehrere Nutzer des Vermögens sind Gesamtschuldner.

§ 41 Bemessung der Grundsteuer für Grundstücke nach dem Einheitswert

Ist ein im Veranlagungszeitpunkt für die Grundsteuer maßgebender Einheitswert 1935 festgestellt oder festzustellen (§ 132 des Bewertungsgesetzes), gelten bei der Festsetzung des Steuermeßbetrags abweichend von

---

[1] § 92 II. WoBauG behandelte die Grundsteuervergünstigung für Wohnungen die bis zum 31. 12. 1973 fertiggestellt wurden. Wegen der Änderung des Bewertungsrechts ist für alle später fertiggestellten Wohnungen § 92a. II. WoBauG anzuwenden.

§ 15 die Steuermeßzahlen der weiter anwendbaren §§ 29 bis 33 der Grundsteuerdurchführungsverordnung vom 1. Juli 1937 (RGBl. I S. 733). Die ermäßigten Steuermeßzahlen für Einfamilienhäuser gelten nicht für das Wohnungseigentum und das Wohnungserbbaurecht einschließlich des damit belasteten Grundstücks.

§ 42 Bemessung der Grundsteuer für Mietwohngrundstücke und Einfamilienhäuser nach der Ersatzbemessungsgrundlage

(1) Bei Mietwohngrundstücken und Einfamilienhäusern, für die ein im Veranlagungszeitpunkt für die Grundsteuer maßgebender Einheitswert 1935 nicht festgestellt oder festzustellen ist (§ 132 des Bewertungsgesetzes), bemißt sich der Jahresbetrag der Grundsteuer nach der Wohnfläche und bei anderweitiger Nutzung nach der Nutzfläche (Ersatzbemessungsgrundlage).

(2) Bei einem Hebesatz von 300 vom Hundert für Grundstücke beträgt der Jahresbetrag der Grundsteuer für das Grundstück

a) für Wohnungen, die mit Bad, Innen-WC und Sammelheizung ausgestattet sind,
   2 Deutsche Mark je m² Wohnfläche,
b) für andere Wohnungen
   1,50 Deutsche Mark je m² Wohnfläche,
c) je Abstellplatz für Personenkraftwagen in einer Garage
   10 Deutsche Mark.

Für Räume, die anderen als Wohnzwecken dienen, ist der Jahresbetrag je m² Nutzfläche anzusetzen, der für die auf dem Grundstück befindlichen Wohnungen maßgebend ist.

(3) Wird der Hebesatz abweichend von Absatz 2 festgesetzt, erhöhen oder vermindern sich die Jahresbeträge des Absatzes 2 in dem Verhältnis, in dem der festgesetzte Hebesatz für Grundstücke zu dem Hebesatz von 300 vom Hundert steht. Der sich danach ergebende Jahresbetrag je m² Wohn- oder Nutzfläche wird auf volle Deutsche Pfennig nach unten abgerundet.

(4) Steuerschuldner ist derjenige, dem das Gebäude bei einer Feststellung des Einheitswerts gemäß § 10 zuzurechnen wäre. Das gilt auch dann, wenn der Grund und Boden einem anderen gehört.

§ 43 Steuerfreiheit für neugeschaffene Wohnungen

(1) Für Grundstücke mit neugeschaffenen Wohnungen, die nach dem 31. Dezember 1980 und vor dem 1. Januar 1992 bezugsfertig geworden sind oder bezugsfertig werden, gilt folgendes:

1. Grundstücke mit Wohnungen, die vor dem 1. Januar 1990 bezugsfertig geworden sind, bleiben für den noch nicht abgelaufenen Teil eines zehnjährigen Befreiungszeitraums steuerfrei, der mit dem 1. Januar des Kalenderjahres beginnt, das auf das Jahr der Bezugsfertigkeit des Gebäudes folgt;

2. Grundstücke mit Wohnungen, die im Kalenderjahr 1990 bezugsfertig geworden sind, bis zum 31. Dezember 2000 steuerfrei;
3. Grundstücke mit Wohnungen, die im Kalenderjahr 1991 bezugsfertig werden, sind bis zum 31. Dezember 2001 steuerfrei.

Dies gilt auch, wenn vor dem 1. Januar 1991 keine Steuerfreiheit gewährt wurde.

(2) Befinden sich auf einem Grundstück nur zum Teil steuerfreie Wohnungen im Sinne des Absatzes 1, gilt folgendes:
1. Wird die Grundsteuer nach dem Einheitswert bemessen (§ 41), bemißt sich der Steuermeßbetrag für den sich aus Absatz 1 ergebenden Befreiungszeitraum nur nach dem Teil des jeweils maßgebenden Einheitswerts, der auf die steuerpflichtigen Wohnungen und Räume einschließlich zugehörigen Grund und Bodens entfällt. Der steuerpflichtige Teil des Einheitswerts wird im Steuermeßbetragsverfahren ermittelt.
2. Ist die Ersatzbemessungsgrundlage Wohn- oder Nutzfläche maßgebend (§ 42), bleibt während der Dauer des sich aus Absatz 1 ergebenden Befreiungszeitraums die Wohnfläche der befreiten Wohnungen bei Anwendung des § 42 außer Ansatz.

(3) Einer Wohnung stehen An-, Aus- oder Umbauten gleich, die der Vergrößerung oder Verbesserung von Wohnungen dienen. Voraussetzung ist, daß die Baumaßnahmen zu einer Wertfortschreibung geführt haben oder führen.

§ 44 Steueranmeldung

(1) Soweit die Grundsteuer nach der Wohn- oder Nutzfläche zu bemessen ist, hat der Steuerschuldner eine Steuererklärung nach amtlich vorgeschriebenem Vordruck abzugeben, in der er die Grundsteuer nach § 42 selbst berechnet (Steueranmeldung).

(2) Der Steuerschuldner hat die Berechnung der Grundsteuer den Hebesatz zugrunde zu legen, den die Gemeinde bis zum Beginn des Kalenderjahres bekanntgemacht hat, für das die Grundsteuer erhoben wird. Andernfalls hat er die Grundsteuer nach dem Hebesatz des Vorjahres zu berechnen; für das Kalenderjahr 1991 gilt insoweit ein Hebesatz von 300 vom Hundert.

(3) Die Steueranmeldung ist für jedes Kalenderjahr nach den Verhältnissen zu seinem Beginn bis zu dem Fälligkeitstag abzugeben, zu dem Grundsteuer für das Kalenderjahr nach § 28 erstmals fällig ist. Für die Entrichtung der Grundsteuer gilt § 28 entsprechend.

§ 45 Fälligkeit von Kleinbeträgen

Hat der Rat der Stadt oder Gemeinde vor dem 1. Januar 1991 für kleinere Beträge eine Zahlungsweise zugelassen, die von § 28 Abs. 2 und 3 abweicht, bleibt die Regelung bestehen, bis sie aufgehoben wird.

§ 46 Zuständigkeit der Gemeinden

Die Festsetzung und Erhebung der Grundsteuer obliegt bis zu einer anderen landesrechtlichen Regelung den Gemeinden."

Für alle Mietwohngrundstücke und Einfamilienhäuser, für die ein Einheitswert nach den Verhältnissen von 1935 festgestellt worden oder noch festzustellen ist, wird der Grundsteuermeßbetrag in der Weise ermittelt, daß der Einheitswert mit der Grundsteuermeßzahl aus den §§ 29 bis 33 GrStDV v. 1. Juli 1937 vervielfältigt wird anstelle der Grundsteuermeßzahl des § 15 GrStG. Die GrStDV 1937 gilt in diesem Umfang in den neuen Ländern weiter.

Die Steuermeßzahlen der GrStDV 1937 sind nach Gemeindegrößen, nach Altbauten (bezugsfertig bis 31. März 1923) und Neubauten (bezugsfertig ab 1. April 1924) und nach Gebäuden und Einfamilienhäusern gestaffelt. Sie betragen zwischen 10 und 5 v.T. Sie sind in § 29 GrStDV wie folgt aufgeführt:

	Gemeindegröße		
	bis 25000 Einwohner	von 25000 bis 1 Mio. Einwohner	über 1 Mio. Einwohner
Altbauten und Einheitswerte über 30000 DM für Einfamilienhäuser	10	10	10
Einfamilienhäuser der Altbauten	10	8	6
Neubauten	8	7	6
Einfamilienhäuser der Neubauten	8	6	5

Die fast vollständige und dauerhafte Grundsteuerbefreiung in den neuen Ländern wurde durch die Sondervorschrift des neuen § 43 aufgehoben und für alle neugeschaffenen Wohnungen ohne besondere Voraussetzungen eine zehnjährige Grundsteuerbefreiung eingeführt. Wegen der zeitlichen Begrenzung siehe § 43 Abs. 1 GrStG. Diese Regelung unterscheidet sich von der Grundsteuervergünstigung nach § 92a II. WoBauG, bei der der Bodenwertanteil des Grundstücks nicht von der Grundsteuervergünstigung erfaßt war. Die begünstigten Grundstücke sind in vollem Umfang von der Grundsteuer befreit. Siehe auch die Erläuterungen des BMF in Bundessteuerblatt 1991, Teil I, S. 30.

D. Gebührenbefreiung beim Wohnungsbau

Das Gesetz über Gebührenbefreiungen beim Wohnungsbau wurde mit dem Steuerreformgesetz 1990 aufgehoben. Geschäfte bleiben weiterhin von den in der Kostenordnung bestimmten Gerichtsgebühren befreit, wenn der Antrag auf Vornahme des gebührenpflichtigen Geschäfts bis zum 31. 12. 1989 bei Gericht eingegangen ist.

E. Grunderwerbsteuerbefreiung[1]

Für jede Übertragung von Vermögen an Grundstücken verlangt der Staat eine Steuer: die Grunderwerbsteuer. Sie fließt überwiegend den Gemeinden und den Kreisen zu und macht bis zum 31. 12. 1982 7% der im Kaufvertrag vereinbarten Gegenleistung für den Verkauf des Grundstücks aus. Wegen der Beurkundungspflicht für alle Grundstücksgeschäfte kommt der Fiskus leicht an diese Steuerquelle heran. Die entstehende Steuerlast kann, wie bei allen Verkehrsteuern (insbesondere bei der Umsatzsteuer) auf den Käufer überwälzt werden, wenn entsprechende Marktverhältnisse bestehen.[2]

Nach § 22 Abs. 1 Satz 1 GrEStG darf der Erwerber eines Grundstücks i. S. von § 2 GrEStG erst dann als Eigentümer in das Grundbuch eingetragen werden, wenn eine Bescheinigung des für die Besteuerung zuständigen FA vorgelegt wird, aus der sich ergibt, daß der Eintragung keine steuerlichen Bedenken entgegenstehen. Im Rahmen des StEntlG 1999/2000/2002 wurde in § 22 Abs. 1 GrEStG ein neuer Satz 2 aufgenommen, der vorsieht, daß die obersten FinBeh der Länder im Einvernehmen mit den Landesjustizverwaltungen Ausnahmen zulassen können.

Im Dezember 1982 wurde vom Gesetzgeber eine Reform des Grunderwerbsteuerrechtes beschlossen. Das Grunderwerbsteuergesetz 1983 (GrEStG 1983) vom 17. 12. 1982 (BGBl. I 1777) ver-

---

[1] Siehe: Boruttau, Grunderwerbsteuergesetz, Kommentar, München. Pahlke/Frenz, Grunderwerbsteuer, Kommentar München.

[2] Zu Fragen der Grunderwerbsteuer bei Bauherrenmodellen siehe BFH-Grundsatzurteil v. 19. 7. 1989 II R 95/87, Betriebs-Berater 1989 S. 1811 f.

mindert den Steuersatz von bisher 7% auf 2%. Der Steuerbefreiungskatalog wurde fast vollständig aufgehoben (Landes- und bundesrechtliche Steuerbestimmungen). Die Steuer beträgt 3,5% für Erwerbsvorgänge nach dem 31. 12. 1996.

Freigestellt sind nun Grundstückserwerbe, wenn der für die Besteuerung maßgebliche Wert unter DM 5000,– liegt. Befreit sind nur noch Grundstückserwerbe von Todes wegen oder Grundstücksschenkungen unter Lebenden im Sinne des Erbschaft- und Schenkungsteuergesetzes. Die Steuer wird nicht erhoben bei Grundstückserwerben durch Miterben zur Teilung des Nachlasses und Grundstückserwerben durch den Ehegatten, den früheren Ehegatten oder Personen, die mit dem Veräußerer in gerader Linie verwandt sind und deren Ehegatten. Ebenso werden nicht belastet Erwerbsvorgänge bei der Baulandumlegung und bei der Flurbereinigung (siehe dazu §§ 3–7 GrEStG 1983, – Beck-Texte im dtv, Nr. 5550).

Die bisher eingeräumten Befreiungstatbestände gelten für die früheren Erwerbsvorgänge weiter. Da die Grunderwerbsteuerbefreiung in vielen Fällen materiell nur vorläufig erfolgt ist und noch in der Zukunft liegende Fristen wirksam werden können, kann es zu Tatbeständen kommen, die einen Anspruch auf Nacherhebung der Steuer bewirken (siehe dazu: Einführungserlaß zum Grunderwerbsteuergesetz 1983 vom 21. 12. 1982, Beck-Texte a.a.O., S. 204). Es empfiehlt sich im Regelfall die Grunderwerbsteuer in die Kapitalbedarfsrechnung einzubeziehen.

Nicht selten werden Kaufverträge für Grundstücke abgeschlossen, die später aus den verschiedensten Gründen nicht erfüllt werden. Manchmal wird das vorgesehene Objekt nicht gebaut oder der Käufer kann seinen übernommenen Verpflichtungen nicht nachkommen. Die Grunderwerbsteuer ist manchmal schon bezahlt oder wird fällig, weil die Voraussetzungen für die Steuervergünstigungen nicht mehr eingehalten werden können. Ist der Erwerber noch nicht im Grundbuch als Eigentümer eingetragen, so reicht ein in privatschriftlicher Form abgefaßter Aufhebungsvertragdes notariell beurkundeten Grundstückskaufvertrages aus.[1] Hat da-

---

[1] Zu dabei entstehenden Problemen siehe: Reinicke und Tiedtke, Das Anwartschaftsrecht des Auflassungsempfängers und die Formbedürftigkeit der Aufhebung eines Grundstückskaufvertrages, NJW 1982, S. 2281 f.

gegen der Eigentumswechsel bereits im Grundbuch stattgefunden, so muß von den gleichen Personen des ersten Vertrages ein zweiter notariell zu beurkundender Rückübertragungsvertrag mit Rückauflassung abgeschlossen werden. Werden diese Verträge dem Finanzamt vorgelegt, so sind diese Vorgänge grunderwerbsteuerfrei. Das Finanzamt erstattet auf Antrag entweder die bezahlte Grunderwerbsteuer zurück oder erläßt eine bis dahin gestundete Grunderwerbsteuer endgültig, wenn folgende Bedingung erfüllt ist:

- Die Vertragsaufhebung oder die Rückgängigmachung muß innerhalb von 2 Jahren erfolgen. Die maßgebliche 2-Jahresfrist ist in den Fällen des Rückerwerbs nur dann als gewahrt anzusehen, wenn innerhalb dieser Frist die Auflassung erklärt und die Eintragung in das Grundbuch beantragt ist. Auf den Zeitpunkt der tatsächlichen Eintragung kommt es nicht an.
- Die Frist beginnt mit dem Zeitpunkt, in dem das Grundstücksgeschäft steuerpflichtig geworden ist (Tag des Abschlusses des Kaufvertrages).

Mit dem Einigungsvertrag werden rückwirkend zum 1. 1. 1991 folgende Befreiungstatbestände in § 4 GrEStG aufgenommen:

„Von der Besteuerung sind ausgenommen:

...

4. der Erwerb eines Grundstücks durch eine Kapitalgesellschaft, wenn das Grundstück vor dem 1. Januar 1993 nach den Vorschriften des Gesetzes über die Spaltung der von der Treuhandanstalt verwalteten Unternehmen vom 5. April 1991 (BGBl. I S. 854) auf die Kapitalgesellschaft übergeht,
5. der Erwerb eines Grundstücks, das nach Artikel 22 Abs. 4 des Einigungsvertrages in das Eigentum einer Kommune übergegangen ist, wenn der Erwerb vor dem 1. Januar 1993 durch eine Wohnungsgesellschaft erfolgt, deren Anteile ausschließlich der übertragenden Kommune gehören."

F. Private Veräußerungsgeschäfte – Abgrenzung gewerblicher Grundstückshandel zur privaten Vermögensverwaltung

Im Zusammenhang mit einer Ermäßigung oder Befreiung von der Grunderwerbsteuer für einen Veräußerungsvorgang tritt die Frage auf: Von welchem Zeitpunkt an kann man Haus oder Wohnung verkaufen, ohne daß für den Mehrerlös Einkommensteuer bezahlt werden muß?

Bei einer Veräußerung von privaten Grundstücken entstehende Gewinne in der Einkunftsart „Vermietung und Verpachtung" sind steuerfrei. Es handelt sich um einen steuerlich nicht bedeutsamen Vorgang in der Vermögenssphäre des privaten Eigentümers. Liegen aber zwischen Anschaffung und Veräußerung nicht mehr als zwei Jahre, so sind erzielte Überschüsse Einkünfte aus Spekulationsgeschäften (§§ 22 Nr. 2; 23 Abs. 1 Nr. 1 EStG). Es kommt dabei nicht darauf an, ob eine Spekulationsabsicht bestand. Allerdings muß immer eine „Anschaffung" vorliegen, nicht die „Herstellung" eines Wirtschaftsgutes.

Der Gesetzgeber hat ab dem 1. 1. 1999 die Spekulationsfrist für Veräußerungsgewinne bei privaten, nicht eigengenutzten Grundstücken auf 10 Jahre erweitert. Dabei ist ein innerhalb dieses 10-Jahres-Zeitraumes fertiggestelltes Gebäude in die Ermittlung der Einkünfte einzubeziehen.

Eine Ausnahme sieht das Gesetz für ausschließlich zu eigenen Wohnzwecken genutzten Grundbesitz vor, sofern diese Nutzung zwischen Anschaffung oder Fertigstellung und Veräußerung (oder im Jahr der Veräußerung und in den letzten beiden vorausgegangenen Jahren) erfolgte. Die Mobilität der Arbeitnehmer sollte nicht durch eine Verlängerung der Spekulationsfrist eingeschränkt und behindert werden.

Von einigen speziellen Fällen abgesehen, sind für die Berechnung der Spekulationsfrist die Zeitpunkte der obligatorischen Geschäfte (§§ 187–193 BGB) für die Anschaffung und für die Veräußerung maßgeblich.

Spekulationsgewinn (jetzt „Gewinn aus Veräußerungsgeschäften") ist der Unterschied zwischen dem Veräußerungserlös einerseits und den Herstellungs- oder Anschaffungskosten und den Werbungskosten andererseits, sofern er im Kalenderjahr mindestens DM 1000,– beträgt (§ 23 Abs. 3 EStG). Dieser Überschuß ist in dem Jahr zu versteuern, in dem er tatsächlich zufließt.

Die Besteuerung von Immobilienspekulationsgeschäften ist im Falle der Veräußerung durch Neufassung des § 23 Abs. 3 Satz 3 EStG ausgedehnt worden: Die Anschaffungs- oder Herstellungskosten sind um Absetzungen für Abnutzung, erhöhte Absetzungen und Sonderabschreibungen zu verringern, soweit sie bei der Ermittlung der Einkünfte i. S. des § 2 Abs. 1 Satz 1 Nr. 4 bis 6 EStG abgezogen worden sind. Nach § 52 Abs. 22 EStG wirkt diese Regelung auf Veräußerungsgeschäfte zurück, bei denen der Stpfl. das Wirtschaftsgut nach dem 31. 7. 1995 anschafft oder veräußert. Es ist folglich eine rückwirkende Steuerverschärfung eingetreten. Die Anschaffungs- oder Herstellungskosten sind nicht um die Abzugsbeträge nach den §§ 10e, 10f und 10h EStG oder § 7 FördG und die Eigenheimzulage zu kürzen.

Erhöhte Aufmerksamkeit ist bei privaten Grundstücksgeschäften auch dann nötig, wenn der Zeitraum zwischen Anschaffung und Veräußerung zwei Jahre übersteigt. Immer dann, wenn aus einem privaten Vermögen häufiger solche An- und Verkäufe vorgenommen werden, prüfen die Finanzbehörden, ob die bis dahin aus der Vermietung der Grundstücke erzielten Einkünfte aus Vermietung und Verpachtung im Augenblick der Veräußerung in einen gewerblichen Gewinn umschlagen, der zu steuerpflichtigen gewerblichen Einkünften führt. Die Abgrenzung begegnet großen Schwierigkeiten.

In der Rspr. des BFH zeichnet sich immer deutlicher ab, daß bei der Abgrenzung zwischen gewerblichem Grundstückshandel einerseits und Vermögensverwaltung andererseits dann strengere Maßstäbe angelegt werden, wenn der Stpfl. beruflich oder betrieblich mit dem Bau- und Grundstücksmarkt verbunden ist. In diesem Zusammenhang werden in dem hier besprochenen U. als Berufe bzw. Tätigkeiten, die dem Bau- oder Grundstücksmarkt verbunden sind, genannt: Architekt, Bauingenieur, Immobilienmakler, Bauunternehmer, Baubetreuer.

Der Große Senat des BFH entschied mit Beschluß v. 3. 7. 1995 (BStBl. II 617), daß die von der Rechtsprechung entwickelten Beweisanzeichen (z.B. die „Drei-Objekt-Theorie") dazu dienen, eine die Gleichheit der Rechtsanwendung notwendige Zuordnung von Grundstücksgeschäften zu gewährleisten (siehe auch BFH-Urteil IR 118/97 v. 18. 5. 1999).

G. Wohnungsbauprämien – Vorsorgeaufwendungen (Sonderausgaben)

Diese Subventionsarten auf die Rechtsansprüche bestehen, sind auf den S. 325 und 342 ausführlich dargestellt. Die Sparwilligkeit soll angereizt werden. Es profitiert nur derjenige von diesen Subventionen, der in der Lage ist, die erforderlichen Beiträge nicht verbrauchen zu müssen, sondern sie beiseite legen zu können. Das hohe Aufkommen solcher Mittel läßt darauf schließen, daß erhebliche Teile der Bevölkerung über ein entsprechendes Einkommen verfügen.

H. Wohngeld: Miet- und Lastenzuschuß

Jeder Mieter einer Wohnung oder eines Zimmers kann einen Mietzuschuß erhalten, wenn er die im Wohngeldgesetz festgelegten Voraussetzungen erfüllt. Auf einen Lastenzuschuß hat der Eigentümer eines Eigenheimes oder einer Eigentumswohnung einen Rechtsanspruch. Es ist gleichgültig, ob es sich um einen Altbau oder Neubau handelt oder ob die Wohnung oder das Haus öffentlich gefördert, steuerbegünstigt oder freifinanziert sind. Bei der Erhöhung des Einkommens, die durch Zahlung von Wohngeld (Miet- oder Lastenzuschuß) eintritt, handelt es sich um die Absicht, über ein differenziertes Verfahren auf das Verhältnis von Miete bzw. Belastung und Einkommen einzuwirken. Das Wohngeld soll als Individualsubvention auch die Objektförderung des sozialen Wohnungsbaus ergänzen. Es wird das Ziel verfolgt, zur wirtschaftlichen Sicherung eines angemessenen und familiengerechten Wohnens beizutragen. Das Gesetz legt fest, welcher Teil des Wohnaufwandes von den Haushalten selbst zu tragen ist. Gleichzeitig wird aber auch nicht in jedem Falle die Differenz zwischen der für tragbar gehaltenen eigenen Leistung und der anfallenden Miete oder Belastung abgedeckt. Es werden nur Mieten und Belastungen bis zu Höchstgrenzen berücksichtigt, die nach Haushaltsgröße und mietpreisbestimmenden Faktoren, wie Mietenstufe, Baualter und Ausstattung der Wohnung gestaffelt sind.

Der zweite Teil der Wohngeldverordnung (WoGV) (§ 2 bis 8) befaßt sich mit der Wohngeld-Mietenermittlung. Das Familieneinkommen wird auf spezielle, sehr differenzierte Weise berechnet. Ausführliche Tabellen des WoGG von mehr als 35 DIN A 4 Seiten geben an, bei welchem Einkommen und welcher zu berücksichtigenden Miete oder Belastung wieviel Wohngeld gezahlt werden kann.

Bei der Gewährung des Wohngeldes wird die Miete oder Belastung insoweit nicht berücksichtigt, als sie monatlich folgende Höchstbeträge übersteigt ab 1. 1. 1992:

bei einem Haushalt mit	in Gemeinden mit Mieten der Stufe	für Wohnraum, der bezugsfertig geworden ist						
		bis zum 31. Dezember 1965			ab 1. Januar 1966 bis zum 31. Dezember 1977		ab 1. Januar 1978 bis zum 31. Dezember 1991	ab 1. Januar 1992
		ohne Sammelheizung und ohne Bad oder Duschraum	mit Sammelheizung oder mit Bad oder Duschraum	mit Sammelheizung und mit Bad oder Duschraum	sonstiger Wohnraum	Wohnraum mit Sammelheizung und mit Bad oder Duschraum		
		Deutsche Mark						
einem Alleinstehenden	I	220	255	310	275	355	380	445
	II	235	270	335	295	380	405	475
	III	250	290	355	315	405	430	505
	IV	270	315	380	340	435	465	545
	V	290	335	410	365	470	500	585
	VI	310	360	440	390	500	535	625
zwei Familienmitgliedern	I	285	330	400	360	460	490	575
	II	305	350	430	380	490	525	615
	III	325	375	455	405	525	555	655
	IV	350	405	495	440	565	600	705
	V	375	435	530	470	605	645	760
	VI	400	465	565	505	650	690	810
drei Familienmitgliedern	I	310	395	480	425	550	585	690
	II	360	420	515	455	585	625	740
	III	385	445	545	485	625	665	785
	IV	415	480	590	525	675	715	850
	V	445	520	635	560	725	770	910
	VI	475	555	675	600	775	825	970
vier Familienmitgliedern	I	395	455	560	495	640	680	800
	II	420	485	595	530	680	725	855
	III	445	520	635	565	725	770	910
	IV	485	560	685	610	785	835	985
	V	520	600	735	655	840	895	1 055
	VI	555	645	785	700	900	955	1 130
fünf Familienmitgliedern	I	450	520	635	565	730	775	910
	II	480	555	680	605	775	825	975
	III	510	590	725	640	825	880	1 035
	IV	550	640	780	695	895	950	1 120
	V	590	685	840	745	960	1 020	1 200
	VI	630	735	895	795	1 025	1 090	1 285
Mehrbetrag für jedes weitere Familienmitglied	I	55	65	80	70	90	95	110
	II	60	70	85	75	100	105	120
	III	65	75	90	80	105	110	125
	IV	70	80	95	85	110	120	135
	V	75	85	105	90	120	125	145
	VI	80	90	110	100	125	135	155"

Für die Finanzierung von Haus und Wohnung ist der Mietzuschuß insoweit von Bedeutung als er die Mietzahlungsfähigkeit der Mieter des Objekts verbessert. Ein gewisser Einfluß auf die Verminderung des Mietausfallwagnisses ist nicht zu übersehen.

Unmittelbar auf die Finanzierung eigengenutzter Wohnungen und Häuser wirken sich die Bestimmungen über die Wohngeld-Lastenberechnung (Dritter Teil der WoGV – §§ 9 bis 16 –) aus.

In § 14 WoGV ist festgelegt, daß als Bewirtschaftungskosten angesetzt werden können: jährlich DM 30,– pro m^2 Wohnfläche (pauschal) zuzüglich entrichteter Grundsteuer sowie die an einen Dritten für die Verwaltung geleisteten Beträge. Hinzukommen die Aufwendungen für den Kapitaldienst (Zins und Tilgungen) (§ 13 WoGV). Als Tilgungen sind auch die

a) Prämien für Personenversicherungen zur Rückzahlung von Festgeldhypotheken und

b) Bausparbeiträge, wenn der angesparte Betrag für die Rückzahlung von Fremdmitteln zweckgebunden ist,

in Höhe von 2 vom Hundert dieser Fremdmittel auszuweisen.

Für die neuen Bundesländer gilt das Gesetz über die Einführung eines Wohngeldsondergesetzes für das in Artikel 3 des Einigungsvertrages genannte Gebiet, die Zweite Änderung des Wohngeldgesetzes und anderer wohngeldrechtlicher Vorschriften (WoGSoG) v. 22. 12. 1993, BGBl. I S. 2438. Diese Sonderregelung in den neuen Ländern wurde bis zum 31. 12. 2000 verlängert. Eine Erhöhung des Wohngeldes ist ab 2001 geplant.

Für das Gebiet des Einigungsvertrages gilt seit 1. 1. 1997:

bei einem Haushalt mit	für Wohnraum, der bezugsfertig geworden ist		
	bis zum 31. Dezember 1991		ab 1. Januar 1992
	ohne Sammelheizung	mit Sammelheizung	
	Deutsche Mark		
einem Alleinstehenden	360	455	505
zwei Familienmitgliedern	465	590	650
drei Familienmitgliedern	555	700	775
vier Familienmitgliedern	645	820	905
fünf Familienmitgliedern	735	930	1030
Mehrbetrag für jedes weitere Familienmitglied	90	115	125

Anlage
(zu § 1 Abs. 3)

Mietenstufen der Gemeinden (§ 8 Abs. 1 bis 5 des Wohngeldgesetzes) nach Ländern ab 1. Januar 1990 *)

Nachstehend werden bezeichnet als

Gemeinden: einzelne Gemeinden mit 20 000 und mehr Einwohnern (§ 8 Abs. 4 Nr. 1 WoGG) – Stand 30. Juni 1988 –

Kreise: nach Kreisen zusammengefaßte Gemeinden mit weniger als 20 000 Einwohnern und gemeindefreie Gebiete (§ 8 Abs. 4 Nr. 2 WoGG) **)

Baden-Württemberg

Gemeinde	Mietenstufe
Aalen	2
Achern	2
Albstadt	2
Backnang	2
Baden-Baden	4
Balingen	2
Biberach a. d. Riß	2
Bietigheim-Bissingen	3
Böblingen	4
Bretten	1
Bruchsal	2
Bühl	2
Calw	2
Crailsheim	2
Ditzingen	4
Ehingen (Donau)	2
Ellwangen (Jagst)	1
Emmendingen	4
Esslingen am Neckar	4
Ettlingen	3
Fellbach	4
Filderstadt	4
Freiburg i. Breisgau	4
Freudenstadt	3
Friedrichshafen	3
Gaggenau	2
Geislingen a. d. Steige	2
Göppingen	3
Heidelberg	4
Heidenheim a. d. Brenz	2
Heilbronn	3
Herrenberg	3
Horb am Neckar	2
Karlsruhe	3
Kehl	3
Kirchheim unter Teck	4
Konstanz	5
Kornwestheim	4
Lahr/Schwarzwald	3
Leinfelden-Echterdingen	4
Leonberg	4
Leutkirch im Allgäu	1
Lörrach	4
Ludwigsburg	3
Mannheim	4
Mosbach	2
Mühlacker	2
Nagold	3
Neckarsulm	2
Nürtingen	4
Offenburg	2
Ostfildern	4
Pforzheim	3
Radolfzell am Bodensee	3
Rastatt	3
Ravensburg	3
Reutlingen	3
Rheinfelden (Baden)	3
Rottenburg am Neckar	3
Rottweil	2
Schorndorf	3
Schwäbisch Gmünd	3
Schwäbisch Hall	2
Sindelfingen	4
Singen (Hohentwiel)	3
Sinsheim	2
Stuttgart	5
Tübingen	5
Tuttlingen	3
Ulm	3
Vaihingen a. d. Enz	3
Villingen-Schwenningen	2

*) Zugrunde liegen Daten der Wohngeldstatistik zum 31. Dezember 1988 einschließlich der bis zum 31. März 1989 erfolgten rückwirkenden Bewilligungen

**) Ausgenommen: Bückeburg, Heide, Henstedt-Ulzburg, Kitzingen.

(Fortsetzung **Baden-Württemberg**)

Gemeinde	Mieten-stufe	Gemeinde	Mieten-stufe
Waiblingen	4	Weinheim	3
Waldshut-Tiengen	2	Weinstadt	3
Wangen im Allgäu	2	Wertheim	2
Weil am Rhein	3	Wiesloch	3
Weingarten	3	Winnenden	3

Kreis	Mieten-stufe	ohne die Gemeinden
Alb-Donau-Kreis	1	Ehingen (Donau)
Biberach	1	Biberach a. d. Riß
Bodenseekreis	3	Friedrichshafen
Böblingen	4	Böblingen, Herrenberg, Leonberg, Sindelfingen
Breisgau-Hochschwarzwald	3	—
Calw	2	Calw, Nagold
Emmendingen	2	Emmendingen
Enzkreis	2	Mühlacker
Esslingen	3	Esslingen am Neckar, Filderstadt, Kirchheim unter Teck, Leinfelden-Echterdingen, Nürtingen, Ostfildern
Freudenstadt	1	Freudenstadt, Horb am Neckar
Göppingen	2	Geislingen a. d. Steige, Göppingen
Heidenheim	1	Heidenheim a. d. Brenz
Heilbronn	1	Neckarsulm
Hohenlohekreis	1	—
Karlsruhe	1	Bretten, Bruchsal, Ettlingen
Konstanz	2	Konstanz, Radolfzell am Bodensee, Singen (Hohentwiel)
Lörrach	2	Lörrach, Rheinfelden (Baden), Weil am Rhein
Ludwigsburg	3	Bietigheim-Bissingen, Ditzingen, Kornwestheim, Ludwigsburg, Vaihingen a. d. Enz
Main-Tauber-Kreis	1	Wertheim
Neckar-Odenwald-Kreis	1	Mosbach
Ortenaukreis	1	Achern, Kehl, Lahr/Schwarzwald, Offenburg
Ostalbkreis	1	Aalen, Ellwangen (Jagst), Schwäbisch Gmünd
Rastatt	2	Bühl, Gaggenau, Rastatt
Ravensburg	1	Leutkirch im Allgäu, Ravensburg, Wangen im Allgäu, Weingarten
Rems-Murr-Kreis	2	Backnang, Fellbach, Schorndorf, Waiblingen, Weinstadt, Winnenden
Reutlingen	2	Reutlingen
Rhein-Neckar-Kreis	2	Sinsheim, Weinheim, Wiesloch
Rottweil	1	Rottweil
Schwäbisch Hall	1	Crailsheim, Schwäbisch Hall
Schwarzwald-Baar-Kreis	2	Villingen-Schwenningen
Sigmaringen	1	—
Tübingen	3	Rottenburg am Neckar, Tübingen
Tuttlingen	2	Tuttlingen
Waldshut	1	Waldshut-Tiengen
Zollernalbkreis	1	Albstadt, Balingen

Bayern

Gemeinde	Mieten-stufe	Gemeinde	Mieten-stufe
Amberg	2	Kulmbach	1
Ansbach	2	Landshut	2
Aschaffenburg	3	Lauf a. d. Pegnitz	2
Augsburg	3	Lichtenfels	1
Bad Kissingen	2	Lindau (Bodensee)	3
Bamberg	2	Memmingen	2
Bayreuth	2	München	6
Coburg	2	Neuburg a. d. Donau	2
Dachau	6	Neumarkt i. d. OPf.	1
Deggendorf	1	Neu-Ulm	3
Erding	4	Nürnberg	4
Erlangen	4	Olching	6
Forchheim	2	Passau	2
Freising	5	Regensburg	3
Friedberg	2	Rosenheim	4
Fürstenfeldbruck	5	Roth	2
Furth	3	Schwabach	2
Garmisch-Partenkirchen	6	Schwandorf	1
Geretsried	4	Schweinfurt	1
Germering	6	Straubing	2
Hof	1	Unterschleißheim	6
Ingolstadt	3	Waldkraiburg	2
Kaufbeuren	2	Weiden i. d. OPf.	1
Kempten (Allgäu)	3	Würzburg	3
Kitzingen	2	Zirndorf	2

Kreis	Mieten-stufe	ohne die Gemeinden
Aichach-Friedberg	1	Friedberg
Altötting	1	—
Amberg-Sulzbach	1	—
Ansbach	1	—
Aschaffenburg	1	—
Augsburg	2	—
Bad Kissingen	1	Bad Kissingen
Bad Tölz-Wolfratshausen	5	Geretsried
Bamberg	1	—
Bayreuth	1	—
Berchtesgadener Land	3	—
Cham	1	—
Coburg	1	—
Dachau	4	Dachau
Deggendorf	1	Deggendorf
Dillingen a. d. Donau	1	—
Dingolfing-Landau	1	—
Donau-Ries	1	—
Ebersberg	5	—
Eichstätt	1	—
Erding	2	Erding
Erlangen-Höchstadt	2	—

(Fortsetzung **Bayern**)

Kreis	Mieten-stufe	ohne die Gemeinden
Forchheim	1	Forchheim
Freising	4	Freising
Freyung-Grafenau	1	—
Fürth	2	Zirndorf
Fürstenfeldbruck	6	Fürstenfeldbruck, Germering, Olching
Garmisch-Partenkirchen	5	Garmisch-Partenkirchen
Günzburg	1	—
Haßberge	1	—
Hof	1	—
Kelheim	1	—
Kitzingen	1	Kitzingen
Kronach	1	—
Kulmbach	1	Kulmbach
Landsberg a. Lech	3	—
Landshut	1	—
Lichtenfels	1	Lichtenfels
Lindau (Bodensee)	2	Lindau (Bodensee)
Main-Spessart	1	—
Miesbach	4	—
Miltenberg	1	—
Mühldorf a. Inn	1	Waldkraiburg
München	6	Unterschleißheim
Neuburg-Schrobenhausen	1	Neuburg a. d. Donau
Neumarkt i. d. OPf.	1	Neumarkt i. d. OPf.
Neustadt a. d. Aisch-Bad Windsheim	1	—
Neustadt a. d. Waldnaab	1	—
Neu-Ulm	2	Neu-Ulm
Nürnberger Land	2	Lauf a. d. Pegnitz
Oberallgäu	3	—
Ostallgäu	2	—
Passau	1	—
Pfaffenhofen a. d. Ilm	1	—
Regen	1	—
Regensburg	1	—
Rhön-Grabfeld	1	—
Rosenheim	3	—
Roth	1	Roth
Rottal-Inn	1	—
Schwandorf	1	Schwandorf
Schweinfurt	1	—
Starnberg	5	—
Straubing-Bogen	1	—
Tirschenreuth	1	—
Traunstein	2	—
Unterallgäu	1	—
Weilheim-Schongau	3	—
Weißenburg-Gunzenhausen	1	—
Würzburg	1	—
Wunsiedel i. Fichtelgebirge	1	—

Berlin

Gemeinde	Mieten-stufe
Berlin (West), Stadt	2

Bremen

Gemeinde	Mieten-stufe
Bremen	4
Bremerhaven	4

Hamburg

Gemeinde	Mieten-stufe
Hamburg, Freie und Hansestadt	5

Hessen

Gemeinde	Mieten-stufe	Gemeinde	Mieten-stufe
Bad Hersfeld	2	Kassel	3
Bad Homburg v. d. Höhe	5	Kelkheim (Taunus)	5
Bad Nauheim	4	Korbach	2
Bad Vilbel	4	Lampertheim	3
Baunatal	2	Langen	4
Bensheim	3	Limburg a. d. Lahn	2
Butzbach	2	Maintal	5
Darmstadt	4	Marburg	4
Dietzenbach	5	Mörfelden-Walldorf	4
Dillenburg	2	Mühlheim am Main	4
Dreieich	4	Neu-Isenburg	5
Eschwege	1	Obertshausen	4
Frankfurt am Main	6	Oberursel (Taunus)	4
Friedberg (Hessen)	3	Offenbach am Main	5
Friedrichsdorf	5	Pfungstadt	3
Fulda	2	Rodgau	4
Gießen	3	Rödermark	4
Griesheim	3	Rüsselsheim	4
Groß-Gerau	4	Taunusstein	4
Hanau	4	Viernheim	3
Hattersheim am Main	5	Weiterstadt	3
Heppenheim (Bergstraße)	3	Wetzlar	2
Herborn	2	Wiesbaden	5
Hofheim am Taunus	4		

Kreis	Mieten-stufe	ohne die Gemeinden
Bergstraße	2	Bensheim, Heppenheim (Bergstraße), Lampertheim, Viernheim
Darmstadt-Dieburg	3	Griesheim, Pfungstadt, Weiterstadt
Fulda	1	Fulda
Gießen	2	Gießen
Groß-Gerau	3	Groß-Gerau, Mörfelden-Walldorf, Rüsselsheim
Hersfeld-Rotenburg	1	Bad Hersfeld
Hochtaunuskreis	4	Bad Homburg v. d. Höhe, Friedrichsdorf, Oberursel (Taunus)

(Fortsetzung **Hessen**)

Kreis	Mietenstufe	ohne die Gemeinden
Kassel	1	Baunatal
Lahn-Dill-Kreis	1	Dillenburg, Herborn, Wetzlar
Limburg-Weilburg	1	Limburg a. d. Lahn
Main-Kinzig-Kreis	2	Hanau, Maintal
Main-Taunus-Kreis	5	Hattersheim am Main, Hofheim am Taunus, Kelkheim (Taunus)
Marburg-Biedenkopf	2	Marburg
Odenwaldkreis	2	—
Offenbach	3	Dietzenbach, Dreieich, Langen, Mühlheim am Main, Neu-Isenburg, Obertshausen, Rodgau, Rödermark
Rheingau-Taunus-Kreis	3	Taunusstein
Schwalm-Eder-Kreis	1	—
Vogelsbergkreis	1	—
Waldeck-Frankenberg	1	Korbach
Werra-Meißner-Kreis	1	Eschwege
Wetteraukreis	2	Bad Nauheim, Bad Vilbel, Butzbach, Friedberg (Hessen)

Niedersachsen

Gemeinde	Mietenstufe	Gemeinde	Mietenstufe
Achim	3	Hildesheim	4
Alfeld (Leine)	2	Holzminden	2
Aurich	2	Isernhagen	4
Bad Harzburg	3	Laatzen	4
Bad Pyrmont	3	Langenhagen	4
Bad Zwischenahn	2	Leer (Ostfriesland)	3
Barsinghausen	3	Lehrte	2
Bramsche	1	Lingen (Ems)	2
Braunschweig	3	Lüneburg	4
Buchholz i. d. Nordheide	5	Melle	2
Bückeburg	2	Meppen	1
Burgdorf	3	Münden	2
Buxtehude	4	Neustadt am Rübenberge	3
Celle	4	Nienburg (Weser)	3
Cloppenburg	1	Norden	3
Cuxhaven	3	Nordenham	3
Delmenhorst	4	Nordhorn	2
Duderstadt	1	Northeim	2
Einbeck	2	Oldenburg (Oldenburg)	4
Emden	3	Osnabrück	3
Ganderkesee	3	Osterode am Harz	2
Garbsen	4	Osterholz-Scharmbeck	3
Georgsmarienhütte	2	Papenburg	1
Gifhorn	3	Peine	2
Goslar	3	Rinteln	1
Göttingen	4	Salzgitter	3
Hameln	3	Seelze	4
Hannover	4	Seesen	2
Helmstedt	2	Seevetal	5

(Fortsetzung **Niedersachsen**)

Gemeinde	Mieten-stufe	Gemeinde	Mieten-stufe
Springe	3	Walsrode	3
Stadthagen	2	Wedemark	3
Stade	4	Weyhe	3
Stuhr	3	Wilhelmshaven	3
Uelzen	3	Winsen (Luhe)	5
Varel	2	Wolfenbüttel	3
Vechta	1	Wolfsburg	3
Verden (Aller)	3	Wunstorf	2
Wallenhorst	1		

Kreis	Mieten-stufe	ohne die Gemeinden
Ammerland	2	Bad Zwischenahn
Aurich	1	Aurich, Norden
Celle	2	Celle
Cloppenburg	1	Cloppenburg
Cuxhaven	2	Cuxhaven
Diepholz	1	Stuhr, Weyhe
Emsland	1	Lingen (Ems), Meppen, Papenburg
Friesland	2	Varel
Gifhorn	1	Gifhorn
Göttingen	2	Duderstadt, Göttingen, Münden
Goslar	2	Bad Harzburg, Goslar, Seesen
Grafschaft Bentheim	1	Nordhorn
Hameln-Pyrmont	1	Bad Pyrmont, Hameln
Hannover	3	Barsinghausen, Burgdorf, Garbsen, Isernhagen, Laatzen, Langenhagen, Lehrte, Neustadt am Rübenberge, Seelze, Springe, Wedemark, Wunstorf
Harburg	3	Buchholz i. d. Nordheide, Seevetal, Winsen (Luhe)
Helmstedt	1	Helmstedt
Hildesheim	2	Alfeld (Leine), Hildesheim
Holzminden	1	Holzminden
Leer	1	Leer (Ostfriesland)
Lüchow-Dannenberg	2	—
Lüneburg	2	Lüneburg
Nienburg (Weser)	1	Nienburg (Weser)
Northeim	1	Einbeck, Northeim
Oldenburg (Oldenburg)	2	Ganderkesee
Osnabrück	1	Bramsche, Georgsmarienhütte, Melle, Wallenhorst
Osterholz	3	Osterholz-Scharmbeck
Osterode am Harz	2	Osterode am Harz
Peine	1	Peine
Rotenburg (Wümme)	2	—
Schaumburg	1	Bückeburg, Rinteln, Stadthagen
Soltau-Fallingbostel	2	Walsrode
Stade	2	Buxtehude, Stade
Uelzen	2	Uelzen
Vechta	1	Vechta
Verden	2	Achim, Verden (Aller)
Wesermarsch	3	Nordenham
Wittmund	2	—
Wolfenbüttel	2	Wolfenbüttel

Nordrhein-Westfalen

Gemeinde	Mieten-stufe
Aachen	4
Ahaus	1
Ahlen	3
Alsdorf	3
Altena	3
Arnsberg	2
Attendorn	2
Bad Berleburg	2
Bad Honnef	3
Bad Oeynhausen	2
Bad Salzuflen	3
Baesweiler	3
Beckum	2
Bedburg	3
Bergheim	3
Bergisch Gladbach	4
Bergkamen	3
Bielefeld	3
Bocholt	3
Bochum	3
Bonn	5
Borken	2
Bornheim	4
Bottrop	3
Brilon	1
Brühl	4
Bünde	2
Castrop-Rauxel	3
Coesfeld	2
Datteln	3
Delbrück	1
Detmold	3
Dinslaken	3
Dormagen	4
Dorsten	3
Dortmund	3
Dülmen	2
Düren	3
Düsseldorf	5
Duisburg	3
Emmerich	2
Emsdetten	2
Ennepetal	3
Erftstadt	4
Erkelenz	3
Erkrath	4
Eschweiler	3
Espelkamp	3
Essen	4
Euskirchen	3
Frechen	4
Fröndenberg	3
Geilenkirchen	3

Gemeinde	Mieten-stufe
Geldern	3
Gelsenkirchen	3
Gevelsberg	3
Gladbeck	3
Goch	2
Greven	2
Grevenbroich	3
Gronau (Westf.)	2
Gütersloh	2
Gummersbach	3
Haan	4
Hagen	3
Haltern	3
Hamm	3
Hamminkeln	2
Hattingen	3
Heiligenhaus	4
Heinsberg	3
Hemer	3
Hennef (Sieg)	3
Herdecke	4
Herford	2
Herne	3
Herten	3
Herzogenrath	3
Hilden	4
Höxter	2
Hückelhoven	2
Hürth	4
Ibbenbüren	2
Iserlohn	3
Jüchen	3
Jülich	2
Kaarst	4
Kamen	3
Kamp-Lintfort	3
Kempen	3
Kerpen	3
Kevelaer	3
Kleve	2
Köln	4
Königswinter	3
Korschenbroich	3
Krefeld	4
Kreuztal	3
Lage	2
Langenfeld (Rhld.)	4
Leichlingen (Rhld.)	3
Lemgo	2
Lengerich	2
Lennestadt	2
Leverkusen	3
Lippstadt	2

(Fortsetzung **Nordrhein-Westfalen**)

Gemeinde	Mieten-stufe	Gemeinde	Mieten-stufe
Löhne	2	Rietberg	2
Lohmar	3	Rösrath	4
Lübbecke	2	Sankt Augustin	4
Lüdenscheid	3	Schloß Holte-Stukenbrock	2
Lünen	3	Schmallenberg	1
Marl	3	Schwelm	3
Marsberg	1	Schwerte	3
Mechernich	2	Selm	3
Meckenheim	4	Siegburg	4
Meerbusch	4	Siegen	3
Menden (Sauerland)	3	Soest	3
Meschede	2	Solingen	4
Mettmann	4	Sprockhövel	3
Minden	2	Steinfurt	2
Mönchengladbach	3	Stolberg (Rhld.)	3
Moers	3	Sundern (Sauerland)	2
Monheim	4	Tönisvorst	3
Mülheim a. d. Ruhr	4	Troisdorf	3
Münster	4	Übach-Palenberg	3
Netphen	2	Unna	3
Nettetal	3	Velbert	3
Neukirchen-Vluyn	4	Viersen	3
Neuss	4	Voerde (Niederrhein)	3
Niederkassel	3	Waltrop	3
Oberhausen	3	Warburg	1
Oelde	1	Warendorf	2
Oer-Erkenschwick	3	Warstein	1
Olpe	2	Wegberg	2
Overath	3	Werdohl	3
Paderborn	2	Werl	3
Petershagen	1	Wermelskirchen	3
Plettenberg	3	Werne	3
Porta Westfalica	2	Wesel	3
Pulheim	4	Wesseling	3
Radevormwald	3	Wetter (Ruhr)	3
Ratingen	4	Wiehl	3
Recklinghausen	3	Willich	4
Remscheid	4	Wipperfürth	3
Rheda-Wiedenbrück	2	Witten	3
Rheinbach	3	Wülfrath	3
Rheinberg	3	Würselen	4
Rheine	2	Wuppertal	4

(Fortsetzung **Nordrhein-Westfalen**)

Kreis	Mietenstufe	ohne die Gemeinden
Aachen	2	Alsdorf, Baesweiler, Eschweiler, Herzogenrath, Stolberg (Rhld.), Würselen
Borken	1	Ahaus, Bocholt, Borken, Gronau (Westf.)
Coesfeld	2	Coesfeld, Dülmen
Düren	2	Düren, Jülich
Ennepe-Ruhr-Kreis	3	Ennepetal, Gevelsberg, Hattingen, Herdecke, Schwelm, Sprockhövel, Wetter (Ruhr), Witten
Erftkreis	3	Bedburg, Bergheim, Brühl, Erftstadt, Frechen, Hürth, Kerpen, Pulheim, Wesseling
Euskirchen	2	Euskirchen, Mechernich
Gütersloh	2	Gütersloh, Rheda-Wiedenbrück, Rietberg, Schloß Holte-Stukenbrock
Heinsberg	2	Erkelenz, Geilenkirchen, Heinsberg, Hückelhoven, Übach-Palenberg, Wegberg
Herford	1	Bünde, Herford, Löhne
Hochsauerlandkreis	1	Arnsberg, Brilon, Marsberg, Meschede, Schmallenberg, Sundern (Sauerland)
Höxter	1	Höxter, Warburg
Kleve	2	Emmerich, Geldern, Goch, Kevelaer, Kleve
Lippe	1	Bad Salzuflen, Detmold, Lage, Lemgo
Märkischer Kreis	3	Altena, Hemer, Iserlohn, Lüdenscheid, Menden (Sauerland), Plettenberg, Werdohl
Minden-Lübbecke	1	Bad Oeynhausen, Espelkamp, Lübbecke, Minden, Petershagen, Porta Westfalica
Neuss	3	Dormagen, Grevenbroich, Jüchen, Kaarst, Korschenbroich, Meerbusch, Neuss
Oberbergischer Kreis	3	Gummersbach, Radevormwald, Wiehl, Wipperfürth
Olpe	1	Attendorn, Lennestadt, Olpe
Paderborn	1	Delbrück, Paderborn
Rheinisch-Bergischer-Kreis	3	Bergisch Gladbach, Leichlingen (Rhld.), Overath, Rösrath, Wermelskirchen
Rhein-Sieg-Kreis	3	Bad Honnef, Bornheim, Hennef (Sieg), Königswinter, Lohmar, Meckenheim, Niederkassel, Rheinbach, Sankt Augustin, Siegburg, Troisdorf
Siegen-Wittgenstein	2	Bad Berleburg, Kreuztal, Netphen, Siegen
Soest	1	Lippstadt, Soest, Warstein, Werl
Steinfurt	1	Emsdetten, Greven, Ibbenbüren, Lengerich, Rheine, Steinfurt
Unna	3	Bergkamen, Fröndenberg, Kamen, Lünen, Schwerte, Selm, Unna, Werne
Viersen	3	Kempen, Nettetal, Tönisvorst, Viersen, Willich
Warendorf	2	Ahlen, Beckum, Oelde, Warendorf
Wesel	3	Dinslaken, Hamminkeln, Kamp-Lintfort, Moers, Neukirchen-Vluyn, Rheinberg, Voerde (Niederrhein), Wesel

Rheinland-Pfalz

Gemeinde	Mietenstufe	Gemeinde	Mietenstufe
Andernach	2	Ludwigshafen am Rhein	3
Bad Kreuznach	3	Mainz	5
Bad Neuenahr-Ahrweiler	3	Neustadt an der Weinstraße	3
Bingen am Rhein	3	Neuwied	2
Frankenthal (Pfalz)	3	Pirmasens	2
Idar-Oberstein	2	Speyer	3
Ingelheim am Rhein	3	Trier	3
Kaiserslautern	3	Worms	3
Koblenz	3	Zweibrücken	2
Landau in der Pfalz	3		

Kreis	Mietenstufe	ohne die Gemeinden
Ahrweiler	2	Bad Neuenahr-Ahrweiler
Altenkirchen (Westerwald)	1	—
Alzey-Worms	2	—
Bad Dürkheim	2	—
Bad Kreuznach	2	Bad Kreuznach
Bernkastel-Wittlich	1	—
Birkenfeld	2	Idar-Oberstein
Bitburg-Prüm	1	—
Cochem-Zell	1	—
Daun	1	—
Donnersbergkreis	2	—
Germersheim	2	—
Kaiserslautern	2	—
Kusel	2	—
Ludwigshafen	2	—
Mainz-Bingen	0	Bingen am Rhein, Ingelheim am Rhein
Mayen-Koblenz	2	Andernach
Neuwied	2	Neuwied
Pirmasens	1	—
Rhein-Hunsrück-Kreis	1	—
Rhein-Lahn-Kreis	2	—
Südliche Weinstraße	2	—
Trier-Saarburg	1	—
Westerwaldkreis	1	—

Saarland

Gemeinde	Mietenstufe	Gemeinde	Mietenstufe
Blieskastel	2	Püttlingen	2
Dillingen/Saar	3	Saarbrücken	4
Homburg	4	Saarlouis	3
Lebach	2	Sankt Ingbert	3
Merzig	2	Sankt Wendel	3
Neunkirchen	3	Völklingen	3

Kreis	Mietenstufe	ohne die Gemeinden
Merzig-Wadern	2	Merzig
Neunkirchen	2	Neunkirchen
Saarlouis	2	Dillingen/Saar, Lebach, Saarlouis
Saar-Pfalz-Kreis	2	Blieskastel, Homburg, Sankt Ingbert
Sankt Wendel	1	Sankt Wendel
Stadtverband Saarbrücken	2	Saarbrücken, Püttlingen, Völklingen

Schleswig-Holstein

Gemeinde	Mietenstufe	Gemeinde	Mietenstufe
Ahrensburg	5	Kiel	5
Bad Oldesloe	5	Lübeck, Hansestadt	5
Eckernförde	4	Neumünster	4
Elmshorn	4	Norderstedt	6
Flensburg	4	Pinneberg	5
Geesthacht	4	Rheinbek	4
Heide	3	Rendsburg	4
Henstedt-Ulzburg	5	Schleswig	3
Husum	4	Wedel (Holstein)	6
Itzehoe	4		

Kreis	Mietenstufe	ohne die Gemeinden
Dithmarschen	2	Heide
Herzogtum Lauenburg	4	Geesthacht
Nordfriesland	3	Husum
Ostholstein	4	—
Pinneberg	5	Elmshorn, Pinneberg, Wedel (Holstein)
Plön	4	—
Rendsburg-Eckernförde	3	Eckernförde, Rendsburg
Schleswig-Flensburg	2	Schleswig
Segeberg	4	Henstedt-Ulzburg, Norderstedt
Steinburg	3	Itzehoe
Stormarn	4	Ahrensburg, Bad Oldesloe, Rheinbek

Sachregister

(Die Zahlen geben die Seiten an)

Buchanzeigen

Wohnen

INFORMATIONEN RUND UM IHR HEIM

Mieten

MietG · Mietgesetze

und alle wichtigen Nebengesetze.

Textausgabe.
32.A.1999. 461 S.
DM 11,90. dtv 5013

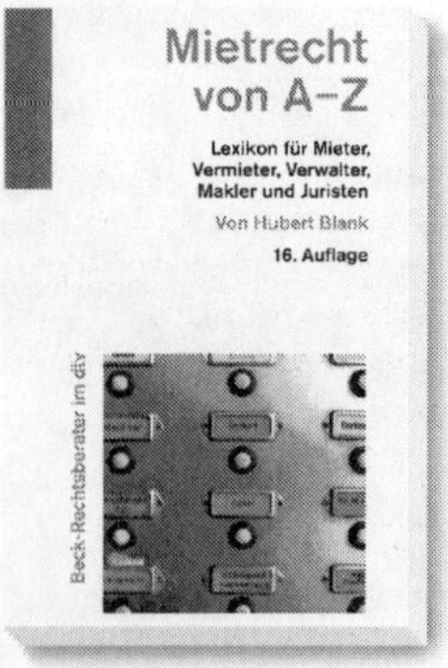

Blank
Mietrecht von A–Z

Abstandsvereinbarung, Außenantennen, Betriebskosten, Formularmietvertrag, Kabelfernsehen, Kündigungsschutz, Mängel, Mietanpassung, Räumungsfrist, Sozialklausel, Staffelmiete, Tierhaltung, Vorkaufsrecht des Mieters, Zwischenvermietung.

16.A.1998. 939 S.
DM 21,90. dtv 5044

Testsieger im Bereich Mietrechts-Software Zeitschrift „WIN" Heft 1/1998

Blank
Mietrecht von A–Z

Dieser Ratgeber erschließt das geltende Recht und gibt Antwort auf die typischen Fragen der Praxis. Verarbeitet ist insbesondere auch die umfangreiche Rechtsprechung, die auch Fachleute nur noch mit Hilfe eines Ratgebers überblicken, wie er hier vorliegt. Wichtige mietrechtliche Vorschriften des BGB und vieler anderer Gesetze sind auf der CD enthalten und mit einem Mausklick per Hypertext erreichbar.

1. Edition 1997.
CD-ROM für Windows.
Mit 17 Seiten Programmanleitung.
DM 49,90. dtv 51003

Nasemann
Rechte und Pflichten im Mietverhältnis

Gebrauchsüberlassung, Mietzins, Nebenkosten, Kündigung. Mit einschlägigen Rechtsvorschriften, einem Untermietvertrag und wichtigen Adressen im Anhang.

2.A.2000. Rd. 170 S.
Ca. DM 9,90. dtv 50621

In Vorbereitung für November 1999

Das Buch zur ZDF-Serie „Wie würden Sie entscheiden?"

Nasemann/Töpper
Guter Rat zum Mietvertrag

Wichtige Rechtsfragen zu Abschluß des Mietvertrages, Mieterhöhung, Umfang des Wohngebrauchs. Mit Originalfällen aus der ZDF-Serie.

1.A.1996. 199 S.
DM 14,90. dtv 5658

P111020-S15

Kaufen

GrundstR · Grundstücksrecht

u.a. mit BGB (Auszug), BeurkundungsG, MiethöheG, ErbbauVO, WohnungseigentumsG, Baugesetzbuch (Auszug), Grundbuchordnung, Zivilprozeßordnung (Auszug), Gesetz über die Zwangsversteigerung und Zwangsverwaltung, GrunderwerbsteuerG, GrundsteuerG.

Textausgabe.
2.A.1999. 620 S.
DM 21,90. dtv 5586

Grundstücksrecht-Ost

u.a. mit EGBGB, SachenrechtsbereinigungsG, SchuldrechtsanpassungsG, BodensonderungsG, GrundbuchbereinigungsG, NutzungsentgeltVO, Grundstücksverkehrsordnung.

Textausgabe.
3.A.1999. 480 S.
DM 22,90. dtv 5580

Bub/Schmid
Grundstücke – erwerben, besitzen, belasten und verkaufen

Die Rechte an Immobilien und ihre Übertragung, Nutzung, Besteuerung, staatliche Förderung.

7.A.1996. 295 S.
DM 11,90. dtv 5082

Herrling/Detzel/Gaisbauer
Immobilien aus zweiter Hand

Ihr Ratgeber für Erwerb und Besitz.

1.A.1997. 255 S.
DM 16,90. dtv 5887

Johns
Immobilien-Lexikon

Recht und Steuern für Haus und Grund.
647 Stichwörter aus den Bereichen Immobilienrecht und -besteuerung, Grundstückswirtschaft, Wohnungseigentum und Bautechnik.

1.A.1998. 241 S. mit Abb.
DM 14,90. dtv 5669

Herrling/Federspiel
Wege zum Wohneigentum

Ihr Ratgeber für den Immobilienerwerb.

5.A.1998. 359 S.
DM 19,90. dtv 5834

Bub
Wohnungseigentum von A–Z

Antworten auf alle Fragen zum Wohnungseigentum.

7.A. Rd. 580 S.
Ca. DM 18,90. dtv 5054

In Vorbereitung

Seuß
Die Eigentumswohnung

Finanzierung – Erwerb – Nutzung – Verwaltung. Mit aktueller Rechtsprechung und einschlägiger Gesetzgebung zum Wohnungseigentum (u.a. Euro, Insolvenzrecht). Außerdem zahlreiche Muster, Tabellen und Berechnungsbeispiele.

11.A.2000. Rd. 1000 S.
Ca. DM 24,90. dtv 5096

In Vorbereitung für Anfang 2000

Bauen

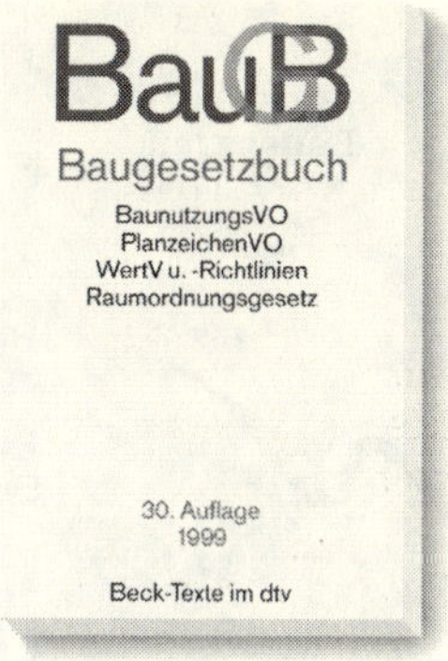

BauGB · Baugesetzbuch

mit Verordnung über Grundsätze für die Ermittlung der Verkehrswerte von Grundstücken, BaunutzungsVO, PlanzeichenVO, RaumordnungsG, RaumordnungsVO.

Textausgabe.
30.A.1999. 405 S.
DM 10,90. dtv 5018

VgR · Vergaberecht

VOB · Verdingungsordnung für Bauleistungen Teil A und B, VOB C Übersicht, VOL · Verdingungsordnung für Leistungen Teil A und B, VOF · Verdingungsordnung für freiberufliche Leistungen mit HaushaltsgrundsätzeG §§ 57 a-c, VergaberechtsänderungsG, NachprüfungsVO, Nachprüfungsverfahren der Länder, VergabeVO, Gesetz gegen Wettbewerbsbeschränkungen (GWB).

Textausgabe.
2.A.1999. 468 S.
DM 23,90. dtv 5595

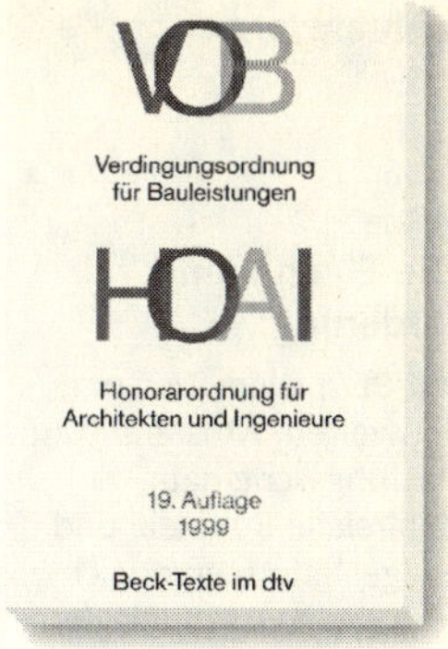

VOB/HOAI · Verdingungsordnung für Bauleistungen Teil A und B / Verordnung über die Honorare für Leistungen der Architekten und Ingenieure

Mit EWG-Richtlinien von 1973, BGB (Auszug), AGB-Gesetz, Verordnung über die Honorare für Leistungen der Architekten und der Ingenieure (HOAI), Makler- und BauträgerVO, Gesetz über die Sicherung von Bauforderungen.

Textausgabe
19.A.1999. 399 S.
DM 12,90. dtv 5596

Alheit
Nachbarrecht von A–Z

Ansprüche und Duldungspflichten unter Nachbarn, Immissionsschutz in Haus und Garten, Freizeit und Gewerbe.

7.A.1999. 338 S.
DM 13,90. dtv 5067

Werner/Pastor
Rechtsfragen beim Bauen

Das Recht der Bauherren und ihrer Vertragspartner.

10.A.1998. 358 S.
DM 11,90. dtv 5095

Finanzieren

Wilde
Die Eigenheimförderung
mit Beispielen, Tips und Hinweisen, Musterantrag, Prüfungsschemata.
Zahlreiche Beispiele und Fallgestaltungen erleichtern das Verständnis der neuen Wohneigentumsförderung.

1.A.1997. 183 S.
DM 12,90. dtv 5663

Dornbusch
Steuervorteile durch Haus- und Wohnbesitz
Anschaffung – Besitz – Veräußerung.
Optimale Steuergestaltung beim Ansparen, Bauen, Kaufen, Bewohnen, Vermieten, Veräußern, Verschenken und Vererben.
Mit der neuen Grundstücksbewertung.

8.A.1998. 231 S.
DM 14,90. dtv 5240

Schiebel
Bausparen – Hilfe zur Selbsthilfe
Vertragsgestaltung und Tarife, Staatliche Förderungsmöglichkeiten, Wartezeiten, Zwischenfinanzierung.

3.A.1997. 337 S.
DM 16,90. dtv 5279

Müßig
Ratgeber Bausparen
Tarife, Tilgung, Tips und Tricks.

1.A.2000. Rd. 150 S.
Ca. DM 14,90. dtv 50838

In Vorbereitung für Februar 2000

P111020-S20

Geldanlage und Banken

BankR · Bankrecht

Mit EZB-Satzung, 6. KWG-Novelle, 3. FinanzmarktförderungsG, StückaktienG u.a.

Textausgabe.
28.A.1999. Mit Nachtrag 1999. 647 und 32 S.
DM 15,90. dtv 5021

Gerke/Kölbl
Alles über Bankgeschäfte

Mehr Kompetenz im Umgang mit Kreditinstituten.

2.A.1995. 360 S.
DM 19,90. dtv 5825

Wimmer
So rechnen die Banken

Entscheidungshilfen für Geldanlage und Kreditaufnahme.

1.A.2000. Rd. 220 S.
Ca. DM 16,90. dtv 50822

In Vorbereitung für Frühjahr 2000

Sillescu
Was bieten Direktbanken?

Kontoführung per Telefon oder PC.
Vorteile und Schattenseiten des Homebanking, Direktbanken von A bis Z, Gebührenanalysen mit Vergleichstabellen u.a.

1.A.1997. 176 S.
DM 14,90. dtv 50802

Zimmermann
Das Recht des Schuldners von A–Z

U.a. mit Hinweisen zu: Mahnverfahren, Verbraucherinsolvenz, Restschuldbefreiung.

1.A.1996. 282 S.
DM 12,90. dtv 5657

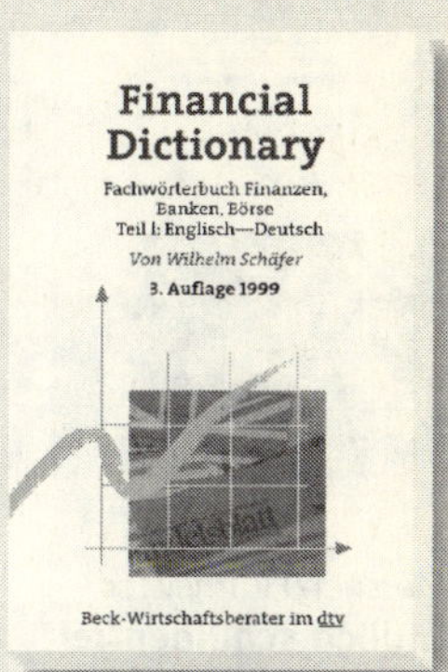

Schäfer
Financial Dictionary

Fachwörterbuch Finanzen, Banken, Börse.

Teil I: Englisch-Deutsch.
3.A.1999. 651 S.
DM 24,90. dtv 5804

Teil II: Deutsch-Englisch.
3.A.1999. 567 S.
DM 24,90. dtv 5805

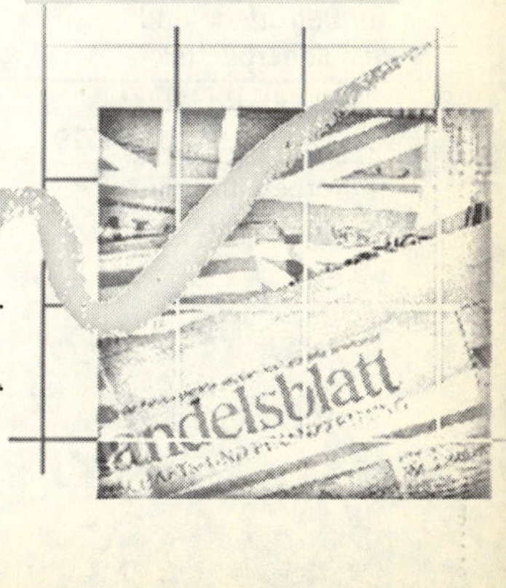

Messner/Hofmeister
Endlich schuldenfrei

Der Weg in die Restschuldbefreiung.
Mit Hinweisen, Tips, Beispielen und Formularmustern zum Verfahren der Verbraucherentschuldung nach der neuen Insolvenzordnung.

1.A.1998. 268 S.
DM 14,90. dtv 5667

Brühl/Zipf
Guter Rat bei Schulden

Ein praktischer Ratgeber für Betroffene und Schuldnerberater.

1.A.2000. Rd. 200 S.
Ca. DM 18,90. dtv 5629

In Vorbereitung für Anfang 2000

Herrling
Der Kredit-Ratgeber

Grundfragen der Finanzierung, Kreditwürdigkeitsprüfung, Kreditvertrag, VerbraucherkreditG, Kreditformen, Leasing, Baufinanzierung und Steuervorteile, Bürgschaft, Verpfändung, Grundpfandrechte, Kleines Kredit-ABC.

3.A.1993. 212 S.
DM 12,90. dtv 5801

Herrling
Der Zahlungsmittel-Ratgeber

Recht und Wirtschaftlichkeit auf einen Blick: Bargeld, Buchgeld und „Kartengeld" richtig einsetzen; ABC der Zahlungsmittel.

1.A.1991. 195 S.
DM 9,80. dtv 5819

Käßl
Das Wechsel-ABC

Das zuverlässige Lexikon: Ein praktischer Ratgeber in allen Wechselfragen.

2.A.1994. 141 S.
DM 12,90. dtv 5800

Jäcklin
Vermögen bilden und vermehren

Ratgeber für Ihr privates Finanzmanagement.

2.A.1997. 344 S.
DM 18,90. dtv 5876

Jacken
Finanzen online

Geldanlagen per PC und Internet.

1.A.2000. Rd. 250 S.
Ca. DM 16,90. dtv 50825

In Vorbereitung für Dezember 1999

Götz/Herrling/Potthoff/Richter
Jahrbuch für Geldanleger 1999

Das Werk faßt die wichtigsten Informationen für Geld- und Wertpapieranleger zusammen, gewichtet die Ereignisse des vergangenen Jahres und gibt Hinweise für die Anlageentscheidungen des nächsten Jahres.

3.A.1999. 347 S.
DM 31,90. dtv 5891

Knapp
Pflegeleichte Geldanlagen

Erfolg mit minimalem Zeitaufwand.

1.A.1996. 240 S.
DM 14,90. dtv 5883